Jens Gerhardt
Infektionsschutzgesetz

Beck'sche Kompakt-Kommentare

Infektionsschutzgesetz (IfSG)

Kommentar

von

Jens Gerhardt, LL. M. (Saarbrücken)
Ltd. Verwaltungsdirektor, Gesundheitsamt, München

5. Auflage 2021

C.H.BECK

Zitiervorschlag: Gerhardt, IfSG, § 9 Rn. 10

www.beck.de

ISBN 978 3 406 77036 4

© 2021 Verlag C. H. Beck oHG
Wilhelmstraße 9, 80801 München
Satz, Druck und Bindung: Druckerei C. H. Beck Nördlingen
(Adresse wie Verlag)
Umschlaggestaltung: fernlicht Kommunikationsdesign, Gauting

chbeck.de/nachhaltig

Gedruckt auf säurefreiem, alterungsbeständigem Papier
(hergestellt aus chlorfrei gebleichtem Zellstoff)

Vorwort

Seit der 2017 erschienen 1. Auflage dieses Kommentars wurde das IfSG mehrfach, zum Teil erheblich, geändert. Zudem kam es im Rahmen der so genannten Corona-Pandemie erneut zu gesetzgeberischen Aktivitäten, welche kurz nach dem Erscheinen der 4. Auflage Ende Juli 2020 bereits eine erneute Aktualisierung und Erweiterung erforderlich machten.

Die nun vorliegende 5. Auflage kommentiert sämtliche der Änderungen auf die bewährte strukturierte Weise.

Ein besonderer Dank gilt meiner Frau sowie meiner Tochter Noemi für die fortwährende Unterstützung bei der Erstellung dieser Auflage.

Darüber hinaus danke ich dem Verlag C. H. BECK für die reibungslose und produktive Zusammenarbeit.

München, im Januar 2021 Jens Gerhardt

Inhaltsverzeichnis

Vorwort V
Abkürzungsverzeichnis XI

1. Abschnitt. Allgemeine Vorschriften

§ 1	Zweck des Gesetzes	1
§ 2	Begriffsbestimmungen	4
§ 3	Prävention durch Aufklärung	23

2. Abschnitt. Koordinierung und epidemische Lage von nationaler Tragweite

§ 4	Aufgaben des Robert Koch-Institutes	25
§ 5	Epidemische Lage von nationaler Tragweite	34
§ 5a	Ausübung heilkundlicher Tätigkeiten bei Vorliegen einer epidemischen Lage von nationaler Tragweite, Verordnungsermächtigung	56

3. Abschnitt. Überwachung

Vorbemerkungen zu §§ 6ff 61

§ 6	Meldepflichtige Krankheiten	63
§ 7	Meldepflichtige Nachweise von Krankheitserregern	73
§ 8	Zur Meldung verpflichtete Personen	81
§ 9	Namentliche Meldung	88
§ 10	Nichtnamentliche Meldung	99
§ 11	Übermittlung an die zuständige Landesbehörde und an das Robert Koch-Institut	106
§ 12	Übermittlungen und Mitteilungen auf Grund völker- und unionsrechtlicher Vorschriften	116
§ 13	Weitere Formen der epidemiologischen Überwachung; Verordnungsermächtigung	119
§ 14	Elektronisches Melde- und Informationssystem; Verordnungsermächtigung	131
§ 15	Anpassung der Meldepflicht an die epidemische Lage ...	140

Inhaltsverzeichnis

4. Abschnitt. Verhütung übertragbarer Krankheiten

Vorbemerkungen zu §§ 15a ff 145
§ 15a Durchführung der infektionshygienischen und hygienischen
 Überwachung 151
§ 16 Allgemeine Maßnahmen zur Verhütung übertragbarer
 Krankheiten 159
§ 17 Besondere Maßnahmen zur Verhütung übertragbarer
 Krankheiten, Verordnungsermächtigung 178
§ 18 Behördlich angeordnete Maßnahmen zur Desinfektion und zur
 Bekämpfung von Gesundheitsschädlingen, Krätzmilben und
 Kopfläusen; Verordnungsermächtigungen 188
§ 19 Aufgaben des Gesundheitsamtes in besonderen Fällen 191
§ 20 Schutzimpfungen und andere Maßnahmen der spezifischen
 Prophylaxe 197
§ 21 Impfstoffe 240
§ 22 Impfdokumentation 241
§ 23 Nosokomiale Infektionen; Resistenzen; Rechtsverordnungen
 durch die Länder 244
§ 23a Personenbezogene Daten über den Impf- und Serostatus von
 Beschäftigten 268

5. Abschnitt. Bekämpfung übertragbarer Krankheiten

Vorbemerkungen zu §§ 24 ff. 271
§ 24 Feststellung und Heilbehandlung übertragbarer Krankheiten,
 Verordnungsermächtigung 272
§ 25 Ermittlungen 277
§ 26 Teilnahme des behandelnden Arztes 291
§ 27 Gegenseitige Unterrichtung 292
§ 28 Schutzmaßnahmen 299
§ 28a Besondere Schutzmaßnahmen zur Verhinderung der
 Verbreitung der Coronavirus-Krankheit-2019
 (COVID-19) 322
§ 29 Beobachtung 364
§ 30 Absonderung 369
§ 31 Berufliches Tätigkeitsverbot 387
§ 32 Erlass von Rechtsverordnungen 392

6. Abschnitt. Infektionsschutz bei bestimmten Einrichtungen, Unternehmen und Personen

§ 33 Gemeinschaftseinrichtungen 393
§ 34 Gesundheitliche Anforderungen, Mitwirkungspflichten,
 Aufgaben des Gesundheitsamtes 395

Inhaltsverzeichnis

§ 35	Belehrung für Personen in der Betreuung von Kindern und Jugendlichen	416
§ 36	Infektionsschutz bei Einrichtungen, Unternehmen und Personen	417

7. Abschnitt. Wasser

§ 37	Beschaffenheit von Wasser für den menschlichen Gebrauch sowie von Wasser zum Schwimmen oder Baden in Becken oder Teichen, Überwachung	441
§ 38	Erlass von Rechtsverordnungen	447
§ 39	Untersuchungen, Maßnahmen der zuständigen Behörde	451
§ 40	Aufgaben des Umweltbundesamtes	452
§ 41	Abwasser	452

8. Abschnitt. Gesundheitliche Anforderungen an das Personal beim Umgang mit Lebensmitteln

§ 42	Tätigkeits- und Beschäftigungsverbote	455
§ 43	Belehrung, Bescheinigung des Gesundheitsamtes	462

9. Abschnitt. Tätigkeiten mit Krankheitserregern

	Vorbemerkungen zu den §§ 44 ff.	473
§ 44	Erlaubnispflicht für Tätigkeiten mit Krankheitserregern	474
§ 45	Ausnahmen	477
§ 46	Tätigkeit unter Aufsicht	484
§ 47	Versagungsgründe, Voraussetzungen für die Erlaubnis	486
§ 48	Rücknahme und Widerruf	495
§ 49	Anzeigepflichten	495
§ 50	Veränderungsanzeige	498
§ 50a	Laborcontainment und Ausrottung des Poliovirus; Verordnungsermächtigung	499
§ 51	Aufsicht	505
§ 52	Abgabe	506
§ 53	Anforderungen an Räume und Einrichtungen, Gefahrenvorsorge	506
§ 53a	Verfahren über eine einheitliche Stelle, Entscheidungsfrist	507

10. Abschnitt. Vollzug des Gesetzes und zuständige Behörden

§ 54	Vollzug durch die Länder	509
§ 54a	Vollzug durch die Bundeswehr	510
§ 54b	Vollzug durch das Eisenbahn-Bundesamt	511

Inhaltsverzeichnis

11. Abschnitt. Angleichung an Gemeinschaftsrecht

§ 55 Angleichung an Gemeinschaftsrecht 513

12. Abschnitt. Entschädigung in besonderen Fällen

§ 56 Entschädigung 515
§ 57 Verhältnis zur Sozialversicherung und zur Arbeitsförderung 541
§ 58 Aufwendungserstattung 542
§ 59 Sondervorschrift für Ausscheider 542
§ 60 Versorgung bei Impfschaden und bei Gesundheitsschäden durch andere Maßnahmen der spezifischen Prophylaxe 543
§ 61 Gesundheitsschadensanerkennung 548
§ 62 Heilbehandlung 549
§ 63 Konkurrenz von Ansprüchen, Anwendung der Vorschriften nach dem Bundesversorgungsgesetz, Übergangsregelungen zum Erstattungsverfahren an die Krankenkassen 550
§ 64 Zuständige Behörde für die Versorgung 552
§ 65 Entschädigung bei behördlichen Maßnahmen 554
§ 66 Zahlungsverpflichteter 555
§ 67 Pfändung 556
§ 68 Rechtsweg 556

13. Abschnitt. Kosten

§ 69 Kosten 559
§§ 70–72 (weggefallen) 563

14. Abschnitt. Straf- und Bußgeldvorschriften

§ 73 Bußgeldvorschriften 565
§ 74 Strafvorschriften 567
§ 75 Weitere Strafvorschriften 567
§ 76 Einziehung 568

15. Abschnitt. Übergangsvorschriften

§ 77 Übergangsvorschriften 569

Stichwortverzeichnis 571

Abkürzungsverzeichnis

aE	am Ende
aF	alte Fassung
amtl. Begründung	amtliche Begründung
AsylG	Asylgesetz
AufenthG	Gesetz über den Aufenthalt, die Erwerbstätigkeit und die Integration von Ausländern im Bundesgebiet (Aufenthaltsgesetz)
Bales	Bales/Baumann/Schnitzler, Infektionsschutzgesetz, Kommentar und Vorschriftensammlung, 2. Auflage 2003
BayPAG	Gesetz über die Aufgaben und Befugnisse der Bayerischen Staatlichen Polizei (Polizeiaufgabengesetz – PAG)
Becker	Becker/Heckmann/Kempen/Manssen, Öffentliches Recht in Bayern, 4. Auflage 2019
BeckOK InfSchR	Eckart/Winkelmüller, Beck'scher Online-Kommentar zum Infektionsschutzrecht
BGB	Bürgerliches Gesetzbuch
BT-Drs.	Bundestags-Drucksache
BwEinsatzBerStG	Bundeswehr-Einsatzbereitschaftsstärkungsgesetz
BVerfG	Bundesverfassungsgericht
BVerwG	Bundesverwaltungsgericht
BZgA	Bundeszentrale für gesundheitliche Aufklärung
bzw.	beziehungsweise
COVuR	COVID-19 und Recht (Zeitschrift)
COVIfSGAnpG	Gesetz zum Schutz der Bevölkerung bei einer epidemischen Lage von nationaler Tragweite
2. COVIfSGAnpG	Zweites Gesetz zum Schutz der Bevölkerung bei einer epidemischen Lage von nationaler Tragweite
3. COVIfSGAnpG	Drittes Gesetz zum Schutz der Bevölkerung bei einer epidemischen Lage von nationaler Tragweite
Erdle	Erdle, Infektkionsschutzgesetz, Kommentar, 7. Auflage 2020
Erbs/Kohlhaas	Strafrechtliche Nebengesetze mit Straf- und Bußgeldvorschriften des Wirtschafts- und Verwaltungsrechts, Loseblatt
Fehling/Kastner	Fehling/Kastner/Störmer, Verwaltungsrecht, Handkommentar, 5. Auflage 2020

Abkürzungsverzeichnis

G	Gesetz
Gerhardt	Gerhardt, Trinkwasserverordnung, Kommentar, 2. Auflage, 2020
2. DUAnpUG-EU	Gesetz für mehr Sicherheit in der Arzneimittelversorgung, das Zweite Datenschutz-Anpassungs- und Umsetzungsgesetz
HS	Halbsatz
iRv	im Rahmen von
iSd	im Sinne des
Kießling	Kießling, Infektionsschutzgesetz: IfSG, 1. Auflage 2020
Kluckert	Kluckert, Das neue Infektionsschutzrecht, 1. Auflage 2020
Kopp/Ramsauer	Kopp/Ramsauer, Verwaltungsverfahrensgesetz, Kommentar, 21. Auflage 2020
LFGB	Lebensmittel-, Bedarfsgegenstände- und Futtermittelgesetzbuch (Lebensmittel- und Futtermittelgesetzbuch – LFGB)
MasernschutzG	Gesetz für den Schutz vor Masern und zur Stärkung der Impfprävention
Maunz/Dürig	Grundgesetz-Kommentar, Loseblatt
MBO	Musterberufsordnung für Ärzte
mwN	mit weiteren Nachweisen
mWv	mit Wirkung vom
NJW	Neue Juristische Wochenschrift
Palandt	Palandt, Bürgerliches Gesetzbuch, Kommentar, 80. Auflage 2021
PpSG	Pflegepersonal-Stärkungsgesetz
RKI	Robert Koch-Institut
Rn.	Randnummer
Schumacher/Meyn	Schumacher/Meyn, Bundes-Seuchengesetz, 3. Auflage 1987
SGB	Sozialgesetzbuch
TSVG	Terminservice- und Versorgungsgesetz
VG	Verwaltungsgericht

Abkürzungsverzeichnis

VerfBlog .... Verfassungsblog, www.verfassungsblog.de
vgl. .... vergleiche
VwVfG .... Verwaltungsverfahrensgesetz

WHG .... Gesetz zur Ordnung des Wasserhaushalts (Wasserhaushaltsgesetz-WHG)

zB .... zum Beispiel

Gesetz zur Verhütung und Bekämpfung von Infektionskrankheiten beim Menschen (Infektionsschutzgesetz – IfSG)

Vom 20. Juli 2000
(BGBl. I S. 1045; zuletzt geändert durch Art. 2 G vom 18. November 2020 (BGBl. I S. 2397) sowie Art. 4a G vom 21. Dezember 2020 (BGBl. I S. 3136)

1. Abschnitt. Allgemeine Vorschriften

§ 1 Zweck des Gesetzes

(1) Zweck des Gesetzes ist es, übertragbaren Krankheiten beim Menschen vorzubeugen, Infektionen frühzeitig zu erkennen und ihre Weiterverbreitung zu verhindern.

(2) Die hierfür notwendige Mitwirkung und Zusammenarbeit von Behörden des Bundes, der Länder und der Kommunen, Ärzten, Tierärzten, Krankenhäusern, wissenschaftlichen Einrichtungen sowie sonstigen Beteiligten soll entsprechend dem jeweiligen Stand der medizinischen und epidemiologischen Wissenschaft und Technik gestaltet und unterstützt werden. Die Eigenverantwortung der Träger und Leiter von Gemeinschaftseinrichtungen, Lebensmittelbetrieben, Gesundheitseinrichtungen sowie des Einzelnen bei der Prävention übertragbarer Krankheiten soll verdeutlicht und gefördert werden.

A. Allgemeines

§ 1 hebt den Zweck des IfSG in Form eines Programmsatzes hervor (Abs. 1) **1** und unterstreicht die elementare Bedeutung der Mitwirkung und Zusammenarbeit der betroffenen Akteure für einen effektiven Infektionsschutz (Abs. 2). Konkrete Rechte oder Pflichten lassen sich aus § 1 nicht herleiten.

B. Zweck des Gesetzes (Abs. 1)

I. Allgemeines

1. Zweck

Zweck des IfSG ist der Schutz von Leben und Gesundheit des Einzelnen wie **2** auch der Gemeinschaft vor Infektionen und übertragbaren Krankheiten (vgl. zu den Begriffen vgl. § 2 Rn. 15 ff. und 20 ff.).

2. Elemente des Schutzes

3 Abs. 1 führt als wesentliche Elemente des Schutzes die Prävention, die Früherkennung sowie die Verhinderung der Weiterverbreitung übertragbarer Krankheiten an.

II. Prävention

4 Nach der amtl. Begründung ist die Prävention einer Infektion die wirksamste, kostengünstigste und wichtigste Maßnahme zum Schutz vor übertragbaren Krankheiten. Die im IfSG vorgesehenen Präventionsmaßnahmen umfassen insbesondere die Aufklärung und Belehrung (z. B. §§ 3, 19, 34 Abs. 10, § 43). Von besonderer Bedeutung sind in diesem Zusammenhang auch die durch das MasernschutzG in das IfSG aufgenommenen Regelungen hinsichtlich des Vorhandenseins eines ausreichenden Impfschutzes gegen Masern, vgl. dazu § 20 Abs. 8 ff.

III. Frühzeitige Erkennung

5 Maßnahmen der Prävention können nur mit hinreichenden Kenntnissen über Vorkommen und Verbreitung organisiert und durchgeführt werden. Dies gilt entsprechend auch für Bekämpfungsmaßnahmen. Um eine frühzeitige Kenntniserlangung zu ermöglichen, enthält das IfSG umfangreiche Regelungen zum Meldewesen (vgl. §§ 6–10). Diese legen die Meldepflichtigen, die zu meldenden Krankheiten, Krankheitserreger und sonstigen Ereignisse und die dabei einzuhaltenden Meldewege und -fristen fest. Flankiert wird das Meldewesen einerseits durch die koordinierenden Aufgaben des RKI, welches die ihm nach dem IfSG übermittelten Daten bundesweit zusammenfasst und und infektionsepidemiologisch auswertet (vgl. § 4), andererseits durch das Bund-Länder-Informationsverfahren (vgl. § 5). Alle so gewonnen Erkenntnisse über Auftreten und Ausbreitung übertragbarer Krankheiten sowie über die Eigenschaften der Krankheitserreger sollen insbesondere dem Schutz der Bevölkerung dienen (vgl. amtl. Begründung).

IV. Verhinderung der Weiterverbreitung

6 Zum Zweck der Verhinderung der Weiterverbreitung von Infektionen und übertragbaren Krankheiten schafft das IfSG für die zuständigen Behörden und Gesundheitsämter (vgl. zu den Begriffen Vor §§ 15a Rn. 2 und § 2 Rn. 73) die rechtsstaatlich erforderlichen Ermächtigungsgrundlagen, auf Basis derer bei Vorliegen der tatbestandlichen Voraussetzungen Eingriffe in grundrechtlich geschützte Rechtspositionen der betroffenen Personen möglich sind.

C. Mitwirkung und Zusammenarbeit (Abs. 2)

I. Allgemeines

Abs. 2 unterstreicht, dass zur Erreichung des Gesetzeszwecks die betroffenen 7
Akteure mitwirken und zusammenarbeiten müssen. Dafür legt das IfSG die
Regeln für eine organisierte, effektive und vertrauensvolle Zusammenarbeit
fest.

II. Akteure

Zu den von Abs. 2 angesprochenen Akteuren zählen auf Bundesebene neben 8
dem RKI insbesondere das Bundesamt für Verbraucherschutz und Lebensmittelsicherheit, das Bundesinstitut für Risikobewertung, die Bundeszentrale für gesundheitliche Aufklärung und das Paul-Ehrlich-Institut. Auf Landesebene ist der jeweilige Staatsaufbau zu beachten, so dass sich, je nach Bundesland, von S. 1 angesprochene Behörden auf allen Ebenen (Ober-, Mittel- (wenn vorhanden) und Unterbehörde) finden können. Erfasst sind neben den staatlichen auch die kommunale Gesundheitsämter. Daneben genannt werden Ärzte, Tierärzte, Krankenhäuser, wissenschaftliche Einrichtungen und sonstige im IfSG bezeichnete Beteiligte. Diesen kommt insbesondere im Bereich des Meldewesens eine erhebliche Bedeutung zu.

III. Jeweiliger Stand der Wissenschaft und Technik

Mitwirkung wie auch Zusammenarbeit sollen nach dem jeweiligen Stand der 9
medizinischen und epidemiologischen Wissenschaft und Technik gestaltet
werden. Um dieser Anforderung gerecht zu werden, muss der Standard von
Mitwirkung und Zusammenarbeit den aktuellen Erkenntnissen und Techniken entsprechen. Nicht ausreichend ist damit die Einhaltung des allgemein
anerkannten Stands der Technik. Durch den Begriff ‚jeweilig' bringt der
Gesetzgeber zum Ausdruck, dass die Mitwirkung und Zusammenarbeit sich
in ihrer konkreten Ausgestaltung permanent dem sich weiterentwickelnden
Stand der medizinischen und epidemiologischen Wissenschaft und Technik
anpassen muss.

IV. Eigenverantwortlichkeit

Das IfSG belässt nach seiner Konzeption die Verantwortung für einen 10
effektiven Infektionsschutz nicht allein bei den Behörden, sondern fordert
ebenso ein eigenverantwortliches Handeln der übrigen Akteure (vgl. zu
diesen Rn. 8). Diese Eigenverantwortlichkeit zeigt sich insbesondere im
Meldewesen, aber beispielsweise auch bei den Schutzimpfungen, mit welchen der Einzelne einen Beitrag zum Infektionsschutz leisten kann, indem
er die Weiterverbreitung bestimmter Krankheiten durch entsprechenden
Impfschutz verhindert.

§ 2 Begriffsbestimmungen

Im Sinne dieses Gesetzes ist

1. Krankheitserreger
ein vermehrungsfähiges Agens (Virus, Bakterium, Pilz, Parasit) oder ein sonstiges biologisches transmissibles Agens, das bei Menschen eine Infektion oder übertragbare Krankheit verursachen kann,
2. Infektion
die Aufnahme eines Krankheitserregers und seine nachfolgende Entwicklung oder Vermehrung im menschlichen Organismus,
3. übertragbare Krankheit
eine durch Krankheitserreger oder deren toxische Produkte, die unmittelbar oder mittelbar auf den Menschen übertragen werden, verursachte Krankheit,
3a. bedrohliche übertragbare Krankheit
eine übertragbare Krankheit, die auf Grund klinisch schwerer Verlaufsformen oder ihrer Ausbreitungsweise eine schwerwiegende Gefahr für die Allgemeinheit verursachen kann,
4. Kranker
eine Person, die an einer übertragbaren Krankheit erkrankt ist,
5. Krankheitsverdächtiger
eine Person, bei der Symptome bestehen, welche das Vorliegen einer bestimmten übertragbaren Krankheit vermuten lassen,
6. Ausscheider
eine Person, die Krankheitserreger ausscheidet und dadurch eine Ansteckungsquelle für die Allgemeinheit sein kann, ohne krank oder krankheitsverdächtig zu sein,
7. Ansteckungsverdächtiger
eine Person, von der anzunehmen ist, dass sie Krankheitserreger aufgenommen hat, ohne krank, krankheitsverdächtig oder Ausscheider zu sein,
8. nosokomiale Infektion
eine Infektion mit lokalen oder systemischen Infektionszeichen als Reaktion auf das Vorhandensein von Erregern oder ihrer Toxine, die im zeitlichen Zusammenhang mit einer stationären oder einer ambulanten medizinischen Maßnahme steht, soweit die Infektion nicht bereits vorher bestand,
9. Schutzimpfung
die Gabe eines Impfstoffes mit dem Ziel, vor einer übertragbaren Krankheit zu schützen,
10. andere Maßnahme der spezifischen Prophylaxe
die Gabe von Antikörpern (passive Immunprophylaxe) oder die Gabe von Medikamenten (Chemoprophylaxe) zum Schutz vor Weiterverbreitung bestimmter übertragbarer Krankheiten,
11. Impfschaden
die gesundheitliche und wirtschaftliche Folge einer über das übliche Ausmaß einer Impfreaktion hinausgehenden gesundheitlichen Schädigung durch die Schutzimpfung; ein Impfschaden liegt auch vor, wenn mit vermehrungsfähigen Erregern geimpft wurde und eine andere als die geimpfte Person geschädigt wurde,

12. Gesundheitsschädling
    ein Tier, durch das Krankheitserreger auf Menschen übertragen werden können,
13. Sentinel-Erhebung
    eine epidemiologische Methode zur stichprobenartigen Erfassung der Verbreitung bestimmter übertragbarer Krankheiten und der Immunität gegen bestimmte übertragbare Krankheiten in ausgewählten Bevölkerungsgruppen,
14. Gesundheitsamt
    die nach Landesrecht für die Durchführung dieses Gesetzes bestimmte und mit einem Amtsarzt besetzte Behörde,
15. Leitung der Einrichtung
    die Person, die mit den Leitungsaufgaben in der jeweiligen Einrichtung beauftragt ist; das betrifft auch
    a) die selbständig tätige Person für ihren Zuständigkeitsbereich selbst,
    b) die Person, die einrichtungsübergreifend mit den Leitungsaufgaben beauftragt ist,
16. personenbezogene Angabe
    Name und Vorname, Geschlecht, Geburtsdatum, Anschrift der Hauptwohnung oder des gewöhnlichen Aufenthaltsortes und, falls abweichend, Anschrift des derzeitigen Aufenthaltsortes der betroffenen Person sowie, soweit vorliegend, Telefonnummer und E-Mail-Adresse;
17. Risikogebiet
    ein Gebiet außerhalb der Bundesrepublik Deutschland, für das vom Bundesministerium für Gesundheit im Einvernehmen mit dem Auswärtigen Amt und dem Bundesministerium des Innern, für Bau und Heimat ein erhöhtes Risiko für eine Infektion mit einer bestimmten bedrohlichen übertragbaren Krankheit festgestellt wurde; die Einstufung als Risikogebiet erfolgt erst mit Ablauf des ersten Tages nach Veröffentlichung der Feststellung durch das Robert Koch-Institut im Internet unter der Adresse https://www.rki.de/risikogebiete.

Übersicht

	Rn.
A. Allgemeines	1
I. Legaldefinitionen	1
II. Nicht definierte Begriffe	2
III. Letzte Änderungen	3
IV. Zukünftige Änderungen	3a
B. Begriffsbestimmungen	4
I. Krankheitserreger (Nr. 1)	4
1. Allgemeines	4
2. Einzelheiten	5
a) Agens	5
b) Vermehrungsfähig, biologisch, transmissibel	6
c) Geeignetheit zur Krankheits- oder Infektionsverursachung beim Menschen.	7, 8
d) Weitergehende Erläuterungen	14
II. Infektion (Nr. 2)	15
1. Allgemeines	15
2. Bewertung	16

	Rn.
3. Einzelheiten	17
a) Aufnahme	17
b) Krankheitserreger	18
c) Entwicklung, Vermehrung	19
III. Übertragbare Krankheit (Nr. 3)	20
1. Allgemeines	20
2. Einzelheiten	21
a) Bewertung	21
b) Krankheitserreger	22
c) Toxische Produkte von Krankheitserregern	23
d) Übertragung auf den Menschen	24
e) Krankheitsverursachung beim Menschen	25
f) Weitergehende Erläuterungen	26
IIIa. Bedrohliche übertragbare Krankheit (Nr. 3a)	27
1. Allgemeines	27
2. Einzelheiten	28
a) Übertragbare Krankheit	28
b) Bedrohlich	29
IV. Kranker (Nr. 4)	30
1. Allgemeines	30
2. Einzelheiten	31
a) Bewertung	31
b) Übertragbare Krankheit	32
c) Erkrankt	33
V. Krankheitsverdächtiger (Nr. 5)	35
1. Allgemeines	35
2. Einzelheiten	36
a) Bewertung	36
b) Symptome	37
c) Vermutung einer bestimmten übertragbaren Krankheit	38
VI. Ausscheider (Nr. 6)	39
1. Allgemeines	39
2. Einzelheiten	40
a) Ohne krank oder krankheitsverdächtig zu sein	40
b) Krankheitserreger	41
c) Ausscheiden	42
d) Ansteckungsquelle für die Allgemeinheit	43
VII. Ansteckungsverdächtiger (Nr. 7)	44
1. Allgemeines	44
2. Einzelheiten	45
a) Ohne krank oder krankheitsverdächtig zu sein	45
b) Aufnahme eines Krankheitserregers	46
c) Annahme	47
d) Weitergehende Erläuterungen	48
VIII. Nosokomiale Infektion (Nr. 8)	49
1. Allgemeines	49
2. Einzelheiten	50
a) Infektion	50
b) Lokale oder systemische Infektionszeichen	51
c) Als Reaktion	52

	Rn.
d) Erreger, Toxine	53
e) Zeitlicher Zusammenhang zu einer stationären oder ambulanten medizinischen Maßnahme	54
IX. Schutzimpfung (Nr. 9)	58
1. Allgemeines	58
2. Einzelheiten	59
a) Impfstoff	59
b) Ziel der Impfstoffgabe	60
X. Andere Maßnahmen der spezifischen Prophylaxe (Nr. 10)	61
1. Allgemeines	61
2. Einzelheiten	62
a) Schutz vor Weiterverbreitung	62
b) Bestimmte übertragbare Krankheiten	63
XI. Impfschaden (Nr. 11)	64
1. Allgemeines	64
2. Einzelheiten	65
a) Schutzimpfung	65
b) Über das übliche Ausmaß einer Impfreaktion hinausgehende gesundheitliche Schädigung	66
c) Gesundheitliche oder wirtschaftliche Folge	67
XII. Gesundheitsschädling (Nr. 12)	68
1. Allgemeines	68
2. Einzelheiten	69–71
XIII. Sentinel-Erhebung (Nr. 13)	72
XIV. Gesundheitsamt (Nr. 14)	73
1. Allgemeines	73
2. Einzelheiten	74
a) Nach Landesrecht bestimmt	74
b) Amtsarzt	75
XV. Leitung der Einrichtung (Nr. 15)	76
1. Allgemeines	76
2. Einzelheiten	77
a) Buchstabe a)	77
b) Buchstabe b)	78
XVI. Personenbezogene Angabe (Nr. 16)	79
1. Allgemeines	79
2. Einzelheiten	80
XVII. Risikogebiet (Nr. 17)	81
1. Allgemeines	81
2. Einzelheiten	82
a) Gebiet außerhalb der Bundesrepublik Deutschland	82
b) Infektion	83
c) Bestimmte bedrohliche übertragbare Krankheit	84
d) Erhöhtes Risiko für eine Infektion	85
e) Feststellung	86
f) Einstufung als Risikogebiet durch Veröffentlichung	87

A. Allgemeines

I. Legaldefinitionen

1 Das IfSG enthält eine Vielzahl von Begriffen, deren Bedeutung sich nicht ohne Weiteres zweifelsfrei erschließt. Um in der Praxis die Gesetzesanwendung zu erleichtern, hat der Gesetzgeber einige der im IfSG verwendeten Begriffe in § 2 definiert (Legaldefinitionen) und ihren Inhalt damit für Zwecke des IfSG bindend vorgegeben. Soweit sich an anderen Stellen des IfSG (z. B. § 33, Gemeinschaftseinrichtungen) oder von Verordnungen, die auf seiner Basis erlassen wurden (z. B. Trinkwasserverordnung), Legaldefinitionen finden, sind diese ebenfalls für die Anwendung des IfSG bzw. der jeweiligen Verordnung bindend.

II. Nicht definierte Begriffe

2 Soweit klärungsbedürftige Begriffe nicht legaldefiniert sind, ist ihr Gehalt nach den Regeln der juristischen Auslegung zu bestimmen.

III. Letzte Änderungen

3 Durch das MasernschutzG wurden Nr. 15 und 16, durch das 3. COVIfSGAnpG wurde Nr. 17 angefügt. Vgl. dazu die Erläuterungen Rn. 76 f., 79 f. und 81 f.

IV. Zukünftige Änderungen

3a Nr. 11 wird mWv 1.1.2024 durch G v. 12.12.2019 (BGBl. I S. 2652) aufgehoben.

B. Begriffsbestimmungen

I. Krankheitserreger (Nr. 1)

1. Allgemeines

4 Die Definition des Begriffs ‚Krankheitserreger' ist auch für das Verständnis der Begriffe ‚Infektion' (Nr. 2), ‚übertragbare Krankheit' (Nr. 3), ‚bedrohliche übertragbare Krankheit' (Nr. 3a), ‚Ausscheider' (Nr. 6), ‚Ansteckungsverdächtiger' (Nr. 7) und ‚Gesundheitsschädling' (Nr. 12) von Bedeutung. Da diese Begriffe wiederum in einer Vielzahl von Bestimmungen des IfSG Verwendung finden, kommt dem Verständnis des Begriffs ‚Krankheitserreger' eine zentrale Rolle zu.

2. Einzelheiten

5 **a) Agens.** Mit dem Begriff ‚Agens' (lat. ‚handelnd') wird in der Medizin jeder eine Krankheit hervorrufende Faktor bezeichnet.

Begriffsbestimmungen § 2 IfSG

b) Vermehrungsfähig, biologisch, transmissibel. Es muss sich um eines 6
der in Nr. 1 aufgeführten vermehrungsfähigen Agentia (Virus, Bakterium,
Pilz, Parasit) oder um ein sonstiges biologisches transmissibles (übertragbares)
Agens handeln. Als Beispiel für ein biologisches transmissibles Agens wird in
der amtl. Begründung jenes der humanen spongiformen Enzephalopathien
genannt (Creutzfeld-Jakob-Krankheit). Durch die ausdrückliche Beschränkung auf biologische Agentia wird klargestellt, dass chemische Agentia (z. B.
Schadstoffe) nicht unter den Begriff des Krankheitserregers fallen.

c) Geeignetheit zur Krankheits- oder Infektionsverursachung beim 7, 8
Menschen. aa) Allgemeines. Das Agens muss beim Menschen eine Infektion oder eine übertragbare Krankheit verursachen können.

bb) Bewertung. Die Bewertung erfolgt ausschließlich aus medizinischer 9
Sicht und erfordert deshalb einen entsprechenden Sachverstand. Maßstab bei
der Bewertung ist dabei ausweislich der amtl. Begründung der gesunde, nicht
abwehrgeschwächte Mensch.

cc) Beim Menschen. Dieses Merkmal macht entsprechend dem Gesetzes- 10
zweck (vgl. § 1) deutlich, dass Mikroorganismen, welche lediglich bei Tieren
oder Pflanzen zu Infektionen oder Krankheiten führen können, nicht als
Krankheitserreger iSd IfSG anzusehen sind. Im Zusammenhang mit derartigen
Mikroorganismen können gegebenenfalls von der dazu zuständigen Behörde
Maßnahmen nach dem Tierschutzgesetz oder anderen einschlägigen Vorschriften ergriffen werden.

dd) Infektion, übertragbare Krankheit. Siehe dazu die Erläuterungen 11
Rn. 15 ff. und Rn. 20 ff.

ee) Verursachen. Durch das Erfordernis der Verursachung wird zum Aus- 12
druck gebracht, dass das Agens selbst kausal für die Infektion oder übertragbare Krankheit sein muss. Tiere, die Krankheiten lediglich übertragen, stellen
somit selbst keine Krankheitserreger iSd IfSG dar. Derartige Tiere fallen
jedoch idR unter den Begriff der Gesundheitsschädlinge (Nr. 12).

ff) Können. Es ist ausreichend, dass nach medizinischer Erkenntnis grund- 13
sätzlich die Möglichkeit besteht, dass durch einen Erreger bei einem gesunden, nicht abwehrgeschwächten Menschen (vgl. amtl. Begründung) eine
Infektion oder übertragbare Krankheit verursacht wird. Es reicht insoweit die
medizinische Geeignetheit. Für den Menschen nicht oder nur fakultativ
pathogene (krankmachende) Mikroorganismen fallen demnach nicht unter
den Begriff des ‚Krankheitserregers' nach Nr. 1, können jedoch Erreger iSv
Nr. 8 darstellen (vgl. Rn. 50).

d) Weitergehende Erläuterungen. Es ist für die Einordnung als Krank- 14
heitserreger nach Nr. 1 keine Voraussetzung, dass der Erreger meldepflichtig,
bereits bekannt oder erforscht ist. Dies ergibt sich bereits aus dem insoweit
unbegrenzten Schutzzweck des IfSG (vgl. § 1). Damit können auch neu
auftretende Erreger ‚Krankheitserreger' nach Nr. 1 sein.

II. Infektion (Nr. 2)

1. Allgemeines

15 Nicht in jedem Fall führen die Aufnahme von Krankheitserregern und seine nachfolgende Vermehrung im menschlichen Organismus zu einer Krankheit, gleichwohl können die aufgenommenen Krankheitserreger weiterverbreitet werden. Der Ausbruch der von den Krankheitserregern übertragenen Krankheit ist deshalb zur Annahme einer Infektion ebensowenig erforderlich wie das Auftreten einzelner Krankheitssymptome.

2. Bewertung

16 Es gelten die Erläuterungen Rn. 9 entsprechend.

3. Einzelheiten

17 a) **Aufnahme.** Die Aufnahme setzt voraus, dass der Krankheitserreger in den menschlichen Organismus gelangt, indem er in seine Integrität eindringt. Eine bloße Anhaftung oder eine Besiedelung der (Schleim-)Haut ohne ein Eindringen in die körperliche Integrität genügen deshalb nicht (vgl. Bales, § 2 Rn. 5). Der Weg, auf welchem der Krankheitserreger in den menschlichen Organismus aufgenommen wurde, ist für die Annahme einer Infektion ohne Relevanz.

18 b) **Krankheitserreger.** Siehe dazu die Erläuterungen Rn. 4 ff.

19 c) **Entwicklung, Vermehrung.** Findet nach der Aufnahme eine Entwicklung oder Vermehrung im menschlichen Organismus nicht statt (wie etwa bei der Aufnahme von Giftstoffen), liegt auch keine Infektion im Sinne des IfSG vor.

III. Übertragbare Krankheit (Nr. 3)

1. Allgemeines

20 Die Definition des Begriffs ‚übertragbare Krankheit' ist auch für das Verständnis der Begriffe ‚Krankheitserreger' (Nr. 1), ‚Kranker' (Nr. 4), ‚Schutzimpfung' (Nr. 9) und ‚Sentinel-Erhebung' (Nr. 13) von Relevanz. Da bei vielen Eingriffsermächtigungen des IfSG die ‚übertragbare Krankheit' Teil der Tatbestandsvoraussetzungen ist (vgl. z. B. § 16), kommt diesem Begriff in der Rechtsanwendung eine erhebliche Bedeutung zu.

2. Einzelheiten

21 a) **Bewertung.** Es gelten die Erläuterungen Rn. 9 entsprechend.

22 b) **Krankheitserreger.** Siehe dazu die Erläuterungen Rn. 4 ff.

23 c) **Toxische Produkte von Krankheitserregern.** Einige Infektionskrankheiten (z. B. Lebensmittelvergiftung durch Botulismus-Toxin) werden nicht durch die aufgenommenen Krankheitserreger, sondern durch die von ihnen produzierten toxischen (giftigen) Substanzen verursacht. Um klarzustellen, dass auch diese Fälle erfasst sind, werden die toxischen Produkte ausdrücklich genannt (vgl. amtl. Begründung).

d) Übertragung auf den Menschen. Die Krankheitserreger oder deren toxische Produkte müssen unmittelbar oder mittelbar auf den Menschen übertragen werden können. Auf welchem Weg die Übertragung erfolgt, ist ohne Belang. Erfasst sind damit neben den unmittelbar von Mensch zu Mensch übertragbaren Krankheiten auch solche, die mittelbar über ein Tier, eine Pflanze oder einen sonstigen Gegenstand oder auf einem sonstigen Weg auf den Menschen übertragen werden. Damit können auch Krankheiten, die zwar auf den Menschen übertragen, jedoch nicht von diesem auf einen anderen Menschen (weiter-)übertragen werden können (also nicht nach dem allgemeinen Sprachgebrauch ansteckend sind), übertragbar iSv Nr. 3 sein (vgl. Schuhmacher/Meyn § 1 S. 8). 24

e) Krankheitsverursachung beim Menschen. Die Krankheitserreger oder toxische Produkte müssen beim Menschen eine Krankheit verursachen. Tun sie dies lediglich bei Tieren oder Pflanzen, handelt es sich somit bei der von ihnen verursachten Krankheit nicht um eine ‚übertragbare' Krankheit iSv Nr. 3. 25

f) Weitergehende Erläuterungen. Es ist für die Einordnung als übertragbare Krankheit nach Nr. 3 keine Voraussetzung, dass die Krankheit meldepflichtig, bereits bekannt oder erforscht ist. Auch ist es ohne Belang ob sie örtlich, zeitlich (vgl. Erdle, § 2 Ziffer 3) oder in Bezug auf die betroffene Personengruppe unbegrenzt auftreten kann. Erfasst sein können damit insbesondere auch Krankheiten, welche idR eher Risikogruppen treffen, z. B. Tollwut (Risikogruppe: insbesondere Förster und Waldarbeiter) sowie bislang nicht bekannte (‚neue') Krankheiten (wie z. B. in den 1990er Jahren Aids oder 2019/20 der neuartige Coronavirus (2019-nCoV), vgl. auch § 15 Rn. 6a). 26

IIIa. Bedrohliche übertragbare Krankheit (Nr. 3a)

1. Allgemeines

Nr. 3a wurde durch das Gesetz zur Modernisierung der epidemiologischen Überwachung übertragbarer Krankheiten in das IfSG eingefügt. 27

2. Einzelheiten

a) Übertragbare Krankheit. Vgl. die Erläuterungen zu Nr. 3 (Rn. 20 ff.). 28

b) Bedrohlich. Der Begriff der ‚bedrohlichen' übertragbaren Krankheit war bereits vor dem Gesetz zur Modernisierung der epidemiologischen Überwachung übertragbarer Krankheiten an verschiedenen Stellen im IfSG enthalten (vgl. § 5 Abs. 1 Nr. 1, § 4 Abs. 1 S. 4), jedoch hielt das IfSG keine entsprechende Legaldefinition bereit, so dass der Bedeutungsgehalt durch Auslegung ermittelt werden musste. Auf Basis der amtlichen Begründung der 29

Bundesregierung zu § 5 in Bundestags-Drucksache 14/2530 (S. 47) wurden bislang solche übertragbaren Krankheiten als bedrohlich angesehen, welche aufgrund schwerer Verlaufsformen oder ihrer Ausbreitungsweise eine Gefährdung der Bevölkerung darstellen. Die amtl. Begründung nannte in diesem Zusammenhang beispielhaft Diphtherie und Cholera. Durch das Gesetz zur Modernisierung der epidemiologischen Überwachung übertragbarer Krankheiten wurde u. a. der Meldetatbestand in § 6 Abs. 1 S. 1 Nr. 5 neu gefasst. Dieser knüpft nunmehr an das Auftreten einer ‚bedrohlichen übertragbaren Krankheit' an. In diesem Zusammenhang sah sich der Gesetzgeber ausweislich der Begründung des Gesetzentwurfs dazu veranlasst, den Begriff zu definieren, dabei basiert die eingefügte Legaldefinition auf dem oben dargestellten, bisherigen Begriffsverständnis, so dass sich keine grundlegende Änderung der Rechtslage ergibt. Eingeschlossen sind nach der Begründung des Gesetzentwurfs auch Krankheiten, die durch neu aufgetretene Erreger oder Erreger mit besonderen Resistenzen verursacht werden. Durch die Verknüpfung der beiden Eigenschaftsmerkmale mit einem ‚oder' wird deutlich gemacht, dass sich die Bedrohlichkeit einer übertragbaren Krankheit sowohl aus jeder der in der Legaldefinition genannten Eigenschaften allein wie auch durch ihr Zusammenwirken ergeben kann. Die Legaldefinition wird auch in § 7 Abs. 2 S. 1 und § 25 Abs. 2 S. 2 verwendet.

IV. Kranker (Nr. 4)

1. Allgemeines

30 Die Definition wurde aus § 2 Nr. 1 BSeuchG übernommen.

2. Einzelheiten

31 **a) Bewertung.** Es gelten die Erläuterungen Rn. 9 entsprechend.

32 **b) Übertragbare Krankheit.** Zum Begriff siehe die Erläuterungen zu Nr. 3 (Rn. 20 ff.). Da das Vorliegen einer übertragbaren Krankheit nicht zur Voraussetzung hat, dass die jeweilige Krankheit von einem Mensch auf einen anderen Menschen weiterübertragen werden kann (vgl. Rn. 24), können auch solche Personen unter den Begriff des ‚Kranken' fallen, die an einer nicht ansteckenden übertragbaren Krankheit erkrankt sind und von denen keine Ansteckungsgefahr für andere Menschen ausgeht (vgl. Rn. 24).

33 **c) Erkrankt.** Eine Person ist erkrankt, wenn sie die Symptome (vgl. zum, Begriff Rn. 37) einer bestimmten übertragbaren Krankheit aufweist und diese Symptome diagnostisch bestätigt sind. Der Umfang der dazu durchzuführenden Diagnostik hängt vom Einzelfall ab. Er umfasst nur diejenigen Maßnahmen, die erforderlich sind, um lege artis eine abschließende Diagnose zu stellen. Aus diesem Grund werden Laboruntersuchungen, bildgebende Verfahren, etc. zwar oft, aber nicht immer erforderlich sein, etwa dann nicht, wenn bereits aufgrund der bestehenden Symptome eine eindeutige Diagnose möglich ist.

Begriffsbestimmungen § 2 IfSG

Nicht iSv Nr. 4 erkrankt sind Personen, die zwar mit dem Erreger einer 34
übertragbaren Krankheit infiziert sind, aber keinerlei klinische Symptome der
entsprechenden Krankheit aufweisen (vgl. Bales, § 2 Rn. 14). Derartige Personen können aber Ausscheider oder so genannte ‚Carrier' sein, vgl.
Rn. 39 ff.

V. Krankheitsverdächtiger (Nr. 5)

1. Allgemeines

Die Definition wurde mit geringen Modifikationen aus dem BSeuchG übernommen. 35

2. Einzelheiten

a) **Bewertung.** Es gelten die Erläuterungen Rn. 9 entsprechend. 36

b) **Symptome.** Symptome sind Zeichen, die auf eine Erkrankung hinweisen 37
(Krankheitszeichen). Vgl. zum Begriff der Erkrankung § 6 Rn. 3.

c) **Vermutung einer bestimmten übertragbaren Krankheit.** Zum Be- 38
griff der übertragbaren Krankheit siehe Rn. 20. Während es zur Erfüllung der
Definition ‚Kranker' erforderlich ist, dass neben den entsprechenden Symptomen auch eine entsprechende gesicherte Diagnose besteht (vgl. Rn. 30 ff.), ist
es für das Vorliegen eines Krankheitsverdachts ausreichend, dass die tatsächlich
bestehenden Symptome einen fachlich Vorgebildeten (idR ein Arzt) vermuten lassen, dass eine bestimmte übertragbare Krankheit vorliegt, so dass er
die zur abschließenden Klärung erforderlichen diagnostischen Maßnahmen
einleitet (vgl. Schuhmacher/Mey, § 2). In Bezug auf die Qualität der Vermutung gilt die aus dem allgemeinen Gefahrenabwehrrecht bekannte Jedesto-Formel' (so genannter Grundsatz der gegenläufigen Proportionalität,
vgl. Maunz/Dürig/Di Fabio, GG Art. 2 Abs. 2 Nr. 1 Rn. 90–93). Nach
dieser sind die Anforderungen umso niedriger anzusetzen, je größer die von
der betroffenen Krankheit ausgehenden Gefahren für den Betroffenen oder
die Allgemeinheit sind (vgl. zu § 31 BSeuchG VGH München, Beschluss
vom 19.5.1988 – 25 C 8800312 sowie BVerwG, Urteil vom 22.3.2012 – 3 C
16.11). Vgl. zur Je-desto-Formel insbesondere vor dem Hintergrund der
Corona-Pandemie die Erläuterungen § 28 Rn. 20. War eine Person zunächst
ansteckungsverdächtig (Nr. 7) entwickelte jedoch in der Folge die entsprechenden Symptome, kann dies auch für die Annahme eines Krankheitsverdachts sprechen (vgl. Bales, § 2 Rn. 13). Keine Voraussetzung ist, dass die
betroffene Person nach eigenem Empfinden krank ist (vgl. Schuhmacher/
Mey, § 2). Ein Krankheitsverdacht kann nur so lange bestehen, bis die medizinische Diagnostik abgeschlossen ist und der Verdacht entweder bestätigt oder
ausgeräumt wurde. Soweit eine Person keinerlei klinische Symptome einer
bestimmten übertragbaren Krankheit aufweist, fällt sie nicht unter den Begriff
des ‚Krankheitsverdächtigen', selbst wenn ein Krankheitserreger diagnostisch
nachgewiesen ist (vgl. Bales, § 2 Rn. 14). Ein solche Person kann aber Ausscheider oder ‚Carrier' sein, vgl. Rn. 39 ff.

VI. Ausscheider (Nr. 6)

1. Allgemeines

39 Die Legaldefinition des Begriffs entspricht im Wesentlichen § 2 Nr. 4 BSeuchG.

2. Einzelheiten

40 **a) Ohne krank oder krankheitsverdächtig zu sein.** Unter Nr. 6 fallen nur solche Personen, die nicht Kranker oder Krankheitsverdächtiger nach Nr. 4 bzw. Nr. 5 sind. Vgl. zu diesen die Erläuterungen Rn. 30 ff. und Rn. 35 ff.

41 **b) Krankheitserreger.** Zum Begriff siehe die Erläuterungen zu Nr. 1 (Rn. 4 ff.).

42 **c) Ausscheiden.** Darunter fallen sämtliche Vorgänge, durch welche Krankheitserreger den Körper des Menschen verlassen können, insbesondere über den Magen-Darm-Trakt und die Atemwege, aber auch über Körperflüssigkeiten (z. B. Sperma, Blut).

43 **d) Ansteckungsquelle für die Allgemeinheit.** Ein Ansteckungsquelle für die Allgemeinheit stellen nur solche Personen dar, welche die Krankheitserreger im Rahmen von allgemeinen sozialen Kontakten weitergeben können. Keine Ausscheider sind mithin Personen, die zwar einen Krankheitserreger in sich tragen, diesen aber nur unter besonderen Voraussetzungen, die nicht den allgemeinen sozialen Kontakten zuzurechnen sind, an Dritte weitergeben können (z. B. durch Geschlechtsverkehr, Bluttransfusionen oder andere Blutkontakte). Sofern bei diesen so genannten ‚Carriern' (z. B. symptomlose HIV- oder Hepatitis-B-Infizierte) im Einzelfall die Gefahr einer Weiterverbreitung besteht (z. B. aufgrund der beruflich ausgeübten Tätigkeit, etwa bei Chirurgen), stellt das IfSG mit § 31 S. 2 (Berufsverbot) und § 34 Abs. 9 (Schutzmaßnahmen) spezielle Ermächtigungsgrundlagen für ein Tätigwerden der zuständigen Behörde bereit.

VII. Ansteckungsverdächtiger (Nr. 7)

1. Allgemeines

44 Das IfSG ermöglicht Ermittlungs- und Bekämpfungsmaßnahmen bereits gegen Ansteckungsverdächtige (vgl. §§ 25 ff.). Dadurch ist es möglich, bereits weit vor dem Auftreten von Krankheitssymptomen und dem Abschluss etwaiger zeitaufwendiger Diagnostik (mögliche) Ursachen, Ansteckungsquellen und Ausbreitungswege einer übertragbaren Krankheit zu ermitteln und auf Basis dieser Erkenntnisse geeignete Bekämpfungsmaßnahmen einzuleiten.

2. Einzelheiten

a) Ohne krank oder krankheitsverdächtig zu sein. Unter Nr. 7 fallen 45 nur solche Personen, die nicht bereits Kranker, Krankheitsverdächtiger oder Ausscheider nach Nr. 4 (vgl. Rn. 30 ff.), 5 (vgl. Rn. 35 ff.) oder 6 (vgl. Rn. 39 ff.) sind.

b) Aufnahme eines Krankheitserregers. Zum Begriff der ‚Aufnahme' 46 siehe die Erläuterungen Rn. 17, zum Begriff des ‚Krankheitserregers' vgl. Rn. 4 ff.

c) Annahme. Die Annahme der Aufnahme eines Krankheitserregers setzt 47 keine sichere Kenntnis voraus. Ausreichend (aber auch erforderlich) ist, dass durch Tatsachen erhärtete Anhaltspunkte vorliegen, welche die Vermutung nahelegen, dass ein Krankheitserreger iSv Nr. 1 aufgenommen wurde. Es reicht für eine solche Vermutung nicht aus, dass die Aufnahme von Krankheitserregern nicht auszuschließen ist (BVerwG, Urteil vom 22.3.2012 – 3 C 16.11), eben so wenig ausreichend sind bloße entfernte Wahrscheinlichkeiten, reine Vermutungen oder unsubstantiierte Behauptungen. Gleichzeitig ist jedoch auch nicht Voraussetzung, dass sich Annahme geradezu aufdrängt (BVerwG aaO). Bei der für jeden Einzelfall gesondert vorzunehmenden Beurteilung ist eine Gesamtbetrachtung erforderlich. Bei dieser sind die Vorgeschichte, insbesondere Art und Intensität des Kontakts zu Kranken, Krankheitsverdächtigen, Ausscheidern, Carriern (vgl. zum Begriff Rn. 43), Gesundheitsschädlingen (vgl. Rn. 68 ff.) oder Gegenständen, Aufenthalt in Risikogebieten nach Nr. 17 (vgl. Rn. 81) sowie – in Bezug auf die Infektionsrelevanz des Kontakts – die medizinischen Eigenarten der im Raum stehenden Krankheitserreger (Infektiösität, Übertragungswege, Inkubationszeit, Letalität etc.) heranzuziehen. Vgl. zur hier anwendbaren Je-desto-Formel insbesondere vor dem Hintergrund der Corona-Pandemie die Erläuterungen § 28 Rn. 20. Die Feststellung eines Ansteckungsverdachts setzt in der Praxis regelmäßig voraus, dass die Behörde zuvor Ermittlungen (nach § 25) zu infektionsrelevanten Kontakten des Betroffenen angestellt hat, da sich ohne aussagekräftige Tatsachengrundlage nicht zuverlässig bewerten lässt, ob eine Aufnahme von Krankheitserregern anzunehmen ist (BVerwG aaO). Ein Ansteckungsverdacht kann ab einem Erregernachweise nicht mehr bestehen, da ab diesem Zeitpunkt aus dem Verdacht Gewissheit geworden ist.

d) Weitergehende Erläuterungen. Ausweislich des Wortlauts hat die Ein- 48 ordnung einer Person als Ansteckungsverdächtiger nicht zur Voraussetzung, dass diese (wie es für den Ausscheider nach Nr. 6 Voraussetzung ist, vgl. Rn. 43) eine Ansteckungsquelle für die Allgemeinheit sein kann. Aus diesem Grund kann beispielsweise der ungeschützt mit einem HIV-Infizierten sexuell Verkehrende Ansteckungsverdächtiger sein. Erfolgt im Anschluss der Erregernachweis, ist die Person kein Ansteckungsverdächtiger mehr, im Falle der Symptomlosigkeit aber auch nicht von den Legaldefinitionen des Kranken, Krankheitsverdächtigen oder – da keine Ansteckungsquelle für die Allgemeinheit – des Ausscheiders erfasst. Eine solche Person kann nur noch unter die Gruppe der Carrier fallen (vgl. zum Begriff Rn. 43). In der Praxis bedeutet dies, dass in einem solchen Fall ab dem Zeitpunkt des Erregernachweises keinerlei Ermittlungs- oder sonstige Maßnahmen nach §§ 25 ff. mehr möglich sind. Zu speziellen Ermächtigungsgrundlagen im Zusammenhang mit Carriern vgl. Rn. 43.

VIII. Nosokomiale Infektion (Nr. 8)

1. Allgemeines

49 Mit dem Begriff der ‚nosokomialen Infektion' werden Infektionen erfasst, welche im zeitlichen Zusammenhang mit stationären oder ambulanten medizinischen Maßnahmen auftreten.

2. Einzelheiten

50 a) **Infektion.** Nach der Legaldefinition in Nr. 2 kann eine Infektion nur mit einem Krankheitserreger erfolgen. Fakultativ pathogene Mikroorganismen fallen indes nicht unter die Legaldefinition des Begriffs ‚Krankheitserreger' nach Nr. 1 (vgl. Rn. 4 ff.), so dass deren Aufnahme nicht als Infektion nach Nr. 2 anzusehen ist. In Anbetracht der Tatsache, dass der Gesetzgeber ausweislich der amtl. Begründung im Zusammenhang mit nosokomialen Infektionen jedoch ausdrücklich auch fakultativ pathogene Mikroorganismen erfassen wollte (vgl. Rn. 53), ist der Begriff der Infektion hier weiter als bei Nr. 2 auszulegen, so dass er auch die Aufnahme fakultativ pathogene Mikroorganismen umfasst (so auch Bales, § 2 Rn. 16).

51 b) **Lokale oder systemische Infektionszeichen.** Es müssen lokale oder systemische Infektionszeichen vorliegen. Als lokale Infektionszeichen sind beispielsweise Überwärmung, Rötung, Schmerzen, Bewegungseinschränkungen, Schwellungen oder Entzündungen, als systemische Infektionszeichen etwa Fieber, Sepsis oder Lymphknotenschwellung zu nennen.

52 c) **Als Reaktion.** Die Infektion muss als Reaktion auf das Vorhandensein von Erregern oder ihrer Toxine erfolgt sein. Diese etwas umständliche Formulierung meint den Ursachenzusammenhang: die Infektion muss durch die Erreger oder ihre Toxine hervorgerufen worden sein (vgl. die nur so zu verstehende amtl. Begründung).

53 d) **Erreger, Toxine.** Nach der amtl. Begründung sind unter dem Begriff ‚Erreger' über die Krankheitserreger nach Nr. 1 hinaus ausdrücklich auch bloß fakultativ pathogene (krankmachende) Mikroorganismen zu verstehen, welche beim gesunden, nicht abwehrgeschwächten Menschen nicht zu einer übertragbaren Krankheit führen. Toxine sind die von einem Erreger abgegebenen Giftstoffe.

54 e) **Zeitlicher Zusammenhang zu einer stationären oder ambulanten medizinischen Maßnahme. aa) Stationäre Maßnahme.** Dieser Begriff umfasst neben Krankenhausaufenthalten auch anderweitige stationäre medizinische Maßnahmen, etwa in Alten- und Pflegeheimen (vgl. Erdle § 2 Ziff. 8).

bb) Ambulante Maßnahmen. Darunter fallen sämtliche ambulant vor- 55
genommenen medizinischen Maßnahmen unabhängig vom Vornahmeort
(vgl. Bales § 2 Rn. 17), somit auch solche in der häuslichen Umgebung (z. B.
bei Hausbesuchen). Sowohl in Bezug auf die stationären wie auch die ambulanten Maßnahmen ist ohne Belang, warum sie erfolgten und ob sie medizinisch indiziert waren.

cc) Zeitlicher Zusammenhang. Weder das Gesetz noch dessen amtl. Be- 56
gründung machen eine konkrete Vorgabe, wann ein solcher anzunehmen ist.
Ein strikter naturwissenschaftlicher Kausalitätsnachweis ist in Anbetracht des
weit gefassten Wortlauts nicht zu fordern. Es dürfte in der Praxis nach dem
Ausschlussverfahren vorzugehen und im Übrigen eine Einzelfallentscheidung
nach den Gesamtumständen zu treffen sein. Steht fest, dass die Infektion
bereits vor der stationären oder ambulanten Maßnahme bestand, besteht kein
zeitlicher Zusammenhang. Selbiges gilt, wenn die Infektionszeichen erst mit
einem solchen zeitlichen Abstand auftreten, dass nach medizinischem Ermessen ein Zusammenhang mit der Maßnahme ausgeschlossen werden kann,
etwa, weil die entsprechende Inkubationszeit bereits überschritten ist. Immer
dann, wenn nach medizinischer Einschätzung mit hinreichender Wahrscheinlichkeit der Zeitpunkt der Infektion in den Zeitraum fällt, in welchem die
stationäre oder ambulante Maßnahme erfolgte, dürfte ein zeitlicher Zusammenhang iSv Nr. 8 gegeben sein.

dd) Weitergehende Erläuterungen. Nach dem Wortlaut von Nr. 8 ist es 57
keine Voraussetzung für die Annahme einer nosokomialen Infektion, dass die
Person, an welcher die stationäre oder ambulante Maßnahme vorgenommen
wurde, identisch mit dem Infizierten ist. Es kommen damit neben dem
eigentlichen Patienten insbesondere auch Mitpatienten, Besucher oder behan-
delndes Personal als Infizierte in Betracht.

IX. Schutzimpfung (Nr. 9)

1. Allgemeines

Eine Legaldefinition dieses Begriffs war im BSeuchG noch nicht enthalten 58
und wurde zur Klarstellung in das IfSG aufgenommen.

2. Einzelheiten

a) Impfstoff. Die amtl. Begründung verweist diesbezüglich auf § 4 Abs. 4 59
Arzneimittelgesetz. Nach diesem sind Impfstoffe Arzneimittel, die Antigene
oder rekombinante Nukleinsäuren enthalten und die dazu bestimmt sind, bei
Mensch oder Tier zur Erzeugung von spezifischen Abwehr- und Schutz-
stoffen angewendet zu werden und, soweit sie rekombinante Nukleinsäuren
enthalten, ausschließlich zur Vorbeugung oder Behandlung von Infektionskrankheiten bestimmt sind.

b) Ziel der Impfstoffgabe. Ziel der Impfstoffgabe ist bereits nach dem 60
Wortlaut allein der Schutz vor einer übertragbaren Krankheit. Da auch dieje-

nigen Krankheiten übertragbare Krankheiten sind, die lediglich auf den Menschen, aber nicht unmittelbar von diesem weiter auf einen anderen Mensch übertragen werden können (vgl. Rn. 24 ff.), fallen auch solche Impfungen unter die Legaldefinition, welche vor nicht ansteckenden übertragbaren Krankheiten schützen sollen und so ausschließlich dem Geimpften nutzen.

X. Andere Maßnahmen der spezifischen Prophylaxe (Nr. 10)

1. Allgemeines

61 Neben der langfristig wirksamen aktiven Schutzimpfung können kurzfristig auch passiv verabreichte spezifische Antikörper oder wirksame Therapeutika einer Weiterverbreitung von spezifischen Krankheitserregern bei bereits Infizierten den Ausbruch der Krankheit verhindern; diese Maßnahmen sind eigenständige Elemente der Prävention. Ziel dieser Maßnahme muss der Schutz vor Weiterverbreitung bestimmter übertragbarer Krankheiten sein.

2. Einzelheiten

62 a) **Schutz vor Weiterverbreitung.** Unter Weiterverbreitung ist entsprechend dem Zweck des IfSG (vgl. § 1) jede Weiterübertragung auf andere Menschen zu verstehen. Maßnahmen zur individuellen Prophylaxe erfolgen nicht mit der Zielsetzung des Schutzes vor Weiterverbreitung und sind damit nicht erfasst.

63 b) **Bestimmte übertragbare Krankheiten.** Es muss sich nach dem Wortlaut um bestimmte übertragbare Krankheiten (zum Begriff der übertragbaren Krankheit siehe Rn. 20 ff.) handeln. Gefordert ist damit, dass diejenige übertragbare Krankheit, vor deren Weiterverbreitung geschützt werden soll, zum Zeitpunkt der Maßnahme der Prophylaxe konkret bezeichnet werden kann. Die Tatsache, dass ein Medikament gegen eine Vielzahl von übertragbaren Krankheiten zum Einsatz gebracht werden kann, schließt dies nicht per se aus, sofern nur zum Zeitpunkt der Anwendung diejenige übertragbare Krankheit benannt werden kann, vor deren Weiterübertragung es in dem Fall konkret schützen soll.

XI. Impfschaden (Nr. 11)

1. Allgemeines

64 Schwerwiegende Nebenwirkungen von Schutzimpfungen sind mittlerweile sehr selten. Ein Impfschaden setzt nach der Legaldefinition immer drei Elemente voraus: Schutzimpfung, dadurch kausal verursachte, über das übliche Ausmaß einer Impfreaktion hinausgehende gesundheitliche Schädigung, dadurch kausal verursachte Schädigungsfolge (welche gesundheitlicher oder wirtschaftlicher Natur sein kann). Zur Einbeziehung bestimmter Schädigungsfolgen vgl. § 60 Abs. 5. Der Begriff des ‚Impfschadens' erlangt seine Bedeutung in den §§ 60 ff. (Versorgung bei Impfschaden), vgl. im Einzelnen dort. Besteht der Verdacht eines Impfschadens, so ist dieser nach § 6 Abs. 1

Begriffsbestimmungen § 2 IfSG

von der nach § 8 Abs. 1 Nr. 1 dazu verpflichteten Person unter Angabe der erforderlichen Informationen (§ 9 Abs. 1, beachte den Verweis in § 9 Abs. 1 Nr. 15 auf die in § 22 Abs. 2 genannten Angaben) unverzüglich dem zuständigen Gesundheitsamt (§ 9 Abs. 3) zu melden. Nr. 11 wird mWv 1.1.2024 durch G v. 12.12.2019 (BGBl. I S. 2652) aufgehoben

2. Einzelheiten

a) **Schutzimpfung.** Vgl. dazu die Erläuterungen ab Rn. 58. 65

b) **Über das übliche Ausmaß einer Impfreaktion hinausgehende ge-** 66 **sundheitliche Schädigung.** Impfungen führen regelmäßig zu einer Reaktion des Körpers, welche in Bezug auf das Ausmaß von verschiedenen Faktoren abhängt (z. B. körperliche Konstitution, Zusammensetzung des Impfstoffs, Vorerkrankungen). Daher ist eine Abgrenzung zwischen einer noch üblichen, im Interesse der Allgemeinheit hinzunehmenden Impfreaktion und einer gesundheitlichen Schädigung, die diesen Rahmen sprengt und als Impfschaden einen Versorgungsanspruch nach §§ 60 ff. auszulösen vermag, erforderlich. Für diese Abgrenzung spielen die vom RKI gemäß § 20 Abs. 2 S. 3 erarbeiteten Kriterien eine wesentliche Rolle. Ob ein Impfschaden vorliegt, ist grundsätzlich eine Frage des Einzelfalls und kann allein von ärztlichen Gutachtern unter Ausnutzung sämtlicher Erkenntnismöglichkeiten entschieden werden. Herangezogen werden können dabei die „Anhaltspunkte für die ärztliche Gutachtertätigkeit im sozialen Entschädigungsrecht und nach dem Schwerbehindertenrecht", des Bundesministeriums für Arbeit und Soziales (vgl. auch BSG, Urteil vom 27.8.1998 – B 9 VJ 2/97 R). Gemäß dem 2. Halbsatz müssen die geimpfte und die von einem Impfschaden betroffene Person nicht identisch sein. Einen Impfschaden können bei Vorliegen der Voraussetzungen somit auch Dritte geltend machen, die etwa einen von einer geimpften Person ausgeschiedenen Erreger aufgenommen haben. Seit der praktischen Umstellung auf inaktive Polio-Impfstoffe hat der 2. Halbsatz sehr an Bedeutung verloren.

c) **Gesundheitliche oder wirtschaftliche Folge.** Die über das übliche 67 Ausmaß einer Impfreaktion hinausgehende gesundheitliche Schädigung muss kausal für die gesundheitlichen und wirtschaftlichen Folgen sein. Vgl. im Einzelnen die Erläuterungen zu § 61.

XII. Gesundheitsschädling (Nr. 12)

1. Allgemeines

Der Begriff des Gesundheitsschädlings ersetzt den im BSeuchG verwendeten 68 Begriff des ‚tierischen Schädlings'. Ausweislich der amtl. Begründung soll damit verdeutlicht werden, dass nur solche Schädlinge gemeint sind, bei denen die Gefahr besteht, dass sie Krankheitserreger auf den Menschen übertragen können. Nicht erfasst werden Allergene oder Toxine erzeugende Parasiten oder Schädlinge (vgl. amtl. Begründung).

2. Einzelheiten

69 Es muss sich um ein Tier handeln. Pflanzen scheiden damit als Gesundheitsschädlinge aus, auch wenn durch sie Krankheiten übertragen werden können. Ohne Bedeutung ist, ob es sich um ein Nutz-, Haus- oder wildlebendes Tier handelt oder um ein solches, dass im allgemeinen Sprachgebrauch als ‚Ungeziefer' bezeichnet würde.

70 Entscheidend ist allein, ob es Krankheitserreger auf den Menschen übertragen kann. Da dies bei Kopfläusen idR nicht der Fall ist, sieht das IfSG sie nicht als Gesundheitsschädlinge an (vgl. § 17 Abs. 5).

71 Spezifisch Kopfläuse betreffende Regelungen sind in § 17 Abs. 5 und darüber hinaus auch in § 34 Abs. 1 enthalten.

XIII. Sentinel-Erhebung (Nr. 13)

72 Der Begriff war im BSeuchG noch nicht enthalten. Der Gesetzgeber hielt es deshalb für erforderlich, ihn zu erläutern (amtl. Begründung). Der Begriff erfährt seine Relevanz in § 13 Abs. 2.

XIV. Gesundheitsamt (Nr. 14)

1. Allgemeines

73 Der Begriff berücksichtigt die historische Entwicklung, durch welche das ‚Gesundheitsamt' insbesondere in der Bevölkerung als die zentrale Institution im öffentlichen Gesundheitsdienst angesehen wird.

2. Einzelheiten

74 **a) Nach Landesrecht bestimmt.** Der Verweis auf die landesrechtlichen Bestimmungen (vgl. § 54) trägt dem Umstand Rechnung, dass die Behördenstruktur in den einzelnen Bundesländern unterschiedlich ist. So sind in einigen Bundesländern die Gesundheitsämter in den Staat eingegliedert worden, während sie in anderen (auch) auf kommunaler Ebene anzufinden sind (z. B. in Bayern, wo es neben den staatlichen auch fünf kommunale Gesundheitsämter gibt).

75 **b) Amtsarzt.** Amtsarzt ist ein Arzt, welcher über die erforderlichen Kenntnisse auf dem Gebiet des öffentlichen Gesundheitswesens verfügt und sich entsprechend fortbildet (vgl. Bales § 2 Rn. 34). Es reicht die Besetzung mit einem Amtsarzt, nicht erforderlich ist, dass die Leitung des Gesundheitsamtes durch einen Amtsarzt verantwortet wird. Insoweit können etwaige Landesgesetze jedoch abweichende Regelungen vorsehen.

XV. Leitung der Einrichtung (Nr. 15)

1. Allgemeines

76 Nr. 15 wurde zusammen mit Nr. 16 durch das MasernschutzG an § 2 angefügt (vgl. Rn. 3). Im Entwurf der Bundesregierung zum MasernschutzG wurde die Leitung einer Einrichtung noch als die Person definiert, die von dem Träger der Einrichtung mit den Leitungsaufgaben beauftragt ist. Allerdings werden in einzelnen Ländern die Leitungen der Einrichtungen nicht von dem Träger der jeweiligen Einrichtung bestimmt, was diese ursprünglich vorgesehene Definition nicht abbildete. Sie wurde deshalb aufgrund einer entsprechend begründeten Beschlussempfehlung des Ausschusses für Gesundheit (BT-Drs. 19/15164) wie nun im Gesetz enthalten abgeändert. Bedeutung hat der Begriff in den durch das MasernschutzG in das IfSG eingefügten § 20 Abs. 9, 10, 11 sowie in § 36 Abs. 4.

2. Einzelheiten

a) Buchstabe a). Buchstabe a) stellt klar, dass die selbständig leitend tätige 77 Person auch für ihren eigenen Zuständigkeitsbereich die Leitung der Einrichtung im Sinne von Nr. 15 ist. Dies stellt klar, dass diese Person für die Erfüllung der entsprechenden Pflichten selbst zuständig ist (vgl. BT-Drs. 19/13452, 22).

b) Buchstabe b). Buchstabe b) deckt den Fall ab, in welchem dieselbe 78 Person in Bezug auf mehr als eine Einrichtung und damit einrichtungsübergreifend mit der Leitung beauftragt ist und stellt diesbezüglich klar, dass diese Person dann in Bezug auf jede einzelne Einrichtung Leitung der Einrichtung iSv Nr. 15 und damit für die Erfüllung der entsprechenden Pflichten zuständig ist.

XVI. Personenbezogene Angabe (Nr. 16)

1. Allgemeines

Nr. 16 wurde zusammen mit Nr. 15 durch das MasernschutzG an § 2 ange- 79 fügt (vgl. Rn. 3).

2. Einzelheiten

Ausweislich der Begründung des Entwurfs des MasernschutzG (S. 22) soll 80 Nr. 16 aus Gründen der Rechtsklarheit diejenigen Daten konkretisieren, die nach dem IfSG als personenbezogene Angaben übermittelt werden können. Der Gesetzgeber ist dabei der Beschlussempfehlung des Ausschusses für Gesundheit (BT-Drs. 19/15164) gefolgt und hat auch die – im Gesetzesentwurf der Bundesregierung noch nicht enthaltene – Telefonnummer und die E-Mail-Adresse in die Definition aufgenommen, da durch diese Daten die Kontaktaufnahme für die Gesundheitsbehörden erleichtert werden kann. Vgl. zum ‚gewöhnlichen Aufenthaltsort' und zum ‚derzeitigen Aufenthaltsort' die Erläuterungen § 9 Rn. 5 und Rn. 6.

IfSG § 2 1. Abschnitt. Allgemeine Vorschriften

XVII. Risikogebiet (Nr. 17)
1. Allgemeines

81 Der Begriff des ‚Riskogebiets' hat seine praktische Relevanz zunächst im Rahmen von Einreisequarantäneverordnungen gefunden, die Einreisende verpflichteten, sich nach der Einreise aus vom Robert Koch-Institut als besonders risikobehaftet bewerteten Gebieten abzusondern, vgl. im Detail die Erläuterungen § 30 Rn. 23a. Mit der Neufassung von § 36 Abs. 8 S. 1, Abs. 10 S. 1 Nr. 2 Buchstaben a und b (vgl. § 36 Rn. 46 ff. und 50 ff.) und § 56 Abs. 1 S. 3 (vgl. § 56 Rn. 15a) durch das 3. COVIfSGAnpG (vgl. Rn. 3) fand er im Anschluss auch Eingang in das IfSG, so dass eine Legaldefinition erforderlich wurde.

2. Einzelheiten

82 **a) Gebiet außerhalb der Bundesrepublik Deutschland.** Risikogebiete können nach dem eindeutigen Wortlaut nur im Ausland liegen. Dabei kommen neben ganzen Ländern auch kleinere geographisch eindeutig beschreibbare Teile von Ländern in Betracht.

83 **b) Infektion.** Vgl. zum Begriff der Infektion die Erläuterungen Rn. 15 ff.

84 **c) Bestimmte bedrohliche übertragbare Krankheit.** Auch wenn Nr. 17 im Zusammenhang mit der Corona-Pandemie angefügt wurde, sind nicht nur COVID-19, sondern sämtliche bedrohliche übertragbaren Krankheiten erfasst. Vgl. zum Begriff der bedrohlichen übertragbaren Krankheit die Erläuterungen Rn. 27 ff. Die bedrohliche übertragbare Krankheit ist bestimmt, wenn sie – z. B. anhand der Symptome – hinreichend konkret bezeichnet werden kann.

85 **d) Erhöhtes Risiko für eine Infektion.** Weder aus dem Wortlaut noch aus den Gesetzesmaterialien ergeben sich Anhaltspunkte, welche Anforderungen an ein erhöhtes Infektionsrisiko zu stellen sind. Erhöht dürfte das Risiko einer Infektion jedenfalls immer dann sein, wenn das Infektionsgeschehen in dem jeweiligen Gebiet unter Berücksichtigung der konkreten bedrohlichen übertragbaren Krankheit und der Umstände vor Ort ein Ausmaß angenommen hat, das die Vermutung nahelegt, dass in dem Gebiet eine hinreichende Eindämmung nicht mehr gewährleistet ist.

86 **e) Feststellung.** Die Feststellung eines erhöhten Risikos erfolgt durch das Bundesministerium für Gesundheit im Einvernehmen (vgl. zum Begriff § 5 Rn. 52) mit dem Auswärtigen Amt und dem Bundesministerium des Innern, für Bau und Heimat. Ein erhöhtes Risiko ist festgestellt, wenn diese Behörden auf Basis ihrer pflichtgemäßen Feststellungen vernünftigerweise vom Vorliegen derjenigen Tatsachen, welche die Beurteilung eines Infektionsrisikos als erhöht stützen, ausgehen darf. Besteht insoweit zum Entscheidungszeitpunkt indes keine hinreichende Gewissheit, sondern verbleiben noch Zweifel, ob diese Tatsachen tatsächlich vorliegen, so sind die Voraussetzungen nicht

gegeben und darf keine entsprechende Feststellung erfolgen. Die für die Bestimmung relevanten Faktoren bestimmen sich nach der jeweiligen konkreten bedrohlichen übertragbaren Krankheit und sind allein unter infektionsepidemiologischen Gesichtspunkten festzulegen. Sie können beispielsweise die 7-Tages-Inzidenz sowie bestimmte, infektionsepidemiologisch relevante qualitative, quantitative und weitere Kriterien umfassen, beispielsweise Infektionszahlen, die Testrate, die Anzahl von Neuinfektionen, die Ausbreitung (lokale Begrenzung oder diffuse Verteilung in de Fläche), in der Region bestehende medizinische Standards, Testkapazitäten, jeweils unter Berücksichtigung der im jeweiligen Gebiet bereits ergriffene Maßnahmen.

f) Einstufung als Risikogebiet durch Veröffentlichung. Die Einstufung 87 als Risikogebiet erfolgt erst mit Ablauf des ersten Tages nach Veröffentlichung der Feststellung durch das Robert Koch-Institut im Internet unter der Adresse https://www.rki.de/risikogebiete.

§ 3 Prävention durch Aufklärung

Die Information und Aufklärung der Allgemeinheit über die Gefahren übertragbarer Krankheiten und die Möglichkeiten zu deren Verhütung sind eine öffentliche Aufgabe. Insbesondere haben die nach Landesrecht zuständigen Stellen über Möglichkeiten des allgemeinen und individuellen Infektionsschutzes sowie über Beratungs-, Betreuungs- und Versorgungsangebote zu informieren.

A. Allgemeines

§ 3 hebt die Bedeutung von Information und Aufklärung für die Prävention 1 hervor.

B. Einzelheiten
I. Information und Aufklärung als öffentliche Aufgabe (S. 1)

Viele Infektionsgeschehen können mit ausreichenden Kenntnissen vermieden 2 werden (z. B. Kondomnutzung als wirksames Mittel gegen eine HIV-Infektion durch Geschlechtsverkehr). Um die Voraussetzungen für das Vorhandensein entsprechender Kenntnisse über Risiken und Schutzmöglichkeiten in der Bevölkerung zu schaffen, hat der Gesetzgeber in S. 1 die entsprechende Information und Aufklärung zur öffentlichen Aufgabe erklärt.

II. Inhalt

Als Teil der öffentlichen Aufgabe hebt S. 2 beispielhaft (vgl. Wortlaut ‚ins- 3 besondere') die Pflicht der nach Landesrecht zuständigen Stellen, die Bevölkerung über Möglichkeiten des allgemeinen und individuellen Infektionsschutzes sowie über Beratungs-, Betreuungs- und Versorgungsangebote zu informieren, hervor. Eine sachgerechte Aufklärung erfordert ausweislich der amtl. Begründung, dass die zuständigen Stellen gezielte und wirksame Präventionsstrategien entwickeln und diese regelmäßig auf Effizienz und Effektivität prüfen. Darüber hinaus enthalten weder § 3 noch die amtl. Begründung konkretisierenden Vorgaben dazu, wie die Information und Aufklärung zu erfolgen haben, so dass diesbezüglich ein erheblicher Spielraum besteht. In Bezug auf die Beratung bei sexuell übertragbaren Krankheiten und Tuberkulose vgl. § 19.

III. Normadressaten

4 Die Vorschrift richtet sich zunächst an die nach dem Landesrecht bestimmten Stellen. Unabhängig davon sieht der Gesetzgeber aber auch sonstige Behörden, wie z. B. Schul- und Jugendämter in der Pflicht (vgl. amtl. Begründung). Präventionsaufgaben nehmen insbesondere das RKI sowie die Bundeszentrale für gesundheitliche Aufklärung wahr.

2. Abschnitt. Koordinierung und epidemische Lage von nationaler Tragweite

§ 4 Aufgaben des Robert Koch-Institutes

(1) Das Robert Koch-Institut ist die nationale Behörde zur Vorbeugung übertragbarer Krankheiten sowie zur frühzeitigen Erkennung und Verhinderung der Weiterverbreitung von Infektionen. Dies schließt die Entwicklung und Durchführung epidemiologischer und laborgestützter Analysen sowie Forschung zu Ursache, Diagnostik und Prävention übertragbarer Krankheiten ein. Es arbeitet mit den jeweils zuständigen Bundesbehörden, den zuständigen Landesbehörden, den nationalen Referenzzentren, weiteren wissenschaftlichen Einrichtungen und Fachgesellschaften zusammen. Auf dem Gebiet der Zoonosen und mikrobiell bedingten Lebensmittelvergiftungen sind das Bundesamt für Verbraucherschutz und Lebensmittelsicherheit, das Bundesinstitut für Risikobewertung und das Friedrich-Loeffler-Institut zu beteiligen. Auf Ersuchen der zuständigen obersten Landesgesundheitsbehörde kann das Robert Koch-Institut den zuständigen Stellen bei Maßnahmen zur Überwachung, Verhütung und Bekämpfung von bedrohlichen übertragbaren Krankheiten, auf Ersuchen mehrerer zuständiger oberster Landesgesundheitsbehörden auch länderübergreifend, Amtshilfe leisten. Soweit es zur Erfüllung dieser Amtshilfe erforderlich ist, darf es personenbezogene Daten verarbeiten. Beim Robert Koch-Institut wird eine Kontaktstelle für den öffentlichen Gesundheitsdienst der Länder eingerichtet, die die Amtshilfe nach Satz 5 und die Zusammenarbeit mit den zuständigen Landesbehörden und die Zusammenarbeit bei der Umsetzung des elektronischen Melde- und Informationssystems nach § 14 innerhalb der vom gemeinsamen Planungsrat nach § 14 Absatz 1 Satz 7 getroffenen Leitlinien koordiniert.

(1a) Das Bundesministerium für Gesundheit legt dem Deutschen Bundestag nach Beteiligung des Bundesrates bis spätestens zum 31. März 2021 einen Bericht zu den Erkenntnissen aus der durch das neuartige Coronavirus SARS-CoV-2 verursachten Epidemie vor. Der Bericht beinhaltet Vorschläge zur gesetzlichen, infrastrukturellen und personellen Stärkung des Robert Koch-Instituts sowie gegebenenfalls zusätzlicher Behörden zur Erreichung des Zwecks dieses Gesetz.

(2) Das Robert Koch-Institut
1. erstellt im Benehmen mit den jeweils zuständigen Bundesbehörden für Fachkreise als Maßnahme des vorbeugenden Gesundheitsschutzes Richtlinien, Empfehlungen, Merkblätter und sonstige Informationen zur Vorbeugung, Erkennung und Verhinderung der Weiterverbreitung übertragbarer Krankheiten,
2. wertet die Daten zu meldepflichtigen Krankheiten und meldepflichtigen Nachweisen von Krankheitserregern, die ihm nach diesem Gesetz und nach § 11 Absatz 5, § 16 Absatz 4 des IGV-Durchführungsgesetzes übermittelt worden sind, infektionsepidemiologisch aus,
3. stellt die Ergebnisse der infektionsepidemiologischen Auswertungen den folgenden Behörden und Institutionen zur Verfügung:

IfSG § 4   2. Abschnitt. Koordinierung und epidemische Lage

a) den jeweils zuständigen Bundesbehörden,
b) dem Kommando Sanitätsdienst der Bundeswehr,
c) den obersten Landesgesundheitsbehörden,
d) den Gesundheitsämtern,
e) den Landesärztekammern,
f) dem Spitzenverband Bund der Krankenkassen,
g) der Kassenärztlichen Bundesvereinigung,
h) dem Institut für Arbeitsschutz der Deutschen Gesetzlichen Unfallversicherung und
i) der Deutschen Krankenhausgesellschaft,
4. veröffentlicht die Ergebnisse der infektionsepidemiologischen Auswertungen periodisch und
5. unterstützt die Länder und sonstigen Beteiligten bei ihren Aufgaben im Rahmen der epidemiologischen Überwachung nach diesem Gesetz.

(3) Das Robert Koch-Institut arbeitet zu den in § 1 Absatz 1 genannten Zwecken mit ausländischen Stellen und supranationalen Organisationen sowie mit der Weltgesundheitsorganisation und anderen internationalen Organisationen zusammen. Im Rahmen dieser Zusammenarbeit stärkt es deren Fähigkeiten, insbesondere einer möglichen grenzüberschreitenden Ausbreitung von übertragbaren Krankheiten vorzubeugen, entsprechende Gefahren frühzeitig zu erkennen und Maßnahmen zur Verhinderung einer möglichen grenzüberschreitenden Weiterverbreitung einzuleiten. Die Zusammenarbeit kann insbesondere eine dauerhafte wissenschaftliche Zusammenarbeit mit Einrichtungen in Partnerstaaten, die Ausbildung von Personal der Partnerstaaten sowie Unterstützungsleistungen im Bereich der epidemiologischen Lage- und Risikobewertung und des Krisenmanagements umfassen, auch verbunden mit dem Einsatz von Personal des Robert Koch-Institutes im Ausland. Soweit es zur Abwendung von Gefahren von Dritten und zum Schutz von unmittelbar Betroffenen im Rahmen der frühzeitigen Erkennung und Verhinderung der Weiterverbreitung von bedrohlichen übertragbaren Krankheiten, der Unterstützung bei der Ausbruchsuntersuchung und -bekämpfung, der Kontaktpersonennachverfolgung oder der medizinischen Evakuierung von Erkrankten und Ansteckungsverdächtigen erforderlich ist, darf das Robert Koch-Institut im Rahmen seiner Aufgaben nach den Sätzen 1 bis 3 personenbezogene Daten verarbeiten.

Übersicht

	Rn.
A. Allgemeines	1
I. Hintergrund	1
II. Letzte Änderungen	2
1. Durch das MasernschutzG	2
2. Durch das COVIfSGAnpG	2a
3. Durch das 2. COVIfSGAnpG	2b
4. Durch das 3. COVIfSGAnpG	2c
B. Konzeptionen, Risikobewertung, Zusammenarbeit, Kontaktstelle (Abs. 1)	3
I. Konzeptionen (S. 1, S. 2)	3

Aufgaben des Robert Koch-Institutes **§ 4 IfSG**

	Rn.
II. Zusammenarbeit (S. 3)	3a
1. Fachliche Vernetzung	3a
2. Nationale Referenzzentren	3b
IIa. Beteiligung weiterer Einrichtungen (S. 4)	4
1. Allgemeines	4
2. Einzelheiten	5
III. Amtshilfe durch das RKI (S. 5)	6
1. Allgemeines	6
2. Einzelheiten	7
a) Ersuchen	7
b) Zuständige Stellen	8
c) Bedrohliche übertragbare Krankheiten	9
d) Inhalt und Umfang	10
IV. Verarbeitung personenbezogener Daten durch das RKI (S. 6)	11
V. Kontaktstelle beim RKI (S. 7)	12
C. Einmalige Berichtspflicht zum 31.3.2021 (Abs. 1a)	13
D. Weitere Aufgaben des RKI (Abs. 2)	14
I. Allgemeines	14
II. Erstellung von Informationen (Nr. 1)	15
1. Allgemeines	15
2. Einzelheiten	16
a) Fachkreise	16
b) Richtlinien	17
c) Empfehlungen, Merkblätter	18
d) Im Benehmen	19
3. Beispiele für veröffentlichte Informationen	20
III. Datenauswertung, Zurverfügungstellung und Veröffentlichung (Nr. 2–4)	21
IV. Unterstützung der Länder und sonstigen Beteiligten	22
E. Besondere Aufgaben des RKI im internationalen Kontext (Abs. 3)	23
I. Inhalt (S. 1–3)	23
II. Datenschutz (S. 4)	24

A. Allgemeines

I. Hintergrund

Der Gesetzgeber hat erkannt, dass die effektive Vorbeugung übertragbarer 1
Krankheiten sowie die frühzeitige Erkennung von Infektionen zur Verhinderung ihrer Weiterverbreitung eine übergreifende Koordination erfordern, welche im BSeuchG nicht vorgesehen war. Um eine solche Koordination zu etablieren, wurde durch § 2 des Gesundheitseinrichtungen-Neuordnungs-Gesetzes vom 24.6.1994 (GNG) das Robert Koch-Institut (RKI) als Nachfolge-Einrichtung des Bundesgesundheitsamtes und infektionsepidemiologisches Zentrum neu installiert. § 4 beschreibt die im GNG allgemein genannten Aufgaben des RKI konkreter und unterstreicht dabei, dass das IfSG der Prävention eine herausgehobene Bedeutung zumisst.

II. Letzte Änderungen

1. Durch das MasernschutzG

2 Durch das MasernschutzG wurden Abs. 1 S. 3–5 und Abs. 3 entsprechend der Beschlussempfehlung des Gesundheitsausschusses (BT-Drs. 19/15164) neu gefasst und Abs. 1 S. 6 angefügt.

2. Durch das COVIfSGAnpG

2a Durch das COVIfSGAnpG wurden Abs. 1 geringfügig modifiziert (insbesondere wurden S. 6 zu S. 3 und S. 3–5 zu S. 4–6) und Abs. 1a eingefügt. Zugleich wurde in Abs. 1 S. 5 das vormals genutzte Wort ‚schwerwiegenden' durch ‚bedrohlichen' ersetzt, vgl. Rn. 9.

3. Durch das 2. COVIfSGAnpG

2b Durch das 2. COVIfSGAnpG wurde Abs. 1 um S. 7 ergänzt. Vgl. dazu die Erläuterungen Rn. 12.

4. Durch das 3. COVIfSGAnpG

2c Durch das 3. COVIfSGAnpG wurde der Verweis in Abs. 1 um S. 7 redaktionell korrigiert (zuvor erfolgte er unzutreffend auf § 14 Abs. 1 S. 3) und in Abs. 3 S. 4 der Begriff ‚schwerwiegenden' durch ‚bedrohlichen' ersetzt.

B. Konzeptionen, Risikobewertung, Zusammenarbeit, Kontaktstelle (Abs. 1)

I. Konzeptionen (S. 1, S. 2)

3 S. 1 unterstreicht, dass das RKI die die nationale Behörde zur Vorbeugung übertragbarer Krankheiten sowie zur frühzeitigen Erkennung und Verhinderung der Weiterverbreitung von Infektionen ist. Ausweislich S. 2 schließt dies auch die Entwicklung und Durchführung epidemiologischer und laborgestützter Analysen sowie die eigene Forschung zu Ursache, Diagnostik und Prävention übertragbarer Krankheiten ein. Dies bedeutet auch, dass das RKI die zur Aufgabenerfüllung erforderlichen Personal- und Laborkapazitäten bereithalten muss. Teil des Auftrags des RKI ist es, Konzeptionen zur Vorbeugung übertragbarer Krankheiten sowie zur frühzeitigen Erkennung und Verhinderung der Weiterverbreitung von Infektionen zu entwickeln. Die Konzeptionen basieren insbesondere auf dem Stand des Wissens und der Technik sowie einer qualifizierten Analyse und Bewertung der erhobenen Daten.

Aufgaben des Robert Koch-Institutes

II. Zusammenarbeit (S. 3)
1. Fachliche Vernetzung

Die Beratungs- und Koordinationsaufgabe des RKI setzt eine gute fachliche Vernetzung voraus. S. 3 verankert diese Vernetzung im Gesetz. 3a

2. Nationale Referenzzentren

Eine Liste der das RKI bei seiner Tätigkeit unterstützenden nationalen Referenzzentren ist auf der Webseite des RKI einsehbar. 3b

IIa. Beteiligung weiterer Einrichtungen (S. 4)
1. Allgemeines

Auf dem Gebiet der Zoonosen (Krankheiten, die vom Tier auf den Menschen übertragen werden können) sowie der mikrobiell bedingten Lebensmittelvergiftungen muss das RKI das Bundesamt für Verbraucherschutz und Lebensmittelsicherheit, das Bundesinstitut für Risikobewertung und das Friedrich-Loeffler-Institut beteiligen. Mangels näherer gesetzlicher Ausgestaltung kann das RKI Art und Umfang der Beteiligung nach pflichtgemäßem Ermessen bestimmen. 4

2. Einzelheiten

Eine ausreichende Beteiligung liegt bereits dann vor, wenn ein Austausch stattgefunden hat und die Ansicht der zu beteiligenden Einrichtung vom RKI zur Kenntnis genommen wurde. Das RKI ist somit nicht an Einschätzungen der zu beteiligenden Einrichtungen gebunden und bedarf für seine Konzeptionen insbesondere nicht deren Zustimmung. 5

III. Amtshilfe durch das RKI (S. 5)
1. Allgemeines

S. 5 wurde durch das MasernschutzG (als S. 4) aufgrund der entsprechenden Empfehlung des Ausschusses für Gesundheit (BT-Drs. 19/15164) neu gefasst. Auf Ersuchen der zuständigen obersten Landesgesundheitsbehörde kann das RKI gem. S. 5 den zuständigen Stellen bei Maßnahmen zur Überwachung, Verhütung und Bekämpfung von bedrohlichen übertragbaren Krankheiten, auf Ersuchen mehrerer zuständiger oberster Landesgesundheitsbehörden auch länderübergreifend, Amtshilfe leisten. 6

2. Einzelheiten

a) Ersuchen. Die Amtshilfe durch das RKI setzt immer ein Ersuchen der zuständigen obersten Landesgesundheitsbehörde bzw. bei länderübergreifenden Konstellationen ein Ersuchen der betroffenen zuständigen obersten Lan- 7

IfSG § 4   2. Abschnitt. Koordinierung und epidemische Lage

desgesundheitsbehörden voraus. Eine besondere Form ist für das Ersuchen nicht vorgeschrieben.

8 **b) Zuständige Stellen.** Diese bestimmen sich nach dem einschlägigen Landesrecht.

9 **c) Bedrohliche übertragbare Krankheiten. aa) Allgemeines.** Durch das COVIfSGAnpG wurde der zuvor verwendete Begriff ‚schwerwiegende übertragbare Krankheiten' durch ‚bedrohliche übertragbare Krankheiten' ersetzt und damit an die sonst im IfSG verwendete Terminologie gem. § 2 Nr. 3a angeglichen.

9a **bb) Einzelheiten.** Eine Amtshilfe durch das RKI ist auf Maßnahmen in Bezug auf solche übertragbare Krankheiten, die bedrohlich sind, beschränkt. Diese Anforderung dient dazu, die Kapazitäten des RKI immer dann zu schonen, wenn die zuständigen Länderbehörden die jeweilige Situation mit eigenen Mitteln adäquat lösen können. Eine übertragbare Krankheit ist dann ‚bedrohlich', wenn sie die auf Grund klinisch schwerer Verlaufsformen oder ihrer Ausbreitungsweise eine schwerwiegende Gefahr für die Allgemeinheit verursachen kann, vgl. im Einzelnen die Erläuterungen § 2 Nr. 3a (vgl. § 2 Rn. 27 ff.).

10 **d) Inhalt und Umfang.** Die konkrete Ausgestaltung der Amtshilfe in Bezug auf Inhalt und Umfang ist einzelfallabhängig und wird je nach Bedarf vom RKI nach pflichtgemäßem Ermessen festgelegt. Die Amtshilfe kann neben Beratungs- auch weitere Unterstützungstätigkeiten umfassen. Eine Beratung kann, je nach Erfordernis, auch vor Ort erfolgen. Die Unterstützungstätigkeiten können, wie die Beschlussempfehlung des Gesundheitsausschusses zum MasernschutzG (BT-Drs. 19/15164, 52) ausführt, insbesondere zum Ziel haben, den öffentlichen Gesundheitsdienst vor Ort in der Weise zu unterstützen, dass ein schnelles Handeln und eine unverzügliche Einleitung von Maßnahmen zur Eindämmung von Infektionsgeschehen erfolgen können. Insoweit erwachsen dem RKI durch S. 4 jedoch keine zusätzlichen Befugnisse. Das RKI kann folglich die ihm nach S. 4 eingeräumte Amtshilfe nur leisten, wenn die Handlung, um die ersucht wird, nach dem für das RKI maßgeblichen Recht zulässig ist, ist dies nicht der Fall, darf es die Handlung nicht vornehmen. Dies betrifft, wie die Begründung der Beschlussempfehlung des Gesundheitsausschusses zum MasernschutzG (BT-Drs. 19/15164, 52) explizit ausführt, neben der Übernahme von Aufgaben auch die Durchführung von Eingriffshandlungen, welche eine entsprechende gesetzliche Eingriffsermächtigung erfordern. Die durch das MasernschutzG neu gefassten Regelungen in S. 5 erlauben es dem RKI daher nicht, Aufgaben oder Befugnisse der obersten Landesgesundheitsbehörden zu übernehmen, die ihm nicht selbst aufgrund einer entsprechenden anderen gesetzlichen Aufgabenzuweisung oder einer anderen gesetzlichen Eingriffsermächtigung zugewiesen sind.

Aufgaben des Robert Koch-Institutes § 4 IfSG

IV. Verarbeitung personenbezogener Daten durch das RKI (S. 6)

S. 6 wurde (als S. 5) durch das MasernschutzG eingefügt. Er regelt, wie die 11
Beschlussempfehlung des Gesundheitsausschusses zum MasernschutzG (BT-Drs. 19/15164, 52) darlegt, dass das RKI im Rahmen der Amtshilfe befugt ist, personenbezogene Daten zu verarbeiten. Dies ist im Rahmen der Amtshilfe nötig, damit beispielsweise unverzüglich Maßnahmen zur Eindämmung von Ausbruchsgeschehen unterstützt werden können, soweit das RKI hierzu nach dem für es maßgeblichen Recht befugt ist. Durch S. 6 wird es dem RKI auch ermöglicht, konkrete personenbezogene Empfehlungen abzugeben, soweit dies zur Erfüllung der jeweiligen Amtshilfeleistung erforderlich ist.

V. Kontaktstelle beim RKI (S. 7)

Ausweislich des durch das 2. COVIfSGAnpG angefügten S. 7 wird beim RKI 12
eine Kontaktstelle für den öffentlichen Gesundheitsdienst der Länder eingerichtet. Ihre Aufgabe ist es, die Amtshilfe nach S. 5 sowie die Zusammenarbeit des Bundes mit den zuständigen Landesbehörden und die Zusammenarbeit bei der Umsetzung des elektronischen Melde- und Informationssystems nach § 14 zu koordinieren. Hintergrund ist nach der Begründung des Entwurfs des 2. COVIfSGAnpG (BT-Drs. 19/18967, 51) die im Rahmen der COVID-19-Pandemie gewonnene Erfahrung, dass durch die vielfach gesteigerten Anforderungen des öffentlichen Gesundheitsdienstes ein erhöhter Informations- und – insbesondere in gesundheitlichen Krisensituationen – gegebenenfalls auch Unterstützungsbedarf durch den Bund erforderlich werden kann.

C. Einmalige Berichtspflicht zum 31.3.2021 (Abs. 1a)

Die einmalige Berichtspflicht gem. Abs. 1a wurde durch das COVIfSGAnpG 13
eingefügt. Ausweislich der Begründung des Entwurfs des COVIfSGAnpG (BT-Drs. 19/18111, 19) soll die Regelung sicherstellen, dass der Deutsche Bundestag über die Erkenntnisse der durch das neuartige Coronavirus SARS-CoV-2 verursachten Epidemie informiert wird. Der Bericht soll unter Beteiligung des Bundesrates – und damit der Länder – erstellt werden und Vorschläge zur gesetzlichen, infrastrukturellen und personellen Stärkung des Robert Koch-Instituts sowie gegebenenfalls zusätzlicher Behörden zur Umsetzung des Zwecks des IfSG (vgl. § 1 Rn. 1 ff.) beinhalten. Zweck des Berichts ist es nach der Entwurfsbegründung, die in ihm enthaltenen Erkenntnisse (einschließlich der Erfahrungen aus der Anwendung der durch das COVIfSGAnpG in das IfSG eingefügten Regelungen) und ihre Evaluierung zu nutzen und in einen Vorschlag zur weiteren Verbesserung der Resilienz Deutschlands bei schweren, biologischen Gefahrenlagen von nationaler Bedeutung einfließen zu lassen. Dabei weist der Entwurf explizit auf die Gefahr hin, dass sich eine ähnliche Gefahrensituation – insbesondere bedingt durch den Klimawandel und die immer weiter steigende Mobilität der Bevölkerung – wiederholen könne.

IfSG § 4 2. Abschnitt. Koordinierung und epidemische Lage

D. Weitere Aufgaben des RKI (Abs. 2)

I. Allgemeines

14 Abs. 2 beschreibt wesentliche Aufgaben des RKI. Durch die Wahrnehmung dieser Aufgaben trägt das RKI in erheblichem Umfang zu einer Erleichterung der täglichen Arbeit wie auch zu einer Vereinheitlichung der medizinischen Bewertung bei den zuständigen Behörden und Gesundheitsämtern bei. Durch das Gesetz zur Modernisierung der epidemiologischen Überwachung übertragbarer Krankheiten wurden Nr. 2–5 neu gefasst.

II. Erstellung von Informationen (Nr. 1)

1. Allgemeines

15 Aktuelle wissenschaftliche Informationen sind elementare Voraussetzung für die Vorbeugung, Erkennung und Verhinderung übertragbarer Krankheiten.

2. Einzelheiten

16 **a) Fachkreise.** Die in Nr. 1 genannten Informationen sind für Fachkreise bestimmt. Fachkreise sind etwa Ärzte, Gesundheitsämter, zuständige Behörden (§ 54), Gemeinschaftseinrichtungen und in § 4 Abs. 1 genannte Institutionen in Deutschland. Adressaten der Informationen sind damit Personen, bei denen vom Vorliegen hinreichender Vorkenntnisse ausgegangen werden kann. Aus diesem Grund können die Informationen auch in der für die jeweiligen Empfänger verständlichen Abstraktheit und gegebenenfalls mit den entsprechenden Fachtermini abgefasst werden. Sofern darüber hinaus eine allgemeine Aufklärung der Bevölkerung nötig ist, die wegen des Gebots der Allgemeinverständlichkeit eigene Informationsmaterialien und -medien erfordert, soll diese ausweislich der amtl. Begründung durch andere Bundeseinrichtungen und Landeseinrichtungen erfolgen, z. B. die BZgA.

17 **b) Richtlinien.** Mit dem Begriff der ‚Richtlinie' sind Richtschnüre im Sinne von medizinischen Standards gemeint. Richtlinien erwachsen nicht in Gesetzeskraft, sind rechtlich jedoch – wie z. B. DIN-Vorschriften – als so genannte antezipierte Sachverständigengutachten anzusehen. Dies bedeutet, dass (etwa in einem Gerichtsverfahren) bei einem mit den Richtlinien übereinstimmenden Handeln davon ausgegangen wird, dass es lege artis erfolgte, während ein Abweichen grundsätzlich nur dann als fehlerfrei anzusehen ist, wenn es wissenschaftlich als zum Standard gleich- oder höherwertig begründet werden kann (vgl. dazu auch § 23 Rn. 13). Auf diese Weise erlangen Richtlinien in der Praxis eine hohe Verbindlichkeit, welche sich durch die Fachlichkeit des RKI als Ersteller rechtfertigt.

18 **c) Empfehlungen, Merkblätter.** Mit Empfehlungen sind fachliche Ratschläge gemeint, welche sich auf einzelne Aspekte der Vorbeugung, Erkennung oder Verhinderung von Infektionskrankheiten beziehen. Merkblätter bereiten die Hauptaspekte bestimmter Themen in Kurzform auf, um die jeweiligen Adressaten bei ihrer Arbeit zu unterstützen.

d) Im Benehmen. Der Begriff entspricht inhaltlich der Beteiligung in Abs. 1 S. 3 (vgl. Rn. 5). **19**

3. Beispiele für veröffentlichte Informationen

In Erfüllung der sich aus Nr. 1 ergebenden Aufgabe veröffentlicht das RKI beispielsweise das ‚Epidemiologische Bulletin', die ‚Steckbriefe seltener und importierter Infektionskrankheiten' und diverse Merkblätter. Eine Übersicht der Publikationen des RKI ist unter www.RKI.de → Service → Publikationen abrufbar. **20**

III. Datenauswertung, Zurverfügungstellung und Veröffentlichung (Nr. 2–4)

Durch eine infektionsepidemiologische Auswertung der nach dem IfSG übermittelten Meldungen (Nr. 2) wird sichergestellt, dass das RKI jederzeit einen seiner Rolle entsprechenden Kenntnisstand des epidemiologischen Geschehens aufweist und epidemiologische Zusammenhänge frühzeitig erkennen kann. Diese Kenntnis ist wesentliche Voraussetzung für die Erarbeitung der in Abs. 1 S. 1 angesprochenen Konzeptionen und spielen auch im Rahmen der internationalen Zusammenarbeit nach Abs. 3 eine erhebliche Rolle. Die Pflicht nach Nr. 3 und 4, die so gewonnen Erkenntnisse den darin genannten Institutionen zur Verfügung zu stellen und sie periodisch zu veröffentlichen, trägt dazu bei, Ausbrüche und Epidemien, Einschleppungen sowie neue Infektionskrankheiten und Risiken der Übertragung und Weiterverbreitung schnell entdecken (Frühwarnsystem) und notwendige Maßnahmen einleiten zu können. **21**

IV. Unterstützung der Länder und sonstigen Beteiligten

Die neue Nr. 5 sieht vor, dass das RKI die Länder und sonstigen Beteiligten bei ihren Aufgaben im Rahmen der epidemiologischen Überwachung nach dem IfSG unterstützt. **22**

E. Besondere Aufgaben des RKI im internationalen Kontext (Abs. 3)

I. Inhalt (S. 1–3)

Hintergrund der Regelungen in S. 1–3 ist die besondere Relevanz eines frühzeitigen Tätigwerdens beim Bestehen von Gefahren einer Ausbreitung von übertragbaren Krankheiten, dies insbesondere in Anbetracht des globalisierten Waren- und Reiseverkehrs (vgl. BT-Drs. 18/10938, 47). Durch eine entsprechende Unterstützung und Zusammenarbeit mit ausländischen Staaten und Organisationen (z. B. WHO) sollen die Risiken einer grenzüberschreitenden Ausbreitung von übertragbaren Krankheiten und die Einschleppung **23** von übertragbaren Krankheiten nach Deutschland reduziert werden. Zudem sollen die Erfahrungen und die Expertise, über welche das RKI als Leitinstitut des Bundes auf dem Gebiet der Krankheitsüberwachung und -prävention verfügt, verstärkt für die genannten Zwecke genutzt werden. So kann das RKI zugleich neue wissenschaftliche Erkenntnisse gewinnen und für die Zwecke des internationalen Gesundheitsschutzes einsetzen (vgl. BT-Drs. 18/10938, 47).

II. Datenschutz (S. 4)

24 Entsprechend der Änderung in Abs. 1 (vgl. Rn. 11) soll es der durch das MasernschutzG angefügte S. 4 dem RKI auch im Rahmen seiner Aufgaben nach Abs. 3 S. 1–3 ermöglichen, personenbezogene Daten zu verarbeiten. Soweit es zur Abwendung von Gefahren von Dritten und zum Schutz von unmittelbar Betroffenen im Rahmen der frühzeitigen Erkennung und Verhinderung der Weiterverbreitung von schwerwiegenden übertragbaren Krankheiten, der Unterstützung bei der Ausbruchsuntersuchung und -bekämpfung, der Kontaktpersonennachverfolgung oder der medizinischen Evakuierung von Erkrankten und Ansteckungsverdächtigen erforderlich ist, darf das RKI im Rahmen seiner Aufgaben nach den S. 1–3 personenbezogene Daten verarbeiten (vgl. Beschlussempfehlung des Gesundheitsausschusses (BT-Drs. 19/15164, 53)).

§ 5 Epidemische Lage von nationaler Tragweite

(1) Der Deutsche Bundestag kann eine epidemische Lage von nationaler Tragweite feststellen, wenn die Voraussetzungen nach Satz 4 vorliegen. Der Deutsche Bundestag hebt die Feststellung der epidemischen Lage von nationaler Tragweite wieder auf, wenn die Voraussetzungen nach Satz 4 nicht mehr vorliegen. Die Feststellung und die Aufhebung sind im Bundesgesetzblatt bekannt zu machen. Eine epidemische Lage von nationaler Tragweite liegt vor, wenn eine ernsthafte Gefahr für die öffentliche Gesundheit in der gesamten Bundesrepublik Deutschland besteht, weil
1. die Weltgesundheitsorganisation eine gesundheitliche Notlage von internationaler Tragweite ausgerufen hat und die Einschleppung einer bedrohlichen übertragbaren Krankheit in die Bundesrepublik Deutschland droht oder
2. eine dynamische Ausbreitung einer bedrohlichen übertragbaren Krankheit über mehrere Länder in der Bundesrepublik Deutschland droht oder stattfindet.

Solange eine epidemische Lage von nationaler Tragweite festgestellt ist, unterrichtet die Bundesregierung den Deutschen Bundestag regelmäßig mündlich über die Entwicklung der epidemischen Lage von nationaler Tragweite.

(2) Das Bundesministerium für Gesundheit wird im Rahmen der epidemischen Lage von nationaler Tragweite unbeschadet der Befugnisse der Länder ermächtigt,
1. (weggefallen)
2. (weggefallen)

3. (weggefallen)
4. durch Rechtsverordnung ohne Zustimmung des Bundesrates Maßnahmen zur Sicherstellung der Versorgung mit Arzneimitteln einschließlich Impfstoffen und Betäubungsmitteln, mit Medizinprodukten, Labordiagnostik, Hilfsmitteln, Gegenständen der persönlichen Schutzausrüstung und Produkten zur Desinfektion sowie zur Sicherstellung der Versorgung mit Wirk-, Ausgangs- und Hilfsstoffen, Materialien, Behältnissen und Verpackungsmaterialien, die zur Herstellung und zum Transport der zuvor genannten Produkte erforderlich sind, zu treffen und insbesondere
   a) Ausnahmen von den Vorschriften des Arzneimittelgesetzes, des Betäubungsmittelgesetzes, des Apothekengesetzes, des Fünften Buches Sozialgesetzbuch, des Transfusionsgesetzes sowie der auf ihrer Grundlage erlassenen Rechtsverordnungen, der medizinprodukterechtlichen Vorschriften und der die persönliche Schutzausrüstung betreffenden Vorschriften zum Arbeitsschutz, die die Herstellung, Kennzeichnung, Zulassung, klinische Prüfung, Anwendung, Verschreibung und Abgabe, Ein- und Ausfuhr, das Verbringen und die Haftung, sowie den Betrieb von Apotheken einschließlich Leitung und Personaleinsatz regeln, zuzulassen,
   b) die zuständigen Behörden zu ermächtigen, im Einzelfall Ausnahmen von den in Buchstabe a genannten Vorschriften zu gestatten, insbesondere Ausnahmen von den Vorschriften zur Herstellung, Kennzeichnung, Anwendung, Verschreibung und Abgabe, zur Ein- und Ausfuhr und zum Verbringen sowie zum Betrieb von Apotheken einschließlich Leitung und Personaleinsatz zuzulassen,
   c) Maßnahmen zum Bezug, zur Beschaffung, Bevorratung, Verteilung und Abgabe solcher Produkte durch den Bund zu treffen sowie Regelungen zu Melde- und Anzeigepflichten vorzusehen,
   d) Regelungen zur Sicherstellung und Verwendung der genannten Produkte sowie bei enteignender Wirkung Regelungen über eine angemessene Entschädigung hierfür vorzusehen,
   e) ein Verbot, diese Produkte zu verkaufen, sich anderweitig zur Überlassung zu verpflichten oder bereits eingegangene Verpflichtungen zur Überlassung zu erfüllen sowie Regelungen über eine angemessene Entschädigung hierfür vorzusehen,
   f) Regelungen zum Vertrieb, zur Abgabe, Preisbildung und -gestaltung, Erstattung sowie Vergütung vorzusehen,
   g) Maßnahmen zur Aufrechterhaltung, Umstellung, Eröffnung oder Schließung von Produktionsstätten oder einzelnen Betriebsstätten von Unternehmen, die solche Produkte produzieren sowie Regelungen über eine angemessene Entschädigung hierfür vorzusehen;
5. nach § 13 Absatz 1 des Patentgesetzes anzuordnen, dass eine Erfindung in Bezug auf eines der in Nummer 4 vor der Aufzählung genannten Produkte im Interesse der öffentlichen Wohlfahrt oder im Interesse der Sicherheit des Bundes benutzt werden soll; das Bundesministerium für Gesundheit kann eine nachgeordnete Behörde beauftragen, diese Anordnung zu treffen;
6. die notwendigen Anordnungen
   a) zur Durchführung der Maßnahmen nach Nummer 4 Buchstabe a und

IfSG § 5   2. Abschnitt. Koordinierung und epidemische Lage

    b) zur Durchführung der Maßnahmen nach Nummer 4 Buchstabe c bis g zu treffen; das Bundesministerium für Gesundheit kann eine nachgeordnete Behörde beauftragen, diese Anordnung zu treffen;
7. durch Rechtsverordnung ohne Zustimmung des Bundesrates Maßnahmen zur Aufrechterhaltung der Gesundheitsversorgung in ambulanten Praxen, Apotheken, Krankenhäusern, Laboren, Vorsorge- und Rehabilitationseinrichtungen und in sonstigen Gesundheitseinrichtungen in Abweichung von bestehenden gesetzlichen Vorgaben vorzusehen und insbesondere
   a) untergesetzliche Richtlinien, Regelungen, Vereinbarungen und Beschlüsse der Selbstverwaltungspartner nach dem Fünften Buch Sozialgesetzbuch und nach Gesetzen, auf die im Fünften Buch Sozialgesetzbuch Bezug genommen wird, anzupassen, zu ergänzen oder auszusetzen,
   b) abweichend von der Approbationsordnung für Ärzte die Zeitpunkte und die Anforderungen an die Durchführung der einzelnen Abschnitte der Ärztlichen Prüfung und der Eignungs- und Kenntnisprüfung festzulegen und zu regeln, dass Medizinstudierenden infolge einer notwendigen Mitwirkung an der Gesundheitsversorgung keine Nachteile für den Studienfortschritt entstehen,
   c) abweichend von der Approbationsordnung für Zahnärzte die Anforderungen an die Durchführung der naturwissenschaftlichen Vorprüfung, der zahnärztlichen Vorprüfung und der zahnärztlichen Prüfung festzulegen und alternative Lehrformate vorzusehen, um die Fortführung des Studiums zu gewährleisten,
   d) abweichend von der Approbationsordnung für Apotheker die Zeitpunkte und die Anforderungen an die Durchführung der einzelnen Prüfungsabschnitte der pharmazeutischen Prüfung sowie die Anforderungen an die Durchführung der Famulatur und der praktischen Ausbildung festzulegen und alternative Lehrformate vorzusehen, um die Fortführung des Studiums zu gewährleisten;
8. durch Rechtsverordnung ohne Zustimmung des Bundesrates Maßnahmen zur Aufrechterhaltung der pflegerischen Versorgung in ambulanten und stationären Pflegeeinrichtungen in Abweichung von bestehenden gesetzlichen Vorgaben vorzusehen und insbesondere
   a) bundesgesetzliche oder vertragliche Anforderungen an Pflegeeinrichtungen auszusetzen oder zu ändern,
   b) untergesetzliche Richtlinien, Regelungen, Vereinbarungen und Beschlüsse der Selbstverwaltungspartner nach dem Elften Buch Sozialgesetzbuch und nach Gesetzen, auf die im Elften Buch Sozialgesetzbuch Bezug genommen wird, anzupassen, zu ergänzen oder auszusetzen,
   c) Aufgaben, die über die Durchführung von körperbezogenen Pflegemaßnahmen, pflegerischen Betreuungsmaßnahmen und Hilfen bei der Haushaltsführung bei Pflegebedürftigen hinaus regelmäßig von Pflegeeinrichtungen, Pflegekassen und Medizinischen Diensten zu erbringen sind, auszusetzen oder einzuschränken;
9. Finanzhilfen gemäß Artikel 104b Absatz 1 des Grundgesetzes für Investitionen der Länder, Gemeinden und Gemeindeverbände zur technischen Modernisierung der Gesundheitsämter und zum Anschluss dieser an das elektro-

nische Melde- und Informationssystem nach § 14 sowie zum Aufbau oder zur Aufrechterhaltung von Kernkapazitäten im Sinne der Anlage 1 Teil B der Internationalen Gesundheitsvorschriften (2005) (BGBl. 2007 II S. 930, 932), auf Flughäfen, in Häfen und bei Landübergängen, soweit dies in die Zuständigkeit der Länder fällt, zur Verfügung zu stellen; das Nähere wird durch Verwaltungsvereinbarungen mit den Ländern geregelt;

10. durch Rechtsverordnung ohne Zustimmung des Bundesrates unbeschadet des jeweiligen Ausbildungsziels und der Patientensicherheit abweichende Regelungen von den Berufsgesetzen der Gesundheitsfachberufe und den auf deren Grundlage erlassenen Rechtsverordnungen zu treffen, insbesondere hinsichtlich

a) der Dauer der Ausbildungen,
b) der Nutzung von digitalen Unterrichtsformaten,
c) der Besetzung der Prüfungsausschüsse,
d) der staatlichen Prüfungen und
e) der Durchführung der Eignungs- und Kenntnisprüfungen.

Die Ermächtigung nach Satz 1 Nummer 10 umfasst die folgenden Ausbildungen:

1. zur Altenpflegerin oder zum Altenpfleger nach § 58 Absatz 2 des Pflegeberufegesetzes,
2. zur Altenpflegerin oder zum Altenpfleger nach § 66 Absatz 2 des Pflegeberufegesetzes,
3. zur Diätassistentin oder zum Diätassistenten nach dem Diätassistentengesetz,
4. zur Ergotherapeutin oder zum Ergotherapeuten nach dem Ergotherapeutengesetz,
5. zur Gesundheits- und Krankenpflegerin oder zum Gesundheits- und Krankenpfleger nach § 66 Absatz 1 Satz 1 Nummer 1 des Pflegeberufegesetzes,
6. zur Gesundheits- und Kinderkrankenpflegerin oder zum Gesundheits- und Kinderkrankenpfleger nach § 58 Absatz 1 Satz 1 des Pflegeberufegesetzes,
7. zur Gesundheits- und Kinderkrankenpflegerin oder zum Gesundheits- und Kinderkrankenpfleger nach § 66 Absatz 1 Satz 1 Nummer 2 des Pflegeberufegesetzes,
8. zur Hebamme oder zum Entbindungspfleger nach § 77 Absatz 1 und § 78 des Hebammengesetzes,
9. zur Hebamme nach dem Hebammengesetz,
10. zur Logopädin oder zum Logopäden nach dem Gesetz über den Beruf des Logopäden,
11. zur Masseurin und medizinischen Bademeisterin oder zum Masseur und medizinischen Bademeister nach dem Masseur- und Physiotherapeutengesetz,
12. zur Medizinisch-technischen Laboratoriumsassistentin oder zum Medizinisch-technischen Laboratoriumsassistenten nach dem MTA-Gesetz,
13. zur Medizinisch-technischen Radiologieassistentin oder zum Medizinisch-technischen Radiologieassistenten nach dem MTA-Gesetz,
14. zur Medizinisch-technischen Assistentin für Funktionsdiagnostik oder zum Medizinisch-technischen Assistenten für Funktionsdiagnostik nach dem MTA-Gesetz,

15. zur Notfallsanitäterin oder zum Notfallsanitäter nach dem Notfallsanitätergesetz,
16. zur Orthoptistin oder zum Orthoptisten nach dem Orthoptistengesetz,
17. zur Pflegefachfrau oder zum Pflegefachmann nach dem Pflegeberufegesetz,
18. zur pharmazeutisch-technischen Assistentin oder zum pharmazeutisch-technischen Assistenten nach dem Gesetz über den Beruf des pharmazeutisch-technischen Assistenten,
19. zur Physiotherapeutin oder zum Physiotherapeuten nach dem Masseur- und Physiotherapeutengesetz,
20. zur Podologin oder zum Podologen nach dem Podologengesetz,
21. zur Veterinärmedizinisch-technischen Assistentin oder zum Veterinärmedizinisch-technischen Assistenten nach dem MTA-Gesetz.

(3) Anordnungen nach Absatz 2 Nummer 1 und 2 werden im Einvernehmen mit dem Bundesministerium des Innern, für Bau und Heimat und dem Bundesministerium für Verkehr und digitale Infrastruktur getroffen. Rechtsverordnungen nach Absatz 2, insbesondere nach Nummer 3, 4, 7 und 8, bedürfen des Einvernehmens mit dem Bundesministerium für Arbeit und Soziales, soweit sie sich auf das Arbeitsrecht oder den Arbeitsschutz beziehen. Rechtsverordnungen nach Absatz 2 Nummer 4 und Anordnungen nach Absatz 2 Nummer 6 ergehen im Benehmen mit dem Bundesministerium für Wirtschaft und Energie. Rechtsverordnungen nach Absatz 2 Nummer 10 werden im Benehmen mit dem Bundesministerium für Bildung und Forschung erlassen und bedürfen, soweit sie sich auf die Pflegeberufe beziehen, des Einvernehmens mit dem Bundesministerium für Familie, Senioren, Frauen und Jugend. Bei Gefahr im Verzug kann auf das Einvernehmen nach den Sätzen 1 und 2 verzichtet werden.

(4) Eine auf Grund des Absatzes 2 oder § 5a Absatz 2 erlassene Rechtsverordnung tritt mit Aufhebung der Feststellung der epidemischen Lage von nationaler Tragweite außer Kraft, ansonsten spätestens mit Ablauf des 31. März 2021. Abweichend von Satz 1 bleibt eine Übergangsregelung in der Verordnung nach Absatz 2 Nummer 7 Buchstabe b, Buchstabe c oder Buchstabe d bis zum Ablauf der Phase des Studiums in Kraft, für die sie gilt. Abweichend von Satz 1 ist eine Verordnung nach Absatz 2 Nummer 10 auf ein Jahr nach Aufhebung der Feststellung der epidemischen Lage von nationaler Tragweite, spätestens auf den Ablauf des 31. März 2022 zu befristen. Nach Absatz 2 getroffene Anordnungen gelten mit Aufhebung der Feststellung der epidemischen Lage von nationaler Tragweite als aufgehoben, ansonsten mit Ablauf des 31. März 2021. Eine Anfechtungsklage gegen Anordnungen nach Absatz 2 hat keine aufschiebende Wirkung.

(5) Das Grundrecht der körperlichen Unversehrtheit (Artikel 2 Absatz 2 Satz 1 des Grundgesetzes) wird im Rahmen des Absatzes 2 insoweit eingeschränkt.

(6) Aufgrund einer epidemischen Lage von nationaler Tragweite kann das Bundesministerium für Gesundheit unter Heranziehung der Empfehlungen des Robert Koch-Instituts Empfehlungen abgeben, um ein koordiniertes Vorgehen innerhalb der Bundesrepublik Deutschland zu ermöglichen.

(7) Das Robert Koch-Institut koordiniert im Rahmen seiner gesetzlichen Aufgaben im Fall einer epidemischen Lage von nationaler Tragweite die Zusammenarbeit zwischen den Ländern und zwischen den Ländern und dem Bund sowie

Epidemische Lage von nationaler Tragweite § 5 IfSG

weiteren beteiligten Behörden und Stellen und tauscht Informationen aus. Die Bundesregierung kann durch allgemeine Verwaltungsvorschrift mit Zustimmung des Bundesrates Näheres bestimmen. Die zuständigen Landesbehörden informieren unverzüglich die Kontaktstelle nach § 4 Absatz 1 Satz 7, wenn im Rahmen einer epidemischen Lage von nationaler Tragweite die Durchführung notwendiger Maßnahmen nach dem 5. Abschnitt nicht mehr gewährleistet ist.

(8) Aufgrund einer epidemischen Lage von nationaler Tragweite kann das Bundesministerium für Gesundheit im Rahmen der Aufgaben des Bundes insbesondere das Deutsche Rote Kreuz, die Johanniter-Unfall-Hilfe, den Malteser Hilfsdienst, den Arbeiter-Samariter-Bund und die Deutsche Lebens-Rettungs-Gesellschaft gegen Auslagenerstattung beauftragen, bei der Bewältigung der epidemischen Lage von nationaler Tragweite Hilfe zu leisten.

Übersicht

	Rn.
A. Allgemeines	1
I. Letzte Änderungen	1
1. Durch das COVIfSGAnpG	1
2. Durch das 2. COVIfSGAnpG	1a
3. Durch das 3. COVIfSGAnpG	1b
II. IfSGKoordinierungs-VwV	2
III. Zukünftige Änderungen	2a
IV. Verfassungsmäßigkeit	2b
B. Feststellung und Aufhebung einer epidemischen Lage von nationaler Tragweite (Abs. 1)	3
I. Allgemeines	3
II. Feststellung einer epidemischen Lage von nationaler Tragweite (S. 1, 3–5)	4
1. Allgemeines	4
2. Erste Voraussetzung	5
3. Zweite Voraussetzung	6
4. Einschätzungsprärogative als (nur eingeschränkt gerichtlich überprüfbarer) Beurteilungsspielraum	7
5. Ermessen	8
6. Rechtsnatur der Feststellung	9
7. Dauer der Wirksamkeit der Feststellung	10
8. Bekanntmachung (S. 3)	11
9. Unterrichtungspflicht der Bundesregierung (S. 5)	11a
III. Aufhebung der Feststellung einer epidemischen Lage von nationaler Tragweite durch den Deutschen Bundestag (S. 2)	11b
IV. Pflicht zu Erstellung von Gesamtkonzepten von Schutzmaßnahmen	
C. Ermächtigungen des Bundesministeriums für Gesundheit (Abs. 2)	12
I. Allgemeines	12
II. Rechtsverordnungen hinsichtlich Maßnahmen zur Sicherstellung der Versorgung mit insbesondere Arzneimitteln (Nr. 4)	13
1. Allgemeines	13

	Rn.
2. EU-Recht	14
3. Erforderliche Abstimmung mit anderen Bundesministerien	15
4. Einzelheiten zu den möglichen Maßnahmen (Buchstaben a) bis g))	16
a) Allgemeines	16
b) Buchstabe a)	17
c) Buchstabe b)	18
d) Buchstabe c)	19
e) Buchstabe d)	20
f) Buchstabe e)	21
g) Buchstabe f)	22
h) Buchstabe g)	23
5. Außerkrafttreten	24
III. Anordnungen hinsichtlich der Benutzung von Erfindungen (Nr. 5)	25
1. Allgemeines	25
2. Ausschluss der aufschiebenden Wirkung von Anfechtungsklagen gegen Anordnungen	26
3. Aufhebung von Anordnungen nach Abs. 2	27
IV. Anordnungen zur Durchführung der Maßnahmen nach Nr. 4 Buchstaben a) sowie c) – g) (Nr. 6)	28
1. Allgemeines	28
2. Erforderliche Abstimmung mit anderen Bundesministerien	29
3. Ausschluss der aufschiebenden Wirkung von Anfechtungsklagen gegen Anordnungen	30
4. Aufhebung von Anordnungen nach Abs. 2	31
V. Rechtsverordnungen hinsichtlich Maßnahmen zur Aufrechterhaltung der Gesundheitsversorgung (Nr. 7)	32
1. Allgemeines	32
2. Erforderliche Abstimmung mit anderen Bundesministerien	33
3. Einzelheiten zu den möglichen Abweichungen (Buchstaben a) bis d))	34
a) Buchstabe a)	34
b) Buchstabe b)	35
c) Buchstabe c)	36
d) Buchstabe d)	37
4. Außerkrafttreten	38
VI. Rechtsverordnungen hinsichtlich Maßnahmen zur Aufrechterhaltung der pflegerischen Versorgung (Nr. 8)	39
1. Allgemeines	39
2. Erforderliche Abstimmung mit anderen Bundesministerien	40
3. Einzelheiten zu den möglichen Abweichungen (Buchstaben a) bis c))	41
a) Buchstabe a)	41
b) Buchstabe b)	42
c) Buchstabe c)	43
4. Außerkrafttreten	44

	Rn.
VII. Finanzhilfen (Nr. 9)	45
1. Allgemeines	45
2. Einzelheiten	46
VIII. Rechtsverordnungen hinsichtlich abweichender Regelungen von den Berufsgesetzen der Gesundheitsfachberufe (Nr. 10)	47
1. Allgemeines	47
2. Erforderliche Abstimmung mit anderen Bundesministerien	48
3. Einzelheiten	49
4. Außerkrafttreten	50
IX. Zuwiderhandlungen	51
D. Fälle der Erforderlichkeit des Einvernehmens oder Benehmens bei Anordnungen bzw. Rechtsverordnungen nach Abs. 2 (Abs. 3)	52
I. Allgemeines	52
II. Grundsätze (S. 1–4)	53
III. Ausnahme bei Gefahr im Verzug (S. 5)	54
E. Außerkrafttreten von Rechtsverordnungen und Aufhebung von Anordnungen nach Abs. 2 und § 5a Abs. 2, Ausschluss der aufschiebenden Wirkung von Rechtsbehelfen (Abs. 4)	55
I. Inhalt	55
II. Einzelheiten	56
1. Außerkrafttreten von Rechtsverordnungen (S. 1–3)	56
2. Aufhebung von Anordnungen nach Abs. 2 (S. 4)	57
III. Ausschluss der aufschiebenden Wirkung von Rechtsbehelfen (S. 5)	58
F. Beauftragung anerkannter Hilfsorganisationen (Abs. 8)	59

A. Allgemeines

I. Letzte Änderungen

1. Durch das COVIfSGAnpG

Durch das COVIfSGAnpG wurden zunächst die zuvor in § 5 enthaltenen 1 Regelungen zum so genannten Bund-Länder-Informationsverfahren gestrichen und durch einen komplett neu gefassten § 5 ersetzt. Während die „Formulierungshilfe zum Entwurf eines Gesetzes zum Schutz der Bevölkerung bei einer epidemischen Lage von nationaler Tragweite" vom 20.3.2020 (Bearbeitungsstand: 23:23 Uhr) noch vorsah, dass eine epidemische Lage von nationaler Tragweite festgestellt werden konnte, weil 1. die Weltgesundheitsorganisation eine gesundheitliche Notlage von internationaler Tragweite ausgerufen hat und eine Einschleppung schwerwiegender übertragbarer Krankheiten in die Bundesrepublik Deutschland droht oder 2. eine bundesländerübergreifende Ausbreitung schwerwiegender übertragbarer Krankheiten droht, fand sich eine solche Definition im verabschiedeten COVIfSGAnpG nicht mehr. Dazu, wann eine epidemischen Lage von nationaler Tragweite anzunehmen sein soll, schwieg zudem auch die Begründung des Entwurfs des COVIfSGAnpG (BT-Drs. 19/18111).

2. Durch das 2. COVIfSGAnpG

1a Durch das 2. COVIfSGAnpG wurden Abs. 2, 3, 4, und 7 modifiziert. Vgl. im Einzelnen die jeweiligen Erläuterungen.

3. Durch das 3. COVIfSGAnpG

1b Im Rahmen des 3. COVIfSGAnpG wurde Abs. 1 komplett neu gefasst und um eine Legaldefinition der epidemischen Lage von nationaler Tragweite ergänzt. Zudem wurden Abs. 2 S. 1 Nrn. 1–3 aufgehoben, Nr. 9 modifiziert und Abs. 8 angefügt. Vgl. im Einzelnen die jeweiligen Erläuterungen.

II. IfSGKoordinierungs-VwV

2 Hingewiesen sei auf die Allgemeine Verwaltungsvorschrift über die Koordinierung des Infektionsschutzes in epidemisch bedeutsamen Fällen (IfSG-Koordinierungs-VwV).

III. Zukünftige Änderungen

2a Durch G v. 27.3.2020 (BGBl. I S. 587) werden mWv 1.4.2021 Abs. 1–5 aufgehoben, die bisherige Abs. 6 und 7 werden Abs. 1 und 2; durch G v. 18.11.2020 (BGBl. I S. 2397) wird mWv 1.4.2021 der bisherige Abs. 8 Abs. 3.

IV. Verfassungsmäßigkeit

2b Vgl. zur bei restriktiver Auslegung zu bejahenden Frage der Verfassungsmäßigkeit von Abs. 1 Kluckert, § 4 Rn. 17 ff. sowie Kießling, § 5 Rn. 6 mwN (jeweils zur Vorfassung).

B. Feststellung und Aufhebung einer epidemischen Lage von nationaler Tragweite (Abs. 1)

I. Allgemeines

3 Voraussetzung für die Anwendbarkeit von Abs. 2 ff. (sowie § 5a) ist unter anderem die Feststellung einer epidemischen Lage von nationaler Tragweite durch den Deutschen Bundestag (S. 1). Der Deutsche Bundestag hebt die Feststellung wieder auf, wenn die Voraussetzungen nach S. 4 nicht mehr vorliegen (S. 2). Die Feststellung und die Aufhebung sind gem. S. 3 im Bundesgesetzblatt bekannt zu machen.

II. Feststellung einer epidemischen Lage von nationaler Tragweite (S. 1, 3–5)

1. Allgemeines

Seit der Änderung von Abs. 1 durch das 3. COVIfSGAnpG (vgl. Rn. 1b) ergeben sich die Voraussetzungen für die Feststellung des deutschen Bundestages aus der Definition in S. 4. Dabei hat der Gesetzgeber die Feststellung dem Wortlaut nach an zwei Voraussetzungen geknüpft, die in einem Stufenverhältnis zueinander stehen. Hinsichtlich des Vorliegens der Voraussetzungen der Feststellung (wie auch der Aufhebung, vgl. Rn. 11b) steht dem Deutschen Bundestag eine Einschätzungsprärogative zu (vgl. Rn. 7). **4**

2. Erste Voraussetzung

Voraussetzung ist zunächst, dass entweder die Weltgesundheitsorganisation eine gesundheitliche Notlage von internationaler Tragweite ausgerufen hat und die Einschleppung einer bedrohlichen übertragbaren Krankheit (vgl. zu dieser die Erläuterungen § 2 Rn. 27) in die Bundesrepublik Deutschland droht (Alternative 1) oder eine dynamische Ausbreitung einer bedrohlichen übertragbaren Krankheit über mehrere Länder in der Bundesrepublik Deutschland droht oder stattfindet (Alternative 2). **5**

3. Zweite Voraussetzung

Gerade das Vorliegen einer der beiden Alternativen (vgl. Wortlaut „weil") muss der Grund dafür sein, dass eine ernsthafte Gefahr für die öffentliche Gesundheit in der gesamten Bundesrepublik Deutschland besteht. Eine solche kann dann angenommen werden, wenn Leben oder Gesundheit einer erheblichen Anzahl von Menschen im Bundesgebiet bedroht sind, insbesondere wenn dadurch die Funktionsfähigkeit des Gesundheitssystems nicht nur unerheblich beeinträchtigt werden könnte. **6**

4. Einschätzungsprärogative als (nur eingeschränkt gerichtlich überprüfbarer) Beurteilungsspielraum

In den ‚typischen' Bereichen des traditionellen Gefahrenabwehrrechtsrechts kommen zwar auch durch Sachverständige zu klärende Einzelfragen vor, in vielen Fällen dürfte aber bereits das durch die Gerichtspraxis erworbene Erfahrungswissen von Richtern für eine abschließende Beurteilung ausreichend sein. Von dieser Konstellation unterscheidet sich die zu treffende Entscheidung über das Vorliegen einer epidemischen Lage von nationaler Tragweite grundlegend. Denn hier ist ein Sachbereich betroffen, der von komplexen epidemiologischen Bewertungen und fachlichen, oftmals modellbasierten Annahmen geprägt ist und daher von Anfang an und grundsätzlich jenseits der Alltagserfahrungen liegt. In der Sache handelt es sich bei den Entscheidungen, ob die Einschleppung einer bedrohlichen übertragbaren Krankheit in die Bundesrepublik Deutschland oder eine dynamische Ausbrei- **7** tung einer bedrohlichen übertragbaren Krankheit über mehrere Länder in der Bundesrepublik Deutschland droht oder stattfindet (vgl. Rn. 5) ebenso wie bei der Bewertung, ob eine ernsthafte Gefahr für die öffentliche Gesundheit in der gesamten Bundesrepublik Deutschland besteht (vgl. Rn. 6), letztlich um Prognoseentscheidungen bzw. Risikobewertungen. Diese sind von der außerordentlichen Komplexität der Thematik, der Vielgestaltigkeit möglicher epidemiologischer Ausformungen, der besonderen Dynamik der epidemiologischen Entwicklung sowie der sich aus der Natur der Sache ergebenden hohen Schwierigkeit der Konkretisierung im Nachvollzug der Verwaltungsentscheidung geprägt. Aus diesem Grund sind die nunmehr in S. 4 enthaltenen Voraussetzungen lediglich als Rahmen zu verstehen, der es weiteren umfangreichen Schritten des zur Entscheidung berufenen Deutschen Bundestages überantwortet, auf der Grundlage der in ihnen enthaltenen unbestimmten Rechtsbegriffe die erforderlichen Ermittlungen und Bewertungen vorzunehmen (vgl. BVerfG, NVwZ 2010, 435 sowie umfassend zu der dieser Argumentation zugrunde liegenden Figur von der Verantwortung der Exekutive für die Risikoabschätzung und -ermittlung Wahl, NVwZ 1991, 409). In Bezug auf die Feststellung der sich aus S. 4 ergebenden Voraussetzung einer epidemischen Lage von nationaler Tragweiten ist deshalb – wie es ansonsten beispielsweise insbesondere im Bereich des Umwelt- und Wirtschaftsrechts anerkannt ist (vgl. etwa Kment/Vorwalter, JuS 2015, 193, 198) – eine Einschätzungsprärogative des Deutschen Bundestages anzuerkennen, welche nur eingeschränkt gerichtlich überprüfbar ist. Demnach ist eine Feststellung einer epidemischen Lage von nationaler Tragweite grundsätzlich (eine ordnungsgemäße Beschlussfassung vorausgesetzt) nur dann vor Gericht erfolgreich angreifbar, wenn diese Feststellung auf einem unzutreffenden epidemiologischen Sachverhalt gestützt wurde, die einzelnen tatbestandlichen Voraussetzungen des S. 4 falsch ausgelegt wurden, insbesondere im Rahmen der Prognose- und Risikobewertung keine allgemein anerkannten Bewertungsmaßstäbe zugrunde gelegt oder sachfremde Erwägung angestellt wurden (vgl. im Einzelnen zu Beurteilungsfehlern bei Bestehen einer Einschätzungsprärogative Jacob/Lau, NVwZ 2015, 241).

5. Ermessen

8 Liegen die Voraussetzungen vor, so kann (vgl. Wortlaut) der Deutsche Bundestag eine epidemische Lage von nationaler Tragweite feststellen, es steht im folglich Ermessen zu. Bei der Ermessensausübung kommen indes dieselben Erwägungen wie im Rahmen der Beurteilung des Vorliegens der Voraussetzungen nach S. 4 zum Tragen. Aufgrund dieser Identität der Erwägungshaushalte ist immer dann, wenn die Voraussetzungen nach S. 4 gegeben sind, zugleich das Ermessen auf Null reduziert und der Deutsche Bundestag verpflichtet, die epidemischen Lage von nationaler Tragweite festzustellen.

6. Rechtsnatur der Feststellung

9 Die Feststellung ist nicht auf die unmittelbare Rechtswirkung nach außen iSv § 35 S. 1 VwVfG gerichtet, vielmehr schafft sie lediglich die Voraussetzung

für derartige Maßnahmen (so auch Kießling § 5 Rn. 5). Es handelt sich damit um eine unselbständige Verfahrenshandlung iSv § 44a VwGO, welche nicht selbständig angefochten werden kann.

7. Dauer der Wirksamkeit der Feststellung

Eine Feststellung der epidemischen Lage von nationaler Tragweite ist solange wirksam, bis sie vom Deutschen Bundestag nach S. 2 wieder aufgehoben wird; dies gilt auch für Feststellungen, die vor den Änderungen des IfSG durch das 3. COVIfSGAnpG (vgl. Rn. 1b) auf Basis des damals geltenden Rechts getroffen wurden (BT-Drs. 19/24334, 78). **10**

8. Bekanntmachung (S. 3)

Die Feststellung ist gem. S. 3 im Bundesgesetzblatt bekannt zu machen. **11**

9. Unterrichtungspflicht der Bundesregierung (S. 5)

Nach S. 5 ist die Bundesregierung verpflichtet, den Deutschen Bundestag regelmäßig mündlich über die Entwicklung einer festgestellten epidemischen Lage von nationaler Tragweite zu unterrichten. Die Unterrichtung soll den Bundestag in die Lage versetzen, das Vorliegen der Voraussetzungen von S. 4 zu überwachen und bei deren Entfall gegebenenfalls die Feststellung der epidemischen Lage von nationaler Tragweite wieder aufzuheben. **11a**

III. Aufhebung der Feststellung einer epidemischen Lage von nationaler Tragweite durch den Deutschen Bundestag (S. 2)

Der Deutsche Bundestag hebt nach S. 2 die Feststellung der epidemischen Lage von nationaler Tragweite wieder auf, wenn die Voraussetzungen nach S. 4 nicht mehr vorliegen. Es gelten insoweit die Erläuterungen Rn. 5–7 entsprechend. Ein Ermessen steht dem Bundestag nicht zu (vgl. Wortlaut „hebt … auf"), sind die Voraussetzungen nicht mehr gegeben, muss er die Feststellung somit aufheben. Da die Feststellung einer epidemischen Lage von nationaler Tragweite keine Verwaltungsaktqualität hat (vgl. Rn. 9) kann auch die Aufhebung als actus contrarius nicht mittels Verpflichtungsklage (§ 42 Abs. 1 Alt. 2 VwGO) verfolgt werden. Jedoch können die Anordnungen (welche als Allgemeinverfügungen Verwaltungsaktqualität haben), Rechtsverordnungen und die auf diesen beruhenden Verwaltungsakte angegriffen, und so eine inzidente Überprüfung des Vorliegens der Voraussetzungen der Feststellung nach Abs. 1 S. 1 erreicht werden. Nach Kießling, § 3 Rn. 35 soll unmittelbar gegen die Weigerung des Deutschen Bundestages, die Feststellung nach Abs. 1 S. 1 aufzuheben, nur das Organstreitverfahren durch Abgeordnete oder Fraktionen in Betracht kommen. **11b**

IV. Pflicht zu Erstellung von Gesamtkonzepten von Schutzmaßnahmen

Die Feststellung einer epidemische Lage von nationaler Tragweite kann die Pflicht der zuständigen Behörden auslösen, Gesamtkonzepte von Schutzmaßnahmen zu erstellen. Vgl. dazu im Detail die Erläuterungen § 28a Rn. 101.

C. Ermächtigungen des Bundesministeriums für Gesundheit (Abs. 2)

I. Allgemeines

12 Durch Abs. 2 wird das Bundesministerium für Gesundheit bei Vorliegen der Voraussetzungen von Abs. 1 S. 1 (vgl. Rn. 3 ff.) nicht lediglich zu Empfehlungen ermächtigt, sondern dazu, Anordnungen und Rechtsverordnungen ohne Zustimmung des Bundesrates nach S. 1 Nrn. 4 bis 10 zu erlassen. Die zuvor in Nr. 1 und 2 enthaltenen Inhalte wurden durch das 3. COVIfSGAnpG in § 36 Abs. 8–13 transferiert und modifiziert, vgl. im Einzelnen die Erläuterungen dort. S. 1 Nr. 3 ist entfallen, weil von der Vorschrift keine Gebrauch gemacht wurde (BT-Drs. 19/23944, 25). Die in Abs. 2 enthaltenen operativen Befugnisse (Kießling § 5 Rn. 2) treten ausweislich der Begründung des Entwurfs des COVIfSGAnpG (BT-Drs. 19/18111, 20) neben die Rechtsetzungs- und Verwaltungsbefugnisse der Länder, gleichgültig ob sie nach dem IfSG oder auf Grundlage anderer Vorschriften bestehen. Regelungen der Länder dürfen den Regelungen des Bundes in diesem Rahmen nicht widersprechen. Die Vollzugskompetenz der Länder bei der Durchführung der auf Grund von Abs. 2 erlassenen Anordnungen und Rechtsverordnungen bleibt unberührt (so die Begründung des Entwurfs des COVIfSGAnpG (BT-Drs. 19/18111, 20)).

II. Rechtsverordnungen hinsichtlich Maßnahmen zur Sicherstellung der Versorgung mit insbesondere Arzneimitteln (Nr. 4)

1. Allgemeines

13 Nr. 4 wurde durch das COVIfSGAnpG (BT-Drs. 19/18111) eingefügt und erhielt durch das 2. COVIfSGAnpG seine jetzige Fassung. Die Regelung ermächtigt das Bundesministerium für Gesundheit, zur Sicherstellung der Versorgung mit Arzneimitteln einschließlich Impfstoffen und Betäubungsmitteln, mit Medizinprodukten, Labordiagnostik, Hilfsmitteln, Gegenständen der persönlichen Schutzausrüstung und Produkten zur Desinfektion sowie zur Sicherstellung der Versorgung mit Wirk-, Ausgangs- und Hilfsstoffen, Materialien, Behältnissen und Verpackungsmaterialien, die zur Herstellung und zum Transport der zuvor genannten Produkte erforderlich sind, durch Rechtsverordnung ohne Zustimmung des Bundesrates verschiedene Maßnahmen zu treffen. Die Gemeinsame Geschäftsordnung der Bundesministerien findet für die Abstimmung Anwendung (BT-Drs. 19/18111, 20).

2. EU-Recht

Zuzustimmen ist der Begründung des Entwurfs des COVIfSGAnpG (BT-Drs. 19/18111, 20), wenn dieser ausführt, dass es im Bereich der Medizinprodukte im Interesse der öffentlichen Gesundheit und zur Sicherstellung der Versorgung geboten sein kann, Ausnahmen von den Konformitätsbewertungsverfahren zuzulassen und dass derartige nationale Maßnahmen gem. Art. 59 Abs. 1, 97 und 98 der Verordnung (EU) 2017/745 über Medizinprodukte den Mitgliedstaaten offen stehen können. Grundsätzlich zutreffend ist auch die Erwägung des Gesetzgebers (vgl. Begründung des Entwurfs des COVIfSGAnpG (BT-Drs. 19/18111, 20)), dass nach Artikel 114 Abs. 10 AEUV und aufgrund der Wahrung der Verantwortung der Mitgliedstaaten für die medizinische Versorgung nach Art. 168 Abs. 7 AEUV von primären Grundfreiheiten, wie der Warenverkehrsfreiheit, zum Schutz der Gesundheit abgewichen werden kann und nationale Maßnahmen im Arzneimittel- und Medizinproduktebereich in Krisensituationen insoweit durch das Primärrecht der EU gerechtfertigt sein können. 14

3. Erforderliche Abstimmung mit anderen Bundesministerien

Nach Abs. 3 S. 2, 3 bedürfen Rechtsverordnungen nach Nr. 4 des Einvernehmens mit dem Bundesministerium für Arbeit und Soziales, soweit sie sich auf das Arbeitsrecht oder den Arbeitsschutz beziehen und ergehen im Benehmen mit Bundesministerium für Wirtschaft und Energie. Vgl. dazu die Erläuterungen zu Abs. 3 (Rn. 52 ff.). 15

4. Einzelheiten zu den möglichen Maßnahmen (Buchstaben a) bis g))

a) **Allgemeines.** Anordnungen zur Durchführung der Maßnahmen nach Nr. 4 Buchstaben a) sowie c)–g) können nach Nr. 6 getroffen werden. Vgl. dazu die Erläuterungen Rn. 28 ff. 16

b) **Buchstabe a).** Buchstabe a) ermöglicht die Zulassung von Ausnahmen von den in ihm genannten spezialgesetzlichen Vorschriften durch das Bundesministerium für Gesundheit, um die Herstellung, die Kennzeichnung, die Zulassung, die klinische Prüfung, die Anwendung, die Verschreibung, die Abgabe, die Ein- und Ausfuhr und das Verbringen der dort genannten Produkte sowie die Haftung für diese Produkte zu erleichtern oder zu ermöglichen. Darüber hinaus können Ausnahmen von gesetzlichen Vorgaben zum Betrieb von Apotheken zugelassen werden. Allgemeine Vorschriften, wie diejenigen des Bürgerlichen Gesetzbuchs oder des Produkthaftungsgesetzes, bleiben unberührt (vgl. Begründung des Entwurfs des COVIfSGAnpG (BT-Drs. 19/18111, 21)). Als Beispiel nennt die Begründung des Entwurfs des COVIfSGAnpG für den Bereich des Betäubungsmittelrechts etwa Ausnahmen für die Überlassung zum unmittelbaren Verbrauch bei der Substitutionstherapie opioidabhängiger Menschen (BT-Drs. 19/18111, 20). 17

c) **Buchstabe b).** Buchstabe b) ermöglicht es, die zuständigen Behörden der Länder zu ermächtigen, im Einzelfall Ausnahmen von den unter Buchstabe a) 18 genannten spezialgesetzlichen Vorschriften zu gestatten. Hierdurch soll es den Landesbehörden ausweislich der Begründung des Entwurfs des COVIfSGAnpG (BT-Drs. 19/18111, 20) ermöglicht werden, flexibel auf die jeweilige Situation vor Ort reagieren zu können.

19 d) Buchstabe c). Zur Sicherstellung der Versorgung mit den im Einleitungssatz von Nr. 4 genannten Produkten (vgl. Rn. 13) kann das Bundesministerium für Gesundheit Maßnahmen zum Bezug, zur Beschaffung, Bevorratung, Verteilung und Abgabe durch den Bund treffen und Melde- und Anzeigepflichten regeln.

20 e) Buchstabe d). Buchstabe d) eröffnet die Möglichkeit, durch Rechtsverordnung Regelungen zur Sicherstellungen und Verwendung der im Einleitungssatz von Nr. 4 genannten Produkten zu treffen. Als Beispielsfall, in welchem eine solche Regelung erforderlich sein kann, nennt der Entwurf des COVIfSGAnpG (BT-Drs. 19/18111, 20), die Verhinderung der Ausfuhr von dringend benötigten Produkten. Mit Blick auf Art. 14 GG sind in einem solchen Fall erforderlichenfalls Regelungen zur Entschädigung zu treffen.

21 f) Buchstabe e). Ziel der in Buchstabe e) enthaltenen Ermächtigung zum Erlass eines Verpflichtungsverbots ist es, die vorrangige Bedienung schuldrechtlicher Verpflichtungen hinsichtlich der Produkte zu verhindern und somit die Zurverfügungstellung der Produkte für die Sicherstellung der Versorgung im Krisenfall zu ermöglichen (so der Entwurf des COVIfSGAnpG (BT-Drs. 19/18111, 20)). Ebenso wie bei Buchstabe d) sind hier mit Blick auf Art. 14 GG erforderlichenfalls Regelungen zur Entschädigung zu treffen.

22 g) Buchstabe f). Der Entwurf des COVIfSGAnpG (BT-Drs. 19/18111, 20) spricht der Sicherstellung der Arzneimittelversorgung eine hohe Bedeutung für die medizinische Versorgung der Bevölkerung zu. Vor diesem Hintergrund ermächtigt Buchstabe f) das Bundesministerium für Gesundheit, Abweichungen von den bestehenden Vorschriften zur Abgabe, Preisbildung, Erstattung von Arzneimitteln und der Vergütung bei deren Abgabe vorzusehen, diese Befugnis wurde durch das 2. COVIfSGAnpG um die Befugnis zu Regelungen hinsichtlich Vertrieb und zur Preisgestaltung ergänzt. Ausweislich des Entwurfs des COVIfSGAnpG (BT-Drs. 19/18111, 20) kann sich die Befugnis nach Buchstabe f) beispielsweise auf die Außerkraftsetzung sozialrechtlicher Vorgaben zur Austauschbarkeit von Arzneimitteln, die Geltung von Rabattverträgen oder auch auf die in der Arzneimittelpreisverordnung festgelegten Zuschläge beziehen. Weiterhin im Entwurf des COVIfSGAnpG als Beispiel genannt ist die Abweichung von sozialrechtlichen Vorgaben nach den §§ 126, 127 SGB V wie etwa die zeitliche Aussetzung der Vorgaben für die Versorgungsberechtigung der Leistungserbringer, wie die Vorlage eines gültigen von einer Präqualifizierungsstelle ausgestellten Zertifikats oder das Vorhandensein eines Versorgungsvertrags mit der Krankenkasse des jeweiligen Versicherten (BT-Drs. 19/18111, 21).

23 h) Buchstabe g). Die Anordnungsbefugnis des Bundesministeriums für Gesundheit umfasst schließlich Maßnahmen zur Aufrechterhaltung, Umstellung,

Eröffnung oder Schließung von Produktionsstätten oder einzelnen Betriebsstätten von Unternehmen, die solche Produkte produzieren. Wird von der Befugnis Gebrauch gemacht, sind erforderlichenfalls Regelungen zur Entschädigung zu treffen.

5. Außerkrafttreten

Vgl. zum Außerkrafttreten einer Rechtsverordnung nach Abs. 2 die Erläuterungen Rn. 56. **24**

III. Anordnungen hinsichtlich der Benutzung von Erfindungen (Nr. 5)

1. Allgemeines

Um im Krisenfall eine Versorgung mit den von Nr. 4 erfassten Produkten **25** sicherzustellen, ermöglicht Nr. 5 Anordnungen, durch welche die Wirkung eines Patentes nach § 13 PatG eingeschränkt werden, um beispielsweise lebenswichtige Wirkstoffe oder Arzneimittel herstellen zu können (so BT-Drs. 19/18111, 21).

2. Ausschluss der aufschiebenden Wirkung von Anfechtungsklagen gegen Anordnungen

Nach Abs. 4 S. 5 haben Anfechtungsklagen gegen Anordnungen nach Abs. 2 **26** keine aufschiebende Wirkung. Vgl. im Einzelnen die Erläuterungen Rn. 58.

3. Aufhebung von Anordnungen nach Abs. 2

Nach Abs. 2 getroffene Anordnungen gelten gem. Abs. 4 S. 4 mit Aufhebung **27** der Feststellung der epidemischen Lage von nationaler Tragweite als aufgehoben, ansonsten mit Ablauf des 31.3.2021. Vgl. die Erläuterungen Rn. 57.

IV. Anordnungen zur Durchführung der Maßnahmen nach Nr. 4 Buchstaben a) sowie c) – g) (Nr. 6)

1. Allgemeines

Nr. 6 wurde bereits durch das 2. COVIfSGAnpG mit Blick auf die in Bezug **28** auf einen Verstoß gegen Nr. 6 Buchstabe a) neu eingeführte Bußgeldbewehrung in § 73 Abs. 1a Nr. 1 ausdifferenzierter formuliert (vgl. BT-Drs. 19/18967, 52). Die Regelung ermächtigt das Bundesministerium für Gesundheit zu den zur Durchführung von Maßnahmen nach Abs. 2 Nr. 4 Buchstabe a) sowie Buchstaben c) bis g) notwendigen Anordnungen. Das Bundesministerium für Gesundheit kann zudem seine nachgeordneten Behörden mit den die notwendigen Anordnungen beauftragen. Die Regelung wird im Entwurf des COVIfSGAnpG (BT-Drs. 19/18111, 21) damit begründet, dass es in einem Krisenfall erforderlich sein kann, dass neben den für den Vollzug zuständigen Landesbehörden auch das Bundesministerium für Gesundheit oder seine nachgeordneten Behörden die notwendigen Anordnungen treffen kann.

2. Erforderliche Abstimmung mit anderen Bundesministerien

29 Nach Abs. 3 S. 3 ergehen Anordnungen nach Nr. 6 im Benehmen mit Bundesministerium für Wirtschaft und Energie. Vgl. dazu die Erläuterungen zu Abs. 3 (Rn. 53).

3. Ausschluss der aufschiebenden Wirkung von Anfechtungsklagen gegen Anordnungen

30 Nach Abs. 4 S. 5 haben Anfechtungsklagen gegen Anordnungen nach Abs. 2 keine aufschiebende Wirkung. Vgl. im Einzelnen die Erläuterungen Rn. 58.

4. Aufhebung von Anordnungen nach Abs. 2

31 Nach Abs. 2 getroffene Anordnungen gelten gem. Abs. 4 S. 4 mit Aufhebung der Feststellung der epidemischen Lage von nationaler Tragweite als aufgehoben, ansonsten mit Ablauf des 31.3.2021. Vgl. die Erläuterungen Rn. 57.

V. Rechtsverordnungen hinsichtlich Maßnahmen zur Aufrechterhaltung der Gesundheitsversorgung (Nr. 7)

1. Allgemeines

32 Nr. 7 ermächtigt das Bundesministerium für Gesundheit, durch Rechtsverordnung ohne Zustimmung des Bundesrates insbesondere (aber nicht abschließend) die in den Buchstaben a) bis d) genannten Maßnahmen zur Aufrechterhaltung der Gesundheitsversorgung in ambulanten Praxen, Apotheken, Krankenhäusern, Laboren, Vorsorge- und Rehabilitationseinrichtungen und in sonstigen Gesundheitseinrichtungen vorzusehen und dabei erforderlichenfalls von bestehenden gesetzlichen Vorgaben abzuweichen. Der Entwurf des COVIfSGAnpG weist darauf hin, dass zu den ambulanten Praxen neben den Praxen niedergelassener Ärztinnen und Ärzte u. a. auch medizinische Versorgungszentren nach § 95 Abs. 1 S. 2 SGB V gehören (vgl. BT-Drs. 19/18111, 21).

2. Erforderliche Abstimmung mit anderen Bundesministerien

33 Nach Abs. 3 S. 2 bedürfen Rechtsverordnungen nach Nr. 7 des Einvernehmens mit dem Bundesministerium für Arbeit und Soziales, soweit sie sich auf das Arbeitsrecht oder den Arbeitsschutz beziehen. Vgl. dazu die Erläuterungen zu Abs. 3 (Rn. 52 ff.).

3. Einzelheiten zu den möglichen Abweichungen (Buchstaben a) bis d))

34 **a) Buchstabe a).** Der Entwurf des COVIfSGAnpG (vgl. BT-Drs. 19/18111, 21) führt in Bezug auf Buchstabe a) zutreffend aus, dass die Selbstverwaltung der Krankenkassen und der Leistungserbringer sowie der Gemeinsame Bundesausschuss als Organ der gemeinsamen Selbstverwaltung von wesentlicher Relevanz für das Leistungsgeschehen in der gesetzlichen Krankenversicherung sind und dass, soweit eine epidemischen Lage von nationaler Tragweite besteht, es erforderlich sein kann, kurzfristig von Entscheidungen der Selbstverwaltung abzuweichen.

b) Buchstabe b). Buchstabe b) ermächtigt das Bundesministerium für Gesundheit, von der Approbationsordnung für Ärzte abweichende Regelungen zu den Anforderungen an die Durchführung der einzelnen Abschnitte der Ärztlichen Prüfung vorzusehen; von dieser Möglichkeit wurde mit der Verordnung zur Abweichung von der Approbationsordnung für Ärzte bei einer epidemischen Lage von nationaler Tragweite vom 30. März 2020 Gebrauch gemacht. Der Entwurf des 2. COVIfSGAnpG (BT-Drs. 19/18967, 52) führt diesbezüglich aus, dass es sich in der Praxis gezeigt habe, dass z. B. die Eröffnung der Möglichkeit im Rahmen der Prüfung auf Simulationspatienten zurückgreifen zu können, auch bei der Eignungs- oder Kenntnisprüfung sinnvoll und erforderlich sein kann. Aus diesem Grund wurde Nr. 7 Buchstabe b) durch das 2. COVIfSGAnpG auf Regelungen zu diesen Prüfungen erweitert, um auch dort Regelungen für die Prüfung zum Beispiel am Simulationspatienten zu ermöglichen (vgl. Entwurf des 2. COVIfSGAnpG (BT-Drs. 19/18967, 52)). 35

c) Buchstabe c). Damit das Studium auch bei bestehender epidemischer Lage von nationaler Tragweite und der damit einhergehenden Einschränkungen des Lehrbetriebs an den Hochschulen fortgeführt werden kann, hat der Gesetzgeber mit dem durch das 2. COVIfSGAnpG angefügten Buchstabe c) nunmehr auch für die Zahnmedizin Abweichungsmöglichkeiten von der jeweiligen Approbationsordnungen ermöglicht (vgl. Entwurf des 2. COVIfSGAnpG (BT-Drs. 19/18967, 52)). So sollen beispielsweise die naturwissenschaftliche Vorprüfung, die zahnärztliche Vorprüfung sowie die zahnärztliche Prüfung auch am Phantom oder je nach Prüfungsabschnitt am Simulationspatienten, Simulatoren oder anderen geeigneten Medien durchgeführt werden können. Zudem sollen die Vorlesungen und sonstige Lehrveranstaltungen auch durch digitale oder sonstige alternative Lehrformate unterstützt oder ersetzt werden können (so der Entwurf des 2. COVIfSGAnpG (BT-Drs. 19/18967, 52)). 36

d) Buchstabe d). Buchstabe d) wurde durch das 2. COVIfSGAnpG angefügt und in dieses erst aufgrund der Beschlussempfehlung des Ausschusses für Gesundheit aufgenommen (vgl. im Einzelnen BT-Drs. 19/19216, 104). 37

4. Außerkrafttreten

Vgl. zum Außerkrafttreten einer Rechtsverordnung nach Abs. 2 die Erläuterungen Rn. 56. 38

VI. Rechtsverordnungen hinsichtlich Maßnahmen zur Aufrechterhaltung der pflegerischen Versorgung (Nr. 8)

1. Allgemeines

39 Nr. 8 ermächtigt das Bundesministerium für Gesundheit, durch Rechtsverordnung ohne Zustimmung des Bundesrates Maßnahmen zur Aufrechterhaltung der pflegerischen Versorgung in ambulanten und stationären Pflegeeinrichtungen zu treffen und dabei sowohl von geltenden gesetzlichen Vorschriften wie auch von Vereinbarungen der Selbstverwaltung in der Pflege abzuweichen.

2. Erforderliche Abstimmung mit anderen Bundesministerien

40 Nach Abs. 3 S. 2 bedürfen Rechtsverordnungen nach Nr. 8 des Einvernehmens mit dem Bundesministerium für Arbeit und Soziales, soweit sie sich auf das Arbeitsrecht oder den Arbeitsschutz beziehen. Vgl. dazu die Erläuterungen zu Abs. 3 (Rn. 52 ff.).

3. Einzelheiten zu den möglichen Abweichungen (Buchstaben a) bis c))

41 **a) Buchstabe a).** Buchstabe a) konkretisiert ausweislich des Entwurfs des COVIfSGAnpG die generelle Abweichungsmöglichkeit und ermöglicht dazu die Aussetzung oder Änderung von gesetzlichen oder vertraglichen Anforderungen an Pflegeeinrichtungen (vgl. BT-Drs. 19/18111, 22).

42 **b) Buchstabe b).** Buchstabe b) ermöglicht die Anpassung, Ergänzung und Aussetzung sämtlicher untergesetzlicher Festlegungen (Richtlinien, Regelungen sowie Vereinbarungen und Beschlüsse der Pflegeselbstverwaltungspartner auf Bundes- und Landesebene).

43 **c) Buchstabe c).** Der Entwurf des COVIfSGAnpG (vgl. BT-Drs. 19/18111, 22) führt insoweit aus, dass Pflegeeinrichtungen, Pflegekassen und medizinische Dienste auch eine Vielzahl von über die unmittelbare Pflege und Betreuung von Pflegebedürftigen hinausgehende Aufgaben wahrnehmen und nennt diesbezüglich beispielhaft die Dokumentation, Beratung und Beratungsbesuche, die zusätzliche Betreuung, das Qualitätsmanagement, die Vorbereitung und Durchführung von Qualitätsprüfungen sowie die häusliche Begutachtung. Buchstabe c) ermöglicht vor diesem Hintergrund zur Sicherstellung der Versorgung das Aussetzen und die Einschränkung derartiger Aufgaben und damit die Fokussierung auf die eigentlichen Kernaufgaben – körperbezogene Pflegemaßnahmen, pflegerische Betreuungsmaßnahmen und Hilfen bei der Haushaltsführung (vgl. BT-Drs. 19/18111, 22).

4. Außerkrafttreten

44 Vgl. zum Außerkrafttreten einer Rechtsverordnung nach Abs. 2 die Erläuterungen Rn. 56.

VII. Finanzhilfen (Nr. 9)

1. Allgemeines

Nr. 9 wurde durch das 2. COVIfSGAnpG an Abs. 2 angefügt und durch das 45
3. COVIfSGAnpG ergänzt. Vgl. zur Frage, ob die Anwendbarkeit von
Art. 104b GG durch Art. 104a GG gesperrt sein könnte und ob die allgemeinen Voraussetzungen für Bundesfinanzhilfen nach Art. 104b GG vorliegen
Kießling, § 3 Rn. 32.

2. Einzelheiten

Nr. 9 ermöglicht es zum einen, während der epidemischen Lage von nationa- 46
ler Tragweite iSv von Abs. 1 Finanzhilfen des Bundes gemäß Art. 104b
Abs. 1 GG für Investitionen der Länder, Gemeinden und Gemeindeverbände
zur technischen Modernisierung der Gesundheitsämter und zum Anschluss
dieser an das elektronische Melde- und Informationssystem nach § 14 zur
Verfügung zustellen (BT-Drs. 19/18967, 53). Zum anderen ermöglicht Nr. 9
es aufgrund der entsprechenden Ergänzung durch das 3. COVIfSGAnpG,
nunmehr auch, derartige Finanzhilfen zum Aufbau oder zur Aufrechterhaltung von Kernkapazitäten im Sinne der Anlage 1 Teil B der Internationalen
Gesundheitsvorschriften (2005) (BGBl. 2007 II S. 930, 932), auf Flughäfen,
in Häfen und bei Landübergängen zur Verfügung zustellen, soweit dies in die
Zuständigkeit der Länder fällt. Letzteres wird mit der Bedeutung der erfassten
Flughäfen, Häfen und Landübergänge bei der Vorbeugung der grenzüberschreitenden Ausbreitung von Krankheitserregern begründet (BT-Drs. 19/
23944, 25). Das Nähere wird jeweils in einer Verwaltungsvereinbarung mit
den Ländern geregelt.

VIII. Rechtsverordnungen hinsichtlich abweichender Regelungen von den Berufsgesetzen der Gesundheitsfachberufe (Nr. 10)

1. Allgemeines

Ebenso wie Nr. 9 wurde auch Nr. 10 durch das 2. COVIfSGAnpG an Abs. 2 47
angefügt. Nr. 10 ermächtigt das Bundesministerium für Gesundheit, durch
Rechtsverordnung ohne Zustimmung des Bundesrates abweichende Regelungen von den Berufsgesetzen der Gesundheitsfachberufe und von den auf
deren Grundlage erlassenen Rechtsverordnung zu treffen.

2. Erforderliche Abstimmung mit anderen Bundesministerien

Nach Abs. 3 S. 4 werden Rechtsverordnungen nach Nr. 10 im Benehmen 48
mit dem Bundesministerium für Bildung und Forschung erlassen und bedürfen, soweit sie sich auf Pflegeberufe beziehen, des Einvernehmens mit dem
Bundesministerium für Familie, Senioren, Frauen und Jugend. Vgl. dazu die
Erläuterungen zu Abs. 3 (Rn. 52 ff.).

3. Einzelheiten

49 Derartige abweichende Regelungen können ausweislich des Entwurfs des 2. COVIfSGAnpG (BT-Drs. 19/18967, 53) in einer epidemischen Lage von nationaler Tragweite notwendig sein, um die Ausbildung und die Prüfungen in den Gesundheitsfachberufen weiterhin zu ermöglichen und – soweit notwendig – durch an die Lage angepasste Formate zu unterstützen. Der Entwurf betont dabei, dass das Erreichen des jeweiligen Ausbildungsziels, das die Ausbildungsqualität sichert und der Patientensicherheit dient, bei Anwendung der Abweichungen stets gewährleistet werden muss und insoweit die durch die Verordnung zu schaffenden Abweichungsmöglichkeiten begrenzt (vgl. Entwurf des 2. COVIfSGAnpG (BT-Drs. 19/18967, 53)). Diejenigen Berufe und Berufsgesetze, von denen durch die Verordnung abgewichen werden kann, werden in S. 2 aufgeführt.

4. Außerkrafttreten

50 Vgl. zum Außerkrafttreten einer Rechtsverordnung nach Abs. 2 die Erläuterungen Rn. 56.

IX. Zuwiderhandlungen

51 Einer vollziehbaren Anordnung nach Abs. 2 Nr. 6 Buchstabe b) zuwiderzuhandeln ist nach § 73 Abs. 1a Nr. 1 bußgeld- und unter den Voraussetzungen des § 74 strafbewehrt.

D. Fälle der Erforderlichkeit des Einvernehmens oder Benehmens bei Anordnungen bzw. Rechtsverordnungen nach Abs. 2 (Abs. 3)

I. Allgemeines

52 Abs. 3 bestimmt, in welchen Fällen bei Anordnungen bzw. Rechtsverordnungen des Abs. 2 ein Einvernehmen oder Benehmen erforderlich ist. Unter Einvernehmen ist das Einverständnis des jeweiligen Bundesministeriums zu verstehen. Ein Benehmen liegt bereits dann vor, wenn ein Austausch stattgefunden hat und die Ansicht des zu beteiligenden Ministeriums zur Kenntnis genommen wurde. Das Bundesministerium für Gesundheit ist somit in den Fällen, die ein ‚Benehmen' erfordern, nicht an Einschätzungen der zu beteiligenden Ministerien gebunden.

II. Grundsätze (S. 1–4)

53 Der Gesetzgeber hat es versäumt, den Entfall von Abs. 2 Nr. 1–3 (vgl. Rn. 1b) auch in Abs. 3 nachzuzeichnen. Insofern ist S. 1 vollkommen, S. 2 insoweit obsolet, als dass er Abs. 2 Nr. 3 betrifft. Rechtsverordnungen nach Abs. 2, insbesondere nach Nr. 4, 7 und 8, bedürfen des Einvernehmens mit dem Bundesministerium für Arbeit und Soziales, soweit sie sich auf das Arbeitsrecht oder den Arbeitsschutz beziehen (S. 2). Rechtsverordnungen nach Abs. 2 Nr. 4 und Anordnungen nach Abs. 2 Nr. 6 ergehen im Benehmen mit dem Bundesministerium für Wirtschaft und Energie (S. 3). Rechtsverordnungen nach Abs. 2 Nr. 10 werden im Benehmen mit dem Bundesministerium für Bildung und Forschung erlassen und bedürfen, soweit sie sich auf die Pflegeberufe beziehen, des Einvernehmens mit dem Bundesministerium für Familie, Senioren, Frauen und Jugend (S. 4).

III. Ausnahme bei Gefahr im Verzug (S. 5)

Bei Gefahr im Verzug kann gem. S. 5 auf das Einvernehmen nach den S. 1 und 2 (nach dem eindeutigen Wortlaut jedoch nicht auf des Benehmen bzw. Einvernehmen gem. S. 3 und 4) verzichtet werden. Vgl. zum Begriff ‚Gefahr im Verzug' die Erläuterungen Vor §§ 15a Rn. 26. 54

E. Außerkrafttreten von Rechtsverordnungen und Aufhebung von Anordnungen nach Abs. 2 und § 5a Abs. 2, Ausschluss der aufschiebenden Wirkung von Rechtsbehelfen (Abs. 4)

I. Inhalt

Abs. 4 regelt zum einen das Außerkrafttreten von Rechtsverordnungen und die Aufhebung von Anordnungen nach Abs. 2 und § 5a Abs. 2. Zum anderen legt er fest, dass eine Anfechtungsklage gegen Anordnungen nach Abs. 2 hat keine aufschiebende Wirkung hat. 55

II. Einzelheiten

1. Außerkrafttreten von Rechtsverordnungen (S. 1–3)

Abs. 4 S. 1 bestimmt, dass, sofern keine abweichende Regelung nach S. 2 oder 3 gilt, eine auf Grund des Abs. 2 oder § 5a Absatz 2 erlassene Rechtsverordnung mit Aufhebung der Feststellung der epidemischen Lage von nationaler Tragweite außer Kraft tritt, ansonsten spätestens mit Ablauf des 31.3.2021. Abweichend von S. 1 bleibt gem. S. 2 eine Übergangsregelung in einer Rechtsverordnung nach Abs. 2 Nr. 7 Buchstabe b), c) oder d) bis zum Ablauf der Phase des Studiums in Kraft, für die sie gilt. Nach S. 3 ist abweichend von S. 1 eine Rechtsverordnung nach Abs. 2 Nr. 10 auf ein Jahr nach Aufhebung der Feststellung der epidemischen Lage von nationaler Tragweite, spätestens auf den Ablauf des 31.3.2022 zu befristen. 56

2. Aufhebung von Anordnungen nach Abs. 2 (S. 4)

Nach Abs. 2 getroffene Anordnungen gelten gem. S. 4 mit Aufhebung der Feststellung der epidemischen Lage von nationaler Tragweite als aufgehoben, ansonsten mit Ablauf des 31.3.2021. 57

III. Ausschluss der aufschiebenden Wirkung von Rechtsbehelfen (S. 5)

58 Der sich aus S. 5 ergebenden Ausschluss der aufschiebenden Wirkung einer Anfechtungsklage gegen Anordnungen nach Abs. 2 wird im Entwurf des COVIfSGAnpG (vgl. BT-Drs. 19/18111, 22) damit begründet, dass es die Dynamik einer epidemischen Lage von nationaler Tragweite gegebenenfalls erforderlich mache, dass staatliche Maßnahmen sofort vollzogen werden. Der Ausschluss der aufschiebenden Wirkung von Rechtsbehelfen gegen zu erlassende Maßnahmen nach S. 5 seit deshalb gesetzgeberisch geboten (Entwurf des COVIfSGAnpG (vgl. BT-Drs. 19/18111, 22)).

F. Beauftragung anerkannter Hilfsorganisationen (Abs. 8)

59 Abs. 8 wurde durch das 3. COVIfSGAnpG an § 5 angefügt (vgl. Rn. 1b). Die Vorschrift ermöglicht es dem Bundesministerium für Gesundheit während der Dauer der Feststellung einer epidemischen Lage von nationaler Tragweite gem. Abs. 1, sich im Rahmen der Aufgaben des Bundes durch entsprechende Beauftragungen der Kapazitäten und Fähigkeiten anerkannter Hilfsorganisationen gegen Auslagenerstattung zu bedienen. Die Aufzählung in Abs. 8 ist nicht abschließend (BT-Drs. 19/2334, 78). Unbenommen bleibt zudem die Möglichkeit, gemeinnützige Organisationen im Rahmen der Amtshilfe zu beauftragen (BT-Drs. 19/23944, 25).

§ 5a Ausübung heilkundlicher Tätigkeiten bei Vorliegen einer epidemischen Lage von nationaler Tragweite, Verordnungsermächtigung

(1) Im Rahmen einer epidemischen Lage von nationaler Tragweite wird die Ausübung heilkundlicher Tätigkeiten folgenden Personen gestattet:
1. Altenpflegerinnen und Altenpflegern,
2. Gesundheits- und Kinderkrankenpflegerinnen und Gesundheits- und Kinderkrankenpflegern,
3. Gesundheits- und Krankenpflegerinnen und Gesundheits- und Krankenpflegern,
4. Notfallsanitäterinnen und Notfallsanitätern und
5. Pflegefachfrauen und Pflegefachmännern.

Die Ausübung heilkundlicher Tätigkeiten ist während der epidemischen Lage von nationaler Tragweite gestattet, wenn
1. die Person auf der Grundlage der in der jeweiligen Ausbildung erworbenen Kompetenzen und ihrer persönlichen Fähigkeiten in der Lage ist, die jeweils erforderliche Maßnahme eigenverantwortlich durchzuführen und
2. der Gesundheitszustand der Patientin oder des Patienten nach seiner Art und Schwere eine ärztliche Behandlung im Ausnahmefall einer epidemischen Lage von nationaler Tragweite nicht zwingend erfordert, die jeweils erforderliche Maßnahme aber eine ärztliche Beteiligung voraussetzen würde, weil sie der Heilkunde zuzurechnen ist.

Ausübung heilkundlicher Tätigkeiten § 5a IfSG

Die durchgeführte Maßnahme ist in angemessener Weise zu dokumentieren. Sie soll unverzüglich der verantwortlichen Ärztin oder dem verantwortlichen Arzt oder einer sonstigen die Patientin oder den Patienten behandelnden Ärztin oder einem behandelnden Arzt mitgeteilt werden.

(2) Das Bundesministerium für Gesundheit wird ermächtigt, durch Rechtsverordnung ohne Zustimmung des Bundesrates weiteren Personen mit Erlaubnis zum Führen der Berufsbezeichnung eines reglementierten Gesundheitsfachberufs während einer epidemischen Lage von nationaler Tragweite die Ausübung heilkundlicher Tätigkeiten nach Absatz 1 Satz 2 zu gestatten.

A. Allgemeines

I. Inhalt

Durch das COVIfSGAnpG wurde § 5a neu in das IfSG eingefügt. Durch seinen Abs. 1 wird für den Fall der Feststellung einer epidemischen Lage von nationaler Tragweite durch den Bundestag gem. § 5 Abs. 1 (vgl. § 5 Rn. 3 ff.) den in ihm genannten Angehörigen von Gesundheitsfachberufen die Befugnis zur Ausübung von heilkundlichen Tätigkeiten übertragen. Durch diese Befugnisübertragung sollen Ärzte insbesondere von solchen Behandlungen entlastet werden, die ein ärztliches Tätigwerden im Ausnahmefall einer epidemischen Lage von nationaler Tragweite nicht zwingend erfordern (vgl. Entwurf des COVIfSGAnpG (vgl. BT-Drs. 19/18111, 23)). Abs. 2 enthält eine Verordnungsermächtigung für das Bundesministerium für Gesundheit, weiteren Personen die Ausübung der heilkundlichen Tätigkeit zu gestatten. 1

II. Verhältnis zu § 24

Ausweislich der Entwurfsbegründung stellt die Vorschrift eine Ausnahmeregelung für den Fall einer epidemischen Lage von nationaler Tragweite dar (vgl. BT-Drs. 19/18111, 23)) und geht dem Arztvorbehalt des § 24 während der Dauer der Feststellung vor (Kießling § 5a Rn. 15). 1a

III. Zukünftige Änderungen

§ 5a wird aufgehoben mWv 1.4.2021 durch G v. 27.3.2020 (BGBl. I S. 587). 2

B. Befugnisübertragung (Abs. 1)

I. Allgemeines

Nach Abs. 1 wird Personen, die zu dem in S. 1 genannten Personenkreis zählen und die zusätzlich die Kompetenzen nach S. 2 Nr. 1 erfüllen, für den Zeitraum des Bestehens einer epidemischen Lage von nationaler Tragweite (und somit vorübergehend) die Befugnis zur Ausübung von heilkundlichen Tätigkeiten übertragen, soweit der Gesundheitszustand des jeweiligen Patienten nicht zwingend ein ärztliche Beteiligung voraussetzt (S. 2 Nr. 2). 3

II. Voraussetzungen

1. Erfasster Personenkreis (S. 1)

4 Von der Regelung erfasst sind diejenigen Personen, die eine Erlaubnis zum Führen der in Abs. 1 S. 1 genannten Berufsbezeichnungen nach den jeweiligen Berufsgesetzen besitzen. Der sich so ergebende Personenkreis ist abschließend (vgl. Entwurf des COVIfSGAnpG (BT-Drs. 19/18111, 23)). Eine Erweiterung des Personenkreises ist jedoch nach Abs. 2 durch Rechtsverordnung des Bundesministeriums für Gesundheit ohne Zustimmung des Bundesrates möglich, vgl. im Einzelnen die Erläuterungen Rn. 12 f.

2. Persönliche Kompetenzen (S. 2 Nr. 1)

5 Eine vorübergehende Ausübung der jeweiligen heilkundlichen Tätigkeit ist unter dem Gesichtspunkt der Patientensicherheit nur dann zu rechtfertigen, wenn die betreffende Person dafür hinreichende Fähigkeiten aufweist. Aus diesem Grund macht S. 2 Nr. 1 für die Befugnisübertragung in persönlicher Hinsicht zur Voraussetzung, dass die jeweilige Person auf der Grundlage der in der jeweiligen Ausbildung erworbenen Kompetenzen und ihrer persönlichen Fähigkeiten in der Lage ist, die jeweils erforderliche Maßnahme eigenverantwortlich durchzuführen. Bei der Beurteilung der persönlichen Kompetenzen sind beispielsweise die bereits gewonnene Berufserfahrung sowie Fort- und Weiterbildungen zu berücksichtigen (vgl. Entwurf des COVIfSGAnpG (BT-Drs. 19/18111, 23)).

3. Kein zwingendes Erfordernis einer ärztliche Beteiligung (S. 2 Nr. 2)

6 Negative Voraussetzung ist nach S. 2 Nr. 2, dass der Gesundheitszustand der Patientin oder des Patienten nach seiner Art und Schwere eine ärztliche Behandlung im Ausnahmefall einer epidemischen Lage von nationaler Tragweite nicht zwingend erfordert.

4. Überlastung des Gesundheitssystems als ungeschriebene Voraussetzung

6a Teilweise wird unter Verweis auf den Sinn und Zweck des § 5a (vgl. Rn. 1) sowie der Wertung des § 24 gefordert, dass § 5a nur dann einschlägig sein darf, wenn das Gesundheitssystem tatsächlich überlastet ist (Kießling § 5a Rn. 15 mwN). Dieser Ansicht ist zuzustimmen da die mit der durch § 5a ausgelösten Befugnisübertragung auf grundsätzlich nicht im Sinne des § 24 heilkundige Personen mit einer nicht unerheblichen Gefährdung für Patienten einhergeht, welche nur im Ausnahmefall zu rechtfertigen ist.

III. Umfang der Befugnis

1. Allgemeines

Liegen die genannten Voraussetzungen (kumulativ) vor, so ist die Vornahme 7
der jeweils erforderlichen Maßnahme gestattet, auch wenn sie eine ärztliche
Beteiligung voraussetzen würde, weil sie der Heilkunde zuzurechnen ist (vgl.
BT-Drs. 19/18111, 23). Zu beachten ist jedoch der grundsätzliche Vorrang
der ärztlichen Delegation, vgl. Rn. 8.

2. Vorrang der ärztlichen Delegation

Gegenüber einer Nutzung der Befugnisübertragung nach § 5a ist, wie sich aus 8
der Begründung des Entwurfs des COVIfSGAnpG (BT-Drs. 19/18111, 23)
ergibt, eine ärztliche Veranlassung heilkundlicher Maßnahmen (ärztliche Delegation) vorrangig. Soweit eine solche unter Berücksichtigung der konkreten
epidemischen Lage möglich ist, bedarf es keiner Befugnisübertragung nach
§ 5a. Dabei sind auch moderne Kommunikationsmöglichkeiten (z. B. Telemedizin) sowie vorhandene Behandlungsstandards (SOP – Standard Operating
Procedures) umfangreich zu nutzen, um eine flexible und pragmatische
Handhabung der ärztlichen Delegation zu ermöglichen (vgl. Entwurf des
COVIfSGAnpG (BT-Drs. 19/18111, 23)).

IV. Dokumentation (S. 3), Mitteilung (S. 4)

1. Allgemeines

Nach S. 3 ist die jeweils durchgeführte Maßnahme in angemessener Weise zu 9
dokumentieren, sie soll zudem unverzüglich dem verantwortlichen Arzt oder
behandelnden Arzt mitgeteilt werden (S. 4).

2. Einzelheiten

a) Angemessene Dokumentation. Die Dokumentation muss angemessen 10
sein. Dies ist dann der Fall, wenn sie den üblichen Standards einer medizinischen Dokumentation entspricht, was insbesondere voraussetzt, dass die
Dokumentation inhaltlich nachvollziehbar und dauerhaft vorgenommen
wird.

b) Pflicht zur unverzügliche Information des Arztes. Zweck der Pflicht 11
ist neben der fachlichen Absicherung der vorgenommenen Maßnahme auch
die Nutzung der Information als Grundlage weiterer ärztlicher Behandlungsentscheidungen (vgl. Entwurf des COVIfSGAnpG (BT-Drs. 19/18111, 23)).
Zum Begriff ‚unverzüglich' gelten dabei die diesbezüglichen Erläuterungen
§ 9 Rn. 24 entsprechend.

C. Verordnungsermächtigung (Abs. 2)

I. Allgemeines

12 Abs. 2 ermächtigt das Bundesministerium für Gesundheit, durch Rechtsverordnung ohne Zustimmung des Bundesrates weiteren Personen mit Erlaubnis zum Führen der Berufsbezeichnung eines reglementierten Gesundheitsfachberufs während einer epidemischen Lage von nationaler Tragweite die Ausübung heilkundlicher Tätigkeiten nach Abs. 1 S. 2 zu gestatten. Dies ermöglicht eine flexible und kurzfristige Anpassung der Regelung an die jeweilige Lage.

II. Außerkrafttreten

13 Vgl. zum Außerkrafttreten einer Rechtsverordnung nach Abs. 2 die Erläuterungen zu § 5 Abs. 4 (§ 5 Rn. 56).

3. Abschnitt. Überwachung

Vorbemerkungen zu §§ 6 ff.

Übersicht

	Rn.
I. Allgemeines	1
II. Struktur der Überwachung	2
III. Datenschutzrecht als Ausfluss des Rechts auf informationelle Selbstbestimmung	3
IV. Schweigepflicht nach § 203 StGB	4

I. Allgemeines

Dem einzelnen Arzt ist es nur sehr eingeschränkt möglich, aus den bei seinem 1
Patientenstamm auftretenden übertragbaren Krankheiten zuverlässige infektionsepidemiologische Erkenntnisse für die Allgemeinheit zu gewinnen und zu beurteilen, ob und welche Maßnahmen der Prävention oder Bekämpfung bestimmter übertragbarer Krankheiten erforderlich sind. Derartige Schlüsse können nur von den zuständigen Gesundheitsbehörden gezogen werden, welche das infektiologische Geschehen in ihrem Zuständigkeitsbereich gleichsam aus der Vogelperspektive beobachten. Die epidemiologische Überwachung dient mit seinem Meldesystem vor diesem Hintergrund primär dazu, den erforderlichen zeitnahen Informationsfluss zu den Gesundheitsbehörden sicherzustellen. Aus der besonderen Bedeutung der Meldungen für die Arbeit der Gesundheitsbehörden erklärt sich auch, dass der Gesetzgeber einen Verstoß gegen die Meldepflicht zumindest teilweise bußgeldbewehrt hat (vgl. § 73).

II. Struktur der Überwachung

Das Meldewesen als Kernstück der Überwachung ist sehr übersichtlich struk- 2
turiert. Zunächst wird geregelt was (§§ 6, 7) von wem (§ 8) wie (§§ 9, 10) gemeldet werden muss. Dabei enthalten die Vorschriften jeweils eindeutige Bezugnahmen aufeinander (vgl. z. B. § 6 Abs. 1 S. 2, § 8 Abs. 1, 3 bis 8, § 9 Abs. 1, 2, 3 S. 1 oder 3), welche die praktische Anwendung erheblich erleichtern. Die weiteren Bestimmungen des 3. Anschnitts behandeln insbesondere die Weitermeldung durch das Gesundheitsamt an übergeordnete Behörden und von diesen an das RKI (§§ 11), Sentinel-Erhebungen und weitere Formen der epidemiologischen Überwachung, das elektronische Melde- und Informationssystem (§ 14) und mögliche Anpassungen der Meldepflicht an die epidemische Lage (§ 15).

III. Datenschutzrecht als Ausfluss des Rechts auf informationelle Selbstbestimmung

3 Das aus Art. 2 Abs. 1 GG abgeleitete Recht auf informationelle Selbstbestimmung lässt sich schlagwortartig als ‚Recht an den eigenen Daten' beschreiben. Jeder Bürger soll grundsätzlich selbst entscheiden dürfen, ob und wie er seine persönlichen Daten gegenüber dem Staat offenbart. Mit dem so genannten Volkszählungsurteil (BVerfGE 65, 1 ff.) hat das Bundesverfassungsgericht herausgestellt, dass Eingriffe in dieses Recht einer klaren und für den Bürger erkennbar Gesetzesgrundlage bedürfen (BVerfGE 65, 44). Heutzutage bestehen in den Ländern Datenschutzgesetze, welche die Zulässigkeit der Erhebung von personenbezogenen Daten durch Landesbehörden und Kommunen detailliert regeln (diese werden seit Mai 2018 durch die EU-Datenschutzgrundverordnung (DSGVO) überlagert). Unabhängig davon, dass diese Regelungen im Einzelnen unterschiedlich ausgestaltet sind, so liegt ihnen doch immer der Grundsatz der Datensparsamkeit zugrunde. Dieser besagt, dass nur so viele Daten erhoben werden dürfen, wie zur Aufgabenerfüllung erforderlich sind. Aus den vorgenannten rechtlichen Rahmenbedingungen erklärt sich das abgestufte Meldesystem des IfSG. Danach besteht eine namentliche Meldepflicht nur in denjenigen Fällen, in welchen aufgrund der Art und Schwere der gemeldeten Krankheit bzw. des Krankheitserregers regelmäßig eine besondere Gefahrenlage für weitere als die gemeldete Person besteht und daher Schutzmaßnahmen erforderlich sein können, für welche eine Identifikation der betroffenen Person erforderlich ist. Denn hier überwiegt das Interesse des Dritten bzw. der Allgemeinheit an ihrer körperlichen Unversehrtheit (welche auch das Freisein von Erkrankungen umfasst) das Recht des Gemeldeten auf informationelle Selbstbestimmung, so dass neben medizinischen Informationen insbesondere auch der Name, das Geburtsdatum und die Anschrift gemeldet werden müssen (vgl. § 9). Ist aus medizinischer Sicht eine solche Gefahrenlage typischerweise bei der zu meldenden Krankheit bzw. dem Krankheitserreger nicht zu erwarten, sind Maßnahmen im Regelfall nicht erforderlich und folglich eine namentliche Meldung datenschutzrechtlich nicht gerechtfertigt. In diesen Fällen besteht lediglich eine nichtnamentliche Meldepflicht (vgl. § 10), welche insbesondere der Gewinnung epidemiologischer Erkenntnisse dient, etwa, ob und inwieweit Präventionsmaßnahmen erforderlich sind oder modifiziert werden müssen.

IV. Schweigepflicht nach § 203 StGB

4 Bei im IfSG enthaltenen Meldepflichten handelt es sich um so genannte gesetzliche Offenbarungspflichten. Dies bedeutet einerseits, dass der Meldepflichtige sich bezüglich der von einer Meldepflicht nach dem IfSG umfassten personenbezogenen Daten nicht auf seine im Übrigen unverändert weiterbestehende Schweigepflicht nach § 203 StGB berufen kann, sondern – gfs. auch gegen den Willen des Betroffenen – zur Meldung verpflichtet ist, ohne dass ihm diesbezüglich ein eigener Entscheidungsspielraum verbleibt. Andererseits heißt dies aber auch, dass eine solche Meldung nicht ‚unbefugt' iSv § 203

Meldepflichtige Krankheiten **§ 6 IfSG**

StGB erfolgt und somit straffrei bleibt. Zur Frage, ob das Gesundheitsamt im Rahmen seiner Ermittlungstätigkeiten von Ärzten oder anderen Meldepflichtigen über die nach dem IfSG meldepflichtigen Daten hinaus weitere der Schweigepflicht unterliegende Informationen einfordern kann, vgl. die Erläuterungen § 16 Rn. 48. Darüber hinaus wurde durch das Gesetz zur Modernisierung der epidemiologischen Überwachung übertragbarer Krankheiten § 25 Abs. 2 um einen neuen S. 2 ergänzt. Dieser regelt explizit die Befragung von Dritten, insbesondere des behandelnden Arztes. Vgl. zu den Einzelheiten sowie den gesetzgeberischen Hintergründen im Einzelnen die Erläuterungen § 25 Rn. 27.

§ 6 Meldepflichtige Krankheiten

(1) Namentlich ist zu melden:
1. der Verdacht einer Erkrankung, die Erkrankung sowie der Tod in Bezug auf die folgenden Krankheiten
   a) Botulismus
   b) Cholera
   c) Diphtherie
   d) humane spongiforme Enzephalopathie, außer familiär-hereditärer Formen
   e) akute Virushepatitis
   f) enteropathisches hämolytisch-urämischem Syndrom (HUS)
   g) virusbedingtes hämorrhagisches Fieber
   h) Keuchhusten
   i) Masern
   j) Meningokokken-Meningitis oder -Sepsis
   k) Milzbrand
   l) Mumps
   m) Pest
   n) Poliomyelitis
   o) Röteln einschließlich Rötelnembryopathie
   p) Tollwut
   q) Typhus abdominalis oder Paratyphus
   r) Windpocken,
   s) zoonotische Influenza,
   t) Coronavirus-Krankheit-2019 (COVID-19),
1a. die Erkrankung und der Tod in Bezug auf folgende Krankheiten:
   a) behandlungsbedürftige Tuberkulose, auch wenn ein bakteriologischer Nachweis nicht vorliegt,
   b) Clostridioides-difficile-Infektion mit klinisch schwerem Verlauf; ein klinisch schwerer Verlauf liegt vor, wenn
      aa) der Erkrankte zur Behandlung einer ambulant erworbenen Clos-tridioides-difficile-Infektion in eine medizinische Einrichtung aufgenommen wird,
      bb) der Erkrankte zur Behandlung der Clostridioides-difficile-Infek-tion oder ihrer Komplikationen auf eine Intensivstation verlegt wird,

cc) ein chirurgischer Eingriff, zum Beispiel Kolektomie, auf Grund eines Megakolons, einer Perforation oder einer refraktären Kolitis erfolgt oder
dd) der Erkrankte innerhalb von 30 Tagen nach der Feststellung der Clostridioides-difficile-Infektion verstirbt und die Infektion als direkte Todesursache oder als zum Tode beitragende Erkrankung gewertet wurde,
2. der Verdacht auf und die Erkrankung an einer mikrobiell bedingten Lebensmittelvergiftung oder an einer akuten infektiösen Gastroenteritis, wenn
a) eine Person betroffen ist, die eine Tätigkeit im Sinne des § 42 Abs. 1 ausübt,
b) zwei oder mehr gleichartige Erkrankungen auftreten, bei denen ein epidemischer Zusammenhang wahrscheinlich ist oder vermutet wird,
3. der Verdacht einer über das übliche Ausmaß einer Impfreaktion hinausgehenden gesundheitlichen Schädigung,
4. die Verletzung eines Menschen durch ein tollwutkrankes, -verdächtiges oder -ansteckungsverdächtiges Tier sowie die Berührung eines solchen Tieres oder Tierkörpers,
5. der Verdacht einer Erkrankung, die Erkrankung sowie der Tod, in Bezug auf eine bedrohliche übertragbare Krankheit, die nicht bereits nach den Nummern 1 bis 4 meldepflichtig ist.
Die Meldung nach Satz 1 hat gemäß § 8 Absatz 1 Nummer 1, 3 bis 8, § 9 Absatz 1, 2, 3 Satz 1 oder 3 zu erfolgen.

(2) Dem Gesundheitsamt ist über die Meldung nach Absatz 1 Satz 1 Nummer 1 Buchstabe i hinaus zu melden, wenn Personen an einer subakuten sklerosierenden Panenzephalitis infolge einer Maserninfektion erkranken oder versterben. Dem Gesundheitsamt ist über die Meldung nach Absatz 1 Satz 1 Nummer 1a Buchstabe a hinaus zu melden, wenn Personen, die an einer behandlungsbedürftigen Lungentuberkulose erkrankt sind, eine Behandlung verweigern oder abbrechen. Die Meldung nach den Sätzen 1 und 2 hat gemäß § 8 Abs. 1 Nummer 1, § 9 Abs. 1 und 3 Satz 1 oder 3 zu erfolgen.

(3) Nichtnamentlich ist das Auftreten von zwei oder mehr nosokomialen Infektionen zu melden, bei denen ein epidemischer Zusammenhang wahrscheinlich ist oder vermutet wird. Die Meldung nach Satz 1 hat gemäß § 8 Absatz 1 Nummer 1, 3 oder 5, § 10 Absatz 1 zu erfolgen.

Übersicht

	Rn.
A. Allgemeines	1
I. Inhalt	1
II. Zu den in § 6 aufgeführten Erkrankungen	1a
III. Änderungen durch das 2. COVIfSGAnpG	1b
B. Namentlich meldepflichtige Tatbestände nach Abs. 1	2
I. Allgemeines	2
II. Erläuterungen zu den einzelnen meldepflichtigen Tatbeständen	3
1. S. 1 Nr. 1	3
a) Meldepflicht bei den in S. 1 Nr. 1 aufgeführten Krankheiten	3

	Rn.
2. S. 1 Nr. 1a.	4
a) Allgemeines	4
b) Behandlungsbedürftige Tuberkulose (Buchstabe a))	4a
c) Clostridioides-difficile-Infektion mit klinisch schwerem Verlauf (Buchstabe b))	5
3. S. 1 Nr. 2	6
a) Allgemeines	6
b) Einzelheiten	7
4. S. 1 Nr. 3	12
a) Allgemeines	12
b) Einzelheiten	13
5. S. 1 Nr. 4	15
a) Allgemeines	15
b) Einzelheiten	16
6. S. 1 Nr. 5	19
a) Allgemeines	19
b) Einzelheiten	20
III. Zur Meldung verpflichtete Personen, Inhalt und Zeitpunkt der Meldung (Abs. 1 S. 2)	23
C. Namentliche Meldepflicht bei Erkrankung an oder Tod infolge von subakuter sklerosierender Panenzephalitis infolge einer Maserninfektion und bei Verweigerung und Abbruch der Behandlung einer behandlungsbedürftigen Lungentuberkulose (Abs. 2)	24
I. Allgemeines	24
II. Namentliche Meldepflicht bei Erkrankung an oder Tod infolge von subakuter sklerosierender Panenzephalitis infolge einer Maserninfektion (S. 1)	24a
III. Namentliche Meldepflicht bei Verweigerung und Abbruch der Behandlung einer behandlungsbedürftiger Lungentuberkulose (S. 2)	24b
1. Allgemeines	24b
2. Einzelheiten	25
a) Behandlungsbedürftig	25
b) Verweigern, abbrechen	26
IV. Zur Meldung verpflichtete Personen, Inhalt und Zeitpunkt der Meldung (S. 3)	27
D. Nichtnamentliche Meldepflicht bei Auftreten von zwei oder mehr nosokomialen Infektionen, bei denen ein epidemischer Zusammenhang wahrscheinlich ist oder vermutet wird (Abs. 3)	28
I. Allgemeines	28
II. Einzelheiten	29
1. Zwei oder mehr	29
2. Nosokomiale Infektionen	30
3. Wahrscheinlicher oder vermuteter epidemischer Zusammenhang	31
III. Zur Meldung verpflichtete Personen, Inhalt und Zeitpunkt der Meldung (Abs. 3 S. 2)	32
E. Straf- und Bußgeldbewehrung	33

IfSG § 6   3. Abschnitt. Überwachung

A. Allgemeines

I. Inhalt

1 § 6 schreibt namentliche (Abs. 1 und 2) und nichtnamentliche (Abs. 3) Meldepflichten fest. Zu den dieser Unterteilung zugrunde liegenden rechtlichen und medizinischen Überlegungen vgl. Vor § 6 Rn. 3. Die amtliche Überschrift ‚Meldepflichtige Krankheiten' ist ungenau, da neben den in § 6 aufgeführten Krankheiten auch der Verdacht eines Impfschadens gemeldet werden muss (Abs. 1 Nr. 3). Zu beachten sind jeweils mögliche Modifikationen der Meldepflicht nach § 15. Vgl. dazu die Erläuterungen dort.

II. Zu den in § 6 aufgeführten Erkrankungen

1a Bei den in § 6 aufgeführten Erkrankungen handelt es sich um solche, deren Ausbreitung durch die schnelle Intervention des Gesundheitsamtes unterbunden werden soll und bei denen auf Grund einer relativ charakteristischen klinischen Symptomatik vor dem Vorliegen der spezifischen Erregernachweise eine klinische Verdachtsdiagnose gestellt werden kann (vgl. BT-Drs. 19/15164, 53).

III. Änderungen durch das 2. COVIfSGAnpG

1b Durch das 2. COVIfSGAnpG wurden in Abs. 1 S. 1 Buchstabe t) angefügt und der Wortlaut von Abs. 1 S. 1 Nr. 5 (vgl. dazu die Erläuterungen Rn. 19) modifiziert. Durch die Anfügung von Abs. 1 S. 1 Buchstabe t) wurde die bislang bestehende untergesetzliche Regelung in der Verordnung über die Ausdehnung der Meldepflicht nach § 6 Absatz 1 Satz 1 Nummer 1 und § 7 Absatz 1 Satz 1 des Infektionsschutzgesetzes auf Infektionen mit dem erstmals im Dezember 2019 in Wuhan/Volksrepublik China aufgetretenen neuartigen Coronavirus („2019-nCoV") in das IfSG überführt.

B. Namentlich meldepflichtige Tatbestände nach Abs. 1

I. Allgemeines

2 Abs. 1 sieht in Nr. 1, 2 und 3 (nicht jedoch in Nr. 1a) die Meldung bereits von Verdachtsfällen vor. Auf diese Weise kann das Zeitfenster, welches gegebenenfalls noch für eine Diagnostik zur Abklärung des Verdachts erforderlich ist, bereits für Ermittlungen durch das Gesundheitsamt genutzt werden. In diesem Zusammenhang ist zu beachten, dass dem Gesundheitsamt vom Meldepflichtigen unverzüglich mitzuteilen ist, wenn sich eine Verdachtsmeldung nicht bestätigt hat (§ 9 Abs. 3 S. 3). Die Bestätigung eines Verdachts ist demgegenüber grundsätzlich nicht erneut zu melden (§ 8 Abs. 3 S. 2, vgl. § 8 Rn. 21).

II. Erläuterungen zu den einzelnen meldepflichtigen Tatbeständen
1. S. 1 Nr. 1

a) Meldepflicht bei den in S. 1 Nr. 1 aufgeführten Krankheiten. Der 3
Verdacht einer Erkrankung, die Erkrankung und der Tod an einer der in S. 1
Nr. 1 aufgeführten Krankheiten sind meldepflichtig. Der Verdacht einer
Erkrankung besteht, wenn es sich bei der betreffenden Person um einen
Krankheitsverdächtigen iSv § 2 Nr. 5 handelt (vgl. dazu die Erläuterungen
§ 2 Rn. 35 ff.). Eine Erkrankung liegt vor, wenn die betroffene Person Kranker iSv § 2 Nr. 4 ist (vgl. dazu die Erläuterung § 2 Rn. 30 ff.). Zur Klärung
des Begriffs ‚Tod' können keine Legaldefinitionen des IfSG herangezogen
werden. Gemeinhin wird darunter heutzutage medizinisch der festgestellte
Hirntod verstanden.

2. S. 1 Nr. 1 a.

a) Allgemeines. Durch das MasernschutzG wurde S. 1 Nr. 1a eingefügt. 4

b) Behandlungsbedürftige Tuberkulose (Buchstabe a)). Die Melde- 5
pflicht bei einer behandlungsbedürftigen Tuberkulose gem. Buchstabe a) war
zuvor im durch das MasernschutzG gestrichenen S. 1 Nr. 1 aE geregelt. Bei
der behandlungsbedürftigen Tuberkulose sind nach dem insoweit unveränderten Wortlaut nur Erkrankung und Tod, nicht jedoch bereits der Verdachtsfall
meldepflichtig. Ob eine Tuberkulose behandlungsbedürftig ist, entscheidet
sich allein nach medizinischen Kriterien. Die Meldepflicht besteht bereits
dann, wenn (noch) kein bakteriologischer Nachweis vorliegt (s. letzter Halbsatz von S. 1 Nr. 1a Buchstabe a)). Geht die Meldung einer behandlungsbedürftigen Tuberkulose ein, so sind vom Gesundheitsamt bzw. der zuständigen Behörde insbesondere Beratungen nach § 19 sowie Maßnahmen nach
den §§ 25 ff. in Betracht zu ziehen. Zur Meldepflicht bei Verweigerung oder
Abbruch der Behandlung einer behandlungsbedürftigen Lungentuberkulose
siehe die Erläuterungen zu Abs. 2 (Rn. 24b).

c) Clostridioides-difficile-Infektion mit klinisch schwerem Verlauf 6
(Buchstabe b)). Die Meldepflicht in Bezug auf eine Clostridioides-difficile-
Infektion mit klinisch schwerem Verlauf war zuvor in § 1 Abs. 1 IfSGMeld-
AnpV geregelt und wurde durch das MasernschutzG in Abs. 1 S. 1 Nr. 1a
Buchstabe b) überführt (vgl. Rn. 1b). Aufgrund von geänderten genetischen
Analysen wurde in diesem Zusammenhang auswislich des Entwurfs eines
Gesetzes für den Schutz vor Masern und zur Stärkung der Impfprävention
(MasernschutzG) (BT-Drs. 19/13452, 23) eine Neuzuordnung der Bakterien
Clostridium difficile in Clostridioides difficile vorgenommen, wodurch sich
indes keinerlei Änderungen hinsichtlich des Meldetatbestandes an sich ergeben.

IfSG § 6

3. S. 1 Nr. 2

7 a) Allgemeines. Aufgrund der Häufigkeit von Durchfallerkrankungen würde die Meldung sämtlicher Einzelfälle das Meldesystem überfordern (vgl. amtl. Begründung). Aus diesem Grund besteht eine Meldepflicht nach Nr. 2 nur dann, wenn zusätzlich die Voraussetzungen nach Nr. 2a) oder b) erfüllt sind. Zur infektiösen Gastritis bei in Gemeinschaftseinrichtungen betreuten Kindern unter 6 Jahren siehe § 34 Abs. 1 S. 3.

8 b) Einzelheiten. aa) Verdacht, Erkrankungen. Es gelten die Ausführungen zu den in Nr. 1 verwendeten Begriffen ‚Verdacht einer Erkrankung' und ‚Erkrankung' entsprechend (vgl. Rn. 3).

9 bb) Gleichartig (Buchstabe b)). An dieses Merkmal sind keine überzogenen Anforderungen zu stellen. Es ist bereits dann als erfüllt anzusehen, wenn die Erkrankungen aufgrund ihrer Symptomatik die Annahme rechtfertigen, von demselben Erreger verursacht sein zu können.

10 cc) Epidemischer Zusammenhang (Buchstabe b)). Ob ein solcher vorliegt, ist rein medizinisch zu entscheiden. Es spricht für einen epidemischen Zusammenhang, wenn verschiedene Fälle auf eine gemeinsame potenzielle Ursache hindeuten (z. B. Teilnahme am selben Essen, Besuch derselben Kindertageseinrichtung, Verzehr von Fleisch desselben Metzgers).

11 dd) Wahrscheinlich, vermuten lassen (Buchstabe b)). Der epidemische Zusammenhang muss nicht sicher feststehen. Vielmehr reicht es aus, wenn ein solcher wahrscheinlich ist oder zu vermuten ist. Für die Vermutung des epidemischen Zusammenhangs reicht es aus, wenn sich aus medizinischer Sicht auf Basis der Faktenlage entsprechende Indizien ergeben. Die Wahrscheinlichkeit stellt insoweit einen höheren Grad an Gewissheit bzgl. der Vermutung dar.

4. S. 1 Nr. 3

12 a) Allgemeines. Nach der amtl. Begründung soll die Meldepflicht nach Nr. 3 dazu dienen, dass die zur Klärung eines Falles notwendigen Untersuchungen und Maßnahmen (etwa zum Schutz weiterer Impfwilliger) unverzüglich eingeleitet werden können. Außerdem werden so die erforderlichen Daten gewonnen, um den Nutzen wie auch die Risiken von Impfungen besser beurteilen zu können. Zur Meldung kann das über www.RKI.de abrufbare Formblatt verwendet werden, welches gleichzeitig zur Meldungen nach § 11 Abs. 2 S. 1 und § 77 Arzneimittelgesetz nutzbar ist.

13 b) Einzelheiten. aa) Über das Ausmaß einer Impfreaktion hinausgehende gesundheitliche Schädigung. Vgl. dazu die Erläuterungen § 2 Rn. 66. Zur Beurteilung können die vom RKI sowie dem Paul-Ehrlich-Institut auf den jeweiligen Webseiten bereitgestellten Hilfestellungen genutzt werden, z. B. in der Einleitung zum ‚Bericht über Verdachtsfälle einer über das Ausmaß einer Impfreaktion hinausgehende gesundheitliche Schädigung' (abrufbar unter www.pei.de/DE/arzneimittelsicherheit/pharmakovigilanz/

meldeformulare-online-meldung/meldeformulare-online-meldung-node.html).

bb) Verdacht. Ein Verdacht ist gegeben, wenn eine Sachlage besteht, die einen fachlich Vorgebildeten vermuten lässt, dass eine über die übliche Impfreaktion hinausgehende gesundheitliche Schädigung durch eine Schutzimpfung vorliegt. 14

5. S. 1 Nr. 4

a) Allgemeines. Nach Abs. 1 Nr. 1p) sind der Krankheitsverdacht, die Erkrankung und der Tod an Tollwut meldepflichtig. Nr. 4 konstituiert eine Meldepflicht auch für die Fälle, in denen es (lediglich) zu einem ansteckungsrelevanten Kontakt mit einem tollwutkranken, -verdächtigen oder -ansteckungsverdächtigen Tier gekommen ist. Mit erfolgter Meldung kann das Gesundheitsamt auf die Durchführung von zum Schutz des Betroffenen erforderlichen Maßnahmen (Impfung) hinwirken (eine Möglichkeit zur Behandlung gegen den Willen des Betroffenen besteht indes nicht, vgl. auch § 28 Abs. 1 S. 3) und die erforderlichen Maßnahmen (vgl. z.B. § 17 Abs. 2) ergreifen, um von dem Tier ausgehende Gefahren abzuwenden. 15

b) Einzelheiten. aa) Tollwutkrankes, -verdächtiges oder -ansteckungsverdächtiges Tier. Insoweit sind die Legaldefinitionen von ‚Kranker' (§ 2 Nr. 4), ‚Krankheitsverdächtiger' (§ 2 Nr. 5) und ‚Ansteckungsverdächtiger' (§ 2 Nr. 7) entsprechend, nur bezogen auf das Tier, heranzuziehen, vgl. im Einzelnen die Erläuterungen dort. 16

bb) Verletzung. Verletzung ist jede Beeinträchtigung der körperlichen Unversehrtheit (z. B. Biss, Kratzer). 17

cc) Berührung. Berührung ist jeder körperliche Kontakt. Berührt worden sein muss nach dem Wortlaut ein tollwutkrankes, -verdächtiges oder -ansteckungsverdächtiges Tier oder ein solcher Tierkörper. Die Berührung von anderen uU mit Tollwuterregern behafteten Gegenständen fällt demnach nicht unter die Meldepflicht. 18

6. S. 1 Nr. 5

a) Allgemeines. Meldepflichtig nach S. 1 Nr. 5 sind seit dem 2. COVIfSGAnpG nicht mehr das ‚Auftreten' sondern der Verdacht einer Erkrankung, die Erkrankung sowie der Tod in Bezug auf eine bedrohliche übertragbare Krankheit. Durch den Auffangtatbestand der Nr. 5 werden somit etwaige nicht bereits nach Nr. 1–4 meldepflichtige übertragbare Krankheiten erfasst, die eine besondere Gefahr für die Bevölkerung darstellen. Die Meldepflicht versetzt die Gesundheitsbehörde in die Lage, Gefahrensituationen frühzeitig zu erkennen und gegebenenfalls auf diese zu reagieren. Auch können sich aus den nach Nr. 5 erfolgenden Meldungen Hinweise auf sich ändernde epidemiologische Umstände ergeben, welche beispielsweise Anlass zu einer Anpassung der Meldepflicht nach § 15 sein können. 19

20 b) Einzelheiten. aa) Verdacht einer Erkrankung, die Erkrankung sowie der Tod. Der Verdacht einer Erkrankung liegt vor, wenn es sich bei der betroffenen Person um einen Krankheitsverdächtigen iSv § 2 Nr. 5 handelt. Vgl. dazu die Erläuterungen § 2 Rn. 35 ff.

21 bb) Übertragbare Krankheit. Vgl. zu diesen die Erläuterungen § 2 Rn. 20 ff.

21a cc) Bedrohlich. Die in Frage stehende übertragbare Krankheit muss bedrohlich sein. Vgl. dazu die Erläuterungen zu § 2 Rn. 27 ff.

22 dd) Nicht bereits nach den Nummern 1–4 meldepflichtig. Voraussetzung für das Bestehen einer Meldepflicht nach Nr. 5 ist, dass die in Betracht kommenden Krankheit nicht bereits nach den Nummern 1–4 meldepflichtig ist. Denn in diesen Fällen besteht ohnehin eine Meldepflicht, so dass ein Rückgriff auf den Auffangtatbestand des Nr. 5 nicht erforderlich ist.

III. Zur Meldung verpflichtete Personen, Inhalt und Zeitpunkt der Meldung (Abs. 1 S. 2)

23 Abs. 1 S. 2 verweist auf die insoweit maßgeblichen Vorschriften § 8 Abs. 1 Nr. 1, 3 bis 8 (meldepflichtige Personen), § 9 Abs. 1 und 2 (Inhalt) und § 9 Abs. 3 S. 1 oder 3 (Zeitpunkt). Meldungen nach Abs. 1 S. 1 Nr. 3 müssen zusätzlich die in § 22 Abs. 2 aufgeführten Angaben enthalten (§ 9 Abs. 1 Nr. 4).

C. Namentliche Meldepflicht bei Erkrankung an oder Tod infolge von subakuter sklerosierender Panenzephalitis infolge einer Maserninfektion und bei Verweigerung und Abbruch der Behandlung einer behandlungsbedürftigen Lungentuberkulose (Abs. 2)

I. Allgemeines

24 Abs. 2 enthält namentliche Meldepflichten bei Erkrankung an oder Tod infolge von subakuter sklerosierender Panenzephalitis infolge einer Maserninfektion und bei Verweigerung und Abbruch der Behandlung einer behandlungsbedürftigen Lungentuberkulose.

II. Namentliche Meldepflicht bei Erkrankung an oder Tod infolge von subakuter sklerosierender Panenzephalitis infolge einer Maserninfektion (S. 1)

24a S. 1 wurde dem jetzigen S. 2 durch das MasernschutzG vorangestellt und konstituiert eine Pflicht zur namentlichen Meldung der Erkrankung sowie des Todes an subakuter sklerosierender Panenzephalitis infolge einer Maserninfektion. Dazu führt der Entwurf eines Gesetzes für den Schutz vor Masern und zur Stärkung der Impfprävention (MasernschutzG) (BT-Drs. 19/13452,

23) aus, dass die subakut sklerosierende Panenzephalitis eine schwere und stets tödlich verlaufende Gehirnerkrankung ist, welche sich als Spätfolge einer Maserninfektion entwickeln kann. Diese bedarf der epidemiologischen Überwachung, zu deren Umsetzung die namentliche Meldepflicht dient.

III. Namentliche Meldepflicht bei Verweigerung und Abbruch der Behandlung einer behandlungsbedürftiger Lungentuberkulose (S. 2)

1. Allgemeines

Bei der behandlungsbedürftigen Lungentuberkulose sind Erkrankung und Tod bereits nach Abs. 1 Nr. 1a Buchstabe a) meldepflichtig (vgl. Rn. 4a). Diese Meldepflicht wird durch Abs. 2 S. 2 ergänzt um die Pflicht zur Meldung der Verweigerung und des Abbruchs der Behandlung. Grund der Meldepflicht ist einerseits, dass eine unbehandelte aktive Lungentuberkulose Quelle zahlreicher weiterer Infektionen sein kann, andererseits die Gefahr, dass die die Lungentuberkulose verursachenden Krankheitserreger bei nicht fachgerechter oder vorzeitig abgebrochener Behandlung gegen die eingesetzten Wirkstoffe resistent werden können. Aufgrund einer Meldung nach Abs. 2 S. 2 kann das Gesundheitsamt der betroffenen Person nach § 19 Abs. 1 Beratungen und Untersuchungen anbieten und muss bei Vorliegen der Voraussetzungen Maßnahmen einleiten (insbes. nach §§ 25 ff., § 30, vgl. im Einzelnen die Erläuterungen dort).

24b

2. Einzelheiten

a) **Behandlungsbedürftig.** Ob und wie lange eine Lungentuberkulose behandlungsbedürftig ist, muss allein aus medizinischer Sicht beurteilt werden.

25

b) **Verweigern, abbrechen.** Ein Verweigern liegt nach dem Wortsinn dann vor, wenn eine Person in Kenntnis der Behandlungsbedürftigkeit vor deren Beginn ernsthaft von einer Behandlung Abstand nimmt, ein Abbrechen, wenn die bereits begonnene aber noch nicht abgeschlossene Behandlung nicht fortgeführt wird.

26

IV. Zur Meldung verpflichtete Personen, Inhalt und Zeitpunkt der Meldung (S. 3)

S. 3 verweist auf die insoweit maßgeblichen Vorschriften § 8 Abs. 1 Nr. 1 (meldepflichtige Personen), § 9 Abs. 1 (Inhalt) und § 9 Abs. 3 S. 1 oder 3 (Zeitpunkt). Die Beschränkung des Kreises der meldepflichtigen Personen auf Ärzte (§ 8 Abs. 1 Nr. 1) ist logische Folge der Regelung in § 24, nach welcher die Behandlung einer Tuberkulose nur durch einen Arzt erfolgen darf.

27

D. Nichtnamentliche Meldepflicht bei Auftreten von zwei oder mehr nosokomialen Infektionen, bei denen ein epidemischer Zusammenhang wahrscheinlich ist oder vermutet wird (Abs. 3)

I. Allgemeines

28 Das IfSG widmet den nosokomialen Infektionen im Vergleich zum BSeuchG mittlerweile eine stärkeres Augenmerk. So enthält § 23 eine Reihe von Bestimmungen, mit welchen nosokomiale Infektionen verhindert werden sollen. § 23 Abs. 4 verpflichtet die Leiter der darin genannten Einrichtungen dazu, nosokomiale Infektionen zu dokumentieren und dem Gesundheitsamt Einblick in die gemäß § 23 Abs. 4 geführten Aufzeichnungen zu gewähren, vgl. im Einzelnen die Erläuterungen dort. Die nichtnamentliche Meldepflicht nach Abs. 3 tritt neben die Pflichten aus den genannten Bestimmungen und besteht unabhängig von diesen.

II. Einzelheiten

1. Zwei oder mehr

29 In der Fassung des IfSG vor dem Gesetz zur Modernisierung der epidemiologischen Überwachung übertragbarer Krankheiten bestand die Meldepflicht nach Abs. 3 bei ansonsten gleichen Voraussetzungen bei einem ‚gehäuften' Auftreten nosokomialer Infektionen. Wann ein ‚gehäuftes' Auftreten vorlag, hing nach der bislang vorherrschenden Auffassung auch von der Größe der jeweiligen Einrichtung ab, was zu Unklarheiten hinsichtlich des Bestehens der Meldepflicht führen konnte. Insoweit stellt die Neufassung, nach welcher ‚zwei oder mehr' nosokomiale Infektionen Voraussetzung einer Meldepflicht nach Abs. 3 sind, eine Klarstellung und für die Einrichtungen, bei denen auf Grund ihrer Größe bislang mehr als zwei Fälle für erforderlich angesehen wurden, auch eine Verschärfung der Meldepflicht dar. In Krankenhäusern, Einrichtungen für ambulantes Operieren und den weiteren in § 23 Abs. 3 Nr. 1–3 genannten Einrichtungen sind zur Beantwortung der Frage, ob die Mindestfallzahl von zwei erreicht ist, die nach § 23 Abs. 4 zu führenden Aufzeichnungen über nosokomiale Infektionen heranzuziehen.

2. Nosokomiale Infektionen

30 Vgl. die Erläuterungen zu § 2 Nr. 8 (§ 2 Rn. 49 ff.).

3. Wahrscheinlicher oder vermuteter epidemischer Zusammenhang

31 Vgl. die Erläuterungen zu Abs. 1 Nr. 2 (Rn. 10 f.)

III. Zur Meldung verpflichtete Personen, Inhalt und Zeitpunkt der Meldung (Abs. 3 S. 2)

Abs. 3 S. 2 verweist auf die insoweit maßgeblichen Vorschriften § 8 Abs. 1 Nr. 1, 3 und 5 (meldepflichtige Personen) und § 10 Abs. 1 (Inhalt, Zeitpunkt). **32**

E. Straf- und Bußgeldbewehrung

Ein Verstoß gegen die Pflichten aus § 6, auch in Verbindung mit einer Rechtsverordnung nach § 14 Abs. 8 S. 1 Nr. 2, 4–6 oder 7 oder § 15 Abs. 1 oder 3, ist gemäß § 73 Abs. 1a Nr. 2 bußgeld- und unter den Voraussetzungen von § 74 strafbewehrt. **33**

§ 7 Meldepflichtige Nachweise von Krankheitserregern

(1) Namentlich ist bei folgenden Krankheitserregern, soweit nicht anders bestimmt, der direkte oder indirekte Nachweis zu melden, soweit die Nachweise auf eine akute Infektion hinweisen:
1. Adenoviren; Meldepflicht nur für den direkten Nachweis im Konjunktivalabstrich
2. Bacillus anthracis
3. Bordetella pertussis, Bordetella parapertussis
3a. humanpathogene Bornaviren; Meldepflicht nur für den direkten Nachweis
4. Borrelia recurrentis
5. Brucella sp.
6. Campylobacter sp., darmpathogen
6a. Chikungunya-Virus
7. Chlamydia psittaci
8. Clostridium botulinum oder Toxinnachweis
9. Corynebacterium spp., Toxin bildend
10. Coxiella burnetii
10a. Dengue-Virus
11. humanpathogene Cryptosporidium sp.
12. Ebolavirus
13.
    a) Escherichia coli, enterohämorrhagische Stämme (EHEC)
    b) Escherichia coli, sonstige darmpathogene Stämme
14. Francisella tularensis
15. FSME-Virus
16. Gelbfiebervirus
17. Giardia lamblia
18. Haemophilus influenzae; Meldepflicht nur für den direkten Nachweis aus Liquor oder Blut
19. Hantaviren

20. Hepatitis-A-Virus
21. Hepatitis-B-Virus; Meldepflicht für alle Nachweise
22. Hepatitis-C-Virus; Meldepflicht für alle Nachweise
23. Hepatitis-D-Virus; Meldepflicht für alle Nachweise
24. Hepatitis-E-Virus
25. Influenzaviren; Meldepflicht nur für den direkten Nachweis
26. Lassavirus
27. Legionella sp.
28. humanpathogene Leptospira sp.
29. Listeria monocytogenes; Meldepflicht nur für den direkten Nachweis aus Blut, Liquor oder anderen normalerweise sterilen Substraten sowie aus Abstrichen von Neugeborenen
30. Marburgvirus
31. Masernvirus
31a. Middle-East-Respiratory-Syndrome-Coronavirus (MERS-CoV)
32. Mumpsvirus
33. Mycobacterium leprae
34. Mycobacterium tuberculosis/africanum, Mycobacterium bovis; Meldepflicht für den direkten Erregernachweis sowie nachfolgend für das Ergebnis der Resistenzbestimmung; vorab auch für den Nachweis säurefester Stäbchen im Sputum
35. Neisseria meningitidis; Meldepflicht nur für den direkten Nachweis aus Liquor, Blut, hämorrhagischen Hautinfiltraten oder anderen normalerweise sterilen Substraten
36. Norovirus
37. Poliovirus
38. Rabiesvirus
39. Rickettsia prowazekii
40. Rotavirus
41. Rubellavirus
42. Salmonella Paratyphi; Meldepflicht für alle direkten Nachweise
43. Salmonella Typhi; Meldepflicht für alle direkten Nachweise
44. Salmonella, sonstige
44a. Severe-Acute-Respiratory-Syndrome-Coronavirus (SARS-CoV) und Severe-Acute-Respiratory-Syndrome-Coronavirus-2 (SARS-CoV-2)
45. Shigella sp.
45a. Streptococcus pneumoniae; Meldepflicht nur für den direkten Nachweis aus Liquor, Blut, Gelenkpunktat oder anderen normalerweise sterilen Substraten
46. Trichinella spiralis
47. Varizella-Zoster-Virus
48. Vibrio spp., humanpathogen; soweit ausschließlich eine Ohrinfektion vorliegt, nur bei Vibrio cholerae
48a. West-Nil-Virus
49. Yersinia pestis
50. Yersinia spp., darmpathogen
50a. Zika-Virus und sonstige Arboviren
51. andere Erreger hämorrhagischer Fieber

Meldepflichtige Nachweise von Krankheitserregern **§ 7 IfSG**

52. der direkte Nachweis folgender Krankheitserreger:
   a) Staphylococcus aureus, Methicillin-resistente Stämme; Meldepflicht nur für den Nachweis aus Blut oder Liquor
   b) Enterobacterales bei Nachweis einer Carbapenemase-Determinante oder mit verminderter Empfindlichkeit gegenüber Carbapenemen außer bei natürlicher Resistenz; Meldepflicht nur bei Infektion oder Kolonisation
   c) Acinetobacter spp. bei Nachweis einer Carbapenemase-Determinante oder mit verminderter Empfindlichkeit gegenüber Carbapenemen außer bei natürlicher Resistenz; Meldepflicht nur bei Infektion oder Kolonisation.

Die Meldung nach Satz 1 hat gemäß § 8 Absatz 1 Nr. 2, 3, 4 und Absatz 4, § 9 Absatz 1, 2, 3 Satz 1 oder 3 zu erfolgen.

(2) Namentlich sind in Bezug auf Infektionen und Kolonisationen Nachweise von in dieser Vorschrift nicht genannten Krankheitserregern zu melden, wenn unter Berücksichtigung der Art der Krankheitserreger und der Häufigkeit ihres Nachweises Hinweise auf eine schwerwiegende Gefahr für die Allgemeinheit bestehen. Die Meldung nach Satz 1 hat gemäß § 8 Absatz 1 Nummer 2, 3 oder Absatz 4, § 9 Absatz 2, 3 Satz 1 oder 3 zu erfolgen.

(3) Nichtnamentlich ist bei folgenden Krankheitserregern der direkte oder indirekte Nachweis zu melden:
1. Treponema pallidum
2. HIV
3. Echinococcus sp.
4. Plasmodium sp.
5. Toxoplasma gondii; Meldepflicht nur bei konnatalen Infektionen
6. Neisseria gonorrhoeae mit verminderter Empfindlichkeit gegenüber Azithromycin, Cefixim oder Ceftriaxon.

Die Meldung nach Satz 1 hat gemäß § 8 Absatz 1 Nummer 2, 3 oder Absatz 4, § 10 Absatz 2 zu erfolgen.

Übersicht

	Rn.
A. Allgemeines	1
I. Inhalt	1
II. Letzte Änderungen	1a
1. Durch das MasernschutzG in § 7 überführte namentliche Meldepflichten nach der IfSGMeld-AnpV	1a
2. Durch das MasernschutzG eingefügte oder erweiterte namentliche Meldepflichten	1b
3. Durch das MasernschutzG eingefügte nichtnamentliche Meldepflicht in Bezug auf Neisseria gonorrhoeae	1c
4. Durch das 2. COVIfSGAnpG	1d
5. Durch das 3. COVIfSGAnpG	1e
B. Namentlich meldepflichtige Tatbestände nach Abs. 1	2
I. Allgemeines	2
II. Einzelheiten	3
1. Direkter und indirekter Nachweis	3
a) Allgemeines	3

	Rn.
b) Direkter Nachweis	4
c) Indirekter Nachweis	5
2. Akute Infektion	6
a) Infektion	6
b) Akut	7
III. Zur Meldung verpflichtete Personen, Inhalt und Zeitpunkt der Meldung (Abs. 1 S. 2)	8
IV. SARS-CoV und SARS-CoV-2	8a
C. Namentliche Meldepflicht bei Hinweisen auf schwerwiegende Gefahr für die Allgemeinheit (Abs. 2)	9
I. Allgemeines	9
II. Einzelheiten	10
1. Allgemeines	10
2. Infektionen und Kolonisationen	11
3. Nachweise von in § 7 nicht genannten Krankheitserregern	12
4. Hinweise auf eine schwerwiegende Gefahr für die Allgemeinheit	13
a) Allgemeines	13
III. Zur Meldung verpflichtete Personen, Inhalt und Zeitpunkt der Meldung (Abs. 2 S. 2)	14
D. Nichtnamentliche Meldepflichten (Abs. 3)	15
I. Allgemeines	15
II. Einzelheiten	16
III. Zur Meldung verpflichtete Personen, Inhalt und Zeitpunkt der Meldung (S. 2)	17
E. Straf- und Bußgeldbewehrung	18

A. Allgemeines

I. Inhalt

1 § 7 schreibt namentliche (Abs. 1 und 2) und nichtnamentliche (Abs. 3) Meldepflichten für den direkten und indirekten Nachweis der in ihm genannten Krankheitserreger fest. Zu den dieser Unterteilung zugrunde liegenden rechtlichen und medizinischen Überlegungen vgl. Vor § 6 Rn. 3. Zu beachten sind jeweils mögliche Modifikationen der Meldepflicht nach § 15.

II. Letzte Änderungen

1. Durch das MasernschutzG in § 7 überführte namentliche Meldepflichten nach der IfSGMeld-AnpV

1a Durch das MasernschutzG wurden die bislang in der auf Grundlage von § 15 Abs. 1 erlassenen Rechtsverordnung (IfSGMeld-AnpV) geregelten Meldepflichten in den Katalog der §§ 6 und 7 überführt (vgl. dazu auch die Erläuterungen § 15 Rn. 4). Die Meldepflichten in Bezug auf den direkten oder indirekten Nachweis von Chikungunya-Virus, Dengue-Virus, West-Nil-Virus, Zika-Virus und sonstige Arboviren (vormals in § 2 Abs. 1 IfSG-

Meld-AnpV geregelt) finden sich nunmehr in Abs. 1 S. 1 Nr. 6a, 10a, 48a und 50a wieder. Die vormals in Abs. 2 S. 2 Nr. 1–3 IfSGMeld-AnpV enthaltenen Meldepflichten in Bezug auf den direkten Nachweis von Staphylococcus aureus, Methicillin-resistente Stämme, Enterobacterales bei Nachweis einer Carbapenemase-Determinante oder mit verminderter Empfindlichkeit gegenüber Carbapenemen außer bei natürlicher Resistenz, Acinetobacter spp. bei Nachweis einer Carbapenemase-Determinante oder mit verminderter Empfindlichkeit gegenüber Carbapenemen außer bei natürlicher Resistenz sind nun in Abs. 1 S. 1 Nr. 52 enthalten, wobei die Formulierungen an neue wissenschaftliche Erkenntnisse angepasst wurden (so der Entwurf eines Gesetzes für den Schutz vor Masern und zur Stärkung der Impfprävention (MasernschutzG) (BT-Drs. 19/13452, 23)).

2. Durch das MasernschutzG eingefügte oder erweiterte namentliche Meldepflichten

Darüber hinaus hat das MasernschutzG neue Meldepflichten in § 7 eingefügt. Meldepflichten ergeben sich nunmehr auch in Bezug auf Bornaviren (Abs. 1 S. 1 Nr. 3a, Middle-East-Respiratoty-Syndrome-Coronavirus (MERS-CoV) (Abs. 1 S. 1 Nr. 31a), Streptococcus pneumoniae (Abs. 1 S. 1 Nr. 45a) sowie Vibrio spp, humanpathogen (Abs. 1 S. 1 Nr. 48, insoweit wurde die ursprünglich auf die Erreger der epidemischen Cholera beschränkte Meldepflicht für Vibrio cholerae O1 oder O139 auf eine Meldepflicht für alle humanpathogenen Vibrionen erweitert).

1b

3. Durch das MasernschutzG eingefügte nichtnamentliche Meldepflicht in Bezug auf Neisseria gonorrhoeae

Die nichtnamentlichen Meldepflichten des Abs. 3 wurden durch das MasernschutzG um eine Meldepflicht in Bezug auf Neisseria gonorrhoeae mit verminderter Empfindlichkeit gegenüber Azithromycin, Cefixim oder Ceftriaxon ergänzt (Abs. 3 S. 1 Nr. 6).

1c

4. Durch das 2. COVIfSGAnpG

Durch das das 2. COVIfSGAnpG wurden Abs. 1 S. 1 Nr. 44a ein- und Abs. 4 neu angefügt. Durch die Einfügung von Abs. 1 S. 1 Nr. 44a wurde die bislang bestehende untergesetzliche Regelung in der Verordnung über die Ausdehnung der Meldepflicht nach § 6 Absatz 1 Satz 1 Nummer 1 und § 7 Absatz 1 Satz 1 des Infektionsschutzgesetzes auf Infektionen mit dem erstmals im Dezember 2019 in Wuhan/Volksrepublik China aufgetretenen neuartigen Coronavirus („2019-nCoV") in das IfSG überführt.

1d

5. Durch das 3. COVIfSGAnpG

Durch das 3. COVIfSGAnpG wurde der vormalige Abs. 4 aufgehoben, welcher eine nichtnamentliche Meldepflicht der Ergebnisse von direkten und indirekten Nachweisen von Untersuchungen auf SARS-CoV und SARS-

1e

IfSG § 7 3. Abschnitt. Überwachung

CoV 2 vorsah. Durch die Aufhebung sollen, so der Regierungsentwurf, die Meldepflichtigen entlastet werden (BT-Drs. 19/23944, 25).

B. Namentlich meldepflichtige Tatbestände nach Abs. 1

I. Allgemeines

2 Die Meldepflicht besteht nur insoweit, als dass der direkte oder indirekte Nachweis auf eine akute Infektion hinweist. Etwaige Besonderheiten (vgl. z. B. bei Nr. 18, Nr. 52) der jeweiligen Meldepflicht hat der Gesetzgeber bei den einzelnen Krankheitserregern gesondert geregelt. Nach dem gesetzgeberischen Zweck (vgl. Vor § 6 Rn. 1) und dem (keine diesbezüglichen Beschränkungen enthaltenden) Wortlaut besteht die Meldepflicht unabhängig davon, ob die betroffene Person zum Zeitpunkt der Probeentnahme oder des Nachweises bereits wieder gesund oder verstorben ist. Meldungen nach Abs. 1 können bei Vorliegen der Voraussetzungen Anlass für das Ergreifen der erforderlichen Maßnahmen durch die Gesundheitsbehörden sein.

II. Einzelheiten

1. Direkter und indirekter Nachweis

3 **a) Allgemeines.** Eine Infektion spielt sich nach der Legaldefinition in § 2 Nr. 2 (vgl. § 2 Rn. 15 ff.) im menschlichen Körper ab. Daraus kann geschlossen werden, dass auch das zum Nachweis dienende Untersuchungsmaterial grundsätzlich vom menschlichen Körper stammen muss. Nach richtiger Ansicht besteht darüber hinaus aber ausnahmsweise auch dann eine Meldepflicht, wenn der Nachweis über nicht-menschliches Untersuchungsmaterial erfolgt, jedoch ausnahmsweise zwischen diesem und der akuten Infektion eines Menschen ein direkter epidemiologischer Zusammenhang existiert (etwa beim Nachweis von Botulismus-Toxin in einem Lebensmittel und Bestehen einer akuten toxinbedingten Lebensmittelvergiftung, vgl. dazu Bales, § 7 Rn. 2).

4 **b) Direkter Nachweis.** Sofern im Untersuchungsmaterial der Krankheitserreger oder seine Bestandteile nachgewiesen werden, liegt ein direkter Nachweis vor.

5 **c) Indirekter Nachweis.** Während beim direkten Nachweis der Krankheitserreger selbst nachgewiesen wird, basiert ein indirekter Nachweis auf dem Nachweis der Abwehrreaktion des Immunsystems der betroffenen Person, etwa durch Nachweis der erregerspezifischen Antikörper.

2. Akute Infektion

6 **a) Infektion.** Zum Begriff der Infektion siehe die Erläuterungen zu § 2 ab Rn. 15.

7 **b) Akut.** Im medizinischen Sinne wird eine Infektion dann als ‚akut' bezeichnet, wenn sie plötzlich auftritt und mit erheblichen körperlichen Re-

aktionen einhergeht. Die Bedeutung von ‚akut' iSv § 7 Abs. 1 ist indes rein durch den Zweck der Vorschrift geprägt, welcher insbesondere darin besteht, das Gesundheitsamt durch Meldung entsprechender Informationen in die Lage zu versetzen, Infektionen und übertragbare Krankheiten zu erkennen und zu bekämpfen (vgl. Vor § 6 Rn. 1). Während es unter diesem Gesichtspunkt im Grundsatz keine wesentliche Relevanz hat, ob bei einer Einzelperson die konkrete Erkrankung im soeben dargelegten medizinischen Sinne akut verläuft, spielt es für das Gesundheitsamt eine große Rolle, von neuen Infektionen zu erfahren. Damit ist eine Infektion dann ‚akut', wenn es sich um eine frische Infektion handelt (vgl. Bales, § 2 Rn. 7). Nicht wiederholt einer Meldepflicht unterliegen damit insbesondere chronisch verlaufende Infektionen.

III. Zur Meldung verpflichtete Personen, Inhalt und Zeitpunkt der Meldung (Abs. 1 S. 2)

Abs. 1 S. 2 verweist auf die insoweit maßgeblichen Vorschriften § 8 Abs. 1 **8** Nr. 2, 3 und 4 und Abs. 4 (meldepflichtige Personen), § 9 Abs. 1 und 2 (Inhalt) und § 9 Abs. 3 S. 1 oder 3 (Zeitpunkt).

IV. SARS-CoV und SARS-CoV-2

Zu den zusätzlich bestehenden nichtnamentlichen Meldepflichten an das RKI **8a** in Bezug auf SARS-CoV und SARS-CoV-2 gem. Abs. 4 vgl. die Erläuterungen ab Rn. 17a.

C. Namentliche Meldepflicht bei Hinweisen auf schwerwiegende Gefahr für die Allgemeinheit (Abs. 2)

I. Allgemeines

Abs. 2 wurde durch das Gesetz zu Modernisierung der epidemiologischen **9** Überwachung übertragbarer Krankheiten neu gefasst. Die Vorschrift dient (ebenso wie § 6 Abs. 1 Nr. 5) als Auffangtatbestand. Dadurch soll die Erfassung von nicht in Abs. 1 oder 3 aufgeführten Krankheitserregern, die auf Grund ihrer Art und Häufung eine Bedrohung für die Gesundheit der Bevölkerung darstellen, sichergestellt werden. Erfasst sind damit auch bislang unbekannte Krankheitserreger. Eine Häufung der Nachweise von in Abs. 1 und 3 nicht genannten Krankheitserregern kann Hinweis für das Auftreten neuer Krankheitserreger oder modifizierter epidemiologischer Bedingungen sein und damit Anlass zu einer Anpassung der Meldepflicht geben (vgl. § 15).

II. Einzelheiten

1. Allgemeines

Eine Meldepflicht nach Abs. 2 hat zur Voraussetzung, dass in Bezug auf **10** Infektionen und Kolonisationen Nachweise von in dieser Vorschrift nicht genannten Krankheitserregern vorliegen, soweit unter Berücksichtigung der Art der Krankheitserreger und der Häufigkeit ihres Nachweises Hinweise auf eine schwerwiegende Gefahr für die Allgemeinheit bestehen.

2. Infektionen und Kolonisationen

11 Zum Begriff der Infektion vgl. die Erläuterungen zu § 2 Nr. 2 (§ 2 Rn. 15 ff.). Unter Kolonisation versteht man die Besiedelung. Die Meldung einer Besiedelung kann zur Verwirklichung des Zwecks der Vorschrift (vgl. Rn. 1) sinnvoll sein. Da eine Besiedelung ohne ein Eindringen in die körperliche Integrität keine Infektion darstellt (vgl. § 2 Rn. 15 ff.), muss sie explizit erwähnt werden, um erfasst zu sein.

3. Nachweise von in § 7 nicht genannten Krankheitserregern

12 Vgl. Rn. 4 ff. zum Begriff des Nachweises, § 2 Rn. 4 ff. zum Begriff des Krankheitserregers. Es muss sich – bei Infektion wie Kolonisation – um den Nachweis eines in Abs. 1 und 3 nicht genannten Krankheitserregers handeln.

4. Hinweise auf eine schwerwiegende Gefahr für die Allgemeinheit

13 **a) Allgemeines.** Es müssen unter Berücksichtigung der Art der Krankheitserreger und der Häufigkeit ihres Nachweises Hinweise auf eine schwerwiegende Gefahr für die Allgemeinheit bestehen. Erforderlich ist ausweislich der Begründung des Entwurfs des Gesetzes zur Modernisierung der epidemiologischen Überwachung übertragbarer Krankheiten eine Zusammenschau von Art und Häufigkeit. Aus der Art des Krankheitserregers kann sich eine schwerwiegende Gefahr für die Allgemeinheit insbesondere ergeben, wenn z. B. der Krankheitserreger einen schweren Krankheitsverlauf (z. B. hoher Grad der erforderlichen medizinischen Betreuung, viele Komplikationen, hohe Mortalitätsrate) oder schwere Krankheitsfolgen (z. B. dauerhaft verbleibende Gesundheitsbeeinträchtigung) verursacht oder eine schnelle Ausbreitungsweise (z. B. bei Übertragung durch die Luft oder über bloßen Hautkontakt) aufweist. Da eine Zusammenschau vorzunehmen ist, müssen nicht sämtliche der genannten Aspekte in maximaler Ausprägung vorliegen, entscheidend ist vielmehr, ob insgesamt eine über das ‚Übliche' erheblich hinausgehende besondere Gefahrenlage möglich erscheint. ‚Für die Allgemeinheit' ist dabei, anders als in der Legaldefinition von ‚Ausscheider' in § 2 Nr. 6, nicht als Beschränkung auf Gefahren durch Krankheiten zu verstehen, welche im Rahmen von allgemeinen sozialen Kontakten an Dritte weitergegeben werden können. Dies ergibt sich bereits daraus, dass Abs. 2 nach seinem gesetzgeberischen Zweck insbesondere bei bislang unbekannten übertragbaren Krankheiten greifen soll, mithin zu einem Zeitpunkt, zu dem regelmäßig noch gar nicht absehbar ist, wie sich eine Krankheit auf Dritte übertragen kann.

III. Zur Meldung verpflichtete Personen, Inhalt und Zeitpunkt der Meldung (Abs. 2 S. 2)

Abs. 2 S. 2 verweist auf die insoweit maßgeblichen Vorschriften § 8 Abs. 1 Nr. 2, 3 und Abs. 4 (meldepflichtige Personen), § 9 Abs. 2 (Inhalt) und § 9 Abs. 3 S. 1 oder 3 (Zeitpunkt). **14**

D. Nichtnamentliche Meldepflichten (Abs. 3)

I. Allgemeines

Die Meldung der in Abs. 3 aufgeführten Krankheitserreger gibt den Gesundheitsämtern regelmäßig keinen Anlass zu Maßnahmen in Bezug auf die betroffenen Personen und rechtfertigt deshalb keine namentliche Meldung (vgl. amtl. Begründung und Vor § 6 Rn. 3). Allerdings sind Meldungen nach Abs. 3 in epidemiologischer Hinsicht von Bedeutung, da sich aus ihnen Aufschlüsse über die Verbreitung und erforderliche Aufklärungs- und Informationsmaßnahmen (vgl. § 3) ergeben können. **15**

II. Einzelheiten

Zum direkten und indirekten Nachweis vgl. Rn. 4 ff. **16**

III. Zur Meldung verpflichtete Personen, Inhalt und Zeitpunkt der Meldung (S. 2)

Abs. 3 S. 2 verweist auf die insoweit maßgeblichen Vorschriften § 8 Abs. 1 Nr. 2 und 3 und Abs. 4 (meldepflichtige Personen), § 10 Abs. 2 (Pseudonymisierung, Inhalt). Der einsendende Arzt muss den Meldepflichtigen bei den von diesem im Rahmen der Meldung zu machenden Angaben unterstützen, § 10 Abs. 2 S. 4. **17**

E. Straf- und Bußgeldbewehrung

Ein Verstoß gegen die Pflichten aus § 7, auch in Verbindung mit einer Rechtsverordnung nach § 14 Abs. 8 S. 1 Nr. 2, 4–6 oder 7 oder § 15 Abs. 1 oder 3, ist gemäß § 73 Abs. 1a Nr. 2 bußgeld- und unter den Voraussetzungen von § 74 strafbewehrt. **18**

§ 8 Zur Meldung verpflichtete Personen

(1) Zur Meldung sind verpflichtet:
1. im Falle des § 6 der feststellende Arzt; in Einrichtungen nach § 23 Abs. 5 S. 1 ist für die Einhaltung der Meldepflicht neben dem feststellenden Arzt auch der leitende Arzt, in Krankenhäusern mit mehreren selbständigen Abteilungen der leitende Abteilungsarzt, in Einrichtungen ohne leitenden Arzt der behandelnde Arzt verantwortlich,

2. im Falle des § 7 die Leiter von Medizinaluntersuchungsämtern und sonstigen privaten oder öffentlichen Untersuchungsstellen einschließlich von Arztpraxen mit Infektionserregerdiagnostik und Krankenhauslaboratorien sowie Zahnärzte und Tierärzte, wenn sie aufgrund einer Rechtsverordnung nach § 24 Satz 3 Nummer 2 befugt sind, im Rahmen einer Labordiagnostik den direkten oder indirekten Nachweis eines Krankheitserregers zu führen,
3. im Falle der §§ 6 und 7 die Leiter von Einrichtungen der pathologisch-anatomischen Diagnostik,
4. im Falle des § 6 Absatz 1 Satz 1 Nr. 4 und im Falle des § 7 Abs. 1 Nr. 38 bei Tieren, mit denen Menschen Kontakt gehabt haben, auch der Tierarzt,
5. im Falle des § 6 Absatz 1 Satz 1 Nr. 1, 2 und 5 und Abs. 3 Angehörige eines anderen Heil- oder Pflegeberufs, der für die Berufsausübung oder die Führung der Berufsbezeichnung eine staatlich geregelte Ausbildung oder Anerkennung erfordert,
6. (weggefallen)
7. im Fall des § 6 Absatz 1 Satz 1 Nummer 1, 2 und 5 die Leiter von den in § 36 Absatz 1 Nummer 1 bis 7 genannten Einrichtungen und Unternehmen,
8. im Falle des § 6 Absatz 1 Satz 1 der Heilpraktiker.

(2) Die Meldepflicht besteht nicht für Personen des Not- und Rettungsdienstes, wenn der Patient unverzüglich in eine ärztlich geleitete Einrichtung gebracht wurde. Die Meldepflicht besteht für die in Absatz 1 Nr. 5 bis 7 bezeichneten Personen nur, wenn ein Arzt nicht hinzugezogen wurde.

(3) Die Meldepflicht besteht nicht, wenn dem Meldepflichtigen ein Nachweis vorliegt, dass die Meldung bereits erfolgte und andere als die bereits gemeldeten Angaben nicht erhoben wurden. Eine Meldepflicht besteht ebenfalls nicht für Erkrankungen, bei denen der Verdacht bereits gemeldet wurde und andere als die bereits gemeldeten Angaben nicht erhoben wurden.

(4) Absatz 1 Nr. 2 gilt entsprechend für Personen, die die Untersuchung zum Nachweis von Krankheitserregern außerhalb des Geltungsbereichs dieses Gesetzes durchführen lassen.

(5) weggefallen

Übersicht

	Rn.
A. Allgemeines	1
I. Inhalt	1
II. Nutzung des Melde- und Informationssystems nach § 14	1a
B. Meldepflichtige nach Abs. 1	2
I. Allgemeines	2
1. Grundregel	2
2. Muster-Formblätter	3
II. Einzelheiten	4
1. Nr. 1	4
a) Feststellender Arzt	4
b) Leitender Arzt, leitender Abteilungsarzt, behandelnder Arzt	5
2. Nr. 2	6
a) Untersuchungsstellen	6

	Rn.
b) Leiter	7
c) Zahnärzte und Tierärzte	7a
3. Nr. 3	8
a) Einrichtungen der pathologisch-anatomischen Diagnostik	8
b) Leiter	9
4. Nr. 4	10
5. Nr. 5	11
6. Nr. 7	12
a) Allgemeines	12
b) Leiter	13
7. Nr. 8	14
C. Ausnahmen von der Meldepflicht (Abs. 2 und 3)	15
I. Allgemeines	15
II. Ausnahme bestimmter Personen von der Meldepflicht (Abs. 2)	16
1. Satz 1	16
2. Satz 2	17
III. Ausnahmen bei bereits erfolgter Meldung (Abs. 3)	18
1. Allgemeines	18
2. Nachweis	19
3. Umfang der Aufhebung der Meldepflicht (S. 1)	20
4. Keine Pflicht zur Bestätigung bereits gemeldeter Verdachtsfälle (S. 2)	21
D. Erstreckung der Meldepflicht auf Personen, die Untersuchungen außerhalb des Geltungsbereichs des Gesetzes durchführen lassen (Abs. 4)	22

A. Allgemeines

I. Inhalt

§ 8 wurde ursprünglich unter Einarbeitung von Präzisierungen weitgehend **1** aus § 4 BSeuchG übernommen und dann durch das Gesetz zur Modernisierung der epidemiologischen Überwachung übertragbarer Krankheiten erneut leicht abgeändert. Er legt unter Bezugnahme auf die jeweiligen Meldetatbestände die zur Meldung verpflichteten Personen fest. Der Gesetzgeber hat in § 8 von der Grundregel (Abs. 1) auch Ausnahmen (Abs. 2, 3) vorgesehen, bei denen keine Meldepflicht besteht.

II. Nutzung des Melde- und Informationssystems nach § 14

Vgl. zur Pflicht, für die Meldungen und Benachrichtigungen ab bestimmten **1a** Zeitpunkten das Melde- und Informationssystems nach § 14 zu nutzen, die Erläuterungen zu § 14.

IfSG § 8   3. Abschnitt. Überwachung

B. Meldepflichtige nach Abs. 1

I. Allgemeines

1. Grundregel

2   Abs. 1 bestimmt als Grundregel (zu den Ausnahmen siehe Abs. 2 und 3) den Kreis der meldepflichtigen Personen.

2. Muster-Formblätter

3   Auf der Webseite des RKI (www.RKI.de) sind unter den Menüpunkten Infektionsschutz → Infektionsschutzgesetz → Meldebögen Muster-Meldebögen abrufbar bzw. verlinkt, welche zur Erfüllung der Meldepflicht verwendet werden können. Unter Infektionsschutz → Infektionsschutzgesetz → Software kann dort außerdem ein Programm zur Ermittlung des zuständigen Gesundheitsamtes abgerufen werden

II. Einzelheiten

1. Nr. 1

4   **a) Feststellender Arzt.** Gemeint ist nach dem Wortlaut jeder Arzt, welcher einen nach § 6 meldepflichtigen Sachverhalt festgestellt hat. Stellen mehrere Ärzte denselben meldepflichtigen Sachverhalt fest, ist grundsätzlich jeder von ihnen meldepflichtig (zu Ausnahmen bei belegbar bereits erfolgter Meldung s. Abs. 3 (Rn. 18 ff.)). Ziel der Regelung ist es ausweislich der amtl. Begründung, dass jedes meldepflichtige Ereignis auch erfasst wird. Die Meldepflicht ist vor diesem Hintergrund unabhängig von dem Verhältnis zwischen Arzt und betroffener Person. Eine Meldepflicht besteht insbesondere auch bei einer zufälligen Verbindung zwischen Arzt und Patient (z. B. Notarzt, begutachtender Arzt, Schiffsarzt) sowie bei einem unfreiwillig begründeten Arzt-Patienten-Verhältnis (z. B. Gefängnisarzt).

5   **b) Leitender Arzt, leitender Abteilungsarzt, behandelnder Arzt.** In Krankenhäusern oder anderen Einrichtungen nach § 23 Abs. 5 S. 1 ist neben dem feststellenden auch der leitende Arzt, in Krankenhäusern mit mehreren selbständigen Abteilungen auch der leitende Abteilungsarzt für die Einhaltung der Meldepflicht verantwortlich. Gibt es keinen leitenden Arzt, trifft zusätzlich zum feststellenden den behandelnden Arzt die Meldepflicht. Ob ein Arzt leitender (Abteilungs-)Arzt ist, entscheidet sich nach seiner tatsächlichen hierarchischen Stellung in der jeweiligen Einrichtung.

2. Nr. 2

6   **a) Untersuchungsstellen.** Im Gegensatz zur Vorgängerregelung in § 9 BSeuchG sind Krankenhauslaboratorien ausdrücklich in die Regelung einbezogen. Durch den durch das Gesetz zur Modernisierung der epidemiologischen Überwachung übertragbarer Krankheiten erfolgten sprachlich fragwür-

digen Einschub ‚von Arztpraxen mit Infektionserregerdiagnostik' wurde die bereits zuvor herrschende Auslegung, dass ein von einem Arzt in seiner Praxis betriebenes eigenes Labor zur Infektionserregerdiagnostik eine Untersuchungsstelle iSv Nr. 2 ist, kodifiziert.

b) Leiter. Die Frage, ob eine Person Leiter ist, bestimmt sich nach seiner tatsächlichen hierarchischen Stellung in der jeweiligen Untersuchungsstelle. In Anbetracht der insoweit strikten Regelung zur Erteilung einer erforderlichen Erlaubnis von § 47 dürfte es sich idR um Ärzte oder Naturwissenschaftler handeln (vgl. § 47 Abs. 2, 4). 7

c) Zahnärzte und Tierärzte. Durch das 3. COVIfSGAnpG wurde Nr. 2 um den Halbsatz ‚sowie Zahnärzte und Tierärzte …' ergänzt. Die Änderung ist im Zusammenhang mit der ebenfalls durch das 3. COVIfSGAnpG erfolgten Neufassung von § 24 S. 3 zu sehen, nach welcher das Bundesgesundheitsministerium es durch Verordnung nunmehr auch Zahn- und Tierärzten im Rahmen ihrer Labordiagnostik erlauben kann, den Nachweis von in § 7 genannten Erregern zu führen (vgl. dazu im Einzelnen § 24 Rn. 3b). Macht das Bundesgesundheitsministerium von dieser Möglichkeit Gebrauch, besteht somit auch für auch Zahn- und Tierärzte eine Meldepflicht. 7a

3. Nr. 3

a) Einrichtungen der pathologisch-anatomischen Diagnostik. Wann eine solche vorliegt, ist anhand des gängigen medizinischen Verständnisses zu beurteilen. Durch die ausdrückliche Nennung dieser Einrichtungen werden auch post mortem erhobene Befunde erfasst. Denn diese können bei der Aufklärung von Infektionsquellen oder -ketten eine große Rolle spielen und so erhebliche Auswirkungen auf etwaige Präventionsmaßnahmen (§ 3) haben. Beispielhaft genannt werden in der amtl. Begründung eine bei einer Obduktion entdeckte ansteckungsfähige aktive Lungentuberkulose sowie die Creutzfeld-Jakob-Krankheit. 8

b) Leiter. Vgl. zum Begriff des ‚Leiters' die Erläuterungen Rn. 7. 9

4. Nr. 4

Der Begriff ‚Kontakt mit Menschen' entspricht inhaltlich der ‚Berührung' in § 6 Abs. 1 Nr. 4, vgl. dazu § 6 Rn. 18. 10

5. Nr. 5

Der Gesetzgeber hat durch Nr. 5 Angehörige eines sonstigen Heil- oder Pflegeberufs dann der Meldepflicht unterworfen, wenn für ihre Berufsausübung oder die Führung ihrer Berufsbezeichnung eine staatlich geregelte Ausbildung oder Anerkennung erforderlich ist. Denn in einem solchen Fall sind sie hinreichend ausgebildet, um bei ihrer Tätigkeit nach § 6 Abs. 1 Nr. 1, 2 und 5 und Abs. 3 meldepflichtige Tatbestände erkennen zu können. Heilpraktiker erfüllen diese Voraussetzung nicht, sie sind indes von Nr. 8 erfasst. 11

6. Nr. 7

12 a) **Allgemeines.** Durch das 3. COVIfSGAnpG wurde Nr. 7 neu gefasst und erfasst nun zusätzlich zu den Leitern von Einrichtungen und Unternehmen nach § 36 Abs. 1 Nr. 1–6 auch solche nach § 36 Abs. 1 Nr. 7 (nicht unter § 23 Abs. 5 S. 1 fallende ambulante Pflegedienste und Unternehmen, die den Einrichtungen nach § 36 Abs. 1 Nr. 2 vergleichbare Dienstleistungen anbieten). Hintergrund der Regelung ist, dass in den erfassten Einrichtungen ein erhöhtes Risiko des Ausbreitens von übertragbaren Krankheiten besteht.

13 b) **Leiter.** Es gelten die Ausführungen Rn. 7 entsprechend.

7. Nr. 8

14 Heilpraktikern ist es nach § 24 untersagt, Personen, die an einer in § 6 Abs. 1 S. 1 Nr. 1, 2 und 5 oder § 34 Abs. 1 genannten übertragbaren Krankheit erkrankt oder dessen verdächtig oder die mit einem Krankheitserreger nach § 7 infiziert sind, zu behandeln. Nicht untersagt ist ihnen jedoch die Untersuchung der genannten Personen (vgl. die Erläuterungen zu § 24), so dass auch Heilpraktiker bei einer solchen den Verdacht oder die Erkrankung an einer meldepflichtigen Krankheit nach § 6 Abs. 1 S. 1 hegen und melden können.

C. Ausnahmen von der Meldepflicht (Abs. 2 und 3)

I. Allgemeines

15 Abs. 2 und 3 sehen Ausnahmen von der Grundregel des Abs. 1 vor. Dadurch sollen überflüssige und zusätzlichen Aufwand verursachende Doppelmeldungen verhindert werden (vgl. amtl. Begründung).

II. Ausnahme bestimmter Personen von der Meldepflicht (Abs. 2)

1. Satz 1

16 Die Meldepflicht besteht nach S. 1 nicht für Notärzte und sonstige Personen des Not- und Rettungsdienstes, wenn der Patient unverzüglich in eine ärztlich geleitete Einrichtung (z. B. Krankenhaus) gebracht wurde. Nach der Vorstellung des Gesetzgebers soll in diesen Fällen die Meldung durch die in der Einrichtung tätigen Ärzte (Abs. 1 Nr. 1, vgl. amtl. Begründung) erfolgen.

2. Satz 2

17 Abweichend von der Grundregel des Abs. 1 besteht eine Meldepflicht für die in Abs. 1 Nr. 5–7 genannten Personen in den Fällen nicht, in denen auch ein Arzt hinzugezogen wurde.

III. Ausnahmen bei bereits erfolgter Meldung (Abs. 3)
1. Allgemeines
Nach der amtl. Begründung ist Abs. 3 insbesondere auf Fälle zugeschnitten, in denen bei einer Behandlung mehrere Ärzte beteiligt sind, etwa bei der Beteiligung von ambulanten Fachärzten oder bei einer Einweisung des Patienten in ein Krankenhaus. In diesen Konstellationen sollen einerseits eine – dem Gesundheitsamt zwar Aufwand, aber keinen Erkenntnisgewinn vermittelnde – Doppel- und Mehrfachmeldung vermieden, andererseits aber auch verhindert werden, dass sich jeder Arzt grundlos auf die Meldung durch den anderen verlässt. **18**

2. Nachweis
Voraussetzung für eine Aufhebung der Meldepflicht ist, dass ein Nachweis über eine bereits erfolgte Meldung vorliegt. Aus der amtl. Begründung ist zu schließen, dass dieser nicht (fern-)mündlich, sondern in dauerhafter Form vorliegen muss (z. B. als Faxkopie). **19**

3. Umfang der Aufhebung der Meldepflicht (S. 1)
Die Meldepflicht ist nur bezüglich derjenigen meldepflichtigen Angaben aufgehoben, die tatsächlich bereits gemeldet wurden. Hat die zweite, grundsätzlich nach Abs. 1 meldepflichtige Person Erkenntnisse über weitere, von der bereits erfolgten Meldung nicht erfasste, meldepflichtige Tatsachen, greift Abs. 3 S. 1 insoweit nicht und muss sie diese deshalb eigenständig melden. **20**

4. Keine Pflicht zur Bestätigung bereits gemeldeter Verdachtsfälle (S. 2)
Nach S. 2 besteht keine Verpflichtung eines Meldepflichtigen, die Bestätigung eines von ihm bereits gemeldeten Verdachtsfalles zusätzlich zu melden, sofern nach der Verdachtsmeldung andere als die in dieser bereits enthaltene Angaben nicht erhoben wurden. **21**

D. Erstreckung der Meldepflicht auf Personen, die Untersuchungen außerhalb des Geltungsbereichs des Gesetzes durchführen lassen (Abs. 4)

Das IfSG kann Geltung nur im Hoheitsgebiet des Gesetzgebers beanspruchen, mithin innerhalb der Bundesrepublik Deutschland. Insbesondere in grenznahen Regionen ist es nicht ausgeschlossen, dass Untersuchungen von Krankheitserregern auch im Ausland stattfinden. Um auch in diesen Fällen die erforderlichen Angaben erfassen zu können, überträgt Abs. 4 die Meldepflicht nach Abs. 1 Nr. 2 auf den jeweiligen in Deutschland ansässigen Auftraggeber. **22**

§ 9 Namentliche Meldung

(1) Die namentliche Meldung durch eine der in § 8 Absatz 1 Nummer 1 und 4 bis 8 genannten Personen muss, soweit vorliegend, folgende Angaben enthalten:
1. Zur betroffenen Person:
   a) Name und Vorname,
   b) Geschlecht,
   c) Geburtsdatum,
   d) Anschrift der Hauptwohnung oder des gewöhnlichen Aufenthaltsortes und, falls abweichend: Anschrift des derzeitigen Aufenthaltsortes,
   e) weitere Kontaktdaten,
   f) Tätigkeit in Einrichtungen und Unternehmen nach § 23 Absatz 3 Satz 1 oder nach § 36 Absatz 1 und 2 mit Namen, Anschrift und weiteren Kontaktdaten der Einrichtung oder des Unternehmens,
   g) Tätigkeit nach § 42 Absatz 1 bei akuter Gastroenteritis, bei akuter Virushepatitis, bei Typhus abdominalis oder Paratyphus und bei Cholera mit Namen, Anschrift und weiteren Kontaktdaten der Einrichtung oder des Unternehmens,
   h) Betreuung oder Unterbringung in oder durch Einrichtungen oder Unternehmen nach § 23 Absatz 5 Satz 1 oder § 36 Absatz 1 oder Absatz 2 mit Name, Anschrift und weiteren Kontaktdaten der Einrichtungen oder Unternehmen sowie der Art der Einrichtung oder des Unternehmens,
   i) Diagnose oder Verdachtsdiagnose,
   j) Tag der Erkrankung, Tag der Diagnose, gegebenenfalls Tag des Todes und wahrscheinlicher Zeitpunkt oder Zeitraum der Infektion,
   k) wahrscheinlicher Infektionsweg, einschließlich Umfeld, in dem die Übertragung wahrscheinlich stattgefunden hat, mit Name, Anschrift und weiteren Kontaktdaten der Infektionsquelle und wahrscheinliches Infektionsrisiko,
   l) in Deutschland: Landkreis oder kreisfreie Stadt, in dem oder in der die Infektion wahrscheinlich erworben worden ist, ansonsten Staat, in dem die Infektion wahrscheinlich erworben worden ist,
   m) bei Tuberkulose, Hepatitis B und Hepatitis C: Geburtsstaat, Staatsangehörigkeit und gegebenenfalls Jahr der Einreise nach Deutschland,
   n) bei Coronavirus-Krankheit-2019 (COVID-19): Angaben zum Behandlungsergebnis und zum Serostatus in Bezug auf diese Krankheit,
   o) Überweisung, Aufnahme und Entlassung aus einer Einrichtung nach § 23 Absatz 5 Satz 1, gegebenenfalls intensivmedizinische Behandlung und deren Dauer,
   p) Spender für eine Blut-, Organ-, Gewebe- oder Zellspende in den letzten sechs Monaten,
   q) bei impfpräventablen Krankheiten Angaben zum diesbezüglichen Impfstatus,
   r) Zugehörigkeit zu den in § 54a Absatz 1 Nummer 1 bis 5 genannten Personengruppen,
2. Name, Anschrift und weitere Kontaktdaten der Untersuchungsstelle, die mit der Erregerdiagnostik beauftragt ist,

Namentliche Meldung § 9 IfSG

3. Name, Anschrift und weitere Kontaktdaten sowie die lebenslange Arztnummer (LANR) und die Betriebsstättennummer (BSNR) des Meldenden und
4. bei einer Meldung nach § 6 Absatz 1 Satz 1 Nummer 3 die Angaben zur Schutzimpfung nach § 22 Absatz 2.

(2) Die namentliche Meldung durch eine in § 8 Absatz 1 Nummer 2 und 3 genannte Person muss, soweit vorliegend, folgende Angaben enthalten:
1. Zur betroffenen Person
    a) Name und Vorname,
    b) Geschlecht,
    c) Geburtsdatum,
    d) Anschrift der Hauptwohnung oder des gewöhnlichen Aufenthaltsortes und, falls abweichend: Anschrift des derzeitigen Aufenthaltsortes,
    e) weitere Kontaktdaten,
    f) Art des Untersuchungsmaterials,
    g) Eingangsdatum des Untersuchungsmaterials,
    h) Nachweismethode,
    I) Untersuchungsbefund einschließlich Typisierungsergebnisse und
    j) erkennbare Zugehörigkeit zu einer Erkrankungshäufung,
2. Name, Anschrift und weitere Kontaktdaten des Einsenders und
3. Name, Anschrift und weitere Kontaktdaten sowie die lebenslange Arztnummer (LANR) und die Betriebsstättennummer (BSNR) des Meldenden.

Der Einsender hat den Meldenden bei dessen Angaben nach Satz 1 zu unterstützen und diese Angaben gegebenenfalls zu vervollständigen. Bei einer Untersuchung auf Hepatitis C hat der Einsender dem Meldenden mitzuteilen, ob ihm eine chronische Hepatitis C bei der betroffenen Person bekannt ist.

(3) Die namentliche Meldung muss unverzüglich erfolgen und dem zuständigen Gesundheitsamt nach Absatz 4 spätestens 24 Stunden nachdem der Meldende Kenntnis erlangt hat vorliegen. Eine Meldung darf wegen einzelner fehlender Angaben nicht verzögert werden. Die Nachmeldung oder Korrektur von Angaben hat unverzüglich nach deren Vorliegen an das Gesundheitsamt zu erfolgen, das die ursprüngliche Meldung erhalten hat. Das Gesundheitsamt ist befugt, von dem Meldenden Auskunft über Angaben zu verlangen, die die Meldung zu enthalten hat. Der Meldende hat dem Gesundheitsamt unverzüglich anzugeben, wenn sich eine Verdachtsmeldung nicht bestätigt hat.

(4) Meldungen nach den Absätzen 1 und 2 haben an das Gesundheitsamt zu erfolgen, in dessen Bezirk sich die betroffene Person derzeitig aufhält oder zuletzt aufhielt. Sofern die betroffene Person in einer Einrichtung gemäß Absatz 1 Nummer 1 Buchstabe h betreut oder untergebracht ist, haben Meldungen nach Absatz 1 an das Gesundheitsamt zu erfolgen, in dessen Bezirk sich die Einrichtung befindet. Abweichend von Satz 1 haben Meldungen nach Absatz 2 an das Gesundheitsamt zu erfolgen, in dessen Bezirk die Einsender ihren Sitz haben, wenn den Einsendern keine Angaben zum Aufenthalt der betroffenen Person vorliegen.

(5) Die verarbeiteten Daten zu meldepflichtigen Krankheiten und Nachweisen von Krankheitserregern werden jeweils fallbezogen mit den Daten der zu diesem Fall geführten Ermittlungen und getroffenen Maßnahmen sowie mit den daraus gewonnenen Erkenntnissen auch an das Gesundheitsamt übermittelt,

IfSG § 9

1. in dessen Bezirk die betroffene Person ihre Hauptwohnung hat oder zuletzt hatte oder
2. in dessen Bezirk sich die betroffene Person gewöhnlich aufhält, falls ein Hauptwohnsitz nicht feststellbar ist oder falls die betroffene Person sich dort gewöhnlich nicht aufhält.

(6) Die verarbeiteten Daten zu meldepflichtigen Krankheiten und Nachweisen von Krankheitserregern werden jeweils fallbezogen mit den Daten der zu diesem Fall geführten Ermittlungen und getroffenen Maßnahmen sowie mit den daraus gewonnenen Erkenntnissen auch an die zuständigen Stellen der Bundeswehr übermittelt, sofern die betroffene Person einer Personengruppe im Sinne des § 54a Absatz 1 Nummer 1 bis 5 angehört.

Übersicht

	Rn.
A. Allgemeines	1
I. Inhalt	1
II. Letzte Änderungen	1a
1. Durch das MasernschutzG	1a
2. Durch das 2. COVIfSGAnpG	1b
3. Durch das 3. COVIfSGAnpG	1c
B. Inhalt der namentlichen Meldung durch Meldepflichtige nach § 8 Abs. 1 Nr. 1, 4–8 (Abs. 1)	2
I. Allgemeines	2
II. Einzelheiten zu den Angaben	3
1. Nr. 1 Buchstabe d)	3
a) Allgemeines	3
b) Hauptwohnung	4
c) Gewöhnlicher Aufenthaltsort	5
d) Derzeitiger Aufenthaltsort	6
1a. Nr. 1 Buchstabe e)	7
2. Nr. 1 Buchstaben f) und g)	8
3. Nr. 1 Buchstabe h)	9
4. Nr. 1 Buchstabe j)	10
5. Nr. 1 Buchstabe k)	11
a) Allgemeines	11
b) Einzelheiten	11a
6. Nr. 1 Buchstabe l)	12
7. Nr. 1 Buchstabe n)	12a
8. Nr. 1 Buchstabe r)	12b
III. Meldepflicht nur in Bezug auf Daten ‚soweit vorliegend'.	13
1. Allgemeines	13
2. Einzelheiten	14
a) In § 8 Abs. 1 Nr. 1 und 4–8 genannte Personen	14
b) Ärzte	15
C. Inhalt der namentlichen Meldung durch Meldepflichtige nach § 8 Abs. 1 Nr. 2 und 3 (Abs. 2)	16
I. Allgemeines	16
II. Einzelheiten zu den Angaben (S. 1)	17
1. S. 1 Nr. 1 Buchstabe d)	17
1a. S. 1 Nr. 1 Buchstabe e)	18

	Rn.
2. S. 1 Nr. 1 Buchstabe i)	19
3. S. 1 Nr. 1 Buchstabe j)	20
4. S. 1 Nr. 2, 3	21
5. Unterstützungspflicht des Einsenders, Hepatitis C (S. 2)	22
D. Zeitpunkt, Adressat und Form der Meldung, Auskunftsrecht des Gesundheitsamtes (Abs. 3, 4)	23
I. Allgemeines	23
II. Zeitpunkt der Meldung (Abs. 3 S. 1–3)	24
1. Unverzüglich, Vorliegen innerhalb von 24 Stunden	24
2. Form	25
III. Nichtbestätigung einer Verdachtsmeldung (Abs. 3 S. 5)	25a
IV. Adressat der Meldung (Abs. 4)	26
V. Auskunftsrecht des Gesundheitsamtes (Abs. 3 S. 4)	27
E. Unterrichtung zwischen Gesundheitsämtern (Abs. 5)	28
I. Allgemeines	28
II. Einzelheiten	29
F. Übermittlung an die zuständigen Stellen der Bundeswehr (Abs. 6)	30

A. Allgemeines

I. Inhalt

Neben Inhalt (Abs. 1 und 2), Zeitpunkt (Abs. 3) und Adressaten (Abs. 4) der **1** namentlichen Meldungen, welche die nach § 8 Meldepflichtigen machen müssen, regelt § 9 in Abs. 5 die Modalitäten bei mehreren beteiligten Gesundheitsämtern. Zur Form der Meldungen nach § 9 s. Rn. 25. In Bezug auf die nichtnamentlichen Meldungen enthält § 10 entsprechende Regelungen.

II. Letzte Änderungen
1. Durch das MasernschutzG

Durch das MasernschutzG wurde § 9 an drei Stellen modifiziert. Zum einen **1a** wurde in Abs. 1 Nr. 1 Buchstabe f) (ebenso wie § 11 Abs. 1 S. 1 Nr. 1 Buchstabe f), vgl. § 11 Rn. 1a) die Angabe „§ 23 Absatz 5" durch die Wörter „§ 23 Abs. 3 Satz 1" ersetzt, so dass nunmehr der im Vergleich zu § 23 Abs. 5 größere Kreis von Tätigkeiten nach § 23 Abs. 3 S. 1 als Angabe nach § 9 Abs. 1 zu melden ist, etwa die zuvor nicht erfasste Tätigkeit in einer Arztpraxis (vgl. § 23 Abs. 3 S. 1 Nr. 8). Zum anderen wurde Abs. 1 S. 1 um Buchstabe q) ergänzt, vgl. dazu die Erläuterungen Rn. 12a. Schließlich enthält der neu angefügte Abs. 6 Regelungen zur Datenübermittlung an die zuständigen Stellen der Bundeswehr, vgl. die Erläuterungen Rn. 30.

2. Durch das 2. COVIfSGAnpG

Durch das das 2. COVIfSGAnpG wurden Abs. 1 S. 1 Buchstabe h) und k) **1b** neu gefasst, Buchstabe n) neu eingefügt sowie redaktionelle Anpassungen an den Verweisen in Abs. 1 S. 1 Buchstabe r) (vormals q)) und Abs. 6 vorgenommen.

3. Durch das 3. COVIfSGAnpG

1c Neben redaktionellen Anpassungen von Verweisen wurde der Meldeinhalt nach Abs. 1 Nr. 3 und Abs. 2 S. 1 Nr. 3 um die die lebenslange Arztnummer (LANR) und die Betriebsstättennummer (BSNR) ergänzt. Damit sollen eine automatisierte Verarbeitung in den Gesundheitsämtern ermöglicht und Doppelerfassungen, Fehlzuordnungen und sonstige Abweichungen bei der Erfassung vermieden werden (vgl. Begründung des Regierungsentwurfs, BT-Drs. 19/23944, 26). Zudem wurde Abs. 4 S. 3 neu gefasst. Vgl. dazu die Erläuterungen Rn. 26.

B. Inhalt der namentlichen Meldung durch Meldepflichtige nach § 8 Abs. 1 Nr. 1, 4–8 (Abs. 1)

I. Allgemeines

2 Unter Beachtung des Erfordernisses einer klaren Rechtsgrundlage für die Erhebung personenbezogener Daten (vgl. Vor § 6 Rn. 3) zählt Abs. 1 detailliert die zu übermittelnden Daten auf. Durch die Kenntnis der zu übermittelnden Daten soll das Gesundheitsamt möglichst zeitnah in die Lage versetzt werden, etwaige Infektionsquellen gezielt zu ermitteln (zu den Ermittlungen vgl. die Erläuterungen zu § 25) und Maßnahmen zu ihrer Beseitigung zu veranlassen.

II. Einzelheiten zu den Angaben

1. Nr. 1 Buchstabe d)

3 a) **Allgemeines.** Die Kenntnis von Hauptwohnung bzw. Aufenthaltsort erlangt insbesondere dann Bedeutung für das Gesundheitsamt, wenn aufgrund der Meldung Umgebungsuntersuchungen (gestützt auf § 25) durchgeführt werden müssen. Durch diese kann das Gesundheitsamt weitere Kranke, Krankheits- und Ansteckungsverdächtige ermitteln, so Quellen für weitere Infektionen aufspüren und erforderlichenfalls Bekämpfungsmaßnahmen (§ 28 ff) ergreifen.

4 b) **Hauptwohnung.** Die Hauptwohnung bestimmt sich nach den Vorgaben von §§ 21 f. Bundesmeldegesetz (BMG). Demnach ist die Hauptwohnung grundsätzlich die vorwiegend benutzte Wohnung (§ 21 Abs. 2 BMG). Hauptwohnung eines verheirateten oder eine Lebenspartnerschaft führenden Einwohners, der nicht dauernd getrennt von seiner Familie oder seinem Lebenspartner lebt, ist die vorwiegend benutzte Wohnung der Familie oder der Lebenspartner (vgl. § 22 Abs. 1 BMG). Hauptwohnung eines minderjährigen Einwohners ist die vorwiegend benutzte Wohnung der Personensorgeberechtigten; leben diese getrennt, ist Hauptwohnung die Wohnung des Sorgeberechtigten, die von dem minderjährigen Einwohner vorwiegend benutzt wird (§ 22 Abs. 2 BMG). In Zweifelsfällen ist die vorwiegend benutzte Wohnung dort, wo der Schwerpunkt der Lebensbeziehungen des Einwohners liegt (§ 22 Abs. 3 BMG).

c) Gewöhnlicher Aufenthaltsort. Die Pflicht zur Meldung des gewöhnlichen Aufenthaltsortes wurde mit dem Gesetz zur Modernisierung der epidemiologischen Überwachung übertragbarer Krankheiten eingeführt. Diese Erweiterung der Meldepflicht wurde ausweislich der Begründung des Gesetzentwurfs für erforderlich erachtet, weil der melderechtlich formal zu bestimmende Ort der Hauptwohnung in Einzelfällen nicht den Lebensmittelpunkt einer betroffenen Person darstellen kann oder eine melderechtliche Hauptwohnung nicht bekannt ist, so dass in derartigen Fällen die zusätzliche Information des gewöhnlichen Aufenthaltsortes für alle Beteiligten relevant sein kann. Der Begriff des ‚gewöhnlichen Aufenthaltsortes' ist nach der amtl. Begründung zu § 9 Abs. 5, wo der Begriff ebenfalls Verwendung findet, im Gegensatz zum Begriff der Hauptwohnung nicht formalistisch melderechtlich orientiert, sondern stellt materiell darauf ab, wo die betroffene Person sich unter Umständen aufhält, die erkennen lassen, dass sie an diesem Ort oder in diesem Gebiet nicht nur vorübergehend verweilt (vgl. § 30 Abs. 3 S. 2 SGB I). Die Entwurfsbegründung verweist in diesem Zusammenhang darauf, dass nach § 9 Satz 2 der Abgabenordnung als ‚gewöhnlicher Aufenthalt' stets und von Beginn an ein zeitlich zusammenhängender Aufenthalt von mehr als sechs Monaten Dauer anzusehen ist, wobei kurzfristige Unterbrechungen unberücksichtigt bleiben. 5

d) Derzeitiger Aufenthaltsort. Der derzeitige Aufenthaltsort ist anzugeben, wenn die zu meldende Person sich nicht nur vorübergehend nicht in ihrer Hauptwohnung und nicht an ihrem gewöhnlichen Aufenthaltsort aufhält. Aufenthaltsort ist jeder Ort außerhalb der Hauptwohnung, an welchem sich die Person – auch nur vorübergehend – tatsächlich aufhält, etwa die Ferienwohnung, das (Kur-)Krankenhaus (vgl. BVerfG, Beschluss vom 11.1.1995, 2 BvR 1473/89 (NJW 1995, 3050, 3051)). 6

1a. Nr. 1 Buchstabe e)

Buchstabe e) wurde durch das Gesetz zur Modernisierung der epidemiologischen Überwachung übertragbarer Krankheiten eingefügt. Nach der Begründung des entsprechenden Gesetzentwurfs sind unter ‚weitere Kontaktdaten' zum Beispiel die mobile Rufnummer oder die E-Mail-Adresse der betroffenen Person zu verstehen. Dadurch sollen die Gesundheitsämter von Rechercheaufwand entlastet und es ihnen ermöglicht werden, insbesondere im Rahmen ihrer Ermittlungen mit den betroffenen Personen rasch Kontakt aufzunehmen. 7

2. Nr. 1 Buchstaben f) und g)

Führt die zu meldende Person eine der von f) oder g) erfassten Tätigkeiten aus, ist auch dieser Umstand zu melden. Grund ist, dass in diesen Fällen eine 8

IfSG § 9   3. Abschnitt. Überwachung

erhöhte Ansteckungsgefahr für Dritte aus der Eigenart der jeweiligen Tätigkeit (z. B. bei Tätigkeiten mit Kindern (§ 36 Abs. 1 Nr. 1), im Krankenhaus (§ 23 Abs. 5 Nr. 1), im Bereich der Lebensmittelherstellung (§ 42 Abs. 1 S. 1 Buchstabe a)) resultiert. Die Kenntnis davon ist für das Gesundheitsamt von wesentlicher Bedeutung, um die erforderlichen Maßnahmen treffen und die infektionshygienische Überwachung (vgl. § 23 Abs. 5, § 35 Abs. 2) ggf. verstärken zu können.

3. Nr. 1 Buchstabe h)

9   Durch das 2. COVIfSGAnpG wurde der Anwendungsbereich von Nr. 1 Buchstabe h) erweitert, er gilt nunmehr, wenn es sich bei der betroffenen um eine in einer Einrichtung nach § 23 Abs. 5 S. 1 oder § 36 Abs. 1 oder 2 (und nicht nur Abs. 1 Nr. 1–6 wie zuvor) betreute Person handelt. Durch diesen Meldeinhalt werden die Gesundheitsämter in die Lage versetzt, mit Eingang der Meldung zu erkennen, ob der gemeldete Fall einen Bezug zu einer der genannten Einrichtungen aufweist. Der Inhalt der namentlichen Meldung wurde durch das 2. COVIfSGAnpG über Angaben zu Name, Anschrift und weitere Kontaktdaten hinaus ausgeweitet auf die Art der Einrichtung oder des Unternehmens, in der bzw. dem die betroffene Person betreut wird oder untergebracht ist. Letztere Daten sind nach § 11 Abs. 1 S. 1 Nr. 1 Buchstabe f) auch an die weiteren Behörden des öffentlichen Gesundheitsdienstes zu übermitteln (vgl. Entwurf des 2. COVIfSGAnpG (BT-Drs. 19/18967, 55), sowie im Einzelnen die Erläuterungen dort).

4. Nr. 1 Buchstabe j)

10   Der Tag des Todes ist für das Gesundheitsamt deshalb von erheblicher Bedeutung, da so (insbesondere bei meldepflichtigen neuen Erregern) Erkenntnisse über die Mortalität einer Erkrankung gewonnen werden können. In Bezug auf die Frage, was der ‚wahrscheinliche' Zeitpunkt oder Zeitraum der Infektion ist, gelten die diesbezüglichen Erläuterungen zu Nr. 1 Buchstabe k) (Rn. 11a) entsprechend.

5. Nr. 1 Buchstabe k)

11   **a) Allgemeines.** Durch das 2. COVIfSGAnpG wurden die Angaben in Buchstaben k) ergänzt. Der Entwurf des 2. COVIfSGAnpG (BT-Drs. 19/18967, 55) führt dazu aus, dass die nach ihm zu übermittelnden Informationen im Rahmen der COVID-19-Pandemie insbesondere dazu dienen sollen, Angaben über wahrscheinliche Übertragungsorte zu erheben, so dass aus diesen Rückschlüsse für weitere nach § 28 Abs. 1 zu treffende Maßnahmen gezogen werden können.

11a   **b) Einzelheiten.** Wahrscheinlicher Infektionsweg ist diejenige, für welchen aus medizinischer Sicht im konkreten Einzelfall valide Hinweise bestehen. Dabei muss der wahrscheinliche Infektionsweg (einschließlich Umfeld, in dem die Übertragung wahrscheinlich stattgefunden hat) – soweit vorliegend

Namentliche Meldung § 9 IfSG

(vgl. Einleitungssatz) – so genau bezeichnet werden, dass das Gesundheitsamt auf Basis der Meldung erforderlichenfalls Maßnahmen ergreifen kann. Dies beinhaltet auch die Übermittlung des Namens, der Anschrift und weiterer Kontaktdaten (z. B. Telefonnummer) der (wahrscheinlichen) Infektionsquelle als Ausgangspunkt der Infektionskette sowie des wahrscheinlichen Infektionsrisikos. Hierzu gehören – soweit vorhanden – in Anbetracht der Zielrichtung der Regelung (vgl. Rn. 11) auch Angaben über die der Bewertung zugrunde liegenden Evidenz. Beispielhaft sind anamnestische Angaben und unterstützende Befunde, z. B. für die Erregernachweise in Umgebungsproben zu nennen. Soweit negative Befunde von Bedeutung sein können, sind auch sie mitzuteilen.

6. Nr. 1 Buchstabe l)

Zum Begriff ‚wahrscheinlich' gilt die Kommentierung zu Buchstabe k) entsprechend, vgl. Rn. 11a. 12

7. Nr. 1 Buchstabe n)

Buchstabe n) wurde durch das 2. COVIfSGAnpG eingefügt. Er erweitert in Bezug zu COVID-19 den Umfang der namentlichen Meldung nach Abs. 1 auf Angaben über das Behandlungsergebnis (Genesung) sowie den spezifischen, auf die Krankheit bezogenen Serostatus. Ausweislich des Entwurf des 2. COVIfSGAnpG (BT-Drs. 19/18967, 55) sollen die Angaben zum Behandlungsergebnis eine bessere Bewertung der bestehenden Therapien und in der Folge die Erstellung von Empfehlungen für eine bessere Versorgung der betroffenen Personen ermöglichen. Die Meldung auch des spezifischen, auf die Krankheit bezogene Immunstatus wird im Entwurf des 2. COVIfSGAnpG (BT-Drs. 19/18967, 55) damit begründet, dass dieser von großer Bedeutung sei, um Impfdurchbrüche und die Dauer des Immunschutzes eingrenzen zu können, auch wenn bislang kein Impfstoff gegen COVID-19 verfügbar sei. 12a

8. Nr. 1 Buchstabe r)

Nach S. 1 Buchstabe r) ist nunmehr auch meldepflichtig, ob die betroffene Person einer der in § 54a Abs. 1 Nr. 1–5 genannten Personengruppen zugehört. Dies ist relevant für den Informationsaustausch mit den zuständigen Stellen der Bundeswehr (vgl. Entwurf eines Gesetzes für den Schutz vor Masern und zur Stärkung der Impfprävention (MasernschutzG) (BT-Drs. 19/13452, 24)). 12b

III. Meldepflicht nur in Bezug auf Daten ‚soweit vorliegend'
1. Allgemeines

Die gesetzlich angeordneten Meldepflichten können nicht auf etwas Unmögliches gerichtet sein. Dies bedeutet, dass ein Meldepflichtiger nur insoweit zur Meldung verpflichtet sein kann, wie ihm die zu meldenden Angaben auch bekannt sind. 13

2. Einzelheiten

14 **a) In § 8 Abs. 1 Nr. 1 und 4–8 genannte Personen.** Die zur namentlichen Meldung nach Abs. 1 verpflichteten Personen müssen nur die ihnen vorliegenden Angaben melden, sie trifft somit keine Pflicht, diese aktiv durch eine Befragung der jeweiligen Person zu ermitteln (vgl. Einleitungssatz).

15 **b) Ärzte.** In der Fassung des § 9 vor dem Gesetz zur Modernisierung der epidemiologischen Überwachung übertragbarer Krankheiten war die Meldepflicht von Ärzten (§ 8 Abs. 1 Nr. 1) nicht auf die ihnen vorliegenden Daten beschränkt. Daraus wurde geschlossen, dass Ärzte, sofern ihnen die zu meldenden Daten nicht vorlagen, die jeweiligen Patienten aktiv diesbezüglich befragen mussten. Dieser Anspruch an die Ärzte wurde mit dem Gesetz zur Modernisierung der epidemiologischen Überwachung übertragbarer Krankheiten fallengelassen.

C. Inhalt der namentlichen Meldung durch Meldepflichtige nach § 8 Abs. 1 Nr. 2 und 3 (Abs. 2)

I. Allgemeines

16 Anders als die von Abs. 1 erfassten meldepflichtigen Personen haben die in § 8 Abs. 1 Nr. 2 und 3 genannten in der Regel keinen persönlichen Kontakt zu den Patienten und können diese deshalb auch nicht befragen. Aus diesem Grund sind bei ihnen die zu meldenden Daten auf diejenigen beschränkt, welche ihnen aufgrund ihrer Tätigkeit in der Regel bekannt sind. Eine darüber hinausgehende Befragungspflicht besteht nicht.

II. Einzelheiten zu den Angaben (S. 1)

1. S. 1 Nr. 1 Buchstabe d)

17 Zu Hauptwohnung, gewöhnlichem und derzeitigem Aufenthaltsort und der Bedeutung der Kenntnis für das Gesundheitsamt vgl. die Erläuterungen Rn. 3 ff.

1a. S. 1 Nr. 1 Buchstabe e)

18 Vgl. dazu die Erläuterungen Rn. 7.

2. S. 1 Nr. 1 Buchstabe i)

19 Der Untersuchungsbefund muss all diejenigen vorliegenden Informationen beinhalten, welche das Gesundheitsamt zur Aufgabenerfüllung benötigt (vgl. Rn. 2). Durch das Gesetz zur Modernisierung der epidemiologischen Überwachung übertragbarer Krankheiten wurde die vormals in Abs. 2 S. 1 Nr. 8 enthaltene Meldepflicht um Typisierungsergebnisse erweitert. Ausweislich der Begründung des entsprechenden Gesetzentwurfs werden weiterführende Typisierungen häufig in Speziallaboren durchgeführt und sind nicht Teil der initialen Meldung. Die Klarstellung soll demnach helfen, dass die Typisierungsergebnisse mit den Ergebnissen der Primärdiagnostik zusammengeführt werden können und außerdem das Erkennen von Transmissionsketten sowie die Bewertung, ob mehrere Fälle zu einem Ausbruch gehören, erleichtern.

3. S. 1 Nr. 1 Buchstabe j)

Buchstabe j) wurde durch das Gesetz zur Modernisierung der epidemiologischen Überwachung übertragbarer Krankheiten eingefügt. Der Einfügung liegt nach der Begründung des Gesetzentwurfs der Gedanke zugrunde, dass es durch im Labor erhobene Untersuchungsergebnisse (beispielhaft werden in der Begründung Resistenztestungen und Ergebnisse der molekularen Untersuchungen genannt) möglich ist, bereits auf Laborebene zu beurteilen, ob die nachgewiesenen Erreger zu einem gemeinsamen Infektionsgeschehen gehören könnten. **20**

4. S. 1 Nr. 2, 3

Zum Begriff der ‚weiteren Kontaktdaten' vgl. die Erläuterungen Rn. 7. **21**

5. Unterstützungspflicht des Einsenders, Hepatitis C (S. 2)

Der Einsender muss dem nach § 8 Abs. 1 Nr. 2, 3 Meldepflichtigem bei dessen Angaben nach S. 1 unterstützen. Bei einer Untersuchung auf Hepatitis C muss der Einsender dem Meldenden mitteilen, ob ihm eine chronische Hepatitis C bei der betroffenen Person bekannt ist. Die Regelung korrespondiert mit § 7 Abs. 1 Nr. 22 und soll wie dieser verhindern, dass chronische Hepatitis C-Fälle gemeldet werden. Hintergrund der Regelung ist, dass die von Abs. 2 erfassten meldepflichtigen Personen in der Regel keinen unmittelbaren Kontakt mit der betroffenen Person haben und ihnen deshalb oftmals nicht sämtliche der zu meldenden Daten vorliegen, wohl aber den Einsendern. **22**

D. Zeitpunkt, Adressat und Form der Meldung, Auskunftsrecht des Gesundheitsamtes (Abs. 3, 4)

I. Allgemeines

Abs. 3 legt den Zeitpunkt (S. 1–3) der namentlichen Meldungen nach § 9 Abs. 1 und 2 fest und räumt dem Gesundheitsamt in S. 4 explizit das Recht ein, von dem Meldenden Auskunft über Angaben zu verlangen, die die Meldung zu enthalten hat. S. 5 legt fest, dass die Nichtbestätigung einer Verdachtsmeldung zu melden ist. Abs. 4 bestimmt den Adressaten der Meldung **23**

II. Zeitpunkt der Meldung (Abs. 3 S. 1–3)

1. Unverzüglich, Vorliegen innerhalb von 24 Stunden

24 Die Meldung muss unverzüglich erfolgen und spätestens innerhalb von 24 Stunden nach erlangter Kenntnis beim zuständigen Gesundheitsamt vorliegen (eingehen). Eine Meldung erfolgt unverzüglich, wenn sie ohne schuldhaftes Zögern vorgenommen wird (vgl. § 121 BGB). Aus S. 2 ergibt sich, dass die Pflicht zur unverzüglichen Meldung und die 24-h-Frist für jede meldepflichtige Angabe gelten, welche dem Meldepflichtigen bekannt ist. Sind ihm noch nicht sämtliche meldepflichtigen Angaben bekannt, muss er die ihm bekannten innerhalb der Fristen des S. 1 vorab melden und gegebenenfalls weitere oder berichtigte Angaben nach Kenntniserlangung innerhalb der diesbezüglich erneut beginnenden Frist nach S. 1 nachmelden (S. 3).

2. Form

25 Eine spezielle Form ist nicht vorgeschrieben. Üblich dürfte die Meldung per Fax sein.

III. Nichtbestätigung einer Verdachtsmeldung (Abs. 3 S. 5)

25a S. 5 enthält die vormals in § 8 Abs. 5 enthaltene Regelung, nach der die Nichtbestätigung einer Verdachtsmeldung zu melden ist.

IV. Adressat der Meldung (Abs. 4)

26 Adressat der Meldungen nach Abs. 1 und 2 ist das Gesundheitsamt, in dessen Bezirk sich die von der Meldung betroffene Person derzeit aufhält oder (wenn der bisherige Aufenthaltsort von der betroffenen Person schon verlassen wurde, ein aktueller Aufenthaltsort aber noch nicht bekannt ist) zuletzt aufhielt (S. 1). Ist die betroffene Person in einer Einrichtung nach Abs. 1 Nr. 1 Buchstabe h) betreut oder untergebracht, müssen die Meldungen nach Abs. 1 an das Gesundheitsamt erfolgen, in dessen Bezirk sich die Einrichtung befindet (S. 2). Bei den Meldungen nach Abs. 2 bestimmt sich das zuständige Gesundheitsamt nach dem Sitz des Einsenders, sofern dem Einsender keine Angaben zum Aufenthaltsort der jeweiligen Person vorliegen (S. 3). In der Praxis kann die Suche nach dem demnach zuständigen Gesundheitsamt durch Nutzung des vom RKI bereitgestellten Programms vereinfacht werden (vgl. § 8 Rn. 3).

V. Auskunftsrecht des Gesundheitsamtes (Abs. 3 S. 4)

27 Abs. 3 S. 4 räumt dem Gesundheitsamt das Recht ein, von dem Meldenden Auskunft über Angaben zu verlangen, die die Meldung zu enthalten hat. Damit ist klargestellt, dass der Meldende sich gegenüber dem Verlangen des Gesundheitsamtes, zu meldende Daten herauszugeben, nicht auf seine berufliche Schweigepflicht (§ 203 StGB) berufen kann.

E. Unterrichtung zwischen Gesundheitsämtern (Abs. 5)

I. Allgemeines

Abs. 5 wurde durch das Gesetz zur Modernisierung der epidemiologischen 28
Überwachung übertragbarer Krankheiten neu gefasst. Er regelt die Übermittlung der verarbeiteten Daten an andere Gesundheitsämter, deren Aufgaben durch den gemeldeten Sachverhalt regelmäßig berührt sind. Von Abs. 5 erfasst sind neben den Fällen, in welchen eine Meldung nach § 9 Abs. 1 oder 2 erfolgte, ausweislich der Begründung des Entwurfs des Gesetzes zur Modernisierung der epidemiologischen Überwachung übertragbarer Krankheiten auch diejenigen Fälle, bei denen ein Gesundheitsamt ohne vorherige Meldung Daten zu meldepflichtigen Krankheiten und Nachweisen von Krankheitserregern vorliegen hat (etwa in Fällen von Selbstentdeckung eines Infektionsgeschehens oder bei Information durch eine andere Behörde). Zuständig für die Übermittlung ist das Gesundheitsamt, das die Meldung nach Abs. 5 erhalten bzw. anderweitig Kenntnis erlangt hat.

II. Einzelheiten

Zur Hauptwohnung und zum gewöhnlichen Aufenthalt vgl. die Erläuterungen Rn. 4 und Rn. 5. 29

F. Übermittlung an die zuständigen Stellen der Bundeswehr (Abs. 6)

Nach dem durch das MasernschutzG angefügten Abs. 6 sind die verarbeiteten 30
Daten zu meldepflichtigen Krankheiten und Nachweisen von Krankheitserregern jeweils fallbezogen mit den Daten der zu diesem Fall geführten Ermittlungen und getroffenen Maßnahmen sowie mit den daraus gewonnenen Erkenntnissen von den zuständigen Gesundheitsämtern auch an die zuständigen Stellen der Bundeswehr zu übermitteln, sofern die betroffene Person einer Personengruppe gemäß Abs. 1 Nr. 1 Buchstabe r) (vgl. dazu Rn. 12b) zugehört.

§ 10 Nichtnamentliche Meldung

(1) Die nichtnamentliche Meldung nach § 6 Absatz 3 Satz 1 muss unverzüglich erfolgen und dem Gesundheitsamt, in dessen Bezirk sich die Einrichtung befindet, spätestens 24 Stunden nach der Feststellung des Ausbruchs vorliegen. Die Meldung muss, soweit vorliegend, folgende Angaben enthalten:
1. Name, Anschrift und weitere Kontaktdaten,
   a) der betroffenen Einrichtung,
   b) des Meldenden,
   c) der mit der Erregerdiagnostik beauftragten Untersuchungsstelle und

IfSG § 10

2. folgende einzelfallbezogene Angaben zu den aufgetretenen nosokomialen Infektionen sowie zu allen damit wahrscheinlich oder vermutlich in epidemischem Zusammenhang stehenden Kolonisationen:
   a) Geschlecht der betroffenen Person,
   b) Monat und Jahr der Geburt der betroffenen Person,
   c) Untersuchungsbefund einschließlich Typisierungsergebnissen,
   d) Diagnose,
   e) Datum der Diagnose,
   f) wahrscheinlicher Infektionsweg, einschließlich Umfeld, in dem die Übertragung wahrscheinlich stattgefunden hat, mit Name, Anschrift und weiteren Kontaktdaten der Infektionsquelle und wahrscheinliches Infektionsrisiko.

§ 9 Absatz 3 Satz 2 bis 4 gilt entsprechend.

(2) Die nichtnamentliche Meldung nach § 7 Absatz 3 Satz 1 muss innerhalb von zwei Wochen, nachdem der Meldende Kenntnis erlangt hat, an das Robert Koch Institut erfolgen. Das Robert Koch-Institut bestimmt die technischen Übermittlungsstandards. Die Meldung muss folgende Angaben enthalten:
1. in den Fällen des § 7 Absatz 3 Satz 1 Nummer 2 eine fallbezogene Pseudonymisierung nach Absatz 3,
2. Geschlecht der betroffenen Person,
3. Monat und Jahr der Geburt der betroffenen Person,
4. die ersten drei Ziffern der Postleitzahl der Hauptwohnung oder des gewöhnlichen Aufenthaltsortes,
5. Untersuchungsbefund einschließlich Typisierungsergebnisse,
6. Monat und Jahr der Diagnose,
7. Art des Untersuchungsmaterials,
8. Nachweismethode,
9. wahrscheinlicher Infektionsweg und wahrscheinliches Infektionsrisiko,
10. Staat, in dem die Infektion wahrscheinlich erfolgt ist,
11. bei Malaria Angaben zur Expositions- und Chemoprophylaxe,
12. Name, Anschrift und weitere Kontaktdaten des Einsenders und
13. Name, Anschrift und weitere Kontaktdaten des Meldenden.

Der Einsender hat den Meldenden bei den Angaben nach Satz 3 zu unterstützen und diese Angaben gegebenenfalls zu vervollständigen. § 9 Absatz 3 Satz 2 bis 4 gilt entsprechend.

(3) Die fallbezogene Pseudonymisierung besteht aus dem dritten Buchstaben des ersten Vornamens in Verbindung mit der Anzahl der Buchstaben des ersten Vornamens sowie dem dritten Buchstaben des ersten Nachnamens in Verbindung mit der Anzahl der Buchstaben des ersten Nachnamens. Bei Doppelnamen wird jeweils nur der erste Teil des Namens berücksichtigt; Umlaute werden in zwei Buchstaben dargestellt. Namenszusätze bleiben unberücksichtigt. § 14 Absatz 3 bleibt unberührt. Angaben nach den Sätzen 1 bis 3 und die Angaben zum Monat der Geburt dürfen vom Robert Koch-Institut lediglich zu der Prüfung, ob verschiedene Meldungen sich auf denselben Fall beziehen, verarbeitet werden. Sie sind zu löschen, sobald nicht mehr zu erwarten ist, dass die damit bewirkte Einschränkung der Prüfung nach Satz 5 eine nicht unerhebliche Verfälschung der aus den Meldungen zu gewinnenden epidemiologischen Beurteilung bewirkt.

§ 10 IfSG Nichtnamentliche Meldung

Übersicht

	Rn.
A. Allgemeines	1
I. Inhalt	1
II. Letzte Änderungen	1a
1. Durch das 2. DSAnpUG-EU	1a
2. Durch das 2. COVIfSGAnpG	1b
3. Durch das 3. COVIfSGAnpG	1c
B. Nichtnamentliche Meldungen bei nosokomialen Infektionen nach § 6 Abs. 3 S. 1 (Abs. 1)	2
I. Allgemeines	2
II. Einzelheiten zu den Angaben (S. 2)	3
1. Nr. 1	3
2. S. 2	4
a) Allgemeines	4
b) Nr. 2 Buchstabe c)	5
c) Nr. 2 Buchstabe f)	6
III. Umfang der Meldung (S. 2)	7
IV. Adressat der Meldung, Meldefrist, Form	8
1. Adressat (S. 1)	8
2. Meldefrist (S. 1)	9
3. Form	10
V. Praxishinweis	11–12
C. Nichtnamentliche Meldungen nach § 7 Abs. 3 S. 1 (Abs. 2)	13
I. Allgemeines	13
II. Einzelheiten zu den Angaben (S. 3)	14
1. Nr. 1	14
2. Nr. 4	15
3. Nr. 5	16
4. Nr. 9	17
5. Nr. 12, 13	18
III. Umfang der Meldung (S. 3)	19
IV. Unterstützungpflicht des Einsenders (S. 4)	20
V. Adressat der Meldung, Meldefrist, Form	21
1. Adressat (S. 1)	21
2. Meldefrist (S. 1)	22
3. Form (S. 2)	23
VI. Auskunftsrecht des RKI (S. 5 iVm § 9 Abs. 3 S. 2–4)	24
D. Fallbezogene Pseudonymisierung, Datenschutz (Abs. 3)	25
I. Allgemeines	25
II. Zur fallbezogenen Pseudonymisierung (S. 1, 2)	26
III. Datenschutz (S. 4, 5)	27

A. Allgemeines

I. Inhalt

§ 10 wurde durch das Gesetz zur Modernisierung der epidemiologischen **1** Überwachung übertragbarer Krankheiten neu gefasst. Er legt für die nichtnamentlichen Meldungen in den Abs. 1 und 2 Inhalt, Zeitpunkt und Adressaten fest. Darüber hinaus regelt er in Abs. 3 die Pseudonymisierung von

Meldungen nach § 7 Abs. 3 S. 1 Nr. 2 (HIV) sowie die vom RKI einzuhaltenden datenschutzrechtliche Vorgaben. Die in § 10 geregelte nichtnamentliche Meldepflicht besteht in Fällen, in welchen in der Regel keine personenspezifischen Maßnahmen erforderlich sind und dient somit grundsätzlich primär der Gewinnung epidemiologischer Erkenntnisse sowie der Optimierung von Präventionsmaßnahmen nach § 3 (vgl. Vor § 6 Rn. 3). Der Gesetzgeber weist in der Begründung des Entwurfs des Gesetzes zur Modernisierung der epidemiologischen Überwachung übertragbarer Krankheiten jedoch auch explizit darauf hin, dass das Gesundheitsamt auf Basis der nach § 10 zu übermittelnden Daten regelmäßig beurteilen kann, ob in Bezug auf den gemeldeten Ausbruch behördliche Ermittlungen und Maßnahmen erforderlich sind. Soweit für diesen Zweck personen- und krankheitsbezogene Angaben erforderlich sind, können diese nach § 25 Abs. 2 iVm § 16 Abs. 2 erhoben werden (vgl. Rn. 12).

II. Letzte Änderungen
1. Durch das 2. DSAnpUG-EU

1a § 10 wurde durch das Zweite Datenschutz-Anpassungs- und Umsetzungsgesetz EU (2. DSAnpUG-EU) vom 20.11.2019 minimal in Abs. 3 geändert (Streichung der Wörter ‚und genutzt' am Satzende von S. 5).

2. Durch das 2. COVIfSGAnpG

1b Durch das das 2. COVIfSGAnpG wurden Abs. 1 S. 2 Nr. 2 Buchstabe f) neu gefasst und Abs. 3 eingefügt. Der vormalige Abs. 3 wurde zu Abs. 4. Vgl. im Einzelnen die jeweiligen Erläuterungen.

3. Durch das 3. COVIfSGAnpG

1c Infolge der Aufhebung der Meldepflicht des Untersuchungsergebnisses nach § 7 Abs. 4 durch das 3. COVIfSGAnpG (vgl. § 7 Rn. 1e) konnte der durch das 2. COVIfSGAnpG eingefügte Abs. 3, welcher die entsprechenden meldepflichtigen Angaben beinhaltete, entfallen. Abs. 4 wurde zu Abs. 3.

B. Nichtnamentliche Meldungen bei nosokomialen Infektionen nach § 6 Abs. 3 S. 1 (Abs. 1)

I. Allgemeines

2 Der durch das Gesetz zur Modernisierung der epidemiologischen Überwachung übertragbarer Krankheiten neu gefasste Abs. 1 ersetzt den vorherigen Abs. 6. In diesem Zuge wurde der zu meldende Datensatz deutlich erweitert. Die Angaben sind einzelfallbezogen zu machen und müssen sich nicht nur auf die aufgetretenen nosokomialen Infektionen, sondern auch auf die damit zusammenhängenden Kolonisationen beziehen. Nach der Begründung des Gesetzentwurfs sollen die Meldungen mit einzelfallbezogenen An-

gaben dem Gesundheitsamt frühzeitig ein differenziertes, zeitgemäßen infektions-epidemiologischen Ansprüchen gerecht werdendes Bild von dem Ausbruchsgeschehen vermitteln, während die Meldung auch von Kolonisationen für die Aufklärung von Übertragungswegen sowie die Fälle der nosokomialen Infektionen (§ 2 Nr. 8, vgl. § 2 Rn. 49 ff.) von Bedeutung ist.

II. Einzelheiten zu den Angaben (S. 2)

1. Nr. 1

Zu den ‚weiteren Kontaktdaten' vgl. die Erläuterungen § 9 Rn. 7. 3

2. S. 2

a) **Allgemeines.** In Bezug auf die aufgetretenen nosokomialen Infektionen 4 sind einzelfallbezogene (also je nach betroffener Person differenzierte) Detailinformationen zu melden. Dies gilt ebenso für alle damit wahrscheinlich oder vermutlich in einem epidemischen Zusammenhang stehenden Kolonisationen.

b) **Nr. 2 Buchstabe c).** In Bezug auf den Untersuchungsbefund einschließ- 5 lich der Typisierungsergebnisse gelten die Erläuterungen § 9 Rn. 19.

c) **Nr. 2 Buchstabe f).** Die Formulierung Nr. 2 Buchstabe f) wurde durch 6 das 2. COVIfSGAnpG an die Formulierung in § 9 Abs. 1 Nr. 1 Buchstabe k) angeglichen, so dass die dortigen Erläuterungen (§ 9 Rn. 11) auch hier gelten.

III. Umfang der Meldung (S. 2)

Gemäß S. 2 ist die Meldepflicht nach § 6 Abs. 3 S. 1 auf die den Melde- 7 pflichtigen vorliegenden Daten beschränkt (vgl. Wortlaut ‚soweit vorliegend'). Zu fehlenden Angaben, Nachmeldungen und Korrekturen vgl. Rn. 9.

IV. Adressat der Meldung, Meldefrist, Form

1. Adressat (S. 1)

Adressat der Meldung ist in den von Abs. 1 erfassten Fällen das Gesundheits- 8 amt, in dessen Bezirk sich die Einrichtung befindet.

2. Meldefrist (S. 1)

Die nichtnamentliche Meldung nach § 6 Abs. 3 S. 1 muss unverzüglich, 9 spätestens 24 Stunden nach der Feststellung des Ausbruchs vorliegen (eingehen). Eine Meldung erfolgt unverzüglich, wenn sie ohne schuldhaftes Zögern vorgenommen wird (vgl. § 121 BGB). In Bezug auf fehlende Angaben, Nachmeldungen und Korrekturen gelten § 9 Abs. 3 S. 2 und 3 entsprechend (S. 3), vgl. dazu die entsprechenden Erläuterungen § 9 Rn. 24.

3. Form

10 Es gelten die Erläuterungen § 9 Rn. 25 entsprechend.

V. Praxishinweis

11-12 Sofern das Gesundheitsamt auf Basis der zu übermittelnden Daten Ermittlungen aufnimmt, um zu klären, ob in Bezug auf den gemeldeten Ausbruch behördliche Maßnahmen erforderlich sein könnten (vgl. dazu auch die Erläuterungen in Rn. 1), kann es für diesen Zweck nach § 25 Abs. 2 iVm § 16 Abs. 2 (vgl. § 25 Rn. 27 ff. und § 16 Rn. 48) vom Meldenden wie auch Dritten personen- und krankheitsbezogene Angaben erheben (z. B. Name, Geburtsdatum, Tag der Erkrankung, gegebenenfalls Tag des Todes und Zeitpunkt oder Zeitraum der Infektion, Art des Untersuchungsmaterials, Eingangsdatum des Untersuchungsmaterials, Nachweismethode (so explizit auch die Begründung des Entwurfs des Gesetzes zur Modernisierung der epidemiologischen Überwachung übertragbarer Krankheiten)). Diesem Verlangen des Gesundheitsamtes gegenüber kann sich der Meldende oder Dritte nicht auf seine berufliche Schweigepflicht (§ 203 StGB) berufen.

C. Nichtnamentliche Meldungen nach § 7 Abs. 3 S. 1 (Abs. 2)

I. Allgemeines

13 Durch das das Gesetz zur Modernisierung der epidemiologischen Überwachung übertragbarer Krankheiten wurde Absatz 2 neu gefasst.

II. Einzelheiten zu den Angaben (S. 3)

1. Nr. 1

14 Zur fallbezogenen Pseudonymisierung vgl. die Erläuterungen zu Abs. 4 (Rn. 35 ff.).

2. Nr. 4

15 In Bezug auf die Hauptwohnung und den gewöhnlichen Aufenthaltsort gelten die Erläuterungen § 9 Rn. 4 f.

3. Nr. 5

16 Vgl. die Erläuterungen zu § 9 Abs. 2 S. 1 Buchstabe i) (§ 9 Rn. 19).

4. Nr. 9

17 Unter Infektionsweg sind die Art und Weise (z. B. bei einer Operation) sowie die relevanten Umstände (z. B. im Krankenhaus) der Infektion iSv § 2 Nr. 2 zu verstehen. Wie bei Abs. 1 S. 2 Nr. 2 Buchstabe f) ist eine Übermittlung von personenbezogenen Angaben (etwa eines Sexualpartners) nicht vorgesehen, da dies der Nichtnamentlichkeit der Meldung zuwiderliefe. ‚Wahrscheinlich' sind Infektionsweg bzw. Infektionsrisiko dann, wenn aus medizinischer Sicht im konkreten Einzelfall valide Hinweise bestehen.

5. Nr. 12, 13

Zu den ‚weiteren Kontaktdaten' gelten die Erläuterungen zu § 9 Abs. 1 S. 1 Nr. 1 Buchstabe e) entsprechend. **18**

III. Umfang der Meldung (S. 3)

Ein Wortlautvergleich von S. 3 mit Abs. 1 S. 2 verdeutlicht, dass die Pflicht zur nichtnamentlichen Meldung nach § 7 Abs. 3 S. 1 nicht auf die dem Meldepflichtigen vorliegenden Daten beschränkt ist. Die Meldepflichtigen müssen deshalb, sofern ihnen die zu meldenden Daten nicht vorliegen, nach S. 4 aktiv den Einsender zur Unterstützung auffordern, um ihrer Pflicht vollumfänglich nachkommen zu können. **19**

IV. Unterstützungpflicht des Einsenders (S. 4)

Der Einsender muss den Meldenden bei dessen Angaben nach S. 3 unterstützen und dessen Angaben gegebenenfalls vervollständigen. **20**

V. Adressat der Meldung, Meldefrist, Form

1. Adressat (S. 1)

Adressat der Meldung ist in den Fällen des Abs. 2 nicht das Gesundheitsamt, sondern unmittelbar das RKI. **21**

2. Meldefrist (S. 1)

Die Frist für die nichtnamentliche Meldung beträgt 2 Wochen ab dem Zeitpunkt den Kenntniserlangung durch den Meldenden. In Bezug auf fehlende Angaben, Nachmeldungen und Korrekturen gelten § 9 Abs. 3 S. 2–4 entsprechend (S. 5) **22**

3. Form (S. 2)

Die Übermittlung hat nach den vom RKI bestimmten technischen Übermittlungsstandards zu erfolgen. Vgl. dazu die Erläuterungen zu § 11 Abs. 1 S. 3 (§ 11 Rn. 10). **23**

VI. Auskunftsrecht des RKI (S. 5 iVm § 9 Abs. 3 S. 2–4)

Insoweit wird auf die Erläuterungen Rn. 11 verwiesen. **24**

D. Fallbezogene Pseudonymisierung, Datenschutz (Abs. 3)

I. Allgemeines

25 Die in Abs. 3 vorgesehene Pseudonymisierung soll einerseits die nichtnamentliche Meldung, andererseits bei etwaigen Rückfragen an den Meldenden diesem eine Zuordnung zum betroffenen Patienten ermöglichen. Außerdem lassen sich so in den meisten Fällen Doppelmeldungen identifizieren.

II. Zur fallbezogenen Pseudonymisierung (S. 1, 2)

26 Die Verschlüsselung ist alphanumerisch und setzt sich aus dem dritten Buchstaben des ersten Vornamens in Verbindung mit der Gesamtzahl der Buchstaben des ersten Vornamens sowie dem dritten Buchstaben des ersten Nachnamens in Verbindung mit der Gesamtzahl der Buchstaben des ersten Nachnamens zusammen. Mit Bindestrichen zusammengesetzte Vor- oder Nachnamen werden (z. B. Sabine-Christine) zu diesem Zwecke getrennt berücksichtigt (im Beispiel Sabine Christine), Umlaute als ae, oe, ue berücksichtigt (z. B. Müller als Mueller), Namenszusätze (zB ‚von', Adelsbezeichnungen, akademische Grade) bleiben unberücksichtigt. Dazu folgendes Beispiel: Sabine-Christine von Müller = B6/E7.

III. Datenschutz (S. 4, 5)

27 S. 4 und 5 enthalten Regelungen zum Nutzungszweck sowie zur Löschfrist. Diese sind erforderlich, da die Angaben nach Abs. 2 lediglich pseudonymisiert sind. Bei der Pseudonymisierung kann, anders als bei der Anonymisierung, zumindest beim Meldenden immer noch ein Personenbezug hergestellt werden.

§ 11 Übermittlung an die zuständige Landesbehörde und an das Robert Koch-Institut

(1) Die verarbeiteten Daten zu meldepflichtigen Krankheiten und Nachweisen von Krankheitserregern werden anhand der Falldefinitionen nach Absatz 2 bewertet und spätestens am folgenden Arbeitstag durch das nach Absatz 3 zuständige Gesundheitsamt vervollständigt, gegebenenfalls aus verschiedenen Meldungen zum selben Fall zusammengeführt und der zuständigen Landesbehörde sowie von dort spätestens am folgenden Arbeitstag dem Robert Koch-Institut mit folgenden Angaben übermittelt:
1. zur betroffenen Person:
   a) Geschlecht,
   b) Monat und Jahr der Geburt,
   c) Tag der Verdachtsmeldung, Angabe, wenn sich ein Verdacht nicht bestätigt hat, Tag der Erkrankung, Tag der Diagnose, gegebenenfalls Tag des Todes und wahrscheinlicher Zeitpunkt oder Zeitraum der Infektion,

d) Untersuchungsbefund, einschließlich Typisierungsergebnisse,
e) wahrscheinlicher Infektionsweg, einschließlich Umfeld, in dem die Übertragung wahrscheinlich stattgefunden hat; wahrscheinliches Infektionsrisiko, Impf- und Serostatus und erkennbare Zugehörigkeit zu einer Erkrankungshäufung,
f) gegebenenfalls Informationen zur Art der Einrichtung bei Tätigkeit, Betreuung oder Unterbringung in Einrichtungen und Unternehmen nach § 23 Absatz 3 Satz 1, Absatz 5 Satz 1 oder § 36 Absatz 1 und 2,
g) in Deutschland: Gemeinde mit zugehörigem amtlichem achtstelligem Gemeindeschlüssel, in der die Infektion wahrscheinlich erfolgt ist, ansonsten Staat, in dem die Infektion wahrscheinlich erfolgt ist,
h) reiseassoziierter Legionellose: Name und Anschrift der Unterkunft,
i) bei Tuberkulose, Hepatitis B und Hepatitis C: Geburtsstaat, Staatsangehörigkeit und gegebenenfalls Jahr der Einreise nach Deutschland,
j) bei Coronavirus-Krankheit-2019 (COVID-19): durchgeführte Maßnahmen nach dem 5. Abschnitt; gegebenenfalls Behandlungsergebnis und Angaben zur Anzahl der Kontaktpersonen, und jeweils zu diesen Angaben zu Monat und Jahr der Geburt, Geschlecht, zuständigem Gesundheitsamt, Beginn und Ende der Absonderung und darüber, ob bei diesen eine Infektion nachgewiesen wurde,
k) Überweisung, Aufnahme und Entlassung aus einer Einrichtung nach § 23 Absatz 5 Satz 1, gegebenenfalls intensivmedizinische Behandlung und deren Dauer,
l) Zugehörigkeit zu den in § 54a Absatz 1 Nummer 1 bis 5 genannten Personengruppen,
m) Gemeinde mit zugehörigem amtlichem achtstelligem Gemeindeschlüssel der Hauptwohnung oder des gewöhnlichen Aufenthaltsortes und, falls abweichend, des derzeitigen Aufenthaltsortes,
2. zuständige Gesundheitsämter oder zuständige Stellen nach § 54a und
3. Datum der Meldung.

In den Fällen der Meldung nach § 6 Absatz 3 Satz 1 sind nur die Angaben nach Satz 1 Nummer 2 und 3 sowie zu den aufgetretenen nosokomialen Infektionen und den damit zusammenhängenden Kolonisationen jeweils nur die Angaben nach Satz 1 Nummer 1 Buchstabe a bis e erforderlich. Für die Übermittlungen von den zuständigen Landesbehörden an das Robert Koch-Institut bestimmt das Robert Koch-Institut die technischen Übermittlungsstandards. Frühere Übermittlungen sind gegebenenfalls zu berichten und zu ergänzen, insoweit gelten die Sätze 1 bis 3 entsprechend.

(2) Das Robert Koch-Institut erstellt entsprechend den jeweiligen epidemiologischen Erfordernissen die Falldefinitionen für die Bewertung von Verdachts-, Erkrankungs- oder Todesfällen und Nachweisen von Krankheitserregern und schreibt sie fort.

(3) Für die Vervollständigung, Zusammenführung und Übermittlung der Daten nach Absatz 1 ist das Gesundheitsamt zuständig, in dessen Bezirk die betroffene Person ihre Hauptwohnung hat oder zuletzt hatte. Falls ein Hauptwohnsitz nicht feststellbar ist oder die betroffene Person sich dort gewöhnlich nicht aufhält, so ist das Gesundheitsamt zuständig, in dessen Bezirk sich die betroffene Person

gewöhnlich aufhält. Falls ein solcher Aufenthaltsort nicht feststellbar ist oder in den Fällen der Meldung nach § 6 Absatz 3 Satz 1 ist das Gesundheitsamt zuständig, welches die Daten erstmals verarbeitet hat. Das nach den Sätzen 1 bis 3 zuständige Gesundheitsamt kann diese Zuständigkeit an ein anderes Gesundheitsamt mit dessen Zustimmung abgeben, insbesondere wenn schwerpunktmäßig im Zuständigkeitsbereich des anderen Gesundheitsamtes weitere Ermittlungen nach § 25 Absatz 1 angestellt werden müssen.

(4) Einen nach § 6 Absatz 1 Satz 1 Nummer 3 gemeldeten Verdacht einer über das übliche Ausmaß einer Impfreaktion hinausgehenden gesundheitlichen Schädigung übermittelt das Gesundheitsamt unverzüglich der zuständigen Landesbehörde. Das Gesundheitsamt übermittelt alle notwendigen Angaben, sofern es diese Angaben ermitteln kann, wie Bezeichnung des Produktes, Name oder Firma des pharmazeutischen Unternehmers, die Chargenbezeichnung, den Zeitpunkt der Impfung und den Beginn der Erkrankung. Über die betroffene Person sind ausschließlich das Geburtsdatum, das Geschlecht sowie der erste Buchstabe des ersten Vornamens und der erste Buchstabe des ersten Nachnamens anzugeben. Die zuständige Behörde übermittelt die Angaben unverzüglich dem Paul-Ehrlich-Institut. Die personenbezogenen Daten sind zu pseudonymisieren.

Übersicht

	Rn.
A. Allgemeines	1
I. Inhalt	1
II. Letzte Änderungen	1a
1. Durch das MasernschutzG	1a
2. Durch das 2. COVIfSGAnpG	1b
3. Durch das 3. COVIfSGAnpG	1c
B. Weitermeldung der nach §§ 9, 10 oder anderweitig erhaltenen verarbeiteten Daten (Abs. 1)	2
I. Allgemeines	2
II. Meldepflichtiges Gesundheitsamt	3
III. Bewertung anhand von Falldefinitionen	4
IIIa. Vervollständigung, Zusammenführung	4a
IV. Einzelheiten zu den weiterzuleitenden Daten	5
1. S. 1 Nr. 1 Buchstabe c)	
a. Allgemeines	5
b. Einzelheiten	5a
2. S. 1 Nr. 1 Buchstabe d)	6
3. S. 1 Nr. 1 Buchstabe e)	7
4. S. 1 Nr. 1 Buchstabe g)	7a
5. S. 1 Nr. 1 Buchstabe j)	7b
6. S. 1 Nr. 2	8
V. Beschränkung der zu meldenden Daten bei Meldungen nach § 6 Abs. 3 S. 1 (gehäuftes Auftreten nosokomialer Infektionen) (S. 2)	9
VI. Frist (S. 1), Form (S. 3)	10
VII. Berichtigungen, Ergänzungen früherer Meldungen (S. 4)	11

	Rn.
C. Falldefinitionen (Abs. 2)	12
I. Allgemeines	12
II. Einzelheiten	13
D. Zuständiges Gesundheitsamt (Abs. 3)	14
I. Allgemeines	14
II. Einzelheiten zur Zuständigkeit	15
1. Grundregel (S. 1)	15
2. Ausnahme 1: Hauptwohnsitz nicht feststellbar oder dort nicht gewöhnlicher Aufenthalt (S. 2)	16
3. Ausnahme 2: Aufenthaltsort nicht feststellbar ist, Fälle der Meldung nach § 6 Abs. 3 S. 1 (S. 3)	17
III. Abgabe der Zuständigkeit (S. 4)	18
E. Übermittlungen bei Impfschäden (Abs. 4)	19
I. Allgemeines	19
II. Einzelheiten	20
1. Meldepflichtiges Gesundheitsamt (S. 1)	20
2. Über das übliche Ausmaß einer Impfreaktion hinausgehende gesundheitliche Schadigung (S. 1)	21
3. Unverzüglich (S. 1)	22
4. Zuständige Landesbehörde (S. 1)	23
5. Notwendige Angaben (S. 2)	24
a) Allgemeines	24
b) Einzelheiten	25
c) Ermittlung durch das Gesundheitsamt	26
III. Formblätter	27

A. Allgemeines

I. Inhalt

§ 11 betrifft im Wesentlichen die Pflichten der Gesundheitsämter und Landesbehörden zur Übermittlung bestimmter ihnen gemeldeter oder anderweitig bekannt gewordener Daten an das RKI. Die Vorschrift ist im Zusammenhang mit den Aufgaben zu sehen, welche dem RKI in § 4 zugewiesen werden. Die Erfüllung dieser Aufgaben setzt eine hinreichende Kenntnislage des RKI voraus. Da Meldungen nur im Falle von § 7 Abs. 3 (vgl. § 10 Abs. 2) direkt vom Meldepflichtigen an das RKI, in den übrigen Fällen aber zunächst an das jeweils zuständige Gesundheitsamt erfolgen, kommt folglich der Regelung des Informationsflusses vom Gesundheitsamt über die Landesbehörden an das RKI in § 11 eine große Bedeutung zu. **1**

II. Letzte Änderungen
1. Durch das MasernschutzG

Durch das MasernschutzG wurde § 11 (ebenso wie § 9 Abs. 1 Nr. 1 Buchstabe f), vgl. § 9 Rn. 1a) insoweit modifiziert, als dass in Abs. 1 Nr. 1 Buchstabe f) der Verweis auf ‚§ 23 Absatz 5' durch einen Verweis auf ‚§ 23 Abs. 3 **1a**

Satz 1' ersetzt wurde. Durch diese Änderung ist nunmehr der im Vergleich zu § 23 Abs. 5 größere Kreis von Tätigkeiten nach § 23 Abs. 3 S. 1 zu melden.

2. Durch das 2. COVIfSGAnpG

1b Durch das das 2. COVIfSGAnpG wurden Abs. 1 S. 1, Abs. 1 S. 1 Nr. 1 Buchstaben c) und e) neu gefasst, Buchstaben j) und l) neu eingefügt und Abs. 2 und 3 modifiziert. Vgl. im Einzelnen die jeweiligen Erläuterungen.

3. Durch das 3. COVIfSGAnpG

1c Das 3. COVIfSGAnpG modifizierte Abs. 1 S. 1 Nr. 1 Buchstaben g), j) und l), fügte Buchstaben m) an und änderte Abs. 1 S. 1 Nr. 2.

B. Weitermeldung der nach §§ 9, 10 oder anderweitig erhaltenen verarbeiteten Daten (Abs. 1)

I. Allgemeines

2 Abs. 1 betrifft zunächst die Weitermeldung der nach §§ 9, 10 erhaltenen verarbeiteten Daten vom meldepflichtigen Gesundheitsamt an die nach Landesrecht (z. B. in Bayern § 66 ZustV) zu bestimmende zuständige Landesbehörde und von dort an das RKI. Darüber hinaus sind nach der Begründung des Entwurfs des Gesetzes zur Modernisierung der epidemiologischen Überwachung übertragbarer Krankheiten auch die Fälle erfasst, bei denen ein Gesundheitsamt ohne vorherige Meldung Daten zu meldepflichtigen Krankheiten und Nachweisen von Krankheitserregern vorliegen hat. Die Übermittlung an das RKI nach Abs. 1 dient in erster Linie epidemiologischen Zwecken, so dass die Übermittlung der Namen der betroffenen Personen weder notwendig ist noch zulässig wäre und deshalb im Katalog von Abs. 1 nicht vorgesehen ist.

II. Meldepflichtiges Gesundheitsamt

3 Vgl. dazu Abs. 3 und die Erläuterungen Rn. 14 ff.

III. Bewertung anhand von Falldefinitionen

4 Eine der Aufgaben des RKI besteht in der Erarbeitung von Falldefinitionen. Diese bilden die Grundlage, auf Basis derer eine vereinheitlichte Bewertung und Weitermeldung durch die Gesundheitsämter erfolgen kann. Letztere können aufgrund ihrer Stellung im Meldesystem (vgl. Vor § 6 Rn. 1) gegebenenfalls die von den verschiedenen Meldepflichtigen einlaufenden, dieselbe Person betreffenden Meldungen zusammenfassend zuordnen. Vgl. zu den Falldefinitionen im Einzelnen Abs. 2 (Rn. 12 ff.).

IIIa. Vervollständigung, Zusammenführung

Durch das 2. COVIfSGAnpG wurde Abs. 1 S. 1 ergänzt und sieht nunmehr vor, dass die Gesundheitsämter fehlende Angaben im Rahmen des Möglichen vervollständigen und mehrere sich auf denselben Fall beziehende Meldungen zusammenführen müssen, bevor sie die in Abs. 1 S. 1 genannten Daten weiterleiten. Sofern das elektronische Melde- und Informationssystem nach § 14 eine entsprechende Funktionalität aufweist (vgl. § 14 Abs. 4) kann diese genutzt werden. **4a**

IV. Einzelheiten zu den weiterzuleitenden Daten

1. S. 1 Nr. 1 Buchstabe c)

a) Allgemeines. S. 1 Buchstabe c) wurde durch das 2. COVIfSGAnpG ergänzt und sieht nunmehr auch die Übermittlung des Tags der Verdachtsmeldung sowie der Angabe, wenn sich ein Verdacht nicht bestätigt hat (vgl. § 6 Abs. 1 S. 1 Nr. 1 sowie bei namentlichen Meldungen die vergleichbare Regelung in § 9 Abs. 3 S. 5 (§ 9 Rn. 25a)) durch das Gesundheitsamt an die zuständige Landesbehörde vor. Durch diese zusätzlichen Informationen soll das Robert Koch-Institut ausweislich des Entwurfs des 2. COVIfSGAnpG (BT-Drs. 19/18967, 56) in die Lage versetzt werden, die ihm übermittelten Angaben fortlaufend entsprechend seines Auftrags (§ 4 Abs. 2) bewerten zu können. **5**

b) Einzelheiten. Wahrscheinlicher Zeitraum oder Zeitraum der Infektion ist derjenige, für den aus medizinischer Sicht im konkreten Einzelfall valide Hinweise bestehen (etwa unter Berücksichtigung der Inkubationszeit und dem Tag des Ausbruchs der Krankheit). **5a**

2. S. 1 Nr. 1 Buchstabe d)

Vgl. die Erläuterungen § 9 Rn. 19. **6**

3. S. 1 Nr. 1 Buchstabe e)

Durch das 2. COVIfSGAnpG wurde Nr. 1 Buchstabe e) in Ergänzung zu den Änderungen von § 9 Abs. 1 Nr. 1 Buchstabe k) (vgl. § 9 Rn. 11 f.) und § 10 Abs. 1 S. 2 Buchstabe f) (vgl. § 10 Rn. 6) neu gefasst. Zweck der Regelung ist es im Rahmen der COVID-19-Pandemie, Angaben über wahrscheinliche Expositionsorte (insbesondere Angaben zur Art der betroffenen Einrichtung oder des betrieblichen Umfelds) zu erfassen, damit aus diesen Rückschlüsse für weitere Maßnahmen nach § 28 Abs. 1 gezogen werden können (vgl. Entwurf des 2. COVIfSGAnpG (BT-Drs. 19/18967, 56)). Siehe dazu auch die Ausführungen § 9 Rn. 11 f. **7**

IfSG § 11

4. S. 1 Nr. 1 Buchstabe g)

7a Das 3. COVIfSGAnpG ersetzte die zuvor vorgesehene Angabe des Landkreises oder der kreisfreien Stadt durch die Angabe der jeweiligen Gemeinde samt achtstelligem Gemeindeschlüssel. Ausweislich der Begründung des Regierungsentwurfs soll dadurch der Infektionsort genauer erhoben werden können (vgl. BT-Drs. 19/23944, 27).

5. S. 1 Nr. 1 Buchstabe j)

7b S. 1 Nr. 1 Buchstabe j) wurde durch das 2. COVIfSGAnpG angefügt. Durch die Übermittlung der von ihm erfassten Informationen zu den getroffenen Ermittlungen und Schutzmaßnahmen soll das Robert Koch-Institut befähigt werden, den Erfolg der bestehenden Therapien und Schutzmaßnahmen besser bundesweit zu bewerten (vgl. Entwurf des 2. COVIfSGAnpG (BT-Drs. 19/18967, 56) und Empfehlungen für eine bessere Versorgung der betroffenen Personen sowie zu besseren Umsetzung bei Ermittlungen und Schutzmaßnahmen zu erstellen. Der Umfang der Daten wurde durch das 3. COVIfSGAnpG mit dem Ziel eines besseren Monitorings der Kontaktpersonennachverfolgung um die nun enthaltenen statistische Angaben über Kontaktpersonen erweitert (so BT-Drs. 19/23944, 27).

6. S. 1 Nr. 2

8 Ausweislich der Begründung des Entwurfs des Gesetzes zur Modernisierung der epidemiologischen Überwachung übertragbarer Krankheiten sind hier sämtliche Gesundheitsämter anzugeben, die in das Verfahren nach § 9 Abs. 5 und 6 sowie nach den §§ 25 ff bzw. nach dem IGV-DG einbezogen sind. Zu übermitteln sind auch die zugehörigen amtlichen achtstelligen Gemeindeschlüssel oder die zuständigen Stellen nach § 54a.

V. Beschränkung der zu meldenden Daten bei Meldungen nach § 6 Abs. 3 S. 1 (gehäuftes Auftreten nosokomialer Infektionen) (S. 2)

9 In den Fällen der Meldung nach § 6 Abs. 3 S. 1 sind gem. S. 2 nur die Angaben nach S. 1 Nr. 2 und 3 sowie zu den aufgetretenen nosokomialen Infektionen und den damit zusammenhängenden Kolonisationen jeweils nur die Angaben nach S. 1 Nr. 1 Buchstabe a) bis e) erforderlich.

VI. Frist (S. 1), Form (S. 3)

10 Die Übermittlung muss jeweils spätestens am folgenden Arbeitstag erfolgen (S. 1). Die technischen Standards der Meldungen werden nach S. 3 vom RKI bestimmt. Die dazu vom RKI festgelegten Details können voraussichtlich unter www.RKI.de unter dem Menüpunkt Infektionsschutzgesetz → Software abgerufen werden.

VII. Berichtigungen, Ergänzungen früherer Meldungen (S. 4)

Soweit bereits erfolgte Meldungen zu berichtigen oder zu ergänzen sind, gelten S. 1 bis 3 entsprechend. **11**

C. Falldefinitionen (Abs. 2)

I. Allgemeines

Abs. 2 weist dem RKI neben den in § 4 genannten auch die Aufgabe zu, Falldefinitionen (Kriterien) für die Bewertung von Verdachts-, Erkrankungs- und Todesfällen und Nachweise von Krankheitserregern zu erstellen und fortzuschreiben. **12**

II. Einzelheiten

Die Daten zu meldepflichtigen Krankheiten und zu Nachweisen von Krankheitserregern müssen von den Gesundheitsämtern gemäß den vom RKI erstellten Falldefinitionen bewertet und über die zuständigen Landesbehörden an das RKI gemeldet werden (vgl. Abs. 1). Durch die Bewertung anhand von Falldefinitionen wird eine gleichmäßige medizinische Einordnung ermöglicht, was Voraussetzung für eine epidemiologisch sinnvolle Auswertung der übermittelten Daten ist. Die Falldefinitionen können auch Hinweise auf anerkannte diagnostische Verfahren enthalten. Die vom RKI erarbeiteten Falldefinitionen können unter www.RKI.de (Suchwort ‚Falldefinition') abgerufen werden. **13**

D. Zuständiges Gesundheitsamt (Abs. 3)

I. Allgemeines

Abs. 3 regelt, welches Gesundheitsamt für die Vervollständigung, Zusammenführung und Übermittlung der Meldungen nach Abs. 1 zuständig ist (S. 1–3) und flexibilisiert das Meldeverfahren insoweit, als dass S. 4 den zuständigen Gesundheitsämtern in jedem Fall die Möglichkeit eröffnet, die sich nach Maßgaben der S. 1–3 ergebende Zuständigkeit einvernehmlich an ein abweichendes Gesundheitsamt abzugeben. **14**

II. Einzelheiten zur Zuständigkeit

1. Grundregel (S. 1)

Grundsätzlich ist das Gesundheitsamt für die Übermittlung zuständig, in dessen Bezirk die betroffene Person ihre Hauptwohnung hat oder zuletzt hatte. Vgl. zum Begriff der Hauptwohnung § 9 Rn. 4. **15**

2. Ausnahme 1: Hauptwohnsitz nicht feststellbar oder dort nicht gewöhnlicher Aufenthalt (S. 2)

16 Falls ein Hauptwohnsitz nicht feststellbar ist oder die betroffene Person sich dort gewöhnlich nicht aufhält, ist das Gesundheitsamt zuständig, in dessen Bezirk die betroffene Person ihren gewöhnlichen Aufenthaltsort (vgl. zum Begriff § 9 Rn. 5) hat.

3. Ausnahme 2: Aufenthaltsort nicht feststellbar ist, Fälle der Meldung nach § 6 Abs. 3 S. 1 (S. 3)

17 Falls ein gewöhnlicher Aufenthaltsort nicht feststellbar ist oder in den Fällen der Meldung nach § 6 Abs. 3 S. 1 ist das Gesundheitsamt zuständig, welches die Daten erstmals verarbeitet hat. Nach § 6 Abs. 3 S. 1 ist dies das Gesundheitsamt der betroffenen Einrichtung; ansonsten das Gesundheitsamt, welches sich erstmals mit dem entsprechenden Fall befasst hat (vgl. Begründung des Gesetzentwurfs).

III. Abgabe der Zuständigkeit (S. 4)

18 Die Abgabe der Zuständigkeit für die Meldungen setzt die Zustimmung des übernehmenden Gesundheitsamtes voraus und kommt insbesondere dann in Betracht, wenn schwerpunktmäßig im Zuständigkeitsbereich des übernehmenden Gesundheitsamtes weitere Ermittlungen nach § 25 Abs. 1 angestellt werden müssen.

E. Übermittlungen bei Impfschäden (Abs. 4)

I. Allgemeines

19 Abs. 4 wurde durch das Gesetz zur Modernisierung der epidemiologischen Überwachung übertragbarer Krankheiten basierend auf dem vormaligen Abs. 3 neu gefasst. Die in letzterem noch enthaltene Meldepflicht für Fälle, in denen ein Verdacht besteht, dass ein Arzneimittel die Quelle einer Infektion ist, wurde in die Neufassung nicht übernommen, sondern separat in § 27 Abs. 5 geregelt. Durch die Übermittlungen nach Abs. 4 wird das Paul-Ehrlich-Institut in die Lage versetzt, im Rahmen seiner Aufgaben weiterführende Untersuchungen einleiten zu können.

II. Einzelheiten

1. Meldepflichtiges Gesundheitsamt (S. 1)

20 Meldepflichtig nach Abs. 4 ist das Gesundheitsamt, in dessen Bezirk sich die betroffene Einrichtung befindet und das deshalb gem. § 10 Abs. 1 S. 1 die Meldung erhalten hat.

2. Über das übliche Ausmaß einer Impfreaktion hinausgehende gesundheitliche Schädigung (S. 1)

Vgl. die Erläuterungen § 2 Rn. 66 ff. sowie § 6 Rn. 13. **21**

3. Unverzüglich (S. 1)

Die Übermittlung muss unverzüglich erfolgen. In § 121 BGB ist der Begriff **22** ‚unverzüglich' als ‚ohne schuldhaftes Zögern' definiert. Eine unverzügliche Übermittlung liegt demnach auch dann vor, wenn sie zwar nicht sofort, jedoch innerhalb einer nach den Gesamtumständen des Einzelfalls zu bestimmenden Frist erfolgt (vgl. Palandt, § 121 Rn. 3). Sofern das Gesundheitsamt demnach zur Vervollständigung der Angaben noch Ermittlungen anstellen muss und diese unmittelbar im Anschluss übermittelt, handelt es noch unverzüglich iSv Abs. 3 S. 1. Um Verzögerungen möglichst zu vermeiden, sollte in Betracht gezogen werden, im Einzelfall zunächst die vorliegenden Angaben zu übermitteln und diese später zu ergänzen.

4. Zuständige Landesbehörde (S. 1)

Diese bestimmt sich nach Landesrecht (vgl. § 54). **23**

5. Notwendige Angaben (S. 2)

a) Allgemeines. Der Gesetzgeber hat die zu übermittelnden Angaben nicht **24** spezifiziert, sondern mit dem unbestimmten Rechtsbegriff der ‚notwendigen' Angaben umschrieben und anhand von nicht abschließenden Beispielen erläutert.

b) Einzelheiten. Zu übermitteln sind (nach S. 3 pseudonymisierte) Angaben **25** zur betroffenen Person, Angaben zum verwendeten Impfstoff, so dass dessen eindeutige Identifikation möglich ist (einschl. Handelsname, pharmazeutischem Unternehmer, Chargenbezeichnung), sowie Angaben zu Zeitpunkt der Impfung und Beginn der Erkrankung (vgl. S. 2 aE). Regelmäßig sind über die vorgenannten, beispielhaft im Gesetzestext genannten Angaben hinaus auch Angaben dazu notwendig, ob, wann und wie der Impfstoff bei der betroffenen Person vorher bereits verwendet worden ist und ob es dabei auch zu Komplikationen kam (Impfanamnese), ebenso Angaben zur (Verdachts-) Diagnose bzgl. den beobachteten Impfkomplikationen, bereits erfolgten abklärenden Untersuchungen, ausgeschlossenen Differentialdiagnosen, Verlauf und Therapie der Impfreaktion (ambulante oder stationäre Behandlung, lebensbedrohlicher Verlauf) und zur Genesung bzw. verbliebenen Schäden.

c) Ermittlung durch das Gesundheitsamt. Aus dem in S. 2 enthaltenen **26** Einschub ‚sofern es diese ermitteln kann' ergibt sich eine Pflicht des Gesundheitsamtes, in Bezug auf die notwendigen Angaben eigene Ermittlungen anzustellen, sofern diese nicht vollständig vorliegen.

III. Formblätter

27 Auf der Internetweite des Paul-Ehrlich-Instituts können unter dem Menüpunkt Vigilanz → Pharmakovigilanz → Meldeformulare die passenden Formblätter heruntergeladen werden.

§ 12 Übermittlungen und Mitteilungen auf Grund völker- und unionsrechtlicher Vorschriften

(1) Im Hinblick auf eine übertragbare Krankheit, die nach Anlage 2 der Internationalen Gesundheitsvorschriften (2005) vom 23. Mai 2005 (BGBl. 2007 II S. 930, 932) eine gesundheitliche Notlage von internationaler Tragweite im Sinne von Artikel 1 Absatz 1 der Internationalen Gesundheitsvorschriften (2005) darstellen könnte, übermittelt die zuständige Behörde der zuständigen Landesbehörde unverzüglich folgende Angaben:
1. das Auftreten einer übertragbaren Krankheit, Tatsachen, die auf das Auftreten einer übertragbaren Krankheit hinweisen, oder Tatsachen, die zum Auftreten einer übertragbaren Krankheit führen können,
2. die getroffenen Maßnahmen,
3. sonstige Informationen, die für die Bewertung der Tatsachen und für die Verhütung und Bekämpfung der übertragbaren Krankheit von Bedeutung sind.

Die zuständige Behörde darf im Rahmen dieser Vorschrift die folgenden personenbezogenen Daten übermitteln
1. zur betroffenen Person:
   a) den Namen und Vornamen,
   b) Tag der Geburt und
   c) Anschrift der Hauptwohnung oder des gewöhnlichen Aufenthaltsorts und
2. den Namen des Meldenden.

Die zuständige Landesbehörde übermittelt die in Sätzen 1 und 2 genannten Angaben unverzüglich dem Robert Koch-Institut. Darüber hinaus übermittelt die zuständige Landesbehörde dem Robert Koch-Institut auf dessen Anforderung unverzüglich alle ihr vorliegenden Informationen, die für Mitteilungen an die Weltgesundheitsorganisation im Sinne der Artikel 6 bis 12 und 19 Buchstabe c der Internationalen Gesundheitsvorschriften (2005) erforderlich sind. Für die Übermittlungen von den zuständigen Landesbehörden an das Robert Koch-Institut kann das Robert Koch-Institut die technischen Übermittlungsstandards bestimmen. Das Robert Koch-Institut bewertet die ihm übermittelten Angaben nach der Anlage 2 der Internationalen Gesundheitsvorschriften (2005) und nimmt die Aufgaben nach § 4 Absatz 1 Nummer 1 des IGV-Durchführungsgesetzes wahr.

(2) Im Hinblick auf Gefahren biologischen oder unbekannten Ursprungs nach Artikel 2 Absatz 1 Buchstabe a oder d des Beschlusses Nr. 1082/2013/EU des Europäischen Parlaments und des Rates vom 22. Oktober 2013 zu schwerwiegenden grenzüberschreitenden Gesundheitsgefahren und zur Aufhebung der Entscheidung Nr. 2119/98/EG (ABl. L 293 vom 5.11.2013, S. 1; L 231 vom 4.9.2015, S. 16) übermittelt die zuständige Behörde der zuständigen Landesbehörde unver-

züglich alle Angaben, die für Übermittlungen nach den Artikeln 6 bis 9 des Beschlusses Nr. 1082/2013/EU erforderlich sind. Die zuständige Landesbehörde übermittelt diese Angaben unverzüglich dem Robert Koch-Institut. Für die Übermittlung an das Robert Koch-Institut kann das Robert Koch-Institut die technischen Übermittlungsstandards bestimmen. Das Robert Koch-Institut ist in dem in Satz 1 genannten Bereich der Gefahren biologischen oder unbekannten Ursprungs die zuständige nationale Behörde im Sinne der Artikel 6 und Artikel 8 bis 10 des Beschlusses Nr. 1082/2013/EU.

(3) Abweichungen von den Regelungen des Verwaltungsverfahrens in Absatz 1 Satz 1 bis 5 und Absatz 2 Satz 1 bis 3 durch Landesrecht sind ausgeschlossen.

A. Allgemeines

Durch das Gesetz zur Modernisierung der epidemiologischen Überwachung 1 übertragbarer Krankheiten wurden die zuvor in § 11 Abs. 4 und § 12 enthaltenen Regelungen zu Mitteilungen an die WHO und an das frühere europäische Netzwerk in § 12 zusammengeführt und an den Beschluss Nr. 1082/2013/EU des Europäischen Parlaments und des Rates vom 22. Oktober 2013 zu schwerwiegenden grenzüberschreitenden Gesundheitsgefahren und zur Aufhebung der Entscheidung Nr. 2119/98/EG (ABl. L 293 vom 5.11.2013, S. 1; L 231 vom 4.9.2015, S. 16) angepasst (vgl. Begründung des Entwurfs des Gesetzes zur Modernisierung der epidemiologischen Überwachung übertragbarer Krankheiten).

Durch das das 2. COVIfSGAnpG wurden Abs. 1 S. 2 dahingehend modifi- 1a ziert, dass die Übermittlung der darin genannten Daten nunmehr zulässig ist.

B. Übermittlung durch die zuständige Behörde (Abs. 1)

I. Allgemeines

Die von der Weltgesundheitsversammlung erlassenen Internationalen Gesund- 2 heitsvorschriften (2005) (IGV) wurden durch das Gesetz zu den Internationalen Gesundheitsvorschriften und das Gesetz zur Durchführung der Internationalen Gesundheitsvorschriften (2005) (IGV-DG) in deutsches Recht umgesetzt. Die Vorschriften können auf der Webseite des RKI (www.RKI.de) unter dem Menüpunkt Infektionsschutz → Internationale Gesundheitsvorschriften heruntergeladen werden. Abs. 1 regelt die Übermittlung von der zuständigen Behörde über die zuständige Landesbehörde an das RKI, so dass dieses für den Bereich der übertragbaren Krankheiten die ihm obliegenden Aufgaben bei der Kommunikation mit der WHO im Rahmen der IGV (vgl. § 4 Abs. 1 Nr. 1 IGV-DG) wahrnehmen kann (vgl. S. 6).

II. Erläuterungen

1. Gesundheitliche Notlage von internationaler Tragweite

3 Der Begriff ist in Art. 1 Abs. 1 IGV als ein außergewöhnliches Ereignis definiert, dass entsprechend den Vorgaben der IGV durch die grenzüberschreitende Ausbreitung von Krankheiten eine Gefahr für die öffentliche Gesundheit in den anderen Staaten darstellt und möglicherweise eine abgestimmte internationale Reaktion erfordert. Zur Beurteilung, ob diese Voraussetzungen vorliegen, ist nach S. 6 die Anlage 2 der IGV heranzuziehen (vgl. Art. 6 Abs. 1 IGV), welche neben einem Entscheidungsschema auch Beispiele für dessen Anwendung enthält. Demnach ist das Auftreten von Pocken, Poliomyelitis durch Wildtyp-Poliovirus, humane Influenza, verursacht durch den neuen Subtyp des Virus, und das Schwere Akute Atemwegsyndrom (SARS) stets meldepflichtig.

2. Mitteilungsverfahren

4 Das Verfahren zur Mitteilung an die WHO ist den Art. 4, 6 ff. IGV zu entnehmen und wird im Einzelnen vom RKI als nationaler IGV-Anlaufstelle gem. Art. 4 IGV bestimmt (§ 4 Abs. 1 Nr. 1 IGV-DV).

3. Übertragbare Krankheit

5 Vgl. die Erläuterungen § 2 Rn. 20 ff.

4. Hauptwohnung, gewöhnlicher Aufenthaltsort

6 Vgl. die Erläuterungen § 9 Rn. 4, 5.

C. Übermittlungen im Hinblick auf Gefahren biologischen oder unbekannten Ursprungs (Abs. 2)

7 Abs. 2 wurde durch das Gesetz zur Modernisierung der epidemiologischen Überwachung übertragbarer Krankheiten vollständig neu gefasst und regelt die Übermittlung von Informationen an das RKI im Zusammenhang mit Zwecken der unionsrechtlichen Vorschriften. Nicht von ihm erfasst ist der Bereich der Gefahren chemischen oder umweltbedingten Ursprungs nach Art. 2 Abs. 1 Buchstabe b und c des Beschlusses Nr. 1082/2013/EU. Ausweislich der Begründung des Entwurfs des Gesetzes zur Modernisierung der epidemiologischen Überwachung übertragbarer Krankheiten ist die Regelung nicht an das Gesundheitsamt, sondern die zuständige Behörde adressiert, da ihr Anwendungsbereich über den Bereich der übertragbaren Krankheiten hinausgeht. Anders als Abs. 1 S. 2 enthält Abs. 2 keine Regelung, mit welcher die Übermittlung personenbezogener Daten beschränkt wird. Dies wird im Gesetzesentwurf damit begründet, dass nach dem Beschluss Nr. 1082/2013/EU im Rahmen der Nachverfolgung von Kontaktpersonen personenbezogene Daten kommuniziert werden und hierfür unionsrechtliche Datenschutzbestimmungen gelten (Art. 9 Abs. 3 Buchstabe i und Artikel 16 des Beschlusses Nr. 1082/2013/EU sowie Art. 20 Abs. 4 der Verordnung (EG) Nr. 851/2004 des Europäischen Parlaments und des Rates vom 21. April 2004 zur Errichtung eines Europäischen Zentrums für die Prävention und die Kontrolle von Krankheiten (ABl. L 142 vom 30.4.2004, S. 1)). Wie etwa auch im Rahmen von § 11 Abs. 1 kann das RKI technische Übermittlungsstandards vorschreiben (S. 3). Gem. S. 4 ist das RKI in dem in S. 1 genannten Bereich der Gefahren biologischen oder unbekannten Ursprungs die zuständige nationale Behörde im Sinne der Art. 6 und Art. 8 bis 10 des Beschlusses Nr. 1082/2013/EU.

D. Verbot von abweichenden Landesregelungen in Bezug auf das Verwaltungsverfahren (Abs. 3)

Abs. 3 verbietet Abweichungen von den Regelungen des Verwaltungsverfahrens in Abs. 1 S. 1–5 und Abs. 2 S. 1–3 durch Landesrecht. Nach der Begründung des Entwurfs des Gesetzes zur Modernisierung der epidemiologischen Überwachung übertragbarer Krankheiten besteht ein besonderes Bedürfnis nach einer bundeseinheitlicher Regelung des Verwaltungsverfahrens bei der Zulieferung von Informationen durch die Länder (so genannte Abweichungsfestigkeit (Art. 84 Abs. 1 S. 5 GG)) insoweit, als dass eine solche die Erfüllung sowohl der völker- als auch der unionsrechtlichen Informationspflichten der Bundesrepublik Deutschland gewährleistet. 8

§ 13 Weitere Formen der epidemiologischen Überwachung; Verordnungsermächtigung

(1) Zur Überwachung übertragbarer Krankheiten können der Bund und die Länder weitere Formen der epidemiologischen Überwachung durchführen. Bei Erhebungen des Bundes ist den jeweils zuständigen Landesbehörden Gelegenheit zu geben, sich zu beteiligen. Das Bundesministerium für Gesundheit kann im Benehmen mit den jeweils zuständigen obersten Landesgesundheitsbehörden festlegen, welche Krankheiten und Krankheitserreger durch Erhebungen nach Satz 1 überwacht werden.

(2) Das Robert Koch-Institut kann insbesondere nach Absatz 1 zur Überwachung übertragbarer Krankheiten in Zusammenarbeit mit ausgewählten Einrichtungen der Gesundheitsvorsorge oder -versorgung Sentinel-Erhebungen zu Personen, die diese Einrichtungen unabhängig von der Erhebung in Anspruch nehmen, koordinieren und durchführen zur Ermittlung

1. der Verbreitung übertragbarer Krankheiten, wenn diese Krankheiten von großer gesundheitlicher Bedeutung für das Gemeinwohl sind, und
2. des Anteils der Personen, der gegen bestimmte Erreger nicht immun ist, sofern dies notwendig ist, um die Gefährdung der Bevölkerung durch diese Krankheitserreger zu bestimmen.

IfSG § 13   3. Abschnitt. Überwachung

Die Sentinel-Erhebungen können auch über anonyme unverknüpfbare Testungen an Restblutproben oder anderem geeigneten Material erfolgen. Werden personenbezogene Daten verwendet, die bereits bei der Vorsorge oder Versorgung erhoben wurden, sind diese zu anonymisieren. Daten, die eine Identifizierung der in die Untersuchung einbezogenen Personen erlauben, dürfen nicht erhoben werden. Die obersten Landesgesundheitsbehörden können zusätzliche Sentinel-Erhebungen durchführen.

(3) Für Zwecke weiterer Untersuchungen und der Verwahrung können die in § 23 Absatz 3 Satz 1 genannten Einrichtungen sowie Laboratorien Untersuchungsmaterial und Isolate von Krankheitserregern an bestimmte Einrichtungen der Spezialdiagnostik abliefern, insbesondere an nationale Referenzzentren, an Konsiliarlaboratorien, an das Robert Koch-Institut und an fachlich unabhängige Landeslaboratorien. Die Einrichtungen der Spezialdiagnostik können Untersuchungsmaterial und Isolate von Krankheitserregern für den gleichen Zweck untereinander abliefern. Gemeinsam mit dem abgelieferten Material können pseudonymisierte Falldaten übermittelt werden. Die Ergebnisse der Untersuchungen können an die abliefernden Einrichtungen übermittelt werden sowie pseudonymisiert einem nach § 7 gemeldeten Fall zugeordnet werden. Eine Wiederherstellung des Personenbezugs der übermittelten pseudonymisierten Daten ist für die Einrichtungen der Spezialdiagnostik auszuschließen. Enthält das Untersuchungsmaterial humangenetische Bestandteile, sind angemessene Maßnahmen zu treffen, die eine Identifizierung betroffener Personen verhindern. Humangenetische Analysen des Untersuchungsmaterials sind verboten. Das Bundesministerium für Gesundheit wird ermächtigt, durch Rechtsverordnung mit Zustimmung des Bundesrates festzulegen, dass die Träger der in § 8 Absatz 1 Nummer 2 und 3 genannten Einrichtungen sowie Einrichtungen des öffentlichen Gesundheitsdienstes, in denen Untersuchungsmaterial und Isolate von Krankheitserregern untersucht werden, verpflichtet sind, Untersuchungsmaterial und Isolate von Krankheitserregern zum Zwecke weiterer Untersuchungen und der Verwahrung an bestimmte Einrichtungen der Spezialdiagnostik abzuliefern (molekulare und virologische Surveillance). Die Sätze 3 bis 7 gelten entsprechend. In der Rechtsverordnung nach Satz 8 kann insbesondere bestimmt werden,
1. in welchen Fällen die Ablieferung zu erfolgen hat
2. welche Verfahren bei der Bildung der Pseudonymisierung nach Satz 3 und bei den Maßnahmen nach Satz 6 anzuwenden sind,
3. dass Angaben zu Art und Herkunft des Untersuchungsmaterials sowie zu Zeitpunkt und Umständen der Probennahme zu übermitteln sind und
4. in welchem Verfahren und in welcher Höhe die durch die Ablieferungspflicht entstehenden Kosten für die Vorbereitung, die Verpackung und den Versand der Proben erstattet werden und welcher Kostenträger diese Kosten übernimmt.

Die Länder können zusätzliche Maßnahmen der molekularen und virologischen Surveillance treffen.

(4) Für Zwecke der Überwachung der Verbreitung von Krankheitserregern, insbesondere solcher mit Resistenzen, und der entsprechenden Therapie- und Bekämpfungsmaßnahmen können die in Absatz 3 Satz 1 genannten Einrichtungen untereinander pseudonymisierte Falldaten übermitteln. Das Bundesministerium

für Gesundheit wird ermächtigt, durch Rechtsverordnung ohne Zustimmung des Bundesrates festzulegen, dass bestimmte in Absatz 3 Satz 1 genannte Einrichtungen verpflichtet sind, dem Robert Koch-Institut in pseudonymisierter Form einzelfallbezogen folgende Angaben zu übermitteln:
1. Angaben über von ihnen untersuchte Proben in Bezug auf bestimmte Krankheitserreger (Krankheitserregersurveillance) oder
2. Angaben über das gemeinsame Vorliegen von verschiedenen Krankheitszeichen (syndromische Surveillance).

In der Rechtsverordnung kann insbesondere bestimmt werden,
1. welche Angaben innerhalb welcher Fristen zu übermitteln sind,
2. welche Verfahren bei der Bildung der Pseudonymisierung anzuwenden sind und
3. in welchem Verfahren und in welcher Höhe die durch die Übermittlungspflicht entstehenden Kosten erstattet werden und wer diese Kosten trägt.

Eine Wiederherstellung des Personenbezugs der nach Satz 1 oder der auf Grund der Rechtsverordnung nach Satz 2 übermittelten pseudonymisierten Daten ist für den jeweiligen Empfänger der Daten auszuschließen.

(5) Die Kassenärztlichen Vereinigungen und, soweit die Angaben bei ihnen vorliegen, die für die Durchführung von Impfleistungen eingerichteten Impfzentren haben für Zwecke der Feststellung der Inanspruchnahme von Schutzimpfungen und von Impfeffekten (Impfsurveillance) dem Robert Koch-Institut und für Zwecke der Überwachung der Sicherheit von Impfstoffen (Pharmakovigilanz) dem Paul-Ehrlich-Institut in von diesen festgelegten Zeitabständen folgende Angaben zu übermitteln:
1. Patienten-Pseudonym,
2. Geburtsmonat und -jahr,
3. Geschlecht,
4. fünfstellige Postleitzahl und Landkreis des Patienten,
5. Landkreis des behandelnden Arztes oder des Impfzentrums,
6. Fachrichtung des behandelnden Arztes,
7. Datum der Schutzimpfung, der Vorsorgeuntersuchung, des Arzt-Patienten-Kontaktes und Quartal der Diagnose,
8. antigenspezifische Dokumentationsnummer der Schutzimpfung, bei Vorsorgeuntersuchungen die Leistung nach dem einheitlichen Bewertungsmaßstab,
9. Diagnosecode nach der Internationalen statistischen Klassifikation der Krankheiten und verwandter Gesundheitsprobleme (ICD), Diagnosesicherheit und Diagnosetyp im Sinne einer Akut- oder Dauerdiagnose,
10. bei Schutzimpfungen gegen Severe-Acute-Respiratory-Syndrome-Coronavirus-2 (SARS-CoV-2) zusätzlich die impfstoffspezifische Dokumentationsnummer, die Chargennummer, die Indikation sowie den Beginn oder den Abschluss der Impfserie.

Das Robert Koch-Institut bestimmt die technischen Übermittlungsstandards für die im Rahmen der Impfsurveillancee und der Pharmakovigilanz zu übermittelnden Daten sowie das Verfahren zur Bildung des Patienten-Pseudonyms nach Satz 1 Nummer 1. Eine Wiederherstellung des Personenbezugs der übermittelten pseudonymisierten Daten ist für das Robert Koch-Institut und das Paul-Ehrlich-Institut auszuschließen.

(6) [Hinweis: Abweichendes Inkrafttreten von Abs. 6 am 1.11.2021]
Für Zwecke der Feststellung einer überdurchschnittlichen Sterblichkeit hat das zuständige Standesamt der zuständigen Landesbehörde spätestens am dritten Arbeitstag nach der Eintragung in das Sterberegister und hat die zuständige Landesbehörde am folgenden Arbeitstag dem Robert Koch-Institut anonymisiert den Tod, die Todeserklärung oder die gerichtliche Feststellung der Todeszeit einer im Inland verstorbenen Person mit folgenden Angaben zu übermitteln (Mortalitätssurveillance):
1. Daten zum übermittelnden Standesamt,
2. Geschlecht der verstorbenen Person,
3. Jahr und Monat der Geburt der verstorbenen Person,
4. Todestag oder Todeszeitraum,
5. Sterbeort,
6. Landkreis oder kreisfreie Stadt des letzten Wohnsitzes der verstorbenen Person.
Für die Übermittlungen von den zuständigen Landesbehörden an das Robert Koch-Institut bestimmt das Robert Koch-Institut die technischen Übermittlungsstandards. Die im Rahmen der Mortalitätssurveillance übermittelten Daten können durch das Robert Koch-Institut anderen obersten und oberen Bundesbehörden für den gleichen Zweck übermittelt werden.

Übersicht

	Rn.
A. Allgemeines	1
I. Inhalt	1
II. Letzte Änderungen	1a
1. Änderungen durch das Zweite Datenschutz-Anpassungs- und Umsetzungsgesetz EU	1a
2. Änderungen durch das MasernschutzG	1b
3. Änderungen durch das 2. COVIfSGAnpG	1c
4. Änderungen durch das 3. COVIfSGAnpG	1d
III. Zukünftige Änderungen	1e
B. Weitere Formen der epidemiologischen Überwachung (Abs. 1)	2
I. Allgemeines	2
II. Einzelheiten	3
1. Beispiele	3
2. Datenschutz	4
3. Beteiligung der zuständigen Landesbehörden	5
4. Festlegungen des Bundesministeriums für Gesundheit	6
C. Durchführung von Sentinel-Erhebungen (Abs. 2)	7
I. Allgemeines	7
II. Durchführende Einrichtungen	8
III. Einbezogene Personen	9
IV. Ermittlungszwecke	10
1. Allgemeines	10
2. Ermittlung der Verbreitung übertragbarer Krankheiten von großer gesundheitlicher Bedeutung für das Gemeinwohl (S. 1 Nr. 1)	11
a) Übertragbare Krankheit	11

	Rn.
b) Große gesundheitliche Bedeutung für das Gemeinwohl	12
3. Ermittlung des Immunstatus (S. 1 Nr. 2)	13
V. Anonyme unverknüpfbare Testungen an Restblut und anderem geeigneten Material (S. 2)	14
VI. Datenschutz (S. 3, 4)	15
VII. Sentinel-Erhebungen durch die Länder	16
D. Ablieferung von Untersuchungsmaterial und Isolaten, Verordnungsermächtigung zur molekularen Surveillance, Datenübermittlung (Abs. 3)	17
I. Allgemeines	17
II. Einzelheiten	18
1. Rahmenbedingungen für die Übermittlung von Untersuchungsmaterial und Isolaten (S. 1–7)	18
2. Verordnungsermächtigung des Bundesministeriums für Gesundheit (S. 8–11)	19
E. Datenübermittlung für Zwecke der Überwachung der Verbreitung von Krankheitserregern, Verordnungsermächtigung (Abs. 4)	20
I. Allgemeines	20
II. Einzelheiten	20a
1. Datenaustausch zu Antibiotikaresistenzen und zum Antibiotikaverbrauch (S. 1)	20a
2. Verordnungsermächtigung (S. 2, 3)	20b
3. Keine Wiederherstellung des Personenbezugs (S. 4)	20c
F. Datenübermittlung für Zwecke der Feststellung der Inanspruchnahme von Schutzimpfungen und Impfeffekten (Impfsurveillance) (Abs. 5)	21
G. Datenübermittlung für Zwecke Feststellung einer überdurchschnittlichen Sterblichkeit (Mortalitätssurveillance) (Abs. 6), gültig ab 1.11.2021	22

A. Allgemeines

I. Inhalt

§ 13 regelt so genannte weitere Formen der epidemiologischen Überwachung, stellt die dazu erforderlichen datenschutzrechtlichen Bestimmungen bereit und enthält eine Verordnungsermächtigung. **1**

II. Letzte Änderungen

1. Änderungen durch das Zweite Datenschutz-Anpassungs- und Umsetzungsgesetz EU

Abs. 2 S. 4 wurde durch das Zweite Datenschutz-Anpassungs- und Umsetzungsgesetz EU (2. DSAnpUG-EU) vom 20.11.2019 im Wortlaut klarstellend dahingehen modifiziert, dass Daten, die eine Identifizierung der in die Sentinel-Erhebungen einbezogenen Personen erlauben, nicht erhoben werden dürfen. **1a**

2. Änderungen durch das MasernschutzG

1b Durch das MasernschutzG hat § 13 umfangreiche Änderungen erfahren, indem der bisherige Abs. 3 durch die neuen Abs. 3–6 ersetzt wurde. Vgl. im Detail die Erläuterungen ab Rn. 17.

3. Änderungen durch das 2. COVIfSGAnpG

1c Durch das das 2. COVIfSGAnpG wurden insbesondere Abs. 3 S. 4 geändert und Abs. 4 S. 2 und 3 neu eingefügt.

4. Änderungen durch das 3. COVIfSGAnpG

1d Das 3. COVIfSGAnpG ergänzte Abs. 3 S. 8 und 11 um die virologische Surveillance (vgl. im Einzelnen Rn. 19). Mit der ebenfalls erfolgten Neufassung von Abs. 4 S. 2 wurde die Verordnungsermächtigung über die bereits zuvor enthaltene Krankheitserregersurveillance hinaus um eine syndromische Surveillance erweitert, vgl. Rn. 20b. Zudem wurde Abs. 5 ergänzt. Vgl. dazu im Einzelnen die Erläuterungen Rn. 21.

III. Zukünftige Änderungen

1e Durch G v. 10.2.2020 (BGBl. I S. 148) wird mWv 1.11.2021 Abs. 6 angefügt.

B. Weitere Formen der epidemiologischen Überwachung (Abs. 1)

I. Allgemeines

2 Absatz 1 enthält eine gesetzliche Grundlage für weitere Formen der epidemiologischen Überwachung durch Gesundheitsbehörden in Deutschland.

II. Einzelheiten

1. Beispiele

3 Während die vom RKI durchgeführte Antibiotika-Resistenz-Surveillance unmittelbar unter Abs. 1 gefasst werden kann, stellen die bereits etablierten Sentinel-Erhebungen einen besonders geregelten Anwendungsfall der ‚weiteren Formen der epidemiologischen Überwachung' dar.

2. Datenschutz

4 In der Begründung des Gesetzentwurfs wird explizit dargestellt, dass es sich bei Abs. 1 nicht um eine gesetzliche Grundlage handelt, auf Grund derer personenbezogene Daten verarbeitet werden dürfen, so dass insoweit die Vorschriften des allgemeinem Datenschutzrechts Anwendung finden.

Weitere Formen der epidemiologischen Überwachung § 13 IfSG

3. Beteiligung der zuständigen Landesbehörden

S. 2 stellt klar, dass die Länder nur dann beteiligt werden müssen, wenn sie dies wünschen. 5

4. Festlegungen des Bundesministeriums für Gesundheit

Die durch Erhebungen nach S. 1 zu überwachenden Krankheiten und Krankheitserreger können durch das Bundesministerium der Gesundheit im Benehmen mit der jeweils zuständigen obersten Landesbehörde festgelegt werden. Zum Begriff ‚im Benehmen' gelten die Erläuterungen zu § 4 Rn. 19 entsprechend. 6

C. Durchführung von Sentinel-Erhebungen (Abs. 2)

I. Allgemeines

Bei Sentinel-Erhebungen handelt es sich um eine besondere Form der in Abs. 1 geregelten epidemiologischen Überwachung. Abs. 2 entspricht nahezu vollständig § 13 Abs. 1 in seiner Fassung vor dem Inkrafttreten des Gesetzes zur Modernisierung der epidemiologischen Überwachung übertragbarer Krankheiten, so dass die entsprechende amtl. Begründung weiterhin zur Interpretation herangezogen werden kann. Er legt neben den mit einer Sentinel-Erhebung (zum Begriff vgl. § 2 Rn. 72 ff.) verfolgbaren Zwecken auch datenschutzrechtliche Vorgaben (S. 3, 4) fest. Zur Festlegung der nach § 13 zu überwachenden Krankheiten und Krankheitserreger durch das Bundesministerium für Gesundheit vgl. Abs. 1. S. 3. 7

II. Durchführende Einrichtungen

Durchgeführt werden können Sentinel-Erhebungen durch das RKI in Zusammenarbeit mit Einrichtungen der Gesundheitsvorsorge oder -versorgung. Unter diese Begrifflichkeiten fallen beispielsweise Arztpraxen, Kliniken, Labore sowie Gesundheitsämter. Die Teilnahme dieser Einrichtungen im Rahmen des Abs. 2 erfolgt, das ergibt sich aus dem Wort ‚Zusammenarbeit', auf freiwilliger Basis. 8

III. Einbezogene Personen

In Sentinel-Erhebungen sollen nach dem eindeutigen Wortlaut (‚unabhängig von der Erhebung') nur solche Personen einbezogen werden, welche ohnehin die durchführenden Einrichtungen in Anspruch nehmen. Eine gesonderte ‚Anwerbung' von teilnehmenden Personen soll damit gerade nicht erfolgen. 9

IV. Ermittlungszwecke

1. Allgemeines

10 Sentinel-Erhebungen nach Abs. 2 dürfen nur zu den in S. 1 Nr. 1 und 2 vorgesehenen Zwecken durchgeführt werden.

2. Ermittlung der Verbreitung übertragbarer Krankheiten von großer gesundheitlicher Bedeutung für das Gemeinwohl (S. 1 Nr. 1)

11 **a) Übertragbare Krankheit.** Es muss sich um eine übertragbare Krankheit handeln. Vgl. dazu die Erläuterungen § 2 Rn. 20 ff. Weder erforderlich noch ausgeschlossen ist es, dass es sich um eine nach dem IfSG meldepflichtige Krankheit handelt.

12 **b) Große gesundheitliche Bedeutung für das Gemeinwohl.** Die weiterhin zur Interpretation heranziehbare amtl. Begründung zu § 13 Abs. 1 aF (vgl. Rn. 7) sieht diese Voraussetzung bereits dann als erfüllt an, wenn eine übertragbare Krankheit besonders häufig auftritt. Als typische Krankheit für eine Sentinel-Erhebung wird der Keuchhusten genannt. Aus dem Vorgenannten lässt sich schließen, dass die Begrifflichkeit nach dem Willen des Gesetzgebers eher weit zu verstehen ist und ein erheblicher Entscheidungsspielraum bei der Auswahl der über Sentinel-Erhebungen zu überwachenden Krankheiten besteht.

3. Ermittlung des Immunstatus (S. 1 Nr. 2)

13 Nach der amtl. Begründung zu § 13 Abs. 1 aF sind Sentinel-Erhebungen auch angezeigt, wenn ermittelt werden muss, in welchem Umfang die Bevölkerung durch einen bestimmten – etwa bereits in einem Nachbarland grassierenden – Erreger gefährdet ist. Aus derartigen Erhebungen lassen sich unmittelbar Maßnahmen zur Verbesserung der Durchimpfungsrate und somit einer Erhöhung des Schutzes der Bevölkerung ableiten (vgl. amtl. Begründung zu § 13 aF).

V. Anonyme unverknüpfbare Testungen an Restblut und anderem geeigneten Material (S. 2)

14 Das so genannte anonyme unverknüpfbare Testen (AUT) stellt eine Sonderform der Sentinel-Erhebungen dar, bei welcher bereits vor der Testung eine Anonymisierung stattfindet, welche nicht rückgängig gemacht werden kann (vgl. amtl. Begründung zu § 13 Abs. 1 aF).

VI. Datenschutz (S. 3, 4)

15 Die Sentinel-Erhebungen sollen ein realistisches Bild der Bevölkerung geben. Dieses Ziel kann nur erreicht werden, wenn die Untersuchung von sämtlichen dazu erforderlichen Stichproben möglich ist. Aus diesem Grund macht der Gesetzgeber die Durchführung nicht von der Einwilligung der betroffenen Personen abhängig. Um den sich daraus ergebenden datenschutzrechtlichen Anforderungen (vgl. Vor § 6 Rn. 3) gerecht zu werden, sind bereits im Rahmen der unabhängig von der Sentinel-Erhebung erfolgten Inanspruchnahme der Einrichtung (vgl. Rn. 9) erhobene personenbezogene Daten zu anonymisieren (S. 3). Bei der Sentinel-Erhebung dürfen zudem keine personenbezogenen Daten erhoben werden, die eine Identifizierung der betroffenen Personen ermöglichen (S. 4).

VII. Sentinel-Erhebungen durch die Länder

S. 5 ermächtigt die obersten Landesgesundheitsbehörden, zusätzliche Sentinel-Erhebungen durchzuführen Für deren Durchführung gelten dieselben Anforderungen wie für diejenigen des RKI. Aus dem Begriff ‚zusätzlich' ergibt sich, dass die erneute Durchführung bereits erfolgter Sentinel-Erhebungen des RKI ohne zusätzlichen Erkenntnisgewinn nicht gemeint ist. Insoweit sollte, auch im Sinne einer wirtschaftlichen und sparsamen Mittelverwendung, vorab eine ausreichende Abstimmung erfolgen. Soweit oberste Landesgesundheitsbehörden eigene Sentinel-Erhebungen durchführen, sind die Kosten vom jeweiligen Bundesland zu tragen (§ 69 Abs. 1 S. 1 Nr. 3).

16

D. Ablieferung von Untersuchungsmaterial und Isolaten, Verordnungsermächtigung zur molekularen Surveillance, Datenübermittlung (Abs. 3)

I. Allgemeines

Durch das Gesetz zur Modernisierung der epidemiologischen Überwachung übertragbarer Krankheiten wurde mit Abs. 3 eine Verordnungsermächtigung in das IfSG aufgenommen. Diese umfasste die nun in S. 8 enthaltene Ermächtigung des Bundesministeriums für Gesundheit, durch Rechtsverordnung mit Zustimmung des Bundesrates festzulegen, dass die Träger der in § 8 Abs. 1 Nr. 2 und 3 genannten Einrichtungen verpflichtet sind, Untersuchungsmaterial, aus dem meldepflichtige Nachweise von bestimmten Krankheitserregern gewonnen wurden, sowie Isolate der entsprechenden Erreger zum Zwecke weiterer Untersuchungen und der Verwahrung (molekulare Surveillance) an bestimmte Einrichtungen der Spezialdiagnostik (z. B. nationale Referenzzentren, Konsiliarlaboratorien, das RKI und fachlich unabhängige Landeslaboratorien) abzuliefern. Die Begründung des Entwurfs des Gesetzes zur Modernisierung der epidemiologischen Überwachung weist in Bezug auf die Bedeutung der molekularen Surveillance darauf hin, dass die Anwendung ihrer Methoden einschließlich des Next Generation Sequencing wesentlich die frühzeitige Identifizierung und Aufklärung epidemiologischer Zusammenhänge unterstützt und essenziell für die Charakterisierung von Krankheitserregern und ihrer Pathogenitäts- und Resistenzeigenschaften, und damit die Beurteilung ihrer Gefährlichkeit ist. Von der Verordnungsermächtigung wurde indes bislang kein Gebrauch gemacht. Jedoch wird dieses Verfahren auch ohne Bestehen einer entsprechenden Verordnung vielfach bereits auf freiwil-

17

liger Basis realisiert, und Einrichtungen der Spezialdiagnostik, insbesondere nationale Referenzzentren, Konsiliarlaboratorien sowie das RKI, von Krankenhäusern, Arztpraxen und Laboratorien auch als Primärlaboratorien im Rahmen der individual-, medizinischen Versorgung von Patienten schon heute in Anspruch genommen, wenn die Diagnostik etwa bei seltenen Erkrankungen von regulären Laboratorien nicht geleistet werden kann (vgl. Beschlussempfehlung des Ausschusses für Gesundheit zum Entwurf des MasernschutzG (BT-Drs. 19/5593, 55)). Aus diesem Grund schlug die Beschlussempfehlung des Ausschusses für Gesundheit (BT-Drs. 19/5593, 56), welche im weiteren Gesetzgebungsverfahren in das MasernschutzG übernommen wurde, vor, durch eine Ergänzung von Abs. 3 um die dem jetzigen S. 8 vorangestellten S. 1–7 die Rahmenbedingungen für die Übermittlung von Untersuchungsmaterial und Isolaten zu schaffen und so für das bereits gängige Verfahren eine rechtliche Grundlage zu schaffen.

II. Einzelheiten

1. Rahmenbedingungen für die Übermittlung von Untersuchungsmaterial und Isolaten (S. 1–7)

18 Nach dem durch das MasernschutzG an den Anfang von Abs. 3 gestellten S. 1 können die in § 23 Abs. 3 S. 1 genannten Einrichtungen sowie Laboratorien Untersuchungsmaterial und Isolate von Krankheitserregern für Zwecke weiterer Untersuchungen und zur Verwahrung an bestimmte Einrichtungen der Spezialdiagnostik abliefern, insbesondere an nationale Referenzzentren, an Konsiliarlaboratorien, an das RKI und an fachlich unabhängige Landeslaboratorien. S. 2 eröffnet die Möglichkeit für Einrichtungen der Spezialdiagnostik, das Untersuchungsmaterial und Isolate von Krankheitserregern für den gleichen Zweck auch untereinander abzuliefern. S. 3 und S. 4 enthalten die in diesem Zusammenhang datenschutzrechtlich relevanten Regelungen, nach denen gemeinsam mit dem abgelieferten Material pseudonymisierte Falldaten und – gleichsam in Gegenrichtung – die Ergebnisse der Untersuchungen an die abliefernden Einrichtungen übermittelt sowie pseudonymisiert einem nach § 7 gemeldeten Fall zugeordnet werden können. S. 5 schreibt insoweit vor, dass eine Wiederherstellung des Personenbezugs der übermittelten pseudonymisierten Daten für die Einrichtungen der Spezialdiagnostik auszuschließen ist. Soweit das Untersuchungsmaterial humangenetische Bestandteile enthält, sind nach S. 6 angemessene Maßnahmen zu treffen, die eine Identifizierung betroffener Personen verhindern. Humangenetische Analysen des Untersuchungsmaterials sind verboten (S. 7).

2. Verordnungsermächtigung des Bundesministeriums für Gesundheit (S. 8–11)

19 Nach S. 8 ist das Bundesministerium für Gesundheit befugt, durch Rechtsverordnung mit Zustimmung des Bundesrates festzulegen, dass die Träger der in § 8 Abs. 1 Nr. 2 und 3 genannten Einrichtungen sowie Einrichtungen des öffentlichen Gesundheitsdienstes, in denen Untersuchungsmaterial und Isolate

Weitere Formen der epidemiologischen Überwachung § 13 IfSG

von Krankheitserregern untersucht werden, verpflichtet sind, Untersuchungsmaterial, aus dem meldepflichtige Nachweise von bestimmten Krankheitserregern gewonnen wurden, sowie Isolate der entsprechenden Erreger zum Zwecke weiterer Untersuchungen und der Verwahrung an bestimmte Einrichtungen der Spezialdiagnostik abzuliefern (molekulare und virologische Surveillance). Nach S. 9 gelten diesbezüglich die S. 3–7 entsprechend. Inhaltliche Vorgaben zu einer Rechtsverordnung enthält S. 10. Nach S. 11 können die Länder zusätzliche Maßnahmen der molekularen und virologischen Surveillance treffen.

E. Datenübermittlung für Zwecke der Überwachung der Verbreitung von Krankheitserregern, Verordnungsermächtigung (Abs. 4)

I. Allgemeines

Abs. 4 sieht zum einen in S. 1 vor, dass die in Abs. 3 S. 1 genannten Einrichtungen untereinander für Zwecke der Überwachung der Verbreitung von Krankheitserregern und der entsprechenden Therapie- und Bekämpfungsmaßnahmen pseudonymisierte Falldaten übermitteln können. Zum anderen 20

II. Einzelheiten

1. Datenaustausch zu Antibiotikaresistenzen und zum Antibiotikaverbrauch (S. 1)

Auf Grundlage von S. 1 können zwischen den genannten Einrichtungen pseudonymisierte Daten zu Antibiotikaresistenzen und zum Antibiotikaverbrauch ausgetauscht werden, eingeschlossen ist das RKI (vgl. Beschlussempfehlung des Ausschusses für Gesundheit (BT-Drs. 19/5593, 56)). Eine Übermittlung pseudonymisierter Falldaten ist ausweislich der Beschlussempfehlung erforderlich, um eine Rückverfolgbarkeit und Zuordnung zu einem Einzelfall sicherstellen und um entsprechende infektiologische Maßnahmen treffen zu können (vgl. BT-Drs. 19/5593, 56). 20a

2. Verordnungsermächtigung (S. 2, 3)

S. 2 und 3 ermächtigen das Bundesministerium für Gesundheit, durch Rechtsverordnung ohne Zustimmung des Bundesrates festzulegen, dass bestimmte in Abs. 3 S. 1 genannte Einrichtungen verpflichtet sind, dem Robert Koch-Institut in pseudonymisierter Form (um Mehrfachuntersuchungen erkennen zu können) einzelfallbezogene Angaben über von ihnen untersuchte Proben in Bezug auf bestimmte Krankheitserreger (Krankheitserregersurveillance, S. 2 Nr. 1) und Krankheitszeichen (syndromische Surveillance, S. 2 Nr. 2) zu übermitteln (S. 2). In der Rechtsverordnung kann insbesondere festgelegt werden, welche Angaben innerhalb welcher Fristen zu übermitteln sind, welche Verfahren bei der Bildung der Pseudonymisierung anzuwenden sind und in welchem Verfahren und in welcher Höhe die durch die Übermittlungspflicht entstehenden Kosten erstattet werden und wer diese Kosten 20b trägt (S. 3). Begründet wird die Ermächtigung zu einer Krankheitserregersurveillance damit, dass neben den im Rahmen des Meldewesens ohnehin bereits erfassten Angaben hinausgehende weiterführende Informationen zur durchgeführten Diagnostik von herausragender Bedeutung seien, um den Verlauf der COVID-19-Pandemie einschätzen zu können (vgl. BT-Drs. 19/18967, 58). Auch die durch das 3. COVIfSGAnpG eingefügte syndromische Surveillance soll dazu dienen, die Verlaufseinschätzung zu verbessern (vgl. BT-Drs. 19/23944, 27).

3. Keine Wiederherstellung des Personenbezugs (S. 4)

20c Eine Wiederherstellung des Personenbezugs der übermittelten pseudonymisierten Daten ist für den jeweiligen Empfänger der Daten auszuschließen (S. 4).

F. Datenübermittlung für Zwecke der Feststellung der Inanspruchnahme von Schutzimpfungen und Impfeffekten (Impfsurveillance) (Abs. 5)

21 Abs. 5 sieht vor, dass die Kassenärztlichen Vereinigungen und die für die Durchführung von Impfleistungen eingerichteten Impfzentren dem Robert Koch-Institut (RKI) für Zwecke der Feststellung der Inanspruchnahme von Schutzimpfungen und Impfeffekten (Impfsurveillance) sowie – aufgrund der Ergänzung durch das 3. COVIfSGAnpG – für Zwecke der Überwachung der Sicherheit von Impfstoffen (Pharmakovigilanz) dem Paul-Ehrlich-Institut in von diesen festgelegten Zeitabständen die in S. 1 Nr. 1–10 aufgeführten Angaben zu übermitteln haben. Die Übermittlungspflicht der Impfzentren ist dabei auf die ihnen vorliegenden Angaben beschränkt. Das RKI bestimmt nach S. 2 die technischen Übermittlungsstandards für die im Rahmen der Impfsurveillance wie auch Pharmakovigilanz zu übermittelnden Daten sowie das Verfahren zur Bildung des Patienten-Pseudonyms nach S. 1 Nr. 1. Eine Wiederherstellung des Personenbezugs der übermittelten pseudonymisierten Daten ist für die Empfänger auszuschließen (S. 3).

G. Datenübermittlung für Zwecke Feststellung einer überdurchschnittlichen Sterblichkeit (Mortalitätssurveillance) (Abs. 6), gültig ab 1.11.2021

22 Abs. 6 tritt gem. Art. 4 S. 2 MasernschutzG erst am 1.11.2021 in Kraft. Mit Abs. 6 kommt der Bundesgesetzgeber dem Wunsch der Länder nach, dass die Daten zur Mortalitätssurveillance über die zuständigen Landesbehörden an das RKI übermittelt werden. Für Zwecke der Feststellung einer überdurchschnittlichen Sterblichkeit hat das zuständige Standesamt der zuständigen Landesbehörde spätestens am dritten Arbeitstag nach der Eintragung in das Sterberegister und hat die zuständige Landesbehörde am folgenden Arbeitstag dem RKI anonymisiert den Tod, die Todeserklärung oder die gerichtliche

Elektronisches Melde- und Informationssystem § 14 IfSG

Feststellung der Todeszeit einer im Inland verstorbenen Person mit den in S. 1 Nr. 1–7 – aufgeführten Angaben zu übermitteln (Mortalitätssurveillance). Nach S. 2 bestimmt das RKI die technischen Übermittlungsstandards für die Übermittlungen von den zuständigen Landesbehörden. Die im Rahmen der Mortalitätssurveillance übermittelten Daten können durch das RKI nach S. 3 anderen obersten und oberen Bundesbehörden für den gleichen Zweck übermittelt werden.

§ 14 Elektronisches Melde- und Informationssystem; Verordnungsermächtigung

(1) Für die Erfüllung der Aufgaben nach Maßgabe der Zwecke dieses Gesetzes richtet das Robert Koch-Institut nach Weisung des Bundesministeriums für Gesundheit und nach Maßgabe der technischen Möglichkeiten ein elektronisches Melde- und Informationssystem ein. Das Robert Koch-Institut ist der Verantwortliche im Sinne des Datenschutzrechts. Das Robert Koch-Institut kann einen IT-Dienstleister mit der technischen Umsetzung beauftragen. Das elektronische Melde- und Informationssystem nutzt geeignete Dienste der Telematikinfrastruktur nach dem Fünften Buch Sozialgesetzbuch, sobald diese zur Verfügung stehen. Die Gesellschaft für Telematik nach § 291a Absatz 7 Satz 2 des Fünften Buches Sozialgesetzbuch unterstützt das Robert Koch-Institut und das Bundesministerium für Gesundheit bis zum 1. Juni 2021 bei der Einrichtung des elektronischen Melde- und Informationssystems. Der Gesellschaft für Telematik sind die zur Erfüllung ihrer Aufgabe nach Satz 4 entstehenden Kosten aus den beim Robert Koch-Institut und beim Bundesministerium für Gesundheit für die Einrichtung des elektronischen Melde- und Informationssystems zur Verfügung stehenden Mitteln zu erstatten. Für die Zusammenarbeit von Bund und Ländern bei der Umsetzung des elektronischen Melde- und Informationssystems legt ein gemeinsamer Planungsrat Leitlinien fest. Sofern eine Nutzungspflicht für das elektronische Melde- und Informationssystem besteht, ist den Anwendern mindestens eine kostenlose Software-Lösung bereitzustellen.

(2) Im elektronischen Melde- und Informationssystem können insbesondere folgende Daten fallbezogen verarbeitet werden:
1. die Daten, die nach den §§ 6, 7, 34 und 36 erhoben worden sind,
2. die Daten, die bei den Meldungen nach dem IGV-Durchführungsgesetz und im Rahmen der §§ 4 und 12 erhoben worden sind,
3. die Daten, die im Rahmen der epidemiologischen Überwachung nach § 13 erhoben worden sind,
4. die im Verfahren zuständigen Behörden und Ansprechpartner,
5. die Daten über die von den zuständigen Behörden nach den §§ 25 bis 32 geführten Ermittlungen, getroffenen Maßnahmen und die daraus gewonnenen Erkenntnisse und
6. sonstige Informationen, die für die Bewertung, Verhütung und Bekämpfung der übertragbaren Krankheit von Bedeutung sind.

(3) Im elektronischen Melde- und Informationssystem werden die verarbeiteten Daten, die zu melde- und benachrichtigungspflichtigen Tatbeständen nach den

§§ 6, 7, 34 und 36 erhoben worden sind, jeweils fallbezogen mit den Daten der zu diesem Fall geführten Ermittlungen, getroffenen Maßnahmen und den daraus gewonnenen Erkenntnissen automatisiert
1. pseudonymisiert,
2. den zuständigen Behörden übermittelt, mit der Möglichkeit, dass sie diese Daten im Rahmen ihrer jeweiligen Zuständigkeit verarbeiten können,
3. gegebenenfalls gemäß den Falldefinitionen nach § 11 Absatz 2 bewertet und
4. gemeinsam mit den Daten nach den Nummern 1 bis 3 nach einer krankheitsspezifischen Dauer gelöscht, es sei denn, es handelt sich um epidemiologische Daten, die nach den §§ 11 und 12 übermittelt wurden.

(4) Im elektronischen Melde- und Informationssystem können die verarbeiteten Daten, die zu melde- und benachrichtigungspflichtigen Tatbeständen nach den §§ 6, 7, 34 und 36 erhoben worden sind, daraufhin automatisiert überprüft werden, ob sich diese Daten auf denselben Fall beziehen.

(5) Im elektronischen Melde- und Informationssystem können die verarbeiteten Daten zu meldepflichtigen Krankheiten und Nachweisen von Krankheitserregern nach den §§ 6 und 7 und aus Benachrichtigungen nach den §§ 34 und 36 daraufhin automatisiert überprüft werden, ob es ein gehäuftes Auftreten von übertragbaren Krankheiten gibt, bei denen ein epidemischer Zusammenhang wahrscheinlich ist.

(6) Der Zugriff auf gespeicherte Daten ist nur im gesetzlich bestimmten Umfang zulässig, sofern die Kenntnis der Daten zur Erfüllung der gesetzlichen Aufgaben der beteiligten Behörden erforderlich ist. Eine Wiederherstellung des Personenbezugs bei pseudonymisierten Daten ist nur zulässig, sofern diese Daten auf der Grundlage eines Gesetzes der beteiligten Behörde übermittelt werden dürfen. Es wird gewährleistet, dass auch im Bereich der Verschlüsselungstechnik und der Authentifizierung organisatorische und dem jeweiligen Stand der Technik entsprechende Maßnahmen getroffen werden, um den Datenschutz und die Datensicherheit und insbesondere die Vertraulichkeit und Integrität der im elektronischen Melde- und Informationssystem gespeicherten Daten sicherzustellen. Unter diesen Voraussetzungen kann die Übermittlung der Daten auch durch eine verschlüsselte Datenübertragung über das Internet erfolgen. Die Kontrolle der Durchführung des Datenschutzes obliegt nach § 9 Absatz 1 des Bundesdatenschutzgesetzes ausschließlich der oder dem Bundesbeauftragten für den Datenschutz und die Informationsfreiheit.

(7) Bis zur Einrichtung des elektronischen Melde- und Informationssystems kann das Robert Koch-Institut im Einvernehmen mit den zuständigen obersten Landesgesundheitsbehörden zur Erprobung für die freiwillig teilnehmenden meldepflichtigen Personen und für die zuständigen Gesundheitsämter Abweichungen von den Vorschriften des Melde- und Übermittlungsverfahrens zulassen.

(8) Ab dem 1. Januar 2021 haben die zuständigen Behörden der Länder das elektronische Melde- und Informationssystem zu nutzen. Ab dem 1. Januar 2023 müssen Melde- und Benachrichtigungspflichtige ihrer Verpflichtung zur Meldung und Benachrichtigung durch Nutzung des elektronischen Melde- und Informationssystems nachkommen. Meldepflichtige nach § 8 Absatz 1 Nummer 2 müssen abweichend von Satz 2 ihrer Verpflichtung zur Meldung des direkten oder indirekten Nachweises einer Infektion mit dem in § 7 Absatz 1 Satz 1 Nummer 44a

genannten Krankheitserreger durch Nutzung des elektronischen Melde- und Informationssystems ab dem 1. Januar 2021 nachkommen. Meldepflichtige nach § 8 Absatz 1 Nummer 2 müssen abweichend von Satz 2 ihrer Verpflichtung zur Meldung des direkten oder indirekten Nachweises einer Infektion mit den sonstigen in § 7 Absatz 1 Satz 1 genannten Krankheitserregern durch Nutzung des elektronischen Melde- und Informationssystems ab dem 1. Januar 2022 nachkommen. Meldepflichtige nach § 8 Absatz 1 Nummer 2 müssen abweichend von Satz 2 ihrer Verpflichtung zur Meldung des direkten oder indirekten Nachweises einer Infektion mit den in § 7 Absatz 3 Satz 1 genannten Krankheitserregern durch Nutzung des elektronischen Melde- und Informationssystems ab dem 1. April 2022 nachkommen. Das Robert Koch-Institut bestimmt das technische Format der Daten und das technische Verfahren der Datenübermittlung.

(9) Das Bundesministerium für Gesundheit wird ermächtigt, durch Rechtsverordnung ohne Zustimmung des Bundesrates Folgendes festzulegen:
1. in welchen Fällen Ausnahmen von der Verpflichtung zur Nutzung des elektronischen Melde- und Informationssystems nach Absatz 8 Satz 1 bis 5 bestehen,
2. die im Hinblick auf die Zweckbindung angemessenen Fristen für die Löschung der im elektronischen Melde- und Informationssystem gespeicherten Daten,
3. welche funktionalen und technischen Vorgaben einschließlich eines Sicherheitskonzepts dem elektronischen Melde- und Informationssystem zugrunde liegen müssen,
4. welche notwendigen Test-, Authentifizierungs- und Zertifizierungsmaßnahmen sicherzustellen sind und
5. welches Verfahren bei der Bildung der fallbezogenen Pseudonymisierung nach Absatz 3 Nummer 1 anzuwenden ist; hierzu kann festgelegt werden, dass bei nichtnamentlichen Meldungen andere als die in § 10 Absatz 1 und 2 genannten Angaben übermittelt werden, die sofort nach Herstellung der fallbezogenen Pseudonymisierung zu löschen sind.

(10) Abweichungen von den in dieser Vorschrift getroffenen Regelungen des Verwaltungsverfahrens durch Landesrecht sind ausgeschlossen.

Übersicht

	Rn.
A. Allgemeines	1
I. Grundlagen	1
II. Letzte Änderungen	1a
1. Durch das 2. COVIfSGAnpG	1a
2. Durch das 3. COVIfSGAnpG	1b
B. Einrichtung eines elektronischen Melde- und Informationssystems (Abs. 1)	2
C. Fallbezogene Datenverarbeitung (Abs. 2)	3
D. Funktionen des elektronischen Melde- und Informationssystems (Abs. 3–5)	4
I. Allgemeines	4
II. Einzelheiten	5
1. Erfasste Daten	5
2. Automatisierung	6
3. Pseudonymisierung (Abs. 3 Nr. 1)	7

	Rn.
4. Übermittlung an zuständige Behörden (Abs. 3 Nr. 2)	8
5. Bewertung gemäß den Falldefinitionen nach § 11 Abs. 2 (Abs. 3 Nr. 3)	9
6. Datenlöschung (Abs. 3 Nr. 4)	10
7. Prüfung des Fallbezugs (Abs. 4)	10a
8. Prüfung auf einen epidemischen Zusammenhang (Abs. 5)	11
E. Grundsätze des Datenschutzes, -zugriffs und der Datensicherheit (Abs. 6)	13
F. Erprobung (Abs. 7)	14
G. Ausgestaltung durch Rechtsverordnung (Abs. 8)	15
I. Allgemeines	15
II. Einzelheiten	16
1. Nutzungspflicht ab dem 1.1.2021	16
2. Nutzungspflicht ab dem 1.1.2022	17
3. Nutzungspflicht ab dem 1.4.2022	18
4. Nutzungspflicht ab dem 1.1.2023	19
5. Technische Vorgaben	20
H. Ausgestaltung durch Rechtsverordnung (Abs. 9)	21
I. Verbot von abweichenden Landesregelungen (Abs. 10)	22

A. Allgemeines

I. Grundlagen

1 § 14 wurde ursprünglich durch das Gesetz zur Modernisierung der epidemiologischen Überwachung übertragbarer Krankheiten eingefügt. Die Vorschrift enthält als Kernvorschrift die zentralen Regelungen für ein elektronischen Melde- und Informationssystem.

II. Letzte Änderungen

1. Durch das 2. COVIfSGAnpG

1a Durch das 2. COVIfSGAnpG wurde der vormalige Abs. 1 S. 3 durch die jetzigen S. 3–6 ersetzt, der ehemalige S. 4 wurde zum jetzigen S. 7. Zudem wurden Abs. 8 S. 2 und 3 eingefügt, die bisherigen S. 2–4 wurden S. 4–6.

2. Durch das 3. COVIfSGAnpG

1b Durch das 3. COVIfSGAnpG wurde § 14 mit dem neu eingefügten Abs. 1 S. 2 und dem letzten Satz von Abs. 6 um Regelungen zum Datenschutz ergänzt. Zudem wurden Abs. 8 neu eingefügt, der vormalige Abs. 8 mit Änderungen zu Abs. 9. Der vormalige Abs. 9 ist in Abs. 10 übergegangen.

B. Einrichtung eines elektronischen Melde- und Informationssystems (Abs. 1)

Abs. 1 verpflichtet das RKI, für die Erfüllung der Aufgaben nach Maßgabe 2
der Zwecke des IfSG ein elektronischen Melde- und Informationssystem
einzurichten (S. 1) und als verantwortliche Stelle nach Weisung des Bundesministeriums für Gesundheit und nach Maßgabe der technischen Möglichkeiten zu betreiben (vgl. BT-Drs. 18/10938, 60). Mit der technischen Umsetzung kann das RKI einen IT-Dienstleister beauftragen (S. 3). Das elektronische Melde- und Informationssystem soll nach S. 4 geeignete Dienste der Telematikinfrastruktur nach dem SGB V nutzen, sobald diese zur Verfügung stehen. Bis zum 1.6.2021 erhalten das Robert Koch-Institut und das Bundesministerium für Gesundheit Unterstützung bei der Einrichtung des elektronischen Melde- und Informationssystems von der Gesellschaft für Telematik nach § 291a Abs. 7 S. 2 SGB V (S. 5). Zudem sind der Gesellschaft für Telematik die zur Erfüllung dieser Aufgabe entstehenden Kosten aus dem beim Robert Koch-Institut und beim Bundesministerium für Gesundheit für die Einrichtung des elektronischen Melde- und Informationssystems zur Verfügung stehenden Mitteln zu erstatten (S. 6). In Bezug auf S. 5 und S. 6 scheint dem Gesetzgeber ein redaktioneller Fehler unterlaufen zu sein. Denn § 291a SGB V wurde bereits durch das G v. 14.10.2020 (BGBl. I S. 2115) vollkommen neu gefasst. Die vormals in § 291a Abs. 7 SGB V enthaltenen Regelungen zur Gesellschaft für Telematik sind seitdem in § 306 Abs. 1 S. 3 SGB V verortet. Folgerichtig sieht Art. 1 Nr. 11 Buchstabe a Doppelbuchstabe bb des 3. COVIfSGAnpG eine entsprechende Anpassung des Verweises in S. 5 (und zudem in einem neu gefassten S. 6 eine Kostentragung allein durch das Robert Koch-Institut) vor. Allerdings sollen diese Änderungen nach Art. 8 Abs. 3 der im BGBl. veröffentlichten Fassung des 3. COVIfSGAnpG erst am 1.4.2021 in Kraft treten. Dieses verzögerte In-Kraft-Treten erscheint nicht nur deshalb unverständlich, weil so der Verweis in S. 5 ins Leere läuft, sondern auch, weil die vom Bundesrat angenommene Fassung (BR-Drucksache 700/20) in Art. 8 Abs. 3 ein Inkrafttreten (erst) zum 1.4.2021 zwar ebenfalls vorsah, jedoch hinsichtlich Art. 1 Nr. 10 (und nicht Nr. 11) Buchstabe a Doppelbuchstabe bb (der Ergänzung von § 13 Abs. 3 S. 11 um die Möglichkeit der Länder, neben Maßnahmen der molekularen auch solche der virologischen Surveillance zu treffen, vgl. § 13 Rn. 20b). Es kann deshalb davon ausgegangen werden, dass der Verweis richtigerweise auf § 306 Abs. 1 S. 3 SGB V soll. Für die Zusammenarbeit von Bund und Ländern bei der Umsetzung des elektronischen Melde- und Informationssystems legt ein gemeinsamer Planungsrat Leitlinien fest (S. 7). Nach der Begründung des Entwurfs des Gesetzes zur Modernisierung der epidemiologischen Überwachung übertragbarer Krankheiten (BT-Drs. 18/10938, 60) sollen in diesem Planungsrat die beteiligten Stellen der Länder und des Bundes (etwa Bundesamt für Sicherheit in der Informationstechnik oder zuständige Stellen der Bundeswehr) Gelegenheit haben, mitzuwirken. Sofern eine Nutzungspflicht aufgrund einer Verordnung nach Abs. 8 besteht, muss den Anwendern des

Systems zumindest eine kostenlose Software-Lösung zu dessen Nutzung bereitgestellt werden (S. 8).

C. Fallbezogene Datenverarbeitung (Abs. 2)

3 Abs. 2 regelt, welche Daten im elektronischen Melde- und Informationssystem fallbezogen verarbeitet werden dürfen. Das Verständnis des Begriffs der Verarbeitung ist dabei mit dem in Art. 4 Nr. 2 der Verordnung (EU) 2016/679 des Europäischen Parlaments und des Rates vom 27. April 2016 zum Schutz natürlicher Personen bei der Verarbeitung personenbezogener Daten, zum freien Datenverkehr und zur Aufhebung der Richtlinie 95/46/EG (Datenschutz-Grundverordnung) identisch und umfasst jeden mit oder ohne Hilfe automatisierter Verfahren ausgeführten Vorgang oder jede solche Vorgangsreihe im Zusammenhang mit personenbezogenen Daten wie das Erheben, das Erfassen, die Organisation, das Ordnen, die Speicherung, die Anpassung oder Veränderung, das Auslesen, das Abfragen, die Verwendung, die Offenlegung durch Übermittlung, Verbreitung oder eine andere Form der Bereitstellung, den Abgleich oder die Verknüpfung, die Einschränkung, das Löschen oder die Vernichtung.

D. Funktionen des elektronischen Melde- und Informationssystems (Abs. 3–5)

I. Allgemeines

4 Aus Abs. 3–5 ergibt sich der Funktionsumfang eines elektronischen Melde- und Informationssystems nach Abs. 1. Die in den Abs. 3–5 aufgeführten Funktionen machen nach der Begründung des Gesetzentwurfs (vgl. BT-Drs. 18/10938, 61) den ‚Mehrwert' eines elektronischen Systems im Vergleich zum konventionellen Meldemodell aus.

II. Einzelheiten

1. Erfasste Daten

5 Erfasst von Abs. 3 sind die verarbeiteten Daten, die zu melde- und benachrichtigungspflichtigen Tatbeständen nach den §§ 6, 7, 34 und 36 erhoben worden sind sowie die fallbezogenen Daten zu den jeweils geführten Ermittlungen, getroffenen Maßnahmen und den daraus gewonnenen Erkenntnissen.

2. Automatisierung

6 Sämtliche Funktionalitäten sollen automatisiert ablaufen. Dadurch kann der Verwaltungsablauf in der Praxis wesentlich erleichtert, beschleunigt und fehlerfreier gestaltet werden.

Elektronisches Melde- und Informationssystem § 14 IfSG

3. Pseudonymisierung (Abs. 3 Nr. 1)

Nach Art. 4 Nr. 5 der Verordnung (EU) 2016/679 des Europäischen Par- 7
laments und des Rates vom 27. April 2016 zum Schutz natürlicher Personen
bei der Verarbeitung personenbezogener Daten, zum freien Datenverkehr
und zur Aufhebung der Richtlinie 95/46/EG (Datenschutz-Grundverordnung) bedeutet ‚Pseudonymisierung' die Verarbeitung personenbezogener
Daten in einer Weise, dass die personenbezogenen Daten ohne Hinzuziehung zusätzlicher Informationen nicht mehr einer spezifischen betroffenen
Person zugeordnet werden können, sofern diese zusätzlichen Informationen
gesondert aufbewahrt werden und technischen und organisatorischen Maßnahmen unterliegen, die gewährleisten, dass die personenbezogenen Daten
nicht einer identifizierten oder identifizierbaren natürlichen Person zugewiesen werden.

4. Übermittlung an zuständige Behörden (Abs. 3 Nr. 2)

Das elektronische System soll es auch ermöglichen, die erfassten Daten den 8
zuständigen Behörden fallbezogen zu übermitteln mit der Möglichkeit, dass
diese die Daten in der jeweiligen Zuständigkeit verarbeiten können. Dies
umfasst nach der Begründung des Gesetzentwurfs (vgl. BT-Drs. 18/10938,
61) auch eine gemeinsame Nutzung in dem Sinne, dass die für einen Fall
zuständigen Behörden (beispielsweise die Behörde nach § 9 Abs. 4 und die
nach § 9 Abs. 5 Nr. 1) gemeinsamen Datenzugriff haben und die hinterlegten
Daten entsprechend ergänzen können.

5. Bewertung gemäß den Falldefinitionen nach § 11 Abs. 2 (Abs. 3 Nr. 3)

Gegebenenfalls können die erfassten Daten auch gemäß den Falldefinitionen 9
nach § 11 Abs. 2 bewertet werden.

6. Datenlöschung (Abs. 3 Nr. 4)

Nach Nr. 4 werden die ins System zunächst zur automatisierten Verarbeitung 10
eingespeisten verarbeiteten Daten einschließlich Daten nach Nr. 1 bis 3 (etwa
die von den Behörden im Ermittlungsprozess hinzugefügten Angaben) nach
einer krankheitsspezifischen Dauer automatisiert gelöscht, soweit es sich nicht
lediglich um epidemiologische Daten handelt, die im Rahmen der §§ 11 und
12 übermittelt wurden.

7. Prüfung des Fallbezugs (Abs. 4)

Eine weitere ‚Mehrwertfunktion' des elektrischen Melde- und Informations- 10a
systems besteht darin, dass die verschieden nach §§ 6, 7, 34 und 36 erfassten
Daten (vgl. zu diesen Rn. 5) daraufhin untersucht werden können, ob sie sich
auf denselben Fall beziehen.

8. Prüfung auf einen epidemischen Zusammenhang (Abs. 5)

11 Im elektronischen Melde- und Informationssystem können die verarbeiteten Daten zu meldepflichtigen Krankheiten und Nachweisen von Krankheitserregern nach den §§ 6 und 7 und aus Benachrichtigungen nach den §§ 34 und 36 daraufhin automatisiert überprüft werden, ob es ein gehäuftes Auftreten von übertragbaren Krankheiten gibt, bei denen ein epidemischer Zusammenhang wahrscheinlich ist

E. Grundsätze des Datenschutzes, -zugriffs und der Datensicherheit (Abs. 6)

13 Abs. 6 enthält grundlegende Vorgaben zu Datenschutz, -zugriff und Datensicherheit. Nach S. 1 ist der Zugriff auf gespeicherte Daten im elektronischen Melde- und Informationssystem nur im gesetzlich bestimmten Umfang zulässig, dies zudem nur, wenn die Kenntnis der Daten zur Erfüllung der gesetzlichen Aufgaben der beteiligten Behörden erforderlich ist. Gem. S. 2 ist eine Wiederherstellung des Personenbezugs bei pseudonymisierten Daten nur dann zulässig, wenn der beteiligten Behörde gesetzlich auch die personenbezogenen Daten übermittelt werden dürften (vgl. zum Begriff der ‚Pseudonymisierung' Rn. 7). Unter einer Wiederherstellung des Personenzugs ist der Vorgang der Zuweisung der personenbezogenen Daten zu einer bestimmten natürlichen Person zu verstehen (vgl. BT-Drs. 18/10938, 61). S. 3 fordert in Bezug auf die Ausgestaltung des elektronischen Melde- und Informationssystems, dass auch im Bereich der Verschlüsselungstechnik und der Authentifizierung organisatorische und dem jeweiligen Stand der Technik entsprechende Maßnahmen getroffen werden müssen, um den Datenschutz, die Datensicherheit – insbesondere die Vertraulichkeit und Integrität der im elektronischen Melde- und Informationssystem gespeicherten Daten – sicherzustellen. Die Datenübertragung über das Internet lässt S. 4 nur insoweit zu, als dass die Voraussetzungen nach S. 3 eingehalten werden. Die Kontrollzuständigkeit hinsichtlich der Einhaltung des Datenschutzes obliegt bereits nach § 9 Abs. 1 BDSG der oder dem Bundesbeauftragten für den Datenschutz, so dass S. 5 insoweit lediglich eine klarstellende Funktion hat.

F. Erprobung (Abs. 7)

14 Bis zur Einrichtung des elektronischen Melde- und Informationssystems kann das RKI im Einvernehmen mit den zuständigen obersten Landesgesundheitsbehörden zur Erprobung für die freiwillig teilnehmenden meldepflichtigen Personen und für die zuständigen Gesundheitsämter Abweichungen von den Vorschriften des Melde- und Übermittlungsverfahrens zulassen.

G. Ausgestaltung durch Rechtsverordnung (Abs. 8)

I. Allgemeines

Mit dem durch das 3. COVIfSGAnpG eingefügten Abs. 8 werden bestimmte gestaffelte Zeitpunkte vorgegeben, ab denen von den verschiedenen Akteuren das elektronische Melde- und Informationssystem verpflichtend zu nutzen ist.

II. Einzelheiten

1. Nutzungspflicht ab dem 1.1.2021

Die zuständigen Behörden der Länder haben nach S. 1 ab dem 1.1.2021 das elektronische Melde- und Informationssystem zu nutzen. Dies gilt gem. S. 3 ebenso für Meldepflichtige nach § 8 Abs. 1 Nr. 2 (vgl. zu diesen § 8 Rn. 6 ff.) bezüglich ihrer Meldepflicht nach § 7 Abs. 1 S. 1 Nr. 44a (SARS-CoV und SARS-CoV-2).

2. Nutzungspflicht ab dem 1.1.2022

S. 4 sieht vor, dass Meldepflichtige nach § 8 Abs. 1 Nr. 2 ihrer Verpflichtung zur Meldung des direkten oder indirekten Nachweises einer Infektion mit SARS-CoV und SARS-CoV-2 oder sonstigen in § 7 Abs. 1 S. 1 genannten Krankheitserregern ab dem 1.1.2022 durch Nutzung des elektronischen Melde- und Informationssystems nachkommen müssen.

3. Nutzungspflicht ab dem 1.4.2022

Nach S. 5 müssen Meldepflichtige nach § 8 Abs. 1 Nr. 2 auch zur Erfüllung ihrer Meldepflicht nach § 7 Abs. 3 S. 1 ab dem 1.4.2022 das elektronische Melde- und Informationssystem nutzen

4. Nutzungspflicht ab dem 1.1.2023

Ab dem 1.1.2023 müssen schließlich sämtliche Melde- und Benachrichtigungspflichtige (§§ 8, 34 Absatz 6, 36 Absatz 3a) ihrer Verpflichtung zur Meldung und Benachrichtigung durch Nutzung des elektronischen Melde- und Informationssystems nachkommen (S. 2).

5. Technische Vorgaben

Das technische Format der Daten sowie das technische Verfahren der Datenübermittlung gibt das Das Robert Koch-Institut vor (S. 6).

H. Ausgestaltung durch Rechtsverordnung (Abs. 9)

21 Die Vorgaben der vormals in Abs. 8 enthaltenen Verordnungsermächtigung wurden durch das 3. COVIfSGAnpG teilweise in Abs. 9 überführt und inhaltlich neu gefasst. Die Regelung ermächtigt das Bundesministerium für Gesundheit, durch Rechtsverordnung die in S. 1 Nr. 1–5 aufgeführten Festlegungen zu treffen. Während in der Vorfassung grundsätzlich noch ein Zustimmungserfordernis des Bundesrates vorgesehen war, welches nur im Falle der Feststellung einer epidemische Lage von nationaler Tragweite durch den Deutschen Bundestag nach § 5 Abs. 1 entfiel, ist eine solches mit der Neufassung grundsätzlich entfallen. Der Regierungsentwurf begründet dies damit, dass hier in der Regel eine Eilbedürftigkeit gegeben und mit häufigen Änderungsverordnungen zu rechnen sei (BT-Drs. 23/23944, 29).

I. Verbot von abweichenden Landesregelungen (Abs. 10)

22 Abs. 10 verbietet im Interesse der Funktionsfähigkeit eines bundesweiten Systems (vgl. BT-Drs. 18/10938, 62) Abweichungen von den in § 14 Abs. 1–9 vorgesehenen Regelungen des Verwaltungsverfahrens durch Landesrecht.

§ 15 Anpassung der Meldepflicht an die epidemische Lage

(1) Das Bundesministerium für Gesundheit wird ermächtigt, durch Rechtsverordnung mit Zustimmung des Bundesrates die Meldepflicht für die in § 6 aufgeführten Krankheiten oder die in § 7 aufgeführten Krankheitserreger aufzuheben, einzuschränken oder zu erweitern oder die Meldepflicht auf andere übertragbare Krankheiten oder Krankheitserreger auszudehnen, soweit die epidemische Lage dies zulässt oder erfordert. Wird die Meldepflicht nach Satz 1 auf andere übertragbare Krankheiten oder Krankheitserreger ausgedehnt, gelten die für meldepflichtige Krankheiten nach § 6 Absatz 1 Satz 1 Nummer 1 und meldepflichtige Nachweise von Krankheitserregern nach § 7 Absatz 1 Satz 1 geltenden Vorschriften für diese entsprechend.

(2) In dringenden Fällen kann zum Schutz der Bevölkerung die Rechtsverordnung ohne Zustimmung des Bundesrates erlassen werden. Eine auf der Grundlage des Satzes 1 erlassene Verordnung tritt ein Jahr nach ihrem Inkrafttreten außer Kraft; ihre Geltungsdauer kann mit Zustimmung des Bundesrates verlängert werden.

(3) Solange das Bundesministerium für Gesundheit von der Ermächtigung nach Absatz 1 keinen Gebrauch macht, sind die Landesregierungen zum Erlass einer Rechtsverordnung nach Absatz 1 ermächtigt, sofern die Meldepflicht nach diesem Gesetz hierdurch nicht eingeschränkt oder aufgehoben wird. Sie können die Ermächtigung durch Rechtsverordnung auf andere Stellen übertragen.

A. Allgemeines

§ 15 war in ähnlicher Form bereits in § 7 BSeuchG enthalten. Er basiert auf 1
der Erkenntnis, dass sich die epidemische Lage durch neu auftretende oder
sich in Bezug auf ihre weltweite Verbreitung verändernde Krankheitserreger
immer wieder fortentwickelt und Anpassungen der Meldepflicht nach dem
IfSG erforderlich macht. Anhaltspunkte für entsprechende Anpassungen können sich insbesondere aus den über § 6 Abs. 1 Nr. 5 und § 7 Abs. 2 erfolgenden Meldungen ergeben.

B. Rechtsverordnung zur Anpassung der Meldepflicht (Abs. 1)

I. Allgemeines

S. 1 stellt eine Verordnungsermächtigung gem. Art. 80 GG dar. Um eine 2
zeitnahe Anpassung der Meldepflicht an die epidemiologische Lage zu ermöglichen, ohne dass dazu jeweils das wesentlich zeitaufwendigere parlamentarische Gesetzgebungsverfahren durchlaufen werden muss, wird das Bundesministerium der Gesundheit, also ein Teil der Exekutive, zu den erforderlichen Anpassungen der Meldepflicht ermächtigt. Der durch das 3.
COVIfSGAnpG angefügte S. 2 stellt klar, dass im Falle der Ausdehnung der
Meldepflicht nach S. 1 auf die durch die Ausdehnung erfassten Krankheiten
oder Krankheitserreger sämtliche Vorschriften entsprechende Anwendung
finden, die für die unmittelbar nach § 6 Abs. 1 S. 1 Nr. 1 erfassten Krankheiten und für die nach § 7 Abs. 1 S. 1 unmittelbar meldepflichtigen Nachweise
von Krankheitserregern gelten. Damit gilt insbesondere auch der Arztvorbehalt gem. § 24. Vgl. dazu auch die Erläuterungen § 24 Rn. 8.

II. Einzelheiten

Die Ermächtigung nach S. 1 geht weiter als diejenige der Landesregierungen 3
nach Abs. 3 (vgl. zu dieser Rn. 7 ff.) und umfasst neben der Aufhebung,
Einschränkung und Erweiterung der Meldepflichten der in § 6 aufgeführten
Krankheiten und in § 7 genannten Krankheitserreger auch die Ausdehnung
derartiger Pflichten auf andere übertragbare Krankheiten oder Krankheitserreger (vgl. zu den Begriffen § 2 Rn. 20 ff. und Rn. 4 ff.). Dabei dürfen die
genannten Modifikationen nicht willkürlich erfolgen, sondern nur dann,
wenn die epidemiologische Lage dies zulässt (bei Abschaffungen und Einschränkungen) oder erfordert (bei Erweiterungen und zusätzlichen Meldepflichten). Soweit nicht ein Fall des Abs. 2 vorliegt (vgl. dazu Rn. 6), ist eine
Zustimmung des Bundesrates erforderlich.

III. Zur Anpassungsverordnung

Das Bundesministerium für Gesundheit hat bereits wiederholt von der Er- 4
mächtigung nach Abs. 1 Gebrauch gemacht, u. a. durch Erlass der Verord-

IfSG § 15 3. Abschnitt. Überwachung

nung zur Anpassung der Meldepflichten nach dem Infektionsschutzgesetz an die epidemische Lage vom 18.3.2016 (IfSGMeld-AnpV). Die IfSGMeld-AnpV wurde jedoch durch Art. 3 MasernschutzG aufgehoben. Dies wurde damit begründet, dass aufgrund neuer wissenschaftlicher Erkenntnisse, u. a. im Bereich der Taxonomie, der Inhalt der IfSGMeld-AnpV für die Meldung von Nachweisen von Enterobacteriaceae und Acinetobacter spp. mit Carbapenem-Nichtempfindlichkeit oder bei Nachweis einer Carbapenemase-Determinante sowie für die Meldepflicht für die Erkrankung sowie den Tod an einer Clostridium-difficile-Infektion mit klinisch schwerem Verlauf angepasst werden müsse. Zur Erhöhung der Transparenz des Katalogs der Meldepflichten hat sich der Gesetzgeber vor diesem Hintergrund dazu entschieden, die bislang in der Rechtsverordnung geregelten Meldepflichten unmittelbar in den Katalog des IfSG (§§ 6 und 7) einzupflegen (vgl. BT-Drs. 19/13452, 35). Es ist dessen ungeachtet ratsam, sich z. B. unter www.RKI.de (unter Infektionsschutz → Infektionsschutzgesetz → Meldepflichtige Krankheiten und Krankheitserreger) oder im Internetauftritt des Bundesministeriums für Gesundheit regelmäßig über die jeweilige Verordnungslage zu informieren.

IV. Straf- und bußgeldbewehrt

5 Ein Verstoß gegen die Meldepflichten nach § 6 Abs. 1 oder § 7, jeweils auch in Verbindung mit einer Rechtsverordnung nach Abs. 1 oder 3, ist gemäß § 73 Abs. 1a Nr. 2 buß- und – bei Vorliegen der Voraussetzungen – gem. § 74 strafbewehrt.

C. Rechtsverordnung zur Anpassung der Meldepflicht in dringenden Fällen (Abs. 2)

I. Allgemeines

6 Abs. 2 sieht in dringenden Fällen zum Schutze der Bevölkerung einen Verordnungserlass nach Abs. 1 vor, bei welchem auf die vorherige Zustimmung des Bundesrates verzichtet werden kann. Eine solche Dringlichkeitsverordnung tritt nach S. 2 grundsätzlich ein Jahr nach ihrem Erlass außer Kraft. Eine Dringlichkeitsverordnung kann etwa in den Fällen in Betracht kommen, in welchem bei einem Durchlaufen des Verfahrens zur Einholung des Zustimmung des Bundesrates ein Schutz der Bevölkerung nicht gewährleistet wäre.

II. Praxishinweis

6a Aktuelles Beispiel für eine auf Abs. 1, 2 gestützte Verordnung der Bundesministeriums für Gesundheit ist die ‚Verordnung über die Ausdehnung der Meldepflicht nach § 6 Absatz 1 Satz 1 Nummer 1und § 7 Absatz 1 Satz 1 des Infektionsschutzgesetzes auf Infektionen mit dem erstmals im Dezember 2019 in Wuhan/Volksrepublik China aufgetretenen neuartigen Coronavirus („2019-nCoV")', abrufbar unter www.bundesgesundheitsministerium.de/coronavirus.html.

D. Ermächtigung der Landesregierungen (Abs. 3)

I. Allgemeines

Abs. 3 ermächtigt die Landesregierungen zum Erlass von Rechtsverordnungen. **7**

II. Einzelheiten

1. Allgemeines

Die Ermächtigung der Landesregierungen nach Abs. 3 unterliegt im Vergleich zu jener des Bundesministeriums für Gesundheit nach Abs. 1 zwei wesentlichen Einschränkungen. **8**

2. Einschränkung 1

Nur, solange das Bundesministerium für Gesundheit von seiner Ermächtigung nach Abs. 1 noch keinen Gebrauch gemacht hat, ist Raum für Landesregelungen. Dies bedeutet, dass in Bezug auf bereits vom Bundesministeriums für Gesundheit gem. Abs. 1 erfolgte Modifikationen den Ländern keine Ermächtigung zum Verordnungserlass mehr zusteht. **9**

3. Einschränkung 2

Darüber hinaus darf die Landesverordnung die Meldepflichten nach dem IfSG weder einschränken noch aufheben. Es kommen damit auf Landesebene allenfalls Erweiterungen und zusätzlichen Meldepflichten in Betracht. **10**

4. Abschnitt. Verhütung übertragbarer Krankheiten

Vorbemerkungen zu §§ 15a ff.

Übersicht

	Rn.
I. Allgemeines	1
II. Zuständige Behörde	2
III. Prinzip der Gesetzmäßigkeit der Verwaltung	3
1. Vorbehalt des Gesetzes	4
a) Eingriffsverwaltung	5
b) Leistungsverwaltung	6
2. Vorrang des Gesetzes	7
IV. Gefahrenbegriff	8
V. Ermessen	9
1. Allgemeines	9
2. Entschließungs- und Auswahlermessen	10
a) Allgemeines	10
b) Entschließungsermessen	11
c) Auswahlermessen	12
3. Pflichtgemäße Ermessensausübung	13
VI. Verantwortlichkeit, Adressaten einer Maßnahme (Störerauswahl)	14
1. Allgemeines	14
2. Verantwortlichkeit	15
a) Allgemeines	15
b) Verhaltensverantwortlichkeit (Verhaltensstörer)	16
aa) Definition	16
bb) Unterlassen	17
c) Zustandsverantwortlichkeit (Zustandsstörer)	18
d) Inanspruchnahme des Nichtstörers	19
3. Adressaten einer Maßnahme (Störerauswahl)	20
a) Allgemeines	20
b) Entscheidendes Ermessenskriterium	21
VII. Anhörung	22
1. Allgemeines	22
2. Anhörung als Ausfluss des Rechtsstaatsprinzips	23
3. Vertrauensbildung	24
4. Praxisrelevanz	25
5. Absehen von der Anhörung	26

I. Allgemeines

Beim Vollzug der Vorschriften des IfSG, welcher regelmäßig mit Eingriffen in die Rechte von Bürgerinnen und Bürgern verbunden ist (so genannte Eingriffsverwaltung), sind verschiedene juristische Begrifflichkeiten richtig anzuwenden und rechtsstaatlich gebotene Prinzipien und Vorgehensweisen zu

1

beachten. Soweit diese nicht explizit im IfSG geregelt sind, ist auf die allgemeinen Grundsätze und Regelungen des Verwaltungsrechts, Gefahrenabwehrrechts und Verwaltungsvollstreckungsrechts zurückzugreifen (vgl. BVerwGE 39, 190 ff.). Im Rahmen dieser Kommentierung ist diesbezüglich eine erschöpfende Darstellung nicht möglich, es werden jedoch die in der Praxis erfahrungsgemäß relevanten Themenbereiche dargestellt. Zur Vertiefung wird auf die zu den tangierten Rechtsgebieten vorhandene umfangreiche Literatur verwiesen.

II. Zuständige Behörde

2 Die zuständige Behörde für Maßnahmen nach § 16 und den sonstigen Vorschriften des IfSG bestimmt sich gemäß § 54 grundsätzlich nach Landesrecht (z. B. in Bayern die ZustV) und wird, wenn keine landesrechtliche Regelung existiert, von der Landesregierung bestimmt. Für den Bereich der Bundeswehr und der Eisenbahnen des Bundes und der Magnetschwebebahnen sind die Sondervorschriften § 54a und § 54b zu beachten. Die zuständige Behörde kann somit für jede einzelne Norm unterschiedlich festgelegt sein und ist deshalb jeweils im Einzelfall zu bestimmen.

III. Prinzip der Gesetzmäßigkeit der Verwaltung

3 Die Verwaltung ist an das so genannte Prinzip der Gesetzmäßigkeit der Verwaltung gebunden. Dieses wird aus Art. 1 Abs. 3, 20 Abs. 3, 83 und 86 des Grundgesetzes hergeleitet und beinhaltet zwei Aspekte: den Grundsatz vom Vorbehalt des Gesetzes ('Nicht ohne Gesetz') und den Grundsatz vom Vorrang des Gesetzes ('Nicht gegen das Gesetz').

1. Vorbehalt des Gesetzes

4 Der Umfang der Geltung des Vorbehalts des Gesetzes hängt von der Art der Verwaltungsmaßnahme ab.

5 a) **Eingriffsverwaltung.** Im Bereich der Eingriffsverwaltung, insbesondere im Gefahrenabwehrrecht nach dem IfSG, gilt der Vorbehalt des Gesetzes uneingeschränkt. Er bedeutet, dass in diesem Bereich Verwaltungsmaßnahmen nur dann getroffen werden dürfen, wenn dazu eine ausreichende Rechtsgrundlage besteht (z. B. § 16). Bloße Aufgabenzuweisungen (z. B. § 3) reichen im Bereich der Eingriffsverwaltung nicht als Rechtsgrundlage für Maßnahmen aus.

6 b) **Leistungsverwaltung.** Im Bereich der Leistungsverwaltung (z. B. bei der Vergabe von Zuschüssen) gilt der Grundsatz vom Vorbehalt des Gesetzes grundsätzlich nur in abgeschwächter Form. Hintergrund ist, dass in diesem Bereich die Verwaltung nicht eingreifend und damit rechtsbeeinträchtigend, sondern rechtsgewährend auftritt. In einer solchen Lage aber ist der Bürger grundsätzlich nicht so schutzbedürftig wie im Bereich der Eingriffsverwaltung. Dieser Bereich ist beim Vollzug des IfSG regelmäßig nicht tangiert und wird hier deshalb auch nicht genauer betrachtet.

2. Vorrang des Gesetzes

Der Vorrang des Gesetzes bedeutet, dass die Verwaltung bei ihrem Handeln nicht gegen Gesetze verstoßen darf. Anders als der Vorbehalt des Gesetzes gilt der Vorrang des Gesetzes bei jeglichem Verwaltungshandeln und damit im Rahmen der Eingriffs- ebenso wie im Rahmen der Leistungsverwaltung. 7

IV. Gefahrenbegriff

§ 16 Abs. 1 setzt (wie z. B. auch § 17 Abs. 1 und 2) immer das Bestehen einer konkreten Gefahr voraus – auch, wenn dieses in dem Wortlaut nicht in der wünschenswerten Klarheit hervortritt (als Beispiel für eine eindeutige Formulierung vgl. Art. 11 Abs. 1 BayPAG). Ein klares Verständnis des Gefahrenbegriffs ist von grundlegender Bedeutung. Die durch die zuständige Behörde vorgenommene Auslegung und Anwendung des Tatbestandsmerkmals der Gefahr sind gerichtlich voll überprüfbar. Zu den Einzelheiten vgl. § 16 Rn. 3 ff. 8

V. Ermessen

1. Allgemeines

Im Vollzug des IfSG (wie auch anderer Regelungen) ergeben sich die unterschiedlichsten Fallkonstellationen, welche sich gleichen, aber auch mehr oder weniger stark unterscheiden können. Um es der Verwaltung zu ermöglichen, dem jeweiligen Einzelfall in all seinen Facetten gerecht zu werden, räumt der Gesetzgeber der Verwaltung oftmals Handlungsspielräume auf der Rechtsfolgenseite in Bezug auf die zu ergreifenden Maßnahmen ein. Zweck ist es, die Verwaltung in die Lage zu versetzen, unnötige und übermäßige Eingriffe zu unterlassen und im Einzelfall verhältnismäßige Maßnahmen zu ergreifen. Der Entscheidungsspielraum, welcher der Verwaltung auf der Rechtsfolgenseite einer Norm eingeräumt wird, wird als Ermessen bezeichnet. Die Ermessensausübung ist gerichtlich voll überprüfbar. 9

2. Entschließungs- und Auswahlermessen

a) Allgemeines. Das Ermessen kann sich auf das ‚ob' (soll die Verwaltung eine zulässige Maßnahme ergreifen – Entschließungsermessen) und/oder das ‚wie' (welche von mehreren zulässigen Maßnahmen soll die Verwaltung ergreifen – Auswahlermessen) beziehen. 10

b) Entschließungsermessen. Ob eine Norm der Behörde ein Entschließungsermessen einräumt, ist durch Auslegung zu ermitteln. Regelmäßig ist die in der Norm vorgesehene Rechtsfolge in diesen Fällen mit einem ‚kann', ‚darf' etc. an den Tatbestand angeknüpft (vgl. § 26 Abs. 3 ‚Personen können durch das Gesundheitsamt vorgeladen werden'). Wenn eine Norm ein Entschließungsermessen vorsieht, gilt das so genannte Opportunitätsprinzip, das heißt, die Behörde soll nur einschreiten, wenn es opportun ist (z. B. § 16 Abs. 2, § 25 Abs. 3). Sieht eine Eingriffsnorm kein solches Entschließungs- 11

IfSG Vor §§ 15a ff. Vorbemerkungen §§ 15a ff.

ermessen vor (z. B. § 16 Abs. 1, § 28 Abs. 1) bedeutet dies, dass die jeweils zuständige Behörde verpflichtet ist, tätig zu werden (vgl. bereits VG München, Beschluss vom 18.11.1986 – M 7 S 86.4866 zu § 10 BSeuchG). Bei derartigen Normen wird das Ergreifen der als Rechtsfolge vorgesehenen Maßnahme oftmals mit Formulierungen wie ‚hat', ‚so trifft', ‚so stellt' angeordnet.

12 **c) Auswahlermessen.** Wenn und soweit eine Norm Art und/oder Umfang der generell in Betracht kommenden Maßnahmen nicht näher bestimmt, ist die zuständige Behörde ermächtigt und verpflichtet, in pflichtgemäßer Ermessensausübung die notwendige Maßnahme auszuwählen, sie hat somit ein so genanntes Auswahlermessen. Die Generalklauseln des IfSG (§§ 16 f., 25, 28) sehen keine festgelegten (Standard-)Maßnahmen vor, sondern überlassen es der zuständigen Behörde, die jeweils notwendige Maßnahme auszuwählen, diese hat insoweit damit ein derartiges Auswahlermessen. Das Auswahlermessen umfasst ggf. auch die Auswahl desjenigen unter mehreren Verantwortlichen (Störern), gegen welche die Maßnahme als Adressaten zu richten ist (so genannte Störerauswahl, vgl. Rn. 20 ff.).

3. Pflichtgemäße Ermessensausübung

13 Zur pflichtgemäßen Ermessensausübung vgl. § 16 Rn. 16 ff.

VI. Verantwortlichkeit, Adressaten einer Maßnahme (Störerauswahl)

1. Allgemeines

14 Maßnahmen nach dem IfSG sind regelmäßig mit Eingriffen in geschützte Rechtspositionen der Betroffenen verbunden. Das IfSG selbst enthält in §§ 16, 17 keine Regelungen dazu, gegen wen eine Maßnahme zu richten ist (anders jedoch bei §§ 25, 27–30, vgl. die Erläuterungen dort), so dass diesbezüglich die allgemeinen polizeirechtlichen Vorschriften zur Verantwortlichkeit und Störerauswahl greifen.

2. Verantwortlichkeit

15 **a) Allgemeines.** Nach den insoweit im Wesentlichen übereinstimmenden Polizeigesetzen der Länder sind Maßnahmen grundsätzlich gegen die Person zu richten, welche die polizeirechtliche Verantwortlichkeit trägt. Der Verantwortliche wird gefahrenabwehrrechtlich auch als Störer bezeichnet. Das allgemeine Polizei- und Ordnungsrecht unterscheidet dabei zwischen der Verhaltens- und der Zustandsverantwortlichkeit. Nur in Ausnahmefälle dürfen auch nichtverantwortliche Personen in Anspruch genommen werden (vgl. z. B. Art. 10 BayPAG). Diese Grundsätze finden grundsätzlich auch in Bezug auf Maßnahmen nach dem IfSG Anwendung (vgl. bereits Rn. 1).

16 **b) Verhaltensverantwortlichkeit (Verhaltensstörer). aa) Definition.** Nach den entsprechenden Bestimmungen der Landespolizeigesetze (z. B. Art. 7 BayPAG) ist verhaltensverantwortlich derjenige, der eine Gefahr durch eigenes oder ihm zugerechnetes Verhalten Dritter verursacht. Ist z. B. eine Person an einer übertragbaren Krankheit erkrankt und verhält sie sich so, dass die Gefahr der Weiterverbreitung der Krankheit besteht, so ist sie Verhaltensverantwortliche und kann bei Vorliegen der Voraussetzungen Adressat einer Maßnahme z. B. nach § 28 Abs. 1 sein (ungeachtet dessen ist sie jedenfalls in einem seuchenrechtlich gefährlichen Zustand (vgl. Gallwas, NJW 1898, 1516) und deshalb Zustandsverantwortliche (vgl. Rn. 18 ff.)). Eine Zurechnung des Verhaltens Dritter kommt nach den landespolizeirechtlichen Bestimmungen insbesondere bei Bestehen einer Aufsichtspflicht z. B. für Personen unter 14 Jahren in Betracht (vgl. z. B. Art. 7 Abs. 2 BayPAG).

bb) Unterlassen. Verhaltensverantwortlicher kann grundsätzlich auch derjenige sein, der eine Gefahrenlage nicht durch sein aktives Tun, sondern durch ein Unterlassen verursacht hat. Voraussetzung ist indes, dass ihn eine entsprechende Pflicht zur Verhinderung der Gefahr trifft. Derartige Pflichten können sich insbesondere aus gesetzlichen Regelungen ergeben, von denen auch im IfSG eine Vielzahl enthalten ist (vgl. z. B. § 23 Abs. 3, 5). 17

c) Zustandsverantwortlichkeit (Zustandsstörer). Eine Zustandsverantwortlichkeit ist insbesondere dann in Betracht zu ziehen, wenn eine Gefahr nicht primär von einem menschlichen Verhalten, sondern von einer Sache (bzw. einem Tier, vgl. § 90 BGB) ausgeht. Zustandsverantwortlicher ist nach den Polizeigesetzen (vgl. z. B. Art. 8 BayPAG) grundsätzlich der Inhaber der tatsächlichen Sachgewalt oder Eigentümer. Ist z. B. eine Person Gewahrsamsinhaber an dem Leichnam eines Verstorbenen, der Kranker war, so ist sie Zustandsverantwortliche und kann beispielsweise bei Vorliegen der Voraussetzungen Adressat einer Maßnahme nach § 25 Abs. 1 iVm Abs. 4 sein. 18

d) Inanspruchnahme des Nichtstörers. Maßnahmen gegen Personen, die weder Verhaltens-, noch Zustandsstörer und somit so genannte Nichtstörer sind, kommen nach den landesrechtlichen Regelungen (z. B. in Bayern § 10 PAG) nur ausnahmsweise in Betracht (im Rahmen von § 28 ist die Inanspruchnahme von Nichtstörern allerdings grundsätzlich möglich, vgl. die Erläuterungen § 28 Rn. 44). Voraussetzung ist, dass andere, gleich wirksame Maßnahmen gegen (Verhaltens- oder Zustands-) Störer nicht bzw. nicht rechtzeitig eine erfolgreiche Gefahrenabwehr möglich sind, der Nichtstörer durch seine Inanspruchnahme nicht erheblich selbst gefährdet wird und nicht etwaige für ihn bestehende höherwertige Pflichten verletzt. Letztlich kann ein Nichtstörer nur als ultima ratio herangezogen werden und Adressat einer Maßnahme sein. Denkbar ist so z. B., jemandem auf Basis von § 28 Abs. 1 den Kontakt mit einem Kranken zu verbieten, z. B. wenn dieser so schwach ist, dass er ein entsprechendes an ihn gerichtetes Verbot nicht durchsetzen könnte. Entscheidend sind die Umstände des Einzelfalles unter Berücksichtigung des Verhältnismäßigkeitsgrundsatzes. 19

3. Adressaten einer Maßnahme (Störerauswahl)

a) Allgemeines. Gibt es nur einen Störer, muss die Behörde insoweit kein Auswahlermessen ausüben. Es ist jedoch möglich, dass verschiedene Personen 20 für eine Gefahrenlage verantwortlich sind. Kommen demnach mehrere Personen als Störer in Betracht, so hat die zuständige Behörde im Rahmen ihres Auswahlermessens (vgl. Rn. 12) zu bestimmen, gegen welche sie ihre Maßnahme richtet. Denkbar ist dabei insbesondere auch, dass sie gegen mehrere der Verantwortlichen eine Maßnahme ergreift (etwa Handlungsanordnung gem. § 17 Abs. 2, 3 gegen den Eigentümer einer kakerlakenverseuchten vermieteten Wohnung (als Zustandsstörer) und Duldungsanordnung gegen den Bewohner der Wohnung (als Verhaltensstörer)).

21 b) Entscheidendes Ermessenskriterium. Entscheidendes Kriterium dafür, welchen oder welche der Störer die Behörde in Anspruch nimmt, ist dabei nach richtiger Ansicht allein die Effektivität der Gefahrenabwehr. Die Behörde muss gegen die Person oder Personen vorgehen, welche am ehesten Gewähr dafür bieten, dass die Gefahrenlage schnellstmöglich und wirksam beseitigt wird. Dabei sind neben den rechtlichen Rahmenbedingungen (so ist es z. B. dem Vermieter ohne Erlass einer Duldungsverfügung gegenüber dem nicht kooperativen Mieter rechtlich nicht unproblematisch möglich, eine vermietete Wohnung zu betreten und dort eine Gefahrenquelle zu beseitigen) auch alle anderen relevanten Gesichtspunkte, wie etwa das bisherige Verhalten, die Leistungsfähigkeit etc. in die Überlegungen einzubeziehen. Im Verwaltungsakt sind die Überlegungen als Teil der störerbezogenen Ermessenserwägungen nachvollziehbar darzustellen. Ist Ergebnis der Überlegungen der Behörde, dass zwei Verantwortliche in Bezug auf die Effektivität der Gefahrenabwehr gleichermaßen ausgewählt werden können, so muss die Behörde denjenigen von diesen auswählen, den die Maßnahme weniger belastet.

VII. Anhörung

1. Allgemeines

22 Das IfSG enthält keine eigene Regelung über die Anhörung. Es kommen insoweit die allgemeinen Regelungen des Verwaltungsverfahrensrechts zum Tragen (vgl. bereits Rn. 1), so dass § 28 VwVfG (bzw. die entsprechende Landesvorschrift) Anwendung findet, wenn in die Rechte eines Beteiligten eingegriffen wird. Vgl. zu den Einzelheiten des Anhörungsverfahrens Kopp/Ramsauer, VwVfG § 28.

2. Anhörung als Ausfluss des Rechtsstaatsprinzips

23 Der in § 28 VwVfG kodifizierte Anspruch der Beteiligten auf Anhörung im Verwaltungsverfahren stellt einen Ausfluss des Rechtsstaatsprinzips dar. Grundgedanke ist es, dass der Staat den Menschen zu achten hat, was es verbietet, ihn lediglich als reines Objekt staatlichen Handelns zu betrachten.

3. Vertrauensbildung

24 Die Anhörung ist Grundvoraussetzung für den Aufbau und das Fortbestehen eines Vertrauensverhältnisses zwischen den Bürgern und der Verwaltung (vgl.

Kopp/Ramsauer, VwVfG § 28 Rn. 1). Ein solches Vertrauensverhältnis ist im Anwendungsbereich des IfSG von erheblicher Bedeutung, da dieses nach seiner Grundkonzeption in weiten Teilen die Kooperation der Beteiligten voraussetzt (vgl. § 1 Abs. 2).

4. Praxisrelevanz

Im Rahmen eines ordnungsgemäßen Anhörungsverfahrens wird den betroffenen Beteiligten Gelegenheit gegeben, sich zu den entscheidungserheblichen Tatsachen zu äußern (vgl. § 28 VwVfG bzw. entsprechende Landesvorschrift). In der Praxis ergeben sich oftmals aus den entsprechenden Äußerungen der Betroffenen die fehlenden Mosaiksteine und damit erst das vollständige Bild, welches die Gesundheitsbehörde in die Lage versetzt, eine sachgerechte und rechtmäßige Entscheidung zu treffen. Auch kann sich im Rahmen des Anhörungsverfahrens beispielsweise ergeben, dass der Betroffene die beabsichtigten Maßnahmen bereits umgesetzt hat bzw. auch ohne Erlass eines Verwaltungsaktes umsetzen wird, so dass ein solcher nicht mehr erforderlich ist (vgl. im Detail § 16 Rn. 21). Die Bedeutung der Anhörung in der Vollzugspraxis des IfSG kann damit nicht hoch genug eingeschätzt werden.

5. Absehen von der Anhörung

In bestimmten Fällen kann von einer Anhörung abgesehen werden, wenn eine solche nicht geboten ist. Derartige Fälle sind in § 28 Abs. 2 VwVfG (bzw. der entsprechenden Landesnorm) – nicht abschließend – dargestellt. Im Zusammenhang mit der oftmals gegebenen Eilbedürftigkeit von Anordnungen nach dem IfSG kommt im Einzelfall insbesondere ein Absehen nach § 28 Abs. 2 Nr. 1 VwVfG in Betracht. Voraussetzung dafür ist, dass Gefahr im Verzug ist. Dies ist dann der Fall, wenn aus ex-ante Sicht (also zum Zeitpunkt der Entscheidung über die Maßnahme) davon auszugehen ist, dass auch bei kürzestmöglichen Anhörungsfristen eine Anhörung einen solchen Zeitverlust mit sich brächte, dass mit hoher Wahrscheinlichkeit der Zweck der Maßnahme nicht mehr erreicht werden könnte (vgl. mwN Fehling/Kastner, § 28 VwVfG Rn. 36). Unter rechtsstaatlichen Gesichtspunkten ist in derartigen Fällen die Anordnung auf das unerlässliche Mindestmaß zu beschränken (vgl. Fehling/Kastner, § 28 VwVfG Rn. 36) und darf nur diejenigen Anordnungspunkte enthalten, in Bezug auf die eine Anhörung den Erfolg der Maßnahme wie beschrieben hochwahrscheinlich vereiteln würde.

§ 15a Durchführung der infektionshygienischen und hygienischen Überwachung

(1) Bei der Durchführung der folgenden infektionshygienischen oder hygienischen Überwachungen unterliegen Personen, die über Tatsachen Auskunft geben können, die für die jeweilige Überwachung von Bedeutung sind, den in Absatz 2 genannten Pflichten und haben die mit der jeweiligen Überwachung beauftragten Personen die in Absatz 3 genannten Befugnisse:

1. infektionshygienische Überwachung durch das Gesundheitsamt nach § 23 Absatz 6 und 6a,
2. infektionshygienische Überwachung durch das Gesundheitsamt nach § 36 Absatz 1 und 2,
3. hygienische Überwachung durch das Gesundheitsamt nach § 37 Absatz 3 und
4. infektionshygienische Überwachung durch die zuständige Behörde nach § 41 Absatz 1 Satz 2.

(2) Personen, die über Tatsachen Auskunft geben können, die für die Überwachung von Bedeutung sind, sind verpflichtet, den mit der Überwachung beauftragten Personen auf Verlangen die erforderlichen Auskünfte insbesondere über den Betrieb und den Betriebsablauf einschließlich dessen Kontrolle zu erteilen und Unterlagen einschließlich dem tatsächlichen Stand entsprechende technische Pläne vorzulegen. Der Verpflichtete kann die Auskunft auf solche Fragen verweigern, deren Beantwortung ihn selbst oder einen der in § 52 Absatz 1 der Strafprozessordnung bezeichneten Angehörigen der Gefahr aussetzen würde, wegen einer Straftat oder einer Ordnungswidrigkeit verfolgt zu werden; Entsprechendes gilt für die Vorlage von Unterlagen.

(3) Die mit der Überwachung beauftragten Personen sind, soweit dies zur Erfüllung ihrer Aufgaben erforderlich ist, befugt,
1. Betriebsgrundstücke, Betriebs- und Geschäftsräume, zum Betrieb gehörende Anlagen und Einrichtungen sowie Verkehrsmittel zu Betriebs- und Geschäftszeiten zu betreten und zu besichtigen,
2. sonstige Grundstücke sowie Wohnräume tagsüber an Werktagen zu betreten und zu besichtigen,
3. in die Bücher oder sonstigen Unterlagen Einsicht zu nehmen und hieraus Abschriften, Ablichtungen oder Auszüge anzufertigen,
4. sonstige Gegenstände zu untersuchen oder
5. Proben zur Untersuchung zu fordern oder zu entnehmen.

Der Inhaber der tatsächlichen Gewalt ist verpflichtet, den Beauftragten der zuständigen Behörde oder des Gesundheitsamtes die Grundstücke, Räume, Anlagen, Einrichtungen und Verkehrsmittel sowie sonstigen Gegenstände zugänglich zu machen. Das Grundrecht der Unverletzlichkeit der Wohnung (Artikel 13 Absatz 1 des Grundgesetzes) wird insoweit eingeschränkt.

(4) Weitergehende Pflichten und Befugnisse, insbesondere unter den Voraussetzungen der §§ 16 oder 17 oder nach den Vorschriften des 5. Abschnitts, bleiben unberührt.

Übersicht

	Rn.
A. Allgemeines	1
B. Anwendungsbereich der Vorschrift (Abs. 1)	2
I. Allgemeines	2
II. Betroffene Überwachungen (Nr. 1–4)	3
III. Kenntnisträger als Verpflichtete	4
1. Kenntnisträger	4
2. Praxishinweis	4

Durchführung der infektionshygienischen Überwachung § 15a IfSG

	Rn.
IV. Beauftragte als Berechtigte	5
V. Inhalt und Umfang der Pflichten bzw. Rechte	6
VI. Weitergehende Rechte und Befugnisse	7
C. Inhalt und Umfang der Pflichten der Kenntnisträger im Rahmen der Überwachung (Abs. 2)	8
I. Allgemeines	8
II. Einzelheiten	9
1. Überwachung nach Abs. 1	9
2. Verpflichtete	10
3. Auf Verlangen	11
4. Zu den einzelnen Pflichten	12
a) Allgemeines	12
b) Auskunftspflicht (S. 1)	12a
c) Vorlagepflicht (S. 1)	13
5. Auskunfts- und Vorlageverweigerungsrecht (S. 2)	14
III. Pflicht der räumlichen Zugänglichmachung	15
D. Befugnisse der Beauftragten im Rahmen der Überwachung (Abs. 3)	16
I. Allgemeines	16
II. Tatbestandliche Voraussetzungen	17
III. Rechtsfolgen	18
1. Allgemeines	18
2. Entschließungs- und Auswahlermessen	19, 20
3. Beauftragte Personen (S. 1)	21
a) Allgemeines	21
b) Beauftragte	22
4. Die einzelnen Rechte der beauftragten Personen (S. 1)	23
a) Betretungs- und Besichtigungsrecht (S. 1 Nr. 1)	23
b) Betretungs- und Besichtigungsrecht (S. 1 Nr. 2)	24
c) Einsichts- und Abschriftsrecht (S. 1 Nr. 3)	25
d) Untersuchungsrecht (S. 1 Nr. 4)	26
e) Recht, Proben zu fordern und zu entnehmen (S. 1 Nr. 5)	27
IV. Pflicht der räumlichen Zugänglichmachung (S. 2)	28
E. Weitergehende Pflichten und die Befugnisse für Ermittlungen oder Maßnahmen (Abs. 4)	29

A. Allgemeines

§ 15a wurde durch das PpSG in das IfSG eingefügt. Die Vorschrift war im 1 ursprünglichen Gesetzentwurf der Bundesregierung zum PpSG (BT-Drs. 19/6337) noch nicht enthalten und wurde erst in Folge der Beschlussempfehlung des Ausschusses für Gesundheit (BT-Drs. 19/5593) aufgenommen. Ausweislich der Begründung der Beschlussempfehlung (S. 112) stellt § 15a eine eigenständige und zentrale Regelung im IfSG in Bezug auf die Pflichten der Betroffenen (Abs. 2) sowie die Befugnisse des Gesundheitsamtes bzw. der zuständigen Behörde (Abs. 3, vgl. zu den Begriffen § 2 Rn. 73 ff. sowie Vor § 15a Rn. 2) im Rahmen der Überwachungsaufgaben dar. Ziel der Einfügung von § 15a war es, die bislang verstreut in den jeweiligen Einzelvorschriften (z. B. § 23 Abs. 7aF, § 36 Abs. 3 aF, § 37 Abs. 3 S. 2 aF) enthaltenen Regelungen zusammenzuführen, um so mehr Rechtsklarheit insbesondere über den Umfang der behördlichen Befugnisse bei der Überwachung zu erlangen (vgl. Begründung der Beschlussempfehlung zum PpSG (BT-Drs. 19/5593, 112)).

B. Anwendungsbereich der Vorschrift (Abs. 1)

I. Allgemeines

2 Abs. 1 bestimmt, bei welchen Überwachungsaufgaben welche Personen die sich aus Abs. 2 ergebenden Pflichten bzw. aus Abs. 3 ergebenden Rechte haben und regelt so den Anwendungsbereich der Vorschrift. Vgl. zu den neben § 15a bestehenden weitergehenden Rechten und Befugnissen Rn. 7.

II. Betroffene Überwachungen (Nr. 1–4)

3 Die Pflichten aus Abs. 2 sowie die Rechte aus Abs. 3 bestehen nur in Bezug auf die in den Abs. 1 Nr. 1–4 genannten infektionshygienischen bzw. hygienischen Überwachungen.

III. Kenntnisträger als Verpflichtete

1. Kenntnisträger

4 Verpflichtet aus § 15a sind nur diejenigen Personen, die über Tatsachen Auskunft geben können, die für die betroffenen Überwachungen (vgl. Rn. 3) von Bedeutung sind (Kenntnisträger). Entscheidend bei der Beurteilung, ob eine Person Auskunft über relevante Tatsachen geben kann, ist allein die (theoretische) Fähigkeit zur Auskunft. Eine Person ist deshalb auch dann Kenntnisträger und damit aus Abs. 2 verpflichtet, wenn sie die tatsächliche Sachherrschaft über entsprechende Unterlagen hat, ohne deren Inhalt zu kennen.

2. Praxishinweis

Die Voraussetzungen (vgl. Rn. 4) können dann als erfüllt angenommen werden, wenn das Gesundheitsamt bzw. die zuständige Behörde unter Beachtung des Untersuchungsgrundsatzes (vgl. § 24 VwVfG bzw. entsprechende Landesnorm) auf Basis der erfolgten Feststellungen und vorliegenden Erfahrungswerte vernünftigerweise davon ausgehen darf, dass die betroffene Person im genannten Sinne Kenntnisträger in Bezug auf die jeweiligen Tatsachen ist.

IV. Beauftragte als Berechtigte

5 Berechtigt sind die mit der jeweiligen Überwachung beauftragten Personen. Die Auswahl der Personen, welche als Beauftragte tätig werden, liegt – wie im Rahmen des § 16 Abs. 2 (vgl. § 16 Rn. 40) – im Ermessen des Gesundheits-

amtes bzw. der zuständigen Behörde. Mindestanforderung dürfte aber sein, dass die beauftragten Personen zu der konkreten Maßnahme hinreichend qualifiziert und geeignet sind. Um Missverständnissen vorzubeugen, sollten sich die Beauftragten bei ihrer Tätigkeit hinreichend legitimieren können.

V. Inhalt und Umfang der Pflichten bzw. Rechte

Inhalt und Umfang der Pflichten bzw. Rechte ergeben sich aus Abs. 2 **6** (Pflichten) sowie Abs. 3 (Rechte).

VI. Weitergehende Rechte und Befugnisse

Weitergehende Rechte und Befugnisse, insbesondere bei Maßnahmen der **7** Verhütung und Bekämpfung, können sich aus den jeweiligen Vorschriften ergeben (vgl. z. B. § 16 Abs. 2, § 25, § 30 Abs. 3) und bleiben, wie sich aus Abs. 4 ergibt, neben den Regelungen des § 15a bestehen.

C. Inhalt und Umfang der Pflichten der Kenntnisträger im Rahmen der Überwachung (Abs. 2)

I. Allgemeines

Abs. 2 greift – ebenso wie Abs. 3 – ausweislich der Begründung der Be- **8** schlussempfehlung zum PpSG (BT-Drs. 19/5593, 112) die vor den Änderungen durch das PpSG in § 23 Abs. 7 aF sowie § 36 Abs. 3 aF enthaltenen Regelungen auf und schafft darüber hinaus auch für die Überwachung nach § 37 Abs. 3 S. 2 und § 41 Abs. 1 S. 3 eine – so die Begründung – an die Situation der Überwachung angepasste Rechtsgrundlage. Inhaltlich lehnt sich Abs. 2 an § 16 Abs. 2 S. 2–4 (vgl. § 16 Rn. 38 ff.) an und regelt den Inhalt und Umfang der Pflichten der Kenntnisträger (vgl. Rn. 4) im Rahmen der Überwachung nach Abs. 1. Die Rechte der mit der Überwachung beauftragten Personen sind in Abs. 3 geregelt (vgl. Rn. 16 ff.).

II. Einzelheiten

1. Überwachung nach Abs. 1

Grundvoraussetzung für die Anwendbarkeit von Abs. 2 und damit das Beste- **9** hen der in ihm genannten Pflichten ist, dass eine der in Abs. 1 Nr. 1–4 genannten Überwachungen (vgl. Rn. 3) durchgeführt wird. Auf andere (Überwachungs-)Maßnahmen ist Abs. 2 nicht anwendbar.

2. Verpflichtete

Verpflichtet aus Abs. 2 sind die sich aus Abs. 1 ergebenden Kenntnisträger **10** (vgl. Rn. 4) im Rahmen der dort spezifizierten Überwachungen (vgl. Rn. 3).

3. Auf Verlangen

11 Die Pflichten bestehen nur auf Verlangen der beauftragten Personen (vgl. zu diesen Rn. 5). Es besteht deshalb auf Basis von § 15a keine Verpflichtung der Kenntnisträger, ihre Kenntnisse ohne entsprechende Anfrage dem Gesundheitsamt oder der zuständigen Behörde mitzuteilen.

4. Zu den einzelnen Pflichten

12 a) **Allgemeines.** Abs. 2 konstituiert eine Auskunfts- sowie eine Vorlagepflicht.

12a b) **Auskunftspflicht (S. 1).** Nach dem Gesetzeswortlaut beziehen sich die zu erteilenden Auskünfte insbesondere auf den Betrieb und den Betriebsablauf einschließlich dessen Kontrolle. Wie sich aus der Formulierung ‚insbesondere' ergibt, handelt es sich bei diesen beiden Auskunftsinhalten um eine nicht abschließende, beispielhafte Aufzählung, so dass die Auskunftspflicht sämtliche für die Überwachung relevante Tatsachen umfasst. In bestimmten Fällen kann nach S. 2 ein Recht bestehen, die Auskunft zu verweigern, vgl. Rn. 14.

13 c) **Vorlagepflicht (S. 1).** Ebenso wie die Auskunftspflicht ist die Vorlagepflicht umfassend, so dass sämtliche für die konkrete Überwachung relevante Unterlagen vorzulegen sind. Keine Relevanz hat dabei die physische Form der Unterlagen, so dass auch solche Unterlagen (in einer lesbaren Form, erforderlichenfalls als Ausdruck) vorzulegen sind, die in Datenverarbeitungsanlagen, Clouds, auf elektronischen Datenträgern (z. B. Festplatten, USB-Sticks, CD-ROMs, Solid-State-Drives etc.) gespeichert sind. Aus dem Kreis der vorzulegenden Unterlagen besonders hervorgehoben hat der Gesetzgeber die technischen Pläne, indem er sie als Beispiel im Wortlaut aufführt. Diese müssen dem tatsächlichen Stand entsprechen. Ist dies zum Zeitpunkt, in welchem die Pläne angefordert (vgl. Rn. 11) werden, nicht der Fall, so müssen die technischen Pläne zur Vorlage entsprechend aktualisiert werden.

5. Auskunfts- und Vorlageverweigerungsrecht (S. 2)

14 S. 2 räumt dem Verpflichteten (Rn. 10) das Recht ein, die Auskunft auf solche Fragen verweigern, deren Beantwortung ihn selbst oder einen der in § 52 Abs. 1 der Strafprozessordnung bezeichneten Angehörigen der Gefahr aussetzen würde, wegen einer Straftat oder einer Ordnungswidrigkeit verfolgt zu werden. Die Regelung gilt entsprechend für für die Vorlage von Unterlagen.

III. Pflicht der räumlichen Zugänglichmachung

15 Die Pflicht, den Beauftragten räumlichen Zugang zu gewähren, ist in Abs. 3 S. 2 geregelt. Vgl. dazu Rn. 28.

D. Befugnisse der Beauftragten im Rahmen der Überwachung (Abs. 3)

I. Allgemeines

Abs. 3 greift – wie Abs. 2 – ausweislich der Begründung der Beschlussempfehlung zum PpSG (BT-Drs. 19/5593 S. 112) die vor den Änderungen durch das PpSG in § 23 Abs. 7 aF sowie § 36 Abs. 3 aF enthaltenen Regelungen auf. Ebenso wie diese regelt er den Inhalt und Umfang der Rechte im Rahmen der Überwachung und stellt dafür die erforderliche Rechtsgrundlage zur Verfügung (vgl. auch die Begründung der Beschlussempfehlung zum PpSG (BT-Drs. 19/5593 S. 112)). Darüber hinaus enthält er in S. 2 die Pflicht, den Beauftragten des Gesundheitsamtes oder der zuständigen Behörde die Grundstücke, Räume, Anlagen, Einrichtungen und Verkehrsmittel sowie sonstigen Gegenstände zugänglich zu machen.

16

II. Tatbestandliche Voraussetzungen

Abs. 3 flankiert die Tätigkeit des Gesundheitsamtes bzw. der zuständigen Behörde im Rahmen der in Abs. 1 genannten Überwachungen (vgl. Rn. 3). Er setzt deshalb für seine Anwendung voraus, dass eine Überwachungstätigkeit nach Maßgabe von Abs. 1 vorliegt. Vgl. dazu Rn. 2 ff.

17

III. Rechtsfolgen

1. Allgemeines

Liegen die tatbestandlichen Voraussetzungen vor, kann die vom Gesundheitsamt oder der zuständigen Behörde beauftragte Person auf Basis von Abs. 3 die in ihm genannten Maßnahmen ergreifen. Dabei gewährt Abs. 3 neben dem Entschließungs- auch ein Auswahlermessen.

18

2. Entschließungs- und Auswahlermessen

Die vom Gesundheitsamt oder der zuständigen Behörde beauftragte Person muss ihr Entschließungs- wie auch ihr Auswahlermessen bzgl. der in Abs. 3 genannten Maßnahmen pflichtgemäß ausüben. Das Auswahlermessen ist dabei auf die in Abs. 3 aufgeführten Maßnahmen beschränkt. Darüber hinaus sind die Rechte der beauftragten Personen jeweils in Bezug auf den Umfang der Maßnahme auf dasjenige Maß beschränkt, das für die ordnungsgemäße Überwachung nach Abs. 1 erforderlich ist (vgl. Wortlaut ‚soweit dies zur Erfüllung ihrer Aufgaben erforderlich ist …'). Dies bedeutet beispielsweise, dass nach Abs. 3 S. 1 Nr. 3 nur Einsicht in die jeweiligen Unterlagen genommen werden darf, soweit sich aus diesen für die konkrete Überwachung relevante Inhalte erwarten lassen. Ebenso dürfen Grundstücke gemäß Abs. 3 S. 1 Nr. 1 und insbesondere Nr. 2 nur dann und insoweit betreten werden, wie dies zur Überwachung notwendig ist. Letzteres ist nur insoweit der Fall, als dass die Rechtewahrnehmung dem Überwachungszweck bei fachlicher Betrachtung

19, 20

dienlich ist. Nicht zulässig wäre es deshalb beispielsweise, einen Raum zu betreten, in welchem sich ersichtlich keinerlei für die konkrete Überwachung relevante Einrichtungen, Unterlagen oder sonstige Gegenstände befinden, es sei denn, dass es zum Betreten eines Raums, in welchem sich Einrichtungen, Unterlagen oder sonstige Gegenstände befinden, erforderlich ist.

3. Beauftragte Personen (S. 1)

21 **a) Allgemeines.** Berechtigt zu Maßnahmen nach Abs. 3 sind die beauftragten Personen. Die Beauftragung muss durch das Gesundheitsamt (in den Fällen von Abs. 1 Nr. 1–3) bzw. die zuständige Behörde (im Fall des Abs. 1 Nr. 4) erfolgt sein. Vgl. zum Begriff des Gesundheitsamtes die Erläuterungen § 2 Rn. 73 ff., zur zuständigen Behörde Vor §§ 15a Rn. 2.

22 **b) Beauftragte.** Die Auswahl der Personen, welche als Beauftragte tätig werden, liegt im Ermessen des Gesundheitsamtes bzw. der zuständigen Behörde. Mindestanforderung dürfte aber sein, dass sie zur der konkreten Maßnahme hinreichend qualifiziert und geeignet sind. Um Missverständnissen vorzubeugen, sollten sich die Beauftragten bei ihrer Tätigkeit hinreichend legitimieren können.

4. Die einzelnen Rechte der beauftragten Personen (S. 1)

23 **a) Betretungs- und Besichtigungsrecht (S. 1 Nr. 1).** Das Betretungs- und Besichtigungsrecht nach S. 1 Nr. 1 bezieht sich auf Betriebsgrundstücke, Betriebs- und Geschäftsräume, zum Betrieb gehörende Anlagen und Einrichtungen sowie Verkehrsmittel zu Betriebs- und Geschäftszeiten. Sofern eine Durchsuchung erforderlich sein sollte, ist der Richtervorbehalt aus Art. 13 Abs. 2 GG zu beachten.

24 **b) Betretungs- und Besichtigungsrecht (S. 1 Nr. 2).** In Abgrenzung zu Nr. 1 gibt Nr. 2 das Recht, sonstige, nicht von Nr. 1 erfasste Grundstücke sowie Wohnräume tagsüber an Werktagen zu betreten und zu besichtigen. Die Begründung der Beschlussempfehlung zum PpSG (BT-Drs. 19/5593 S. 112) führt insoweit aus, dass diese Rechte im Rahmen der Überwachung von ambulanten Pflegediensten, die ambulante Intensivpflege in Einrichtungen, Wohngruppen oder sonstigen gemeinschaftlichen Wohnformen erbringen, benötigt werden. Vgl. dazu im Einzelnen § 23 Abs. 6a sowie die Erläuterungen § 23 Rn. 66 ff. Darüber hinaus können, so die Beschlussempfehlung, diese Befugnisse in Einzelfällen auch bei anderen Überwachungen erforderlich sein, etwa für die Entnahme von Trinkwasserproben aus einer Hausinstallation, für das Betreten von Wohnräumen in einem Pflegeheim oder für die Überwachung von Einrichtungen zur Abwasserbeseitigung, wenn es sich bei dem Abwasserbeseitigungspflichtigen um eine Privatperson handelt.

25 **c) Einsichts- und Abschriftsrecht (S. 1 Nr. 3).** Nr. 3 berechtigt dazu, in die Bücher oder sonstigen Unterlagen Einsicht zu nehmen und hieraus Abschriften, Ablichtungen oder Auszüge anzufertigen. Die sonstigen Unterlagen

umfassen – spiegelbildlich zu Abs. 2. S. 1 (vgl. Rn. 13) und wie bei § 16 Abs. 2 (vgl. § 16 Rn. 43) – sämtliche Daten unabhängig von ihrer physischen Form, so dass auch solche Unterlagen (in einer lesbaren Form, erforderlichenfalls als Ausdruck) vorzulegen sind, die in Datenverarbeitungsanlagen, Clouds, auf elektronischen Datenträgern (z. B. Festplatten, USB-Sticks, CD-ROMs, Solid-State-Drives etc.) gespeichert sind. Eine andere Interpretation würde die Vorschrift leerlaufen lassen.

d) Untersuchungsrecht (S. 1 Nr. 4). In Nr. 4 ist das Recht enthalten, 26 sonstige Gegenstände zu untersuchen. Der Begriff ‚sonstige' grenzt den Anwendungsbereich von Nr. 4 von jenem der Nr. 3 ab. Sonstige Gegenstände sind sämtliche Gegenstände bis auf die von Nr. 3 erfassten Bücher und sonstigen Unterlagen (vgl. zu diesen Rn. 25).

e) Recht, Proben zu fordern und zu entnehmen (S. 1 Nr. 5). Proben 27 zur Untersuchung können nach Nr. 5 sowohl gefordert als auch entnommen werden, somit enthält Nr. 5 zwei alternative Rechte. Während in der Alternative, dass die Probe ‚gefordert' wird, diese vom Verpflichteten (vgl. Rn. 4) zu entnehmen und dann beizubringen ist, erfolgt dies in der 2. Alternative durch die beauftragte Person (vgl. zu dieser Rn. 21). Wie auch im Rahmen des § 16 Abs. 2 (vgl. § 16 Rn. 44) umfasst die Probeentnahme in beiden Alternativen nicht die Entnahme von Proben aus dem menschlichen Körper. Eine solche ist indes unter den Voraussetzungen des § 25 Abs. 3 möglich, vgl. dazu die Erläuterungen § 25 Rn. 30 ff.

IV. Pflicht der räumlichen Zugänglichmachung (S. 2)

Aus S. 2 ergibt sich die Pflicht, den Beauftragten des Gesundheitsamtes oder 28 der zuständigen Behörde die Grundstücke, Räume, Anlagen, Einrichtungen und Verkehrsmittel sowie sonstigen Gegenstände zugänglich zu machen. Diese Pflicht trifft jedoch – abweichend von den Pflichten nach Abs. 2, den Inhaber der tatsächlichen Gewalt.

E. Weitergehende Pflichten und die Befugnisse für Ermittlungen oder Maßnahmen (Abs. 4)

Nach Abs. 4 bleiben sich aus anderen Vorschriften des Gesetzes ergebende 29 weitergehende Pflichten und Befugnisse für Ermittlungen oder Maßnahmen unberührt (vgl. auch Begründung der Beschlussempfehlung zum PpSG (BT-Drs. 19/5593, 112)).

§ 16 Allgemeine Maßnahmen zur Verhütung übertragbarer Krankheiten

(1) Werden Tatsachen festgestellt, die zum Auftreten einer übertragbaren Krankheit führen können, oder ist anzunehmen, dass solche Tatsachen vorliegen, so trifft die zuständige Behörde die notwendigen Maßnahmen zur Abwendung der dem Einzelnen oder der Allgemeinheit hierdurch drohenden Gefahren. Im

Rahmen dieser Maßnahmen können von der zuständigen Behörde personenbezogene Daten erhoben werden; diese dürfen nur von der zuständigen Behörde für Zwecke dieses Gesetzes verarbeitet werden.

(2) In den Fällen des Absatzes 1 sind die Beauftragten der zuständigen Behörde und des Gesundheitsamtes zur Durchführung von Ermittlungen und zur Überwachung der angeordneten Maßnahmen berechtigt, Grundstücke, Räume, Anlagen und Einrichtungen sowie Verkehrsmittel aller Art zu betreten und Bücher oder sonstige Unterlagen einzusehen und hieraus Abschriften, Ablichtungen oder Auszüge anzufertigen sowie sonstige Gegenstände zu untersuchen oder Proben zur Untersuchung zu fordern oder zu entnehmen. Der Inhaber der tatsächlichen Gewalt ist verpflichtet, den Beauftragten der zuständigen Behörde und des Gesundheitsamtes Grundstücke, Räume, Anlagen, Einrichtungen und Verkehrsmittel sowie sonstige Gegenstände zugänglich zu machen. Personen, die über die in Absatz 1 genannten Tatsachen Auskunft geben können, sind verpflichtet, auf Verlangen die erforderlichen Auskünfte insbesondere über den Betrieb und den Betriebsablauf einschließlich dessen Kontrolle zu erteilen und Unterlagen einschließlich dem tatsächlichen Stand entsprechende technische Pläne vorzulegen. Der Verpflichtete kann die Auskunft auf solche Fragen verweigern, deren Beantwortung ihn selbst oder einen der in § 383 Abs. 1 Nr. 1 bis 3 der Zivilprozessordnung bezeichneten Angehörigen der Gefahr strafrechtlicher Verfolgung oder eines Verfahrens nach dem Gesetz über Ordnungswidrigkeiten aussetzen würde; Entsprechendes gilt für die Vorlage von Unterlagen.

(3) Soweit es die Aufklärung der epidemischen Lage erfordert, kann die zuständige Behörde Anordnungen über die Übergabe von in Absatz 2 genannten Untersuchungsmaterialien zum Zwecke der Untersuchung und Verwahrung an Institute des öffentlichen Gesundheitsdienstes oder andere vom Land zu bestimmende Einrichtungen treffen.

(4) Das Grundrecht der Unverletzlichkeit der Wohnung (Artikel 13 Abs. 1 Grundgesetz) wird im Rahmen der Absätze 2 und 3 eingeschränkt.

(5) Wenn die von Maßnahmen nach den Absätzen 1 und 2 betroffenen Personen geschäftsunfähig oder in der Geschäftsfähigkeit beschränkt sind, hat derjenige für die Erfüllung der genannten Verpflichtung zu sorgen, dem die Sorge für die Person zusteht. Die gleiche Verpflichtung trifft den Betreuer einer von Maßnahmen nach den Absätzen 1 und 2 betroffenen Person, soweit die Erfüllung dieser Verpflichtung zu seinem Aufgabenkreis gehört.

(6) Die Maßnahmen nach Absatz 1 werden auf Vorschlag des Gesundheitsamtes von der zuständigen Behörde angeordnet. Kann die zuständige Behörde einen Vorschlag des Gesundheitsamtes nicht rechtzeitig einholen, so hat sie das Gesundheitsamt über die getroffene Maßnahme unverzüglich zu unterrichten.

(7) Bei Gefahr im Verzuge kann das Gesundheitsamt die erforderlichen Maßnahmen selbst anordnen. Es hat die zuständige Behörde unverzüglich hiervon zu unterrichten. Diese kann die Anordnung ändern oder aufheben. Wird die Anordnung nicht innerhalb von zwei Arbeitstagen nach der Unterrichtung aufgehoben, so gilt sie als von der zuständigen Behörde getroffen.

(8) Widerspruch und Anfechtungsklage gegen Maßnahmen nach den Absätzen 1 bis 3 haben keine aufschiebende Wirkung.

Allgemeine Maßnahmen zur Verhütung übertragbarer Krankheiten § 16 IfSG

Übersicht

	Rn.
A. Allgemeines	1
I. Inhalt	1
II. Letzte Änderungen	1a
1. Durch das 2. DSAnpUG-EU	1a
2. Durch das 2. COVIfSGAnpG	1b
3. Durch das 3. COVIfSGAnpG	1c
B. Maßnahmen nach Abs. 1	2
I. Allgemeines	2
II. Tatbestandliche Voraussetzungen	3
1. Konkrete Gefahr	3
a) Allgemeines	3
b) Definition	4
c) Prognoseentscheidung	5
d) Zur hinreichenden Wahrscheinlichkeit	6
e) Abgrenzung zur abstrakten Gefahr	7
2. Feststellung von Tatsachen oder Annahme, dass Tatsachen vorliegen	8
a) Allgemeines	8
b) Alternative 1 (,werden Tatsachen festgestellt')	9
c) Alternative 2 (,oder ist anzunehmen, dass solche Tatsachen vorliegen')	10
d) Relevanz der Unterscheidung zwischen den Tatbestandsalternativen, Gefahrerforschungseingriffe	12
e) Abgrenzungsbeispiel	13
III. Rechtsfolgen	14
1. Allgemeines	14
2. Vorschlag des Gesundheitsamtes (Abs. 6)	15
3. Auswahlermessen bzgl. der zu ergreifenden Maßnahmen	16, 16a
a) Allgemeines	16, 16a
b) Mittel und Zweck	17
c) Geeignetheit (Zweckmäßigkeit)	20
d) Erforderlichkeit (Interventionsminimum)	21
e) Angemessenheit	24
IV. Insbesondere: Maßnahmen im Zusammenhang mit der SARS-CoV-2 – Pandemie	27a
V. Der Adressat einer Maßnahme, Störerauswahl	28
1. Allgemeines	28
2. Geschäftsunfähige, beschränkt geschäftsfähige und betreute Personen	29
VI. Sofortige Vollziehbarkeit	30
VII. Praxishinweise	31
1. Vollständige gerichtliche Überprüfbarkeit	31
2. Geschäftsunfähige, beschränkt geschäftsfähige und betreute Personen	32
VIII. Zuwiderhandlungen, zwangsweise Durchsetzung	33
IX. Datenschutz	33a
C. Maßnahmen nach Abs. 2	34
I. Allgemeines	34
II. Tatbestandliche Voraussetzungen	35

Gerhardt

	Rn.
III. Rechtsfolgen	36
1. Allgemeines	36
2. Entschließungs- und Auswahlermessen	37
3. Rechte des Gesundheitsamts, der zuständigen Behörde, der Beauftragten (S. 1)	38
a) Allgemeines	38
b) Gesundheitsamt, zuständige Behörde	39
c) Beauftragte	40
d) Die einzelnen Rechte (S. 1)	41
IV. Pflichten der Betroffenen (S. 2, 3)	45
1. Allgemeines	45
2. Pflichten nach S. 2	46
3. Pflichten nach S. 3	47
a) Allgemeines	47
b) Auskunfts- und Vorlagepflicht von Ärzten und anderen Personen mit berufsbedingten Schweigepflichten	48
4. Ausnahmen	49
V. Der Adressat einer Maßnahme, Störerauswahl	50
1. Allgemeines	50
2. Geschäftsunfähige, beschränkt geschäftsfähige und betreute Personen	51
VI. Sofortige Vollziehbarkeit	52
VII. Praxishinweise	53
1. Vollständige gerichtliche Überprüfbarkeit	53
2. Geschäftsunfähige, beschränkt geschäftsfähige und betreute Personen	54
VIII. Zuwiderhandlungen, zwangsweise Durchsetzung	55
D. Anordnungen über die Übergabe von Untersuchungsmaterialien (Abs. 3)	56
E. Anordnungen gegenüber Betreuten, Geschäftsunfähigen bzw. beschränkt Geschäftsfähigen (Abs. 5)	57
F. Maßnahmen nach Abs. 1 auf Vorschlag des Gesundheitsamtes, Gefahr im Verzug (Abs. 6 und 7)	58
I. Vorschlag des Gesundheitsamtes (Abs. 6)	58
1. Relevanz	58
2. Keine Bindungswirkung des Vorschlags des Gesundheitsamtes	59
II. Gefahr im Verzug (Abs. 7)	60
1. Allgemeines	60
2. Definition	61
3. Unverzügliche Unterrichtung, Änderung, Aufhebung	62
4. Anhörung	63
G. Sofortige Vollziehbarkeit (Abs. 8)	64

A. Allgemeines

I. Inhalt

§ 16 Abs. 1 entspricht im Wesentlichen § 10 Abs. 1 BSeuchG und stellt die **1** Generalklausel für Maßnahmen zur Verhütung übertragbarer Krankheiten nach dem IfSG dar (in Bezug auf die Bekämpfung übertragbarer Krankheiten ist § 28 die Generalklausel, vgl. § 28 Rn. 1 ff.). Diese grundsätzliche Einordnung bedeutet indes nicht, dass Maßnahmen nach § 28 nicht auch präventive Folgen haben können und Maßnahmen nach § 16 nicht auch der Bekämpfung übertragbarer Krankheiten dienen können und in vielen Fällen auch zwangsläufig haben bzw. tun. Vgl. deshalb zum Verhältnis von § 16 zu § 28 die Ausführungen § 28 Rn. 1a und 1b.

II. Letzte Änderungen

1. Durch das 2. DSAnpUG-EU

§ 16 wurde durch Art. 30 des Zweiten Datenschutz-Anpassungs- und Umset- **1a** zungsgesetz EU (2. DSAnpUG-EU) vom 20.11.2019 geringfügig geändert (Streichung der Wörter ‚und genutzt' in Abs. 1 S. 2).

2. Durch das 2. COVIfSGAnpG

Durch das das 2. COVIfSGAnpG wurde die Überschrift von § 16, die vor- **1b** mals „Allgemeine Maßnahmen der zuständigen Behörde" lautete, neu gefasst. Dadurch sollte eine stärkere Abgrenzung zu den Schutzmaßnahmen nach § 28 erfolgen und verdeutlicht werden, dass Schutzmaßnahmen insoweit vorrangig sind, wenn einem Einschleppungs- oder Ausbreitungsrisiko begegnet werden soll (so der Entwurf des 2. COVIfSGAnpG (BT-Drs. 19/18967, 58)).

3. Durch das 3. COVIfSGAnpG

Mit dem Ziel einer datenschutzrechtlich klareren Formulierung wurde durch **1c** das 3. COVIfSGAnpG Abs. 1 S. 2 neu gefasst, vgl. dazu Rn. 33a.

B. Maßnahmen nach Abs. 1

I. Allgemeines

Bei Vorliegen der tatbestandlichen Voraussetzungen von Abs. 1 hat die zu- **2** ständige Behörde (vgl. Vor §§ 15a Rn. 2) über zu ergreifende Maßnahmen zu entscheiden, es besteht dabei kein Entschließungsermessen, jedoch ein Auswahlermessen (vgl. zu den Ermessensarten Vor §§ 15a Rn. 10 ff.). Maßnahmen nach Abs. 1 sind grundsätzlich gem. Abs. 8 sofort vollziehbar, zu den Einzelheiten vgl. Rn. 64. Sofern Gegenstände mit meldepflichtigen Krankheitserregern behaftet sind, ist § 17 Abs. 1 einschlägig (vgl. dazu § 17

Rn. 2 ff.), bei der Feststellung von Gesundheitsschädlingen § 17 Abs. 2 (vgl. dazu § 17 Rn. 20 ff.).

II. Tatbestandliche Voraussetzungen
1. Konkrete Gefahr

3 **a) Allgemeines.** Abs. 1 setzt, dies ergibt sich aus der Formulierung ‚zur Abwendung der…drohenden Gefahren', das Bestehen einer Gefahr voraus (wie auch § 17 Abs. 1 und Abs. 2). § 16 Abs. 1 ist Teil des besonderen Gefahrenabwehrrechts. In diesem und damit auch in Abs. 1 ist unter Gefahr regelmäßig eine so genannte konkrete Gefahr zu verstehen (vgl. Vor §§ 15a Rn. 8 sowie Erbs/Kohlhaas, Strafrechtliche Nebengesetze, 207. Auflage EL März 2016, § 16 IfSG Rn. 1). Zur gerichtlichen Überprüfbarkeit der Auslegung des Tatbestandsmerkmals der konkreten Gefahr vgl. Vor §§ 15a Rn. 8. Vgl. dazu insbesondere vor dem Hintergrund der Corona-Pandemie auch die Erläuterungen Rn. 27a.

4 **b) Definition.** Der Begriff der konkreten Gefahr im IfSG meint eine Sachlage (oder ein Verhalten) bei der im Einzelfall (und nicht nur ‚typischerweise') bei verständiger Würdigung bei ungehindertem Ablauf des objektiv zu erwartenden Geschehens in naher Zukunft mit hinreichender Wahrscheinlichkeit mit einer Verletzung des geschützten Rechtsguts, welches im Rahmen des IfSG regelmäßig in der Freiheit des einzelnen Menschen vor Infektionen und übertragbaren Krankheiten zu sehen ist (vgl. § 1 Abs. 1), zu rechnen ist.

5 **c) Prognoseentscheidung.** Die Definition beinhaltet viele Prognoseelemente (‚bei verständiger Würdigung', ‚bei ungehindertem Ablauf des objektiv zu erwartenden Geschehens', ‚in naher Zukunft', ‚mit hinreichender Wahrscheinlichkeit' (siehe zu dieser auch Rn. 6)). Die Feststellung einer konkreten Gefahr stellt deshalb ihrem Wesen nach eine Prognoseentscheidung dar. Prognosen enthalten naturgemäß das Risiko, im Rückblick unzutreffend gewesen zu sein. Um dieses Risiko so gering wie möglich zu halten und den rechtsstaatlichen Anforderungen an Behördenentscheidungen gerecht zu werden, ist es von elementarer Bedeutung, dass sich die Prognoseentscheidung auf ausreichende tatsächliche Anhaltspunkte, Erfahrungswissen sowie wissenschaftliche und technische Erkenntnisse stützt (vgl. Becker, 3. Teil Rn. 126 sowie zu den Anforderungen an Tatsachenfeststellungen VG Lüneburg, NJW 2006, 3299) – reine Vermutungen, ein ‚Bauchgefühl' reichen somit nicht aus. Entscheidend für die Beurteilung, ob eine konkrete Gefahr besteht und deshalb eine bestimmte Maßnahme rechtmäßigerweise ergriffen werden kann, ist dabei allein die Situation zum Entscheidungszeitpunkt (so genannte ‚ex-ante' Betrachtung). Abzustellen ist dabei darauf, ob ein gut ausgebildeter Durchschnittsbeamter zum Entscheidungszeitpunkt unter Berücksichtigung von sämtlichen dann vorliegenden Erkenntnissen und Umständen vom Vorliegen einer konkreten Gefahr ausgehen würde. Ist dies der Fall, ist es in Bezug auf die Rechtmäßigkeit der jeweiligen Maßnahme unschädlich, wenn sich die

Beurteilung im Rückblick mit besserem Erkenntnisstand anders darstellen sollte. Hat ein solcher Beamter zum Entscheidungszeitpunkt indes noch Zweifel, ob eine konkrete Gefahr vorliegt, so kann es sich um einen Fall des Gefahrenverdachts handeln, welcher unter die 2. Tatbestandsalternative von § 16 Abs. 1 fällt (vgl. § 16 Rn. 10 ff.).

d) Zur hinreichenden Wahrscheinlichkeit. Der Eintritt der Verletzung **6** des geschützten Rechtsguts muss ‚hinreichend wahrscheinlich' sein. Eine klare Definition, wann eine solche hinreichende Wahrscheinlichkeit anzunehmen ist, existiert nicht. Es ist in der Praxis die so genannte ‚Je-desto-Formel' anzuwenden. Je bedeutsamer das geschützte Rechtsgut und je stärker dessen drohende Verletzung, desto geringer sind die an den Grad der Wahrscheinlichkeit zu stellenden Anforderungen. Vgl. dazu insbesondere vor dem Hintergrund der Corona-Pandemie die Erläuterungen Rn. 27a.

e) Abgrenzung zur abstrakten Gefahr. In Abgrenzung von der konkreten **7** Gefahr meint der Begriff der abstrakten Gefahr eine Sachlage, die typischerweise, bei abstrakt-genereller Betrachtung (unabhängig vom Einzelfall) zu einem Schaden zu führen pflegt. Eine solche bloße generelle Möglichkeit eines Schadenseintritts reicht nicht aus, eine konkrete Gefahr zu begründen. Abgrenzungsbeispiel: Eingefrorene Gewässer können insbesondere Kinder im Winter zum Betreten verleiten, auch wenn die Eisdecke nicht tragfähig genug ist (abstrakte Gefahr). Diese abstrakte Gefahr wird dann zu einer konkreten Gefahr, wenn Kinder sich einem See nähern, der keine tragfähige Eisdecke hat, um ihn zu betreten.

2. Feststellung von Tatsachen oder Annahme, dass Tatsachen vorliegen

a) Allgemeines. Die konkrete Gefahr muss sich entweder aus festgestellten **8** oder angenommenen Tatsachen ergeben. § 16 Abs. 1 beinhaltet damit zwei Tatbestandsalternativen (wie auch § 25 Abs. 1, vgl. § 25 Rn. 5 ff.). Die Unterscheidung hat für die Rechtsfolgenseite eine erhebliche Bedeutung (vgl. Rn. 12). Vgl. dazu insbesondere vor dem Hintergrund der Corona-Pandemie die Erläuterungen Rn. 27a.

b) Alternative 1 (‚werden Tatsachen festgestellt'). Bei der 1. Alternative **9** stehen diejenigen Tatsachen, welche die konkrete Gefahr begründen, zum Entscheidungszeitpunkt fest. Feststehen bedeutet dabei, dass die zuständige Behörde unter Beachtung des Untersuchungsgrundsatzes (§ 24 VwVfG bzw. entsprechende Landesnorm) auf Basis ihrer Feststellungen vernünftigerweise davon ausgehen darf, dass die Tatsachen tatsächlich vorliegen.

c) Alternative 2 (‚oder ist anzunehmen, dass solche Tatsachen vor- **10** **liegen'). aa) Allgemeines.** Bei Alternative 2 stehen die Tatsachen, welche die konkrete Gefahr begründen, gerade noch nicht in dem vorgenannten Sinne fest. Es handelt sich bei Alternative 2 der Sache nach um einen so genannten Gefahrenverdacht. Auch das Vorliegen eines solchen Gefahrenverdachts reicht nach dem klaren Wortlaut zur Erfüllung der tatbestandlichen

IfSG § 16 4. Abschnitt. Verhütung übertragbarer Krankheiten

Voraussetzungen von § 16 Abs. 1 aus. Grund für die Einbeziehung des Gefahrenverdachts in den Tatbestand des § 16 Abs. 1 ist es, die zuständige Behörde bereits im Vorfeld des Ausbruchs einer übertragbaren Krankheit zu seiner Bekämpfung zu ermächtigen (vgl. VG Düsseldorf, Beschluss vom 9.6.2008 – 5 L 844/08).

11 bb) Gefahrenverdacht. Ein der 2. Tatbestandsalternative zugrundeliegender Gefahrenverdacht liegt vor, wenn der Behörde zu dem Zeitpunkt, zu welchem sie über ein Einschreiten entscheidet, bereits durch Tatsachen erhärtete Anhaltspunkte vorliegen, welche die Annahme einer konkreten Gefahr nahelegen, sie sich aber bewusst ist, dass noch Ermittlungsbedarf besteht und ihr noch keine abschließende Entscheidung über das Vorliegen sämtlicher Voraussetzungen der konkreten Gefahr möglich ist (vgl. VG Düsseldorf, Urteil vom 14.1.2009, 5 K 6458/08). Bloße Vermutungen ohne Tatsachengrundlage reichen demgegenüber nicht aus, um einen Gefahrenverdacht zu begründen (vgl. zu einem solchen Fall VG Stuttgart, NJW 2005, 1404). Der Übergang zwischen Gefahr und Gefahrenverdacht ist fließend.

12 d) Relevanz der Unterscheidung zwischen den Tatbestandsalternativen, Gefahrerforschungseingriffe. Für die Erfüllung der tatbestandlichen Voraussetzungen reicht jede der beiden Tatbestandsalternativen aus. Liegt lediglich ein Gefahrenverdacht vor, ist dies jedoch bei der Auswahl der zu ergreifenden Maßnahme unter dem Gesichtspunkt der Verhältnismäßigkeit (vgl. Rn. 16 ff.) besonders zu berücksichtigen. Zunächst sind bei einem Gefahrenverdacht regelmäßig lediglich so genannte Gefahrerforschungseingriffe angezeigt, die dazu dienen, festzustellen, ob überhaupt eine konkrete Gefahr vorliegt, die ein weiteres Eingreifen erforderlich macht. Dazu können insbesondere die Befugnisse aus § 16 Abs. 2 genutzt werden (vgl. zu diesen im Einzelnen die Erläuterungen Rn. 34 ff.). Auch kommen vorläufige Maßnahmen (etwa eine zeitlich befristete Untersagung zur Durchführung von Operationen bis etwaige Infektionsrisiken in einem OP geklärt sind) in Betracht. Endgültige Maßnahmen dürfen unter dem Gesichtspunkt der Verhältnismäßigkeit nur in Ausnahmefällen angeordnet werden. Ein solcher Ausnahmefall kann beispielsweise gegeben sein, wenn der Verdacht sich auf eine Gefahr von ganz erheblichem Ausmaß bezieht (z. B. bei einem durch Tatsachen erhärteten Ebolaverdacht in einem vollbesetzten Fußballstadion). Nach BVerwGE 39, 190 ff. sind Ausnahmefälle auch gegeben, wenn eine vorläufige Maßnahme den Verdacht nicht mit Sicherheit ausräumen kann, die angenommene Gefahr vergrößert würde (z. B. wegen der damit verbundenen zeitlichen Verzögerung, vgl. BVerwGE 12, 87 – Endiviensalatfall), die vorläufige Maßnahmen im Verhältnis zu dem Wert des Gegenstandes zu kostspielig und der Eigentümer zur Übernahme der Kosten nicht bereit ist oder wenn sie zur Vernichtung des Gegenstandes führen würde.

13 e) Abgrenzungsbeispiel. In einer Klinik wird ein neuer OP gebaut. Bereits zu Baubeginn ist anhand der Planungen ersichtlich, dass mangels vorgesehener entsprechender Desinfektionsmittelspender eine ausreichende chirurgische Händedesinfektion nicht möglich sein wird. Bei einem OP ohne Möglichkeit der chirurgischen Händedesinfektion handelt es sich grundsätzlich um eine Sachlage, bei der bei bestimmten noch hinzutretenden Ereignissen (Aufnahme des OP-Betriebs) zwar mit hinreichender Wahrscheinlichkeit mit dem Eintritt eines Schadens (Infektion von Patienten während der Operationen) zu rechnen ist. Es ist allerdings gar nicht absehbar, wann und unter welchen Umständen der OP-Betrieb aufgenommen wird. Damit liegt lediglich typischerweise, aber nicht im Einzelfall (der OP ist ja gerade noch nicht in Betrieb und es ist auch nicht absehbar, wann er dies sein wird) eine (lediglich abstrakte) Gefahr vor. Zwei Tage vor Aufnahme des OP-Betriebs erfährt die zuständige Behörde von einem entlassenen Geschäftsführer der Klinik glaubhaft, dass ‚in dem OP, welcher alsbald in Betrieb gehen soll, irgendetwas nicht stimmt, es gibt Planungsfehler, die zu Hygieneproblemen führen könnten'. Ab diesem Zeitpunkt besteht ein Gefahrenverdacht, so dass die zuständige Behörde gestützt auf Abs. 1 und 2 zu entsprechenden Ermittlungen vor Ort ermächtigt ist. Findet der Ermittlungstermin am Tag der geplanten Inbetriebnahme des OP statt und zeigen sich die zuständigen Ärzte nicht hinreichend einsichtig, dass eine hinreichende chirurgische Händedesinfektion im OP-Bereich erforderlich ist, so sind zu diesem Zeitpunkt die Voraussetzungen einer konkreten Gefahr erfüllt. Ein Einschreiten auf Basis von Abs. 1 ist dann nicht mehr grundsätzlich auf Gefahrerforschungsmaßnahmen beschränkt.

III. Rechtsfolgen

1. Allgemeines

Liegen die tatbestandlichen Voraussetzungen vor, kann die zuständige Behörde (vgl. dazu Vor §§ 15a Rn. 2) auf Basis von Abs. 1 die notwendigen Maßnahmen ergreifen.   14

2. Vorschlag des Gesundheitsamtes (Abs. 6)

Gemäß Abs. 6 werden Maßnahmen nach Abs. 1 von der zuständigen Behörde auf Vorschlag des Gesundheitsamtes angeordnet. Vgl. dazu die Erläuterungen zu Abs. 6 (Rn. 58 f.).   15

3. Auswahlermessen bzgl. der zu ergreifenden Maßnahmen

a) Allgemeines. Abs. 1 gewährt der zuständigen Behörde kein Entschließungsermessen, jedoch ein Auswahlermessen (vgl. zu den Ermessensarten Vor § 16 Rn. 10 ff.) hinsichtlich der zu ergreifenden Maßnahmen. Die Befugnis der zuständigen Behörde ist dabei grundsätzlich weder auf bestimmte Maßnahmen, noch auf Maßnahmen einer bestimmten Eingriffsintensität beschränkt (vgl. BVerwGE 39, 190 f. zu § 10 BSeuchG). Als Maßnahmen, die grundsätzlich auf Abs. 1 gestützt werden können, kommen beispielsweise in Betracht: Untersagung der Durchführung (bestimmter) Operationen, Sperrung eines von Ratten befallenen Spielplatzes (die Bekämpfung der Ratten ist auf §§ 17 Abs. 2 zu stützen), Badeverbote, Aufforderung zur Beseitigung des Mülls aus einer ‚Messiewohnung' (vgl. VG Arnsberg, Beschluss vom 9.5.2008   16, 16a

– 3 L 336/08), Untersagung des Geschlechts- und Oralverkehrs ohne Kondome (vgl. VG München, Urteil vom 21.3.2012 – M 18 K 10.5432), Anordnung, konkrete Hygieneregeln einzuhalten. Gemäß § 114 S. 1 VwGO hat die Behörde bei der Auswahl der Maßnahme ihr Ermessen entsprechend dem Zweck der Ermächtigung auszuüben und die gesetzlichen Grenzen des Ermessens einzuhalten. Von überragender Relevanz bei der Ermessensausübung ist dabei der so genannte Grundsatz der Verhältnismäßigkeit, welcher die Geeignetheit, Erforderlichkeit sowie Angemessenheit einer Maßnahme meint. Dieser Grundsatz leitet sich aus dem Rechtsstaatsprinzip ab und ist immer zu beachten, auch wenn er im IfSG, anders als in anderen Normen des Gefahrenabwehrrechts (vgl. z. B. Art 4 BayPAG), nicht kodifiziert ist. Die Ermessensausübung ist gerichtlich voll überprüfbar. Soweit lediglich ein Gefahrenverdacht besteht, sind bei der Ermessensausübung Besonderheiten in Bezug auf zu treffende Maßnahmen zu beachten (vgl. die Erläuterungen Rn. 12). Vgl. zur Ermessensausübung insbesondere vor dem Hintergrund der Corona-Pandemie zudem die Erläuterungen Rn. 27a.

17 **b) Mittel und Zweck.** Von grundlegender Bedeutung für eine pflichtgemäße Ermessensausübung ist es, das geplante Mittel und den damit verfolgten Zweck klar und eindeutig zu bestimmen.

18 **aa) Mittel.** Das Mittel ist die konkrete geplante Maßnahme. Die Auswahl der infektionshygienisch im Einzelfall in Betracht kommenden Maßnahme erfordert einen entsprechenden medizinisch-infektiologischen Sachverstand.

19 **bb) Zweck.** Der Zweck ist das mit der Maßnahme angestrebte Ziel. Dieses darf nicht zu allgemein gehalten sein (also z. B. nicht: Schutz der Volksgesundheit), sondern muss hinreichend konkret gefasst werden (also z. B.: Schutz vor der Ansteckung mit einer bestimmten übertragbaren Krankheit). Der verfolgte Zweck der Maßnahme muss sich innerhalb der Zweckbestimmung der jeweiligen Rechtsgrundlage halten. Diese ergibt sich bei Abs. 1 (wie auch bei § 17 Abs. 1 und Abs. 2) unmittelbar aus dem Gesetzeswortlaut (§ 16 Abs. 1 und § 17 Abs. 1: ‚zur Abwendung der *hierdurch* drohenden Gefahren', § 17 Abs. 2: ‚die *zu ihrer Bekämpfung* erforderlichen Maßnahmen'). Abs. 1 kann somit nicht Grundlage zur Abwehr von anderen, nicht unmittelbar mit dem Auftreten einer übertragbaren Krankheit in Zusammenhang stehenden Gefahren sein (z. B. nicht in Bezug auf Gefahren, welche sich durch die psychisch bedingten Reaktionen von Angehörigen ergeben, etwa, weil sie Kenntnis von einer Infektion erhalten). Zum Begriff der übertragbaren Krankheit vgl. § 2 Rn. 20 ff.

20 **c) Geeignetheit (Zweckmäßigkeit).** Geeignet ist eine Maßnahme, wenn sie den verfolgten Zweck erreicht oder wenigstens fördert (Zweckmäßigkeit des gewählten Mittels).

21 **d) Erforderlichkeit (Interventionsminimum). aa) Begriff.** Erforderlich ist eine Maßnahme, wenn es kein anderes Mittel gibt, welches den gleichen Erfolg herbeiführen würde und den Betroffenen dabei (in Bezug auf seine Grundrechte, aber auch in wirtschaftlicher und gesellschaftlicher Hinsicht) weniger belastet. Erklärt sich der Betroffene, etwa im Rahmen der Anhörung (vgl. zu dieser Vor §§ 15a Rn. 23 ff.), glaubhaft dazu bereit, die von der Behörde für erforderlich gehaltenen Maßnahmen umzusetzen, Auflagen einzuhalten oder seinen nach diesem Gesetz bestehenden Pflichten nachzukommen, so ist deren Anordnung durch Verwaltungsakt nicht erforderlich. Etwas anderes gilt indes in Fällen, in denen (etwa aufgrund entsprechender Vorfälle in der Vergangenheit) berechtigte Zweifel an den Beteuerungen des Betroffenen bestehen. In diesen Fällen scheidet eine Anordnung nicht per se wegen mangelnder Erforderlichkeit aus.

bb) Zeitliche Entwicklung. Zu beachten ist auch immer die zeitliche Entwicklung etwaiger Maßnahmen. Gefahrenabwehrmaßnahmen (nach §§ 16, 17) aber auch Ermittlungs- (§ 25) und allgemeine (§ 28) wie spezielle Schutzmaßnahmen (§§ 29–31) können zwar zunächst erforderlich sein, durch den Fortgang der Ereignisse mit der Zeit die Erforderlichkeit aber verlieren, etwa, weil die zu Grunde liegende Gefahr dauerhaft entfallen oder der Zweck der Maßnahme bereits (anderweitig) erreicht worden ist. Wird z. B. eine Person nach § 25 Abs. 1 iVm Abs. 2 S. 1 vorgeladen, um sie zu untersuchen, ergibt sich das Untersuchungsergebnis aber vor Durchführung der Untersuchung anderweitig (etwa, weil der behandelnde Arzt dieses erhebt und übersendet), ist diese nicht mehr erforderlich und darf auch nicht durchgeführt werden. Ist bereits eine entsprechende Anordnung (Verwaltungsakt) ergangen, ist diese aufzuheben (vgl. §§ 48, 49 VwVfG bzw. entsprechende Landesnorm). Das Vorgenannte gilt insbesondere für Verwaltungsakte mit Dauerwirkung (z. B. Absonderung, § 30), weshalb diese fortlaufend darauf zu überprüfen sind, ob sie noch erforderlich sind. Andernfalls müssen sie aufgehoben werden (vgl. dazu § 28 Rn. 21). Vgl. diesbezüglich insbesondere vor dem Hintergrund der Corona-Pandemie die Erläuterungen Rn. 27a. 22

cc) Praktisches Vorgehen zur Bestimmung der geeigneten Maßnahme. Es ist zu prüfen, ob zu dem geplanten Mittel alternative Mittel zur Verfügung stehen, mit denen der Zweck auch verfolgt werden könnte. Dabei sind insbesondere etwaige vom Betroffenen beispielsweise in der Anhörung (vgl. § 28 VwVfG bzw. entsprechende Landesnormen) vorgebrachte alternative Mittel zu berücksichtigen (vgl. zur Anhörung auch Vor §§ 15a Rn. 23 ff.). Sodann ist zu prüfen, ob das jeweilige alternative Mittel den Erfolg ebenso herbeiführen würde. Ist dies der Fall, ist in einem weiteren Schritt zu bewerten, ob die Belastung des Betroffenen (in Bezug auf seine Grundrechte, aber auch in wirtschaftlicher und gesellschaftlicher Hinsicht) bei Wahl des alternativen Mittels mit derjenigen des geplanten Mittels geringer ist. Werden beide Fragen bejaht, ist das alternative Mittel zu wählen, da es bei gleichem Erfolg weniger belastend ist. Sind beide Mittel bei gleichem Erfolg gleich belastend, so kann die Verwaltung zwischen beiden frei wählen. Ist das alternative Mittel weniger erfolgversprechend und/oder belastender, ist es zu verwerfen. Vgl. diesbezüglich insbesondere vor dem Hintergrund der Corona-Pandemie die Erläuterungen Rn. 27a. 23

24 e) Angemessenheit. aa) Definition. Angemessen ist eine Maßnahme, wenn der mit ihr verfolgte Zweck in seiner Wertigkeit nicht außer Verhältnis zur Intensität des Eingriffs beim Betroffenen steht.

25 bb) Praktisches Vorgehen zur Bestimmung der Angemessenheit der Maßnahme. aaa) Abwägung. Es muss eine detaillierte Auseinandersetzung mit den Vor- und Nachteilen der Maßnahme erfolgen. Dabei sind regelmäßig insbesondere etwaige von dem Betroffenen im Rahmen der Anhörung vorgebrachte Argumente zu berücksichtigen, da nur so hinreichend gerichtsfest dokumentiert werden kann, dass eine umfassende Auseinandersetzung erfolgt ist. Vgl. diesbezüglich insbesondere vor dem Hintergrund der Corona-Pandemie die Erläuterungen Rn. 27a.

26 bbb) Abwägungselemente. Die Abwägung muss konkret am jeweiligen Fall erfolgen und sämtliche relevanten Abwägungselemente berücksichtigen, insbesondere (1) die Wertigkeit des beeinträchtigten wie auch des durch die Maßnahme geschützten Rechtsguts (z. B. Leben und Gesundheit höherwertiger als Eigentum), (2) den Grad (Umfang) der Beeinträchtigung des betroffenen Rechtsguts, (3) die Schwere des drohenden Schadens, (4) die Reversibilität des drohenden Schadens, (5) das Ausmaß des Nachteils für den Betroffenen, (6) die finanziellen Folgen.

27 ccc) Kein erkennbares Missverhältnis von einigem Gewicht. Sofern sich plausibel ergibt, dass kein erkennbares Missverhältnis von einigem Gewicht zwischen dem durch die geplante Maßnahme erzielten Nutzen und dem durch dieselbe Maßnahme verursachten Nachteilen für den Betroffenen besteht, ist die Maßnahme angemessen. Ein lediglich leichtes Überwiegen der Nachteile für den Betroffenen gegenüber den Vorteilen der Maßnahme führt jedoch nicht dazu, dass diese als unangemessen anzusehen ist.

IV. Insbesondere: Maßnahmen im Zusammenhang mit der SARS-CoV-2 – Pandemie

27a Die WHO hat die Ausbreitung des Coronavirus SARS-CoV-2 und der dadurch hervorgerufenen Erkrankung COVID-19 am 19.3.2020 als Pandemie eingestuft. Es bestand und – zur Zeitpunkt der Drucklegung dieser Auflage – besteht welt- und deutschlandweit eine sehr dynamische und ernstzunehmende Situation. SARS-CoV-2 stellt die gesamte Gesellschaft und das Gesundheitssystem vor enorme Herausforderungen. Die Gefährdung für die Gesundheit der Bevölkerung wurde zeitweise als hoch eingeschätzt. Im Rückblick insbesondere auf die Anfangszeit der Pandemie lassen sich in rechtlicher Hinsicht relevante Eckpunkte erkennen, die erhebliche Bedeutung sowohl für die Beurteilung des Vorliegens der Tatbestandsvoraussetzungen wie auch der Rechtsfolgen (insbesondere Verhältnismäßigkeit) haben. Vgl. dazu die Erläuterungen ab § 28 Rn. 17 ff.

V. Der Adressat einer Maßnahme, Störerauswahl

1. Allgemeines

Abs. 1 schreibt nicht vor, gegen wen sich eine auf ihn gestützte Maßnahme richtet. Insofern muss die zuständige Behörde nach pflichtgemäßem Ermessen auswählen, wer Adressat sein soll. Zu den verschiedenen Arten von Störern als Adressaten sowie zur Störerauswahl vgl. Vor §§ 15a Rn. 14 ff. 28

2. Geschäftsunfähige, beschränkt geschäftsfähige und betreute Personen

Bei geschäftsunfähigen, beschränkt geschäftsfähigen und betreuten Personen ist Abs. 5 zu beachten (siehe Rn. 57). 29

VI. Sofortige Vollziehbarkeit

Anordnungen nach Abs. 1 sind gem. Abs. 8 sofort vollziehbar. Vgl. im Einzelnen Rn. 64. 30

VII. Praxishinweise

1. Vollständige gerichtliche Überprüfbarkeit

Sowohl die Tatbestandsseite (insbesondere die Beurteilung, ob eine konkrete Gefahr vorliegt) als auch die Rechtsfolgenseite (Ermessensausübung) sind gerichtlich voll überprüfbar. Die jeweils anzustellenden Erwägungen sollten auch deshalb den entsprechenden schriftlichen Bescheiden detailliert zu entnehmen sein. Das bloße Einsetzen von letztlich nichtssagenden und inhaltsleeren Musterbausteinen, die nicht die Einzelheiten des jeweiligen Falls berücksichtigen, reicht insoweit regelmäßig nicht aus. 31

2. Geschäftsunfähige, beschränkt geschäftsfähige und betreute Personen

Bei geschäftsunfähigen, beschränkt geschäftsfähigen und betreuten Personen ist in Bezug auf die Bekanntgabe einer Anordnung unter anderem § 41 Abs. 1 VwVfG (bzw. die entsprechende Landesnorm) zu beachten (siehe auch Rn. 57). 32

VIII. Zuwiderhandlungen, zwangsweise Durchsetzung

Eine Zuwiderhandlung gegen Anordnungen nach Abs. 1 ist nicht im Katalog der §§ 73 ff. aufgeführt und damit weder bußgeld- noch strafbewehrt. Dies dürfte einer der Hauptgründe dafür sein, dass derartige Anordnungen in der Praxis oftmals nicht ohne Weiteres befolgt werden. Dessen ungeachtet kann jede Anordnung nach Abs. 1 bei Vorliegen der Voraussetzungen im Wege des Verwaltungszwangs durchgesetzt werden. 33

IX. Datenschutz

33a S. 2 stellt zum einen klar, dass die zuständige Behörde im Rahmen von Maßnahmen nach S. 1 personenbezogene Daten erheben kann, zum anderen, dass die bei Maßnahmen nach S. 1 erhobenen personenbezogenen Daten nur von der zuständigen Behörde und nur für Zwecke des IfSG (vgl. zu diesen § 1 Rn. 2 ff.) verarbeitet werden dürfen.

C. Maßnahmen nach Abs. 2

I. Allgemeines

34 Die in Abs. 2 aufgeführten Maßnahmen kommen ergänzend zu jenen nach Abs. 1 in Betracht, typischerweise aber auch, um bei Vorliegen (lediglich) eines Gefahrenverdachts (vgl. dazu Rn. 11) die erforderliche Sachverhaltsaufklärung zu ermöglichen. Die Duldung der Maßnahmen nach Abs. 2 durch den Betroffen ist diesem gegenüber gesondert anzuordnen, sofern dieser nicht freiwillig kooperiert und eine solche Anordnung deshalb erforderlich ist (vgl. dazu Rn. 21). Derartige Anordnungen sind grundsätzlich gem. Abs. 8 sofort vollziehbar, zu den Einzelheiten vgl. Rn. 64.

II. Tatbestandliche Voraussetzungen

35 Abs. 2 setzt für seine Anwendung das Vorliegen der tatbestandlichen Voraussetzungen des Abs. 1 voraus (vgl. Wortlaut ‚in den Fällen des Absatzes 1' und VG München, Beschluss vom 6.5.2013 – M 18 E 13.1883). Diesbezüglich wird auf die Erläuterungen Rn. 3 ff. verwiesen.

III. Rechtsfolgen

1. Allgemeines

36 Liegen die tatbestandlichen Voraussetzungen vor, kann die zuständige Behörde auf Basis von Abs. 2 die in ihm genannten Maßnahmen ergreifen. Anders als Abs. 1 gewährt Abs. 2 neben dem Auswahl- auch ein Entschließungsermessen (vgl. Wortlaut ‚sind ... berechtigt', im Übrigen Vor §§ 15a Rn. 11 ff.). Dieser Unterschied liegt in der Natur der Sache, denn nicht bei jeder Gefahrenlage nach Abs. 1 ist eine der in Abs. 2 genannten Maßnahmen sinnvoll. Darüber hinaus schreiben Abs. 2 S. 2–4 die Pflichten der betroffenen Personen fest. Das Auswahlermessen ist auf die in Abs. 2 aufgeführten Maßnahmen beschränkt.

2. Entschließungs- und Auswahlermessen

37 Die zuständige Behörde muss ihr Entschließungs- wie auch ihr Auswahlermessen bzgl. der in Abs. 2 genannten Maßnahmen pflichtgemäß ausüben. Insoweit gelten die Erläuterungen Rn. 16 ff. für beide Ermessensarten entsprechend.

Allgemeine Maßnahmen zur Verhütung übertragbarer Krankheiten § 16 IfSG

3. Rechte des Gesundheitsamts, der zuständigen Behörde, der Beauftragten (S. 1)

a) Allgemeines. Berechtigt zu Maßnahmen nach Abs. 2 sind das Gesundheitsamt, die zuständige Behörde und deren Beauftragte. 38

b) Gesundheitsamt, zuständige Behörde. Vgl. zum Begriff des Gesundheitsamtes die Erläuterungen § 2 Rn. 73 ff., zur zuständigen Behörde Vor §§ 15a Rn. 2. Eine Bedeutung erlangt die differenzierte Nennung nur in den Fällen, in denen tatsächlich zwei selbständige Behörden existieren. In den Bundesländern, in welchen die Aufgaben des Gesundheitsamts von den Landkreisen als Kreisverwaltungsbehörde wahrgenommen werden und diese gleichzeitig zuständige Behörde sind, tritt nach außen hin jeweils dieselbe Behörde auf. In diesen Fällen ist organisatorisch intern eine Kompetenzabgrenzung zwischen den jeweiligen Dienstkräften herzustellen. 39

c) Beauftragte. Die Auswahl der Personen, welche als Beauftragte tätig werden, liegt im Ermessen des Gesundheitsamtes bzw. der zuständigen Behörde. Mindestanforderung dürfte aber sein, dass sie zur der konkreten Maßnahme hinreichend qualifiziert und geeignet sind. Um Missverständnissen vorzubeugen, sollten sich die Beauftragten bei ihrer Tätigkeit hinreichend legitimieren können. 40

d) Die einzelnen Rechte (S. 1). aa) Allgemeines. In Abs. 2 S. 1 werden den darin Genannten unmittelbare Rechte eingeräumt. Mit diesen korrespondieren spiegelbildlich die Pflichten der Betroffenen nach Abs. 2 S. 2 und 3. Sofern die Betroffenen ihren Pflichten nicht nachkommen bzw. die Rechte der Behörde missachten, können diese Pflichten und Rechte im Wege des Verwaltungszwanges realisiert werden. 41

bb) Betretungsrecht. Das Betretungsrecht bezieht sich auf Grundstücke, Räume, Anlagen und Einrichtungen sowie Verkehrsmittel aller Art und umfasst damit auch Wohnungen iSv Art. 13 Abs. 1 GG (Unverletzlichkeit der Wohnung). Insoweit ist anzumerken, dass der Begriff der Wohnung gemäß Art. 13 GG weit ausgelegt wird und auch auch Betriebs- und Geschäftsräume umfasst (vgl. BVerfGE 32, 54, 69). Die Ausübung eines Betretungsrechts in Bezug auf eine solche Wohnung stellt aus verfassungsrechtlicher Sicht einen unter Art. 13 Abs. 7 GG fallenden Eingriff in das Grundrecht auf Unverletzlichkeit der Wohnung dar, was Grund für den entsprechenden Hinweis in Abs. 4 ist (Erfüllung des Zitiergebots gem. Art 19 Abs. 1 S. 2 GG). Zu beachten ist, dass von den in Abs. 2 genannten Betretungsrechten grundsätzlich erst dann durch eine entsprechende Duldungsanordnung Gebrauch gemacht werden darf, wenn andere Ermittlungsansätze (Befragungen etc.) keine Aussicht auf hinreichenden Erfolg haben bzw. erfolglos durchgeführt wurden (vgl. Detlef Stollenwerk, Ordnungsbehördliche Fragen zum „Messie-Syndrom", KommJur 2011, 206, 207 mwN) und freiwillig kein Zutritt gewährt wird. 42

43 **cc) Einsichts-, Abschrifts- und Untersuchungsrecht, Proben. aaa) Sonstige Unterlagen.** Die sonstigen Unterlagen umfassen (wie bei § 15a Abs. 2, 3, vgl. § 15a Rn. 13 und 25) sämtliche Daten unabhängig von ihrer physischen Form, so dass auch solche Unterlagen (in einer lesbaren Form, erforderlichenfalls als Ausdruck) vorzulegen sind, die in Datenverarbeitungsanlagen, Clouds, auf elektronischen Datenträgern (z. B. Festplatten, USB-Sticks, CD-ROMs, Solid-State-Drives etc.) gespeichert sind. Eine andere Interpretation würde die Vorschrift leerlaufen lassen.

44 **dd) Probeentnahme.** Die Probeentnahme bezieht sich ausschließlich auf Gegenstände. Die Entnahme von Blut etc. von Personen ist, anders als in § 25 Abs. 2, nicht von der Eingriffsermächtigung des Abs. 2 erfasst.

IV. Pflichten der Betroffenen (S. 2, 3)

1. Allgemeines

45 S. 2 legt die Pflichten der Betroffenen im Rahmen der Ermittlungs- und Überwachungstätigkeit fest.

2. Pflichten nach S. 2

46 Die Pflichten der Betroffenen sind spiegelbildlich zu den Rechten der Behörde nach S. 1 aufgebaut, so dass insoweit auf die Ausführungen dort (Rn. 41 ff.) verwiesen werden kann.

3. Pflichten nach S. 3

47 **a) Allgemeines.** S. 3 verpflichtet die Betroffenen zur Erteilung von Auskünften und zur Vorlage von Unterlagen bzw. technischen Plänen.

48 **b) Auskunfts- und Vorlagepflicht von Ärzten und anderen Personen mit berufsbedingten Schweigepflichten.** Ärzte und Angehörige der anderen in § 203 StGB genannten Berufsgruppen sind grundsätzlich zur Verschwiegenheit in Bezug auf die ihnen bekannten Patientendaten verpflichtet und dürfen diese nicht unbefugt preisgeben. Soweit indes eine Behörde nach Abs. 2 S. 3 bei einer der genannten Personen Patientenunterlagen anfordert bzw. Auskünfte verlangt, war bislang umstritten, ob eine entsprechende Auskunft bzw. Vorlage unbefugt iSv § 203 Abs. 1 StGB erfolgte oder ob die Schweigepflicht insoweit durch die spezialgesetzliche Regelung in Abs. 2 S. 3 durchbrochen wird. Aus der Begründung des Entwurfs des Gesetzes zur Modernisierung der epidemiologischen Überwachung übertragbarer Krankheiten zur Einfügung von § 25 Abs. 2 S. 2 ergibt sich nunmehr, das nach nach dem Willen des Gesetzgebers Abs. 2 eine gesetzliche Durchbrechung der Schweigepflicht darstellt (vgl. auch § 25 Rn. 27). Folglich darf z. B. ein Arzt Auskünfte im Rahmen von Abs. 2 nicht unter Verweis auf seine Schweigepflicht verweigern.

4. Ausnahmen

Die Pflichten aus S. 2 und 3 bestehen insoweit nicht, als dass der Betroffene sich oder die in § 383 Abs. 1 Nr. 1 bis 3 ZPO genannten Angehörigen einer strafrechtlichen Verfolgung oder eines Ordnungswidrigkeitsverfahrens aussetzen würde. Diese Einschränkung entspringt dem Rechtsstaatsprinzip, nach welchem sich niemand selbst belasten muss. 49

V. Der Adressat einer Maßnahme, Störerauswahl

1. Allgemeines

Ebenso wenig wie Abs. 1 schreibt Abs. 2 abschließend vor, wer durch die auf ihn gestützten Maßnahmen betroffen werden kann. Adressaten können insbesondere die in S. 2 und 3 Verpflichteten sein. Im Übrigen muss die zuständige Behörde nach pflichtgemäßem Ermessen auswählen, wer von einer Maßnahme nach Abs. 2 betroffen werden soll. Zu den verschiedenen Arten von Störern als Adressaten sowie der Störerauswahl vgl. Vor §§ 15a Rn. 14 ff. 50

2. Geschäftsunfähige, beschränkt geschäftsfähige und betreute Personen

Bei geschäftsunfähigen, beschränkt geschäftsfähigen und betreuten Personen ist Abs. 5 zu beachten (siehe dazu Rn. 57). 51

VI. Sofortige Vollziehbarkeit

Anordnungen nach Abs. 2 sind gem. Abs. 8 sofort vollziehbar. Vgl. im Einzelnen Rn. 64. 52

VII. Praxishinweise

1. Vollständige gerichtliche Überprüfbarkeit

Sowohl die Tatbestandsseite (insbesondere die Beurteilung, ob eine konkrete Gefahr vorliegt) als auch die Rechtsfolgenseite (Ermessensausübung) sind gerichtlich voll überprüfbar. Es gelten die Erläuterungen zu Abs. 1 entsprechend (vgl. Rn. 31). 53

2. Geschäftsunfähige, beschränkt geschäftsfähige und betreute Personen

Bei geschäftsunfähigen, beschränkt geschäftsfähigen und betreuten Personen ist in Bezug auf die Bekanntgabe einer Anordnung unter anderem § 41 Abs. 1 VwVfG (bzw. die entsprechende Landesnorm) zu beachten (siehe Rn. 57). 54

VIII. Zuwiderhandlungen, zwangsweise Durchsetzung

55 Eine Zuwiderhandlung gegen die Pflichten nach § 16 Abs. 2 S. 2 und 3 ist gemäß § 73 Abs. 1a Nr. 3–5 bußgeld- und unter den Voraussetzungen von § 74 strafbewehrt. Dessen ungeachtet können die Rechte und Pflichten nach Abs. 2 bei Vorliegen der Voraussetzungen im Wege des Verwaltungszwangs durchgesetzt werden. Sofern eine Durchsuchung erforderlich sein sollte, ist der Richtervorbehalt aus Art. 13 Abs. 2 GG zu beachten.

D. Anordnungen über die Übergabe von Untersuchungsmaterialien (Abs. 3)

56 Auf Basis von Abs. 3 kann die zuständige Behörde gegenüber entsprechenden Einrichtungen anordnen, dass diese Untersuchungsmaterialien der in Abs. 2 genannten Art zum Zwecke der Untersuchung und Verwahrung an Institute des öffentlichen Gesundheitsdienstes oder andere vom Land zu bestimmenden Einrichtungen zu übergeben haben. Eine solche Anordnung ist nur insoweit zulässig, als dass es die epidemiologische Lage erfordert. Diesbezüglich hat die zuständige Behörde einen großen Einschätzungsspielraum. Seinen Hauptanwendungsbereich dürfte Abs. 3 in Bezug auf nach § 25 gewonnenes Untersuchungsmaterial haben, insoweit findet Abs. 3 über den Verweis in § 25 Abs. 2 Anwendung. Abs. 3 gewährt der zuständigen Behörde neben dem Auswahl- auch ein Entschließungsermessen (vgl. zu den Begriffen Vor §§ 15a Rn. 10 ff.). Anordnungen nach Abs. 3 sind gem. Abs. 8 sofort vollziehbar. Vgl. im Einzelnen Rn. 64.

E. Anordnungen gegenüber Betreuten, Geschäftsunfähigen bzw. beschränkt Geschäftsfähigen (Abs. 5)

57 Bei geschäftsunfähigen, beschränkt geschäftsfähigen und betreuten Personen treffen die Sorgeberechtigten bzw. – soweit dies zum Aufgabenkreis gehört – den Betreuer die sich aus Abs. 1 und 2 ergebenden Pflichten. Bei der Bekanntgabe der Anordnung findet § 41 Abs. 1 VwVfG (bzw. die entsprechende Landesnorm) Anwendung.

F. Maßnahmen nach Abs. 1 auf Vorschlag des Gesundheitsamtes, Gefahr im Verzug (Abs. 6 und 7)

I. Vorschlag des Gesundheitsamtes (Abs. 6)

1. Relevanz

58 Gemäß Abs. 6 werden Maßnahmen nach Abs. 1 von der zuständigen Behörde auf Vorschlag des Gesundheitsamtes angeordnet. Vgl. zum Begriff des Gesundheitsamtes die Erläuterungen § 2 Rn. 73 ff., zur zuständigen Behörde

Vor §§ 15a Rn. 2. Eine Bedeutung erlangt die Regelung nur in den Fällen, in denen tatsächlich zwei selbständige Behörden existieren. Vgl. auch Rn. 39.

2. Keine Bindungswirkung des Vorschlags des Gesundheitsamtes

Die zuständige Behörde ist an den Vorschlag des Gesundheitsamtes nicht gebunden. Denn aus Abs. 7 lässt sich schließen, dass Letztentscheider die zuständige Behörde sein soll. 59

II. Gefahr im Verzug (Abs. 7)

1. Allgemeines

Zur Relevanz vgl. Vor §§ 15a Rn. 26. Bei Gefahr im Verzug gilt die grundsätzliche Regelung des Abs. 6 nicht. Vielmehr kann das Gesundheitsamt in einem solchen Fall selbst anordnen. 60

2. Definition

Gefahr im Verzug liegt dann vor, wenn der Erfolg der zu treffenden Maßnahme bei Einhaltung der Zuständigkeitsverteilung nach Abs. 6 erschwert oder vereitelt würde. 61

3. Unverzügliche Unterrichtung, Änderung, Aufhebung

Im Falle einer Anordnung des Gesundheitsamtes wegen Gefahr im Verzug ist die zuständige Behörde unverzüglich (zum Begriff siehe § 9 Rn. 24) zu unterrichten. Diese kann die Anordnung ändern oder aufheben. Tut sie dies nicht innerhalb von zwei Arbeitstagen seit der Unterrichtung, gilt die Anordnung als von ihr getroffen (Abs. 7 S. 2). 62

4. Anhörung

Eine vorherige Anhörung in Bezug auf einen bei Gefahr im Verzug zu erlassenden Verwaltungsakt ist gemäß § 28 Abs. 2 Nr. 1 VwVfG (bzw. der entsprechenden Landesnorm) regelmäßig nicht erforderlich (vgl. im Einzelnen Vor §§ 15a Rn. 39). Soweit die zuständige Behörde den Verwaltungsakt nachträglich zum Nachteil des Betroffenen abändert (so genannte Verböserung), dürfte diesbezüglich indes eine Anhörung erforderlich sein. Vgl. zur Anhörung im Allgemeinen Vor §§ 15a Rn. 23 ff. 63

G. Sofortige Vollziehbarkeit (Abs. 8)

Gemäß § 80 Abs. 1 VwGO haben Klage (und Widerspruch) aufschiebende Wirkung. Dies bedeutet, dass der jeweilige Verwaltungsakt nicht sofort vollzogen werden und grundsätzlich nicht bereits vor Eintritt der Bestandskraft (Ablauf der Klagefrist) vollstreckt werden kann. Gemäß § 80 Abs. 2 Nr. 3 VwGO entfällt diese aufschiebende Wirkung indes u. a. bei den durch Bundesrecht vorgeschriebenen Fällen. Um solche Fälle handelt es sich wegen 64

Abs. 8 bei Maßnahmen nach § 16 Abs. 1 bis 3. Über den Verweis in § 17 Abs. 6 findet Abs. 8 auch auf Maßnahmen nach § 17 sowie über § 25 Abs. 2 auch bei Maßnahmen nach § 25 Abs. 1 Anwendung.

§ 17 Besondere Maßnahmen zur Verhütung übertragbarer Krankheiten, Verordnungsermächtigung

(1) Wenn Gegenstände mit meldepflichtigen Krankheitserregern behaftet sind oder wenn das anzunehmen ist und dadurch eine Verbreitung der Krankheit zu befürchten ist, hat die zuständige Behörde die notwendigen Maßnahmen zur Abwendung der hierdurch drohenden Gefahren zu treffen. Wenn andere Maßnahmen nicht ausreichen, kann die Vernichtung von Gegenständen angeordnet werden. Sie kann auch angeordnet werden, wenn andere Maßnahmen im Verhältnis zum Wert der Gegenstände zu kostspielig sind, es sei denn, dass derjenige, der ein Recht an diesem Gegenstand oder die tatsächliche Gewalt darüber hat, widerspricht und auch die höheren Kosten übernimmt. Müssen Gegenstände entseucht (desinfiziert), von Gesundheitsschädlingen befreit oder vernichtet werden, so kann ihre Benutzung und die Benutzung der Räume und Grundstücke, in denen oder auf denen sie sich befinden, untersagt werden, bis die Maßnahme durchgeführt ist.

(2) Wenn Gesundheitsschädlinge festgestellt werden und die Gefahr begründet ist, dass durch sie Krankheitserreger verbreitet werden, so hat die zuständige Behörde die zu ihrer Bekämpfung erforderlichen Maßnahmen anzuordnen. Die Bekämpfung umfasst Maßnahmen gegen das Auftreten, die Vermehrung und Verbreitung sowie zur Vernichtung von Gesundheitsschädlingen.

(3) Erfordert die Durchführung einer Maßnahme nach den Absätzen 1 und 2 besondere Sachkunde, so kann die zuständige Behörde anordnen, dass der Verpflichtete damit geeignete Fachkräfte beauftragt. Die zuständige Behörde kann selbst geeignete Fachkräfte mit der Durchführung beauftragen, wenn das zur wirksamen Bekämpfung der übertragbaren Krankheiten oder Krankheitserreger oder der Gesundheitsschädlinge notwendig ist und der Verpflichtete diese Maßnahme nicht durchführen kann oder einer Anordnung nach Satz 1 nicht nachkommt oder nach seinem bisherigen Verhalten anzunehmen ist, dass er einer Anordnung nach Satz 1 nicht rechtzeitig nachkommen wird. Wer ein Recht an dem Gegenstand oder die tatsächliche Gewalt darüber hat, muss die Durchführung der Maßnahme dulden.

(4) Die Landesregierungen werden ermächtigt, unter den nach § 16 sowie nach Absatz 1 maßgebenden Voraussetzungen durch Rechtsverordnung entsprechende Gebote und Verbote zur Verhütung übertragbarer Krankheiten zu erlassen. Sie können die Ermächtigung durch Rechtsverordnung auf andere Stellen übertragen.

(5) Die Landesregierungen können zur Verhütung und Bekämpfung übertragbarer Krankheiten Rechtsverordnungen über die Feststellung und die Bekämpfung von Gesundheitsschädlingen, Krätzmilben und Kopfläusen erlassen. Sie können die Ermächtigung durch Rechtsverordnung auf andere Stellen übertragen. Die Rechtsverordnungen können insbesondere Bestimmungen treffen über

Besondere Maßnahmen zur Verhütung übertragbarer Krankheiten § 17 IfSG

1. die Verpflichtung der Eigentümer von Gegenständen, der Nutzungsberechtigten oder der Inhaber der tatsächlichen Gewalt an Gegenständen sowie der zur Unterhaltung von Gegenständen Verpflichteten,
    a) den Befall mit Gesundheitsschädlingen festzustellen oder feststellen zu lassen und der zuständigen Behörde anzuzeigen,
    b) Gesundheitsschädlinge zu bekämpfen oder bekämpfen zu lassen,
2. die Befugnis und die Verpflichtung der Gemeinden oder der Gemeindeverbände, Gesundheitsschädlinge, auch am Menschen, festzustellen, zu bekämpfen und das Ergebnis der Bekämpfung festzustellen,
3. die Feststellung und Bekämpfung, insbesondere über
    a) die Art und den Umfang der Bekämpfung,
    b) den Einsatz von Fachkräften,
    c) die zulässigen Bekämpfungsmittel und -verfahren,
    d) die Minimierung von Rückständen und die Beseitigung von Bekämpfungsmitteln und
    e) die Verpflichtung, Abschluss und Ergebnis der Bekämpfung der zuständigen Behörde mitzuteilen und das Ergebnis durch Fachkräfte feststellen zu lassen,
4. die Mitwirkungs- und Duldungspflichten, insbesondere im Sinne des § 16 Abs. 2, die den in Nummer 1 genannten Personen obliegen.

(6) § 16 Abs. 5 bis 8 gilt entsprechend.

(7) Die Grundrechte der Freiheit der Person (Artikel 2 Abs. 2 Satz 2 Grundgesetz), der Freizügigkeit (Artikel 11 Abs. 1 Grundgesetz), der Versammlungsfreiheit (Artikel 8 Grundgesetz) und der Unverletzlichkeit der Wohnung (Artikel 13 Abs. 1 Grundgesetz) werden im Rahmen der Absätze 1 bis 5 eingeschränkt.

Übersicht

	Rn.
A. Allgemeines	1
I. Hintergrund	1
II. Änderung durch das 2. COVIfSGAnpG	1a
B. Maßnahmen nach Abs. 1	2
I. Allgemeines	2
II. Tatbestandliche Voraussetzungen	3
1. Gegenstand	3
2. Konkrete Gefahr	4
a) Allgemeines	4
b) Definition, hinreichende Wahrscheinlichkeit, Beurteilungszeitpunkt und -maßstab	5
3. Feststehende Behaftung mit meldepflichtigen Krankheitserregern oder Annahme, dass dies der Fall ist	6
a) Allgemeines	6
b) Alternative 1 (,behaftet')	7
c) Alternative 2 (,oder wenn das anzunehmen ist')	8
4. Befürchtung der Verbreitung der Krankheit	9
III. Rechtsfolgen	10
1. Allgemeines	10
2. Auswahlermessen bzgl. der zu ergreifenden Maßnahme	11

	Rn.
3. Der Adressat einer Maßnahme, Störerauswahl	12
4. Entsprechende Anwendbarkeit von § 16 Abs. 5 bis 8 .	13
5. Gerichtliche Überprüfbarkeit, Bekanntgabe gegenüber geschäftsunfähigen, beschränkt geschäftsfähigen und betreuten Personen	14
6. Vernichtung von Gegenständen (S. 2 und 3)	15
a) Allgemeines	15
b) Durchführung	16
7. Nutzungsuntersagung (S. 4)	17
IV. Zuwiderhandlungen, zwangsweise Durchsetzung	18
V. Kosten	19
C. Maßnahmen nach Abs. 2	20
I. Allgemeines	20
II. Tatbestandliche Voraussetzungen	21
1. Gesundheitsschädling	21
2. Konkrete Gefahr	22
a) Allgemeines	22
b) Definition, hinreichende Wahrscheinlichkeit, Beurteilungszeitpunkt und -maßstab	23
c) Zur Bestimmung der konkreten Gefahr durch Gesundheitsschädlinge	24
3. Feststehendes Vorhandensein von Gesundheitsschädlingen	25
III. Rechtsfolgen	26
1. Allgemeines	26
2. Ermessen	27
3. Der Adressat einer Maßnahme (Störerauswahl)	28
4. Entsprechende Anwendbarkeit von § 16 Abs. 5 bis 8 .	29
IV. Gerichtliche Überprüfbarkeit, Bekanntgabe gegenüber geschäftsunfähigen, beschränkt geschäftsfähigen und betreuten Personen	30
V. Bekämpfungsmaßnahmen	31
1. Arten	31
2. Anordnung durch die zuständige Behörde, Durchführung durch den Verpflichteten	32
VI. Zuwiderhandlungen, zwangsweise Durchsetzung	33
VII. Kosten	34
D. Durchführung von Maßnahmen nach Abs. 1 und 2 (Abs. 3) ..	35
I. Allgemeines	35
II. Einzelheiten	36
1. Geeignete Fachkräfte	36
2. Duldungspflicht (Abs. 3 S. 3)	37
E. Verordnungsermächtigung (Abs. 4)	38
I. Allgemeines	38
II. Erläuterungen	39
F. Verordnungsermächtigung (Abs. 5)	40
I. Allgemeines	40
II. Erläuterungen	41

A. Allgemeines

I. Hintergrund

§ 17 beruht zu weiten Teilen auf §§ 10a und b BSeuchG. **1**

II. Änderung durch das 2. COVIfSGAnpG

Durch das das 2. COVIfSGAnpG wurde die Überschrift von § 17, die vor- **1a**
mals „Besondere Maßnahmen der zuständigen Behörde, Rechtsverordnungen durch die Länder" lautete, neu gefasst. Dadurch soll eine stärkere Abgrenzung zu den Schutzmaßnahmen nach § 28 erfolgen und verdeutlicht werden, dass Schutzmaßnahmen insoweit vorrangig sind, wenn einem Einschleppungs- oder Ausbreitungsrisiko begegnet werden soll (so der Entwurf des 2. COVIfS-GAnpG (BT-Drs. 19/18967, 58). Vgl. auch die Erläuterungen § 16 Rn. 1c.

B. Maßnahmen nach Abs. 1

I. Allgemeines

§ 17 Abs. 1 entspricht im Wesentlichen § 10a Abs. 1 BSeuchG. Bei Vorliegen **2**
der tatbestandlichen Voraussetzungen hat die zuständige Behörde wie bei § 16 Abs. 1 über zu ergreifende Maßnahmen zu entscheiden. Ihr Ermessen ist dabei auf der Rechtsfolgenseite grundsätzlich weder auf bestimmte Maßnahmen, noch auf Maßnahmen einer bestimmten Eingriffsintensität beschränkt, jedoch in Bezug auf die Vernichtung der betroffenen Gegenstände an bestimmte Voraussetzungen geknüpft. Einschränkungen ergeben sich wie bei § 16 Abs. 1 aus dem im Rahmen der Ermessensausübung zum Tragen kommenden Grundsatz der Verhältnismäßigkeit (vgl. dazu Vor §§ 15a Rn. 16aff). Maßnahmen nach Abs. 1 sind grundsätzlich gem. Abs. 6 iVm § 16 Abs. 8 sofort vollziehbar, zu den Einzelheiten vgl. § 16 Rn. 64. Darüber hinaus enthält Abs. 1 S. 4 die Befugnis zu Anordnungen in Bezug auf die Benutzung von Räumen, Grundstücken und anderen Gegenständen.

II. Tatbestandliche Voraussetzungen

1. Gegenstand

Nach der amtl. Begründung zum im Wesentlichen vergleichbaren § 10a **3**
Abs. 1 BSeuchG fallen unter diesen Begriff auch Grundstücke, Räume, Anlagen, Schiffe und Ausscheidungen. In Bezug auf Lebensmittel geht das Lebensmittelrecht dem IfSG als speziellere Norm (lex specialis) vor.

2. Konkrete Gefahr

a) **Allgemeines.** Abs. 1 setzt, dies ergibt sich aus der Formulierung ‚zur **4**
Abwendung der … drohenden Gefahren', das Bestehen einer Gefahr voraus. Wie § 16 Abs. 1 ist § 17 Abs. 1 Teil des so genannten besonderen Gefahren-

abwehrrechts. In diesem und damit auch in Abs. 1 ist unter Gefahr eine so genannte konkrete Gefahr zu verstehen.

5 b) Definition, hinreichende Wahrscheinlichkeit, Beurteilungszeitpunkt und -maßstab. Siehe zur Definition der konkreten Gefahr, der erforderlichen hinreichenden Wahrscheinlichkeit sowie zu Beurteilungszeitpunkt und -maßstab die Erläuterungen § 16 Rn. 3 ff.

3. Feststehende Behaftung mit meldepflichtigen Krankheitserregern oder Annahme, dass dies der Fall ist

6 a) Allgemeines. Die konkrete Gefahr muss sich entweder aus der feststehenden oder angenommenen Tatsache der Behaftung mit meldepflichtigen Krankheitserregern ergeben. Abs. 1 weist damit (wie auch § 16 Abs. 1) zwei Tatbestandsalternativen auf.

7 b) Alternative 1 (,behaftet'). Bei Alternative 1 steht fest (vgl. zum Begriff die Erläuterung § 16 Rn. 9), dass ein Gegenstand mit meldepflichtigen Krankheitserregern behaftet ist. Wann ein Krankheitserreger meldepflichtig ist, bestimmt sich nach § 7 unter Beachtung etwaiger Anpassungen der Meldepflicht nach § 15.

8 c) Alternative 2 (,oder wenn das anzunehmen ist'). Bei Alternative 2 steht die Tatsache, welche die konkrete Gefahr begründen, gerade noch nicht in dem in § 16 Rn. 9 dargelegten Sinne fest. Es handelt sich dabei in der Sache nach um einen so genannten Gefahrenverdacht. Auch das Vorliegen eines solchen Gefahrenverdachts in Bezug auf eine konkrete Gefahr reicht – wie bei § 16 Abs. 1 – aus.

4. Befürchtung der Verbreitung der Krankheit

9 Aus den feststehenden oder angenommenen Tatsachen muss sich die Befürchtung der Verbreitung der von dem meldepflichtigen Krankheitserreger verursachten Krankheit ergeben. Dies ist mit medizinisch-epidemiologischen Sachverstand zu beurteilen. Nicht zu befürchten ist die Verbreitung etwa, wenn ein mit meldepflichtigen Krankheitserregern behafteter Gegenstand so verwahrt ist, dass er keinen unmittelbaren Kontakt mit der Außenwelt hat (etwa in einer hinreichend abgesicherten Labor). Da es in derartigen Fällen regelmäßig auch an einer konkreten Gefahr (vgl. Rn. 4) fehlen dürfte, ist die eigenständige Bedeutung dieses Merkmals eher gering.

III. Rechtsfolgen

1. Allgemeines

10 In vielen Belangen gelten die Erläuterungen zu § 16 entsprechend. Allerdings gibt es auch einige Besonderheiten zu beachten.

2. Auswahlermessen bzgl. der zu ergreifenden Maßnahme

Abs. 1 S. 1 gewährt der zuständigen Behörde kein Entschließungsermessen (zum Begriff vgl. Vor §§ 15a Rn. 2), jedoch ein Auswahlermessen (zum Begriff vgl. Vor §§ 15a Rn. 12) hinsichtlich der zu ergreifenden Maßnahmen. Dieses Ermessen muss die Behörde pflichtgemäß ausüben. Insoweit gelten die Ausführungen zur § 16 Rn. 16 ff. grundsätzlich entsprechend. Es sind aber in Bezug auf die Vernichtung von Gegenständen die Einschränkungen in S. 2 und 3 zu beachten (vgl. Rn. 15).

3. Der Adressat einer Maßnahme, Störerauswahl

Es gelten die Erläuterungen § 16 Rn. 28 f. entsprechend.

4. Entsprechende Anwendbarkeit von § 16 Abs. 5 bis 8

Gemäß Abs. 6 finden § 16 Abs. 5 bis 8 entsprechende Anwendungen. Insoweit wird auf die Erläuterungen § 16 Rn. 57 (zu § 16 Abs. 5), § 16 Rn. 58 ff. (zu § 16 Abs. 6), § 16 Rn. 60 ff. (zu § 16 Abs. 7) und § 16 Rn. 64 (zu § 16 Abs. 8) verwiesen.

5. Gerichtliche Überprüfbarkeit, Bekanntgabe gegenüber geschäftsunfähigen, beschränkt geschäftsfähigen und betreuten Personen

Insoweit gelten die Erläuterungen § 16 Rn. 31 ff. entsprechend.

6. Vernichtung von Gegenständen (S. 2 und 3)

a) **Allgemeines.** Bei einer Vernichtung von Gegenständen wird immer (außer bei einer Dereliktion (Eigentumsaufgabe)) unwiderruflich in die Eigentumsrechte des Eigentümers eingegriffen. An derartige Eingriffe stellen S. 2 und 3 deshalb erhöhte Anforderungen.

b) **Durchführung.** Für die Durchführung gilt Abs. 3 (vgl. Rn. 35 ff.).

7. Nutzungsuntersagung (S. 4)

Soweit es erforderlich ist, um Gegenstände zu entseuchen, von Gesundheitsschädlingen zu befreien oder um sie zu vernichten, kann die zuständige Behörde die Benutzung der entsprechenden Räume und Grundstücke, in oder auf denen sie sich befinden, untersagen.

IV. Zuwiderhandlungen, zwangsweise Durchsetzung

Eine Zuwiderhandlung gegen eine vollziehbare Anordnungen nach Abs. 1 (auch iVm einer Rechtsverordnung nach Abs. 4 S. 1) ist gemäß § 73 Abs. 1a Nr. 6 bußgeld- und unter den Voraussetzungen von § 74 strafbewehrt. Dessen ungeachtet können die Rechte und Pflichten nach Abs. 1 (ggf. iVm Abs. 3) bei Vorliegen der Voraussetzungen im Wege des Verwaltungszwangs durchgesetzt werden.

V. Kosten

19 Die Kosten für Maßnahmen nach Abs. 1 werden nach Maßgabe von § 69 Abs. 1 S. 1 Nr. 5 aus öffentlichen Mitteln getragen, soweit sie von der zuständigen Behörde angeordnet worden sind und die Notwendigkeit nicht vorsätzlich herbeigeführt wurde. Ansonsten sind die Kosten vom Verantwortlichen zu tragen, dies also insbesondere auch dann, wenn er dem Begehren der Behörde nachkommt, ohne dass diese einen entsprechenden Verwaltungsakt erlassen muss. Dies führt zu dem nicht nachvollziehbaren Ergebnis, dass der ‚gutwillige' Bürger (der selbst die Kosten tragen muss) gegenüber dem ‚böswilligen' benachteiligt wird.

C. Maßnahmen nach Abs. 2

I. Allgemeines

20 Abs. 2 betrifft die vorbeugende Bekämpfung von Gesundheitsschädlingen. Er stimmt inhaltlich im Wesentlichen mit § 13 Abs. 1 und Abs. 3 S. 1 BSeuchG überein und ist neben Abs. 1 eine eigenständige Generalklausel zur Bekämpfung von Gesundheitsschädlingen (vgl. Schumacher/Meyn zu § 13 BSeuchG).

II. Tatbestandliche Voraussetzungen

1. Gesundheitsschädling

21 Zum Begriff des Gesundheitsschädlings vgl. § 2 Rn. 68 ff.

2. Konkrete Gefahr

22 a) **Allgemeines.** Abs. 2 setzt wie Abs. 1 und § 16 Abs. 1 das Bestehen einer konkreten Gefahr voraus.

23 b) **Definition, hinreichende Wahrscheinlichkeit, Beurteilungszeitpunkt und -maßstab.** Siehe zur Definition der konkreten Gefahr, der erforderlichen hinreichenden Wahrscheinlichkeit, zu Beurteilungszeitpunkt und -maßstab § 16 Rn. 3 ff.

24 c) **Zur Bestimmung der konkreten Gefahr durch Gesundheitsschädlinge.** Insbesondere im Zusammenhang mit dem Auftreten von Gesundheitsschädlingen ist die Feststellung des Vorliegens einer konkreten Gefahr aufgrund der Beurteilungs- und Prognoseelemente des Gefahrenbegriffs (vgl. § 16 Rn. 5 f.) mit nicht unerheblichen Unwägbarkeiten verbunden, da sich das Verhalten des Gesundheitsschädlings im Einzelfall nur schwer voraussagen lässt. Insoweit kommen einerseits Erfahrungswerten und schädlingsspezifischem Wissen eine besondere Bedeutung zu, andererseits ist ein besonderes Augenmerk auf die konkreten Umstände zu legen. Eine Massierung von verwilderten Tauben (welche in der Regel Salmonellen verbreiten und deshalb Gesundheitsschädlinge darstellen) mit Nestbau und Verkotung kann

Besondere Maßnahmen zur Verhütung übertragbarer Krankheiten § 17 IfSG

einerseits lediglich eine abstrakte Gefahr darstellen (z. B. wenn sich die Tauben entfernt von Menschen aufhalten), andererseits aber auch als konkrete Gefahr Anlass für Maßnahmen nach Abs. 2 sein (z. B. wenn der zuvor beschriebene Zustand sich an einem Marktplatz mit offen angebotenen Lebensmitteln, in der Nähe von Restaurants, Kindergärten etc. befindet).

3. Feststehendes Vorhandensein von Gesundheitsschädlingen

Die konkrete Gefahr muss sich aus der feststehenden Tatsache des Vorhandenseins von Gesundheitsschädlingen ergeben. Anders als bei Abs. 1 und auch § 16 Abs. 1 reicht ein Gefahrenverdacht damit nicht aus (vgl. zum Gefahrenverdacht die Erläuterungen § 16 Rn. 11). Gefahrerforschungsmaßnahmen können bei Vorliegen der Voraussetzungen gegebenenfalls auf § 16 Abs. 1 und Abs. 2 gestützt werden. 25

III. Rechtsfolgen

1. Allgemeines

In vielen Belangen gelten die Erläuterungen zu § 16 entsprechend. Allerdings gibt es auch einige Besonderheiten zu beachten. 26

2. Ermessen

Abs. 2 S. 1 gewährt der zuständigen Behörde (vgl. dazu Vor §§ 15a Rn. 2) kein Entschließungsermessen (zum Begriff vgl. Vor §§ 15a Rn. 11), jedoch ein Auswahlermessen (zum Begriff vgl. Vor §§ 15a Rn. 12) hinsichtlich der zu ergreifenden Maßnahmen. Dieses Ermessen muss die Behörde pflichtgemäß ausüben. Insoweit gelten die Ausführungen zur § 16 Rn. 16 ff. grundsätzlich entsprechend. Es sind aber in Bezug auf die zu ergreifenden Maßnahmen die Vorgaben in S. 2 zu beachten (vgl. Rn. 31 f.). 27

3. Der Adressat einer Maßnahme (Störerauswahl)

Es gelten die Erläuterungen § 16 Rn. 28 entsprechend. 28

4. Entsprechende Anwendbarkeit von § 16 Abs. 5 bis 8

Gemäß Abs. 6 finden § 16 Abs. 5 bis 8 entsprechende Anwendungen. Insoweit wird auf die entsprechenden Erläuterungen zu § 16 verwiesen. 29

IV. Gerichtliche Überprüfbarkeit, Bekanntgabe gegenüber geschäftsunfähigen, beschränkt geschäftsfähigen und betreuten Personen

Insoweit gelten die Erläuterungen § 16 Rn. 31 f. entsprechend. 30

V. Bekämpfungsmaßnahmen

1. Arten

31 Nach Abs. 2 S. 2 umfassen die anzuordnenden Maßnahmen solche gegen das Auftreten, die Vermehrung und Verbreitung sowie zur Vernichtung von Gesundheitsschädlingen. Die Vernichtung sollte dabei unter dem Gesichtspunkt des Tierschutzes die Ausnahme bleiben und nur als Ultima Ratio erfolgen.

2. Anordnung durch die zuständige Behörde, Durchführung durch den Verpflichteten

32 Indem der Gesetzgeber in Abs. 2 nicht – wie in Abs. 1 – von ‚Maßnahmen treffen‘, sondern von ‚Maßnahmen anordnen‘ spricht, wird deutlich, dass die zuständige Behörde die Maßnahmen nicht selbst durchführt, sondern gegenüber den Verantwortlichen (vgl. Rn. 28) anordnet, dass diese durchzuführen sind. Für die Durchführung durch den so Verpflichteten gilt Abs. 3 (vgl. Rn. 35 ff.). Zu den anzuwendenden Mitteln und Verfahren siehe § 18.

VI. Zuwiderhandlungen, zwangsweise Durchsetzung

33 Eine Zuwiderhandlung gegen eine Anordnungen nach § 17 Abs. 2 ist gemäß § 73 Abs. 1a weder bußgeld- noch unter den Voraussetzungen von § 74 strafbewehrt. Dessen ungeachtet können die Rechte und Pflichten nach Abs. 2 (gfs. iVm Abs. 3) bei Vorliegen der Voraussetzungen im Wege des Verwaltungszwangs durchgesetzt werden.

VII. Kosten

34 Nach der Konzeption von Abs. 2 (vgl. Wortlaut ‚die erforderlichen Maßnahmen anzuordnen‘) soll grundsätzlich der verantwortliche Störer (vgl. Rn. 32, in § 17 Abs. 3 als ‚Verpflichteter‘ bezeichnet) die Maßnahmen nach Abs. 2 selbst durchführen oder durchführen lassen. Dieser trägt in der Folge auch die Kosten. Im Falle der zwangsweisen Durchsetzung bestimmt sich die Kostentragungspflicht nach dem (landesspezifischen) Vollstreckungsrecht.

D. Durchführung von Maßnahmen nach Abs. 1 und 2 (Abs. 3)

I. Allgemeines

35 Nach der gesetzlichen Konzeption soll grundsätzlich der verantwortliche Störer die Maßnahmen nach Abs. 1 S. 2 und 3 und Abs. 2 selbst durchführen oder durchführen lassen. Dies ergibt sich aus der Verwendung des Begriffs ‚ordnet an‘ (im Vergleich zu der in Abs. 1 S. 1 verwendeten Formulierung ‚trifft die notwendigen Maßnahmen‘). Sofern die Durchführung besonderer Sachkunde bedarf, kann ihm aufgegeben werden, dass er zur Durchführung geeignete Fachkräfte beauftragen muss und, wenn er dieser Anordnung nicht (rechtzeitig) nachkommt, die Beauftragung auch durch die zuständige Behörde erfolgen.

II. Einzelheiten

1. Geeignete Fachkräfte

Das IfSG enthält keine Ausführungen zur Geeignetheit der einzusetzenden 36
Fachkräfte. Nach der amtl. Begründung orientiert sich die Eignung an der
Verordnung über die berufliche Umschulung zum Geprüften Schädlingsbekämpfer/zur Geprüften Schädlingsbekämpferin vom 18. Februar 1997. Allerdings kommen auch andere Nachweise zur Geeignetheit in Betracht. Ein
solcher kann etwa in der erfolgreich abgeschlossenen Ausbildung zum Desinfektor gesehen werden. Diese ist je nach Bundesland teilweise durch Ausbildungs- und Prüfungsordnungen geregelt, teilweise erfolgen ohne entsprechende Vorschriften Ausbildungslehrgänge. Ein Überblick zur Ausbildung ist
unter www.berufenet.arbeitsagentur.de zu erhalten.

2. Duldungspflicht (Abs. 3 S. 3)

Der Berechtigte sowie der Inhaber der tatsächlichen Sachgewalt sind zur 37
Duldung der Maßnahme verpflichtet. Der Begriff ‚Gegenstand' ist so zu
verstehen wie in Abs. 1 (vgl. Rn. 3), so dass etwa der Inhaber von mit
Gesundheitsschädlingen befallenen Räumlichkeiten die Bekämpfungsmaßnahmen dulden muss. Weigert er sich, muss eine Duldungsanordnung ergehen.

E. Verordnungsermächtigung (Abs. 4)

I. Allgemeines

Inhaltlich entspricht Abs. 4 im Wesentlichen § 12a BSeuchG. 38

II. Erläuterungen

Abs. 4 ermächtigt die Landesregierungen zum Erlass von Rechtsverordnun- 39
gen. Rechtsverordnungen stellen abstrakt-generelle Regelungen dar, beziehen sich also – anders als Verwaltungsakte – auf eine unbestimmte Vielzahl
von Fällen und betroffenen Personen. Soweit sie bestehen, basieren die
Hygieneverordnungen der Länder auf Abs. 4 (bzw. der Vorgängernorm § 12a
BSeuchG), vgl. z. B. in Bayern Hygiene-Verordnung vom 11.8.1987 in der
Fassung vom 15.5.2006. Die Rechtsverordnungen können für den Fall einer
Zuwiderhandlung Bußgelder vorsehen, vgl. § 73 Abs. 1a Nr. 24.

F. Verordnungsermächtigung (Abs. 5)

I. Allgemeines

Inhaltlich entspricht Abs. 5 im Wesentlichen § 13 Abs. 2 und 3 BSeuchG. 40

II. Erläuterungen

41 Abs. 5 ermächtigt die Landesregierungen, zur Verhütung übertragbarer Krankheiten Rechtsverordnungen über die Feststellung und die Bekämpfung von Gesundheitsschädlingen (vgl. zum Begriff § 2 Rn. 68 ff.) sowie Krätzmilben und Kopfläusen zu erlassen. Teilweise wurde von der Ermächtigung Gebrauch gemacht (z. B. in Mecklenburg-Vorpommern (Landesverordnung zur Bekämpfung von Gesundheitsschädlingen vom 6.7.2011)). Die Rechtsverordnungen können für den Fall einer Zuwiderhandlung Bußgelder vorsehen, vgl. § 73 Abs. 1a Nr. 24.

§ 18 Behördlich angeordnete Maßnahmen zur Desinfektion und zur Bekämpfung von Gesundheitsschädlingen, Krätzmilben und Kopfläusen; Verordnungsermächtigungen

(1) Zum Schutz des Menschen vor übertragbaren Krankheiten dürfen bei behördlich angeordneten Maßnahmen zur
1. Desinfektion und
2. Bekämpfung von Gesundheitsschädlingen, Krätzmilben oder Kopfläusen
nur Mittel und Verfahren verwendet werden, die von der zuständigen Bundesoberbehörde anerkannt worden sind. Bei Maßnahmen nach Satz 1 Nummer 2 kann die anordnende Behörde mit Zustimmung der zuständigen Bundesoberbehörde zulassen, dass andere Mittel oder Verfahren als die behördlich anerkannten verwendet werden.

(2) Die Mittel und Verfahren werden von der zuständigen Bundesoberbehörde auf Antrag oder von Amts wegen nur anerkannt, wenn sie hinreichend wirksam sind und keine unvertretbaren Auswirkungen auf die menschliche Gesundheit und die Umwelt haben.

(3) Zuständige Bundesoberbehörde für die Anerkennung von Mitteln und Verfahren zur Desinfektion ist das Robert Koch-Institut. Im Anerkennungsverfahren prüft:
1. die Wirksamkeit der Mittel und Verfahren das Robert Koch-Institut,
2. die Auswirkungen der Mittel und Verfahren auf die menschliche Gesundheit das Bundesinstitut für Arzneimittel und Medizinprodukte und
3. die Auswirkungen der Mittel und Verfahren auf die Umwelt das Umweltbundesamt.

Das Robert Koch-Institut erteilt die Anerkennung im Einvernehmen mit dem Bundesinstitut für Arzneimittel und Medizinprodukte und mit dem Umweltbundesamt.

(4) Zuständige Bundesoberbehörde für die Anerkennung von Mitteln und Verfahren zur Bekämpfung von Gesundheitsschädlingen, Krätzmilben und Kopfläusen ist das Umweltbundesamt. Im Anerkennungsverfahren prüft:
1. die Wirksamkeit der Mittel und Verfahren sowie deren Auswirkungen auf die Umwelt das Umweltbundesamt,

Behördlich angeordnete Maßnahmen zur Desinfektion § 18 IfSG

2. die Auswirkungen der Mittel und Verfahren auf die menschliche Gesundheit das Bundesinstitut für Arzneimittel und Medizinprodukte, soweit es nach § 77 Absatz 1 des Arzneimittelgesetzes für die Zulassung zuständig ist,
3. die Auswirkungen der Mittel und Verfahren auf die Gesundheit von Beschäftigten als Anwender die Bundesanstalt für Arbeitsschutz und Arbeitsmedizin, wenn die Prüfung nicht nach Nummer 2 dem Bundesinstitut für Arzneimittel und Medizinprodukte zugewiesen ist, und
4. die Auswirkungen der Mittel und Verfahren auf die Gesundheit von anderen als den in Nummer 3 genannten Personen das Bundesinstitut für Risikobewertung, wenn die Prüfung nicht nach Nummer 2 dem Bundesinstitut für Arzneimittel und Medizinprodukte zugewiesen ist.

Das Umweltbundesamt erteilt die Anerkennung im Einvernehmen mit den nach Satz 2 Nummer 2 bis 4 prüfenden Behörden. Sofern Mittel Wirkstoffe enthalten, die in zugelassenen Pflanzenschutzmitteln oder in der Zulassungsprüfung befindlichen Pflanzenschutzmitteln enthalten sind, erfolgt die Anerkennung zusätzlich im Benehmen mit dem Bundesamt für Verbraucherschutz und Lebensmittelsicherheit.

(5) Die Prüfungen können durch eigene Untersuchungen der zuständigen Bundesbehörde oder auf der Grundlage von Sachverständigengutachten, die im Auftrag der zuständigen Bundesbehörde durchgeführt werden, erfolgen.

(6) Die Prüfung der Wirksamkeit der Mittel und Verfahren nach Absatz 1 Satz 1 Nummer 2 ist an den betreffenden Schädlingen unter Einbeziehung von Wirtstieren bei parasitären Nichtwirbeltieren vorzunehmen. Die Prüfung der Wirksamkeit von Mitteln nach Absatz 1 Satz 1 Nummer 2 unterbleibt, sofern die Mittel nach einer der folgenden Vorschriften nach dem Tilgungsprinzip gleichwertig geprüft und zugelassen sind:
1. Verordnung (EU) Nr. 528/2012 des Europäischen Parlaments und des Rates vom 22. Mai 2012 über die Bereitstellung auf dem Markt und die Verwendung von Biozidprodukten (ABl. L 167 vom 27.6.2012, S. 1; L 303 vom 20.11.2015, S. 109), die zuletzt durch die Verordnung (EU) Nr. 334/2014 (ABl. L 103 vom 5.4.2014, S. 22) geändert worden ist,
2. Verordnung (EG) Nr. 1107/2009 des Europäischen Parlaments und des Rates vom 21. Oktober 2009 über das Inverkehrbringen von Pflanzenschutzmitteln und zur Aufhebung der Richtlinien 79/117/EWG und 91/414/EWG des Rates (ABl. L 309 vom 24.11.2009, S. 1), die zuletzt durch die Verordnung (EU) Nr. 652/2014 (ABl. L 189 vom 27.6.2014, S. 1) geändert worden ist, oder
3. Arzneimittelgesetz.

Die Prüfung der Auswirkungen von Mitteln nach Absatz 1 Satz 1 Nummern 1 und 2 auf die menschliche Gesundheit und die Prüfung ihrer Auswirkungen auf die Umwelt unterbleibt, sofern die Mittel oder ihre Biozid-Wirkstoffe nach einer der in Satz 2 genannten Vorschriften geprüft und zugelassen sind.

(7) Die Anerkennung ist zu widerrufen, wenn die zuständige Bundesoberbehörde davon Kenntnis erlangt, dass eine nach anderen Gesetzen erforderliche Verkehrsfähigkeit für das Mittel oder Verfahren nicht mehr besteht. Sie kann widerrufen werden, insbesondere wenn nach aktuellen Erkenntnissen und Bewertungsmaßstäben die Voraussetzungen nach Absatz 2 nicht mehr erfüllt sind. Die zuständige Bundesoberbehörde führt die jeweils anerkannten Mittel und Verfahren in einer Liste und veröffentlicht die Liste.

IfSG § 18

(8) Das Robert Koch-Institut und das Umweltbundesamt erheben für individuell zurechenbare öffentliche Leistungen nach den Absätzen 1 und 2 Gebühren und Auslagen.

(9) Das Bundesministerium für Gesundheit wird ermächtigt, im Einvernehmen mit dem Bundesministerium für Umwelt, Naturschutz und nukleare Sicherheit durch Rechtsverordnung ohne Zustimmung des Bundesrates die gebührenpflichtigen Tatbestände der individuell zurechenbaren öffentlichen Leistungen nach den Absätzen 1 bis 4 und 7 näher zu bestimmen und dabei feste Sätze oder Rahmensätze vorzusehen.

(10) Das Bundesministerium für Gesundheit wird ermächtigt, im Einvernehmen mit dem Bundesministerium für Umwelt, Naturschutz und nukleare Sicherheit durch Rechtsverordnung ohne Zustimmung des Bundesrates Einzelheiten des Anerkennungsverfahrens festzulegen.

A. Allgemeines

1   § 18 wurde durch das Gesetz zur Modernisierung der epidemiologischen Überwachung übertragbarer Krankheiten nahezu vollständig neu gefasst. Abs. 9 und 10 wurden durch die Elfte Zuständigkeitsanpassungsverordnung vom 19.6.2020 an die aktuelle Bezeichnung des dort genannten Bundesministeriums angeglichen. Durch G v. 18.7.2016 (BGBl. I S. 1666; geänd. durch G v. 17.7.2017, BGBl. I S. 2615) werden mWv 1.10.2021 die Überschrift geändert und Abs. 8 und 9 aufgehoben, der bisherige Abs. 10 wird Abs. 8.

B. Einzelheiten

2   Für von der zuständigen Behörde angeordnete Maßnahmen zur Desinfektion und zur Bekämpfung von Gesundheitsschädlingen, Krätzmilben und Kopfläusen dürfen nur Mittel verwendet werden, die von der zuständigen Bundesoberbehörde anerkannt worden sind (Abs. 1). Auf diese Weise wird sichergestellt, dass die Maßnahmen zuverlässig zum Erfolg führen. Einzelheiten zum Anerkennungs- und Prüfungsverfahren ergeben sich aus Abs. 2–7, ggf. iVm einer Rechtsverordnung nach Abs. 8. Ein Verstoß gegen Abs. 1 S. 1 ist gem. § 73 Abs. 1a Nr. 7 bußgeld- und bei Vorliegen der Voraussetzungen nach § 74 strafbewehrt. Zu den anerkannten Mitteln und Verfahren siehe allgemein BGesBl 2014 57:568–573 (abrufbar unter www.RKI.de unter dem Menüpunkt Infektionsschutz → Infektions- und Krankenhaushygiene → Desinfektion → Desinfektionsmittelliste). Eine Liste der vom RKI anerkannten Desinfektionsmittel kann unter www.RKI.de unter dem Menüpunkt Infektionsschutz → Infektions- und Krankenhaushygiene → Desinfektion → Desinfektionsmittelliste abgerufen werden. Verwiesen sei auch auf die Bekanntmachung der geprüften und anerkannten Mittel und Verfahren zur Bekämpfung von tierischen Schädlingen nach § 18 IfSG (BGesBl 2016 59:690–701), zudem auf die Richtlinie für die Prüfung von Fraßgiftködern gegen Schaben im Laboratorium (BGesBl 2001 44:182–189).

§ 19 Aufgaben des Gesundheitsamtes in besonderen Fällen

(1) Das Gesundheitsamt bietet bezüglich sexuell übertragbarer Krankheiten und Tuberkulose Beratung und Untersuchung an oder stellt diese in Zusammenarbeit mit anderen medizinischen Einrichtungen sicher. In Bezug auf andere übertragbare Krankheiten kann das Gesundheitsamt Beratung und Untersuchung anbieten oder diese in Zusammenarbeit mit anderen medizinischen Einrichtungen sicherstellen. Die Beratung und Untersuchung sollen für Personen, deren Lebensumstände eine erhöhte Ansteckungsgefahr für sich oder andere mit sich bringen, auch aufsuchend angeboten werden. Im Einzelfall können die Beratung und Untersuchung nach Satz 1 bezüglich sexuell übertragbarer Krankheiten und Tuberkulose die ambulante Behandlung durch eine Ärztin oder einen Arzt umfassen, soweit dies zur Verhinderung der Weiterverbreitung der übertragbaren Krankheit erforderlich ist. Die Angebote können bezüglich sexuell übertragbarer Krankheiten anonym in Anspruch genommen werden, soweit hierdurch die Geltendmachung von Kostenerstattungsansprüchen nicht gefährdet wird. Die zuständigen Behörden können mit den Maßnahmen nach den Sätzen 1 bis 4 Dritte beauftragen.

(2) Soweit die von der Maßnahme betroffene Person gegen einen anderen Kostenträger einen Anspruch auf entsprechende Leistungen hat oder einen Anspruch auf Erstattung der Aufwendungen für entsprechende Leistungen hätte, ist dieser zur Tragung der Sachkosten verpflichtet. Wenn Dritte nach Absatz 1 Satz 6 beauftragt wurden, ist der andere Kostenträger auch zur Tragung dieser Kosten verpflichtet, soweit diese angemessen sind.

Übersicht

	Rn.
A. Allgemeines	1
I. Inhalt	1
II. Letzte Änderungen	1a
1. Durch das TSVG	1a
2. Durch das 2. COVIfSGAnpG	1b
B. Angebote nach Abs. 1	2
I. Allgemeines	2
II. Einzelheiten	3
1. Beratung und Untersuchung in Bezug auf sexuell übertragbare Krankheiten und Tuberkulose (S. 1, 3, 4, 5, 6)	3
a) Sexuell übertragbare Krankheiten	3
b) Umfang von Beratung und Untersuchung nach S. 1	4
c) Zusammenarbeit mit anderen medizinischen Einrichtungen, Beauftragung Dritter	5
d) Ambulante Behandlung (S. 4)	6
e) Anonyme Angebote (S. 5)	7
2. Beratung und Untersuchung in Bezug auf andere übertragbare Krankheiten (S. 2, 3, 6)	7a
a) Allgemeines	7a
b) Übertragbare Krankheit	7b

	Rn.
c) Umfang von Beratung und Untersuchung nach S. 2	7c
d) Zusammenarbeit mit anderen medizinischen Einrichtungen, Beauftragung Dritter	7d
C. Kostentragung (Abs. 2)	8
I. Allgemeines	8
II. Pflicht zur Kostentragung	9
1. Allgemeines	9
2. Kostentragung bei Beauftragung eines Dritten (S. 2)	9a
3. Einzelheiten	10
a) Sachkosten, Personalkosten	10
b) Nicht versicherte Personen	11

A. Allgemeines

I. Inhalt

1 Nach § 3 haben Aufklärung, Beratung sowie die Bereitstellung von Unterstützungsangeboten eine zentrale Bedeutung für eine funktionierende Prävention. § 19 präzisiert diese Aufgaben in Bezug auf sexuell übertragbare Krankheiten und Tuberkulose. Dabei erfolgt die Inanspruchnahme des Angebots nach § 19 allein auf freiwilliger Basis. Unberührt bleiben die sonstigen Vorschriften des IfSG, so dass nach diesen erforderlichenfalls bei Vorliegen der Voraussetzungen Maßnahmen angeordnet werden können.

II. Letzte Änderungen

1. Durch das TSVG

1a Durch das TSVG wurde Abs. 1 S. 3 geringfügig modifiziert und Abs. 2 vollkommen neu gefasst (vgl. zu letzterem die Erläuterungen Rn. 8 ff.).

2. Durch das 2. COVIfSGAnpG

1b Durch das das 2. COVIfSGAnpG wurden Abs. 1 komplett neu gefasst und Abs. 2 um S. 2 ergänzt. Vgl. im Einzelnen die jeweiligen Erläuterungen.

B. Angebote nach Abs. 1

I. Allgemeines

2 Nach S. 1 bietet das Gesundheitsamt bezüglich sexuell übertragbarer Krankheiten und Tuberkulose Beratung und Untersuchung an oder stellt diese in Zusammenarbeit mit anderen medizinischen Einrichtungen sicher. Im Einzelfall kann dies auch die ambulante Behandlung von Tuberkulose und sexuell übertragbaren Krankheiten durch einen Arzt oder eine Ärztin umfassen (S. 4). In Bezug auf andere übertragbare Krankheiten kann das Gesundheitsamt

Beratung und Untersuchung anbieten oder diese in Zusammenarbeit mit anderen medizinischen Einrichtungen sicherstellen (S. 2).

II. Einzelheiten

1. Beratung und Untersuchung in Bezug auf sexuell übetragbare Krankheiten und Tuberkulose (S. 1, 3, 4, 5, 6)

a) **Sexuell übertragbare Krankheiten.** Der Begriff ist im IfSG nicht definiert. Er umfasst zunächst die vom früheren GeschlKrG erfassten Erkrankungen (Syphilis, Tripper, Weicher Schanker, Venerische Lymphknotenentzündung), daneben aber insbesondere auch HIV, Hepatis B, Herpes genitalis, Chlamydien und andere Erkrankungen, welche nach dem jeweils aktuellen medizinischen Kenntnisstand sexuell übertragen werden. 3

b) **Umfang von Beratung und Untersuchung nach S. 1.** Der Umfang, in welchem die Gesundheitsämter Beratung und Untersuchung nach S. 1 anbieten oder in Zusammenarbeit mit anderen medizinischen Einrichtungen sicherstellen müssen, ist im IfSG nicht vorgegeben, so dass diesbezüglich ein nicht unerheblicher Gestaltungsspielraum besteht. Bei der Ausübung dieses Spielraums ist zu beachten, dass Beratung und Untersuchung nach S. 3 für Personen, welche aufgrund ihrer Lebensumstände eine erhöhte Ansteckungsgefahr aufweisen (z. B. für drogenabhängige Prostituierte, Wohnsitzlose), auch aufsuchend angeboten werden sollen. 4

c) **Zusammenarbeit mit anderen medizinischen Einrichtungen, Beauftragung Dritter. aa) Allgemeines.** Den Gesundheitsämtern steht es nach S. 1 frei, ob sie die ihnen obliegenden Aufgaben selbst oder in Zusammenarbeit mit anderen medizinischen Einrichtungen erfüllen. Eine genauere Eingrenzung, welchen fachlichen Anforderungen letztere erfüllen müssen oder wie die Zusammenarbeit ausgestaltet sein muss, lässt sich weder dem IfSG noch der amtl. Begründung entnehmen. Nach Sinn und Zweck der Vorschrift kann ‚andere medizinische Einrichtung' jedenfalls nur eine solche sein, die hinreichend für die Aufgabenerfüllung geeignet ist und ein dem Gesundheitsamt vergleichbares Beratungs- und Untersuchungsniveau sicherstellen kann. 5

bb) **Beauftragung Dritter (S. 6).** Gem. S. 6 können mit Maßnahmen nach S. 1–4 auch Dritte beauftragt werden. Möglich ist insbesondere auch die Zusammenarbeit mit niedergelassenen Ärztinnen und Ärzten, kassenärztlichen Vereinigungen etc. Die Zusammenarbeit sollte immer auf einer dokumentierten vertraglichen Basis erfolgen. 5a

cc) **Datenschutz, Verarbeitung im Auftrag.** Bei einer Zusammenarbeit mit niedergelassenen Ärztinnen und Ärzten, anderen medizinischen Einrichtungen oder sonstigen Dritten gem. S. 6 sind insbesondere auch die einschlägigen datenschutzrechtlichen Vorschriften (DSGVO, Landesgesetze) zu beachten, sofern es sich nicht um ein rein anonymes Angebot (S. 5) handelt. In datenschutzrechtlicher Hinsicht handelt es sich bei der Zusammenarbeit 5b regelmäßig um eine so genannte Verarbeitung im Auftrag, welche in der vertraglichen Vereinbarung (vgl. Rn. 5a) entsprechend der sich aus Art. 28 DSGVO ergebenden Vorgaben auszugestalten ist.

6 **d) Ambulante Behandlung (S. 4).** Im Einzelfall kann auch eine ambulante Behandlung durch einen Arzt oder eine Ärztin erfolgen. Voraussetzung dafür ist, dass dies zur Verhinderung der Weiterverbreitung (vgl. zum Begriff § 2 Rn. 62) der jeweiligen sexuell übertragbaren Krankheit bzw. Tuberkulose erforderlich ist. Die gesetzliche Formulierung macht deutlich, dass eine solche ambulante Behandlung durch das Gesundheitsamt nur in Ausnahmefällen in Betracht kommt. Ein solcher Fall kann beispielsweise dann vorliegen, wenn Personen das bestehende ärztliche Versorgungsangebot nicht wahrnehmen. Im Falle einer solchen Behandlung kann das Gesundheitsamt bei Vorliegen der Voraussetzungen die Behandlung gemäß Abs. 2 mit den Krankenkassen abrechnen (vgl. Rn. 8 ff.).

7 **e) Anonyme Angebote (S. 5).** Nach S. 5 können die Angebote in Bezug auf sexuell übertragbare Krankheiten unter der darin genannten Voraussetzung, dass hierdurch die Geltendmachung von Kostenerstattungsansprüchen nicht gefährdet wird, auch anonym in Anspruch genommen werden. Damit soll ein niedrigschwelliges Angebot geschaffen werden, das vom angesprochenen Personenkreis leichter angenommen werden kann.

2. Beratung und Untersuchung in Bezug auf andere übertragbare Krankheiten (S. 2, 3, 6)

7a **a) Allgemeines.** S. 2 ist (neben der Ergänzung von Abs. 2 (vgl. Rn. 9a) eine der zentralen Neuerungen, die mit der Modifikation von § 19 durch das 2. COVIfSGAnpG einhergehen. Er erweitert die Beratungs- und Untersuchungsmöglichkeiten der Gesundheitsämter über die sexuell übertragbaren Krankheiten und Tuberkulose hinaus auf sämtliche übertragbaren Krankheiten erweitert. Ein wichtiger Unterschied zu dem Angebot nach S. 1 ist, dass auch die Entscheidung, ob und in Bezug auf welche übertragbaren Krankheiten Beratung und Untersuchung angeboten werden, im Falle des S. 2 allein im Ermessen des Gesundheitsamtes steht. Dieses muss es pflichtgemäß ausüben und dabei die infektionshygienische Lage beachten, insbesondere die Feststellung einer epidemischen Lage von nationaler Tragweite gem. § 5 Abs. 1 (vgl. dazu die Erläuterungen § 5 Rn. 3 ff).

7b **b) Übertragbare Krankheit.** Vgl. zum Begriff die Erläuterungen § 2 Rn. 20 ff. Erfasst sind insbesondere auch die Beratung und Untersuchung in Bezug auf COVID-19.

7c **c) Umfang von Beratung und Untersuchung nach S. 2.** Es gelten zunächst die Erläuterungen Rn. 4 entsprechend. Ausweislich des Entwurfs des 2. COVIfSGAnpG (BT-Drs. 19/18967, 58) soll S. 2 es den Gesundheitsämtern insbesondere ermöglichen, Testungen auf COVID-19 vorzunehmen. Sofern die getesteten Personen einen Erstattungsanspruch (z. B. gegen ihre Krankenversicherung haben), hat das Gesundheitsamt gegen diese einen

Rückgriffanspruch nach Maßgabe von Abs. 2 (vgl. im Einzelnen die Erläuterungen Rn. 9 ff.). Vgl. dazu auch die Verordnung zum Anspruch auf bestimmte Testungen für den Nachweis des Vorliegens einer Infektion mit dem Coronavirus SARS-CoV-2 vom 8.6.2020, welche für bestimmte Testungen eine direkte Abrechnung von bestimmten Laborkosten zwischen Labor und gesetzlicher Krankenversicherung ermöglicht.

d) Zusammenarbeit mit anderen medizinischen Einrichtungen, Beauftragung Dritter. Es gelten diesbezüglich die Ausführungen Rn. 5–5b entsprechend. 7d

C. Kostentragung (Abs. 2)

I. Allgemeines

Abs. 2 wurde durch das TSVG vollständig neu gefasst und enthält Regelungen zur Kostentragung für nach Abs. 1 erfolgte Maßnahmen. Die vor dem Inkrafttreten des TSVG geltende Fassung des Abs. 2 sah noch eine primäre Kostentragung von den Trägern der Krankenversicherung nach SGB V vor, soweit die betroffene Person krankenversichert war (§ 4 SGB V). Falls dies nicht der Fall war, waren nach der vormaligen Regelung die Kosten für Untersuchungen und Behandlungen nach Abs. 1 S. 1 aF von der betroffenen Person zu zahlen, bei deren Unvermögen sollten die Kosten aus Mitteln der öffentlichen Hand getragen werden. Nach Abs. 2 S. 1 Nr. 2 aF bedurfte es keines Nachweises des Unvermögens, wenn offensichtlich war oder die Gefahr bestand, dass die Inanspruchnahme anderer Zahlungspflichtiger die Durchführung der Untersuchung oder Behandlung erschweren würde. Letzteres konnte z. B. bei aufgrund eines illegalen Aufenthaltsstatus unversicherten Obdachlosen der Fall sein. Da die vom Gesundheitsamt anzubietenden Beratungen nicht vom Wortlaut des Abs. 2 aF erfasst waren, erfolgten diese ohne Kostenerhebung seitens des Gesundheitsamtes. Durch das das 2. COVIfSGAnpG wurde und Abs. 2 um einen neuen S. 2 erweitert, vgl. dazu Rn. 9a. 8

II. Pflicht zur Kostentragung

1. Allgemeines

Abs. 2 sieht nunmehr vor, dass die Sachkosten für Maßnahmen nach Abs. 1 von dem Kostenträger zu tragen sind, gegenüber welchem die betroffene Person einen Anspruch auf entsprechende Leistungen hat oder einen Anspruch auf Erstattung der Aufwendungen für entsprechende Leistungen hätte. Im Vergleich zur Vorgängerregelung (vgl. Rn. 8) wurde Abs. 2 durch das TSVG deutlich verschlankt. Die Änderung von Abs. 2 war im ursprünglichen Gesetzentwurf der Bundesregierung zum TSVG (BT-Drs. 19/6337) noch nicht enthalten und wurde erst in Folge der Beschlussempfehlung des Ausschusses für Gesundheit (BT-Drs. 19/8351) in das Gesetz aufgenommen. Ausweislich der Begründung der Beschlussempfehlung soll die Neuregelung 9 der Klarstellung dienen, dass immer dann, wenn eine von Abs. 1 betroffene Person gegen einen anderen Kostenträger einen Anspruch auf entsprechende Leistung hat oder – im Falle des Bestehens einer privaten Krankenversicherung – einen Anspruch auf Erstattung für diese Leistung hätte, dieser Kostenträger zur Tragung der Sachkosten verpflichtet ist, auch wenn der öffentliche Gesundheitsdienst diese Aufgaben übernimmt. Die Begründung der Beschlussempfehlung zum TSVG (BT-Drs. 19/8351, 223) führt dabei explizit aus, dass eine Kostentragung der betroffenen Person selbst künftig nicht mehr eintreten soll.

2. Kostentragung bei Beauftragung eines Dritten (S. 2)

9a Die Anfügung von S. 2 durch das 2. COVIfSGAnpG stellt klar, dass auch bei Beauftragung eines Dritten im Falle des Vorhandenseins eines (zur Zahlung verpflichteten) Kostenträgers (gesetzliche oder private Krankenversicherung) dieser die angemessenen Kosten zu tragen hat.

3. Einzelheiten

10 **a) Sachkosten, Personalkosten.** Abs. 2 S. 1 betrifft nach seinem Wortlaut ausschließlich die Tragung der Sachkosten. Denkbar wäre es demnach, in Bezug auf die Personalkosten § 69 Abs. 1 S. 1 Nr. 6 anzuwenden mit der Folge, dass diese gem. § 69 Abs. 1 S. 1 bei Vorliegen der Voraussetzung von der betroffenen Person oder einem anderen Kostenträger (insbesondere einer Krankenversicherung) zu tragen sein könnten. Jedoch würde ein solches Verständnis dem erklärten Willen des Gesetzgebers, nach welchem eine Kostentragung der betroffenen Person selbst künftig nicht mehr eintreten soll (vgl. Rn. 9), widersprechen. Hätte der Gesetzgeber tatsächlich gewollt, dass ein anderer Kostenträger (auch) die Personalkosten tragen soll, hätte er dies zweckmäßigerweise unmittelbar in Abs. 2 geregelt und diesen nicht auf die Sachkosten beschränkt. Es ist vor diesem Hintergrund davon auszugehen, dass Abs. 2 eine abschließende Regelung in Bezug auf die Kostentragung durch andere Kostenträger darstellt. Andere als Sachkosten sind von diesen somit nicht zu tragen. Im Ergebnis sind damit im Zusammenhang mit Untersuchungen und Behandlungen nach Abs. 1 anfallende Personalkosten gem. § 69 S. 1 aus öffentlichen Mitteln zu bestreiten. Vgl. zu diesen die Erläuterungen § 69 Rn. 10.

11 **b) Nicht versicherte Personen.** Bei nicht versicherten Personen (z. B. aufgrund eines illegalen Aufenthaltsstatus unversicherte Obdachlose oder Personen, mit deren Herkunftsland kein zwischenstaatliches Abkommen zur Krankenversicherung besteht) existiert regelmäßig kein anderer Kostenträger, gleichzeitig scheidet eine Kostentragungspflicht der betroffenen Personen vor dem Hintergrund des erklärten Willen des Gesetzgebers aus. In diesen Fällen sind sämtliche der im Zusammenhang mit Untersuchungen und Behandlungen nach Abs. 1 anfallenden Kosten gem. § 69 S. 1 aus öffentlichen Mitteln zu bestreiten. Vgl. zu diesen die Erläuterungen § 69 Rn. 10.

§ 20 Schutzimpfungen und andere Maßnahmen der spezifischen Prophylaxe

(1) Die Bundeszentrale für gesundheitliche Aufklärung, die obersten Landesgesundheitsbehörden und die von ihnen beauftragten Stellen sowie die Gesundheitsämter informieren die Bevölkerung zielgruppenspezifisch über die Bedeutung von Schutzimpfungen und andere Maßnahmen der spezifischen Prophylaxe übertragbarer Krankheiten. Bei der Information der Bevölkerung soll die vorhandene Evidenz zu bestehenden Impflücken berücksichtigt werden.

(2) Beim Robert Koch-Institut wird eine Ständige Impfkommission eingerichtet. Die Kommission gibt sich eine Geschäftsordnung, die der Zustimmung des Bundesministeriums für Gesundheit bedarf. Die Kommission gibt Empfehlungen zur Durchführung von Schutzimpfungen und zur Durchführung anderer Maßnahmen der spezifischen Prophylaxe übertragbarer Krankheiten und entwickelt Kriterien zur Abgrenzung einer üblichen Impfreaktion und einer über das übliche Ausmaß einer Impfreaktion hinausgehenden gesundheitlichen Schädigung. Die Mitglieder der Kommission werden vom Bundesministerium für Gesundheit im Benehmen mit den obersten Landesgesundheitsbehörden berufen. Vertreter des Bundesministeriums für Gesundheit, der obersten Landesgesundheitsbehörden, des Robert Koch-Institutes und des Paul-Ehrlich-Institutes nehmen mit beratender Stimme an den Sitzungen teil. Weitere Vertreter von Bundesbehörden können daran teilnehmen. Die Empfehlungen der Kommission werden von dem Robert Koch-Institut den obersten Landesgesundheitsbehörden übermittelt und anschließend veröffentlicht.

(3) Die obersten Landesgesundheitsbehörden sollen öffentliche Empfehlungen für Schutzimpfungen oder andere Maßnahmen der spezifischen Prophylaxe auf der Grundlage der jeweiligen Empfehlungen der Ständigen Impfkommission aussprechen.

(4) Zur Durchführung von Schutzimpfungen ist jeder Arzt berechtigt. Fachärzte dürfen Schutzimpfungen unabhängig von den Grenzen der Ausübung ihrer fachärztlichen Tätigkeit durchführen. Die Berechtigung zur Durchführung von Schutzimpfungen nach anderen bundesrechtlichen Vorschriften bleibt unberührt.

(5) Die obersten Landesgesundheitsbehörden können bestimmen, dass die Gesundheitsämter unentgeltlich Schutzimpfungen oder andere Maßnahmen der spezifischen Prophylaxe gegen bestimmte übertragbare Krankheiten durchführen. Die zuständigen Behörden können mit den Maßnahmen nach Satz 1 Dritte beauftragen. Soweit die von der Maßnahme betroffene Person gegen einen anderen Kostenträger einen Anspruch auf entsprechende Leistungen hat oder einen Anspruch auf Erstattung der Aufwendungen für entsprechende Leistungen hätte, ist dieser zur Tragung der Sachkosten verpflichtet. Wenn Dritte nach Satz 2 beauftragt wurden, ist der andere Kostenträger auch zur Tragung dieser Kosten verpflichtet, soweit diese angemessen sind.

(6) Das Bundesministerium für Gesundheit wird ermächtigt, durch Rechtsverordnung mit Zustimmung des Bundesrates anzuordnen, dass bedrohte Teile der Bevölkerung an Schutzimpfungen oder anderen Maßnahmen der spezifischen Prophylaxe teilzunehmen haben, wenn eine übertragbare Krankheit mit klinisch schweren Verlaufsformen auftritt und mit ihrer epidemischen Verbreitung zu

rechnen ist. Personen, die auf Grund einer medizinischen Kontraindikation nicht an Schutzimpfungen oder an anderen Maßnahmen der spezifischen Prophylaxe teilnehmen können, können durch Rechtsverordnung nach Satz 1 nicht zu einer Teilnahme an Schutzimpfungen oder an anderen Maßnahmen der spezifischen Prophylaxe verpflichtet werden. § 15 Abs. 2 gilt entsprechend.

(7) Solange das Bundesministerium für Gesundheit von der Ermächtigung nach Absatz 6 keinen Gebrauch macht, sind die Landesregierungen zum Erlass einer Rechtsverordnung nach Absatz 6 ermächtigt. Die Landesregierungen können die Ermächtigung durch Rechtsverordnung auf die obersten Landesgesundheitsbehörden übertragen.

(8) Folgende Personen, die nach dem 31. Dezember 1970 geboren sind, müssen entweder einen nach den Maßgaben von Satz 2 ausreichenden Impfschutz gegen Masern oder ab der Vollendung des ersten Lebensjahres eine Immunität gegen Masern aufweisen:
1. Personen, die in einer Gemeinschaftseinrichtung nach § 33 Nummer 1 bis 3 betreut werden,
2. Personen, die bereits vier Wochen
   a) in einer Gemeinschaftseinrichtung nach § 33 Nummer 4 betreut werden oder
   b) in einer Einrichtung nach § 36 Absatz 1 Nummer 4 untergebracht sind, und
3. Personen, die in Einrichtungen nach § 23 Absatz 3 Satz 1, § 33 Nummer 1 bis 4 oder § 36 Absatz 1 Nummer 4 tätig sind.

Ein ausreichender Impfschutz gegen Masern besteht, wenn ab der Vollendung des ersten Lebensjahres mindestens eine Schutzimpfung und ab der Vollendung des zweiten Lebensjahres mindestens zwei Schutzimpfungen gegen Masern bei der betroffenen Person durchgeführt wurden. Satz 1 gilt auch, wenn zur Erlangung von Impfschutz gegen Masern ausschließlich Kombinationsimpfstoffe zur Verfügung stehen, die auch Impfstoffkomponenten gegen andere Krankheiten enthalten. Satz 1 gilt nicht für Personen, die auf Grund einer medizinischen Kontraindikation nicht geimpft werden können.

(9) Personen, die in Gemeinschaftseinrichtungen nach § 33 Nummer 1 bis 3 betreut oder in Einrichtungen nach § 23 Absatz 3 Satz 1, § 33 Nummer 1 bis 4 oder § 36 Absatz 1 Nummer 4 tätig werden sollen, haben der Leitung der jeweiligen Einrichtung vor Beginn ihrer Betreuung oder ihrer Tätigkeit folgenden Nachweis vorzulegen:
1. eine Impfdokumentation nach § 22 Absatz 1 und 2 oder ein ärztliches Zeugnis, auch in Form einer Dokumentation nach § 26 Absatz 2 Satz 4 des Fünften Buches Sozialgesetzbuch, darüber, dass bei ihnen ein nach den Maßgaben von Absatz 8 Satz 2 ausreichender Impfschutz gegen Masern besteht,
2. ein ärztliches Zeugnis darüber, dass bei ihnen eine Immunität gegen Masern vorliegt oder sie aufgrund einer medizinischen Kontraindikation nicht geimpft werden können oder
3. eine Bestätigung einer staatlichen Stelle oder der Leitung einer anderen in Absatz 8 Satz 1 genannten Einrichtung darüber, dass ein Nachweis nach Nummer 1 oder Nummer 2 bereits vorgelegen hat.

Die oberste Landesgesundheitsbehörde oder die von ihr bestimmte Stelle kann bestimmen, dass der Nachweis nach Satz 1 nicht der Leitung der jeweiligen

Einrichtung, sondern dem Gesundheitsamt oder einer anderen staatlichen Stelle gegenüber zu erbringen ist. Die Behörde, die für die Erteilung der Erlaubnis nach § 43 Absatz 1 des Achten Buches Sozialgesetzbuch zuständig ist, kann bestimmen, dass vor dem Beginn der Tätigkeit im Rahmen der Kindertagespflege der Nachweis nach Satz 1 ihr gegenüber zu erbringen ist. Wenn der Nachweis nach Satz 1 von einer Person, die aufgrund einer nach Satz 8 zugelassenen Ausnahme oder nach Satz 9 in Gemeinschaftseinrichtungen nach § 33 Nummer 1 bis 3 betreut oder in Einrichtungen nach § 23 Absatz 3 Satz 1, § 33 Nummer 1 bis 4 oder § 36 Absatz 1 Nummer 4 beschäftigt oder tätig werden darf, nicht vorgelegt wird oder wenn sich ergibt, dass ein Impfschutz gegen Masern erst zu einem späteren Zeitpunkt möglich ist oder vervollständigt werden kann, hat
1. die Leitung der jeweiligen Einrichtung oder
2. die andere Stelle nach Satz 2 oder Satz 3
unverzüglich das Gesundheitsamt, in dessen Bezirk sich die Einrichtung befindet, darüber zu benachrichtigen und dem Gesundheitsamt personenbezogene Angaben zu übermitteln. Eine Benachrichtigungspflicht besteht nicht, wenn der Leitung der jeweiligen Einrichtung oder der anderen Stelle nach Satz 2 oder Satz 3 bekannt ist, dass das Gesundheitsamt über den Fall bereits informiert ist. Eine Person, die ab der Vollendung des ersten Lebensjahres keinen Nachweis nach Satz 1 vorlegt, darf nicht in Gemeinschaftseinrichtungen nach § 33 Nummer 1 bis 3 betreut oder in Einrichtungen nach § 23 Absatz 3 Satz 1, § 33 Nummer 1 bis 4 oder § 36 Absatz 1 Nummer 4 beschäftigt werden. Eine Person, die über keinen Nachweis nach Satz 1 verfügt oder diesen nicht vorlegt, darf in Einrichtungen nach § 23 Absatz 3 Satz 1, § 33 Nummer 1 bis 4 oder § 36 Absatz 1 Nummer 4 nicht tätig werden. Die oberste Landesgesundheitsbehörde oder die von ihr bestimmte Stelle kann allgemeine Ausnahmen von den Sätzen 6 und 7 zulassen, wenn das Paul-Ehrlich-Institut auf seiner Internetseite einen Lieferengpass zu allen Impfstoffen mit einer Masernkomponente, die für das Inverkehrbringen in Deutschland zugelassen oder genehmigt sind, bekannt gemacht hat; parallel importierte und parallel vertriebene Impfstoffe mit einer Masernkomponente bleiben unberücksichtigt. Eine Person, die einer gesetzlichen Schulpflicht unterliegt, darf in Abweichung von Satz 6 in Gemeinschaftseinrichtungen nach § 33 Nummer 3 betreut werden.

(10) Personen, die am 1. März 2020 bereits in Gemeinschaftseinrichtungen nach § 33 Nummer 1 bis 3 betreut werden oder in Einrichtungen nach § 23 Absatz 3 Satz 1, § 33 Nummer 1 bis 4 oder § 36 Absatz 1 Nummer 4 tätig sind, haben der Leitung der jeweiligen Einrichtung einen Nachweis nach Absatz 9 Satz 1 bis zum Ablauf des 31. Juli 2021 vorzulegen. Absatz 9 Satz 2 bis 5 findet mit der Maßgabe entsprechende Anwendung, dass eine Benachrichtigung des zuständigen Gesundheitsamtes und eine Übermittlung personenbezogener Angaben immer zu erfolgen hat, wenn der Nachweis nach Absatz 9 Satz 1 nicht bis zum Ablauf des 31. Juli 2021 vorgelegt wird.

(11) Personen, die bereits vier Wochen in Gemeinschaftseinrichtungen nach § 33 Nummer 4 betreut werden oder in Einrichtungen nach § 36 Absatz 1 Nummer 4 untergebracht sind, haben der Leitung der jeweiligen Einrichtung einen Nachweis nach Absatz 9 Satz 1 wie folgt vorzulegen:

1. innerhalb von vier weiteren Wochen oder,
2. wenn sie am 1. März 2020 bereits betreut werden oder untergebracht sind, bis zum Ablauf des 31. Juli 2021.

Absatz 9 Satz 2, 4 und 5 findet mit der Maßgabe entsprechende Anwendung, dass eine Benachrichtigung des zuständigen Gesundheitsamtes und eine Übermittlung personenbezogener Angaben immer zu erfolgen hat, wenn der Nachweis nach Absatz 9 Satz 1 nicht bis zu dem in Satz 1 Nummer 1 oder Nummer 2 genannten Zeitpunkt vorgelegt wird.

(12) Folgende Personen haben dem Gesundheitsamt, in dessen Bezirk sich die jeweilige Einrichtung befindet, auf Anforderung einen Nachweis nach Absatz 9 Satz 1 vorzulegen:
1. Personen, die in Gemeinschaftseinrichtungen nach § 33 Nummer 1 bis 3 betreut werden,
2. Personen, die bereits acht Wochen
   a) in Gemeinschaftseinrichtungen nach § 33 Nummer 4 betreut werden oder
   b) in Einrichtungen nach § 36 Absatz 1 Nummer 4 untergebracht sind und
3. Personen, die in Einrichtungen nach § 23 Absatz 3 Satz 1, § 33 Nummer 1 bis 4 oder § 36 Absatz 1 Nummer 4 tätig sind.

Wenn der Nachweis nach Absatz 9 Satz 1 nicht innerhalb einer angemessenen Frist vorgelegt wird oder sich aus dem Nachweis ergibt, dass ein Impfschutz gegen Masern erst zu einem späteren Zeitpunkt möglich ist oder vervollständigt werden kann, kann das Gesundheitsamt die zur Vorlage des Nachweises verpflichtete Person zu einer Beratung laden und hat diese zu einer Vervollständigung des Impfschutzes gegen Masern aufzufordern. Das Gesundheitsamt kann einer Person, die trotz der Anforderung nach Satz 1 keinen Nachweis innerhalb einer angemessenen Frist vorlegt, untersagen, dass sie die dem Betrieb einer in Absatz 8 Satz 1 genannten Einrichtung dienenden Räume betritt oder in einer solchen Einrichtung tätig wird. Einer Person, die einer gesetzlichen Schulpflicht unterliegt, kann in Abweichung von Satz 3 nicht untersagt werden, die dem Betrieb einer Einrichtung nach § 33 Nummer 3 dienenden Räume zu betreten. Einer Person, die einer Unterbringungspflicht unterliegt, kann in Abweichung von Satz 3 nicht untersagt werden, die dem Betrieb einer Gemeinschaftseinrichtung nach § 33 Nummer 4 oder einer Einrichtung nach § 36 Absatz 1 Nummer 4 dienenden Räume zu betreten. Widerspruch und Anfechtungsklage gegen ein vom Gesundheitsamt nach Satz 3 erteiltes Verbot haben keine aufschiebende Wirkung.

(13) Wenn eine nach den Absätzen 9 bis 12 verpflichtete Person minderjährig ist, so hat derjenige für die Einhaltung der diese Person nach den Absätzen 9 bis 12 treffenden Verpflichtungen zu sorgen, dem die Sorge für diese Person zusteht. Die gleiche Verpflichtung trifft den Betreuer einer von Verpflichtungen nach den Absätzen 9 bis 12 betroffenen Person, soweit die Erfüllung dieser Verpflichtungen zu seinem Aufgabenkreis gehört.

(14) Durch die Absätze 6 bis 12 wird das Grundrecht der körperlichen Unversehrtheit (Artikel 2 Absatz 2 Satz 1 des Grundgesetzes) eingeschränkt.

Schutzimpfungen und andere Maßnahmen **§ 20 IfSG**

Übersicht

	Rn.
A. Allgemeines	1
I. Inhalt	1
II. Letzte Änderungen	1a
1. Durch das TSVG	1a
2. Durch das MasernschutzG	1b
3. Durch das 3. COVIfSGAnpG	1c
B. Information über die Bedeutung von Schutzimpfungen und anderen Maßnahmen der spezifischen Prophylaxe (Abs. 1)	2
C. Einrichtung einer ständigen Impfkommission (Abs. 2)	3
I. Allgemeines	3
II. Einzelheiten	4
1. Einrichtung der STIKO beim RKI (S. 1)	4
2. Aufgaben der STIKO (S. 3)	5
a) Allgemeines	5
b) Empfehlungen zur Durchführung von Schutzimpfungen und anderen Maßnahmen der spezifischen Prophylaxe übertragbarer Krankheiten	6
c) Kriterien zur Abgrenzung einer üblichen Impfreaktion und einer über das übliche Ausmaß hinausgehenden Impfreaktion hinausgehenden gesundheitlichen Schädigung	7
3. Zusammensetzung der STIKO, Beratungen (S. 4–6)	8
4. Rechtsnatur der Empfehlungen der STIKO	9
5. Aktuelle Empfehlungen der STIKO	10
D. Öffentliche Empfehlungen der obersten Landesgesundheitsbehörden (Abs. 3)	11
I. Allgemeines	11
II. Einzelheiten	12
1. Allgemeines	12
2. Öffentliche Empfehlung	13
3. Relevanz für Entschädigungsansprüche nach § 60	14
E. Berechtigung zur Durchführung von Schutzimpfungen (Abs. 4)	15
F. Bestimmung unentgeltlicher Schutzimpfungen und Maßnahmen der spezifischenProphylaxe (Abs. 5)	15a
I. Allgemeines	15a
II. Einzelheiten	16
1. Schutzimpfungen und Maßnahmen der spezifischen Prophylaxe, bestimmte übertragbare Krankheiten (S. 1)	16
2. Im Interesse der Allgemeinheit	17
3. Beauftragung Dritter (S. 2)	18
a) Allgemeines	18
b) Zusammenarbeit mit niedergelassenen Ärztinnen und Ärzten, Vertrag	19
c) Datenschutz, Verarbeitung im Auftrag	19a
d) Kostentragung bei Beauftragung Dritter	19b
4. Pflicht der Gesundheitsämter zur Durchführung	20
5. Keine Pflicht zur Inanspruchnahme	21

	Rn.
6. Kostentragung (S. 3, 4)	22
a) Allgemeines	22
b) Kostentragung bei Beauftragung Dritter (S. 4)	22a
c) Praxishinweis	22b

G. Verordnungsermächtigung des Bundesministeriums für Gesundheit zur Festlegung einer Pflicht zur Teilnahme an einer Schutzimpfung oder anderen Maßnahme der spezifischen Prophylaxe für bedrohte Teile der Bevölkerung (Abs. 6) 23
  I. Allgemeines 23
  II. Einzelheiten 24
    1. Voraussetzungen (S. 1) 24
      a) Auftreten einer übertragbaren Krankheit 24
      b) Klinisch schwere Verlaufsform 25
      c) Epidemische Verbreitung der Krankheit 26
      d) Vorliegen eines geeigneten Impfstoffs oder Arzneimittels 27
      e) Bedrohte Teile der Bevölkerung 28
    2. Zustimmung des Bundesrates, dringende Fälle 29
    3. Ausnahmen von der Impfpflicht (S. 2) 30
  III. Zuwiderhandlungen, zwangsweise Durchsetzung 31

H. Verordnungsermächtigung der Landesregierungen zur Festlegung einer Impfpflicht für bedrohte Teile der Bevölkerung (Abs. 7) 32

I. Pflicht, einen ausreichenden Impfschutz oder eine Immunität gegen Masern aufzuweisen (Abs. 8) 33
  I. Allgemeines 33
  II. Einzelheiten 34
    1. Allgemeines 34
    2. Ausnahme vom Grundsatz des S. 1 .... 34a
    3. Gründe für die Auswahl der von Abs. 8 erfassten Personenkreise durch den Gesetzgeber 35
    4. Betroffene Personenkreise (S. 1) 36
      a) Allgemeines 36
      b) Nach dem 31.12.1970 geboren 37
      c) In einer der in S. 1 Nr. 1–3 genannten Einrichtungen betreut, untergebracht oder tätig 38
    5. Inhalt der aus S. 1 erwachsenden Pflicht 44
      a) Allgemeines 44
      b) Einzelheiten 45
    6. Nachweis- und Vorlagepflichten 48
  III. Zuwiderhandlungen 48a

J. Pflicht zur Vorlage von Nachweisen für in Abs. 8 S. 1 Nr. 1 und Nr. 3 genannte Personen, die erst ab einem Zeitpunkt nach dem 1.3.2020 betreut oder tätig werden sollen (Abs. 9) 49
  I. Allgemeines 49
  II. Von Abs. 9 erfasste Konstellation 50
    1. Allgemeines 50
    2. Betreut, tätig 50a

	Rn.
III. Einzelheiten zur Nachweispflicht	51
1. Allgemeines	51
2. Pflichterfüllung bei Minderjährigen und Betreuten	51a
3. Person, gegenüber der die Nachweispflicht zu erfüllen ist (S. 1–3)	52
4. Zeitpunkt der Vorlage	53
5. Nachweisführung	54
a) Durch Impfdokumentation (S. 1 Nr. 1)	54
b) Durch Zeugnis der Immunität oder Kontraindikation (S. 1 Nr. 2)	55
c) Durch Bestätigung (S. 1 Nr. 3)	56
d) Praxishinweis	56a
IV. Konsequenzen eines nicht erbrachten Nachweises (S. 4–9)	57
1. Allgemeines	57
2. Struktur	58
3. Betreuungs- und Beschäftigungsverbot (S. 6)	59
a) Allgemeines	59
b) Ausnahmen vom Betreuungs- und Beschäftigungsverbot	60
c) Vom Betreuungs- und Beschäftigungsverbot betroffene Person und Inhalt des Verbots	61
d) Nachweis nach S. 1	62
e) Gemeinschaftseinrichtungen nach § 33 Nr. 1–3	63
f) Einrichtungen nach § 23 Abs. 3 S. 1, § 33 Nr. 1–4 oder § 36 Abs. 1 Nr. 4	64
g) Eintritt des Verbots	65
h) Ende des Verbots	66
i) Praxishinweise	67
4. Tätigkeitsverbot (S. 7)	68
a) Allgemeines	68
b) Ausnahmen vom Tätigkeitsverbot	69
c) Vom Tätigkeitsverbot betroffene Person und Inhalt des Verbots	70
d) Nachweis nach S. 1	71
e) Einrichtungen nach § 23 Abs. 3 S. 1, § 33 Nr. 1–4 oder § 36 Abs. 1 Nr. 4	72
f) Eintritt und Ende des Verbots	73
5. Ausnahmen vom Betreuungs-, Beschäftigungs- oder Tätigkeitsverbot (S. 8 und 9)	74
a) Allgemeines	74
b) Ausnahmen im Falle eines vom Paul-Ehrlich-Institut (PEI) bekannt gemachten Lieferengpasses (S. 8)	75
c) Ausnahmen bei Personen, die einer gesetzlichen Schulpflicht unterliegen (S. 9)	76
6. Pflicht zur Benachrichtigung des zuständigen Gesundheitsamtes (S. 4, 5)	77
a) Allgemeines	77
b) Einzelheiten	78

	Rn.
V. Zuwiderhandlungen	84
1. Zuwiderhandlung gegen die Benachrichtigungspflicht	84
2. Zuwiderhandlung gegen ein Verbot gem. S. 6 oder S. 7	85
K. Pflicht zur Vorlage von Nachweisen für in Abs. 8 S. 1 Nr. 1 und Nr. 3 genannte Personen, die am 1.3.2020 bereits betreut werden oder tätig sind (Abs. 10)	86
I. Allgemeines	86
II. Von Abs. 10 erfasste Konstellationen	87
1. Allgemeines	87
2. Betreut, tätig	87a
III. Einzelheiten	88
1. Allgemeines	88
2. Pflichterfüllung bei Minderjährigen und Betreuten	89
3. Person, gegenüber der die Vorlagepflicht zu erfüllen ist (S. 1, 2 iVm Abs. 9 S. 2, 3)	90
4. Zeitpunkt der Vorlage (S. 1)	91
5. Nachweisführung	92
IV. Konsequenzen eines nicht erbrachten Nachweises (S. 2 iVm Abs. 9 S. 4 und 5)	93
1. Allgemeines	93
2. Pflicht zur Benachrichtigung des zuständigen Gesundheitsamtes (S. 2 iVm Abs. 9 S. 4 und S. 5)	94
3. Kein gesetzliches Betreuungs-, Tätigkeits- oder Beschäftigungsverbot	95
4. Möglichkeit zur Anordnung eines Betretungs- oder Tätigkeitsverbots	95a
V. Zuwiderhandlungen	96
L. Pflicht zur Vorlage von Nachweisen für in Abs. 8 S. 1 Nr. 2 genannte Personen (Abs. 11)	97
I. Allgemeines	97
II. Von Abs. 11 erfasste Konstellationen	98
III. Einzelheiten	99
1. Allgemeines	99
2. Pflichterfüllung bei Minderjährigen und Betreuten	100
3. Person, gegenüber der die Vorlagepflicht zu erfüllen ist (S. 1, 2 iVm Abs. 9 S. 2)	101
4. Zeitpunkt der Vorlage (S. 1)	102
a) Allgemeines	102
b) Personen, die am 1.3.2020 bereits in Gemeinschaftseinrichtungen nach § 33 Nr. 4 betreut werden oder in Einrichtungen nach § 36 Abs. 1 Nr. 4 untergebracht sind	103
c) Personen, die am 1.3.2020 noch nicht in Gemeinschaftseinrichtungen nach § 33 Nr. 4 betreut werden oder in Einrichtungen nach § 36 Abs. 1 Nr. 4 untergebracht sind	104
5. Nachweisführung	105
IV. Konsequenzen eines nicht erbrachten Nachweises (S. 2 iVm Abs. 9 S. 4 und 5)	106
1. Allgemeines	106

	Rn.
2. Pflicht zur Benachrichtigung des zuständigen Gesundheitsamtes (S. 2 iVm Abs. 9 S. 4 und S. 5)	107
3. Kein gesetzliches Unterbringungs- oder Betreuungsverbot	108
4. Möglichkeit zur Anordnung eines Betretungsverbots	109
V. Zuwiderhandlungen	110
M. Vorlage von Nachweisen auf Aufforderung des Gesundheitsamtes (Abs. 12 S. 1)	111
I. Allgemeines	111
1. Inhalt	111
2. Zweck	112
II. Tatbestandliche Voraussetzungen	113
1. Allgemeines	113
2. Erfasste Person	114
a) Allgemeines	114
b) Pflichterfüllung bei Minderjährigen und Betreuten	115
3. Bestehen einer fälligen Vorlagepflicht nach Abs. 9, 10 oder 11	116
a) Allgemeines	116
b) Praxishinweis	117
III. Rechtsfolgen	118
1. Allgemeines	118
2. Ermessen	119
3. Fristsetzung	120
4. Folgen einer Nichtvorlage innerhalb der Frist (S. 2)	121
IV. Folgen der Vorlage eines Nachweises aus dem sich ergibt, dass ein Impfschutz gegen Masern erst zu einem späteren Zeitpunkt möglich ist oder vervollständigt werden kann (S. 2)	122
V. Der Adressat einer Anforderung	123
VI. Zuwiderhandlung, zwangsweise Durchsetzung der Aufforderung	124
N. Ladung zur Beratung und Aufforderung zur Vervollständigung des Impfschutzes (Abs. 12 S. 2)	125
I. Allgemeines	125
II. Tatbestandliche Voraussetzungen	126
1. Allgemeines	126
2. Nichtvorlage innerhalb der Frist (1. Alternative)	127
3. Vorlage eines Nachweises aus dem sich ergibt, dass ein Impfschutz gegen Masern erst zu einem späteren Zeitpunkt möglich ist oder vervollständigt werden kann (2. Alternative)	128
4. Praxishinweis	129
III. Rechtsfolgen	130
1. Allgemeines	130
2. Einzelheiten zur Ladung	131
a) Allgemeines	131
b) Ladung zur Beratung	132
c) Form, Inhalt und Umfang der Beratung	133

	Rn.
3. Einzelheiten zur Aufforderung	134
a) Allgemeines	134
b) Form, Inhalt und Umfang der Aufforderung	135
IV. Der Adressat einer Ladung sowie einer Aufforderung	136
V. Zuwiderhandlungen, zwangsweise Durchsetzung der Ladung zur Beratung und der Aufforderung zur Vervollständigung des Impfschutzes	137
1. Keine Bußgeldbewehrung	137
2. Keine zwangsweise Durchsetzung	138
O. Anordnung von Betretungs- oder Tätigkeitsverboten durch das Gesundheitsamt (Abs. 12 S. 3–6)	139
I. Allgemeines	139
II. Tatbestandliche Voraussetzung	140
III. Rechtsfolgen	141
1. Allgemeines	141
2. Ermessen	142
a) Allgemeines	142
b) Zeitliche Entwicklung	143
3. Zu den Ausnahmen nach S. 4 und S. 5	144
a) Ausnahme beim Bestehen einer gesetzlichen Schulpflicht (S. 4)	144
b) Ausnahme beim Bestehen einer Unterbringungspflicht (S. 5)	146
IV. Der Adressat einer Anordnung nach S. 3, Empfänger der Bekanntgabe der Anordnung	147
1. Adressat	147
2. Bekanntgabe bei geschäftsunfähigen und beschränkt geschäftsfähigen Personen	148
3. Bekanntgabe bei betreuten Personen	149
V. Sofortige Vollziehbarkeit (S. 6)	150
VI. Zuwiderhandlungen, zwangsweise Durchsetzung	151

A. Allgemeines

I. Inhalt

1 Vor einer Vielzahl von früher schwer oder tödlich verlaufenden Krankheiten (z. B. Diphtherie, Tetanus, Keuchhusten, Kinderlähmung, Masern, Röteln) kann heutzutage durch Impfungen zuverlässig geschützt werden. Als Maßnahme der Prävention kommt den Schutzimpfungen (zum Begriff vgl. § 2 Rn. 58 ff.) deshalb eine wesentliche Bedeutung zu. Obwohl ein ausreichender Impfschutz aufgrund der im Vergleich zu früheren Jahren stark veränderten epidemiologischen Gesamtumstände (Wiederauftreten als besiegt angesehener Infektionskrankheiten, globale Mobilität mit der damit einhergehenden schnellen und grenzüberschreitenden Krankheitsverbreitung) immer wichtiger geworden ist, sind die Durchimpfungsraten in Deutschland aus epidemiologischer Sicht nicht ausreichend. Diese Situation kann insbesondere auf mangelnde Kenntnisse der Relevanz von Impfungen, das Unterlassen von Auffrischungsimpfungen sowie Vorbehalte gegen Impfungen zurückgeführt werden. Der in § 20 vorgesehenen Information und gesundheitlichen Aufklärung kommen vor diesem Hintergrund die wesentliche Rolle zu, der Bevölkerung hinreichende Kenntnisse über Schutzimpfungen zu vermitteln und diese auf Dauer zu erhalten. Andere Maßnahmen der spezifischen Prophylaxe (zum Begriff vgl. § 2 Rn. 61 ff.) stellen eine wirksame Ergänzung der Prävention durch Schutzimpfungen dar und werden deshalb ebenfalls von § 20 erfasst. Von besonderer Bedeutung für eine Erhöhung der Masernimpfrate sind die durch das MasernschutzG an § 20 angefügten Abs. 8–14, vgl. dazu Rn. 1b und die Erläuterungen Rn. 33 ff.

II. Letzte Änderungen
1. Durch das TSVG

Durch das TSVG wurde Abs. 5 um die S. 2–4 ergänzt. Durch das Gesetz für mehr Sicherheit in der Arzneimittelversorgung vom 9.8.2019 entfiel zunächst Abs. 4. **1a**

2. Durch das MasernschutzG

Im Anschluss wurden durch das MasernschutzG Abs. 1, 6 und 7 geändert, Abs. 4 ein- und die Abs. 8–14 angefügt. Vgl. im Einzelnen die Erläuterungen zu den jeweiligen Absätzen. **1b**

3. Durch das 3. COVIfSGAnpG

Das 3. COVIfSGAnpG beinhaltete die Streichung des Wortes ‚gesetzlich' in Abs. 12 S. 5, was den Anwendungsbereich der Regelung deutlich erweitert. Vgl. dazu die Erläuterungen Rn. 146. **1c**

B. Information über die Bedeutung von Schutzimpfungen und anderen Maßnahmen der spezifischen Prophylaxe (Abs. 1)

Durch das MasernschutzG wurde der Bundeszentrale für gesundheitliche Aufklärung die gesetzliche Aufgabe zugewiesen, die Bevölkerung regelmäßig und umfassend zielgruppenspezifisch über das Thema Prävention durch Schutzimpfungen und andere Maßnahmen der spezifischen Prophylaxe zu informieren. Ziel dieser Aufgabe ist es, Unsicherheiten in Bezug auf Impfungen abzubauen und einen möglichst lückenlosen Impfschutz in der Bevölkerung zu erreichen (Begründung des Entwurfs des MasernschutzG (BT-Drs. 19/13452, 25). In Bezug auf in Gemeinschaftseinrichtungen betreute Personen schreibt § 34 Abs. 10 eine gesonderte Impfaufklärung durch das Gesundheitsamt und die Gemeinschaftseinrichtungen vor (vgl. § 34 Rn. 76). Der durch das MasernschutzG neu angefügte S. 2 sieht vor, dass vorhandene Evidenz zu bestehenden Impflücken bei der Information der Bevölkerung berücksichtigt werden soll. Ziel ist ausweislich der Empfehlung des Ausschusses für Gesundheit (BT-Drs. 19/15164), auf welcher die Anfügung von S. 2 beruht, möglichst mit evidenzbasierten Maßnahmen zielgruppenspezifische **2**

C. Einrichtung einer ständigen Impfkommission (Abs. 2)

I. Allgemeines

3 Abs. 2 regelt Einrichtung, Aufgaben und Zusammensetzung der Ständigen Impfkommission (STIKO) beim RKI sowie die Art der Veröffentlichung ihrer Empfehlungen.

II. Einzelheiten
1. Einrichtung der STIKO beim RKI (S. 1)

4 Anders als der Wortlaut nahelegt, wurde die STIKO nicht erst mit dem IfSG ins Leben gerufen, vielmehr gab es sie bereits mehr als 20 Jahre früher am Bundesgesundheitsamt, dessen Nachfolgeeinrichtung das RKI ist. Indem der Gesetzgeber die STIKO ‚beim' RKI ansiedelt, bringt er zum Ausdruck, dass die STIKO dort zwar organisatorisch verortet, im Übrigen aber unabhängig ist.

2. Aufgaben der STIKO (S. 3)

5 **a) Allgemeines.** Zu den gesetzlichen Aufgaben der STIKO gehört es, Empfehlungen zur Durchführung von Schutzimpfungen und anderen Maßnahmen der spezifischen Prophylaxe übertragbarer Krankheiten zu geben und Kriterien zur Abgrenzung einer üblichen Impfreaktion von einer über das übliche Ausmaß hinausgehenden Impfreaktion hinausgehenden gesundheitlichen Schädigung zu entwickeln.

6 **b) Empfehlungen zur Durchführung von Schutzimpfungen und anderen Maßnahmen der spezifischen Prophylaxe übertragbarer Krankheiten.** Zu den Begriffen vgl. zunächst § 2 Rn. 58 ff., 61 ff. und 20 ff.; der Begriff der ‚Empfehlung' ist weit zu verstehen. Er umfasst nach der amtl. Begründung neben den bekannten Empfehlungen zu Schutzimpfungen (‚STIKO-Empfehlungen') insbesondere auch Vorschläge zum effektiven Einsatz der Impfstoffe sowie die Aufstellung eines Impfkalenders für Säuglinge, Kinder und Erwachsene, die Beschreibung von Indikationen und Gegenanzeigen sowie Anleitungen zur Durchführung von Impfungen. Die Empfehlungen der STIKO werden vom RKI den obersten Landesgesundheitsbehörden übermittelt und anschließend veröffentlicht (S. 7), das RKI kann zu den Empfehlungen Stellung nehmen (vgl. amtl. Begründung). Auf diese Weise werden die Länder frühzeitig informiert und können die jeweils aktuellsten Empfehlungen der STIKO gegebenenfalls für ihre Empfehlungen nach Abs. 3 berücksichtigen.

Schutzimpfungen und andere Maßnahmen § 20 IfSG

c) Kriterien zur Abgrenzung einer üblichen Impfreaktion und einer über das übliche Ausmaß hinausgehenden Impfreaktion hinausgehenden gesundheitlichen Schädigung. Die von der STIKO zu erarbeitenden Kriterien spielen eine wesentliche Rolle bei der Begutachtung von möglichen Impfschäden (vgl. dazu § 2 Rn. 66). 7

3. Zusammensetzung der STIKO, Beratungen (S. 4–6)

Gemäß S. 4 werden die Mitglieder der STIKO vom Bundesministerium der Gesundheit im Benehmen mit den obersten Landesgesundheitsbehörden berufen. Dem erforderlichen ‚Benehmen' kommt dieselbe Bedeutung zu wie der ‚Beteiligung' in § 4 Abs. 1 S. 3 (vgl. § 4 Rn. 3a), so dass sich das Bundesministerium der Gesundheit über etwaige Einwände der obersten Landesgesundheitsbehörden hinwegsetzen kann. Die Berufung der Mitglieder soll nach der amtl. Begründung in breitem fachlichen Konsens erfolgen. Die Mitgliedschaft in der STIKO ist nach § 2 Abs. 1 der Geschäftsordnung der STIKO (vgl. zu deren Erforderlichkeit S. 2) in der Fassung vom 20.6.2014 ein persönliches Ehrenamt, das keine Vertretung zulässt. Aus dem Verweis in der amtl. Begründung auf §§ 20, 21 VwVfG, welche sich mit Fragen der Befangenheit beschäftigen, kann geschlossen werden, dass die Arbeit der STIKO neutral erfolgen soll, was sich auch in ihren Empfehlungen niederschlagen muss (vgl. dazu auch die entsprechenden Regelungen in § 7 der Geschäftsordnung). An den Sitzungen der STIKO nehmen Vertreter des Bundesministeriums für Gesundheit, der obersten Landesgesundheitsbehörden, des RKI und des Paul-Ehrlich-Instituts mit beratender Stimme teil (S. 5), gegebenenfalls können weitere Vertreter von Bundesbehörden teilnehmen (S. 6). 8

4. Rechtsnatur der Empfehlungen der STIKO

Die von der STIKO ausgesprochenen Empfehlungen werden im Allgemeinen von der Ärzteschaft als medizinische Leitlinien akzeptiert. In rechtlicher Hinsicht handelt es sich um so genannte Richtlinien. Zu deren rechtlicher Einordnung vgl. § 4 Rn. 17. Die Empfehlungen der STIKO binden die obersten Landesbehörden bei ihren eigenen Empfehlungen und Bestimmungen nach Abs. 3 und 5 nicht. 9

5. Aktuelle Empfehlungen der STIKO

Die aktuellen Empfehlungen der STIKO, der Impfkalender sowie ein Impfkalender-Poster einschließlich Übersetzungen in 20 Sprachen sind unter www.RKI.de unter dem Menüpunkt Kommissionen → Ständige Impfkommission abrufbar. 10

D. Öffentliche Empfehlungen der obersten Landesgesundheitsbehörden (Abs. 3)

I. Allgemeines

11 In Abs. 3 ist vorgesehen, dass die obersten Landesgesundheitsbehörden öffentliche Empfehlungen für Schutzimpfungen und andere Maßnahmen der spezifischen Prophylaxe auf Grundlage der jeweiligen Empfehlungen der STIKO aussprechen sollen. Durch die öffentlichen Empfehlungen der Bundesländer wird nach der amtl. Begründung verdeutlicht, dass Schutzimpfungen und andere Maßnahmen der spezifischen Prophylaxe als effiziente Gesundheitsvorsorgemaßnahmen staatlich gefördert werden.

II. Einzelheiten

1. Allgemeines

12 Ausweislich der amtl. Begründung soll mit Abs. 3 sichergestellt werden, dass in jedem Bundesland Empfehlungen für Schutzimpfungen bestehen, die den jeweiligen epidemiologischen Besonderheiten Rechnung tragen. Daraus und aus dem Wortlaut („auf Grundlage der jeweiligen Empfehlungen") lässt sich ableiten, dass die obersten Landesbehörden die STIKO-Empfehlungen bei der Erstellung ihrer eigenen Empfehlungen zwar grundsätzlich berücksichtigen sollen, jedoch von diesen insbesondere wegen der örtlichen epidemiologischen Umstände abweichen können.

2. Öffentliche Empfehlung

13 Vgl. dazu die Erläuterungen § 60 Rn. 7.

3. Relevanz für Entschädigungsansprüche nach § 60

14 Die Entschädigung für Impfschäden und Gesundheitsschäden durch Maßnahmen der spezifischen Prophylaxe ist in den §§ 60 ff. geregelt. Eine Entschädigung kommt, sofern auch die übrigen Voraussetzungen vorliegen, insbesondere dann in Betracht (vgl. § 60 Abs. 1 S. 1 Nr. 1), wenn eine Gesundheitsschädigung durch eine Schutzimpfung oder eine Maßnahme der spezifischen Prophylaxe erlitten wurde, die von einer obersten Landesbehörde empfohlen und in ihrem Bereich vorgenommen wurde. Damit kommt der öffentlichen Empfehlung im Rahmen der Impfschaden-Entschädigung eine bedeutende Rolle zu.

E. Berechtigung zur Durchführung von Schutzimpfungen (Abs. 4)

15 Abs. 4 wurde durch das MasernschutzG eingefügt. Durch seinen S. 1 wird nunmehr bundesrechtlich geregelt, dass grundsätzlich sämtliche Ärztinnen und Ärzte zur Durchführung von Schutzimpfungen berechtigt sind. Dies bedeutet insbesondere, dass Fachärztinnen und Fachärzte unabhängig von den Grenzen der Ausübung ihrer fachärztlichen Tätigkeit Schutzimpfungen durchführen dürfen. Etwaige sich bislang aus der Gebietsdefinition der Fachgebiete, die zum Beispiel auf eine Körperregion beziehungsweise auf ein Organ oder eine bestimmte Personengruppe bezogen sind (etwa Augenheilkunde, Orthopädie und Unfallchirurgie, Frauenheilkunde und Geburtshilfe, Kinder- und Jugendmedizin), ergebende Einschränkung beim Impfen sind damit zukünftig ohne Bestand (vgl. die Begründung des Entwurfs des MasernschutzG (BT-Drs. 19/13452, 25)). Nicht durch S. 1 berührt werden etwaige andere bundesrechtliche Regelungen zur Berechtigung der Durchführung von Schutzimpfungen (durch andere Personengruppen).

F. Bestimmung unentgeltlicher Schutzimpfungen und Maßnahmen der spezifischenProphylaxe (Abs. 5)

I. Allgemeines

Abs. 5 ermächtigt die obersten Landesgesundheitsbehörden, festzulegen, dass die Gesundheitsämter (zum Begriff vgl. die Legaldefinition in § 2 Nr. 9 sowie die Erläuterungen § 2 Rn. 73 ff.) Schutzimpfungen und Maßnahmen der spezifischen Prophylaxe gegen bestimmte übertragbare Krankheiten unentgeltlich durchführen. Durch das TSVG wurden S. 2–4 angefügt. **15a**

II. Einzelheiten

1. Schutzimpfungen und Maßnahmen der spezifischen Prophylaxe, bestimmte übertragbare Krankheiten (S. 1)

Siehe dazu die Legaldefinitionen in § 2 Nr. 9, 10 sowie die Erläuterungen § 2 Rn. 58 ff. und 61 ff. **16**

2. Im Interesse der Allgemeinheit

S. 1 entspricht im Wesentlichen § 14 Abs. 4 BSeuchG und wurde bewusst vom Gesetzgeber in das IfSG übernommen. In der amtl. Begründung zu § 14 Abs. 4 BSeuchG legte der Gesetzgeber dar, dass sich die Unentgeltlichkeit der Maßnahmen aus der Tatsache rechtfertigt, dass die Zurückdrängung bestimmter Krankheiten im Interesse der Allgemeinheit liegt. Bestimmungen der obersten Landesgesundheitsbehörden nach Abs. 5 haben somit zur Voraussetzung, dass sie im Interesse der Allgemeinheit und nicht nur im Individualinteresse Einzelner erfolgen. **17**

3. Beauftragung Dritter (S. 2)

a) Allgemeines. Den Gesundheitsämtern steht es nach dem durch das TSVG eingefügten S. 2 frei, ob sie die ihnen nach S. 1 obliegenden Maßnahmen selbst durchführen oder dafür Dritte beauftragen. Eine genauere Eingrenzung, welchen fachlichen Anforderungen letztere erfüllen müssen oder wie die **18**

Beauftragung ausgestaltet sein muss, lässt sich weder dem IfSG noch der Begründung der Beschlussempfehlung zum TSVG (BT-Drs. 19/8351 S. 223), aufgrund derer S. 2–4 Eingang in das IfSG fanden (vgl. Rn. 22), entnehmen. Nach Sinn und Zweck der Vorschrift kann ‚Dritter' jedenfalls nur eine Einrichtung sein, die hinreichend für die Aufgabenerfüllung geeignet ist, so dass im Ergebnis insbesondere Ärztinnen und Ärzte etc. als Dritte in Betracht kommen (vgl. dazu Rn. 19).

19 b) Zusammenarbeit mit niedergelassenen Ärztinnen und Ärzten, Vertrag. Möglich ist insbesondere auch die Zusammenarbeit mit niedergelassenen Ärztinnen und Ärzten. Diese sollte immer auf Basis einer schriftlichen vertraglichen Vereinbarung erfolgen.

19a c) Datenschutz, Verarbeitung im Auftrag. Bei der Zusammenarbeit mit Dritten sind insbesondere auch die einschlägigen datenschutzrechtlichen Vorschriften (DSGVO, Landesgesetze) zu beachten. In datenschutzrechtlicher Hinsicht handelt es sich bei der Zusammenarbeit regelmäßig um eine so genannte Verarbeitung im Auftrag, welche in der vertraglichen Vereinbarung (vgl. Rn. 19) entsprechend der sich aus Art. 28 DSGVO ergebenden Vorgaben auszugestalten ist.

19b d) Kostentragung bei Beauftragung Dritter. Zur Kostentragung bei Beauftragung Dritter siehe die Erläuterungen Rn. 22b.

4. Pflicht der Gesundheitsämter zur Durchführung

20 Macht eine oberste Landesbehörde von der Ermächtigung nach Abs. 5 Gebrauch, sind die (staatlichen wie kommunalen) Gesundheitsämter zur Durchführung verpflichtet. Kommunale Gesundheitsämter können darüber hinaus im Rahmen der kommunalen Selbstverwaltung grundsätzlich auch eigene Impfungen kostenlos anbieten. Angesichts des austarierten Gesundheitssystems mit entsprechenden Ansprüchen der Versicherten auf Schutzimpfungen (vgl. § 20i Abs. 1, 2 SGB V) dürfte dies in der Praxis nur ausnahmsweise bei Vorliegen besonderer örtlicher epidemiologischer Umstände in Betracht kommen.

5. Keine Pflicht zur Inanspruchnahme

21 Seitens der Bürger besteht keine Pflicht, kostenlose Schutzimpfungen oder andere Maßnahmen der spezifischen Prophylaxe nach Abs. 5 in Anspruch zu nehmen oder zu dulden.

6. Kostentragung (S. 3, 4)

22 a) Allgemeines. Der durch das TSVG neu angefügte S. 3 sieht vor, dass die Sachkosten für Maßnahmen nach S. 1 von dem Kostenträger zu tragen sind, gegenüber welchem die betroffene Person einen Anspruch auf entsprechende Leistungen hat oder einen Anspruch auf Erstattung der Aufwendungen für entsprechende Leistungen hätte. Ausweislich der Begründung der Beschluss-

Schutzimpfungen und andere Maßnahmen § 20 IfSG

empfehlung zum TSVG (BT-Drs. 19/8351, S. 223) soll die Regelung der Klarstellung dienen, dass immer dann, wenn eine von S. 1 betroffene Person gegen einen anderen Kostenträger einen Anspruch auf entsprechende Leistung hat oder – im Falle des Bestehens einer privaten Krankenversicherung – einen Anspruch auf Erstattung für diese Leistung hätte, dieser Kostenträger zur Tragung der Sachkosten verpflichtet ist, auch wenn der öffentliche Gesundheitsdienst diese Aufgaben übernimmt.

b) Kostentragung bei Beauftragung Dritter (S. 4). Wenn gem. S. 2 Dritte mit Maßnahmen nach S. 1 beauftragt wurden (vgl. Rn. 19 ff.), ist der andere Kostenträger nach S. 4 auch zur Tragung dieser Kosten verpflichtet, soweit diese angemessen sind. Nach dem Sinn und Zweck der Regelung sowie nach ihrem Wortlaut sind in diesem Fall die gesamten vom Dritten geltend gemachten Kosten zu tragen, somit auch die darin enthaltenen Personalkostenbestandteile. Angemessen sind die Kosten dann, wenn sie der GOÄ entsprechen. 22a

c) Praxishinweis. Einige Bundesländer (z. B. Bayern) haben im Zusammenhang mit Impfungen nach Abs. 5 Rahmenvereinbarungen mit den gesetzlichen Krankenversicherungen, insbesondere zur Erstattung der Impfstoffkosten, abgeschlossen. Kommunale Gesundheitsämter können diesen Vereinbarungen in der Regel beitreten. 22b

G. Verordnungsermächtigung des Bundesministeriums für Gesundheit zur Festlegung einer Pflicht zur Teilnahme an einer Schutzimpfung oder anderen Maßnahme der spezifischen Prophylaxe für bedrohte Teile der Bevölkerung (Abs. 6)

I. Allgemeines

Jede Schutzimpfung wie auch andere Maßnahmen der spezifischen Prophylaxe stellt einen Eingriff in die das Selbstbestimmungsrecht des Betroffenen sowie die körperliche Unversehrtheit (Art. 2 Abs. 2 S. 1 GG) dar. Dies bedeutet indes nicht automatisch, dass eine Pflicht zur Teilnahme an einer derartigen Maßnahme nicht mit dem Grundgesetz vereinbar wäre, jedoch sind die verfassungsrechtlichen Hürden hoch anzusetzen (vgl. dazu das Gutachten des Wissenschaftlichen Dienstes des Deutschen Bundestages vom 27.1.2016 – WD 3 – 3000 – 019/16). Eine gesetzliche Regelung zur Impfpflicht für Soldaten enthält § 17 Abs. 4 Soldatengesetz. Abs. 6 ermächtigt das Bundesministerium für Gesundheit, unter bestimmten Voraussetzungen durch Rechtsverordnung mit Zustimmung des Bundesrats eine Impfpflicht für bestimmte Teile der Bevölkerung einzuführen. Durch das MasernschutzG wurden S. 2 neu gefasst und der vormalige S. 3 in den neuen Abs. 14 überführt. 23

II. Einzelheiten

1. Voraussetzungen (S. 1)

24 **a) Auftreten einer übertragbaren Krankheit.** Es muss eine übertragbare Krankheit aufgetreten sein. Zum Begriff der übertragbaren Krankheit vgl. § 2 Nr. 3 sowie die Erläuterungen § 2 Rn. 20 ff.

25 **b) Klinisch schwere Verlaufsform.** Die übertragbare Krankheit muss eine klinisch schwere Verlaufsform aufweisen. Für eine solche sprechen z. B. ein hoher Grad der erforderlichen medizinischen Betreuung, viele Komplikationen, eine hohe Mortalitätsrate, schwere Krankheitsfolgen (z. B. dauerhaft verbleibende erhebliche Gesundheitsschäden) sowie ein unzureichendes Ansprechen auf therapeutische Maßnahmen. Ob ein klinisch schwerer Verlauf vorliegt, ist rein medizinisch zu beurteilen.

26 **c) Epidemische Verbreitung der Krankheit.** Es muss mit einer epidemischen (seuchenartigen) Verbreitung der übertragbaren Krankheit zu rechnen sein. Wann dies der Fall ist, ist allein nach epidemiologischen Gesichtspunkten zu entscheiden. Bei der Beurteilung spielen die Verbreitungsart- und Geschwindigkeit eine wesentliche Rolle. Aus der Formulierung ‚zu rechnen sein' lässt sich schließen, dass keine (absolute) Sicherheit in Bezug auf das tatsächliche Vorliegen einer epidemischen Verbreitung bestehen muss. Die Anforderungen an den Grad der diesbezüglich zu fordernden Sicherheit können nach der Je-desto-Formel (vgl. § 16 Rn. 6) umso geringer sein, je schwerer die Verlaufsform ist und je mehr Menschen bedroht sind.

27 **d) Vorliegen eines geeigneten Impfstoffs oder Arzneimittels.** Die mit dem Vollzug einer Verpflichtung zur Teilnahme an einer Schutzimpfung oder Maßnahme der spezifischen Prophylaxe einhergehende Verletzung der körperlichen Integrität ist verfassungsrechtlich nur dann zu rechtfertigen, wenn zum einen ein wirksamer Impfstoff bzw. ein hinreichend wirksames Arzneimittel existiert, und zum anderen die Nebenwirkungen vertretbar sind. Zur Beurteilung, ob diese Voraussetzungen vorliegen, ist eine umfassende Abwägung der betroffenen Belange unter Berücksichtigung des aktuellen medizinischen Kenntnisstandes erforderlich.

28 **e) Bedrohte Teile der Bevölkerung.** Die Verpflichtung zur Teilnahme darf sich nur auf ‚bedrohte Teile' der Bevölkerung beziehen. Diese Formulierung schließt nach dem Sinn und Zweck der Vorschrift nicht aus, dass auch die gesamte Bevölkerung betroffen sein kann. Welche Teile in die Pflicht einzubeziehen sind, muss im Einzelfall je nach der konkreten übertragbaren Krankheit medizinisch-epidemiologisch bestimmt werden.

2. Zustimmung des Bundesrates, dringende Fälle

29 Die Rechtsverordnung bedarf der Zustimmung des Bundesrates (S. 1), sofern es sich nicht um einen dringenden Fall handelt (S. 4 iVm § 15 Abs. 2, siehe zu dessen Voraussetzungen § 15 Rn. 6).

Schutzimpfungen und andere Maßnahmen § 20 IfSG

3. Ausnahmen von der Impfpflicht (S. 2)

Personen, die auf Grund einer medizinischen Kontraindikation nicht an Schutzimpfungen oder an anderen Maßnahmen der spezifischen Prophylaxe teilnehmen können, können durch eine Rechtsverordnung nach S. 1 nicht zu einer Teilnahme an Schutzimpfungen oder an anderen Maßnahmen der spezifischen Prophylaxe verpflichtet werden (S. 2). 30

III. Zuwiderhandlungen, zwangsweise Durchsetzung

Eine Zuwiderhandlung gegen Pflichten aus einer Rechtsverordnung nach Abs. 6 ist straf- und bußgeldbewehrt (§ 73 Abs. 1a Nr. 24, § 74). Dessen ungeachtet kann eine durch Rechtsverordnung nach Abs. 6 festgelegte Impfpflicht bei Vorliegen der Voraussetzungen im Wege des Verwaltungszwangs durchgesetzt werden. 31

H. Verordnungsermächtigung der Landesregierungen zur Festlegung einer Impfpflicht für bedrohte Teile der Bevölkerung (Abs. 7)

Solange das Bundesministerium für Gesundheit keinen Gebrauch von der Ermächtigung nach Abs. 6 gemacht hat, können die Landesregierungen entsprechende Rechtsverordnungen für die jeweiligen Bundesländer erlassen. Eine Zuwiderhandlung gegen Pflichten aus einer Rechtsverordnung nach Abs. 7 ist straf- und bußgeldbewehrt (§ 73 Abs. 1a Nr. 24, § 74). Eine durch Rechtsverordnung nach Abs. 7 festgelegte Impfpflicht kann bei Vorliegen der Voraussetzungen im Wege des Verwaltungszwangs durchgesetzt werden. Durch das MasernschutzG wurde der vormalige S. 3 aufgehoben und in den neuen Abs. 14 überführt. 32

I. Pflicht, einen ausreichenden Impfschutz oder eine Immunität gegen Masern aufzuweisen (Abs. 8)

I. Allgemeines

Abs. 8 verpflichtet die von ihm erfassten Personen, einen ausreichenden Impfschutz oder eine Immunität gegen Masern aufzuweisen. Er wurde – ebenso wie die nachfolgenden Abs. 9–14 durch das MasernschutzG angefügt. Hintergrund der Anfügung ist, wie die Begründung des Entwurfs des MasernschutzG (BT-Drs. 19/13452, 26) ausführt, dass die Masern zu den ansteckendsten Infektionskrankheiten des Menschen gehören, oft schwer verlaufen und Komplikationen nach sich ziehen, etwa die so genannte subakut sklerosierende Panenzephalitis (SSPE). Bei der SSPE handelt es sich um eine schwere und stets tödlich verlaufende Gehirnerkrankung, die als Spätfolge einer Maserninfektion im frühen Lebensalter auftreten kann (vgl. Begründung des Entwurfs des MasernschutzG (BT-Drs. 19/13452, 26)). Gegen Masern und damit auch gegen etwaige Komplikationen einer Masernerkrankung bieten Impfungen einen vorbeugenden Schutz. Dabei weist, wie die Begrün- 33 dung des Entwurfs des MasernschutzG (BT-Drs. 19/13452, 26) zutreffend ausführt, die Schutzimpfung gegen Masern im Hinblick auf ihre Wirksamkeit und ihre Verträglichkeit ein günstiges Nutzen-Risiko-Verhältnis auf, und ist das Risiko, dass infolge der Impfung schwere Komplikationen auftreten, wesentlich geringer als das Risiko, dass bei oder nach einer Erkrankung schwere Komplikationen auftreten. Die Entwurfsbegründung betont, dass Impfungen nicht nur das Individuum gegen die Erkrankung schützen (Individualschutz), sondern gleichzeitig die Weiterverbreitung der Krankheit in der Bevölkerung verhindern können, wenn die in der Bevölkerung erreichte Impfquote hoch genug ist (Gemeinschaftsschutz). Eine – auch von der WHO verfolgte – Maserneliminaton kann dabei nur mit einer ausreichenden Bevölkerungsimmunität von 95 Prozent erreicht werden. Durch den Gemeinschaftsschutz können Personen geschützt werden, die aus medizinischen Gründen selbst nicht geimpft werden können. Beispielhaft nennt der Entwurf des MasernschutzG (BT-Drs. 19/13452, 26) in diesem Zusammenhang Personen mit einem geschwächten oder fehlenden Immunsystem sowie Säuglinge. Letztere sollen in der Regel frühestens im Alter von neun Monaten und damit zu einem Zeitpunkt geimpft werden, zu welchem ein etwaiger durch die Mutter erlangter Immunschutz bereits nachgelassen hat. Für die genannten Personen besteht in besonderem Maße das Risiko, dass eine Masernerkrankung einen schwerwiegenden und komplikationsreichen Verlauf nimmt. Sie können nur dadurch vor Masern geschützt werden, dass möglichst sämtliche Menschen in ihrer Umgebung geimpft sind, so dass ein Gemeinschaftsschutz wirksam wird. Insgesamt bestehe, so der Entwurf des MasernschutzG (BT-Drs. 19/13452, 26) deshalb ein hohes öffentliches Interesse daran, dass die Bevölkerung einen den Empfehlungen der STIKO entsprechenden Impfschutz hat.

II. Einzelheiten

1. Allgemeines

34 S. 1 regelt als Grundsatz (zur Ausnahme siehe Rn. 34a), dass die in ihm genannten Personen einen nach den Empfehlungen der STIKO ausreichenden Impfschutz gegen Masern oder eine durch eine Masernerkrankung erlangte Immunität gegen Masern aufweisen müssen. Dabei handelt es sich nicht um eine durch unmittelbaren Zwang durchsetzbare Pflicht, die Konsequenzen eines nicht ausreichenden Impfschutzes beziehungsweise einer nicht ausreichenden Immunität ergeben sich vielmehr aus den Folgeabsätzen (vgl. Begründung des Entwurfs des MasernschutzG (BT-Drs. 19/13452, 26)).

2. Ausnahme vom Grundsatz des S. 1

34a Der Grundsatz aus S. 1 (vgl. Rn. 34) gilt nicht für Personen, die auf Grund einer medizinischen Kontraindikation nicht geimpft werden können (S. 4, siehe dazu die Erläuterungen Rn. 47).

3. Gründe für die Auswahl der von Abs. 8 erfassten Personenkreise durch den Gesetzgeber

Die Begründung des Entwurfs des MasernschutzG (BT-Drs. 19/13452) ist in Bezug auf die Gründe für die Auswahl der von Abs. 8 erfassten Personengruppen wenig ergiebig, was in Anbetracht der durch die Regelung ausgelösten indirekten Impfpflicht und die mit einer solchen einhergehenden Grundrechtsrelevanz zu erstaunen vermag. Der Begründung lässt sich zumindest entnehmen, dass die in einer Gemeinschaftseinrichtung nach § 33 Nr. 1 bis 4 betreuten oder in einer Einrichtung nach § 36 Abs. 1 Nr. 4 untergebrachten Personen deshalb den Pflichten aus Abs. 8 unterworfen werden, weil sie auf engem Raum aus bestimmten vorgegebenen Sachgründen zusammenkommen, was eine schnelle Verbreitung der Masern sehr begünstigt (vgl. Begründung des Entwurfs des MasernschutzG (BT-Drs. 19/13452, 27)). Aus diesem Grund wird auch das dort tätige Personal der Impfpflicht unterstellt. Nur durch eine Impfung können diese Personen vor einer Ansteckung geschützt und die Weiterverbreitung innerhalb oder außerhalb der Einrichtungen verhindert werden (vgl. Begründung des Entwurfs des MasernschutzG (BT-Drs. 19/13452, 27)). In Bezug auf die von S. 1 Nr. 2 Buchstabe b) erfassten Asylbewerber, Flüchtlinge und Spätaussiedler führt die Begründung des Entwurfs des MasernschutzG (BT-Drs. 19/13452, 27) aus, dass diese in der Regel auf Grund kriegsbedingter Umstände in den Herkunftsländern, Flucht oder wegen des in den Herkunftsländern nicht funktionierenden Gesundheitssystems nicht geimpft seien und es nur unvollständige Angaben über das Vorkommen und die Verbreitung von Masernfällen oder über durchgeführte Impfungen gebe. Zudem verweist die Gesetzesbegründung darauf, dass im Jahr 2016 knapp 30 Prozent der Masernfälle unter Personen beobachtet worden seien, die in Deutschland in Einrichtungen zur gemeinschaftlichen Unterbringung von Asylsuchenden und Geflüchteten untergekommen waren.

35

4. Betroffene Personenkreise (S. 1)

a) **Allgemeines.** Betroffen sind nur Personen, die nach dem 31.12.1970 geboren sind und zugleich in einer der in S. 1 Nr. 1–3 genannten Einrichtungen betreut, untergebracht oder tätig werden.

36

b) **Nach dem 31.12.1970 geboren.** Mit der Beschränkung der Pflicht auf nach dem 31.12.1970 geborene Personen hat der Gesetzgeber die zum Zeitpunkt der Gesetzesverabschiedung aktuelle Empfehlung der STIKO (vgl. Rn. 3 ff.), nach welcher nur für diesen Personenkreis Masernschutzimpfungen angeraten sind, im Gesetzestext reflektiert. Zudem führt die Begründung des Entwurfs des MasernschutzG (BT-Drs. 19/13452, 26) aus, dass manchen, insbesondere nach 1970 geborenen Personen die Vorteile eines ausreichenden Impfschutzes nicht bekannt seien und teilweise eine skeptische und kategorisch ablehnende Haltung gegenüber Impfungen bestehe.

37

c) **In einer der in S. 1 Nr. 1–3 genannten Einrichtungen betreut, untergebracht oder tätig. aa) Betreut, untergebracht.** Eine Person wir dann in einer Einrichtung betreut oder ist dort untergebracht, wenn sie sich in

38

dieser zur Verwirklichung des Einrichtungszwecks aufhält. Nicht erfasst sind etwa bloße Besucher (z. B. abholende Eltern, Geschwister, Lieferanten). Ohne Relevanz ist in jedem Fall, ob und in welchem Ausmaß dabei ein körperlicher Kontakt zu anderen in der Einrichtung betreuten, untergebrachten oder tätigen Personen besteht (BT-Drs. 19/15164, 58).

38a **bb) Tätig.** Eine Person ist dann in einer Einrichtung tätig, wenn sie dort mit Wissen und Wollen der Einrichtungsleitung (vgl. § 2 Rn. 7 ff.) regelmäßig und nicht nur zeitlich vorübergehend zum Zwecke der Verrichtung einer Aufgabe körperlich anwesend ist. Ohne Relevanz ist auch hier, ob und in welchem Ausmaß ein körperlicher Kontakt zu anderen in der Einrichtung betreuten, untergebrachten oder tätigen Personen besteht (BT-Drs. 19/15164, 58). Eine Anwesenheit für nur wenige Tage oder jeweils wenige Minuten (z. B. Lieferanten) und nicht über einen längeren Zeitraum ist nicht erfasst. Unerheblich ist, ob der Tätigkeit ein vertragliches Verhältnis zugrunde liegt und welcher Natur dieses ist, so dass insbesondere auch ehrenamtlich Tätige und Praktikanten erfasst sind.

38b **cc) Personen, die in einer Gemeinschaftseinrichtung nach § 33 Nr. 1 bis 3 betreut werden (S. 1 Nr. 1).** Vgl. zu den Gemeinschaftseinrichtung nach § 33 Nr. 1 bis 3 die Erläuterungen § 33 Rn. 7 ff., zum Betreuen die Erläuterungen § 33 Rn. 6.

39 **dd) Personen, die bereits vier Wochen in einer Gemeinschaftseinrichtung nach § 33 Nr. 4 betreut werden (S. 1 Nr. 2 Buchstabe a)).** S. 1 Nr. 2 Buchstabe a) betrifft Personen, die bereits vier Wochen in einer Gemeinschaftseinrichtung nach § 33 Nr. 4 (Heime) betreut werden. Insoweit stellt die Begründung des Entwurfs des MasernschutzG (BT-Drs. 19/13452, 27) klar, dass vom Begriff der „Heime" nach § 33 Nr. 4 auch Einrichtungen umfasst sind, in denen Kinder und Jugendliche nach Inobhutnahme durch das Jugendamt in einem akuten Kinderschutzfall bzw. bis zur Klärung der Gefährdungslage untergebracht werden, sowie Einrichtungen der Heimerziehung und anderer stationärer Erziehungshilfen, die Kinder und Jugendliche aufnehmen, wenn eine dem Kindeswohl entsprechende Erziehung nicht gewährleistet ist und auch nicht durch ambulante Hilfeleistungen sichergestellt werden kann. In diesen Fällen ist der Schutz des Kindeswohls Zweck der jeweiligen Betreuung, dessen Erreichung nicht vom jeweiligen Impfstatus der betroffenen Personen abhängig gemacht werden kann. Vor diesem Hintergrund hat der Gesetzgeber für in Heimen betreute Personen eine vierwöchige Übergangszeit festgesetzt, nach der diese Personen erst einen ausreichenden Impfschutz gegen Masern oder eine Immunität gegen Masern aufweisen müssen (vgl. Begründung des Entwurfs des MasernschutzG (BT-Drs. 19/13452, 27)). Vgl. zu den für diesen Personenkreis relevanten aktuellen STIKO-Empfehlungen die Erläuterungen Rn. 37.

40 **ee) Personen, die bereits vier Wochen in einer Einrichtung nach § 36 Abs. 1 Nr. 4 untergebracht sind (S. 1 Nr. 2 Buchstabe b)).** S. 1 Nr. 2 Buchstabe b) betrifft Personen, die in Einrichtungen nach § 36 Abs. 1 Nr. 4 (Einrichtungen zur gemeinschaftlichen Unterbringung von Asylbewerbern, vollziehbar Ausreisepflichtigen, Flüchtlingen und Spätaussiedlern, vgl. auch die Erläuterungen § 36 Rn. 6 ff.) bereits vier Wochen untergebracht sind. Ebenso wie in Bezug auf Personen, die in einer Gemeinschaftseinrichtung nach § 33 Nr. 4 (vgl. Rn. 39) betreut werden, wird auch für diese Gruppe von Personen die Aufnahme in die entsprechenden Einrichtungen nicht von einem Masernimpfschutz abhängig gemacht, sondern muss auch diese Gruppe einen ausreichenden Impfschutz gegen Masern oder eine Immunität gegen Masern erst nach einer Übergangszeit von vier Wochen aufweisen. Die diesbezüglichen Erwägungen in Rn. 39 gelten hier entsprechend. Vgl. zu den für diesen Personenkreis relevanten aktuellen STIKO-Empfehlungen die Erläuterungen Rn. 37.

ff) Personen, die in Einrichtungen nach § 23 Abs. 3 S. 1, § 33 Nr. 1–4 oder § 36 Abs. 1 Nr. 4 tätig sind (S. 1 Nr. 3). aaa) Tätigkeit in Einrichtungen nach § 23 Abs. 3 S. 1. Bei Personen, die in den in § 23 Abs. 3 S. 1 aufgelisteten medizinischen Einrichtungen tätig sind, handelt es sich insbesondere um medizinisches Personal, aber auch andere dort tätige Personen wie zum Beispiel Küchen- oder Reinigungspersonal (vgl. Begründung des Entwurfs des MasernschutzG (BT-Drs. 19/13452, 28)). Erfasst sind ausweislich der Begründung des Entwurfs des MasernschutzG (BT-Drs. 19/13452, 28) auch ehrenamtlich Tätige sowie Praktikanten. Der Masern-Impfschutz der in den in § 23 Abs. 3 S. 1 aufgelisteten medizinischen Einrichtungen tätigen Personen soll ausweislich der Begründung des Gesetzentwurfs zugleich ein Beitrag zur Einhaltung der Infektionshygiene in den medizinischen Einrichtungen sein. § 23a bleibt unberührt und ist weiterhin auch auf den Impf- oder Serostatus in Bezug auf Masern anwendbar (vgl. Begründung des Entwurfs des MasernschutzG (BT-Drs. 19/13452, 28)). 41

bbb) Tätigkeit in Einrichtungen nach § 33 Nr. 1–4. Das Personal nach § 33 Nr. 1–4 umfasst insbesondere Personal mit Lehr-, Erziehungs-, Pflege- oder Aufsichtstätigkeiten, aber auch Hausmeister oder Transport-, Küchen- oder Reinigungspersonal (vgl. Begründung des Entwurfs des MasernschutzG (BT-Drs. 19/13452, 28)). In Bezug auf ehrenamtlich Tätige sowie Praktikanten gelten die Erläuterungen Rn. 41 entsprechend. 42

ccc) Tätigkeit in Einrichtungen nach § 36 Abs. 1 Nr. 4. In Bezug auf Personal nach § 36 Abs. 1 Nr. 4 nennt die Begründung des Entwurfs des MasernschutzG (BT-Drs. 19/13452, 28) beispielhaft Personal mit Pflege- oder Aufsichtstätigkeiten, aber auch Hausmeister oder Transport-, Küchen- oder Reinigungspersonal. In Bezug auf ehrenamtlich Tätige sowie Praktikanten gelten die Erläuterungen Rn. 41 entsprechend. 43

5. Inhalt der aus S. 1 erwachsenden Pflicht

a) Allgemeines. Soweit die Voraussetzungen von S. 1 vorliegen und keine Ausnahme nach S. 4 gegeben ist (vgl. dazu Rn. 47), ergibt sich aus diesem (allein) die Pflicht, einen ausreichenden Impfschutz oder eine Immunität gegen Masern aufzuweisen. Die sich anknüpfenden Nachweis- und Vorlage- 44 pflichten sind in den Folgeabsätzen geregelt, vgl. insoweit die Erläuterungen Rn. 48 sowie zu den jeweiligen Absätzen.

45 **b) Einzelheiten. aa) Bestehen eines ausreichenden Impfschutzes gegen Masern (S. 2).** Nach S. 2 besteht ein ausreichender Impfschutz gegen Masern, wenn ab der Vollendung des ersten Lebensjahres mindestens eine Schutzimpfung und ab der Vollendung des zweiten Lebensjahres mindestens zwei Schutzimpfungen gegen Masern bei der betroffenen Person durchgeführt worden sind.

46 **bb) Kombinationsimpfstoffe (S. 3).** Gemäß S. 3 besteht die Pflicht aus S. 1 auch dann, wenn zur Erlangung von Impfschutz gegen Masern ausschließlich Kombinationsimpfstoffe zur Verfügung stehen, die auch Impfstoffkomponenten gegen andere Krankheiten enthalten. S. 3 berücksichtigt den Umstand, dass für die Durchführung von Masernimpfungen, die nach S. 1 erforderlich werden, gegenwärtig ausschließlich Kombinationsimpfstoffe gegen Masern-Mumps-Röteln beziehungsweise gegen Masern-Mumps-Röteln-Windpocken zur Verfügung stehen (vgl. Begründung des Entwurfs des MasernschutzG (BT-Drs. 19/13452, 28)).

47 **cc) Von der Pflicht nach S. 1 ausgenommene Personen (S. 4).** Gem. S. 4 gilt S. 1 nicht für Personen, die auf Grund einer medizinischen Kontraindikation nicht geimpft werden können. Als Beispiele für eine solche Kontraindikation nennt die Begründung des Entwurfs des MasernschutzG (BT-Drs. 19/13452, 27) eine Allergie gegen Bestandteile des Impfstoffs sowie akute schwere Erkrankungen. In Bezug auf das Impfen von Patienten mit Immundefizienz beziehungsweise Immunsuppression einschließlich der Beurteilung des Vorliegens einer Kontraindikation hat die STIKO Anwendungshinweise veröffentlicht (Download unter https://www.rki.de/DE/Content/Kommissionen/STIKO/Empfehlungen/STIKO_Weitere/Tabelle_Immundefizienz.html).

6. Nachweis- und Vorlagepflichten

48 Pflichten hinsichtlich des Nachweises des nach S. 1 geforderten Impfschutzes bzw. der Immunität sowie der Vorlage der entsprechenden Unterlagen ergeben sich nicht aus Abs. 8, sondern aus Abs. 9–11. Vgl. dazu die Erläuterungen Rn. 49 ff., 86 ff. und 97 ff.

III. Zuwiderhandlungen

48a Eine Zuwiderhandlung gegen die Pflicht, einen ausreichenden Impfschutz oder eine Immunität gegen Masern aufzuweisen, ist weder bußgeld- noch strafbewehrt.

J. Pflicht zur Vorlage von Nachweisen für in Abs. 8 S. 1 Nr. 1 und Nr. 3 genannte Personen, die erst ab einem Zeitpunkt nach dem 1.3.2020 betreut oder tätig werden sollen (Abs. 9)

I. Allgemeines

Während Abs. 8 die von ihm erfassten Personen verpflichtet, einen ausreichenden Impfschutz oder eine Immunität gegen Masern aufzuweisen, regelt Abs. 9 (ebenso wie Abs. 10 und 11) die korrespondierenden Nachweispflichten (vgl. Rn. 51 ff.) sowie die Konsequenzen eines nicht erbrachten Nachweises (vgl. Rn. 57 ff.). Abs. 9–11 wurden (ebenso wie Abs. 8 und die nachfolgenden Abs. 12–14) durch das MasernschutzG an § 20 angefügt. Vgl. zu den Gründen für die Anfügung die Erläuterungen Rn. 33. 49

II. Von Abs. 9 erfasste Konstellation

1. Allgemeines

Abs. 9 regelt den Fall, dass in Abs. 8 S. 1 Nr. 1 und Nr. 3 genannte Personen erst ab einem Zeitpunkt nach dem 1.3.2020 (Tag des Inkrafttretens des MasernschutzG (mit Ausnahme der Änderungen von § 13 Abs. 6, vgl. dort)) in Gemeinschaftseinrichtungen nach § 33 Nr. 1 bis 3 betreut werden oder in Einrichtungen nach § 23 Abs. 3 S. 1, § 33 Nr. 1 bis 4 oder § 36 Abs. 1 Nr. 4 tätig werden sollen. Für den Fall, dass eine solche Betreuung oder Tätigkeit am 1.3.2020 bereits erfolgt bzw. aufgenommen wurde, ist Abs. 10 einschlägig (vgl. die Erläuterungen Rn. 86 ff.). In Bezug auf die in Abs. 8 S. 1 Nr. 2 genannten Personen ist Abs. 11 einschlägig (vgl. die Erläuterungen Rn. 97 ff.). 50

2. Betreut, tätig

Vgl. dazu die entsprechend geltenden Erläuterungen Rn. 38 und 38a. 50a

III. Einzelheiten zur Nachweispflicht

1. Allgemeines

Für die von Abs. 9 erfassten Personen (vgl. Rn. 50) besteht die Pflicht zur alternativen Vorlage eines der in S. 1 Nr. 1–3 genannten Nachweise. Die Pflicht besteht auch dann, wenn die jeweilige Person wegen einer medizinischen Kontraindikation nicht geimpft werden kann und daher von der Pflicht aus Abs. 8 S. 1 gem. Abs. 8 S. 4 befreit ist (vgl. dazu Rn. 47). 51

2. Pflichterfüllung bei Minderjährigen und Betreuten

Im Falle, dass eine verpflichtete Person minderjährig ist, hat derjenige für die Einhaltung der diese Person nach Abs. 9 treffenden Verpflichtungen zu sorgen, dem die Sorge für diese Person zusteht (Abs. 13 S. 1). Die gleiche 51a

Verpflichtung trifft den Betreuer einer von Verpflichtungen nach Abs. 9 betroffenen Person, soweit die Erfüllung dieser Verpflichtungen zu seinem Aufgabenkreis gehört (Abs. 13 S. 2).

3. Person, gegenüber der die Nachweispflicht zu erfüllen ist (S. 1–3)

52 Grundsätzlich ist die Nachweispflicht gegenüber der Leitung der jeweiligen Einrichtung zu erfüllen (S. 1). Vgl. zum Begriff der ‚Leitung' § 2 Nr. 15 sowie die Erläuterungen § 2 Rn. 76 ff. Allerdings kann die oberste Landesgesundheitsbehörde oder die von ihr bestimmte Stelle gem. S. 2 festlegen, dass der Nachweis nach S. 1 nicht der Leitung der jeweiligen Einrichtung, sondern dem Gesundheitsamt oder einer anderen staatlichen Stelle gegenüber zu erbringen ist. Die Behörde, die für die Erteilung der Erlaubnis nach § 43 Abs. 1 SGB VIII zuständig ist, kann zudem festlegen, dass vor dem Beginn der Tätigkeit im Rahmen der Kindertagespflege der Nachweis nach S. 1 ihr gegenüber zu erbringen ist (S. 3).

4. Zeitpunkt der Vorlage

53 Die Vorlage der Nachweise muss vor Beginn der Betreuung bzw. Tätigkeit erfolgen.

5. Nachweisführung

54 **a) Durch Impfdokumentation (S. 1 Nr. 1).** Die Vorlagepflicht kann gem. S. 1 Nr. 1 durch die Vorlage einer Impfdokumentation nach § 22 oder eines ärztlichen Zeugnisses darüber, dass bei der betroffenen Person ein nach den Maßgaben von Abs. 8 S. 2 (vgl. Rn. 45 ff.) ausreichender Impfschutz gegen Masern besteht, erfüllt werden. Ein ärztliches Zeugnis über einen entsprechend bestehenden Impfschutz kann auch in Form einer Dokumentation nach § 26 Abs. 2 S. 4 SGB V erbracht werden. Die entsprechende Schutzimpfung kann ausweislich der Begründung des Entwurfs des MasernschutzG (BT-Drs. 19/13452, 28) auch im Rahmen der Nachweiskontrollen stattfinden.

55 **b) Durch Zeugnis der Immunität oder Kontraindikation (S. 1 Nr. 2).** Alternativ zur Vorlage der Impfdokumentation eröffnet S. 1 Nr. 2 die Möglichkeit der Nachweisführung durch ein ärztliches Zeugnis, das bestätigt, dass bei den betroffenen Personen eine Immunität gegen Masern vorliegt oder sie auf Grund einer medizinischen Kontraindikation nicht geimpft werden können. Diese Alternative erfasst damit auch diejenigen Personen, die von der Pflicht aus Abs. 8 S. 1 gem. Abs. 8 S. 4 befreit sind (vgl. Rn. 47). Ein ärztliches Zeugnis kann dann ausgestellt werden, wenn dem Arzt eine frühere Masernerkrankung der Person bekannt ist oder wenn eine serologische Titerbestimmung einen ausreichenden Immunschutz gegen Masern ergeben hat (vgl. Begründung des Entwurfs des MasernschutzG (BT-Drs. 19/13452, 29)). In Bezug auf das Impfen von Patienten mit Immundefizienz beziehungsweise Immunsuppression einschließlich der Beurteilung des Vorliegens einer Kont-

raindikation hat die STIKO Anwendungshinweise veröffentlicht (Download unter https://www.rki.de/DE/Content/Kommissionen/STIKO/Empfehlungen/STIKO_Weitere/Tabelle_Immundefizienz.html).

c) Durch Bestätigung (S. 1 Nr. 3). Nach S. 1 Nr. 3 kann die Nachweisführung auch durch eine Bestätigung einer staatlichen Stelle oder der Leitung einer anderen in Abs. 8 S. 1 genannten Einrichtung (vgl. Rn. 38) darüber, dass ein Nachweis nach S. 1 Nr. 1 oder Nr. 2 dort bereits vorgelegen hat, erfolgen. S. 1 Nr. 3 wurde aufgrund der Empfehlung des Ausschusses für Gesundheit (BT-Drs. 19/15164) angefügt. Durch diese Möglichkeit sollen die Leitungen von Einrichtungen entlastet werden, wenn bereits eine staatliche Stelle oder eine andere Einrichtung, in der die betroffene Person vorher betreut wurde oder tätig war, den Nachweis entsprechend S. 1 Nr. 1 oder Nr. 2 kontrolliert hat (Empfehlung des Ausschusses für Gesundheit (BT-Drs. 19/15164), 57)). 56

d) Praxishinweis. Es besteht keine Pflicht, Dokumente in einer anderen als der deutschen Sprache oder verdächtige Dokumente anzuerkennen. In diesen Fällen oder bei sonstigen Zweifeln an der Echtheit oder inhaltlichen Richtigkeit sollte unverzüglich das Gesundheitsamt benachrichtigt werden. Das Ausstellen und der Gebrauch gefälschter/unrichtiger Impfdokumentationen/ Nachweise sind strafbar. Ausstellenden Ärzten drohen auch berufsrechtliche Konsequenzen. 56a

IV. Konsequenzen eines nicht erbrachten Nachweises (S. 4–9)

1. Allgemeines

Die Konsequenzen eines nicht erbrachten Nachweises ergeben sich aus den strukturell vollkommen verunglückten und deshalb unnötig schwer verständlichen S. 4–9. 57

2. Struktur

Grundsätzlich führt ein Verstoß gegen die Nachweispflicht zu einem Betreuungs- und Beschäftigungsverbot nach S. 6 (vgl. Rn. 59 ff.) sowie einem Tätigkeitsverbot nach S. 7 (vgl. Rn. 68 ff.). Ausnahmen von diesem Grundsatz ergeben sich nach Maßgabe von S. 8 (bei Bestehen eines Lieferengpasses zu allen Impfstoffen mit einer Masernkomponente, vgl. Rn. 75) und S. 9 (bei Bestehen einer gesetzlichen Schulpflicht, vgl. Rn. 76). Soweit eine Person einer Ausnahmeregelung nach S. 8 oder 9 unterfällt, besteht nach Maßgabe von S. 4, 5 eine Pflicht zur Benachrichtigung des zuständigen Gesundheitsamtes. Diese Pflicht besteht auch in Bezug auf Personen, bei denen sich aus dem Nachweis nach S. 1 ergibt, dass ein Impfschutz gegen Masern erst zu einem späteren Zeitpunkt möglich ist oder vervollständigt werden kann. 58

3. Betreuungs- und Beschäftigungsverbot (S. 6)

59 a) Allgemeines. Nach S. 6 1. HS darf eine Person, die ab der Vollendung des ersten Lebensjahres keinen Nachweis nach S. 1 vorlegt, nicht in Gemeinschaftseinrichtungen nach § 33 Nr. 1–3 betreut werden (Betreuungsverbot). Das in S. 6 2. HS enthaltene Beschäftigungsverbot erstreckt sich auf Einrichtungen nach § 23 Abs. 3 S. 1, § 33 Nr. 1–4 sowie § 36 Abs. 1 Nr. 4 und umfasst somit im Vergleich zum Betreuungsverbot deutlich mehr Einrichtungen. Vgl. zu den Folgen eines Betreuungsverbots für den Anspruch auf Förderung in Tageseinrichtungen und in der Kindertagespflege gem. § 24 SGB VIII die Erläuterungen Rn. 67a. Vgl. zur Bußgeldbewehrung eines Verstoßes gegen das Betreuungs- und Beschäftigungsverbot die Erläuterungen Rn. 85.

60 b) Ausnahmen vom Betreuungs- und Beschäftigungsverbot. Ausnahmen können sich nach Maßgabe von S. 8 und 9 ergeben. Vgl. dazu die Erläuterungen Rn. 74 ff.

61 c) Vom Betreuungs- und Beschäftigungsverbot betroffene Person und Inhalt des Verbots. Das Betreuungs- und Beschäftigungsverbot richtet sich – abweichend vom Verbot aus S. 7 (vgl. Rn. 69 ff.) – nicht an die keinen Nachweis erbringende Person, sondern ausschließlich an die jeweilige (Gemeinschafts-) Einrichtung. Dieser ist es verboten, die betroffene Person zu betreuen oder zu beschäftigen (vgl. Formulierungen ‚darf nicht … betreut oder … beschäftigt werden').

62 d) Nachweis nach S. 1. Vgl. dazu die Erläuterungen ab Rn. 52.

63 e) Gemeinschaftseinrichtungen nach § 33 Nr. 1–3. Zu den Gemeinschaftseinrichtungen nach § 33 Nr. 1–3 vgl. die Erläuterungen § 33 Rn. 7 ff.

64 f) Einrichtungen nach § 23 Abs. 3 S. 1, § 33 Nr. 1–4 oder § 36 Abs. 1 Nr. 4. Vgl. dazu die Erläuterungen § 23 Rn. 24 ff., § 33 Rn. 7 ff. und § 36 Rn. 6 f.

65 g) Eintritt des Verbots. Das Verbot trifft kraft Gesetzes ein und bedarf deshalb keiner entsprechenden behördlichen Anordnung. Zum ausnahmsweisen Erfordernis eines feststellenden Verwaltungsaktes gelten die Erläuterungen § 34 Rn. 23 entsprechend.

66 h) Ende des Verbots. Das Verbot endet erst dann, wenn der fehlende Nachweis nach S. 1 der sich aus S. 1–3 ergebenden Stelle vorgelegt wird.

67 i) Praxishinweise. aa) Betretungsverbot. Anders als im Rahmen des § 34 Abs. 1 (vgl. § 34 Rn. 10 ff.) hat der Gesetzgeber die Personen, die ab der Vollendung des ersten Lebensjahres keinen Nachweis nach S. 1 vorlegen, nicht einem gesetzlichen (und damit ohne zusätzliche Anordnung eintretenden) Betretungsverbot in Bezug auf die Räumlichkeiten der jeweiligen (Gemeinschafts-)Einrichtungen unterworfen. Ein derartiges Betretungsverbot kann jedoch nach Maßgabe von Abs. 12 durch das Gesundheitsamt ausgesprochen werden, vgl. dazu im Einzelnen die Erläuterungen Rn. 139 ff.

bb) Folgen eines Betreuungsverbots für den Anspruch auf Förderung in Tageseinrichtungen und in der Kindertagespflege gem. § 24 SGB VIII. Durch den Nachweis eines bedarfsgerechten Betreuungsplatzes in einer Tageseinrichtung oder in Kindertagespflege erfüllt der öffentliche Träger den gegen ihn gerichteten Anspruch auf Förderung in Tageseinrichtungen und in der Kindertagespflege (§ 24 SGB VII, vgl. Urteil des BVerwG vom 26.10.2017 – 5 C 19.16). Wird ein nachgewiesener zumutbarer Betreuungsplatz abgelehnt, so verliert der Anspruchsinhaber seinen Anspruch hierauf. Dies soll ausweislich der Begründung des Entwurfs des MasernschutzG (vgl. BT-Drs. 19/13452, 29) auch im Fall einer Nicht-Wahrnehmung eines Platzes auf Grund des Aufnahmeverbots nach S. 6 gelten. Künftig sollten Einrichtungen nach § 33 Nr. 1 und 2 Betreuungsverträge unter der aufschiebenden Bedingung eines Impfnachweises gemäß S. 1 schließen (vgl. Entwurf des MasernschutzG (BT-Drs. 19/13452, 29)). 67a

4. Tätigkeitsverbot (S. 7)

a) Allgemeines. Eine Person, die über keinen Nachweis nach S. 1 verfügt oder diesen nicht vorlegt, darf gem. S. 7 in Einrichtungen nach § 23 Abs. 3 S. 1, § 33 Nr. 1 bis 4 oder § 36 Abs. 1 Nr. 4 nicht tätig werden (Tätigkeitsverbot). 68

b) Ausnahmen vom Tätigkeitsverbot. Ausnahmen vom Tätigkeitsverbot können sich nach Maßgabe von S. 8 ergeben. Vgl. dazu die Erläuterungen Rn. 75. 69

c) Vom Tätigkeitsverbot betroffene Person und Inhalt des Verbots. Das Tätigkeitsverbot richtet sich – anders als jenes aus S. 6 (vgl. Rn. 61) – an die keinen Nachweis erbringende, in der jeweiligen Einrichtung tätige Person (vgl. Formulierungen ‚darf nicht…tätig werden'). Dieser ist es somit gesetzlich verboten, dort tätig zu werden. 70

d) Nachweis nach S. 1. Vgl. dazu die Erläuterungen ab Rn. 52. 71

e) Einrichtungen nach § 23 Abs. 3 S. 1, § 33 Nr. 1–4 oder § 36 Abs. 1 Nr. 4. Vgl. dazu die Erläuterungen § 23 Rn. 24 ff., § 33 Rn. 7 ff. und § 36 Rn. 6 f. 72

f) Eintritt und Ende des Verbots. Die Erläuterungen Rn. 65, 66 gelten entsprechend. 73

5. Ausnahmen vom Betreuungs-, Beschäftigungs- oder Tätigkeitsverbot (S. 8 und 9)

a) Allgemeines. Ausnahmen vom Verbot nach S. 6 können sich nach Maßgabe von S. 8 und 9, solche vom Verbot nach S. 7 nach Maßgabe von S. 9 ergeben. 74

75 b) Ausnahmen im Falle eines vom Paul-Ehrlich-Institut (PEI) bekannt gemachten Lieferengpasses (S. 8). Die oberste Landesgesundheitsbehörde oder die von ihr bestimmte Stelle kann nach S. 8 bei Vorliegen der Voraussetzungen allgemeine Ausnahmen von S. 6 und 7 zulassen. Diese Ausnahmeregelung war im von der Bundesregierung eingebrachten Entwurf des MasernschutzG (BT-Drs. 19/13452) noch nicht an das Vorliegen eines Lieferengpasses geknüpft, so dass in deutlich größerem Ausmaß Ausnahmeregelungen hätten zugelassen werden können. Aufgrund der Empfehlung des Ausschusses für Gesundheit (BT-Drs. 19/15164) wurde die ursprünglich vorgesehene Ausnahmeregelung auf den Fall eines vom Paul-Ehrlich-Institut (PEI) bekannt gemachten Lieferengpasses zu allen Impfstoffen mit einer Masernkomponente, die für das Inverkehrbringen in Deutschland zugelassenen oder genehmigten sind, eingeschränkt. Diesbezüglich führt die Beschlussempfehlung aus, dass das PEI Lieferengpässe auf seiner Internetseite (www.pei.de) bekannt gibt, wenn für das betreffende Arzneimittel eine über voraussichtlich zwei Wochen hinausgehende Unterbrechung einer Auslieferung oder eine unerwartete, deutlich vermehrte Nachfrage vorliegt, der vom Zulassungsinhaber nicht angemessen nachgekommen werden kann. Ein Lieferengpass nur eines Impfstoffes bei weiterhin verfügbaren anderen Impfstoffen mit einer Masernkomponente soll dabei, wie die Empfehlung des Ausschusses für Gesundheit (BT-Drs. 19/15164, 57) ausführt, nicht ausreichend sein, um Ausnahmen von den S. 6 und 7 vorzusehen. Die Regelung gilt unabhängig davon, ob gegebenenfalls parallel importierte oder vertriebene Arzneimittel im Markt verfügbar sind (S. 8 2. HS), da diese bei den Meldungen über Lieferengpässe keine Berücksichtigung finden (vgl. Empfehlung des Ausschusses für Gesundheit (BT-Drs. 19/15164, 57)).

76 c) Ausnahmen bei Personen, die einer gesetzlichen Schulpflicht unterliegen (S. 9). Gem. S. 9 darf eine Person, die einer gesetzlichen Schulpflicht unterliegt, in Abweichung von S. 6 in Gemeinschaftseinrichtungen nach § 33 Nr. 3 (vgl. § 33 Rn. 10) betreut werden. Diesen Personen dürfen jedoch Tätigkeiten (die nicht der Schulpflicht unterfallen) nicht übertragen werden, auch ist eine Aufnahme in Gemeinschaftseinrichtungen nach § 33 Nr. 1 und 2 (vgl. zu diesen § 33 Rn. 7 ff.) nicht möglich (vgl. Empfehlung des Ausschusses für Gesundheit (BT-Drs. 19/15164, 58)).

6. Pflicht zur Benachrichtigung des zuständigen Gesundheitsamtes (S. 4, 5)

77 a) Allgemeines. Für den Fall, dass entweder der Nachweis nach S. 1 von einer Person, die aufgrund einer nach S. 8 zugelassenen Ausnahme (vgl. Rn. 75) oder nach S. 9 (vgl. Rn. 76) in Gemeinschaftseinrichtungen nach § 33 Nr. 1 bis 3 betreut oder in Einrichtungen nach § 23 Abs. 3 S. 1, § 33 Nr. 1 bis 4 oder § 36 Abs. 1 Nr. 4 beschäftigt oder tätig werden darf, nicht vorgelegt wird oder dass sich aus dem (vorgelegten) Nachweis nach S. 1 ergibt, dass ein Impfschutz gegen Masern erst zu einem späteren Zeitpunkt möglich ist oder vervollständigt werden kann, ergeben sich aus S. 4 bestimmte Benachrichtigungs- und Übermittlungspflichten. Von diesen lässt S. 5 Ausnahmen zu (Rn. 83). Vgl. zur Bußgeldbewehrung eines Verstoßes gegen die Benachrichtigungspflicht die Erläuterungen Rn. 84.

b) Einzelheiten. aa) Verpflichtete Personen. Aus S. 4 verpflichtet sind die in S. 4 Nr. 1 und 2 genannten Personen. 78

bb) Benachrichtigungs- und Übermittlungsempfänger. Die Benachrichtigungs- und Übermittlungspflichten sind gegenüber dem Gesundheitsamt, in dessen Bezirk sich die jeweilige Einrichtung befindet, zu erfüllen. 79

cc) Inhalt. Inhalt der Benachrichtigung ist die Information, dass und welcher der von S. 4 erfassten Fälle (vgl. Rn. 77) vorliegt. Zu übermitteln sind zudem personenbezogene Angaben. Diese umfassen gemäß der Legaldefinition in § 2 Nr. 16 Name und Vorname, Geschlecht, Geburtsdatum, Anschrift der Hauptwohnung oder des gewöhnlichen Aufenthaltsortes und, falls abweichend, Anschrift des derzeitigen Aufenthaltsortes der betroffenen Person sowie, soweit vorliegend, Telefonnummer und E-Mail-Adresse. Vgl. dazu im Einzelnen die Erläuterungen § 2 Rn. 79 f. 80

dd) Form. Eine spezielle Form ist nicht vorgeschrieben. Üblich dürfte die Meldung per Fax sein. 81

ee) Zeitpunkt. Die Benachrichtigung und Übermittlung müssen unverzüglich erfolgen, mithin ohne schuldhaftes Zögern (vgl. § 121 BGB). 82

ff) Ausnahmen. Nach S. 5 besteht die Benachrichtigungspflicht dann nicht, wenn der Leitung der jeweiligen Einrichtung oder der anderen Stelle nach S. 2 oder S. 3 bekannt ist, dass das Gesundheitsamt über den Fall bereits informiert ist. Geht die Einrichtungsleitung fälschlicherweise davon aus, dass das Gesundheitsamt bereits informiert ist, so geht dies zu Lasten der Leitung. 83

V. Zuwiderhandlungen

1. Zuwiderhandlung gegen die Benachrichtigungspflicht

Eine Zuwiderhandlung gegen die Benachrichtigungspflicht gem. S. 4 Nr. 1, auch in Verbindung mit Abs. 10 S. 2 oder Abs. 11 S. 2, ist nach Maßgabe von § 73 Abs. 1a Nr. 7a bußgeldbewehrt. 84

2. Zuwiderhandlung gegen ein Verbot gem. S. 6 oder S. 7

Eine Zuwiderhandlung gegen ein Verbot gem. S. 6 oder S. 7 ist nach Maßgabe von § 73 Abs. 1a Nr. 7b bußgeldbewehrt. 85

K. Pflicht zur Vorlage von Nachweisen für in Abs. 8 S. 1 Nr. 1 und Nr. 3 genannte Personen, die am 1.3.2020 bereits betreut werden oder tätig sind (Abs. 10)

I. Allgemeines

86 Während Abs. 8 die von ihm erfassten Personen verpflichtet, einen ausreichenden Impfschutz oder eine Immunität gegen Masern aufzuweisen, regelt Abs. 10 (ebenso wie Abs. 9 und 11) die korrespondierenden Nachweispflichten sowie die Konsequenzen eines nicht erbrachten Nachweises. Abs. 9–11 wurden (ebenso wie Abs. 8 und die nachfolgenden Abs. 12–14) durch das MasernschutzG an § 20 angefügt. Vgl. zu den Gründen für die Anfügung die Erläuterungen Rn. 33.

II. Von Abs. 10 erfasste Konstellationen

1. Allgemeines

87 Abs. 10 erfasst die Konstellation, dass in Abs. 8 S. 1 Nr. 1 und Nr. 3 genannte Personen am 1.3.2020 (Tag des Inkrafttretens des MasernschutzG (mit Ausnahme der Änderungen von § 13 Abs. 6, vgl. dort)) bereits in Gemeinschaftseinrichtungen nach § 33 Nr. 1 bis 3 betreut werden oder in Einrichtungen nach § 23 Abs. 3 S. 1, § 33 Nr. 1 bis 4 oder § 36 Abs. 1 Nr. 4 tätig sind. Für den Fall, dass eine solche Betreuung oder Tätigkeit erst nach dem 1.3.2020 erfolgt bzw. aufgenommen wird, ist Abs. 9 einschlägig (vgl. die Erläuterungen ab Rn. 49 ff.). In Bezug auf die in Abs. 8 S. 1 Nr. 2 genannten Personen ist Abs. 11 einschlägig (vgl. die Erläuterungen Rn. 97 ff.).

2. Betreut, tätig

87a Vgl. dazu die entsprechend geltenden Erläuterungen Rn. 38 und 38a.

III. Einzelheiten

1. Allgemeines

88 Für die von Abs. 10 erfassten Personen (vgl. Rn. 87) besteht die Pflicht zur alternativen Vorlage eines der in Abs. 9 S. 1 Nr. 1–3 genannten Nachweise (S. 1). Die Pflicht besteht auch dann, wenn die jeweilige Person wegen einer medizinischen Kontraindikation nicht geimpft werden kann und daher von der Pflicht aus Abs. 8 S. 1 gem. Abs. 8 S. 4 befreit ist (vgl. dazu Rn. 47).

2. Pflichterfüllung bei Minderjährigen und Betreuten

89 Die Erläuterungen Rn. 51a gelten entsprechend.

3. Person, gegenüber der die Vorlagepflicht zu erfüllen ist (S. 1, 2 iVm Abs. 9 S. 2, 3)

Die Erläuterungen Rn. 52 gelten entsprechend. **90**

4. Zeitpunkt der Vorlage (S. 1)

Die Vorlage des Nachweises nach Abs. 9 S. 1 (vgl. dazu die Erläuterungen **91** Rn. 92) muss gem. S. 1 bis zum Ablauf des 31.7.2021 erfolgen.

5. Nachweisführung

Vgl. zu den Möglichkeiten, mit denen die Nachweispflicht erfüllt werden **92** kann, die entsprechend geltenden Erläuterungen Rn. 54 ff.

IV. Konsequenzen eines nicht erbrachten Nachweises (S. 2 iVm Abs. 9 S. 4 und 5)

1. Allgemeines

Hinsichtlich der Konsequenzen eines nicht ordnungsgemäß erbrachten Nach- **93** weises verweist S. 2 auf Abs. 9 S. 4 und 5. In Bezug auf eine Bußgeldbewehrung vgl. die Erläuterungen Rn. 96.

2. Pflicht zur Benachrichtigung des zuständigen Gesundheitsamtes (S. 2 iVm Abs. 9 S. 4 und S. 5)

Ein Verstoß gegen die Nachweispflicht nach S. 1 hat gemäß S. 2 das Ent- **94** stehen der Benachrichtigungspflicht gem. Abs. 9 S. 4, 5 zur Folge. Dabei gilt (vgl. S. 2) die Maßgabe, dass eine Benachrichtigung des zuständigen Gesundheitsamtes und eine Übermittlung personenbezogener Angaben immer zu erfolgen hat, wenn der Nachweis nach Abs. 9 S. 1 nicht bis zum Ablauf des 31.7.2021 vorgelegt wird. Vgl. dazu die Erläuterungen Rn. 78–83. Vgl. zur Bußgeldbewehrung eines Verstoßes gegen die Benachrichtigungspflicht die Erläuterungen Rn. 96.

3. Kein gesetzliches Betreuungs-, Tätigkeits- oder Beschäftigungsverbot

S. 2 verweist lediglich auf Abs. 9 S. 2–5, nicht jedoch auf Abs. 9 S. 6–9. **95** Anders als im Rahmen von Abs. 9 hat ein Verstoß gegen die Nachweispflicht aus S. 1 im Rahmen des Abs. 10 folglich kein gesetzliches (und damit automatisch eintretendes) Betreuungs-, Tätigkeits- oder Beschäftigungsverbot zur Folge.

4. Möglichkeit zur Anordnung eines Betretungs- oder Tätigkeitsverbots

95a Ein Betretungs- oder Tätigkeitsverbot kann nach Maßgabe von Abs. 12 durch das Gesundheitsamt ausgesprochen werden, vgl. dazu im Einzelnen die Erläuterungen Rn. 139 ff.

V. Zuwiderhandlungen

96 Eine Zuwiderhandlung gegen die Benachrichtigungspflicht gem. S. 2 iVm Abs. 9 S. 4 Nr. 1 ist nach Maßgabe von § 73 Abs. 1a Nr. 7a bußgeldbewehrt.

L. Pflicht zur Vorlage von Nachweisen für in Abs. 8 S. 1 Nr. 2 genannte Personen (Abs. 11)

I. Allgemeines

97 Während Abs. 8 die von ihm erfassten Personen verpflichtet, einen ausreichenden Impfschutz oder eine Immunität gegen Masern aufzuweisen, regelt Abs. 11 (ebenso wie Abs. 9 und 10) die korrespondierenden Nachweispflichten sowie die Konsequenzen eines nicht erbrachten Nachweises. Abs. 9–11 wurden (ebenso wie Abs. 8 und die nachfolgenden Abs. 12–14) durch das MasernschutzG an § 20 angefügt. Vgl. zu den Gründen für die Anfügung die Erläuterungen Rn. 33.

II. Von Abs. 11 erfasste Konstellationen

98 Abs. 11 gilt für die in Abs. 8 S. 1 Nr. 2 genannten Personen. Dies unabhängig davon, ob sie am 1.3.2020 (Tag des Inkrafttretens des MasernschutzG (mit Ausnahme der Änderungen von § 13 Abs. 6, vgl. dort)) bereits in Gemeinschaftseinrichtungen nach § 33 Nr. 4 betreut werden oder in Einrichtungen nach § 36 Abs. 1 Nr. 4 untergebracht sind oder ob dies erst später der Fall ist (vgl. aber zu den unterschiedlichen Vorlagefristen Rn. 102). In Bezug auf die in Abs. 8 S. 1 Nr. 1 und Nr. 3 genannten Personen sind Abs. 9 und 10 einschlägig (vgl. die Erläuterungen Rn. 50 ff. und Rn. 86 ff.).

III. Einzelheiten

1. Allgemeines

99 Für die von Abs. 11 erfassten Personen (vgl. Rn. 98) besteht die Pflicht zur alternativen Vorlage eines der in Abs. 9 S. 1 Nr. 1–3 genannten Nachweise (S. 1). Die Pflicht besteht auch dann, wenn die jeweilige Person wegen einer medizinischen Kontraindikation nicht geimpft werden kann und daher von der Pflicht aus Abs. 8 S. 1 gem. Abs. 8 S. 4 befreit ist (vgl. dazu Rn. 47).

2. Pflichterfüllung bei Minderjährigen und Betreuten

100 Die Erläuterungen Rn. 51a gelten entsprechend.

3. Person, gegenüber der die Vorlagepflicht zu erfüllen ist (S. 1, 2 iVm Abs. 9 S. 2)

Grundsätzlich ist die Vorlagepflicht gegenüber der der Leitung der jeweiligen Einrichtung zu erfüllen (S. 2 iVm Abs. 9 S. 1). Vgl. zum Begriff der ‚Leitung' § 2 Nr. 15 sowie die Erläuterungen § 2 ab Rn. 7. Allerdings kann die oberste Landesgesundheitsbehörde oder die von ihr bestimmte Stelle gem. S. 2 iVm Abs. 9 S. 2 bestimmen, dass der Nachweis nach S. 1 nicht der Leitung der jeweiligen Einrichtung, sondern dem Gesundheitsamt oder einer anderen staatlichen Stelle gegenüber zu erbringen ist. 101

4. Zeitpunkt der Vorlage (S. 1)

a) Allgemeines. Hinsichtlich des Zeitpunkts, bis zu welchem die Nachweispflicht zu erfüllen ist, differenziert S. 1 zwischen Personen, die am 1.3.2020 bereits in Gemeinschaftseinrichtungen nach § 33 Nr. 4 betreut werden oder in Einrichtungen nach § 36 Abs. 1 Nr. 4 untergebracht sind und solchen, bei denen dies erst später der Fall ist. 102

b) Personen, die am 1.3.2020 bereits in Gemeinschaftseinrichtungen nach § 33 Nr. 4 betreut werden oder in Einrichtungen nach § 36 Abs. 1 Nr. 4 untergebracht sind. Diese Personen müssen den Nachweis bis zum Ablauf des 31.7.2021 vorlegen (S. 1 Nr. 2) 103

c) Personen, die am 1.3.2020 noch nicht in Gemeinschaftseinrichtungen nach § 33 Nr. 4 betreut werden oder in Einrichtungen nach § 36 Abs. 1 Nr. 4 untergebracht sind. Diese Personen müssen den Nachweis innerhalb von vier weiteren Wochen erbringen, somit innerhalb von insgesamt acht Wochen gerechnet seit dem Beginn der Betreuung in einer Gemeinschaftseinrichtungen nach § 33 Nr. 4 oder der Unterbringung in einer Einrichtung nach § 36 Abs. 1 Nr. 4. 104

5. Nachweisführung

Vgl. zu den Möglichkeiten, mit denen die Nachweispflicht erfüllt werden kann, die entsprechend geltenden Erläuterungen Rn. 54 ff. 105

IV. Konsequenzen eines nicht erbrachten Nachweises (S. 2 iVm Abs. 9 S. 4 und 5)

1. Allgemeines

Hinsichtlich der Konsequenzen eines nicht ordnungsgemäß erbrachten Nachweises verweist S. 2 auf Abs. 9, erklärt aber diesbezüglich lediglich Abs. 9 S. 4 und 5 für entsprechend anwendbar. In Bezug auf eine Bußgeldbewehrung vgl. die Erläuterungen Rn. 110. 106

2. Pflicht zur Benachrichtigung des zuständigen Gesundheitsamtes (S. 2 iVm Abs. 9 S. 4 und S. 5)

107 Ein Verstoß gegen die Nachweispflicht nach S. 1 hat das Entstehen der Benachrichtigungspflicht für die in Abs. 9 S. 4 genannten Personen zur Folge. Abs. 9 S. 4, 5 gelten dabei entsprechend mit der Maßgabe, dass eine Benachrichtigung des zuständigen Gesundheitsamtes und eine Übermittlung personenbezogener Angaben immer zu erfolgen hat, wenn der Nachweis nach Abs. 9 S. 1 nicht bis zu dem in S. 1 Nr. 1 oder Nr. 2 genannten Zeitpunkt (vgl. Rn. 102–104) vorgelegt wird. Vgl. zur Bußgeldbewehrung eines Verstoßes gegen die Benachrichtigungspflicht die Erläuterungen Rn. 110.

3. Kein gesetzliches Unterbringungs- oder Betreuungsverbot

108 Abs. 11 sieht als Folge eines Verstoßes gegen die Nachweispflicht aus S. 1 kein Unterbringungsverbot und anders als Abs. 9 auch kein Betreuungsverbot vor.

4. Möglichkeit zur Anordnung eines Betretungsverbots

109 Ein Betretungsverbot kann durch das Gesundheitsamt nach Maßgabe von Abs. 12 (mit den sich aus Abs. 12 S. 5 ergebenden Einschränkungen) ausgesprochen werden, vgl. dazu im Einzelnen die Erläuterungen Rn. 139 ff.

V. Zuwiderhandlungen

110 Eine Zuwiderhandlung gegen die Benachrichtigungspflicht gem. S. 2 iVm Abs. 9 S. 4 Nr. 1 ist nach Maßgabe von § 73 Abs. 1a Nr. 7a bußgeldbewehrt.

M. Vorlage von Nachweisen auf Aufforderung des Gesundheitsamtes (Abs. 12 S. 1)

I. Allgemeines

1. Inhalt

111 Abs. 8 verpflichtet die von ihm erfassten Personen, einen ausreichenden Impfschutz oder eine Immunität gegen Masern aufzuweisen. Abs. 9–11 regeln die korrespondierenden Nachweispflichten sowie die Konsequenzen eines nicht erbrachten Nachweises. Abs. 12 flankiert dieses Regelwerk dahingehend, dass er Personen, die nach Abs. 8 S. 1 einen nach Abs. 8 S. 2 ausreichenden Impfschutz gegen Masern oder eine durch eine Immunität gegen Masern aufweisen müssen, zur Vorlage eines Nachweises nach Abs. 9 S. 1 beim Gesundheitsamt auf dessen Anforderung verpflichtet und spiegelbildlich das Gesundheitsamt zu einer solchen Anforderung ermächtigt (vgl. Rn. 112 ff.). Darüber hinaus kann das Gesundheitsamt bei Vorliegen der Voraussetzungen nach S. 2 zu einer Beratung laden und zu einer Vervollständigung des Impfschutzes auffordern (vgl. Rn. 125 ff.). Zudem kann das Gesundheitsamt Betretungs- oder Tätigkeitsverbote aussprechen (S. 3, vgl. Rn. 139 ff.).

2. Zweck

Zweck der Vorlagepflicht ist es, dem Gesundheitsamt eine Kontrolle der Einhaltung der sich aus Abs. 8–11 ergebenden Pflichten zu ermöglichen und es in die Lage zu versetzen, über das Ergreifen von Maßnahmen gem. S. 2 und S. 3 entscheiden zu können. Deshalb macht es auch keinen Unterschied, ob es sich um stichprobenartige Kontrollen handelt oder um Personen, über die das Gesundheitsamt nach Abs. 9 S. 4, Abs. 10 S. 2 oder Abs. 11 S. 2 benachrichtigt wurde (vgl. Begründung des Entwurfs des MasernschutzG (BT-Drs. 19/13452, 30)). 112

II. Tatbestandliche Voraussetzungen

1. Allgemeines

Bei Vorliegen der tatbestandlichen Voraussetzungen kann das zuständige Gesundheitsamt von den nachweispflichtigen Personen die Vorlage eines Nachweises nach Abs. 9 S. 1 unter gleichzeitiger Setzung einer angemessenen Frist anfordern. 113

2. Erfasste Person

a) Allgemeines. Die Person, gegenüber der eine Aufforderung ergehen soll, muss in den Kreis der in S. 1 Nr. 1–3 genannten Personen fallen (vgl. zur Pflichterfüllung bei Minderjährigen und Betreuten Rn. 51a). Der erfasste Personenkreis entspricht im Grundsatz jenem des Abs. 8 S. 1, so dass auf die entsprechenden Erläuterungen Rn. 36 ff. verwiesen wird. Abweichend von Abs. 8 S. 1 erfasst Abs. 12 S. 1 Nr. 2 jedoch Personen, die in einer Gemeinschaftseinrichtung nach § 33 Nr. 4 betreut werden oder in einer Einrichtung nach § 36 Abs. 1 Nr. 4 untergebracht sind, erst ab dem Zeitpunkt, zu welchem die Betreuung oder Unterbringung bereits acht Wochen (und nicht lediglich vier Wochen, vgl. Abs. 8 S. 1 Nr. 2) andauert. 114

b) Pflichterfüllung bei Minderjährigen und Betreuten. Im Falle, dass eine verpflichtete Person minderjährig ist, hat derjenige für die Einhaltung der diese Person nach Abs. 12 S. 1 treffenden Verpflichtungen zu sorgen, dem die Sorge für diese Person zusteht (Abs. 13 S. 1). Die gleiche Verpflichtung trifft den Betreuer einer von Verpflichtungen nach Abs. 9 betroffenen Person, soweit die Erfüllung dieser Verpflichtungen zu seinem Aufgabenkreis gehört (Abs. 13 S. 2). 115

3. Bestehen einer fälligen Vorlagepflicht nach Abs. 9, 10 oder 11

a) Allgemeines. Die Person muss zu dem Zeitpunkt, zu welchem das Gesundheitsamt den Nachweis anfordert, zur Vorlage des Nachweises nach 116

Maßgabe von Abs. 9 (vgl. Rn. 53), Abs. 10 (vgl. Rn. 91) oder Abs. 11 (vgl. Rn. 102 f.) verpflichtet sein.

117 **b) Praxishinweis.** Sind die in Abs. 11 S. 1 Nr. 1 vorgesehenen (weiteren) vier Wochen zur Vorlage noch nicht abgelaufen (vgl. zu diesen die Erläuterungen Rn. 104), kann das Gesundheitsamt die betroffene Person (noch) nicht zur Vorlage des Nachweises auffordern (vgl. Begründung des Entwurfs des MasernschutzG (BT-Drs. 19/13452, 30)).

III. Rechtsfolgen

1. Allgemeines

118 Liegen die tatbestandlichen Voraussetzungen vor, kann das Gesundheitsamt auf Basis von S. 1 die Vorlage des Nachweises bei gleichzeitiger Setzung einer angemessenen Frist anordnen (im Gesetzestext als „anfordern" umschrieben).

2. Ermessen

119 S. 1 gewährt dem Gesundheitsamt sowohl ein Entschließungs- als auch ein Auswahlermessen (vgl. zu den Ermessensarten Vor §§ 15a Rn. 9 ff.). Das Gesundheitsamt muss sein Ermessen pflichtgemäß ausüben und insbesondere den Grundsatz der Verhältnismäßigkeit beachten. Vgl. dazu im Einzelnen die Erläuterungen § 16 Rn. 16 ff. Bei der Ermessensausübung ist in besonderem Maße der durch die Vorlage letztlich bezweckte Schutz der Gesundheit vor einer Maserninfektion zu beachten.

3. Fristsetzung

120 Die Anforderung kann (und muss, um die Anforderung auch erzwingen zu können, vgl. Rn. 124) mit einer entsprechenden angemessenen Fristsetzung (vgl. S. 2) erfolgen. Die Angemessenheit der Fristsetzung ist abhängig von den Umständen des Einzelfalls. Angesichts des Zwecks der Regelung (vgl. Rn. 112), sind dabei sämtliche bekannte Faktoren zu berücksichtigen, die auf das Risiko einer Maserninfektion in der konkreten Situation Einfluss haben (etwa Schließzeiten der Einrichtung, urlaubsbedingte Abwesenheiten der verpflichteten Person). Regelmäßig dürfte die Frist im Normalfall etwa zehn Tage betragen.

4. Folgen einer Nichtvorlage innerhalb der Frist (S. 2)

121 Wenn der Nachweis nach S. 1 nicht innerhalb einer angemessenen Frist vorgelegt wird, kann das Gesundheitsamt die zur Vorlage des Nachweises verpflichtete Person zu einer Beratung laden und hat diese zu einer Vervollständigung des Impfschutzes gegen Masern aufzufordern (S. 2). Vgl. dazu die Erläuterungen Rn. 125 ff.

IV. Folgen der Vorlage eines Nachweises aus dem sich ergibt, dass ein Impfschutz gegen Masern erst zu einem späteren Zeitpunkt möglich ist oder vervollständigt werden kann (S. 2)

Es gelten die Erläuterungen Rn. 121 entsprechend. **122**

V. Der Adressat einer Anforderung

Adressat einer Aufforderung nach S. 1 ist die zur Erfüllung der Nachweispflicht verpflichtete Person, vgl. Rn. 114, 115. **123**

VI. Zuwiderhandlung, zwangsweise Durchsetzung der Aufforderung

Entgegen Abs. 12 S. 1, auch in Verbindung mit Abs. 13 S. 1 oder S. 2, einen Nachweis nicht, nicht richtig, nicht vollständig oder nicht rechtzeitig vorzulegen ist gemäß § 73 Abs. 1a Nr. 7c bußgeldbewehrt. Ist die verpflichtete Person ohne Vorwerfbarkeit daran gehindert, einen Nachweis vorzulegen, kommt ein Bußgeld von Vornherein nicht in Betracht (vgl. Begründung des Entwurfs des MasernschutzG (BT-Drs. 19/13452, 30)). Bei der Aufforderung zur Vorlage durch das Gesundheitsamt handelt es sich zudem um einen Verwaltungsakt, der durch Verwaltungsvollstreckungsrecht (insbesondere mit Zwangsgeld) durchgesetzt werden kann. **124**

N. Ladung zur Beratung und Aufforderung zur Vervollständigung des Impfschutzes (Abs. 12 S. 2)

I. Allgemeines

Das Gesundheitsamt kann bei Vorliegen der Voraussetzungen gem. S. 2 zu einer Beratung laden und hat zudem zu einer Vervollständigung des Impfschutzes aufzufordern. Vgl. zum Zusammenspiel mit S. 1 und S. 3–6 die Erläuterungen Rn. 111, zum Zweck der Vorschrift Rn. 112. **125**

II. Tatbestandliche Voraussetzungen

1. Allgemeines

S. 2 weist zwei tatbestandliche Alternativen auf. Entweder wurde der Nachweis nach S. 1 nicht innerhalb einer angemessenen Frist vorgelegt (1. Alternative) oder es ergab sich aus dem Nachweis, dass ein Impfschutz gegen Masern erst zu einem späteren Zeitpunkt möglich ist oder vervollständigt werden kann (2. Alternative). **126**

2. Nichtvorlage innerhalb der Frist (1. Alternative)

Voraussetzung der 1. Alternative ist, dass der Nachweis nach S. 1 trotz Aufforderung mit angemessener Fristsetzung (vgl. Rn. 118 ff.) nicht fristgerecht vorgelegt wurde. **127**

3. Vorlage eines Nachweises aus dem sich ergibt, dass ein Impfschutz gegen Masern erst zu einem späteren Zeitpunkt möglich ist oder vervollständigt werden kann (2. Alternative)

128 In der 2. Alternative wurde der Nachweis zwar fristgerecht vorgelegt, aus diesem ergab sich jedoch, dass ein Impfschutz gegen Masern erst zu einem späteren Zeitpunkt möglich ist oder vervollständigt werden kann (etwa weil zum Zeitpunkt der Nachweisausstellung wegen einer bestehenden Infektion keine Impfung durchgeführt werden konnte).

4. Praxishinweis

129 Ergibt sich aus dem Nachweis, dass wegen einer medizinischen Kontraindikation dauerhaft nicht geimpft werden kann, so sind die Tatbestandsvoraussetzungen von S. 2 nicht erfüllt und kann das Gesundheitsamt nicht zu einer Beratung laden. Diese liegt darin begründet, dass in einem solchen Fall eine Beratung die Kontraindikation nicht beseitigen und damit nicht zur Vornahme der Impfung führen kann.

III. Rechtsfolgen

1. Allgemeines

130 Liegen die tatbestandlichen Voraussetzungen vor, kann das Gesundheitsamt zu einer Beratung laden (vgl. Rn. 131 ff.). Zudem hat das Gesundheitsamt, ohne dass insoweit ein Ermessen besteht, zu einer Vervollständigung des Impfschutzes aufzufordern (vgl. Rn. 134 ff.). Eine Rechtsgrundlage für eine darüber hinausgehende Zwangsimpfung ergibt sich aus Abs. 12 indes in keinem Fall.

2. Einzelheiten zur Ladung

131 a) **Allgemeines.** S. 1 gewährt dem Gesundheitsamt hinsichtlich der Ladung zur Beratung sowohl ein Entschließungs- als auch ein Auswahlermessen (vgl. zu den Ermessensarten Vor §§ 15a Rn. 9 ff.). Das Gesundheitsamt muss sein Ermessen pflichtgemäß ausüben und insbesondere den Grundsatz der Verhältnismäßigkeit beachten. Vgl. dazu im Einzelnen die Erläuterungen § 16 Rn. 16 ff. Verzichtet das Gesundheitsamt in Ausübung seines Ermessens auf die Ladung, so muss die Aufforderung zur Vervollständigung des Impfschutzes dennoch ergehen (vgl. dazu die Erläuterungen Rn. 135).

132 b) **Ladung zur Beratung.** Weder aus dem Gesetzestext noch aus den Materialien zum MasernschutzG lässt sich eine Konkretisierung des Begriffs der ‚Ladung' ableiten. Insofern erschiene es möglich, die ‚Ladung' im Sinne einer Vorladung nach § 25 Abs. 3 (vgl. § 25 Rn. 30 ff.) zu verstehen mit der Folge, dass deren Befolgung auch zwangsweise durchsetzbar wäre (vgl. § 25 Rn. 46). Eine solche Interpretation würde indes die Gesamtkonzeption von Abs. 12 unbeachtet lassen. Die Ladung soll eine Beratung initiieren, welche wiederum das Ziel hat, eine Vervollständigung des Masernimpfschutzes zu bewirken. Letztere kann indes nicht erzwungen werden (vgl. Rn. 130, 138). Es erschiene insoweit widersprüchlich, wenn die Befolgung der Ladung dennoch erzwungen werden könnte. Es ist deshalb davon auszugehen, dass die Befolgung der Ladung nicht im Wege der Verwaltungsvollstreckung erzwungen werden kann. Die Begründung des Entwurfs des MasernschutzG (BT-Drs. 19/13452, 30) führt in diesem Zusammenhang lediglich aus, dass die Vorlagepflicht nach S. 1 im Wege der Verwaltungsvollstreckung erzwungen werden kann (vgl. Rn. 124), sie enthält indes keine entsprechenden Ausführungen in Bezug auf die Ladung nach S. 2, so dass sie nicht gegen das hier vertretene Verständnis spricht. Damit ist die ‚Ladung' im Sinne einer Einladung zu verstehen, sich zu einem bestimmten Zeitpunkt an einem bestimmten Ort einzufinden, um sich zur Masernimpfung beraten zu lassen.

c) Form, Inhalt und Umfang der Beratung. Aus dem Gesetz ergeben sich keine Vorgaben hinsichtlich Form, Inhalt oder Umfang der Beratung. Bei der deshalb erforderlichen Konkretisierung der Anforderungen an die Beratung ist der gesetzgeberische Ansatz zu berücksichtigen, nach welchem die Beratung über Vorteile und Risiken der Masernimpfung informieren und Gelegenheit zur Klärung von Fragen geben soll. Sofern diese Zielsetzung tatsächlich erreicht wird, spricht nichts dagegen, die Beratung – etwa durch die Vorführung entsprechender Videos oä auch in Form von Sammelterminen – vorzunehmen. Da die Impfentscheidung in besonderem Maße auch von individuellen Faktoren bestimmt ist, welche den höchstpersönlichen Lebensbereich betreffen, sollte in jedem Fall die Möglichkeit zu einer individuellen Beratung gegeben sein, sofern diese erwünscht wird. 133

3. Einzelheiten zur Aufforderung

a) Allgemeines. Anders als die Ladung zur Beratung (Rn. 131 ff.) steht die Aufforderung zur Vervollständigung des Impfschutzes nicht im Ermessen des Gesundheitsamtes, es ist zu dieser Aufforderung verpflichtet. 134

b) Form, Inhalt und Umfang der Aufforderung. Aus dem Gesetz ergeben sich keine Vorgaben hinsichtlich Form, Inhalt oder Umfang der Aufforderung. Sinnvollerweise sollte die Aufforderung bereits in der Ladung (Rn. 131) enthalten sein. Verzichtet das Gesundheitsamt in Ausübung seines Ermessens auf die Ladung (vgl. Rn. 131), so muss die Aufforderung dennoch ergehen. Im Sinne des Gesetzes ist es, die Aufforderung mit zutreffenden, verständlichen Informationen zur Masernimpfung zu verknüpfen. 135

IV. Der Adressat einer Ladung sowie einer Aufforderung

Adressat einer Ladung sowie einer Aufforderung nach S. 2 ist die zur Erfüllung der Nachweispflicht gem. S. 1 verpflichtete Person, vgl. Rn. 114, 115. 136

V. Zuwiderhandlungen, zwangsweise Durchsetzung der Ladung zur Beratung und der Aufforderung zur Vervollständigung des Impfschutzes

1. Keine Bußgeldbewehrung

137 Wird der Ladung zur Beratung oder der Aufforderung zur Vervollständigung des Impfschutzes nicht nachgekommen, so ist dies nicht bußgeldbewehrt.

2. Keine zwangsweise Durchsetzung

138 Weder die Ladung noch die Vervollständigung des Masernimpfschutzes können im Wege der Verwaltungsvollstreckung erzwungen werden (vgl. Rn. 132).

O. Anordnung von Betretungs- oder Tätigkeitsverboten durch das Gesundheitsamt (Abs. 12 S. 3–6)

I. Allgemeines

139 Das Gesundheitsamt kann bei Vorliegen der Voraussetzungen nach S. 3–6 Betretungs- oder Tätigkeitsverbote anordnen. Vgl. zum Zusammenspiel mit S. 1 und S. 2 die Erläuterungen Rn. 111.

II. Tatbestandliche Voraussetzung

140 Voraussetzung von S. 3 ist allein, dass der Nachweis nach S. 1 trotz Aufforderung mit Fristsetzung (vgl. Rn. 118 ff.) nicht fristgerecht vorgelegt wurde. Nicht erforderlich ist, dass das Gesundheitsamt bereits gem. S. 2 zu einer Beratung geladen oder dass eine solche stattgefunden hat (vgl. Beschlussempfehlung des Ausschusses für Gesundheit (BT-Drs. 19/15164, 58))

III. Rechtsfolgen

1. Allgemeines

141 Liegt die tatbestandliche Voraussetzung vor, kann das Gesundheitsamt auf Basis von S. 3 Betretungs- oder Tätigkeitsverbote anordnen, sofern keine Ausnahme nach S. 4 oder 5 vorliegt (vgl. zu diesen die Erläuterungen Rn. 144 f. und 146). Bei den Anordnungen handelt es sich um Verwaltungsakte.

2. Ermessen

142 a) Allgemeines. S. 3 gewährt dem Gesundheitsamt ein Entschließungs-ermessen (vgl. zu den Ermessensarten Vor §§ 15a Rn. 9 ff.). Das Gesundheitsamt muss dieses pflichtgemäß ausüben und insbesondere den Grundsatz der Verhältnismäßigkeit beachten. Vgl. dazu im Einzelnen die Erläuterungen § 16 Rn. 16 ff. Bei der Ermessensausübung ist in besonderem Maße der durch die

Vorlage letztlich bezweckten Schutz der Gesundheit vor einer Maserninfektion zu beachten. Ein entsprechendes Verbot dürfte nicht in Frage kommen, wenn es sich um eine Person handelt, die bislang einer gesetzlichen Schulpflicht unterlag (dies aber nicht mehr tut), die Ausbildung an einer Schule oder sonstigen Ausbildungseinrichtung aber noch regulär beenden will (vgl. Beschlussempfehlung des Ausschusses für Gesundheit (BT-Drs. 19/15164, 58).

b) Zeitliche Entwicklung. Die Anordnung von Verboten nach S. 3 stellt einen Verwaltungsakt mit Dauerwirkung dar, von dem der Adressat nicht nur einmalig, sondern dauerhaft – solange die Anordnung fortbesteht – belastet ist. Deshalb sind Besonderheiten zu beachten. Insoweit gelten die Erläuterungen § 28 Rn. 16 entsprechend. **143**

3. Zu den Ausnahmen nach S. 4 und S. 5

**a) Ausnahme beim Bestehen einer gesetzlichen Schulpflicht (S. 4). 144
aa) Allgemeines.** Nach S. 4 kann der einer gesetzlichen Schulpflicht unterliegenden Person in Abweichung von S. 3 nicht untersagt werden, die dem Betrieb einer Schule oder sonstigen Ausbildungseinrichtung (Einrichtung nach § 33 Nr. 3, vgl. § 33 Rn. 10) dienenden Räume zu betreten.

bb) Zur gesetzlichen Schulpflicht. Die Dauer der gesetzlichen Schulpflicht bestimmt sich nach den jeweiligen Landesregelungen (in Bayern Art. 36 BayEUG) und hat – je nach Bundesland – eine unterschiedliche Ausgestaltung. **145**

b) Ausnahme beim Bestehen einer Unterbringungspflicht (S. 5). Ursprünglich waren Ausnahmen nach S. 5 auf Fälle des Bestehens einer gesetzlichen Unterbringungspflicht beschränkt. Durch das 3. COVIfSGAnpG wurde indes das Wort ‚gesetzlich' gestrichen und so der Anwendungsbereich auf jegliche Fälle des Bestehens einer Unterbringungspflicht erweitert. Somit sind beispielsweise auch Personen erfasst, die einer solchen Pflicht auf Grund richterlicher Anordnung unterliegen, etwa im Falle einer Abschiebehaft (so BT-Drs. 19/23944, 30). Einer Person, die einer Unterbringungspflicht unterliegt, kann gem. S. 5 in Abweichung von S. 3 nicht untersagt werden, die dem Betrieb einer Gemeinschaftseinrichtung nach § 33 Nr. 4 (vgl. § 33 Rn. 11) oder einer Einrichtung nach § 36 Abs. 1 Nr. 4 (vgl. § 36 Rn. 6 ff.) dienenden Räume zu betreten. **146**

IV. Der Adressat einer Anordnung nach S. 3, Empfänger der Bekanntgabe der Anordnung

1. Adressat

Adressat einer Anordnung nach nach S. 3 ist die Person, hinsichtlich derer der Nachweis nach S. 1 nicht fristgerecht vorgelegt wurde. **147**

2. Bekanntgabe bei geschäftsunfähigen und beschränkt geschäftsfähigen Personen

148 Bei geschäftsunfähigen und beschränkt geschäftsfähigen Personen ist die jeweilige Anordnung grundsätzlich dem gesetzlichen Vertreter bekanntzugeben. Im Verwaltungsakt muss in einem solchen Fall klar zum Ausdruck kommen, dass (Inhalts-)Adressat beispielsweise das Kindergartenkind ist (sich das Verbot somit auf dieses bezieht), die Bekanntgabe des Verbots aber gegenüber zumindest einem gesetzlichen Vertreter (idR Elternteil) als Bekanntgabeadressat erfolgt.

3. Bekanntgabe bei betreuten Personen

149 Die Betreuungsanordnung hat grundsätzlich keine Relevanz für die zuvor bestehende Geschäftsfähigkeit des Betreuten und beeinträchtigt diese nicht. Folglich kann eine betreute Person, die nicht gem. § 104 Nr. 2 BGB als geschäftsunfähig anzusehen ist und bei der auch kein auf Behördenangelegenheiten bezogener Einwilligungsvorbehalt angeordnet ist, ungeachtet der Betreuung gegenüber Behörden selbstständig auftreten und kann ihr gegenüber wirksam ein Verwaltungsakt bekannt gegeben werden. Vgl. im Einzelnen Kopp/Ramsauer § 12 Rn. 15 ff.

V. Sofortige Vollziehbarkeit (S. 6)

150 Vgl. dazu die entsprechend geltenden Erläuterungen § 16 Rn. 64.

VI. Zuwiderhandlungen, zwangsweise Durchsetzung

151 Eine Zuwiderhandlung gegen eine vollziehbaren Anordnung nach S. 3, auch in Verbindung mit Absatz 13 S. 1 oder S. 2, ist gem. § 73 Abs. 1a Nr. 7d bußgeldbewehrt. Dessen ungeachtet können Anordnungen nach S. 3 bei Vorliegen der Voraussetzungen im Wege des Verwaltungszwangs durchgesetzt werden.

§ 21 Impfstoffe

Bei einer auf Grund dieses Gesetzes angeordneten oder einer von der obersten Landesgesundheitsbehörde öffentlich empfohlenen Schutzimpfung oder einer Impfung nach § 17a Abs. 2 des Soldatengesetzes dürfen Impfstoffe verwendet werden, die Mikroorganismen enthalten, welche von den Geimpften ausgeschieden und von anderen Personen aufgenommen werden können. Das Grundrecht der körperlichen Unversehrtheit (Artikel 2 Abs. 2 Satz 1 Grundgesetz) wird insoweit eingeschränkt.

Impfdokumentation **§ 22 IfSG**

A. Allgemeines

§ 21 entspricht im Wesentlichen § 15 BSeuchG. Die Vorschrift betrifft auf- 1
grund des IfSG (§ 20 Abs. 6, 7) angeordnete, nach § 20 Abs. 3 von den
obersten Landesgesundheitsbehörden empfohlene Schutzimpfungen sowie
solche nach § 17a Abs. 2 Soldatengesetz. § 21 wurde zuletzt durch Art. 31
Bundeswehr-Einsatzbereitschaftsstärkungsgesetz (BwEinsatzBerStG) geändert.

B. Einzelheiten

Soweit bei den in Rn. 1 genannten Schutzimpfungen Impfstoffe verwendet 2
werden, die Mikroorganismen enthalten, die vom Geimpften ausgeschieden
und von Dritten aufgenommen werden können, können die Dritten ungewollt durch die Aufnahme der Mikroorganismen in ihrer körperlichen Unversehrtheit beeinträchtigt werden. Indem § 21 den Einsatz derartiger Impfstoffe dennoch erlaubt, stellt er aus verfassungsrechtlicher Sicht eine Einschränkung von Art. 2 Abs. 2 S. 1 GG der betroffenen Dritten dar (vgl. S. 2).
Kommt es bei einem Dritten zu einem Impfschaden (vgl. zum Begriff § 2
Nr. 11), steht auch diesem Entschädigung unter den Voraussetzungen der
§§ 60 ff. zu. Die STIKO hat ihre Impfempfehlungen (vgl. § 20 Abs. 2) bereits
1998 dahingehend geändert, dass bei der Polio-Impfung statt eines oralen
Lebendimpfstoffs (OPV) ein inaktiver Polio-Impfstoff (IPV) verwendet werden soll. Seitdem hat § 21 erheblich an Bedeutung verloren.

§ 22 Impfdokumentation

(1) Jede Schutzimpfung ist unverzüglich in einen Impfausweis, oder, falls der Impfausweis nicht vorgelegt wird, in einer Impfbescheinigung zu dokumentieren (Impfdokumentation).

(2) Die Impfdokumentation muss zu jeder Schutzimpfung folgende Angaben enthalten:
1. Datum der Schutzimpfung,
2. Bezeichnung und Chargenbezeichnung des Impfstoffes,
3. Name der Krankheit, gegen die geimpft wurde,
4. Name und Anschrift der für die Durchführung der Schutzimpfung verantwortlichen Person sowie
5. Bestätigung in Schriftform oder in elektronischer Form mit einer qualifizierten elektronischen Signatur oder einem qualifizierten elektronischen Siegel durch die für die Durchführung der Schutzimpfung verantwortliche Person.

Bei Nachtragungen in einen Impfausweis kann jeder Arzt die Bestätigung nach Satz 1 Nummer 5 vornehmen oder hat das zuständige Gesundheitsamt die Bestätigung nach Satz 1 Nummer 5 vorzunehmen, wenn dem Arzt oder dem Gesundheitsamt eine frühere Impfdokumentation über die nachzutragende Schutzimpfung vorgelegt wird.

(3) In der Impfdokumentation ist hinzuweisen auf
1. das zweckmäßige Verhalten bei ungewöhnlichen Impfreaktionen,
2. die sich gegebenenfalls aus den §§ 60 bis 64 ergebenden Ansprüche bei Eintritt eines Impfschadens sowie
3. Stellen, bei denen die sich aus einem Impfschaden ergebenden Ansprüche geltend gemacht werden können.

(4) In der Impfdokumentation ist über notwendige Folge- und Auffrischimpfungen mit Terminvorschlägen zu informieren, so dass die geimpfte Person diese rechtzeitig wahrnehmen kann.

A. Allgemeines

I. Inhalt

1 In Anbetracht der Vielzahl der möglichen Schutzimpfungen und der Mobilität der Menschen, welche oftmals auch mit Arztwechseln einhergeht, ist eine sorgfältige, dauerhafte und beim Patienten verbleibende Dokumentation der durchgeführten Impfungen unverzichtbar. Durch sie ist eine Überprüfung des Impfstatus durch den jeweiligen Arzt oder das Gesundheitsamt möglich, so dass erforderliche Impfungen vorgenommen und überflüssige vermieden werden können.

II. Letzte Änderungen

1a Durch das MasernschutzG wurde § 22 vollständig neu gefasst. Anders als noch die Vorfassung setzt er sprachlich nicht voraus, dass die Impfung durch einen Arzt erfolgt. Durch die Anpassungen des gesetzlichen Wortlauts wird so ermöglicht, dass gegebenenfalls in Zukunft die Durchführung von Schutzimpfungen auch durch Apothekerinnen und Apotheker vorgenommen werden kann. § 22 selbst regelt aber auch weiterhin nicht, welche Personen unter welchen Voraussetzungen Schutzimpfungen durchführen dürfen (vgl. Entwurf des MasernschutzG (BT-Drs. 19/13452, 31)).

B. Pflicht zur Impfdokumentation (Abs. 1)

I. Allgemeines

2 Nach Abs. 1 ist jede Schutzimpfung unverzüglich in einem Impfausweis, oder, falls der Impfausweis nicht vorgelegt werden kann, in einer Impfbescheinigung zu dokumentieren. Impfausweis und Impfbescheinigung werden vom Gesetz zusammen als Impfdokumentation legaldefiniert. Verpflichtet zur Erfüllung der Dokumentationspflicht ist die für die Durchführung der verantwortliche Person.

II. Einzelheiten

1. Form der Impfdokumentation

Die Impfdokumentation muss nicht in schriftlicher Form erfolgen, sondern ist auch durch eine Bestätigung in elektronischer Form möglich (vgl. Abs. 2 S. 1 Nr. 5). 3

2. Nachtragungen

Nachtragungen können nach Maßgabe von Abs. 2 S. 2 erfolgen. Vgl. dazu die Erläuterungen Rn. 7. 4

III. Bußgeldbewehrung

Ein Verstoß gegen die Verpflichtungen aus § 21 ist bußgeldbewehrt (§ 73 Abs. 1a Nr. 8). 5

C. Angaben in der Impfdokumentation (Abs. 2)

I. Zu den Angaben (S. 1)

Gem. S. 1 Nr. 1–4 muss die Impfdokumentation zu jeder Schutzimpfung das Datum der Schutzimpfung, die Bezeichnung und Chargenbezeichnung des Impfstoffes, den Namen der Krankheit, gegen die geimpft wurde, sowie den Namen und die Anschrift der für die Durchführung der Schutzimpfung verantwortlichen Person beinhalten. Zudem ist nach S. 1 Nr. 5 eine Bestätigung über die inhaltliche Richtigkeit der aufgenommenen Daten durch die für die Durchführung der Schutzimpfung verantwortliche Person erforderlich, welche mittels Unterschrift (Schriftform) ebenso wie in fälschungssicherer digitaler Form (mit einer qualifizierten elektronischen Signatur oder einem qualifizierten elektronischen Siegel) erfolgen kann. 6

II. Nachtragungen (S. 2)

S. 2 nimmt die bisherige Regelung in der Vorfassung von § 22 Abs. 1 S. 2 und 3 zu Nachtragungen auf. In Erweiterung zur alten Rechtslage ist künftig jedoch gem. S. 2 nicht nur das Gesundheitsamt, sondern auch jeder Arzt unter den gleichen Voraussetzungen berechtigt, in der Vergangenheit vorgenommene Schutzimpfungen zu bestätigen. 7

D. Hinweise und Informationen in der Impfdokumentation (Abs. 3 und 4)

I. Hinweise nach Abs. 3

Nach Abs. 3 muss die Impfdokumentation den Geimpften auf das zweckmäßige Verhalten bei ungewöhnlichen Impfreaktionen sowie sich gegebenen- 8 falls aus den §§ 60 ff. ergebende Ansprüche und die für die Geltendmachung zuständigen Stellen hinweisen.

II. Informationen nach Abs. 4

9 In der Impfdokumentation ist über notwendige Folge- und Auffrischimpfungen mit Terminvorschlägen zu informieren, so dass die geimpfte Person in der Lage ist, diese rechtzeitig wahrzunehmen. Abweichend zur Rechtslage vor Inkrafttreten des MasernschutzG handelt es sich nunmehr um ein obligatorisches Element der Impfdokumentation (vgl. Entwurf eines Gesetzes für den Schutz vor Masern und zur Stärkung der Impfprävention (MasernschutzG) (BT-Drs. 19/13452, 31)).

§ 23 Nosokomiale Infektionen; Resistenzen; Rechtsverordnungen durch die Länder

(1) Beim Robert Koch-Institut wird eine Kommission für Krankenhaushygiene und Infektionsprävention eingerichtet. Die Kommission gibt sich eine Geschäftsordnung, die der Zustimmung des Bundesministeriums für Gesundheit bedarf. Die Kommission erstellt Empfehlungen zur Prävention nosokomialer Infektionen sowie zu betrieblich-organisatorischen und baulich-funktionellen Maßnahmen der Hygiene in Krankenhäusern und anderen medizinischen Einrichtungen. Sie erstellt zudem Empfehlungen zu Kriterien und Verfahren zur Einstufung von Einrichtungen als Einrichtungen für ambulantes Operieren. Die Empfehlungen der Kommission werden unter Berücksichtigung aktueller infektionsepidemiologischer Auswertungen stetig weiterentwickelt und vom Robert Koch-Institut veröffentlicht. Die Mitglieder der Kommission werden vom Bundesministerium für Gesundheit im Benehmen mit den obersten Landesgesundheitsbehörden berufen. Vertreter des Bundesministeriums für Gesundheit, der obersten Landesgesundheitsbehörden und des Robert Koch-Institutes nehmen mit beratender Stimme an den Sitzungen teil.

(2) Beim Robert Koch-Institut wird eine Kommission Antiinfektiva, Resistenz und Therapie eingerichtet. Die Kommission gibt sich eine Geschäftsordnung, die der Zustimmung des Bundesministeriums für Gesundheit bedarf. Die Kommission erstellt Empfehlungen mit allgemeinen Grundsätzen für Diagnostik und antimikrobielle Therapie, insbesondere bei Infektionen mit resistenten Krankheitserregern. Die Empfehlungen der Kommission werden unter Berücksichtigung aktueller infektionsepidemiologischer Auswertungen stetig weiterentwickelt und vom Robert Koch-Institut veröffentlicht. Die Mitglieder der Kommission werden vom Bundesministerium für Gesundheit im Benehmen mit den obersten Landesgesundheitsbehörden berufen. Vertreter des Bundesministeriums für Gesundheit, der obersten Landesgesundheitsbehörden, des Robert Koch-Institutes und des Bundesinstitutes für Arzneimittel und Medizinprodukte nehmen mit beratender Stimme an den Sitzungen teil.

(3) Die Leiter folgender Einrichtungen haben sicherzustellen, dass die nach dem Stand der medizinischen Wissenschaft erforderlichen Maßnahmen getroffen

Nosokomiale Infektionen; Resistenzen § 23 IfSG

werden, um nosokomiale Infektionen zu verhüten und die Weiterverbreitung von Krankheitserregern, insbesondere solcher mit Resistenzen, zu vermeiden:
1. Krankenhäuser,
2. Einrichtungen für ambulantes Operieren,
3. Vorsorge- oder Rehabilitationseinrichtungen, in denen eine den Krankenhäusern vergleichbare medizinische Versorgung erfolgt,
4. Dialyseeinrichtungen,
5. Tageskliniken,
6. Entbindungseinrichtungen,
7. Behandlungs- oder Versorgungseinrichtungen, die mit einer der in den Nummern 1 bis 6 genannten Einrichtungen vergleichbar sind,
8. Arztpraxen, Zahnarztpraxen,
9. Praxen sonstiger humanmedizinischer Heilberufe,
10. Einrichtungen des öffentlichen Gesundheitsdienstes, in denen medizinische Untersuchungen, Präventionsmaßnahmen oder ambulante Behandlungen durchgeführt werden,
11. ambulante Pflegedienste, die ambulante Intensivpflege in Einrichtungen, Wohngruppen oder sonstigen gemeinschaftlichen Wohnformen erbringen, und
12. Rettungsdienste.

Die Einhaltung des Standes der medizinischen Wissenschaft auf diesem Gebiet wird vermutet, wenn jeweils die veröffentlichten Empfehlungen der Kommission für Krankenhaushygiene und Infektionsprävention beim Robert Koch-Institut und der Kommission Antiinfektiva, Resistenz und Therapie beim Robert Koch-Institut beachtet worden sind.

(4) Die Leiter von Einrichtungen nach Absatz 3 Satz 1 Nummer 1 bis 3 haben sicherzustellen, dass die nach Absatz 4a festgelegten nosokomialen Infektionen und das Auftreten von Krankheitserregern mit speziellen Resistenzen und Multiresistenzen fortlaufend in einer gesonderten Niederschrift aufgezeichnet, bewertet und sachgerechte Schlussfolgerungen hinsichtlich erforderlicher Präventionsmaßnahmen gezogen werden und dass die erforderlichen Präventionsmaßnahmen dem Personal mitgeteilt und umgesetzt werden. Darüber hinaus haben die Leiter sicherzustellen, dass die nach § 4 Absatz 4a festgelegten Daten zu Art und Umfang des Antibiotika-Verbrauchs fortlaufend in zusammengefasster Form aufgezeichnet, unter Berücksichtigung der lokalen Resistenzsituation bewertet und sachgerechte Schlussfolgerungen hinsichtlich des Einsatzes von Antibiotika gezogen werden und dass die erforderlichen Anpassungen des Antibiotikaeinsatzes dem Personal mitgeteilt und umgesetzt werden. Die Aufzeichnungen nach den Sätzen 1 und 2 sind zehn Jahre nach deren Anfertigung aufzubewahren. Dem zuständigen Gesundheitsamt ist auf Verlangen Einsicht in die Aufzeichnungen, Bewertungen und Schlussfolgerungen zu gewähren.

(4a) Das Robert Koch-Institut hat entsprechend den jeweiligen epidemiologischen Erkenntnissen die nach Absatz 4 zu erfassenden nosokomialen Infektionen und Krankheitserreger mit speziellen Resistenzen und Multiresistenzen sowie Daten zu Art und Umfang des Antibiotika-Verbrauchs festzulegen. Die Festlegungen hat es in einer Liste im Bundesgesundheitsblatt zu veröffentlichen. Die Liste ist an den aktuellen Stand anzupassen.

IfSG § 23   4. Abschnitt. Verhütung übertragbarer Krankheiten

(5) Die Leiter folgender Einrichtungen haben sicherzustellen, dass innerbetriebliche Verfahrensweisen zur Infektionshygiene in Hygieneplänen festgelegt sind:
1. Krankenhäuser,
2. Einrichtungen für ambulantes Operieren,
3. Vorsorge- oder Rehabilitationseinrichtungen,
4. Dialyseeinrichtungen,
5. Tageskliniken,
6. Entbindungseinrichtungen,
7. Behandlungs- oder Versorgungseinrichtungen, die mit einer der in den Nummern 1 bis 6 genannten Einrichtungen vergleichbar sind,
8. ambulante Pflegedienste, die ambulante Intensivpflege in Einrichtungen, Wohngruppen oder sonstigen gemeinschaftlichen Wohnformen erbringen, und
9. Rettungsdienste.

Die Landesregierungen können durch Rechtsverordnung vorsehen, dass Leiter von Zahnarztpraxen sowie Leiter von Arztpraxen und Praxen sonstiger humanmedizinischer Heilberufe, in denen invasive Eingriffe vorgenommen werden, sicherzustellen haben, dass innerbetriebliche Verfahrensweisen zur Infektionshygiene in Hygieneplänen festgelegt sind. Die Landesregierungen können die Ermächtigung durch Rechtsverordnung auf andere Stellen übertragen.

(6) Einrichtungen nach Absatz 5 Satz 1 unterliegen der infektionshygienischen Überwachung durch das Gesundheitsamt. Einrichtungen nach Absatz 5 Satz 2 können durch das Gesundheitsamt infektionshygienisch überwacht werden.

(6a) Die infektionshygienische Überwachung von ambulanten Pflegediensten, die ambulante Intensivpflege in Einrichtungen, Wohngruppen oder sonstigen gemeinschaftlichen Wohnformen erbringen, erstreckt sich auch auf Orte, an denen die Intensivpflege erbracht wird. Die ambulanten Pflegedienste haben dem Gesundheitsamt auf dessen Anforderung die Namen und Kontaktdaten der von ihnen versorgten Personen und der vertretungsberechtigten Personen mitzuteilen.

(7) (weggefallen)

(8) Die Landesregierungen haben durch Rechtsverordnung für Krankenhäuser, Einrichtungen für ambulantes Operieren, Vorsorge- oder Rehabilitationseinrichtungen, in denen eine den Krankenhäusern vergleichbare medizinische Versorgung erfolgt, sowie für Dialyseeinrichtungen und Tageskliniken die jeweils erforderlichen Maßnahmen zur Verhütung, Erkennung, Erfassung und Bekämpfung von nosokomialen Infektionen und Krankheitserregern mit Resistenzen zu regeln. Dabei sind insbesondere Regelungen zu treffen über
1. hygienische Mindestanforderungen an Bau, Ausstattung und Betrieb der Einrichtungen,
2. Bestellung, Aufgaben und Zusammensetzung einer Hygienekommission,
3. die erforderliche personelle Ausstattung mit Hygienefachkräften und Krankenhaushygienikern und die Bestellung von hygienebeauftragten Ärzten einschließlich bis längstens zum 31. Dezember 2019 befristeter Übergangsvorschriften zur Qualifikation einer ausreichenden Zahl geeigneten Fachpersonals,
4. Aufgaben und Anforderungen an Fort- und Weiterbildung der in der Einrichtung erforderlichen Hygienefachkräfte, Krankenhaushygieniker und hygienebeauftragten Ärzte,

5. die erforderliche Qualifikation und Schulung des Personals hinsichtlich der Infektionsprävention,
6. Strukturen und Methoden zur Erkennung von nosokomialen Infektionen und resistenten Erregern und zur Erfassung im Rahmen der ärztlichen und pflegerischen Dokumentationspflicht,
7. die zur Erfüllung ihrer jeweiligen Aufgaben erforderliche Einsichtnahme der in Nummer 4 genannten Personen in Akten der jeweiligen Einrichtung einschließlich der Patientenakten,
8. die Information des Personals über Maßnahmen, die zur Verhütung und Bekämpfung von nosokomialen Infektionen und Krankheitserregern mit Resistenzen erforderlich sind,
9. die klinisch-mikrobiologisch und klinisch-pharmazeutische Beratung des ärztlichen Personals,
10. die Information von aufnehmenden Einrichtungen und niedergelassenen Ärzten bei der Verlegung, Überweisung oder Entlassung von Patienten über Maßnahmen, die zur Verhütung und Bekämpfung von nosokomialen Infektionen und von Krankheitserregern mit Resistenzen erforderlich sind.

Für Rettungsdienste können die Landesregierungen erforderliche Maßnahmen nach den Sätzen 1 und 2 regeln. Die Landesregierungen können die Ermächtigung durch Rechtsverordnung auf andere Stellen übertragen.

Übersicht

	Rn.
A. Allgemeines	1
I. Inhalt	1
II. Letzte Änderungen	1a
1. Durch das PpSG	1a
2. Durch das MasernschutzG	1b
B. Kommission für Krankenhaushygiene und Infektionsprävention (Abs. 1)	2
I. Allgemeines	2
II. Einzelheiten	3
1. Einrichtung der KRINKO beim RKI (S. 1)	3
2. Aufgaben der KRINKO (S. 3, 4)	4
a) Allgemeines	4
b) Einzelheiten	5
c) Pflicht zur Weiterentwicklung (S. 5)	10
d) Veröffentlichung (S. 5)	11
3. Zusammensetzung der KRINKO, Beratungen (S. 6–7)	12
4. Rechtsnatur der Empfehlungen der KRINKO	13
5. Aktuelle Empfehlungen der KRINKO	14
C. Kommission Antiinfektiva, Resistenz und Therapie (Abs. 2)	15
I. Allgemeines	15
II. Einzelheiten	16
1. Einrichtung der ART beim RKI (S. 1)	16
2. Aufgaben der ART (S. 3)	17
a) Allgemeines	17
b) Einzelheiten	18

	Rn.
c) Pflicht zur Weiterentwicklung (S. 4)	19
d) Veröffentlichung (S. 4)	20
3. Zusammensetzung der ART, Beratungen (S. 5–6)	21
4. Rechtsnatur der Empfehlungen der ART	22
5. Aktuelle Empfehlungen der ART	23
D. Verpflichtungen der Leiter bestimmter Einrichtungen in Zusammenhang mit nosokomialen Infektionen (Abs. 3)	24
I. Allgemeines	24
II. Überwachung	24a
III. Einzelheiten	25
1. Leiter	25
2. Stand der medizinischen Wissenschaft	26
3. Nosokomiale Infektionen, Krankheitserreger	27
4. Krankenhäuser (S. 1 Nr. 1)	28
5. Einrichtungen für ambulantes Operieren (S. 1 Nr. 2)	29
6. Vorsorge- und Rehabilitationseinrichtungen (S. 1 Nr. 3)	30
7. Praxen sonstiger humanmedizinischer Heilberufe (S. 1 Nr. 9)	31
8. Bestimmte Einrichtungen des öffentlichen Gesundheitsdienstes (Nr. 10)	31a
9. Ambulante Pflegedienste in der Intensivpflege (Nr. 11)	31b
a) Allgemeines	31b
b) Überwachung	31c
c) Einzelheiten	31d
10. Rettungsdienste (Nr. 12)	31g
a) Allgemeines	31g
b) Praxishinweis	31h
IV. Widerlegbare Vermutung (S. 2)	32
E. Dokumentations,- Bewertungs- und Umsetzungspflichten (Abs. 4)	33
I. Allgemeines	33
II. Einzelheiten	34
1. Leiter	34
2. Krankenhäuser, Einrichtungen für ambulantes Operieren, Vorsorge- und Rehabilitationseinrichtungen, in denen eine den Krankenhäusern vergleichbare medizinische Versorgung erfolgt	35
3. Pflichten in Bezug auf nosokomiale Infektionen und Krankheitserreger mit speziellen Resistenzen und Multiresistenzen (S. 1)	36
a) Betroffene nosokomiale Infektionen und Krankheitserreger	36
b) Aufzeichnungspflicht	37
c) Bewertungs- und Schlussfolgerungspflicht	44
d) Mitteilungs- und Umsetzungspflicht	47
4. Pflichten in Bezug Art und Umfang des Antibiotikaverbrauchs (S. 2)	48
a) Betroffene Daten	48
b) Aufzeichnungspflicht	49

	Rn.
c) Bewertungs- und Schlussfolgerungspflicht	50
d) Mitteilungs- und Umsetzungspflicht	51
III. Bußgeldbewehrung	51a
F. Festlegung der zu erfassenden nosokomialen Infektionen und Krankheitserreger durch das RKI (Abs. 4a)	52
I. Allgemeines	52
II. Einzelheiten	53
G. Hygienepläne (Abs. 5)	54
I. Allgemeines	54
II. Hygienepläne in den in S. 1 Nr. 1–9 genannten Einrichtungen	55
1. Allgemeines	55
2. Einzelheiten	56
a) Krankenhäuser, Einrichtungen für ambulantes Operieren, Vorsorge- und Rehabilitationseinrichtungen (S. 1 Nr. 1, 2, 3)	56
b) Ambulante Pflegedienste in der Intensivpflege (S. 1 Nr. 8)...	56a
c) Rettungsdienste (Nr. 9)	56e
d) Leiter	56f
e) Hygienepläne	57
IIa. Infektionshygienische Überwachung der in S. 1 Nr. 1–9 genannten Einrichtungen	58a
III. Hygienepläne in Zahnarztpraxen, Arztpraxen und Praxen sonstiger humanmedizinischer Heilberufe, in denen invasive Eingriffe vorgenommen werden (S. 2, 3)	59
1. Allgemeines	59
2. Erläuterungen	60
a) Leiter	60
b) Praxen sonstiger humanmedizinischer Heilberufe .	61
c) Invasiver Eingriff	62
3. Musterhygienepläne	63
IV. Infektionshygienische Überwachung der in S. 2 genannten Einrichtungen	63a
V. Bußgeldbewehrung...	63b
H. Überwachung durch das Gesundheitsamt (Abs. 6)	64
I. Allgemeines	64
1. Regelungsgehalt	64
2. Änderung durch das PpSG	64a
II. Anlasslose Überwachung	65
III. Umfang und Häufigkeit der Überwachung	65a
IV. Rechte des Gesundheitsamtes bei der Überwachung	65b
I. Infektionshygienische Überwachung von ambulanten Pflegediensten in der Intensivpflege (Abs. 6a)	66
I. Allgemeines	66
II. Einzelheiten	66a
1. Erfasste ambulante Pflegedienste, ambulante Intensivpflege sowie erfasste gemeinschaftliche Wohnformen .	66a
2. Erstreckung der Überwachung auch auf Orte der Leistungserbringung (S. 1)	66b

	Rn.
3. Pflicht zur Mitteilung der Namen und Kontaktdaten, Ermessen des Gesundheitsamtes	66c
4. Praxishinweis	66d
J. Pflichten der Landesregierungen zur Regelung durch Rechtsverordnung (Abs. 8)	67

A. Allgemeines

I. Inhalt

1 Der Begriff der nosokomialen Infektion ist in § 2 Nr. 8 legaldefiniert (siehe im Einzelnen die Erläuterungen § 2 Rn. 49 ff.). Durch das Gesetz zur Änderung des Infektionsschutzgesetzes und weiterer Gesetze vom 28.7.2011 (BGBl I S. 1622) wurde die vorherige Fassung der Vorschrift umfassend erweitert und mit den vormals in § 36 Abs. 1 S. 1 enthaltenen Regelungen zusammengefasst. Ausweislich der Begründung des entsprechenden Gesetzentwurfs war es erklärtes Ziel des Gesetzgebers, die Zahl der nosokomialen Infektionen, insbesondere mit resistenten Erregern, zu senken, indem die Hygieneregeln besser eingehalten, Antibiotika sachgerechter verschrieben und sektorenübergreifende Präventionsansätze verfolgt werden. In diesem Zusammenhang regelt § 23 auch die Pflicht zur Aufstellung von Hygieneplänen für bestimmte Einrichtungen des humanmedizinischen Bereichs (Abs. 5) sowie die infektionshygienische Überwachung durch die Gesundheitsämter (Abs. 6 und 7). In Bezug auf unter anderem Gemeinschaftseinrichtungen, Obdachlosen- und bestimmte Gemeinschaftsunterkünfte sind ähnliche Regelungen in § 36 enthalten (vgl. im Einzelnen die Erläuterungen dort).

II. Letzte Änderungen

1. Durch das PpSG

1a Durch das PpSG wurde § 23 mit Wirkung zum 1.1.2019 modifiziert, wobei der Umgriff von Abs. 3 und Abs. 5 erweitert wurde. Zudem entfiel Abs. 7, dessen Regelungsgehalt sich nunmehr im durch das PpSG eingefügten § 15a wiederfindet, vgl. im Einzelnen die Erläuterungen dort.

2. Durch das MasernschutzG

1b Durch das MasernschutzG wurden die Rettungsdienste in die Anwendungsbereiche von Abs. 3, Abs. 5 und Abs. 8 aufgenommen, vgl. im Einzelnen die Erläuterungen dort.

Nosokomiale Infektionen; Resistenzen § 23 IfSG

B. Kommission für Krankenhaushygiene und Infektionsprävention (Abs. 1)

I. Allgemeines

Abs. 1 ist nahezu identisch aufgebaut wie § 20 Abs. 2. Er regelt Einrichtung, Aufgaben und Zusammensetzung der Kommission für Krankenhaushygiene und Infektionsprävention (KRINKO) beim RKI sowie die Art der Veröffentlichung ihrer Empfehlungen. 2

II. Einzelheiten
1. Einrichtung der KRINKO beim RKI (S. 1)

Wie auch die STIKO (vgl. § 20 Rn. 3 ff.) wurde die KRINKO nicht erst mit dem IfSG ins Leben gerufen. Vielmehr lassen sich die Wurzeln der heutigen institutionalisierten Kommission bis 1974 zurückverfolgen, als auf Betreiben der Länder unter Schirmherrschaft des damaligen Bundesgesundheitsamts die ‚Richtlinie für die Erkennung, Verhütung und Bekämpfung von Krankenhausinfektionen' verfasst und schließlich 1976 veröffentlicht wurde. Indem der Gesetzgeber die KRINKO ‚beim' RKI ansiedelt, bringt er zum Ausdruck, dass die KRINKO dort zwar organisatorisch verortet, im Übrigen aber unabhängig ist. 3

2. Aufgaben der KRINKO (S. 3, 4)

a) **Allgemeines.** Gesetzliche Aufgabe der KRINKO ist es zunächst, Empfehlungen zur Prävention nosomiale Infektionen sowie zu betrieblich-organisatorischen und baulich-funktionellen Maßnahmen (z. B. bauliche Gestaltung von Funktionseinheiten) der Hygiene in Krankenhäusern und anderen medizinischen Einrichtungen zu erstellen (S. 3). Durch das Gesetz zur Modernisierung der epidemiologischen Überwachung übertragbarer Krankheiten wurde S. 4 eingefügt und damit das Aufgabengebiet um die Erstellung von Empfehlungen zu Kriterien und Verfahren zur Einstufung von Einrichtungen als eine solche für ambulantes Operieren erweitert. Nach den Vorstellungen des Gesetzgebers soll die KRINKO die Fachexpertise des RKI unterstützen und ergänzen. 4

b) **Einzelheiten. aa) Empfehlungen zur Prävention nosokomialer Infektionen (S. 3).** Zum Begriff der nosokomialen Infektion vgl. § 2 (§ 2 Rn. 49 ff.). Unter den Begriff der ‚Empfehlungen' fallen hier nach der amtl. Begründung auch allgemeine krankenhaushygienische Empfehlungen zu Maßnahmen im ärztlichen und pflegerischen Bereich. 5

bb) Empfehlungen zu betrieblich-organisatorischen Maßnahmen (S. 3). In der amtl. Begründung werden als betrieblich-organisatorische Maßnahmen beispielhaft genannt die Händedesinfektion, die Katheterisierung und der Verbandswechsel. 6

7 cc) Empfehlungen zu baulich-funktionellen Maßnahmen (S. 3). Unter die baulich funktionellen Maßnahmen fallen z. B. die funktionelle und bauliche Gestaltung von besonders gefährdeten Intensiveinheiten, Entbindungsabteilungen, Dialyseeinheiten, Schleusen sowie Laboratorien.

8 dd) Medizinische Einrichtungen 8 (S. 3). Der Begriff ist im IfSG nicht definiert. Es ergibt sich aber aus dem Sachzusammenhang, dass er die in Abs. 3 genannten Einrichtungen umfasst.

9 ee) Empfehlungen zu Kriterien und Verfahren zur Einstufung von Einrichtungen als Einrichtung für ambulantes Operieren (S. 4). Der Bundesrat hatte sich im Rahmen des Gesetzgebungsverfahrens in Nr. 3 seiner Stellungnahme vom 10.2.2017 zum Entwurf des Gesetzes zur Modernisierung der epidemiologischen Überwachung übertragbarer Krankheiten zunächst für eine bundeseinheitliche Definition des Begriffs ‚Einrichtungen für ambulantes Operieren' ausgesprochen, da sich diesbezüglich in den Ländern eine unterschiedliche Vollzugspraxis herausgebildet hatte (vgl. BT-Drs. 18/11187 und BT-Drs. 18/12604 (Beschlussempfehlung und Bericht)). Diesem Wunsch ist der Bundesgesetzgeber ausweislich BT-Drs. 18/12604 (Beschlussempfehlung und Bericht) nicht nachgekommen. Insbesondere hat er einen Rückgriff auf den auf der Grundlage von § 115b Abs. 1 SGB V vereinbarten Katalog ambulant durchführbarer Operationen und sonstiger stationsersetzender Eingriffe zur Auslegung des Begriffes als nicht sinnvoll erachtet, da dieser Katalog nicht im Hinblick auf das Ausmaß infektionshygienische Risiken bei den genannten Operationen erstellt wird. Durch S. 4 wird deshalb die Kommission für Krankenhaushygiene und Infektionsprävention beim Robert Koch-Institut mit einer konkreteren Bestimmung des Begriffs der Einrichtung für ambulantes Operieren beauftragt. Für den Inhalt der diesbezüglichen Empfehlungen sollen insbesondere das Infektionsrisiko in den Einrichtungen und die Hygienerelevanz der dort durchgeführten Eingriffe maßgeblich sein, so die o. g. Beschlussempfehlung.

10 c) Pflicht zur Weiterentwicklung (S. 5). Gemäß S. 5 sind die Empfehlungen unter Berücksichtigung aktueller infektionsepidemiologischer Auswertungen stetig weiterzuentwickeln. Damit will der Gesetzgeber sicherstellen, dass die sie dem aktuellen Kenntnisstand entsprechen.

11 d) Veröffentlichung (S. 5). Die Empfehlungen der KRINKO werden vom RKI veröffentlicht. Das RKI kann zu den Empfehlungen Stellungnahme beziehen (vgl. amtl. Begründung).

3. Zusammensetzung der KRINKO, Beratungen (S. 6–7)

12 Gemäß S. 6 werden die Mitglieder der KRINKO vom Bundesministerium der Gesundheit im Benehmen mit den obersten Landesgesundheitsbehörden berufen. Dem erforderlichen ‚Benehmen' kommt dieselbe Bedeutung zu wie der Beteiligung in § 4 Abs. 1 S. 3 (vgl. § 4 Rn. 3), so dass sich das Bundesministerium der Gesundheit über die Vorschläge der obersten Landesgesundheitsbehörden hinwegsetzen kann. Die Berufung der Mitglieder soll nach der amtl. Begründung in breitem fachlichen Konsens erfolgen. Die Mitgliedschaft in der KRINKO ist nach § 2 Abs. 1 der Geschäftsordnung der KRINKO (vgl. zu deren Erforderlichkeit S. 2) in der Fassung vom 26.5.2014 ein persönliches Ehrenamt, das keine Vertretung zulässt. Aus dem Verweis in der Geschäftsordnung auf §§ 20, 21 VwVfG, welche sich mit Fragen der Befangenheit beschäftigen, kann geschlossen werden, dass die Arbeit der KRINKO neutral erfolgen soll, was sich auch in ihren Empfehlungen niederschlagen muss (vgl. dazu auch die entsprechenden Regelungen in § 7 der Geschäftsordnung). An den Sitzungen der KRINKO nehmen Vertreter des Bundesministeriums für Gesundheit, der obersten Landesgesundheitsbehörden und des RKI mit beratender Stimme teil (S. 7).

4. Rechtsnatur der Empfehlungen der KRINKO

Die von der KRINKO ausgesprochenen Empfehlungen werden im Allgemeinen als medizinische Leitlinien akzeptiert. In rechtlicher Hinsicht handelt es sich um so genannte Richtlinien. Dies bedeutet, dass (etwa in einem Gerichtsverfahren) bei einem mit den Richtlinien übereinstimmenden Handeln davon ausgegangen wird, dass es lege artis erfolgte, während ein Abweichen grundsätzlich nur dann als fehlerfrei anzusehen ist, wenn es wissenschaftlich als zum Standard gleich- oder höherwertig begründet werden kann. Es handelt sich damit um eine widerlegbare Vermutung. Diese bereits grundsätzlich bestehende rechtliche Einordnung hat der Gesetzgeber in Abs. 3 S. 2 zusätzlich (und überflüssigerweise) für die dort erfassten Fälle kodifiziert. Eine darüber hinausgehende Wirkung der Regelung dahingehend, dass die Empfehlungen der KRINKO oder ART allgemein rechtlich verbindlich wären, ist weder rechtstheoretisch noch aus der amtl. Begründung herleitbar. Insbesondere besteht aufgrund der möglichen Widerlegbarkeit der Vermutung keinesfalls bei einer Abweichung automatisch eine zivil- oder strafrechtliche Haftung. Vgl. dazu ergänzend die Ausführungen zu Abs. 3 (Rn. 24 ff.).

13

5. Aktuelle Empfehlungen der KRINKO

Die aktuellen Empfehlungen der KRINKO sind unter www.RKI.de unter dem Menüpunkt Kommissionen → Kommission für Krankenhaushygiene und Infektionsprävention abrufbar.

14

C. Kommission Antiinfektiva, Resistenz und Therapie (Abs. 2)

I. Allgemeines

Die Vorschrift ist nahezu identisch aufgebaut wie Abs. 1 und regelt Einrichtung, Aufgaben und Zusammensetzung der Kommission Antiinfektiva, Resistenz und Therapie (ART) beim RKI sowie die Art der Veröffentlichung ihrer Empfehlungen. Abs. 2 wurde durch das Gesetz zur Änderung des Infektionsschutzgesetzes und weiterer Gesetze vom 28.7.2011 (BGBl I S. 1622) in das IfSG eingefügt. In der amtlichen Begründung wird die Einfügung damit

15

gerechtfertigt, dass der fachgerechte Gebrauch der Diagnostik und der sachgerechte Einsatz von antimikrobiell wirksamen Therapeutika eine wichtige Voraussetzung ist, um der Entstehung und Weiterverbreitung von resistenten Krankheitserregern vorzubeugen und die Wirksamkeit von Antiinfektiva zu erhalten. Hintergrund ist die globale und wachsende Bedeutung von mehrfach gegen Antiinfektiva resistenten Erregern, bei denen die Behandlungsmöglichkeiten mit Antibiotika eingeschränkt sind wie z. B. Methicillin-resistente Staphylococcus aureus-Stämme (MRSA), Vancomycin-resistente Enterokokken und Escherichiacoli- und Klebsiella-Stämme mit erweitertem Resistenzspektrum (ESCL).

II. Einzelheiten

1. Einrichtung der ART beim RKI (S. 1)

16　Indem der Gesetzgeber die ART ‚beim' RKI ansiedelt, bringt er zum Ausdruck, dass die ART dort zwar organisatorisch verortet, im Übrigen aber unabhängig ist. Die ART hat sich in der Sitzung am 23. und 24.1.2013 in Berlin konstituiert.

2. Aufgaben der ART (S. 3)

17　a) **Allgemeines.** Gesetzliche Aufgabe der ART ist es, Empfehlungen mit Standards für Diagnostik und antimikrobielle Therapie zu erstellen, insbesondere bei Infektionen mit resistenten Krankheitserregern.

18　b) **Einzelheiten.** In Anbetracht der wachsenden Zahl von Resistenzen soll die ART ausweislich der amtl. Begründung für die Ärzteschaft Informationen über die aktuelle Resistenzlage, Therapieprinzipien sowie Therapie- und Diagnoseleitlinien mit entsprechenden Standards zusammenstellen. Außerdem soll sie existierende Empfehlungen und Leitlinien der Fachgesellschaften und vergleichbaren Einrichtungen sichten und bewerten sowie Daten, die im Rahmen des Antibiotikaresistenz-Surveillance-Systems des RKI gesammelt werden, analysieren und bewerten. Basierend auf dem Vorgenannten, so die amtl. Begründung, soll die ART unter Berücksichtigung praktischer Belange eine medizinisch-epidemiologische Nutzen-Risiko-Abwägung zwischen dem individuellen Interesse an einer wirksamen Behandlung einerseits und dem öffentlichen Interesse an an einer Erhaltung der Wirkung der Antiinfektiva andererseits vornehmen. Schließlich soll sie geeignete Rahmenbedingungen wie auch Umsetzungshindernisse einer sachgerechten antiinfektiven Therapie thematisieren und dem Bundesministerium für Gesundheit darüber berichten.

19　c) **Pflicht zur Weiterentwicklung (S. 4).** Gemäß S. 4 sind die Empfehlungen unter Berücksichtigung aktueller infektionsepidemiologischer Auswertungen stetig weiterzuentwickeln. Damit will der Gesetzgeber sicherstellen, dass die Empfehlungen dem aktuellen Kenntnisstand entsprechen.

20　d) **Veröffentlichung (S. 4).** Die Empfehlungen der ART werden vom RKI veröffentlicht.

Nosokomiale Infektionen; Resistenzen § 23 IfSG

3. Zusammensetzung der ART, Beratungen (S. 5–6)

Gemäß S. 5 werden die Mitglieder der ART vom Bundesministerium der Gesundheit im Benehmen mit den obersten Landesgesundheitsbehörden berufen. Dem erforderlichen ‚Benehmen' kommt dieselbe Bedeutung zu wie der ‚Beteiligung' in § 4 Abs. 1 S. 3 (vgl. § 4 Rn. 3), so dass sich das Bundesministerium der Gesundheit über die Vorschläge der obersten Landesgesundheitsbehörden hinwegsetzen kann. Die Berufung der Mitglieder sollte sinnvollerweise wie bei der KRINKO in breitem fachlichen Konsens erfolgen. Die Mitgliedschaft in der ART ist nach § 2 Abs. 1 der Geschäftsordnung der ART in der Fassung vom 31.10.2016 ein persönliches Ehrenamt, das keine Vertretung zulässt. An den Sitzungen der ART nehmen Vertreter des Bundesministeriums für Gesundheit, der obersten Landesgesundheitsbehörden, des RKI und des Bundesinstituts für Arzneimittel und Medizinprodukte mit beratender Stimme teil (S. 6).   21

4. Rechtsnatur der Empfehlungen der ART

In rechtlicher Hinsicht handelt es sich um so genannte Richtlinien. Zu deren rechtlicher Einordnung vgl. Rn. 13.   22

5. Aktuelle Empfehlungen der ART

Die aktuellen Veröffentlichungen der ART sind unter www.RKI.de unter dem Menüpunkt Kommissionen → Kommission Antiinfektiva, Resistenz und Therapie abrufbar.   23

D. Verpflichtungen der Leiter bestimmter Einrichtungen in Zusammenhang mit nosokomialen Infektionen (Abs. 3)

I. Allgemeines

Abs. 3 verpflichtet die Leiter der darin genannten Einrichtungen sicherzustellen, dass in ihren Einrichtungen die nach dem Stand der medizinischen Wissenschaft erforderlichen Maßnahmen getroffen werden, um nosokomiale Infektionen zu verhüten und die Weiterverbreitung von Krankheitserregern, insbesondere solcher mit Resistenzen, zu vermeiden. Abs. 3 S. 1 wurde durch das am 1.1.2019 in Kraft getretene PpSG um Nr. 10 und Nr. 11 ergänzt. Die Ergänzungen waren im ursprünglichen Gesetzentwurf der Bundesregierung zum PpSG (BT-Drs. 19/6337) noch nicht enthalten und wurden erst in Folge der Beschlussempfehlung des Ausschusses für Gesundheit (BT-Drs. 19/5593) aufgenommen. Durch das MasernschutzG wurde Nr. 12 angefügt.   24

II. Überwachung

Die in Abs. 3 S. 1 Nr. 1–7 sowie Nr. 11 und Nr. 12 genannten Einrichtungen unterliegen gem. Abs. 5 S. 1 Nr. 1–9 iVm Abs. 6 S. 1 der infektionshygienischen Überwachung durch das Gesundheitsamt. Die in Abs. 3 S. 1   24a

IfSG § 23 4. Abschnitt. Verhütung übertragbarer Krankheiten

Nrn. 8 und 9 genannten Einrichtungen können nach Maßgabe von Abs. 5 S. 2 iVm Abs. 6 S. 2 durch das Gesundheitsamt infektionshygienisch überwacht werden. Vgl. dazu die Erläuterungen Rn. 64 ff.

III. Einzelheiten

1. Leiter

25 Vgl. die Erläuterungen § 2 Rn. 76 ff. Der Leiter bleibt auch im Falle der Delegation für die Erfüllung der Pflichten verantwortlich.

2. Stand der medizinischen Wissenschaft

26 Die erforderlichen Maßnahmen bestimmen sich nach dem Stand der medizinischen Wissenschaft. Damit verdeutlicht der Gesetzgeber, dass die zu treffenden Maßnahmen in ihrer konkreten Ausgestaltung der permanenten Neuerung und Veränderung unterworfen sind, und dass der anzulegende Standard höher ist als der bloße allgemein anerkannte Stand der Technik. Beides bedeutet in der Gesamtschau insbesondere, dass die Verpflichteten sicherstellen müssen, dass die von ihnen gewählten Maßnahmen regelmäßig überprüft und gegebenenfalls an neue Erkenntnisse angepasst werden.

3. Nosokomiale Infektionen, Krankheitserreger

27 Die Begriffe sind in § 2 Nr. 8 bzw. Nr. 1 legaldefiniert (vgl. auch die Erläuterungen § 2 Rn. 49 ff. und 4 ff.).

4. Krankenhäuser (S. 1 Nr. 1)

28 Der Begriff kann anhand der Definition in § 107 Abs. 1 SGB V konkretisiert werden. Krankenhäuser sind demnach Einrichtungen, die kumulativ der Krankenhausbehandlung oder Geburtshilfe dienen, fachlich-medizinisch unter ständiger ärztlicher Leitung stehen, über ausreichende, ihrem Versorgungsauftrag entsprechende diagnostische und therapeutische Möglichkeiten verfügen und nach wissenschaftlich anerkannten Methoden arbeiten, mit Hilfe von jederzeit verfügbarem ärztlichen, Pflege-, Funktions- und medizinisch-technischen Personal darauf eingerichtet sind, vorwiegend durch ärztliche und pflegerische Hilfeleistung Krankheiten der Patienten zu erkennen, zu heilen, ihre Verschlimmerung zu verhüten, Krankheitsbeschwerden zu lindern oder Geburtshilfe zu leisten, und in denen die Patienten untergebracht und verpflegt werden können.

5. Einrichtungen für ambulantes Operieren (S. 1 Nr. 2)

29 Der Begriff ist im IfSG nicht definiert. Einem teilweise vertretenen Rückgriff auf den auf der Grundlage von § 115b Absatz 1 des Fünften Buches Sozialgesetzbuch (SGB V) vereinbarten Katalog ambulant durchführbarer Operationen und sonstiger stationsersetzender Eingriffe hat der Bundesgesetzgeber eine Absage erteilt (vgl. BT-Drs. 18/12604 (Beschlussempfehlung und Bericht) sowie Rn. 9). Sein Wesensgehalt bemisst sich deshalb allein nach den von der KRINKO gem. Abs. 1 S. 4 erstellten Kriterien.

6. Vorsorge- und Rehabilitationseinrichtungen (S. 1 Nr. 3)

Vgl. dazu § 107 Abs. 2 SGB V. Zu beachten ist, dass zusätzlich eine den Krankenhäusern vergleichbare medizinische Betreuung erfolgen muss, damit die Einrichtung unter Nr. 3 fällt. **30**

7. Praxen sonstiger humanmedizinischer Heilberufe (S. 1 Nr. 9)

Die ‚humanmedizinischen Heilberufe' erfassen sowohl Heilberufe, die bundesrechtlich geregelt sind (Diätassistent, Ergotherapeut, Hebamme und Entbindungspfleger, Logopäde, Masseur und medizinischer Bademeister, Orthoptist, Physiotherapeut und Podologe) als auch sonstige Heilberufe wie zum Beispiel Heilpraktiker, Osteopathen und Sprachtherapeuten. Praxis im Sinne der Vorschrift sind diejenigen Räumlichkeiten einer einen Heilberuf ausübenden Person gemeint, in denen sie Patienten empfängt, berät, untersucht und therapiert. **31**

8. Bestimmte Einrichtungen des öffentlichen Gesundheitsdienstes (Nr. 10)

Nr. 10 wurde durch das PpSG in Abs. 3 in Folge der Beschlussempfehlung des Ausschusses für Gesundheit (BT-Drs. 19/5593, 113) eingefügt (vgl. Rn. 24). Die Beschlussempfehlung des Ausschusses für Gesundheit verweist zur Begründung auf Vorschlag Nr. 23 des Bundesrates in seiner Stellungnahme zum Entwurf des PpSG (BT-Drs. 19/4453, 123). Demnach nehmen die Einrichtungen des öffentlichen Gesundheitsdienstes im Rahmen der Aufzählung in Abs. 3 eine eigenständige Rolle ein, sind mit den in den Nr. 1–9 genannten Einrichtungen nur schwer vergleichbar und sollten daher in einer eigenen Nummer genannt werden. **31a**

9. Ambulante Pflegedienste in der Intensivpflege (Nr. 11)

a) Allgemeines. Ebenso wie Nr. 10 wurde Nr. 11 durch das PpSG in Abs. 3 in Folge der Beschlussempfehlung des Ausschusses für Gesundheit (BT-Drs. 19/5593) eingefügt (vgl. Rn. 24). Ausweislich der Beschlussempfehlung wird mit der Einfügung Vorschlag Nr. 24 des Bundesrates in seiner Stellungnahme zum Entwurf des PpSG (BT-Drs 19/4453, 124) aufgegriffen. Mit der Einfügung von Nr. 11 werden nunmehr ambulante Pflegedienste, die ambulante Intensivpflege in Einrichtungen, Wohngruppen oder sonstigen gemeinschaftlichen Wohnformen erbringen, aufgrund der Infektionsrisiken und des medizinischen Charakters der erbrachten Leistungen der allgemeinen Pflicht zur Verhütung nosokomialer Infektionen und zur Vermeidung der Weiterverbreitung von Krankheitserregern (insbesondere solcher mit Resistenzen) nach Abs. 3 unterworfen. **31b**

31c **b) Überwachung.** Die in Nr. 11 genannten Pflegedienste unterliegen auch der Überwachung durch das Gesundheitsamt, vgl. Abs. 5 Nr. 8 iVm Abs. 6 S. 1, 6a sowie die Erläuterungen Rn. 66 ff.

31d **c) Einzelheiten. aa) Ambulante Pflegedienste.** Pflegedienste sind solche Dienste, die für pflegebedürftige Menschen medizinische, pflegerische oder hauswirtschaftliche Versorgungsleistungen erbringen. Sie sind ambulant, wenn sie die Versorgungsleistungen in einem nicht dem Pflegedienst zuzurechnenden (idR privaten oder häuslichen) Umfeld erbringen.

31e **bb) Ambulante Intensivpflege.** Unter den Begriff der Intensivpflege fallen sämtliche intensivpflegerische Maßnahmen. Dies sind pflegerische Maßnahmen bei Personen mit eingeschränkten, künstlich aufrechterhaltenen, bedrohten oder überwachungsbedürftigen Vitalfunktionen, insbesondere künstliche Beatmung (vgl. Stellungnahme des Bundesrates zum Entwurf des PpSG (BT-Drs. 19/4453, 123). Gemeinsam ist den intensivpflegerischen Maßnahmen, dass durch sie schwerwiegend in lebenswichtige Körperfunktionen eingegriffen wird. Die Intensivpflege erfolgt ambulant, wenn sie die Versorgungsleistungen in einem nicht dem Pflegedienst zuzurechnenden (idR privaten oder häuslichen) Umfeld erbracht wird.

31f **cc) Einrichtungen, Wohngruppen oder sonstige gemeinschaftliche Wohnformen.** Die gemeinschaftlichen Wohnformen bilden den Oberbegriff und umfassen somit auch die zusätzlich genannten Einrichtungen und Wohngruppen. Eine gemeinschaftliche Wohnform im Sinne der Vorschrift ist dann anzunehmen, wenn mindestens zwei Personen gerade mit dem Zweck zusammenleben, ambulante Intensivpflege in Anspruch nehmen zu können. Erforderlich ist dabei in jedem Fall ein auf eine nicht nur unerhebliche Dauer angelegtes gemeinschaftliches Wohnen. Kennzeichnend für gemeinschaftliche Wohnformen mit intensivpflegerischer Versorgung ist, dass regelmäßig Unterbringung einerseits sowie Versorgung und Pflegeleistungen andererseits von verschiedenen, voneinander unabhängigen Vertragsparteien erbracht werden, weshalb die Einrichtung insgesamt in Abgrenzung zu einer stationären, der jeweiligen Einrichtung zugeordneten Unterbringung, als privater Wohnraum anzusehen ist (vgl. Vorschlag Nr. 24 des Bundesrates in seiner Stellungnahme zum Entwurf des PpSG (BT-Drs. 19/4453, 124)).

10. Rettungsdienste (Nr. 12)

31g **a) Allgemeines.** Nr. 12 wurde durch das das MasernschutzG angefügt (vgl. Rn. 24), um den Anwendungsbereich von Abs. 3 demjenigen der „Empfehlungen zur Prävention und Kontrolle von Methicillinresistenten Staphylococcus aureus-Stämmen (MRSA) in medizinischen und pflegerischen Einrichtungen" (Epidemiologisches Bulletin 2014, 696) der KRINKO anzupassen (vgl. Entwurf eines Gesetzes für den Schutz vor Masern und zur Stärkung der Impfprävention (MasernschutzG) (BT-Drs. 19/13452, 23)).

Nosokomiale Infektionen; Resistenzen § 23 IfSG

b) Praxishinweis. Aufgrund der Änderung gelten die Regelungen des durch das MasernschutzG eingefügten § 20 Abs. 8 ff. zur Masernimpfung auch für Personen, die in Einrichtungen des Rettungsdienstes tätig sind. **31h**

IV. Widerlegbare Vermutung (S. 2)

S. 2 enthält die widerlegbare Vermutung, dass der Stand der medizinischen Wissenschaft eingehalten wird, wenn die veröffentlichten (gemeint sind die aktuellen) Empfehlungen von KRINKO und ART beachtet werden. Zu beachten ist, dass ausweislich der amtl. Begründung ein Abweichungen von den Empfehlungen immer dann erforderlich ist, wenn und soweit diese objektiv nicht dem Stand der medizinischen entsprechen sollten. Die Vermutungswirkung entbindet die Leiter der erfassten Einrichtungen somit nicht davon, etwaige nach dem Erscheinen einer Empfehlung von KRINKO oder ART gegebenenfalls erfolgende Fortschritte des Standes der medizinischen Wissenschaft eigenverantwortlich weiterzuverfolgen und die erforderlichen Maßnahmen entsprechend anzupassen. Zur rechtlichen Einordnungen der Empfehlungen von KRINKO und ART vgl. Rn. 13 und 22. **32**

E. Dokumentations,- Bewertungs- und Umsetzungspflichten (Abs. 4)

I. Allgemeines

Durch das Gesetz zur Modernisierung der epidemiologischen Überwachung übertragbarer Krankheiten wurden auch Vorsorge- und Rehabilitationseinrichtungen, in denen eine den Krankenhäusern vergleichbare medizinische Versorgung erfolgt (Abs. 3 S. 1 Nr. 3) in das Pflichtenprogramm des Abs. 4 einbezogen, um eine insoweit bislang bestehende Regelungslücke zu schließen. Geeignete Maßnahmen gegen nosokomiale Infektionen und resistente Krankheitserreger in Einrichtungen nach Abs. 3 S. 1 Nr. 1–3 können nur getroffen werden, wenn die Ursachen frühzeitig erkannt werden. Dazu ist es erforderlich, dass das Auftreten von Resistenzen beobachtet und die Resistenzentwicklung verfolgt werden. Aus dem Antibiotika-Verbrauch lassen sich dabei Rückschlüsse auf Veränderungen und die Wirksamkeit von ergriffenen Maßnahmen ziehen. Vor diesem Hintergrund legt Abs. 4 den Leitern der genannten Einrichtungen bestimmte Dokumentations-, Bewertungs- und Umsetzungspflichten auf. **33**

II. Einzelheiten

1. Leiter

Vgl. die Erläuterungen Rn. 25. **34**

2. Krankenhäuser, Einrichtungen für ambulantes Operieren, Vorsorge- und Rehabilitationseinrichtungen, in denen eine den Krankenhäusern vergleichbare medizinische Versorgung erfolgt

35 Vgl. zu diesen Begriffen Rn. 28 ff.

3. Pflichten in Bezug auf nosokomiale Infektionen und Krankheitserreger mit speziellen Resistenzen und Multiresistenzen (S. 1)

36 **a) Betroffene nosokomiale Infektionen und Krankheitserreger.** Die Pflichten nach S. 1 beziehen sich nur auf diejenigen nosokomialen Infektionen und Krankheitserreger mit speziellen Resistenzen und Multiresistenzen, welche das RKI nach Abs. 4a festgelegt hat (vgl. dazu Rn. 52 ff.).

37 **b) Aufzeichnungspflicht. aa) Zweck.** Nach der amtl. Begründung soll die Erfassung nicht zum Selbstzweck erfolgen, sondern die verpflichteten Leiter in die Lage versetzen, bestehende Probleme, Mängel und Schwachpunkte zu identifizieren und das Hygienemanagement gfs. entsprechend anzupassen.

38 **bb) Einzelheiten. aaa) Allgemeines.** Die Aufzeichnungen muss fortlaufend in einer gesonderten Niederschrift erfolgen.

39 **bbb) Fortlaufende Aufzeichnung.** Die Aufzeichnung erfolgt fortlaufend, wenn neue Einträge frühere Einträge nicht verdrängen, so dass diese zu Vergleichszwecken während der Aufbewahrungsfrist (vgl. Rn. 43) weiter erhalten bleiben.

40 **ccc) Gesonderte Niederschrift.** In der Regel fallen die nach Abs. 4 aufzuzeichnenden Daten ungeachtet der Pflichten nach Abs. 4 an verschiedenen Stellen unabhängig voneinander an, z. B. in den Patientenakten. Ihren Zweck kann die Aufzeichnungspflicht jedoch nur dann erfüllen, wenn sie zu einer unmittelbaren Auswertbarkeit der aufzuzeichnenden Informationen führt. Eine solche ist nur dann gegeben, wenn die Daten zentral so zu einem separaten Datensatz zusammengeführt werden, dass sie ausgewertet werden können, ohne dass dazu auf weitere Unterlagen (Patientenakten o. ä.) zurückgegriffen werden muss.

41 **ddd) Inhalt.** Inhaltliche Vorgaben zu den Aufzeichnungen enthält das IfSG nicht. Es empfiehlt sich, die Aufzeichnung entsprechend den jeweils aktuellen Empfehlungen der KRINKO zur ‚Surveillance nosokomialer Infektionen und die Erfassung von Krankheitserregern mit speziellen Resistenzen und Multiresistenzen' (BGesBl 2013 56:580–583) vorzunehmen.

42 **eee) Meldepflicht.** Ergibt sich im Rahmen der Aufzeichnung ein Auftreten von zwei oder mehr nosokomialen Infektionen mit wahrscheinlichem oder vermutetem epidemiologischem Zusammenhang, so ist die entsprechende Meldepflicht nach § 6 Abs. 3 zu beachten (vgl. dazu § 6 Rn. 28 ff.).

fff) Aufbewahrungsfrist, Einsicht. Die Aufzeichnungen sind 10 Jahre aufzubewahren (S. 3). Das zuständige Gesundheitsamt kann Einsicht in die Aufzeichnungen verlangen (S. 4). 43

c) Bewertungs- und Schlussfolgerungspflicht. aa) Allgemeines. Die Aufzeichnungen sind fortlaufend zu bewerten und aus diesen Bewertungen sind Schlussfolgerungen zu ziehen. 44

bb) Inhalt. Wie Bewertung und sachgerechte Schlussfolgerung zu erfolgen haben, hat der Gesetzgeber nicht geregelt. Unter Berücksichtigung des Zwecks der Aufzeichnung sollte Kernpunkt der Bewertung eine anhand valider infektionshygienischer Bewertungskriterien durchgeführte Analyse im Hinblick auf bestehende Probleme, Mängel und Schwachpunkte sein. Die Schlussfolgerungen müssen gfs. vorzunehmende Anpassungen des Hygienemanagements zur Sicherstellung der erforderlichen Präventionsmaßnahmen beinhalten. 45

cc) Aufbewahrungsfrist, Einsicht. Zwar besteht die 10-jährige Aufbewahrungspflicht nach S. 3 dem Wortlaut nach nur für die Aufzeichnungen, nicht aber – wie das Einsichtsrecht des Gesundheitsamtes nach S. 4 – für die Bewertungen und Schlussfolgerungen. Allerdings würde das Einsichtsrecht nach S. 4 leerlaufen, wenn nicht auch eine entsprechende Dokumentation über die Bewertungen und Schlussfolgerungen erfolgen würde. Damit sind auch diese gesondert (vgl. zum Begriff Rn. 40) zu dokumentieren und 10 Jahre aufzubewahren. Das zuständige Gesundheitsamt kann Einsicht in die Bewertungen und Schlussfolgerungen verlangen (S. 4). 46

d) Mitteilungs- und Umsetzungspflicht. Schließlich sind die erforderlichen Anpassungen des Hygienemanagements in Bezug auf erforderliche Präventionsmaßnahmen auch dem Personal mitzuteilen und umzusetzen. Diese Pflichten erscheinen eigentlich selbstverständlich, da andernfalls die Bewertungen und Schlussfolgerungen mangels Umsetzung ins Leere liefen. 47

4. Pflichten in Bezug Art und Umfang des Antibiotika-Verbrauchs (S. 2)

a) Betroffene Daten. Die Pflichten nach S. 2 beziehen sich nur auf die vom RKI nach Abs. 4a festgelegten Daten zu Art und Umfang des Antibiotika-Verbrauchs. Vgl. dazu Rn. 52 ff. 48

b) Aufzeichnungspflicht. Vor dem Hintergrund, dass die Aufzeichnungen auch dem Zweck dienen, Entwicklungen erkennen zu können, müssen sie fortlaufend (vgl. Rn. 39) erfolgen und sind 10 Jahre aufzubewahren (S. 3). Das zuständige Gesundheitsamt kann Einsicht in die Aufzeichnungen verlangen (S. 4). 49

c) Bewertungs- und Schlussfolgerungspflicht. Die Aufzeichnungen sind unter Berücksichtigung der lokalen Resistenzsituation fortlaufend zu bewerten und aus diesen Bewertungen sind sachgerechte Schlussfolgerungen hinsichtlich des Einsatzes von Antibiotika zu ziehen. Wie Bewertung und 50

Schlussfolgerung genauer zu erfolgen haben, hat der Gesetzgeber nicht geregelt. Es bietet sich insoweit an, die Bewertung interdisziplinär durchzuführen, da der Einsatz von Antibiotika in den betroffenen Einrichtungen in der Regel multifaktoriell begründet ist und deshalb nur unter Berücksichtigung sämtlicher Faktoren erfolgen kann. Zur Dauer der Aufbewahrung und dem Einsichtsrecht des Gesundheitsamtes gelten die Ausführungen in Rn. 46 entsprechend.

51 **d) Mitteilungs- und Umsetzungspflicht.** Diesbezüglich gelten die Ausführungen Rn. 47 entsprechend.

III. Bußgeldbewehrung

51a Ein Verstoß gegen die Verpflichtungen aus Abs. 4 S. 1, 2 oder 3 ist bußgeldbewehrt (§ 73 Abs. 1a Nr. 9–10).

F. Festlegung der zu erfassenden nosokomialen Infektionen und Krankheitserreger durch das RKI (Abs. 4a)

I. Allgemeines

52 Durch das Gesetz zur Modernisierung der epidemiologischen Überwachung übertragbarer Krankheiten wurde die vormals in § 4 Abs. 2 Nr. 2 Buchstabe b) geregelte Aufgabe des RKI aufgrund des Sachzusammenhangs in § 23 eingeordnet.

II. Einzelheiten

53 Abs. 4a verpflichtet das RKI, die nach § 23 Abs. 4 zu erfassenden nosokomialen Infektionen, Krankheitserreger mit speziellen Resistenzen und Multiresistenzen und Daten zu Art und Umfang des Antibiotika-Verbrauchs festzulegen, in einer Liste im Bundesgesundheitsblatt zu veröffentlichen und an den aktuellen Stand anzupassen. Mangels genauerer gesetzlicher Vorgaben kommt dem RKI bei den Festlegungen ein erheblicher Ermessensspielraum zu, bei dessen Ausfüllung neben den jeweiligen epidemiologischen Erkenntnissen (vgl. S. 1) auch Sinn und Zweck der Regelung (vgl. dazu Rn. 1) sowie das Verhältnis von dem Aufwand in den betroffenen Einrichtungen zu dem epidemiologischen Erkenntnisgewinn zu berücksichtigen sind.

G. Hygienepläne (Abs. 5)

I. Allgemeines

54 Durch die Regelung in Abs. 5 werden die Leiter der darin genannten Einrichtungen verpflichtet, innerbetriebliche Verfahrensweisen zur Infektionshygiene in so genannten Hygieneplänen aufzustellen (S. 1). Die erfassten Einrichtungen wurden durch das PpSG um die nunmehr in Nr. 8 spezifizierten ambulanten Pflegedienste (vgl. zu diesen Rn. 56a) und durch das MasernschutzG um die in Nr. 9 genannten Rettungsdienste ergänzt (vgl. zu diesen Rn. 31g). S. 2 ermächtigt die Landesregierungen, entsprechende Verpflichtungen auch auf Leiter von Zahnarztpraxen sowie Arztpraxen und Praxen sonstiger humanmedizinischer Heilberufe, in denen invasive Eingriffe vorgenommen werden, zu erstrecken.

II. Hygienepläne in den in S. 1 Nr. 1–9 genannten Einrichtungen

1. Allgemeines

In den in S. 1 Nr. 1–9 genannten Einrichtungen ist die Aufstellung eines 55 Hygieneplans für die Leiter verpflichtend.

2. Einzelheiten

a) Krankenhäuser, Einrichtungen für ambulantes Operieren, Vorsor- 56 **ge- und Rehabilitationseinrichtungen (S. 1 Nr. 1, 2, 3).** Es gelten die Erläuterungen Rn. 28 ff.

b) Ambulante Pflegedienste in der Intensivpflege (S. 1 Nr. 8). aa) All- 56a **gemeines.** Nr. 8 wurde durch das PpSG eingefügt. Die Einfügung war im ursprünglichen Gesetzentwurf der Bundesregierung zum PpSG (BT-Drs. 19/6337) noch nicht enthalten und wurde erst in Folge der Beschlussempfehlung des Ausschusses für Gesundheit (BT-Drs. 19/5593) aufgenommen. Diese Änderung ist von erheblicher Bedeutung in Bezug auf die betroffenen Pflegedienstleistungen, da derartige Einrichtungen bislang nicht erfasst waren und auch keine Hygienepläne aufstellen mussten.

bb) Einzelheiten. Vgl. zu den erfassten ambulanten Pflegediensten, zur 56b ambulanten Intensivpflege sowie zu den erfassten gemeinschaftlichen Wohnformen die Erläuterungen Rn. 31bff.

cc) Pflicht zur Verhütung nosokomialer Infektionen. Die Leiter der 56c erfassten ambulante Pflegedienste unterliegen auch den sich aus Abs. 3 ergebenden Verpflichtungen, vgl. Abs. 3 S. 1 Nr. 11 sowie die Erläuterungen ab Rn. 31b.

dd) Überwachung durch das Gesundheitsamt. Die Pflegedienste nach 56d S. 1 Nr. 8 unterliegen – wie sämtliche Einrichtungen nach Abs. 5 S. 1 (vgl. Rn. 58a) – der Überwachung durch das Gesundheitsamt, vgl. Abs. 6, 6a sowie die entsprechenden Erläuterungen.

c) Rettungsdienste (Nr. 9). Vgl. die Erläuterungen Rn. 31h. 56e

d) Leiter. Es gelten die Erläuterungen Rn. 25. 56f

e) Hygienepläne. aa) Allgemeines. Nach dem Gesetzeswortlaut handelt es 57 sich bei Hygieneplänen um innerbetriebliche Verfahrensweisen zur Infektionshygiene (vgl. S. 1). Die Hygienepläne sollen dazu dienen, den Hygienestandard in den betroffenen Einrichtungen so zu steuern, dass das Risiko von Infektionen für Patienten wie auch Mitarbeiter möglichst gering gehalten wird. Dazu ist es erforderlich, dass die Hygienepläne regelmäßig dem Stand der medizinischen Kenntnisse angepasst und etwaige auf Basis von Abs. 4 gewonnene Erkenntnisse berücksichtigt werden.

58 bb) Inhalt. Die von Abs. 5 erfassten Einrichtungen unterliegen sehr unterschiedlichen infektionshygienischen Anforderungen, so dass der Gesetzgeber davon abgesehen hat, konkrete Vorgaben hinsichtlich des Inhalts der Hygienepläne zu machen. Entscheidend sind immer die Umstände des Einzelfalls. Einen guten Überblick über je nach Einrichtung denkbaren Inhalte verschaffen die Rahmen- und Musterhygienepläne, welche der Arbeitskreis der Länder Baden-Württemberg, Berlin, Brandenburg, Mecklenburg-Vorpommern, Sachsen-Anhalt, Sachsen und Thüringen entwickelt hat). Es bietet sich an, bei der Erstellung von Hygieneplänen neben Mitarbeitern aus sämtlichen betroffenen Bereichen auch immer frühzeitig das zuständige Gesundheitsamt einzubeziehen.

IIa. Infektionshygienische Überwachung der in S. 1 Nr. 1–9 genannten Einrichtungen

58a Die in S. 1 Nr. 1–9 genannten Einrichtungen unterliegen der Überwachung durch das Gesundheitsamt. Vgl. dazu im Einzelnen Abs. 6 S. 1, 6a sowie die Erläuterungen Rn. 64 ff.

III. Hygienepläne in Zahnarztpraxen, Arztpraxen und Praxen sonstiger humanmedizinischer Heilberufe, in denen invasive Eingriffe vorgenommen werden (S. 2, 3)

1. Allgemeines

59 Die Leiter von Zahnarztpraxen, Arztpraxen und Praxen sonstiger humanmedizinischer Heilberufe sind nach dem IfSG nicht verpflichtet, Hygienepläne aufzustellen. Durch Abs. 5 S. 2 werden die Landesregierungen indes ermächtigt, auch für diese entsprechende Pflichten durch Rechtsverordnung vorzusehen. Die Landesregierungen können die Ermächtigung durch Rechtsverordnung auf andere Stellen übertragen (S. 3).

2. Erläuterungen

60 a) Leiter. Es gelten die Erläuterungen Rn. 25.

61 b) Praxen sonstiger humanmedizinischer Heilberufe. Vgl. die Erläuterungen Rn. 31.

62 c) Invasiver Eingriff. Vgl. § 25 Rn. 39.

3. Musterhygienepläne

63 Die Bundeszahnärztekammer hat einen Musterhygieneplan entwickelt, welcher unter www.bzaek.de/fuer-zahnaerzte/hygiene.html abgerufen werden kann. Musterhygienepläne für Arztpraxen können teilweise von den Webseiten der Landesärztekammern heruntergeladen werden.

IV. Infektionshygienische Überwachung der in S. 2 genannten Einrichtungen

Die in S. 2 genannten Einrichtungen unterliegen der fakultativen Überwachung durch das Gesundheitsamt. Vgl. dazu im Einzelnen Abs. 6 S. 2 sowie die Erläuterungen Rn. 64 ff. 63a

V. Bußgeldbewehrung

Ein Verstoß gegen die Verpflichtungen aus Abs. 5 S. 1 ist bußgeldbewehrt (§ 73 Abs. 1a Nr. 10a). 63b

H. Überwachung durch das Gesundheitsamt (Abs. 6)

I. Allgemeines

1. Regelungsgehalt

Nach S. 1 ist das Gesundheitsamt zur infektionshygienischen Überwachung der in Abs. 5 S. 1 genannten Einrichtungen gesetzlich verpflichtet (obligatorische Überwachung). Eine Überwachung der in Abs. 5 S. 2 genannten Einrichtungen ist demgegenüber gem. S. 2 fakultativ. Landesgesetzliche Regelungen können jedoch auch für diese Überwachungspflichten vorsehen. 64

2. Änderung durch das PpSG

Die Erweiterung der Auflistung der von Abs. 5 S. 1 erfassten Einrichtungen um ambulante Pflegedienste in der Intensivpflege durch das PpSG (Abs. 5 S. 1 Nr. 8, vgl. Rn. 56a) sowie um Rettungsdienste durch das MasernschutzG (Abs. 5 S. 1 Nr. 9, vgl. Rn. 56e) haben zur Folge, dass auch diese nunmehr der obligatorischen Überwachung durch das Gesundheitsamt gem. S. 1 unterliegen. Diese Änderung ist von erheblicher Bedeutung insbesondere in Bezug auf die betroffenen Pflegedienste, da die Gesundheitsämter zuvor zu einer anlasslose Überwachung nicht befugt waren und nur tätig werden konnten, wenn Anhaltspunkte für Maßnahmen nach §§ 16, 25 IfSG vorlagen. Regelmäßig beschränkten sich die Möglichkeiten der Gesundheitsämter deshalb in der Praxis darauf, den nunmehr erfassten Pflegediensten Beratung auf freiwilliger Basis anzubieten. Damit war ein regelhafter, anlassloser Zugang (etwa zu beatmeten Bewohnern) zur Überprüfung der infektionshygienischen Anforderungen insbesondere der Beatmungssituation bisher ohne Einwilligung nicht möglich, was zu erheblichen Überwachungslücken führte (vgl. Vorschlag Nr. 24 des Bundesrates in seiner Stellungnahme zum PpSG (Bundestags-Drucksache 19/4453, 124)). Die Ratio für die nun erfolgte Gesetzesänderung lässt sich dem Verweis in der Beschlussempfehlung des Ausschusses für Gesundheit (BT-Drs. 19/5593, 113) auf den skizzierten Vorschlag Nr. 24 64a des Bundesrates in seiner Stellungnahme zum PpSG (BT-Drs. 19/4453, 124) entnehmen. Demnach greifen intensivpflegerische Maßnahmen (vgl. zu diesen Rn. 31e) schwerwiegend in lebenswichtige Körperfunktionen ein. Gleichzeitig verbleiben die hierzu benötigte Geräte längere Zeit unmittelbar am oder im Körper der Betroffenen, kommen vielfach mit Körpersekreten in Kontakt und können dabei potentiell von Krankheitserregern besiedelt werden. In der Folge droht, so wird in der Stellungnahme des Bundesrates ausgeführt, nicht nur die Erkrankung des Betroffenen, sondern auch ein Weitertragen der Erreger aus der Einrichtung hinaus, etwa über das Pflegepersonal oder Besuch. Da intensivpflegerische Maßnahmen sowohl in stationären Pflegeeinrichtungen als auch ambulant betreuten Wohngemeinschaften identisch erfolgen, erschien die Regelungslage vor Inkrafttreten des PpSG, dass nur stationäre Pflegeeinrichtungen, nicht jedoch ambulant betreute Wohnformen mit gleichartigem Infektionsrisiko infektionshygienisch überwacht werden, nicht sachlich begründbar. Darüber hinaus betont der Bundesrat in seiner Stellungnahme insbesondere, dass die Überwachung ambulant betreuter Wohnformen auch deshalb erforderlich ist, weil betroffene Patienten mit Bedarf an intensivpflegerischer Versorgung zunehmend unmittelbar aus dem Krankenhaus in ambulant betreuten Wohngemeinschaften verlegt werden, was – wie der Bundesrat zutreffend feststellt – mit der Gefahr der Einschleppung nosokomialer Erreger einhergeht.

II. Anlasslose Überwachung

65 Ein konkreter Anlass oder gar eine Gefahrenlage ist, das ergibt sich bereits aus ihrem Wesen, in keinem der von Abs. 6, 6a erfassten Fälle Voraussetzung für Überwachungsmaßnahmen.

III. Umfang und Häufigkeit der Überwachung

65a Umfang und Häufigkeit der Überwachung stehen grundsätzlich im pflichtgemäßen Ermessen des Gesundheitsamtes. Sie sollte neben einer Kontrolle vor Ort unter Beachtung der entsprechenden Empfehlungen der KRINKO insbesondere auch eine Kontrolle der Hygienepläne, bei den in Abs. 3 Nr. 1–3 genannten Einrichtungen auch eine Kontrolle der Aufzeichnungen, Bewertungen und Schlussfolgerungen nach Abs. 4 umfassen.

IV. Rechte des Gesundheitsamtes bei der Überwachung

65b Die Rechte des Gesundheitsamtes und beauftragter Personen im Rahmen der Überwachungstätigkeit sowie die Pflichten der Betroffenen waren vormals in dem durch das PpSG gestrichenen Abs. 7 geregelt. Die Rechte und Pflichten des Gesundheitsamtes sind seither im durch das PpSG eingefügten § 15a geregelt, vgl. im Einzelnen die Erläuterungen dort. In Bezug auf die infektionshygienische Überwachung von ambulanten Pflegediensten in der Intensivpflege ist Abs. 6a zu beachten, vgl. Rn. 65b.

I. Infektionshygienische Überwachung von ambulanten Pflegediensten in der Intensivpflege (Abs. 6a)

I. Allgemeines

Abs. 6a wurde durch das PpSG eingefügt. Die Regelung war im ursprünglichen Gesetzentwurf der Bundesregierung zum PpSG (BT-Drs. 19/6337) noch nicht enthalten und wurden erst in Folge der Beschlussempfehlung des Ausschusses für Gesundheit zum PpSG (BT-Drs. 19/5593) aufgenommen. Er ergänzt Abs. 6 (vgl. Rn. 64 ff.) um Regelungen für die infektionshygienische Überwachung von ambulanten Pflegediensten in der ambulanten Intensivpflege.   66

II. Einzelheiten

1. Erfasste ambulante Pflegedienste, ambulante Intensivpflege sowie erfasste gemeinschaftliche Wohnformen

Vgl. zu den erfassten ambulanten Pflegediensten, zur ambulanten Intensivpflege sowie zu den erfassten gemeinschaftlichen Wohnformen die Erläuterungen Rn. 31 dff.   66a

2. Erstreckung der Überwachung auch auf Orte der Leistungserbringung (S. 1)

Zunächst ergeben sich die Pflichten der Betroffenen sowie die Befugnisse des Gesundheitsamtes bei der Überwachung von ambulanten Pflegediensten iSd Abs. 5 S. 1 Nr. 8 aus § 15a (vgl. Rn. 65b sowie die Erläuterungen zu § 15a). Insbesondere die sich aus § 15a Abs. 3 ergebenden Rechte des Gesundheitsamtes würden sich indes allein auf die Räumlichkeiten des jeweiligen ambulanten Pflegedienstes beziehen. Ein Wesensmerkmal der ambulanten Pflegedienste, die ambulante Intensivpflege erbringen, besteht jedoch darin, dass diese die Versorgungsleistungen in einem nicht dem Pflegedienst zuzurechnenden (idR privaten oder häuslichen) Umfeld erbringen (vgl. dazu die Erläuterungen Rn. 31d). Jedoch ist es nicht ausreichend, allein die Räumlichkeiten des Pflegedienstes in die Überwachung einzubeziehen. Vielmehr kann eine umfassende Überwachung der Pflegesituation nur dann erfolgen, wenn die sich aus § 15a Abs. 2 und 3 ergebenden Rechte und Pflichten sich auch auf diejenigen Einrichtungen, Wohngruppen und sonstigen gemeinschaftlichen Wohnformen erstrecken, in denen die ambulante Intensivpflege erbracht wird. Aus diesen Gründen stellt S. 1 klar, dass die Überwachung sich in diesen Fällen auch auf die Orte erstreckt, an denen die Leistungen der Intensivpflege erbracht werden, so dass auch in Bezug auf diese Örtlichkeiten § 15a Anwendung findet.   66b

IfSG § 23a 4. Abschnitt. Verhütung übertragbarer Krankheiten

3. Pflicht zur Mitteilung der Namen und Kontaktdaten, Ermessen des Gesundheitsamtes

66c Die Auswahl des konkreten Ortes, an welchem das Gesundheitsamt Überwachungsmaßnahmen durchführt, steht in seinem Ermessen, welches es pflichtgemäß auszuüben hat. Vgl. zur Ermessensausübung die Erläuterungen § 16 Rn. 16 ff. Dazu müssen dem Gesundheitsamt jedoch auch die Kontaktdaten der Einrichtungen, Wohngruppen und sonstigen gemeinschaftlichen Wohnformen bekannt sein, in denen die ambulanten Intensivpflegeleistungen erbracht werden. Zu diesem Zweck beinhaltet S. 2 die Pflicht des Pflegedienstes, dem Gesundheitsamt auf Anforderung die erforderlichen Namen der betroffenen Personen und der jeweils vertretungsberechtigten Personen (z. B. für den medizinischen Bereich bestellte Betreuer) und Kontaktdaten mitzuteilen. Mit Hilfe der Kontaktdaten kann das Gesundheitsamt vor der Durchführung von Überwachungsmaßnahmen auch mit den Intensivpflegebedürftigen bzw. ihren Vertretungsberechtigten Kontakt aufnehmen, um die Durchführung der Überwachung unter Berücksichtigung der Interessen der Pflegebedürftigen zu organisieren (so die Beschlussempfehlung des Ausschusses für Gesundheit zum PpSG (BT-Drs. 19/5593, 113)).

4. Praxishinweis

66d Im Rahmen der Kontaktaufnahme mit den intensivpflegebedürftigen Personen (vgl. Rn. 66c) oder gfs. Ihren Vertretungsberechtigten sollte das Gesundheitsamt auch versuchen, das Einverständnis in das Betreten der Wohnräume einzuholen. Nur wenn dies nicht gelingt, bedarf es insofern eines Gebrauchs der Befugnisse nach § 15a Abs. 3 S. 1 Nr. 2. Vgl. dazu auch die Erläuterungen § 15a Rn. 24.

J. Pflichten der Landesregierungen zur Regelung durch Rechtsverordnung (Abs. 8)

67 Abs. 8 S. 1 verpflichtete die Landesregierungen, durch Rechtsverordnung für die in ihm genannten Einrichtungen die jeweils erforderlichen Maßnahmen zur Verhütung, Erkennung, Erfassung und Bekämpfung von nosokomialen Infektionen und Krankheitserregern mit Resistenzen zu regeln. Der Mindestinhalt einer solchen Rechtsverordnung ergibt sich jeweils aus S. 2. Der durch das MasernschutzG angefügte S. 3 stellt es ins Ermessen der Landesregierungen, für Rettungsdienste (vgl. Rn. 31g) die erforderlichen Maßnahmen nach den S. 1 und 2 zu regeln.

§ 23a Personenbezogene Daten über den Impf- und Serostatus von Beschäftigten

Soweit es zur Erfüllung von Verpflichtungen aus § 23 Absatz 3 in Bezug auf übertragbare Krankheiten erforderlich ist, darf der Arbeitgeber personenbezogene

Personenbezogene Daten über den Impf- und Serostatus § 23a IfSG

Daten eines Beschäftigten über dessen Impf- und Serostatus verarbeiten, um über die Begründung eines Beschäftigungsverhältnisses oder über die Art und Weise einer Beschäftigung zu entscheiden. Dies gilt nicht in Bezug auf übertragbare Krankheiten, die im Rahmen einer leitliniengerechten Behandlung nach dem Stand der medizinischen Wissenschaft nicht mehr übertragen werden können. Im Übrigen gelten die Bestimmungen des allgemeinen Datenschutzrechts.

I. Allgemeines

§ 23a schafft die gesetzliche Grundlage für das Erheben des Impf- und Serostatus von Beschäftigten, wenn über die Begründung oder die Ausgestaltung eines Beschäftigungsverhältnisses zu entscheiden ist und dies zur Erfüllung der Verpflichtungen aus § 23 Abs. 3 erforderlich ist. § 23a stellt eine konkretisierende Regelung zur Datenverarbeitung im Beschäftigungsverhältnis dar. 1

II. Letzte Änderungen

Durch das das 2. COVIfSGAnpG wurden S. 1 geändert und S. 2 neu eingefügt. 2

III. Einzelheiten

1. Datenverarbeitung zur Erfüllung der Verpflichtungen aus § 23 Abs. 3 (S. 1, 2)

Aufgrund der Neufassung von S. 1 ist es Gesundheitseinrichtungen zur Erfüllung ihrer Pflichten aus § 23 Abs. 3 (vgl. § 23 Rn. 24 ff.) nunmehr erlaubt, Daten ihres Personals zum Impf- und Serostatus nicht nur in Bezug auf impfpräventable Erkrankungen zu verarbeiten, sondern auch dann, wenn es sich nicht um eine impfpräventable Erkrankung handelt (wie z. B. bei COVID-19). Nach S. 2 ausgeschlossen ist lediglich die Datenverarbeitung in Bezug auf solche übertragbare Krankheiten, die im Rahmen einer leitliniengerechten Behandlung nach dem Stand der medizinischen Wissenschaft nicht mehr übertragen werden können. 3

2. Bestimmungen des allgemeinen Datenschutzrechts (S. 3)

§ 26 Abs. 8 BDSG als einer der nach S. 3 heranziehbaren Bestimmung des allgemeinen Datenschutzrechts lautet: „Beschäftigte […] sind: 1. Arbeitnehmerinnen und Arbeitnehmer, einschließlich der Leiharbeitnehmerinnen und Leiharbeitnehmer im Verhältnis zum Entleiher, 2. zu ihrer Berufsbildung Beschäftigte, 3. Teilnehmerinnen und Teilnehmer an Leistungen zur Teilhabe am Arbeitsleben sowie an Abklärungen der beruflichen Eignung oder Arbeitserprobung (Rehabilitandinnen und Rehabilitanden), 4. in anerkannten Werkstätten für behinderte Menschen Beschäftigte, 5. Freiwillige, die einen Dienst nach dem Jugendfreiwilligendienstegesetz oder dem Bundesfreiwilligendienstgesetz leisten, 6. Personen, die wegen ihrer wirtschaftlichen Unselbständigkeit als arbeitnehmerähnliche Personen anzusehen sind; zu diesen gehören auch die in Heimarbeit Beschäftigten und die ihnen Gleichgestellten, 7. Beamtin- 4 nen und Beamte des Bundes, Richterinnen und Richter des Bundes, Soldatinnen und Soldaten sowie Zivildienstleistende. Bewerberinnen und Bewerber für ein Beschäftigungsverhältnis sowie Personen, deren Beschäftigungsverhältnis beendet ist, gelten als Beschäftigte."

5. Abschnitt. Bekämpfung übertragbarer Krankheiten

Vorbemerkungen zu §§ 24 ff.

Übersicht

	Rn.
I. Allgemeines	1
II. Schutzmaßnahmen gem. § 28 ff.	2
III. Katastrophenschutzrecht	3

I. Allgemeines

Neben den im 4. Abschnitt geregelten Maßnahmen zur Verhütung stellen die 1
im 5. Abschnitt geregelten Maßnahmen zur Bekämpfung übertragbarer
Krankheiten eine wesentliche Säule des IfSG dar. In der Regel müssen dabei
Ermittlungen nach § 25 regelmäßig vor der Entscheidung über die Anordnung von Schutzmaßnahmen nach den §§ 28–32 erfolgen, um die Tatsachenkenntnis über das Vorliegen der Voraussetzungen für die Anordnung von
Schutzmaßnahmen zu schaffen (vgl. BT-Drs. 8/2468 S. 26 zu der § 25 IfSG
entsprechenden Regelung in § 31 BSeuchG). Auch beim Vollzug der Vorschriften des 5. Abschnitts des IfSG, welcher mit Eingriffen in die Rechte der
Betroffenen verbunden ist, sind die relevanten juristischen Begrifflichkeiten
richtig anzuwenden und Prinzipien und Vorgehensweisen zu beachten. Es
gelten insoweit die Ausführungen Vor §§ 15a entsprechend.

II. Schutzmaßnahmen gem. § 28 ff.

Die in den §§ 28 ff. geregelten Schutzmaßnahmen spielen für die Bekämp- 2
fung übertragbarer Krankheiten eine wesentliche Rolle. Aufgrund der Vielfältigkeit der möglichen Fallgestaltungen hat der Gesetzgeber davon abgesehen,
sämtliche denkbaren Schutzmaßnahmen zu kodifizieren und sich stattdessen
dafür entschieden, neben § 28 Abs. 1 S. 1 als Generalklausel (vgl. BVerwG,
Urteil vom 22.3.2012 – BVerwG 3 C 16.11) einige in der Praxis häufig
vorkommende Schutzmaßnahmen gesondert zu regeln (§ 28 Abs. 1 S. 2,
Abs. 2, §§ 29–31). Ausschließlich in Bezug auf Schutzmaßnahmen gegen
COVID-19 während der Dauer der Feststellung einer epidemischen Lage von
nationaler Tragweite (§ 5 Abs. 1 S. 1) hat der Gesetzgeber durch das 3.
COVIfSGAnpG § 28a neu in den 5. Abschnitt eingefügt. Vgl. zu diesem die
Erläuterungen § 28 Rn. 1d, Rn. 8 und Rn. 27 ff. sowie jene zu § 8a.

III. Katastrophenschutzrecht

3 Nach den entsprechenden Landesgesetzen liegt eine Katastrophe unter anderem vor bei einem Geschehen, bei dem Leben oder Gesundheit einer Vielzahl von Menschen gefährdet oder geschädigt werden und die Gefahr nur im Zusammenwirken der relevanten Behörden unter Leitung der Katastrophenschutzbehörde beseitigt werden kann (vgl. z. B. Art. 1 Abs. 2 Bayerisches Katastrophenschutzgesetz (BayKSG)). Insbesondere eine pandemieartige Ausbreitung einer übertragbaren Krankheit (wie z. B. COVID-19) kann demnach unter die Definition des Katastrophenfalls zu subsumieren sein. Für den Fall der Feststellung des Vorliegens einer Katastrophe beinhalten die jeweiligen Katastrophenschutzgesetze besondere Rechtsgrundlagen, etwa Mitwirkungspflichten im Rahmen der Katastrophenhilfe (vgl. z. B. Art. 7 BayKSG), die Inanspruchnahme Dritter (vgl. z. B. Art 9 BayKSG), Platzverweise und Räumungen (vgl. z. B. Art 10 BayKSG). Im Rahmen der Corona-Pandemie sind diese – zumindest in Bayern – bislang trotz Feststellung des Katastrophenfalls nicht genutzt worden. Allerdings hat sich die zentrale Steuerung und Leitung der Maßnahmen durch die Katastrophenschutzbehörde (vgl. Art. 5 BayKSG) als gute Möglichkeit zur Bündelung und Fokussierung der beteiligten Akteure herausgestellt. In Bezug auf seuchenhygienische Maßnahmen geht das IfSG als Bundesrecht den landesrechtlichen Katastrophenschutzregelungen vor.

§ 24 Feststellung und Heilbehandlung übertragbarer Krankheiten, Verordnungsermächtigung

Die Feststellung oder die Heilbehandlung einer in § 6 Absatz 1 Satz 1 Nummer 1, 2 und 5 oder in § 34 Absatz 1 Satz 1 genannten Krankheit oder einer Infektion mit einem in § 7 genannten Krankheitserreger oder einer sonstigen sexuell übertragbaren Krankheit darf nur durch einen Arzt erfolgen. Satz 1 gilt nicht für die Anwendung von In-vitro-Diagnostika, die für patientennahe Schnelltests bei Testung auf HIV, Hepatitis-C-Virus, SevereAcute-Respiratory-Syndrome-Coronavirus-2 (SARS-CoV-2) und Treponema pallidum verwendet werden. Das Bundesministerium für Gesundheit wird ermächtigt, durch Rechtsverordnung mit Zustimmung des Bundesrates festzulegen, dass
1. Satz 1 auch nicht für die Anwendung von In-vitro-Diagnostika gilt, die für patientennahe Schnelltests bei Testung auf weitere Krankheiten oder Krankheitserreger verwendet werden, sowie
2. abweichend von Satz 1 auch ein Zahnarzt oder ein Tierarzt im Rahmen einer Labordiagnostik den direkten oder indirekten Nachweis eines in § 7 genannten Krankheitserregers führen kann.

In der Rechtsverordnung nach Satz 3 kann auch geregelt werden, dass Veterinärmedizinisch-technische Assistentinnen und Veterinärmedizinisch-technische Assistenten bei der Durchführung laboranalytischer Untersuchungen zum Nachweis eines in § 7 genannten Krankheitserregers die in § 9 Absatz 1 Nummer 1 des MTA-Gesetzes genannten Tätigkeiten ausüben dürfen und dass in diesem Fall der Vorbehalt der Ausübung dieser Tätigkeiten durch Medizinisch-technische Labora-

Feststellung und Heilbehandlung übertragbarer Krankheiten § 24 IfSG

toriumsassistentinnen und Medizinischtechnische Laboratoriumsassistenten nicht gilt. In dringenden Fällen kann zum Schutz der Bevölkerung die Rechtsverordnung nach Satz 3 ohne Zustimmung des Bundesrates erlassen werden. Eine nach Satz 5 erlassene Verordnung tritt ein Jahr nach ihrem Inkrafttreten außer Kraft; ihre Geltungsdauer kann mit Zustimmung des Bundesrates verlängert werden.

A. Allgemeines

I. Inhalt

Von Personen, die an in der Vorschrift genannten übertragbaren Krankheiten 1
erkrankt oder mit den von ihr erfassten Krankheitserregern infiziert sind, geht ein erhöhtes Risiko für die Allgemeinheit aus. Um dieses Risiko zu minimieren, ist eine medizinisch einwandfreie Therapie erforderlich. Dazu sind in der Regel spezielle Kenntnisse und Fertigkeiten erforderlich, deren Vorhandensein grundsätzlich nur bei Vorliegen einer abgeschlossenen ärztlichen Ausbildung angenommen werden kann. Es bestand somit ein gesetzgeberisches Bedürfnis, die Behandlung der genannten Personen ausschließlich Ärzten (Humanmedizinern) vorzubehalten. Die in § 24 enthaltene Regelung wird auch als Arztvorbehalt bezeichnet und beschränkt in der Praxis insbesondere das Tätigkeitsfeld von Heilpraktikern (Kießling § 24 Rn. 1).

II. Letzte Änderungen

1. Durch das MasernschutzG

§ 24 wurde aufgrund der Beschlussempfehlung des Ausschusses für Gesund- 1a
heit (BT-Drs. 19/15164) durch das MasernschutzG neu gefasst und dabei in S. 2 in Bezug auf die Anwendung von In-vitro-Diagnostika, die für patientennahe Schnelltests bei Testung auf das Humane-Immundefizienz-Virus (HIV), auf das Hepatitis-C-Virus und auf Treponema pallidum (Erreger der Syphilis) verwendet werden, Ausnahmen vom Arztvorbehalt vorgesehen.

2. Durch das 3. COVIfSGAnpG

Vor dem Hintergrund der Corona-Pandemie wurden die in S. 2 enthaltenen 1b
Ausnahmen vom Arztvorbehalt durch das 3. COVIfSGAnpG um patientennahe Schnelltests auf SARS-CoV-2 erweitert. Zudem wurde S. 3 durch die S. 3–5 ersetzt. Vgl. im Einzelnen die jeweiligen Erläuterungen.

B. Einzelheiten

I. Umfang des Arztvorbehalts

1. Allgemeines

Vom Arztvorbehalt erfasst sind die Feststellung und die Heilbehandlung einer 2
in § 6 Abs. 1 S. 1 Nr. 1, 2 und 5 oder in § 34 Absatz 1 Satz 1 genannten

IfSG § 24　　　5. Abschnitt. Bekämpfung übertragbarer Krankheiten

Krankheit oder einer Infektion mit einem in § 7 genannten Krankheitserreger oder einer sonstigen sexuell übertragbaren Krankheit (S. 1). Folglich ist es etwa Heilpraktikern (vgl. zum Begriff § 1 Abs. 1 HeilPrG sowie Laufs, Handbuch des Arztrechts, 2019, § 11 Rn. 6) aufgrund von § 24 IfSG nicht untersagt, Personen im Hinblick auf die erfassten Krankheiten und Krankheitserreger zu untersuchen und in Bezug auf nicht erfasste Krankheiten und Krankheitserreger auch zu behandeln. S. 2 sieht Ausnahmen vom Arztvorbehalt hinsichtlich der Feststellung (nicht jedoch in Bezug auf die Heilbehandlung) vor, welche vom Bundesministerium für Gesundheit durch Rechtsverordnung erweitert werden können (S. 3-5).

2. Arztvorbehalt bei Feststellung einer epidemischen Lage von nationaler Tragweite

2a Im Falle der Feststellung einer epidemischen Lage von nationaler Tragweite gem. § 5 Abs. 1 (vgl. § 5 Rn. 3 ff.) wird den in § 5a Abs. 1 S. 1 genannten Berufsgruppen die Ausübung der Heilkunde nach Maßgabe von § 5a Abs. 1 S. 2–4 gestattet. § 5a geht § 24 bis zur Aufhebung der Feststellung grundsätzlich vor (Kießling § 5a Rn. 15). Siehe auch die Erläuterungen § 5a Rn. 1a.

3. Feststellung

3 a) **Grundsatz.** Als Feststellung gilt auch der direkte und indirekte Nachweis eines Krankheitserregers, so dass grundsätzlich auch eine sich auf die in der Vorschrift genannten Erkrankungen und Erreger beziehende Labordiagnostik nur von einem Arzt oder unter ärztlicher Aufsicht (entsprechende Geltung von § 46) erfolgen darf.

3a b) **Ausnahmen für patientennahe Schnelltests bei Testung auf HIV, Hepatitis C-Virus, SARS-CoV-2 und Treponema pallidum (S. 2).** Gem. S. 2 gilt S. 1 nicht für die Anwendung von In-vitro-Diagnostika, die für patientennahe Schnelltests bei Testung auf HIV, Hepatitis C-Virus, SARS-CoV-2 und Treponema pallidum verwendet werden. Patientennahe Schnelltests zeichnen sich dadurch aus, dass sie ihr Ergebnis vor Ort, also nicht erst im Labor, anzeigen können, so dass sie insbesondere auch außerhalb von Krankenhäusern und Arztpraxen und ohne besondere ärztliche Kenntnisse angewendet werden können, etwa in einer Beratungsstelle oder sogar in geeigneten Fällen (Anlage 3 zu § 3 Abs. 4 MPAV) auch durch die zu testende Person. Die Ausnahmen vom Arztvorbehalt sollen, wie die Beschlussempfehlung des Ausschusses für Gesundheit (BT-Drs. 19/15164, 59) ausführt (vgl. auch Rn. 1), insbesondere die Arbeit der niedrigschwelligen Beratungs- und Testeinrichtungen u. a. von AIDS-Hilfen, Suchtberatungsstellen und Gesundheitsämtern für besonders gefährdete Personengruppen erleichtern, indem diese entsprechende patientennahe Schnelltestungen ohne die zwingende Anwesenheit eines Arztes durchführen können; erforderlichenfalls soll zur weiteren Diagnostik und Behandlung an einen Arzt verwiesen werden. Auf diese Weise sollen Zugangshürden zu Testangeboten gesenkt und damit die

Anzahl der diagnostizierten Infektionen erhöht werden mit dem Ziel, die Behandlungsraten zu steigern und Infektionsketten zu unterbrechen (vgl. BT-Drs. 19/15164, 59). Von der Zulässigkeit der Anwendung von In-vitro-Diagnostika für die patientennahe Schnelltestung durch Nicht-Ärzte zu unterscheiden und gesondert zu beurteilen ist die Frage, an welche Personenkreise derartige Tests abgegeben werden dürfen. Vgl. dazu § 3 Abs. 4 MPAV sowie deren Anlage 3.

c) Weitere Ausnahmen durch Rechtsverordnung (S. 3). Durch S. 3 Nr. 1 wird das Bundesministerium für Gesundheit ermächtigt, durch Rechtsverordnung mit Zustimmung des Bundesrates weitere Ausnahmen vom Arztvorbehalt für die Anwendung von solchen In-vitro-Diagnostika festzulegen, die für patientennahe Schnelltests auf nicht bereits von S. 2 erfasste Krankheiten oder Krankheitserreger verwendet werden (vgl. Beschlussempfehlung des Ausschusses für Gesundheit (BT-Drs. 19/15164, 59)). Die Verordnungsermächtigung wurde durch das 3. COVIfSGAnpG mit S. 3 Nr. 2 um die Möglichkeit erweitert, auch Zahn- und Tierärzten im Rahmen ihrer Labordiagnostik den direkten oder indirekten Nachweis eines der in § 7 genannten Krankheitserreger zu erlauben. Mit dieser Erweiterung verbindet der Gesetzgeber die Hoffnung, dass durch die so ermöglichte Nutzung von veterinärmedizinischen und zahnärztlichen Laboren erforderlichenfalls bestehende Engpässe bei humanmedizinischen Laboren ausgeglichen werden können (BT-Drs. 19/23944, 39). In dringenden Bevölkerungsschutzfällen erlaubt S. 5 zur schnellen und effizienten Krisenbewältigung (vgl. BT-Drs. 19/23944, 30) den Verordnungserlass auch ohne Zustimmung des Bundesrats. Eine so erlassen Verordnung tritt – sofern die Geltungsdauer nicht mit Zustimmung des Bundesrats verlängert wird – automatisch nach einem Jahr außer Kraft (S. 6).

4. Abweichungen vom MTA-Gesetz (S. 4)

Durch das 3. COVIfSGAnpG wurde S. 4 angefügt. Dieser erweitert den Anwendungsbereich der Verordnungsermächtigung nach S. 3, indem er es ermöglicht, veterinärmedizinisch-technischen Assistenten bei der Durchführung laboranalytischer Untersuchungen zum Nachweis eines in § 7 genannten Krankheitserregers die Ausübung der in § 9 Abs. 1 Nr. 1 MTA-Gesetz genannten Tätigkeiten zu gestatten, welche grundsätzlich gem. § 9 Abs. 1 Nr. 1 iVm § 1 Nr. 1 MTA-Gesetz nur medizinisch-technischen Laboratoriumsassistenten erlaubt sind. Die Tätigkeiten nach § 9 Abs. 1 Nr. 1 MTA-Gesetz umfassen die technische Aufarbeitung des histologischen und zytologischen Untersuchungsmaterials einschließlich der technischen Beurteilung der Präparate auf ihre Brauchbarkeit zur ärztlichen Diagnose, die Durchführung von Untersuchungsgängen in der morphologischen Hämatologie, Immunhämatologie und Hämostaseologie einschließlich Ergebniserstellung sowie Qualitäts- und Plausibilitätskontrolle, die Durchführung von Untersuchungsgängen in der Klinischen Chemie einschließlich Ergebniserstellung, Qualitäts- und Plausibilitätskontrolle sowie die Durchführung von Untersuchungsgängen in der Mikrobiologie, Parasitologie und Immunologie einschließlich Ergebniserstellung, Qualitäts- und Plausibilitätskontrolle.

5. Heilbehandlung

4 **a) Keine Ausnahme vom Arztvorbehalt.** Anders als hinsichtlich der Feststellung gibt es in Bezug auf die Heilbehandlung nach § 24 keine Ausnahmen vom Arztvorbehalt.

4a **b) Ergänzende Behandlung durch Heilpraktiker.** Unter der Voraussetzung, dass eine Krankheit oder Infektion bereits kausal von einem Arzt behandelt wird, widerspricht eine zusätzliche Behandlung durch einen Heilpraktiker jedenfalls dann nicht dem Sinn und Zweck der Vorschrift und ist somit zulässig, wenn diese den Erfolg der vom Arzt durchgeführten Behandlung nicht gefährdet. Um dies sicherzustellen, ist eine enge Absprache zwischen Arzt und Heilpraktiker wünschenswert. Im Zweifel ist angesichts seines Zwecks (vgl. Rn. 1) dem Arztvorbehalt der Vorzug zu geben.

6. Erfasste Krankheiten

5 **a) Allgemeines.** Erfasst sind die in § 6 Abs. 1 S. 1 Nr. 1, 2 und 5 sowie die in § 34 genannten, sämtliche sexuell übertragbaren Krankheiten sowie Krankheiten, welche durch Rechtsverordnung auf Grund von § 15 Abs. 1 in die Meldepflicht einbezogen sind (vgl. dazu Rn. 8).

6 **b) In § 6 Abs. 1 S. 1 Nr. 1, 2 und 5 sowie die in § 34 genannte übertragbare Krankheiten.** Vgl. zu diesen die Erläuterungen § 6 Rn. 2 ff. und § 34 Rn. 3.

7 **c) Sexuell übertragbare Krankheiten.** Vgl. die Erläuterungen § 19 Rn. 3.

8 **d) Erstreckung auf Krankheiten, die durch Rechtsverordnung auf Grund des § 15 Abs. 1 in die Meldepflicht einbezogen sind.** Explizit vom Arztvorbehalt erfasst wurden gem. S. 3 der Vorfassung des § 24 (vgl. Rn. 1a) auch diejenigen übertragbaren Krankheiten, in Bezug auf welche das Bundesministerium für Gesundheit von seiner Kompetenz nach § 15 Abs. 1 Gebrauch gemacht und zur Anpassung an die epidemische Lage die Meldepflicht ausgedehnt hatte. Eine vergleichbare Regelung war in der Fassung, welche § 24 durch das MasernschutzG fand, nicht mehr enthalten – offenbar aufgrund eines Redaktionsversehens (Kießling § 24 Rn. 3). Die von einer nach § 15 Abs. 1 ausgedehnten Meldepflicht erfassten Krankheiten wurden indes dennoch entsprechend dem Sinn und Zweck von § 24 dem Arztvorbehalt unterworfen (vgl. Vorauflage § 24 Rn. 9). Im Rahmen des 3. COVIfS-GAnpG hat der Gesetzgeber reagiert und mit dem neu eingefügten § 15 Abs. 1 S. 2 klargestellt, dass für diese dieselben Vorschriften wie für unmittelbar nach § 6 Abs. 1 S. 1 Nr. 1 meldepflichtige Krankheiten gelten, so dass auf diese auch § 24 Anwendung findet (vgl. auch § 15 Rn. 2).

7. Erfasste Krankheitserreger

9 Erfasst sind die in § 7 genannten sowie die durch eine Rechtsverordnung nach § 15 Abs. 1 in die Meldepflicht einbezogenen Krankheitserreger (vgl.

Ermittlungen § 25 IfSG

diesbezüglich die entsprechend geltenden Erläuterungen Rn. 8). Vgl. zu den Einzelheiten die Erläuterungen zu § 7 sowie § 15.

II. Strafbewehrung

Ein Verstoß gegen § 24 ist unter den Voraussetzungen von § 75 Abs. 5 **10** strafbewehrt. Vgl. zur redaktionellen Ungenauigkeit von § 75 Abs. 5, welcher – anders als § 24 S. 1 – nicht zwischen Feststellung und Heilbehandlung differenziert und nur von ‚Behandlung' spricht, Kießling, § 75 Rn. 15. Im Ergebnis umfasst die Behandlung nach § 75 Abs. 5 sowohl die Feststellung als auch die Heilbehandlung.

§ 25 Ermittlungen[1]

(1) Ergibt sich oder ist anzunehmen, dass jemand krank, krankheitsverdächtig, ansteckungsverdächtig oder Ausscheider ist oder dass ein Verstorbener krank, krankheitsverdächtig oder Ausscheider war, so stellt das Gesundheitsamt die erforderlichen Ermittlungen an, insbesondere über Art, Ursache, Ansteckungsquelle und Ausbreitung der Krankheit.

(2) Für die Durchführung der Ermittlungen nach Absatz 1 gilt § 16 Absatz 1 Satz 2, Absatz 2, 3, 5 und 8 entsprechend. Das Gesundheitsamt kann eine im Rahmen der Ermittlungen im Hinblick auf eine bedrohliche übertragbare Krankheit erforderliche Befragung in Bezug auf die Art, Ursache, Ansteckungsquelle und Ausbreitung der Krankheit unmittelbar an eine dritte Person, insbesondere an den behandelnden Arzt, richten, wenn eine Mitwirkung der betroffenen Person oder der nach § 16 Absatz 5 verpflichteten Person nicht oder nicht rechtzeitig möglich ist; die dritte Person ist in entsprechender Anwendung von § 16 Absatz 2 Satz 3 und 4 zur Auskunft verpflichtet.

(3) Die in Absatz 1 genannten Personen können durch das Gesundheitsamt vorgeladen werden. Sie können durch das Gesundheitsamt verpflichtet werden,
1. Untersuchungen und Entnahmen von Untersuchungsmaterial an sich vornehmen zu lassen, insbesondere die erforderlichen äußerlichen Untersuchungen, Röntgenuntersuchungen, Tuberkulintestungen, Blutentnahmen und Abstriche von Haut und Schleimhäuten durch die Beauftragten des Gesundheitsamtes zu dulden, sowie
2. das erforderliche Untersuchungsmaterial auf Verlangen bereitzustellen.
Darüber hinausgehende invasive Eingriffe sowie Eingriffe, die eine Betäubung erfordern, dürfen nur mit Einwilligung des Betroffenen vorgenommen werden; § 16 Absatz 5 gilt nur entsprechend, wenn der Betroffene einwilligungsunfähig ist. Die bei den Untersuchungen erhobenen personenbezogenen Daten dürfen nur für Zwecke dieses Gesetzes verarbeitet werden.

---

[1] § 25 Abs. 1: Baden-Württemberg – Abweichung durch § 60 Abs. 4 Polizeigesetz (PolG BW) idF d. G v. 20.11.2012 GBl. BW 2012, 625 mWv 29.11.2012 (vgl. BGBl. I 2012, 2726) § 25 Abs. 1 bis 3: Bremen – Abweichung durch § 2 des Gesetzes zur Behandlungseinleitung bei Infektionen mit übertragbaren Krankheiten durch Dritte (BremBlüKDG) v. 24.3.2015 Brem. GBl. S. 118 mWv 26.3.2015 (vgl. BGBl. I 2015, 700).

IfSG § 25   5. Abschnitt. Bekämpfung übertragbarer Krankheiten

(4) Den Ärzten des Gesundheitsamtes und dessen ärztlichen Beauftragten ist vom Gewahrsamsinhaber die Untersuchung der in Absatz 1 genannten Verstorbenen zu gestatten. Die zuständige Behörde soll gegenüber dem Gewahrsamsinhaber die innere Leichenschau anordnen, wenn dies vom Gesundheitsamt für erforderlich gehalten wird.

(5) Die Grundrechte der körperlichen Unversehrtheit (Artikel 2 Absatz 2 Satz 1 des Grundgesetzes), der Freiheit der Person (Artikel 2 Absatz 2 Satz 2 des Grundgesetzes) und der Unverletzlichkeit der Wohnung (Artikel 13 Absatz 1 des Grundgesetzes) werden insoweit eingeschränkt.

Übersicht

	Rn.
A. Allgemeines	1
I. Inhalt	1
II. Letzte Änderungen	1a
B. Maßnahmen nach Abs. 1	2
I. Allgemeines	2
II. Tatbestandliche Voraussetzungen	3
1. Allgemeines	3
2. Ergibt sich oder ist anzunehmen	4
a) Allgemeines	4
b) Alternative 1 (,ergibt sich')	5
c) Alternative 2 (,oder ist anzunehmen')	6
3. Sonderfall: Anfangsverdacht in Bezug auf Krankheitsverdacht/Ansteckungsverdacht	8
4. Kranke, krankheitsverdächtige, ansteckungsverdächtige Person, Ausscheider	9
III. Rechtsfolgen	10
1. Allgemeines	10
2. Auswahlermessen bzgl. der zu ergreifenden Maßnahmen	11
3. Ermittlungszweck	12
4. Vorladungen und körperliche Untersuchungen, invasive Eingriffe	13
5. Betretungs-, Einsichts- und sonstige Rechte, Anordnungen über die Übergabe von Untersuchungsmaterialien (Abs. 2 S. 1 iVm § 16 Abs. 2, 3)	14
IV. Der Adressat einer Maßnahme, Störerauswahl	15
1. Störer	15
2. Nichtstörer	16
3. Geschäftsunfähige, beschränkt geschäftsfähige und betreute Personen	17
V. Sofortige Vollziehbarkeit	18
VI. Praxishinweise	19
1. Vollständige gerichtliche Überprüfbarkeit	19
2. Geschäftsunfähige, beschränkt geschäftsfähige und betreute Personen	20
VII. Zuwiderhandlungen, zwangsweise Durchsetzung	21

	Rn.
C. Betretungs-, Einsichts- und sonstige Rechte, geschäftsunfähige, beschränkt geschäftsfähige und betreute Personen, sofortige Vollziehbarkeit, Befragungen (Abs. 2)	22
I. Allgemeines	22
II. Einzelheiten	22a
1. Verweis auf § 16 Abs. 1 S. 2	22a
2. Verweis auf § 16 Abs. 2 (Betretungs-, Einsichts- und sonstige Rechte) (S. 1)	23
3. Verweis auf § 16 Abs. 3 (Übergabe von Untersuchungsmaterialien) (S. 1)	24
4. Verweis auf § 16 Abs. 5 (geschäftsunfähige, beschränkt geschäftsfähige und betreute Störer) (S. 1)	25
5. Verweis auf § 16 Abs. 8 (sofortige Vollziehbarkeit) (S. 1)	26
6. Befragungsrecht (S. 2)	27
a) Allgemeines	27
b) Einzelheiten	28
III. Zuwiderhandlungen, zwangsweise Durchsetzung	29
D. Vorladungen und körperliche Untersuchungen, invasive Eingriffe (Abs. 3)	30
I. Allgemeines	30
II. Tatbestandliche Voraussetzungen	31
III. Rechtsfolgen	32
1. Allgemeines	32
2. Entschließungs- und Auswahlermessen bzgl. der zu ergreifenden Maßnahmen	33
3. Zu den einzelnen Maßnahmen	34
a) Vorladung (S. 1)	34
b) Untersuchungen und Entnahmen von Untersuchungsmaterial (S. 1 Nr. 1)	35
c) Bereitstellung des erforderlichen Untersuchungsmaterials auf Verlangen (S. 1 Nr. 2)	37
d) Invasive Eingriffe, Eingriffe, die eine Betäubung erfordern (S. 2)	38
IV. Der Adressat einer Maßnahme	42
V. Sofortige Vollziehbarkeit	43
VI. Praxishinweise	44
VII. Datenschutz	45
VIII. Zuwiderhandlungen, zwangsweise Durchsetzung	46
E. Untersuchung von Verstorbenen (Abs. 4)	47
I. Allgemeines	47
II. Tatbestandliche Voraussetzungen	48
III. Rechtsfolgen	49
1. Allgemeines	49
2. Entschließungs- und Auswahlermessen bzgl. der zu ergreifenden Maßnahmen	50
3. Zu den einzelnen Maßnahmen	51
a) Untersuchung (S. 1)	51
b) Innere Leichenschau (S. 2)	53
IV. Der Adressat einer Maßnahme	55
V. Sofortige Vollziehbarkeit	56

	Rn.
VI. Praxishinweise	57
VII. Zuwiderhandlungen, zwangsweise Durchsetzung	58
F. Eingeschränkte Grundrechte (Abs. 5)	59

A. Allgemeines

I. Inhalt

1 § 25 ermächtigt – anders als § 16 – nicht die zuständige Behörde, sondern das Gesundheitsamt (der Begriff ist in § 2 Nr. 14 legaldefiniert, vgl. auch die Erläuterungen § 2 Rn. 73) zum Ergreifen von Maßnahmen. Dieser Unterschied wirkt sich freilich primär dort aus, wo es sich um zwei unterschiedliche Behörden handelt (vgl. § 16 Rn. 39). § 25 ist als Generalklausel zur Ermittlung beim Auftreten übertragbarer Krankheiten von wesentlicher Bedeutung für die Tätigkeit des Gesundheitsamtes.

II. Letzte Änderungen

1a Durch das das 2. COVIfSGAnpG wurden in Abs. 2 S. 1 die Wörter „§ 16 Absatz 2, 3, 5 und 8" durch die Wörter „§ 16 *Absatz 1 Satz 2,* Absatz 2, 3, 5 und 8" ersetzt. Zudem wurde aus der vormaligen Kann-Bestimmung in Abs. 4 S. 2 eine Soll-Bestimmung (intendiertes Ermessen). Vgl. dazu im Einzelnen die jeweiligen Erläuterungen.

B. Maßnahmen nach Abs. 1

I. Allgemeines

2 Nach dem für das Verwaltungsverfahren geltenden Untersuchungsgrundsatz (§ 24 Abs. 1 VwVfG) ist die zuständige Behörde verpflichtet, die für ihr Tätigwerden relevanten tatsächlichen Umstände zu ermitteln. Für den Bereich des IfSG formt § 25 diesen Grundsatz aus und konkretisiert ihn. Da § 25 Ermittlungsmaßnahmen betrifft, ist das Vorliegen einer bevorstehenden oder fortdauernden konkreten Gefahr keine Tatbestandsvoraussetzung (anders bei § 16, vgl. § 16 Rn. 3). In Bezug auf die Durchführung von Maßnahmen und die damit einhergehenden Rechte des Gesundheitsamtes wird Abs. 1 durch die Abs. 2–4 ergänzt. Zum systematischen Zusammenspiel von § 25 mit den §§ 28–31 vgl. Vor § 24 Rn. 1.

II. Tatbestandliche Voraussetzungen

1. Allgemeines

3 Ausgangspunkt für Ermittlungen kann sowohl eine lebende wie eine bereits verstorbene Person sein, bei der sich ergibt oder anzunehmen ist, dass sie krank, krankheitsverdächtig, ansteckungsverdächtig oder Ausscheider ist bzw. krank, krankheitsverdächtig oder Ausscheider war.

2. Ergibt sich oder ist anzunehmen

a) Allgemeines. Die Eigenschaft der Person als Kranker etc. muss sich entweder aus Tatsachen ergeben oder anzunehmen sein. § 25 Abs. 1 (wie auch § 16 Abs. 1) beinhaltet damit 2 Tatbestandsalternativen (vgl. dazu auch Gallwas, NJW 1989, 1516). 4

b) Alternative 1 (‚ergibt sich'). Bei der 1. Alternative hat sich die Eigenschaft der Person als Kranker etc. ‚ergeben'. Die Eigenschaft der Person als Kranker etc. ‚ergibt' sich dann, wenn die zuständige Behörde auf Basis ihrer pflichtgemäßen Feststellungen vernünftigerweise vom Vorliegen derjenigen Tatsachen, welche die Beurteilung einer Person als Kranker etc. stützen, ausgehen darf. Besteht insoweit zum Entscheidungszeitpunkt indes keine hinreichende Gewissheit, sondern verbleiben noch Zweifel, ob diese Tatsachen tatsächlich vorliegen, sind die Voraussetzungen der Alternative 1 nicht gegeben. Es kann dann jedoch ein Anfangsverdacht vorliegen, welcher unter die 2. Tatbestandsalternative von § 25 Abs. 1 fällt. 5

c) Alternative 2 (‚oder ist anzunehmen'). aa) Allgemeines. Bei Alternative 2 besteht hinsichtlich der Tatsachen, welche die Eigenschaft der Person als Kranker etc. begründen, gerade noch nicht in dem vorgenannten Sinne (s. Rn. 5) hinreichende Gewissheit. Es besteht jedoch ein so genannter Anfangsverdacht. 6

bb) Anfangsverdacht. Ein der 2. Tatbestandsalternative zugrundeliegender Anfangsverdacht besteht, wenn der Behörde zu dem Zeitpunkt, zu welchem sie über ein Einschreiten entscheidet, zwar bereits durch Tatsachen erhärtete Anhaltspunkte vorliegen, welche die Eigenschaft der Person als Kranker etc. bei verständiger Würdigung und Berücksichtigung des aktuellen Wissensstands der Medizin nahelegen, sie sich aber bewusst ist, dass noch Ermittlungsbedarf besteht und ihr noch keine abschließende Entscheidung möglich ist. Auch das Vorliegen eines solchen Anfangsverdachts in Bezug auf die Eigenschaft der Person als Kranker etc. reicht nach dem klaren Wortlaut zur Erfüllung der tatbestandlichen Voraussetzungen von Abs. 1 aus. 7

3. Sonderfall: Anfangsverdacht in Bezug auf Krankheitsverdacht/Ansteckungsverdacht

Vom Tatbestand umfasst ist auch die Konstellation, dass lediglich ein Anfangsverdacht in Bezug auf einen Krankheitsverdacht oder Ansteckungsverdacht besteht. Da auch diese Begriffen ausweislich der Legaldefinitionen (vgl. § 2 Nr. 5 und 7 sowie die entsprechenden Erläuterungen § 2 Rn. 35 ff. und 44 ff.) von einem Verdacht ausgehen, kann der Tatbestand von Abs. 1 in diesen Fällen deshalb bereits erfüllt sein, wenn lediglich der ‚Verdacht eines Verdachts' besteht. Damit verpflichtet Abs. 1 das Gesundheitsamt bereits unter relativ geringen Voraussetzungen, Ermittlungen aufzunehmen. Vgl. dazu auch VGH München NJW 1988, 2318, 2319. 8

4. Kranke, krankheitsverdächtige, ansteckungsverdächtige Person, Ausscheider

9 Insoweit kann auf die entsprechenden Erläuterungen zu dem Begriff des Kranken (vgl. § 2 Rn. 30 ff.), Krankheitsverdächtigen (vgl. § 2 Rn. 35 ff.), Ansteckungsverdächtigen (vgl. § 2 Rn. 44 f.) und Ausscheiders (vgl. § 2 Rn. 39 ff.) verwiesen werden.

III. Rechtsfolgen

1. Allgemeines

10 Liegen die tatbestandlichen Voraussetzungen vor, kann das Gesundheitsamt auf Basis von Abs. 1 Maßnahmen ergreifen.

2. Auswahlermessen bzgl. der zu ergreifenden Maßnahmen

11 Abs. 1 gewährt dem Gesundheitsamt ein Auswahlermessen hinsichtlich der zu ergreifenden Ermittlungsmaßnahmen (vgl. zu den Ermessensarten Vor §§ 15a Rn. 10 ff.). Die Befugnis des Gesundheitsamts ist dabei grundsätzlich weder auf bestimmte Ermittlungsmaßnahmen, noch auf Maßnahmen einer bestimmten Eingriffsintensität beschränkt (vgl. BVerwGE 39, 190 f. zu § 10 BSeuchG). In Bezug auf bestimmte Maßnahmen enthalten die Abs. 2–4 (vgl. Rn. 13 ff.) besondere Regelungen, die zu beachten sind. Das Gesundheitsamt muss sein Ermessen pflichtgemäß ausüben und insbesondere den Grundsatz der Verhältnismäßigkeit beachten. Vgl. dazu im Einzelnen die Erläuterungen § 16 Rn. 16 ff.

3. Ermittlungszweck

12 Durch die Ermittlungen sollen nach dem Gesetzeswortlaut ,insbesondere' Art, Ursache, Ansteckungsquelle und Ausbreitung der Krankheit eruiert werden. Aus dem Begriff ,insbesondere' ergibt sich, dass die Aufzählung nicht abschließend ist, sondern nur die nach der Vorstellung des Gesetzgebers wesentlichen Zwecke aufführt.

4. Vorladungen und körperliche Untersuchungen, invasive Eingriffe

13 Zu den möglichen Ermittlungsmaßnahmen gehören grundsätzlich auch Vorladungen, körperliche Untersuchungen und invasive Eingriffe. Diese Maßnahmen sind aufgrund ihrer erhöhten Grundrechtsrelevanz in Abs. 3 detailliert geregelt, es wird insoweit auf die Erläuterungen Rn. 30 ff. verwiesen.

5. Betretungs-, Einsichts- und sonstige Rechte, Anordnungen über die Übergabe von Untersuchungsmaterialien (Abs. 2 S. 1 iVm § 16 Abs. 2, 3)

14 Im Rahmen der Ermittlungen stehen dem Gesundheitsamt auch Betretungs-, Einsichts- und damit zusammenhängende Rechte zu, da Abs. 2 S. 1 insoweit

die entsprechende Geltung von § 16 Abs. 2 und 3 anordnet. Vgl. dazu im Einzelnen die Erläuterungen zu Abs. 2 (Rn. 22 ff.).

IV. Der Adressat einer Maßnahme, Störerauswahl
1. Störer

Die möglichen Adressaten von Ermittlungsmaßnahmen sind zunächst Personen, die krank, krankheitsverdächtig, ansteckungsverdächtig oder Ausscheider sind. Denn diese stellen aufgrund ihres gesundheitlichen Status eine infektionshygienische Gefahr dar und sind deshalb infektionsschutzrechtliche Zustands-, bei entsprechendem Verhalten auch Verhaltensstörer. In Bezug auf Verstorbene sind die jeweiligen Gewahrsamsinhaber für die vom Leichnam ausgehende infektionshygienische Gefahr verantwortlich und können damit als Zustandsstörer ebenfalls Adressat von Maßnahmen sein (vgl. Rn. 47 ff.). Zu den verschiedenen Arten von Störern als Adressaten sowie der Störerauswahl vgl. Vor §§ 15a Rn. 14 ff. 15

2. Nichtstörer

Maßnahmen gegen sonstige Personen, die nicht in den genannten Kreis von Störern fallen, stellen eine Inanspruchnahme von Nichtstörern dar und sind nur unter strengen Voraussetzungen zulässig (vgl. Vor §§ 15a Rn. 19). 16

3. Geschäftsunfähige, beschränkt geschäftsfähige und betreute Personen

In Bezug auf geschäftsunfähige, beschränkt geschäftsfähige und betreute Störer gelten wegen des Verweises in Abs. 3 S. 1 § 16 Abs. 5 entsprechend. Vgl. diesbezüglich die dortigen Erläuterungen. 17

V. Sofortige Vollziehbarkeit

Anordnungen nach Abs. 1 sind gem. Abs. 2 iVm § 16 Abs. 8 sofort vollziehbar. Vgl. dazu § 16 Rn. 64. 18

VI. Praxishinweise
1. Vollständige gerichtliche Überprüfbarkeit

Sowohl die Tatbestandsseite als auch die Rechtsfolgenseite sind gerichtlich voll überprüfbar. Die jeweils anzustellenden Erwägungen sollten auch deshalb den entsprechenden Bescheiden detailliert zu entnehmen sein. Das bloße Einsetzen von letztlich nichtssagenden und inhaltsleeren Musterbausteinen, die nicht die Einzelheiten des jeweiligen Falls berücksichtigen, reicht insoweit regelmäßig nicht aus. 19

2. Geschäftsunfähige, beschränkt geschäftsfähige und betreute Personen

20 Bei geschäftsunfähigen, beschränkt geschäftsfähigen und betreuten Personen ist in Bezug auf die Bekanntgabe einer Anordnung unter anderem § 41 Abs. 1 VwVfG (bzw. die entsprechende Landesnorm) zu beachten.

VII. Zuwiderhandlungen, zwangsweise Durchsetzung

21 Eine Zuwiderhandlung gegen Anordnungen nach § 25 Abs. 1 ist nicht im Katalog der §§ 73 ff. aufgeführt und damit weder bußgeld- noch strafbewehrt. Dies dürfte einer der Hauptgründe dafür sein, dass derartige Anordnungen in der Praxis oftmals nicht ohne Weiteres befolgt werden. Dessen ungeachtet kann jede Anordnung nach Abs. 1 bei Vorliegen der Voraussetzungen im Wege des Verwaltungszwangs durchgesetzt werden.

C. Betretungs-, Einsichts- und sonstige Rechte, geschäftsunfähige, beschränkt geschäftsfähige und betreute Personen, sofortige Vollziehbarkeit, Befragungen (Abs. 2)

I. Allgemeines

22 S. 1 ordnet die entsprechende Geltung von § 16 Abs. 2, 3, 5 und 8 an. Dieses rechtstechnische Vorgehen erspart es dem Gesetzgeber, bereits in anderem Zusammenhang bestehende Regelungen wortgleich erneut aufnehmen zu müssen. Der durch das Gesetz zur Modernisierung der epidemiologischen Überwachung übertragbarer Krankheiten angefügte S. 2 betrifft die Befugnis zur Befragung Dritter.

II. Einzelheiten

1. Verweis auf § 16 Abs. 1 S. 2

22a Durch das 2. COVIfSGAnpG wurde der Verweis auf § 16 Abs. 1 S. 2 aufgenommen. Dadurch wird klargestellt, dass auch im Rahmen der Maßnahmen nach § 25 personenbezogene Daten verarbeitet werden können (vgl. Entwurf des 2. COVIfSGAnpG (BT-Drs. 19/18967, 59)).

2. Verweis auf § 16 Abs. 2 (Betretungs-, Einsichts- und sonstige Rechte) (S. 1)

23 Der Verweis auf § 16 Abs. 2 stellt klar, dass die dort genannten Betretungs-, Einsichts- und sonstigen Rechte auch dem Gesundheitsamt im Rahmen der Ermittlungen nach Abs. 1 zustehen. Ebenso unterliegen die von Ermittlungsmaßnahmen Betroffenen den in § 16 Abs. 2 S. 2 und 3 genannten Pflichten. Insbesondere können sich Ärzte und Angehörige der anderen in § 203 StGB genannten Berufsgruppen auch bei Ermittlungen nach § 25 Abs. 1, 2 iVm § 16 Abs. 2 gegenüber entsprechenden Einsichtsverlangen des Gesundheitsamtes nicht auf ihre berufsbedingte Schweigepflicht berufen. Vgl. dazu im Einzelnen § 16 Rn. 34 ff.

3. Verweis auf § 16 Abs. 3 (Übergabe von Untersuchungsmaterialien) (S. 1)

Im Rahmen der Ermittlungen nach § 25 Abs. 1 kann das Gesundheitsamt 24 Anordnungen über die Übergabe von Untersuchungsmaterialien treffen, da Abs. 2 insoweit die entsprechende Geltung von § 16 Abs. 3 anordnet. Vgl. dazu im Einzelnen die Erläuterungen § 16 Rn. 56.

4. Verweis auf § 16 Abs. 5 (geschäftsunfähige, beschränkt geschäftsfähige und betreute Störer) (S. 1)

In Bezug auf geschäftsunfähige, beschränkt geschäftsfähige und betreute Störer 25 ordnet Abs. 2 die entsprechende Geltung von § 16 Abs. 5 an. Es wird auf die dortigen Erläuterungen verwiesen.

5. Verweis auf § 16 Abs. 8 (sofortige Vollziehbarkeit) (S. 1)

Anordnungen nach Abs. 1 sind gem. Abs. 2 iVm § 16 Abs. 8 sofort vollzieh- 26 bar. Vgl. dazu die Erläuterungen § 16 Rn. 57.

6. Befragungsrecht (S. 2)

a) **Allgemeines.** S. 2 wurde durch das Gesetz zur Modernisierung der epi- 27 demiologischen Überwachung übertragbarer Krankheiten eingefügt. Die Datenerhebung durch Befragungen für Zwecke des Abs. 1 kann (ungeachtet der Regelung des S. 2) auf Abs. 2 iVm § 16 Abs. 2 S. 3 gestützt werden und gegenüber den in Abs. 1 genannten sowie auch dritten Personen (z. B. Angehörige, behandelnde Ärzte) erfolgen, dies auch dann, wenn den dritten Personen ein Zeugnisverweigerungsrecht zustünde (vgl. Begründung des Entwurfs des Gesetzes zur Modernisierung der epidemiologischen Überwachung übertragbarer Krankheiten). Die Befragung von Dritten stellt eine Maßnahme gegen Nichtstörer im Sinne des allgemeinen Gefahrenabwehrrechts dar, für welche unter anderem Voraussetzung ist, dass andere, gleich wirksame Maßnahmen gegen (Verhaltens- oder Zustands-)Störer (also insbesondere die betroffene Person) nicht bzw. nicht rechtzeitig möglich sind, d. h. eine Befragung der betroffenen Person nicht oder nicht rechtzeitig erfolgen kann ist (vgl. zur Inanspruchnahme von Nichtstörern Vor §§ 15a Rn. 19). Eine solche Konstellation ist beispielsweise dann gegeben, wenn die erforderlichen Informationen der betroffenen Person nicht vorliegen, jedoch in der Akte des behandelnden Arztes vorhanden sind, und eine Aufforderung an die Person, die Unterlagen beim Arzt zu besorgen und dann dem Gesundheitsamt zur Verfügung zu stellen, zu erheblichen Verzögerungen der Ermittlungen nach § 25 und damit gfs. auch weiterer in Folge der Ermittlung erforderlich werdenden Maßnahmen führen würde. Als Rechtsgrundlage für eine solche Datenerhebung bedarf es des durch das Gesetz zur Modernisierung der epidemiologischen Überwachung übertragbarer Krankheiten eingefügten S. 2 in Anbetracht der ohnehin bestehenden Rechtslage somit nicht, wie sich auch aus der Begründung des Gesetzes zur Modernisierung der epidemiologischen Überwachung übertragbarer Krankheiten ergibt, in welcher ausgeführt wird, dass S. 2 insoweit lediglich die bislang bestehende Rechtslage klarstellen soll. Darüber hinaus, so die Begründung, sollte durch die Einfügung von S. 2 verdeutlicht werden, dass Auskunftspflichten von Ärzten nicht nur insoweit bestehen, als diese im Rahmen des Meldewesens zu Angaben verpflichtet sind, sondern dass durch die Ermittlungsbefugnisse des Gesundheitsamtes nach § 25 IfSG weitere als nur die Rahmen des § 9 und § 10 Absatz 1 IfSG ohnehin meldepflichtigen Informationen erhoben werden können. In der Praxis dürfte die Klarstellung der Rechtsgrundlage im Einzelfall hilfreich sein, zweckmäßigerweise wäre sie jedoch bei § 16 Abs. 2 eingefügt worden.

28 b) Einzelheiten. S. 2 knüpft eine direkte Befragung einer dritten Person (also eine Nichtstörers), insbesondere eines behandelnden Arztes, daran, dass eine Mitwirkung der betroffenen Person (oder im Falle des § 16 Abs. 5 der darin genannten Person) nicht oder nicht rechtzeitig möglich ist. Damit kodifiziert S. 2 die bereits vor seiner Einfügung anerkannten, sich aus dem allgemeinen Gefahrenabwehrrecht ergebenden Voraussetzungen für eine Befragung Dritter auf Basis von Abs. 2 iVm § 16 Abs. 2, vgl. auch § 16 Rn. 48.

III. Zuwiderhandlungen, zwangsweise Durchsetzung

29 Eine Zuwiderhandlung gegen die Pflichten nach Abs. 2 S. 1 iVm § 16 Abs. 2 S. 2 und 3 ist gemäß § 73 Abs. 1a Nr. 3–5 bußgeld- und unter den Voraussetzungen von § 74 strafbewehrt. Dessen ungeachtet können die Rechte und Pflichten nach Abs. 2 bei Vorliegen der Voraussetzungen im Wege des Verwaltungszwangs durchgesetzt werden.

D. Vorladungen und körperliche Untersuchungen, invasive Eingriffe (Abs. 3)

I. Allgemeines

30 Abs. 3 enthält für für Vorladungen und körperliche Untersuchungen spezielle Regelungen (S. 1). Darüber hinaus stellt er klar, dass nur die in ihm abschließend aufgezählten invasive Maßnahmen auch ohne Einwilligung der Betroffenen erfolgen dürfen (S. 2).

II. Tatbestandliche Voraussetzungen

31 Abs. 3 setzt für seine Anwendung das Vorliegen der tatbestandlichen Voraussetzungen des Abs. 1 voraus (vgl. Wortlaut ‚die in Abs. 1 genannten Personen').

III. Rechtsfolgen

1. Allgemeines

Abs. 3 ermächtigt das Gesundheitsamt zu Vorladungen und körperlichen Untersuchungen sowie zur Einforderung des erforderlichen Untersuchungsmaterials. 32

2. Entschließungs- und Auswahlermessen bzgl. der zu ergreifenden Maßnahmen

Abs. 3 gewährt dem Gesundheitsamt sowohl ein Entschließungs- (vgl. Wortlaut ‚können') als auch ein Auswahlermessen (vgl. zu den Begriffen Vor §§ 15a Rn. 10 ff.) hinsichtlich der in Abs. 3 aufgeführten Maßnahmen. Dabei muss das Gesundheitsamt sein Ermessen pflichtgemäß ausüben und insbesondere den Grundsatz der Verhältnismäßigkeit beachten (vgl. dazu die Erläuterungen § 16 Rn. 16aff). Da die in Abs. 3 aufgeführten Maßnahmen erheblich in die Grundrechte des Betroffenen eingreifen (insbesondere in die allgemeine Handlungsfreiheit (Art. 2 Abs. 1 GG) und die körperliche Unversehrtheit (Art. 2 Abs. 2 GG)), sind diese bei der Ermessensausübung besonders genau zu beachten und in die Abwägung einzubeziehen. Dabei erlangt auch das Kriterium der Erforderlichkeit eine besondere Bedeutung. So dürfen Maßnahmen nach Abs. 3 insbesondere nur dann erfolgen, wenn die mit ihnen verfolgten Ermittlungszwecke (vgl. Rn. 12) nicht mit einer für den Betroffenen minder schweren Maßnahme ebenso erreicht werden können. Liegen beispielsweise dem Betroffenen aussagekräftige Ergebnisse zu den in Betracht gezogenen Untersuchungen bereits vor, ist auf diese zurückzugreifen, um unnötige Doppeluntersuchungen zu vermeiden. Vgl. im Übrigen zum systematischen Vorgehen bei der Ermessensausübung § 16 Rn. 16 ff. 33

3. Zu den einzelnen Maßnahmen

a) Vorladung (S. 1). Unter einer Vorladung ist die an eine bestimmte Person gerichtete Aufforderung zu verstehen, sich zu einem bestimmten Zeitpunkt an einem bestimmten Ort einzufinden und bis zum Abschluss der jeweiligen Angelegenheit dort zu bleiben. Dabei ist der Zweck in der Vorladung hinreichend konkret anzugeben und es muss ersichtlich werden, was vom Adressaten aus welchem Grund verlangt wird. 34

b) Untersuchungen und Entnahmen von Untersuchungsmaterial (S. 1 Nr. 1). aa) Allgemeines. Mögliche Untersuchungen und Entnahmen sind in S. 1 Nr. 1 beispielhaft (vgl. Wortlaut ‚insbesondere') aufgelistet. Soweit eine nicht aufgelistete Untersuchung oder Entnahme erfolgen soll, darf diese in ihrer Eingriffsintensität nicht über diejenige der in S. 1 Nr. 1 genannten Beispiele hinausgehen. Andernfalls ist sie nur mit einer Einwilligung des Betroffenen zulässig (vgl. S. 2 sowie die Erläuterungen Rn. 41). 35

bb) Pflichten des Betroffenen, Rechte des Gesundheitsamtes. Die betroffene Person kann verpflichtet werden, die in S. 1 Nr. 1 genannten Unter- 36 suchungen und Entnahmen an sich vornehmen zu lassen. Damit einher geht (im Gesetz nicht explizit erwähnt) das Recht des Gesundheitsamtes, diese durchzuführen oder, so die amtl. Begründung, durch eine geeigneten Dritten (z. B. einen niedergelassenen Arzt) durchführen zu lassen.

37 **c) Bereitstellung des erforderlichen Untersuchungsmaterials auf Verlangen (S. 1 Nr. 2).** Die betroffene Person kann verpflichtet werden, das erforderliche Untersuchungsmaterial bereitzustellen. Unter S. 1 Nr. 2 fallen beispielsweise Konstellationen, in welchen der Betroffene bereits im Besitz des Untersuchungsmaterials ist oder aber dieses durch körperliche Funktionen zur Verfügung stellen muss (z. B. Stuhlproben).

38 **d) Invasive Eingriffe, Eingriffe, die eine Betäubung erfordern (S. 2).** **aa) Allgemeines.** Invasive Eingriffe, die nicht in den unter den in Abs. 3 S. 1 Nr. 1 vorgegebenen Rahmen fallen, sowie solche, die eine Betäubung erfordern, dürfen nur mir Einwilligung des Betroffenen vorgenommen werden.

39 **bb) Invasive Eingriffe.** Sämtliche Eingriffe, mit denen die körperliche Integrität des Betroffenen verletzt wird, stellen invasive Eingriffe dar.

40 **cc) Eingriffe, die eine Betäubung erfordern.** Welche Eingriffe eine Betäubung erfordern, hat der Gesetzgeber nicht genauer konkretisiert. Bekanntlich ist das Schmerzempfinden individuell sehr unterschiedlich ausgeprägt. Aus diesem Grund kann die Erforderlichkeit der Betäubung nicht primär an den Vorstellungen der betroffenen Person festgemacht werden. Entscheidend ist vielmehr, ob aus medizinischer Sicht unter Berücksichtigung der Konstitution des Betroffenen und der Gesamtumstände vernünftigerweise eine Betäubung vorzunehmen ist. Trotz dieses grundsätzlich objektiv-medizinischen Ansatzes dürften in der Praxis bei der Beurteilung die individuellen Befindlichkeiten des Betroffenen eine erhebliche Relevanz haben.

41 **dd) Einwilligung.** Die Einwilligungsfähigkeit ist nicht mit der Geschäftsfähigkeit gleichzusetzen. Während letztere an starre Grenzen geknüpft ist, hängt die Einwilligungsfähigkeit nicht primär vom Alter des Betroffenen ab, sondern von seiner Fähigkeit, Inhalt und Tragweite der Einwilligung zutreffend zu bewerten. Ist er dazu in der Lage, so kann auch ein beschränkt Geschäftsfähiger eine wirksame Einwilligungserklärung abgeben. Entscheidend sind dabei immer die Umstände des Einzelfalls (geistige Reife, kultureller Hintergrund, sprachliches Verständnis, Schwere des Eingriffs, Risiken etc.). In der Regel dürfte jedoch eine Einwilligungsfähigkeit bei einer Person, welche noch nicht 14 ist, sehr selten, bei einer Person, welche bereits nahezu 18 ist, regelmäßig gegeben sein. Für einwilligungsunfähige Personen ordnet S. 2 HS 2 die entsprechende Geltung von § 16 Abs. 5 an.

IV. Der Adressat einer Maßnahme

42 Maßnahmen nach Abs. 3 können sich ausweislich des eindeutigen Wortlauts nur an den in Abs. 1 explizit genannten Adressatenkreis richten und damit nicht gegenüber Nichtstörern ergehen. Zu den verschiedenen Arten von Störern als Adressaten sowie der Störerauswahl vgl. Vor §§ 15a Rn. 14 ff.

V. Sofortige Vollziehbarkeit

Zwar steht Abs. 3 systematisch hinter Abs. 2, so dass fraglich erscheinen **43** könnte, ob letzterer auch in Bezug auf Maßnahmen nach Abs. 3 Anwendung findet. Allerdings handelt es sich auch bei Maßnahmen nach Abs. 3 um die Durchführung von Ermittlungen iSv Abs. 1, so dass Abs. 2 auch auf ihn Anwendung findet und Anordnungen nach Abs. 3 gem. Abs. 2 iVm § 16 Abs. 8 sofort vollziehbar sind.

VI. Praxishinweise

Die Praxishinweise Rn. 19 f. gelten entsprechend. **44**

VII. Datenschutz

Abs. 3 S. 3 ordnet explizit an, dass die nach Abs. 3 erhobenen Daten nur für **45** im IfSG vorgesehene Zwecke verarbeitet werden dürfen.

VIII. Zuwiderhandlungen, zwangsweise Durchsetzung

Eine Zuwiderhandlung gegen Anordnungen nach § 25 Abs. 3 S. 1 oder 2 ist **46** gemäß § 73 Abs. 1a Nr. 6 bußgeld- und unter den Voraussetzungen von § 74 strafbewehrt. Dessen ungeachtet können die Rechte und Pflichten nach Abs. 2 bei Vorliegen der Voraussetzungen im Wege des Verwaltungszwangs durchgesetzt werden.

E. Untersuchung von Verstorbenen (Abs. 4)

I. Allgemeines

Auch die Untersuchung von Verstorbene kann wertvolle Hinweise für die **47** Ermittlungstätigkeit des Gesundheitsamtes liefern.

II. Tatbestandliche Voraussetzungen

Abs. 4 setzt für seine Anwendung das Vorliegen der tatbestandlichen Voraus- **48** setzungen des Abs. 1 voraus (vgl. Wortlaut ‚der in Abs. 1 genannten Verstorbenen').

III. Rechtsfolgen

1. Allgemeines

Abs. 4 befugt das Gesundheitsamt zur Untersuchung (S. 1) und die zuständige **49** Behörde zur Anordnung der inneren Leichenschau (S. 2).

2. Entschließungs- und Auswahlermessen bzgl. der zu ergreifenden Maßnahmen

50 Abs. 4 S. 1 gewährt dem Gesundheitsamt, Abs. 4 S. 2 der zuständigen Behörde (vgl. zum Begriff Vor §§ 15a Rn. 2) sowohl Entschließungs- als auch Auswahlermessen (vgl. zu den Begriffen Vor §§ 15a Rn. 10 ff.). Dabei handelt es sich aufgrund der durch da 2. COVIfSGAnpG vorgenommenen Ersetzung des vormaligen ‚kann' durch ein ‚soll' in Bezug auf die Anordnung der inneren Leichenschau nach Abs. 4 S. 2 durch die zuständige Behörde um ein so genanntes intendiertes Ermessen (vgl. Rn. 1a), so dass eine innere Leichenschau im Regelfall anzuordnen ist, wenn dies vom Gesundheitsamt für erforderlich gehalten wird. Raum für eine von der gesetzgeberischen Absicht abweichende Ermessensentscheidung verbleibt damit nur für Ausnahmefälle. Vgl. zu den vom Gesundheitsamtes anzustellenden Erwägungen hinsichtlich der Erforderlichkeit der inneren Leichenschau Rn. 54 sowie zum Ermessen allgemein Vor §§ 15a Rn. 9 ff.

3. Zu den einzelnen Maßnahmen

51 **a) Untersuchung (S. 1). aa) Zum Begriff.** Untersuchung meint die körperliche Untersuchung des Leichnams einschließlich seiner natürlichen Körperöffnungen von außen.

52 **bb) Durchführung.** Durchgeführt werden kann die Untersuchung von Ärzten des Gesundheitsamtes wie auch von deren Beauftragten (vgl. zu diesen die entsprechend geltenden Erläuterungen § 16 Rn. 40). Der Gewahrsamsinhaber ist verpflichtet, die Untersuchung zu gestatten. Gewahrsamsinhaber ist der Inhaber der tatsächlichen Sachgewalt über den Leichnam.

53 **b) Innere Leichenschau (S. 2). aa) Zum Begriff.** Eine innere Leichenschau geht über die Untersuchung nach S. 1 hinaus und mit einer Verletzung der körperlichen Integrität einher, indem der Leichnam geöffnet wird.

54 **bb) Einschätzung des Gesundheitsamtes.** Die innere Leichenschau ist für die Angehörigen oftmals extrem belastend und greift darüber hinaus massiv in die Totenruhe ein, welche durch § 168 StGB besonders geschützt ist. Die Erkenntnisse aus einer inneren Leichenschau können jedoch dabei helfen, die Ausbreitung sowie die körperlichen Folgen einer Krankheit richtig einzuschätzen (vgl. auch den Entwurf des 2. COVIfSGAnpG (BT-Drs. 19/18967, 59)). Das Gesundheitsamt muss somit bei seiner Beurteilung beide Aspekte in einer angemessenen Abwägung berücksichtigen. Ein im Gegensatz dazu ausschließlich wissenschaftliches Interesse reicht jedoch nicht aus, damit das Gesundheitsamt die Erforderlichkeit der inneren Leichenschau annehmen kann. In letzterem Fall kann eine innere Leichenschau indes – soweit der Verstorbene nicht bereits zu Lebzeiten eingewilligt hat – mit der Einwilligung der Totenfürsorgeberechtigten erfolgen.

IV. Der Adressat einer Maßnahme

Maßnahmen nach Abs. 4 können sich nur an den jeweiligen Gewahrsamsinhaber des Leichnams richten. **55**

V. Sofortige Vollziehbarkeit

Es gelten die Ausführungen Rn. 43 entsprechend. **56**

VI. Praxishinweise

Die Praxishinweise Rn. 19 f. gelten entsprechend. **57**

VII. Zuwiderhandlungen, zwangsweise Durchsetzung

Gestattet der Gewahrsamsinhaber die Untersuchung nach Abs. 4 S. 1 nicht oder handelt er einer vollziehbaren Anordnung nach § 25 Abs. 4 S. 2 zuwider, ist dies gemäß § 73 Abs. 1a Nr. 6, 11 bußgeld- und unter den Voraussetzungen von § 74 strafbewehrt. Dessen ungeachtet können die Rechte und Pflichten nach Abs. 4 bei Vorliegen der Voraussetzungen im Wege des Verwaltungszwangs durchgesetzt werden. **58**

F. Eingeschränkte Grundrechte (Abs. 5)

In Abs. 5 werden die durch Maßnahmen nach § 25 beeinträchtigten Grundrechte dargelegt (Art. 19 Abs. 1 S. 2 GG). **59**

§ 26 Teilnahme des behandelnden Arztes[1]

Der behandelnde Arzt ist berechtigt, mit Zustimmung des Patienten an den Untersuchungen nach § 25 sowie an der inneren Leichenschau teilzunehmen.

A. Allgemeines

§ 26 gesteht dem behandelnden Arzt das Recht zu, mit Zustimmung des Patienten an den in § 25 genannten Untersuchungen und der inneren Leichenschau teilzunehmen. Er ist Ausfluss des bereits in § 1 Abs. 2 zum Ausdruck kommenden Gedankens der vertrauensvollen Zusammenarbeit zwischen dem öffentlichen Gesundheitsdienst und der Ärzteschaft. Durch die Teilnahme des behandelnden und damit mit der Vorgeschichte des Betroffenen vertrauten Arztes können gegebenenfalls detailliertere Erkenntnisse gewonnen werden. **1**

---

[1] § 26 Abs. 1 u. 2: Baden-Württemberg – Abweichung durch § 60 Abs. 4 Polizeigesetz (PolG BW) idF d. G v. 20.11.2012 GBl. BW 2012, 625 mWv 29.11.2012 (vgl. BGBl. I 2012, 2726).

B. Einzelheiten

I. Zustimmungserfordernis

2 Das in § 26 genannte Erfordernis der Zustimmung des Patienten gilt nur in Bezug auf Untersuchungen nach § 25 Abs. 3. Für die Teilnahme an Untersuchungen nach § 25 Abs. 4 S. 1 sowie für die innere Leichenschau nach § 25 Abs. 4 S. 2 ist weder eine zu Lebzeiten abgegebene Zustimmung des Verstorbenen noch eine Zustimmung des Gewahrsamsinhabers erforderlich. Unter Zustimmung versteht man die vorab erfolgte Einwilligung.

II. Unterrichtung des behandelnden Arztes

3 Das Gesundheitsamt kann den behandelnden Arzt, der nicht an den Untersuchungen oder der inneren Leichenschau teilgenommen hat, unter den Voraussetzungen von § 28 (vgl. zu diesen § 28 Rn. 9 ff.) unterrichten, etwa wenn Schutzmaßnahmen erforderlich sind. Liegen diese Voraussetzungen nicht vor, so kann der behandelnde Arzt von Untersuchungen nach § 25 Abs. 3 mit Zustimmung des Betroffenen unterrichtet werden. Eine Unterrichtung über Untersuchungen nach § 25 Abs. 4 S. 1 und über die innere Leichenschau nach § 25 Abs. 4 S. 2 kann immer erfolgen, da bei diesen auch die Teilnahme ohne Zustimmung des Verstorbenen und des Gewahrsamsinhabers möglich gewesen wäre.

§ 27 Gegenseitige Unterrichtung

(1) Das Gesundheitsamt unterrichtet insbesondere in den Fällen des § 25 Absatz 1 unverzüglich andere Gesundheitsämter oder die zuständigen Behörden und Stellen nach den §§ 54 bis 54b, deren Aufgaben nach diesem Gesetz berührt sind, und übermittelt ihnen die zur Erfüllung von deren Aufgaben erforderlichen Angaben, sofern ihm die Angaben vorliegen. Die zuständigen Behörden und Stellen nach den §§ 54 bis 54b unterrichten das Gesundheitsamt, wenn dessen Aufgaben nach diesem Gesetz berührt sind, und übermitteln diesem die zur Erfüllung von dessen Aufgaben erforderlichen Angaben, soweit ihnen die Angaben vorliegen.

(2) Das Gesundheitsamt unterrichtet unverzüglich die für die Überwachung nach § 39 Absatz 1 Satz 1 des Lebensmittel- und Futtermittelgesetzbuchs örtlich zuständige Lebensmittelüberwachungsbehörde, wenn auf Grund von Tatsachen feststeht oder der Verdacht besteht,
1. dass ein spezifisches Lebensmittel, das an Endverbraucher abgegeben wurde, in mindestens zwei Fällen mit epidemiologischem Zusammenhang Ursache einer übertragbaren Krankheit ist, oder
2. dass Krankheitserreger auf Lebensmittel übertragen wurden und deshalb eine Weiterverbreitung der Krankheit durch Lebensmittel zu befürchten ist.

Das Gesundheitsamt stellt folgende Angaben zur Verfügung, soweit sie ihm vorliegen und die Angaben für die von der zuständigen Lebensmittelüberwachungsbehörde zu treffenden Maßnahmen erforderlich sind:

Gegenseitige Unterrichtung § 27 IfSG

1. Zahl der Kranken, Krankheitsverdächtigen, Ansteckungsverdächtigen und Ausscheider, auf Ersuchen der Lebensmittelüberwachungsbehörde auch Namen und Erreichbarkeitsdaten,
2. betroffenes Lebensmittel,
3. an Endverbraucher abgegebene Menge des Lebensmittels,
4. Ort und Zeitraum seiner Abgabe,
5. festgestellter Krankheitserreger und
6. von Personen entgegen § 42 ausgeübte Tätigkeit sowie Ort der Ausübung.

(3) Das Gesundheitsamt unterrichtet unverzüglich die nach § 4 Absatz 1 des Tiergesundheitsgesetzes zuständige Behörde, wenn
1. aufgrund von Tatsachen feststeht oder der Verdacht besteht,
   a) dass Erreger einer übertragbaren Krankheit unmittelbar oder mittelbar von Tieren auf eine betroffene Person übertragen wurden oder
   b) dass von einer betroffenen Person Erreger auf Tiere übertragen wurden, und
2. es sich um Erreger einer nach einer auf Grund des Tiergesundheitsgesetzes erlassenen Rechtsverordnung anzeigepflichtigen Tierseuche oder meldepflichtigen Tierkrankheit handelt.

Das Gesundheitsamt übermittelt der nach § 4 Absatz 1 des Tiergesundheitsgesetzes zuständigen Behörde Angaben zum festgestellten Erreger, zur Tierart und zum Standort der Tiere, sofern ihm die Angaben vorliegen.

(4) Das Gesundheitsamt unterrichtet unverzüglich die für den Immissionsschutz zuständige Behörde, wenn im Fall einer örtlichen oder zeitlichen Häufung von Infektionen mit Legionella sp. der Verdacht besteht, dass Krankheitserreger durch Aerosole in der Außenluft auf den Menschen übertragen wurden. Das Gesundheitsamt übermittelt der für den Immissionsschutz zuständigen Behörde Angaben zu den wahrscheinlichen Orten und Zeitpunkten der Infektionen, sofern ihm die Angaben vorliegen.

(5) Das Gesundheitsamt unterrichtet unverzüglich die zuständige Landesbehörde, wenn der Verdacht besteht, dass ein Arzneimittel die Quelle einer Infektion ist. Das Gesundheitsamt übermittelt der zuständigen Landesbehörde alle notwendigen Angaben, sofern es diese Angaben ermitteln kann, wie Bezeichnung des Produktes, Name oder Firma des pharmazeutischen Unternehmers und die Chargenbezeichnung. Über die betroffene Person sind ausschließlich das Geburtsdatum, das Geschlecht sowie der erste Buchstabe des ersten Vornamens und der erste Buchstabe des ersten Nachnamens anzugeben. Die zuständige Behörde übermittelt die Angaben unverzüglich der nach § 77 des Arzneimittelgesetzes zuständigen Bundesoberbehörde. Die personenbezogenen Daten sind zu pseudonymisieren.

(6) Steht auf Grund von Tatsachen fest oder besteht der Verdacht, dass jemand, der an einer meldepflichtigen Krankheit erkrankt oder mit einem meldepflichtigen Krankheitserreger infiziert ist, oder dass ein Verstorbener, der an einer meldepflichtigen Krankheit erkrankt oder mit einem meldepflichtigen Krankheitserreger infiziert war, nach dem vermuteten Zeitpunkt der Infektion Blut-, Organ-, Gewebe- oder Zellspender war, so hat das Gesundheitsamt, wenn es sich dabei um eine durch Blut, Blutprodukte, Organe, Gewebe oder Zellen übertragbare Krankheit oder Infektion handelt, die zuständigen Behörden von Bund und Ländern unverzüglich über den Befund oder Verdacht zu unterrichten. Es meldet dabei die ihm

bekannt gewordenen Sachverhalte. Nach den Sätzen 1 und 2 hat es bei Spendern vermittlungspflichtiger Organe (§ 1a Nummer 2 des Transplantationsgesetzes) auch die nach § 11 des Transplantationsgesetzes errichtete oder bestimmte Koordinierungsstelle zu unterrichten, bei sonstigen Organ-, Gewebe- oder Zellspendern nach den Vorschriften des Transplantationsgesetzes die Einrichtung der medizinischen Versorgung, in der das Organ, das Gewebe oder die Zelle übertragen wurde oder übertragen werden soll, und die Gewebeeinrichtung, die das Gewebe oder die Zelle entnommen hat.

Übersicht

	Rn.
A. Allgemeines	1
I. Inhalt	1
II. Letzte Änderungen	1a
B. Allgemeine Unterrichtspflichten (Abs. 1)	2
C. Unterrichtspflichten im Zusammenhang mit übertragbaren Krankheiten, welche durch Lebens- oder Futtermittel weiterübertragen werden (Abs. 2)	3
I. Allgemeines	3
II. Tatbestandliche Voraussetzungen der Unterrichtungspflicht (S. 1)	4
1. Allgemeines	4
2. Die beiden Tatbestandsalternativen von Abs. 1	5
a) Allgemeines	5
b) Tatbestandsalternative 1 (S. 1 Nr. 1)	6
c) Tatbestandsalternative 2 (S. 1 Nr. 2)	12
III. Rechtsfolgen (S. 2)	18
1. Allgemeines	18
2. Einzelheiten	19
a) Gesundheitsamt	19
b) Unverzüglich	20
c) Empfänger der Unterrichtung	21
d) Erforderliche Angaben	22
e) Dem Gesundheitsamt vorliegende Angaben	23
D. Unterrichtungspflichten im Zusammenhang mit Blut-, Organ-, Gewebe- oder Zellspenden (Abs. 6)	24
I. Allgemeines	24
II. Tatbestandliche Voraussetzungen der Unterrichtungspflicht (S. 1)	25
1. Allgemeines	25
2. Einzelheiten	26
a) An meldepflichtiger Krankheit erkrankte oder mit einem meldepflichtigen Krankheitserreger infizierte Person	26
b) Durch Blut, Blutprodukte, Organe, Gewebe oder Zellen übertragbare Krankheit oder Infektion	30
c) Feststehen oder Verdacht, dass diese Person nach dem vermuteten Zeitpunkt der Infektion Blut-, Organ-, Gewebe- oder Zellspender war	31
III. Rechtsfolgen	32

A. Allgemeines

I. Inhalt

Durch das Gesetz zur Modernisierung der epidemiologischen Überwachung übertragbarer Krankheiten wurde § 27 nahezu vollständig neu gefasst. Nach der Begründung des Entwurfs des Gesetzes stellt § 27 eine Regelung spezieller Aspekte des Informationsmanagements durch das Gesundheitsamt dar, ohne dabei mögliche Informationsflüsse zu anderen Stellen abschließend festzulegen. Die in § 27 enthaltenen Unterrichtungspflichten sollen einen hinreichenden Informationsfluss zwischen den verschiedenen zuständigen Behörden sicherstellen. Die Unterrichtungspflichten nach Abs. 6 stehen im Zusammenhang mit Blut, Blutprodukten, Organen, Geweben oder Zellen.

1

II. Letzte Änderungen

Durch das das 2. COVIfSGAnpG wurden die Überschrift neu gefasst und Abs. 1 modifiziert, er reflektiert nunmehr die neu gefassten bzw. eingefügten §§ 54 bis 54b.

1a

B. Allgemeine Unterrichtungspflichten (Abs. 1)

Abs. 1 stellt eine grundsätzliche Pflicht zum Informationsaustausch auf. Diese beinhaltet, dass jedes Gesundheitsamt unverzüglich andere Gesundheitsämter sowie gegebenenfalls die zuständigen Behörden und Stellen nach den §§ 54 bis 54b unterrichtet, wenn deren Aufgaben nach dem IfSG berührt sind und ihnen die zu deren Erfüllung erforderlichen Angaben übermittelt (S. 1). Die zuständigen Behörden und Stellen nach den §§ 54 bis 54b unterrichten wiederum das Gesundheitsamt, wenn dessen Aufgaben nach dem IfSG berührt sind, und übermitteln diesem die zur Aufgabenerfüllung erforderlichen Angaben, soweit ihnen die Angaben vorliegen (S. 2). Dabei ist die Übermittlungspflicht auf vorhandene und für die Aufgabenerfüllung erforderliche Daten beschränkt (vgl. jeweils den Wortlaut ‚erforderlichen Angaben, sofern ihm die Angaben vorliegen').

2

C. Unterrichtungspflichten im Zusammenhang mit übertragbaren Krankheiten, welche durch Lebens- oder Futtermittel weiterübertragen werden (Abs. 2)

I. Allgemeines

Die Unterrichtungspflichten nach Abs. 2 bestehen im Zusammenhang mit übertragbaren Krankheiten, welche durch Lebens- oder Futtermittel weiterübertragen werden.

3

II. Tatbestandliche Voraussetzungen der Unterrichtungspflicht (S. 1)

1. Allgemeines

4 Die Unterrichtungspflicht besteht nur bei Vorliegen der in S. 1 festgelegten Voraussetzungen.

2. Die beiden Tatbestandsalternativen von Abs. 1

5 a) **Allgemeines.** S. 1 enthält mit den Nrn. 1 und 2 zwei Tatbestandsalternativen.

6 b) **Tatbestandsalternative 1 (S. 1 Nr. 1). aa) Allgemeines.** Bei Alternative 1 muss aufgrund von Tatsachen feststehen oder ein entsprechender Verdacht bestehen (siehe dazu Rn. 11), dass ein spezifisches an Endverbraucher abgegebenes Lebensmittel in mindestens zwei Fällen, zwischen denen ein epidemiologischer Zusammenhang besteht, Ursache einer übertragbaren Krankheit ist.

7 bb) **Spezifisches Lebensmittel.** Der Lebensmittelbegriff ist in § 2 LFGB iVm Art. 2 der Verordnung (EG) Nr. 178/2002 definiert. ‚Spezifisch' ist ein bestimmtes Lebensmittel.

8 cc) **Endverbraucher.** Die Definition ergibt sich aus § 3 Nr. 3 LFGB iVm Art. 3 Nr. 18 der Verordnung (EG) 178/2002.

9 dd) **Epidemiologischer Zusammenhang.** Es gelten die Erläuterungen § 6 Rn. 10 entsprechend.

10 ee) **Übertragbare Krankheit.** Vgl. die Erläuterungen § 2 Rn. 20 ff. zur Legaldefinition in § 2 Nr. 3.

11 ff) **Feststehen aufgrund von Tatsachen oder Bestehen eines Verdachtes.** Die in Abs. 1 S. 1 Nr. 1 genannten Voraussetzungen müssen aufgrund von Tatsachen feststehen oder es muss ein entsprechender Verdacht bestehen. Es reicht ein so genannter Anfangsverdacht aus. Insoweit gelten die Ausführungen zu § 25 Rn. 6 und 8 entsprechend.

12 c) **Tatbestandsalternative 2 (S. 1 Nr. 2). aa) Allgemeines.** Tatbestandsalternative Nr. 2 hat zur Voraussetzung, dass aufgrund von Tatsachen feststeht oder ein entsprechender Verdacht besteht, dass Krankheitserreger so auf ein Lebensmittel übertragen wurden, dass eine Weiterverbreitung der entsprechenden Krankheit zu befürchten ist.

13 bb) **Krankheitserreger.** Vgl. die Erläuterungen § 2 Rn. 20 ff.

14 cc) **Lebensmittel.** Vgl. die Erläuterungen Rn. 7.

15, 16 dd) **Zu befürchten.** Die Weiterverbreitung ist zu befürchten, wenn sie aus medizinischer Sicht möglich erscheint. Es gilt insoweit die ‚Je-desto-Formel' (vgl. § 16 Rn. 6).

ee) **Feststehen aufgrund von Tatsachen oder Bestehen eines Verdachtes.** Insoweit gelten die Ausführungen Rn. 11 entsprechend. 17

III. Rechtsfolgen (S. 2)

1. Allgemeines

Bei Vorliegen der Voraussetzungen von S. 1 hat das Gesundheitsamt die in S. 2 genannten Angaben zur Verfügung zu stellen, soweit diese für die von der zuständigen Lebensmittelüberwachungsbehörde zu treffenden Maßnahmen erforderlich sind und soweit sie ihm vorliegen. 18

2. Einzelheiten

a) **Gesundheitsamt.** Der Begriff ist in § 2 Nr. 14 legaldefiniert. Vgl. auch die Erläuterungen § 2 Rn. 73 ff. 19

b) **Unverzüglich.** Die Unterrichtung muss unverzüglich erfolgen, mithin ohne schuldhaftes Verzögern (vgl. § 121 BGB). 20

c) **Empfänger der Unterrichtung.** Die Unterrichtung muss gegenüber der für die Überwachung nach § 39 Abs. 1 S. 1 LFGB zuständigen Behörde erfolgen. 21

d) **Erforderliche Angaben.** Da dem Gesundheitsamt in aller Regel die von der zuständigen Lebensmittelüberwachungsbehörde zu treffenden Maßnahmen nicht bekannt sind, ist es im Einzelfall schwierig, (nur) diejenigen der in S. 2 Nr. 1–6 genannten Angaben zur Verfügung zu stellen, die für diese erforderlich sind. Es bietet sich insoweit eine enge Abstimmung im Einzelfall an. 22

e) **Dem Gesundheitsamt vorliegende Angaben.** Nach dem Wortlaut von S. 2 besteht die Übermittlungspflicht nur insoweit, als dass die Angaben dem Gesundheitsamt vorliegen (vgl. Wortlaut). 23

D. Unterrichtungspflichten im Zusammenhang mit Blut-, Organ-, Gewebe- oder Zellspenden (Abs. 6)

I. Allgemeines

Abs. 6 enthält Unterrichtungspflichten, welche dem Gesundheitsamt im Zusammenhang mit Blut-, Organ-, Gewebe- und Zellspenden obliegen. 24

II. Tatbestandliche Voraussetzungen der Unterrichtungspflicht (S. 1)

1. Allgemeines

Die Unterrichtungspflicht besteht nur bei Vorliegen der in S. 1 festgelegten Voraussetzungen. 25

2. Einzelheiten

26 **a) An meldepflichtiger Krankheit erkrankte oder mit einem meldepflichtigen Krankheitserreger infizierte Person. aa) Allgemeines.** Es muss aufgrund von Tatsachen feststehen, dass eine lebende oder bereits verstorbene Person an einer meldepflichtigen Krankheit erkrankt oder mit einem meldepflichtigen Krankheitserreger infiziert ist bzw. (bei einem Verstorbenen) war.

27 **bb) Meldepflichtige Krankheit, meldepflichtiger Krankheitserreger.** Darunter fallen sämtliche nach § 6 oder § 7, jeweils auch in Verbindung mit einer Rechtsverordnung nach § 15, meldepflichtigen Krankheiten bzw. Krankheitserreger. Vgl. im Einzelnen die Erläuterungen zu §§ 6, 7, 15.

28 **cc) Erkrankt, infiziert.** Vgl. dazu die entsprechenden Erläuterungen § 24 Rn. 9.

29 **dd) Feststehen aufgrund von Tatsachen.** Die genannten Voraussetzungen stehen iSd Vorschrift ‚fest', wenn das Gesundheitsamt auf Basis seiner pflichtgemäßen Feststellungen vernünftigerweise von ihrem Vorliegen ausgehen darf. Besteht insoweit zum Entscheidungszeitpunkt indes keine hinreichende Gewissheit sondern verbleiben noch Zweifel, ob diese Tatsachen tatsächlich vorliegen, sind die Voraussetzungen nicht gegeben. Ein Anfangsverdacht reicht in Bezug auf das Vorliegen einer meldepflichtigen Erkrankung bzw. Infektion nicht zur Tatbestandserfüllung (vgl. zum Anfangsverdacht § 25 Rn. 8).

30 **b) Durch Blut, Blutprodukte, Organe, Gewebe oder Zellen übertragbare Krankheit oder Infektion.** Bei der meldepflichtigen Krankheit bzw. Infektion muss es sich um eine solche handeln, die durch Blut, Blutprodukte, Organe, Gewebe oder Zellen übertragbar ist.

31 **c) Feststehen oder Verdacht, dass diese Person nach dem vermuteten Zeitpunkt der Infektion Blut- Organ, Gewebe- oder Zellspender war. aa) Allgemeines.** Es muss aufgrund von Tatsachen feststehen oder der Verdacht bestehen, dass 1.) die erkrankte oder infizierte lebende oder verstorbene Person Blut, Organ, Gewebe- oder Zellspender war, und 2.) die Spende nach dem vermuteten Zeitpunkt der Infektion stattfand. Es reicht in Bezug auf 1.) wie auch 2.) ein so genannter Anfangsverdacht aus. Insoweit gelten die Ausführungen zu § 25 Rn. 8 entsprechend. Auf den vermuteten Zeitpunkt der Infektion wird abgestellt, da der präzise Zeitpunkt in der Regel nicht bekannt ist. Entscheidend dürften zur zeitlichen Eingrenzung in der Praxis insbesondere etwaige vorliegende entsprechende Laborbefunde sein.

III. Rechtsfolgen

32 Bei Vorliegen der Voraussetzungen von S. 1 hat das Gesundheitsamt die zuständigen Behörden von Bund oder Ländern unverzüglich über den Befund oder Verdacht und – nach S. 2 – bekannt gewordene Sachverhalte zu unterrichten. Handelt es sich um bei der Person um einen Spender vermittlungspflichtiger Organe nach § 1a Nr. 2 des Transplantationsgesetzes, so ist auch

Schutzmaßnahmen § 28 IfSG

die nach § 11 des Transplantationsgesetzes errichtete oder bestimmte Koordinierungsstelle zu unterrichten (S. 3 HS 1). Nach S. 3 HS 2 hat das Gesundheitsamt bei sonstigen Organ-, Gewebe- oder Zellspendern nach den Vorschriften des Transplantationsgesetzes die Einrichtung der medizinischen Versorgung, in der das Organ, Gewebe oder die Zelle übertragen wurde oder werden soll, und die Gewebeeinrichtung, die das Gewebe oder die Zelle entnommen hat, zu unterrichten.

§ 28 Schutzmaßnahmen

(1) Werden Kranke, Krankheitsverdächtige, Ansteckungsverdächtige oder Ausscheider festgestellt oder ergibt sich, dass ein Verstorbener krank, krankheitsverdächtig oder Ausscheider war, so trifft die zuständige Behörde die notwendigen Schutzmaßnahmen, insbesondere die in § 28a Absatz 1 und in den §§ 29 bis 31 genannten, soweit und solange es zur Verhinderung der Verbreitung übertragbarer Krankheiten erforderlich ist; sie kann insbesondere Personen verpflichten, den Ort, an dem sie sich befinden, nicht oder nur unter bestimmten Bedingungen zu verlassen oder von ihr bestimmte Orte oder öffentliche Orte nicht oder nur unter bestimmten Bedingungen zu betreten. Unter den Voraussetzungen von Satz 1 kann die zuständige Behörde Veranstaltungen oder sonstige Ansammlungen von Menschen beschränken oder verbieten und Badeanstalten oder in § 33 genannte Gemeinschaftseinrichtungen oder Teile davon schließen. Eine Heilbehandlung darf nicht angeordnet werden. Die Grundrechte der körperlichen Unversehrtheit (Artikel 2 Absatz 2 Satz 1 des Grundgesetzes), der Freiheit der Person (Artikel 2 Absatz 2 Satz 2 des Grundgesetzes), der Versammlungsfreiheit (Artikel 8 des Grundgesetzes), der Freizügigkeit (Artikel 11 Absatz 1 des Grundgesetzes) und der Unverletzlichkeit der Wohnung (Artikel 13 Absatz 1 des Grundgesetzes) werden insoweit eingeschränkt.

(2) Wird festgestellt, dass eine Person in einer Gemeinschaftseinrichtung an Masern erkrankt, dessen verdächtig oder ansteckungsverdächtig ist, kann die zuständige Behörde Personen, die weder einen Impfschutz, der den Empfehlungen der Ständigen Impfkommission entspricht, noch eine Immunität gegen Masern durch ärztliches Zeugnis nachweisen können, die in § 34 Absatz 1 Satz 1 und 2 genannten Verbote erteilen, bis eine Weiterverbreitung der Krankheit in der Gemeinschaftseinrichtung nicht mehr zu befürchten ist.

(3) Für Maßnahmen nach den Absätzen 1 und 2 gilt § 16 Abs. 5 bis 8, für ihre Überwachung außerdem § 16 Abs. 2 entsprechend.

Übersicht

	Rn.
A. Allgemeines	1
I. Inhalt	1
II. § 28 als Bekämpfungsgeneralklausel mit präventiven Wirkungen	1a
1. Allgemeines	1a
2. Abgrenzung zu § 16	1b

	Rn.
III. Letzte Änderungen	1c
1. Durch das COVIfSGAnpG	1c
2. Durch das 3. COVIfSGAnpG	1d
B. Maßnahmen nach Abs. 1	2
I. Allgemeines	2
II. Verhältnis zu den Regelbeispielen des § 28a und den Standardermächtigungen in den §§ 29–31	3
1. Verhältnis zu den Regelbeispielen des § 28a	3
2. Verhältnis zu den Standardermächtigungen in den §§ 29–31	4
III. Zur Verfassungsmäßigkeit	5
1. Allgemeines	5
2. Zur gebotenen Bestimmtheit	6
3. Stellungnahme	7
4. Besondere Schutzmaßnahmen zur Verhinderung der Verbreitung der Coronavirus-Krankheit	8
IV. Tatbestandliche Voraussetzungen	9
1. Allgemeines	9
2. Kranke, krankheitsverdächtige, ansteckungsverdächtige Person, Ausscheider	10
3. Festgestellt oder ergibt sich	11
a) Allgemeines	11
b) Voraussetzungen	12
V. Rechtsfolgen	13
1. Vorschlag des Gesundheitsamtes (Abs. 3 iVm § 16 Abs. 6)	13
2. Auswahlermessen bzgl. der zu ergreifenden Maßnahmen	14
a) Allgemein zum Auswahlermessen	14
b) Zweck der Schutzmaßnahmen nach Abs. 1	15
c) Zeitliche Entwicklung	16
VI. Insbesondere: Verhältnismäßigkeit bei die Allgemeinheit betreffenden, flächendeckenden Maßnahmen sowie im Pandemiefall	17
1. Allgemeines	17
2. Grundrechtsschutz im Pandemiefall	18
3. Bedeutung des sich verändernden Kenntnisstandes in Bezug auf Maßnahmen nach dem IfSG	19
a) Allgemeines	19
b) Bedeutung für Beurteilung der Tatbestandsvoraussetzungen sowie die Rechtsfolgen (insbesondere Verhältnismäßigkeit)	20
c) Pflicht zur Evaluierung getroffener Maßnahmen	21
d) Befristungen als Element der Gewährleistung der Verhältnismäßigkeit	22
4. Ausnahmevorbehalte als Element der Gewährleistung der Verhältnismäßigkeit	23
5. Weiter Spielraum bei Gesamtkonzepten von Schutzmaßnahmen	24

	Rn.
6. Bedeutung der Funktionsfähigkeit des Gesundheitssystems	25
7. Bedeutung einer örtlich differenzierten Betrachtung	26
VII. Zu den Schutzmaßnahmen	27
1. Allgemeines	27
2. Maßnahmen nach S. 1 HS 1	28
3. Maßnahmen nach S. 1 HS 2	29
a) Allgemeines	29
b) Maßnahmen nach S. 1 HS 2, die zugleich unter den Anwendungsbereich von § 28a Abs. 1 fallen	30
4. Maßnahmen nach S. 2	31
a) Allgemeines	31
b) Maßnahmen nach S. 2, die zugleich unter den Anwendungsbereich von § 28a Abs. 1 fallen	32
c) Veranstaltungen oder sonstige Ansammlungen	33
VIII. Beispiele für Schutzmaßnahmen nach Abs. 1	37
1. Allgemeines	37
2. Schutzmaßnahmen zur Verhinderung der Weiterverbreitung von COVID-19	38
3. Praxishinweis: Einreisequarantäne	39
4. Verbot der Anordnung von Heilbehandlungen	40
IX. Betretungs- und weitere Rechte sowie korrespondierende Pflichten im Zusammenhang mit einer Maßnahme nach Abs. 1	41
X. Der Adressat einer Maßnahme, Störerauswahl	42
1. Störer	43–44
2. Nichtstörer	44
a) Allgemeines	44
b) Praxishinweise	45
3. Geschäftsunfähige, beschränkt geschäftsfähige und betreute Personen	46
XI. Sofortige Vollziehbarkeit	47
XII. Praxishinweise	48
1. Vollständige gerichtliche Überprüfbarkeit	48
2. Geschäftsunfähige, beschränkt geschäftsfähige und betreute Personen	49
XIII. Zuwiderhandlungen, zwangsweise Durchsetzung	50
XIV. Kosten	51
C. Maßnahmen nach Abs. 2	52
I. Allgemeines	52
II. Tatbestandliche Voraussetzungen	53
1. Allgemeines	53
2. Gemeinschaftseinrichtung	54
3. Tätigkeit, betreut	55
4. An Masern erkrankt, dessen verdächtig oder ansteckungsverdächtig	56
5. Festgestellt	57
a) Allgemeines	57
b) Voraussetzungen	58
III. Rechtsfolgen	59
1. Allgemeines	59

	Rn.
2. Vorschlag des Gesundheitsamtes (Abs. 3 iVm § 16 Abs. 6)	60
3. Entschließungs- und Auswahlermessen bzgl. der zu ergreifenden Maßnahmen	61
4. Zu den einzelnen Verboten nach § 34 Abs. 1 S. 1 und 2	62
IV. Überwachung der angeordneten Verbote	63
V. Der Adressat einer Maßnahme	64, 65
VI. Sofortige Vollziehbarkeit	66
VII. Praxishinweise	67
VIII. Zuwiderhandlungen, zwangsweise Durchsetzung	68
D. Überwachung, geschäftsunfähige, beschränkt geschäftsfähige und betreute Personen, Gefahr im Verzug, Vollziehbarkeit (Abs. 3)	69
I. Allgemeines	69
II. Einzelheiten	70
1. Verweis auf § 16 Abs. 2 (Betretungs-, Einsichts- und sonstigen Rechte)	70
2. Verweis auf § 16 Abs. 5 (geschäftsunfähige, beschränkt geschäftsfähige und betreute Störer)	71
3. Verweis auf § 16 Abs. 6, 7 (Vorschlag des Gesundheitsamtes, Gefahr im Verzug)	72
4. Verweis auf § 16 Abs. 8 (sofortige Vollziehbarkeit)	73
III. Zuwiderhandlungen, zwangsweise Durchsetzung	74

A. Allgemeines

I. Inhalt

1 § 28 ist, ggf. iVm § 28a, 29, 30 oder 31 (vgl. zum Zusammenspiel die Erläuterungen Rn. 27 ff.) die Rechtsgrundlage für Schutzmaßnahmen gegen übertragbare Krankheiten. Bei seiner Anwendung sind die Grundsätze und Regelungen des allgemeinen Verwaltungsrechts, Gefahrenabwehrrechts und Verwaltungsvollstreckungsrechts zu beachten (vgl. Vor §§ 15a Rn. 1 ff.). Zur für die Maßnahmen nach § 28 zuständigen Behörde siehe Vor §§ 15a Rn. 2. Zum systematischen Zusammenspiel von § 25 mit den §§ 28–31 vgl. Vor § 25. Vgl. zu möglichen Anordnungen von Betretungs- und Tätigkeitsverboten für den Fall der Nichtvorlage eines angeforderten Nachweises in Bezug auf den Masernimpfschutz nach § 20 Abs. 12 die Erläuterungen § 20 Rn. 139 ff.

II. § 28 als Bekämpfungsgeneralklausel mit präventiven Wirkungen
1. Allgemeines

1a § 28 Abs. 1 S. 1 wird gemeinhin als die Bekämpfungsgeneralklausel angesehen (vgl. BVerwG, Urteil vom 22.3.2012 – BVerwG 3 C 16.11); in Bezug auf die Verhütung übertragbarer Krankheiten soll § 16 die Generalklausel sein. Diese grundsätzliche, dem traditionellen Verständnis (vgl. § 56 Rn. 48) entsprechende Unterscheidung bedeutet indes nicht, dass Maßnahmen nach § 28 nicht zugleich auch präventive Wirkungen haben und Maßnahmen nach § 16 nicht zugleich auch der Bekämpfung übertragbarer Krankheiten dienen. Im Rahmen der Corona-Pandemie mussten bislang unerprobte Konzepte zur Bewältigung der infektionshygienischen Herausforderungen für die gesamte Gesellschaft in bislang nicht bekanntem Maße entworfen und umgesetzt werden. Dabei stellte sich heraus, dass gerade bei umfangreicheren, miteinander zusammenspielenden (vgl. dazu auch die Erläuterungen Rn. 24) Maßnahmen eine trennscharfe Charakterisierung einer Maßnahme als präventiv oder bekämpfend nicht immer möglich ist. Vielmehr zeigte sich, dass insbesondere eine Vielzahl von Personen treffende Bekämpfungsmaßnahmen als notwendigen wie auch infektionshygienisch durchaus willkommenen Nebeneffekt oftmals eine präventive Wirkung aufweisen. So zielen die (seit jeher) explizit in § 28 genannten und deshalb diesem unzweifelhaft zuzuordnenden Beschränkungen und Verbote von Veranstaltungen und Ansammlungen (als Reaktion auf hinreichend viele aufgetretene Corona-Infektionen) zwar primär auf die Bekämpfung (der Weiterverbreitung) des Corona-Virus (SARS-CoV-2) ab. In diesen Fällen aber ist die zwingende (Neben-)Folge der Bekämpfung, dass weniger Personen sich dem Risiko einer Infektion aussetzen und folglich infizieren können – somit hat eine solche Bekämpfungsmaßnahme zugleich eine präventive Wirkung. Dies war dem Gesetzgeber auch bewusst, wenn er zur Vorläufernorm des § 16, § 10 BSeuchG ausführt (vgl. Entwurf eines Vierten Gesetzes zur Änderung des Bundesseuchengesetzes (BT-Drs. 8/2468, 19)): „Beim Vollzug des BSeuchG haben sich vielfach Schwierigkeiten daraus ergeben, daß zwischen Maßnahmen zur Verhütung übertragbarer Krankheiten (§§ 10 ff.) und Maßnahmen zur Bekämpfung übertragbarer Krankheiten (§§ 30 ff.) unterschieden, diese Unterscheidung aber nicht immer folgerichtig durchgeführt ist. Auch waren Maßnahmen nur im Abschnitt Bekämpfung genannt, die auch bei der Verhütung eine Rolle spielen (z. B. Entseuchung und Entwesung). Es erscheint allerdings nicht notwendig, die im Grunde bewährte Systematik aufzugeben, wenn die Vorschriften der §§ 10 ff. und der §§ 30 ff. besser aufeinander abgestimmt werden. Dabei erscheint es zweckmäßig, in dem Abschnitt über die Verhütung übertragbarer Krankheiten alle Maßnahmen aufzunehmen, die neben der Bekämpfung auch der Verhütung übertragbarer Krankheiten dienen. Soweit erforderlich, sind in den Abschnitt über die Bekämpfung übertragbarer Krankheiten dann Verweisungen aufgenommen worden. Die Vorschrift des § 10 ist dabei so erweitert worden, dass im übrigen in § 32 und § 34 so weit wie möglich auf diese Bestimmung Bezug genommen wird und § 35 entfallen kann. Ergänzt wird die Regelung des § 10 schließlich durch den neuen § 12a, der die Ermächtigung enthält, unter den Voraussetzungen der §§ 10 und 12 entsprechende Gebote und Verbote zur Verhütung übertragbarer Krankheiten zu erlassen." Die skizzierte Erkenntnis ist bei der Beantwortung der Fragestellung, ob eine Maßnahme auf § 16 oder auf § 28 zu stützen ist, hinreichend zu berücksichtigen.

2. Abgrenzung zu § 16

1b Entscheidend bei der Beurteilung, ob eine Maßnahme auf § 16 oder § 28 zu stützen ist, ist der sich aus den Gesamtumständen ergebende, überwiegend mit der Maßnahme verfolgte Zweck aus Sicht eines infektionshygienisch versierten Beobachters. Dabei sind Schutzmaßnahmen nach §§ 28 ff. insoweit vorrangig, als dass einem Einschleppungs- oder Ausbreitungsrisiko begegnet werden soll (so der Entwurf des 2. COVIfSGAnpG (BT-Drs. 19/18967, 58)), vgl. auch Rn. 1c. Maßnahmen zur Verhinderung des Auftretens einer übertragbaren Krankheit sind demgegenüber auf § 16 zu stützen (Kießling § 16 Rn. 1).

III. Letzte Änderungen

1. Durch das COVIfSGAnpG

1c Durch das COVIfSGAnpG wurde der Wortlaut von Abs. 1 ‚aus Gründen der Normklarheit angepasst', wie der Entwurf des COVIfSGAnpG (BT-Drs. 19/18111, 24) lapidar ausführt.

2. Durch das 3. COVIfSGAnpG

1d Im Rahmen des 3. COVIfSGAnpG wurde der Einschub in S. 1 um den neu eingefügten § 28a ergänzt. Zudem hat der Gesetzgeber unter Hinweis darauf, dass nach Abs. 1 S. 1 auch unabhängig von den Voraussetzungen des § 25 Testungen angeordnet werden können, die beispielsweise im Rahmen des Betretens einer Einrichtung durchgeführt werden müssen, Abs. 1 S. 4 um die körperliche Unversehrtheit (Art 2 Abs. 2 S. 1 GG) als einem weiteren beeinträchtigtem Grundrecht ergänzt, um auch insoweit dem Zitiergebot nach Art. 19 Abs. 1 S. 2 GG gerecht zu werden.

B. Maßnahmen nach Abs. 1

I. Allgemeines

2 Bei Vorliegen der tatbestandlichen Voraussetzungen von § 28 Abs. 1 S. 1 hat die zuständige Behörde über zu ergreifende Schutzmaßnahmen zu entscheiden (‚so trifft die zuständige Behörde'), es besteht kein Entschließungs-, aber ein Auswahlermessen (vgl. zu diesem im Einzelnen Rn. 14 ff.). Maßnahmen nach Abs. 1 sind grundsätzlich gem. Abs. 3 iVm § 16 Abs. 8 sofort vollziehbar, zu den Einzelheiten vgl. Rn. 73. Vgl. zu Maßnahmen speziell im Zusammenhang mit der Corona-Pandemie die Erläuterungen ab Rn. 8.

II. Verhältnis zu den Regelbeispielen des § 28a und den Standardermächtigungen in den §§ 29–31

1. Verhältnis zu den Regelbeispielen des § 28a

3 Mit § 28a hat der Gesetzgeber eine Regelung für besondere Schutzmaßnahmen gegen COVID-19 geschaffen. § 28a kann grundsätzlich nur während der

Schutzmaßnahmen **§ 28 IfSG**

Dauer der Feststellung einer epidemischen Lage von nationaler Tragweite (§ 5 Abs. 1 S. 1) zur Anwendung kommen, siehe jedoch auch § 28a Abs. 7. Die in § 28a Abs. 1 aufgeführten Maßnahmen erweitern nach der Vorstellung des Gesetzgebers die in Abs. 1 S. 1 und S. 2 enthaltenen Regelbeispiele (BT-Drs. 19/23944, 31). Soll eines der in § 28a Abs. 1 aufgeführten Regelbeispiele während der Feststellung einer epidemischen Lage von nationaler Tragweite in einer Rechtsverordnung nach § 32 oder durch Allgemeinverfügung oder sonstigen Verwaltungsakt angeordnet werden, so sind ergänzend zu § 28 Abs. 1 insbesondere die Vorgaben in § 28a Abs. 2, 3 und 6 zu beachten. Vgl. im Einzelnen zu § 28a die Erläuterungen dort.

2. Verhältnis zu den Standardermächtigungen in den §§ 29–31

Beobachtung (§ 29), Absonderung (§ 30) und berufliches Tätigkeitsverbot **4** (§ 31) stellen mögliche Schutzmaßnahmen dar, die auf § 28 Abs. 1 S. 1 gestützt werden können, wobei jeweils die sich aus den §§ 29–31 ergebenden besonderen tatbestandlichen Voraussetzungen und Einschränkungen bei den Rechtsfolgen beachtet werden müssen. Es handelt sich um so genannte Standardmaßnahmen (Kießling § 28 Rn. 3). Maßnahmen, die wesensmäßig den in §§ 29–31 geregelten Standardmaßnahmen zuzuordnen sind, dürfen nur angeordnet werden, wenn die jeweiligen sich aus den §§ 29–31 ergebenden Voraussetzungen erfüllt sind. Liegen diese nicht vor, können derartige Maßnahmen nicht alternativ auf die Generalklausel des Abs. 1 – auch nicht iVm den ihn konkretisierenden Regelbeispielen des § 28a Abs. 1 – gestützt werden, da dies eine Umgehung darstellen würde. Hierauf ist insbesondere bei den in § 28a Abs. 1 Nr. 3 genannten Maßnahmen zu achten und eine trennscharfe Abgrenzung zu den abschließend in § 30 geregelten Absonderungen herzustellen, vgl. die Erläuterungen § 28a Rn. 25.

III. Zur Verfassungsmäßigkeit
1. Allgemeines

Teilweise wird bezweifelt, dass Abs. 1 S 1. HS 1 rechtsstaatlich hinreichend **5** bestimmt ist, um Rechtsgrundlage für die Vielzahl der auf seiner Grundlage vorgenommenen Maßnahmen sein zu können. Auch wird angezweifelt, dass Abs. 1 S. 1 HS 1 der Wesentlichkeitstheorie des BVerfG gerecht werde. Nach dieser ist der parlamentarische Gesetzgeber verpflichtet, in grundlegenden normativen Bereichen alle wesentlichen Regelungen selbst zu treffen. Er kann letztere somit nicht über eine Art ‚Globalmächtigung' der Exekutive überlassen (vgl. BVerfGE 47, 46, 79; 88, 103, 116). Somit ergeben sich aus der Wesentlichkeitstheorie Vorgaben zu der Frage, in welchem Umfang und in welcher Bestimmtheit der Gesetzgeber selbst tätig werden und im Gesetz steuernde wie begrenzende Handlungsmaßstäbe vorsehen muss. Vgl. zur Bedeutung des durch das 3. COVIfSGAnpG eingefügten § 28a für die Frage der Verfassungsmäßigkeit von Schutzmaßnahmen zur Verhinderung der Verbreitung von COVID-19 die Erläuterungen Rn. 8 und § 28a Rn. 5 ff.

2. Zur gebotenen Bestimmtheit

6 Entscheidend für den Grad der verfassungsrechtlich gebotenen Bestimmtheit sind dabei neben den Eigenarten des zu regelnden Sachverhalts sowie den Umständen, die zu der Regelung geführt haben, auch der Kreis der Betroffenen und Anwender der jeweiligen Norm sowie deren konkretes Bedürfnis, die Normanwendung hinreichend vorhersehen zu können (vgl. BVerfGE 150, 1 = NVwZ 2018, 1703 Rn. 196 und Rn. 204 jeweils mwN). Dabei führt das BVerfG aus, dass der Grundsatz der Gewaltenteilung (Art. 20 Abs. 2 S. 2 GG) auch darauf abzielt, dass staatliche Entscheidungen möglichst von den dazu am besten geeigneten Organen getroffen werden (vgl. BVerfGE 150, 1 = NVwZ 2018, 1703 Rn. 197 mwN), was angesichts der Komplexität der zu regelnden Sachverhalte die Regelungspflicht des Gesetzgebers begrenzen kann (vgl. BVerfGE 150, 1 = NVwZ 2018, 1703 Rn. 197 mwN).

3. Stellungnahme

7 Die bereits seit 1961 in der einen oder anderen Ausformung bestehende, nun in § 28 Abs. 1 enthaltene Regelung war insbesondere im Hinblick auf pandemische Lagen geschaffen und bewusst weit ausgestaltet worden, wie der Entwurf des Vierten Gesetzes zur Änderung des Bundesseuchengesetzes betont (vgl. BT-Drs. 8/2468, 27): „Die Fülle der Schutzmaßnahmen, die bei Ausbruch einer übertragbaren Krankheit in Frage kommen können, lässt sich von vorneherein nicht übersehen. Man muss eine generelle Ermächtigung in das Gesetz aufnehmen, will man für alle Fälle gewappnet sein. Die Maßnahmen können vor allem nicht nur gegen die in Satz 1 (neu) Genannten, also gegen Kranke, Krankheitsverdächtige, Ansteckungsverdächtige usw. in Betracht kommen, sondern auch gegenüber Nichtstörern." Insbesondere mit Blick auf den Grad der verfassungsrechtlich gebotenen Bestimmtheit (vgl. Rn. 6) ist deshalb zu bedenken, dass es – wie die Corona-Pandemie zeigt – kaum möglich sein dürfte, in Bezug auf neue übertragbare Krankheiten mit pandemieartiger, dynamischer und kaum berechenbarer Ausbreitung vorherzusehen, welche Maßnahmen gegen welche Personengruppen erforderlich sein könnten. Kann jedoch – wie hier – ein Sachverhalt aufgrund seiner Eigenart begrifflich nicht genauer umschrieben werden, so kann es geboten sein, die nähere Ausgestaltung dem Verordnungsgeber zu überlassen, der die Regelungen unproblematischer an sich verändernde Rahmenbedingungen anpassen kann als der Gesetzgeber (vgl. BVerfGE 150, 1 = NVwZ 2018, 1703 Rn. 204 mwN). Erst ein entsprechend weites Verständnis der möglichen Maßnahmen mit verhältnismäßig geringen Anforderungen an den Bestimmtheitsgrundsatz wird dem in § 1 Abs. 1 normierten Grundsatz der Effektivität der infektionsspezifischen Gefahrenabwehr (vgl. zu diesem Begriff Rixen NJW 2020, 1097, 1100) gerecht (so wohl auch Wollenschläger, Schriftliche Stellungnahme zum Gesetzentwurf BT-Drs. 19/23944, 19). In Anbetracht des Vorgenannten ist Abs. 1 S. 1 HS 1 auch im Lichte der Wesentlichkeitstheorie des BVerfG sowie im Hinblick auf die Bestimmtheitsanforderungen damit grundsätzlich verfassungsrechtlich nicht zu beanstanden. Allerdings folgt aus der verfassungsrechtlichen Zulässigkeit einer weiten Generalklausel nicht, dass diese nicht – je nach der sich abzeichnenden epidemiologischen Konstellation – auch nachgeschärft werden müsste. Vielmehr wird man als Ausfluss des Bestimmtheitsgrundsatzes und der Wesentlichkeitstheorie fordern müssen, dass der Gesetzgeber die pandemische Entwicklung gleichsam im Auge behält und erforderlichenfalls gesetzgeberisch nachsteuert. Zeigt sich somit, dass beispielsweise das Auftreten eines bestimmten (ggf. neuartigen) Krankheitserregers wiederholt zum Einsatz kommende Maßnahmen erforderlich macht, die mit erheblichen Grundrechtseingriffen einhergehen, so ist der Gesetzgeber nach Ablauf einer hinreichenden Frist gezwungen, die Zulässigkeit und die Voraussetzungen für derartige Maßnahmen zu regeln (vgl. BayVGH BeckRS 2020, 28521; VerfGH des Saarlandes, NvwZ 2020, 1513, 1518) – beispielsweise in Form von Regelbeispielen oder Standardmaßnahmen. Vgl. insoweit im Hinblick auf Schutzmaßnahmen gegen SARS-CoV-2 auch Rn. 8 sowie § 28a.

4. Besondere Schutzmaßnahmen zur Verhinderung der Verbreitung der Coronavirus-Krankheit

Mit dem durch das 3. COVIfSGAnpG eingefügten § 28a hat der Gesetzgeber **8** versucht, den unter Rn. 5 skizzierten Bedenken hinsichtlich der Verfassungsmäßigkeit von Abs. 1 in Bezug auf Schutzmaßnahmen zur Verhinderung der Verbreitung von COVID-19 entgegenzutreten und der Forderung nach einer hinreichenden Kodifizierung nachzukommen. Da § 28a indes ausschließlich für die Dauer der Feststellung einer epidemischen Lage von nationaler Tragweite Anwendung findet und zudem nur Schutzmaßnahmen zur Verhinderung der Verbreitung von COVID-19 betrifft, ist insoweit eine gesonderte Betrachtung der Verfassungsmäßigkeit erforderlich. Vgl. dazu die Erläuterungen § 28a Rn. 5 ff.

IV. Tatbestandliche Voraussetzungen

1. Allgemeines

Ausgangspunkt für Schutzmaßnahmen nach Abs. 1 kann sowohl eine lebende **9** wie eine bereits verstorbene Person sein.

2. Kranke, krankheitsverdächtige, ansteckungsverdächtige Person, Ausscheider

Insoweit kann auf die entsprechenden Erläuterungen zu dem Begriff des **10** Kranken (vgl. § 2 Rn. 30 ff.), Krankheitsverdächtigen (vgl. § 2 Rn. 35 ff.), Ansteckungsverdächtigen (vgl. § 2 Rn. 44 ff.) und Ausscheiders (vgl. § 2 Rn. 39 ff.) verwiesen werden.

3. Festgestellt oder ergibt sich

a) Allgemeines. Die Eigenschaft der Person als Kranker etc. muss festgestellt **11** sein bzw. sich aus Tatsachen ergeben.

12 **b) Voraussetzungen.** Die Eigenschaft der Person als Kranker etc. ist ‚festgestellt' bzw. ‚ergibt' sich dann, wenn die zuständige Behörde auf Basis ihrer pflichtgemäßen Feststellungen vernünftigerweise vom Vorliegen derjenigen Tatsachen, welche die Beurteilung einer Person als Kranker etc. stützen, ausgehen darf. Besteht insoweit zum Entscheidungszeitpunkt indes keine hinreichende Gewissheit, sondern verbleiben noch Zweifel, ob diese Tatsachen tatsächlich vorliegen, so sind die Voraussetzungen für Schutzmaßnahmen nach § 28 Abs. 1 S. 1 nicht gegeben. Die tatbestandlichen Voraussetzungen sind damit enger als bei § 25 Abs. 1, bei dem auch ein Anfangsverdacht ausreicht (vgl. § 25 Rn. 8). Da indes auch das Feststehen von Tatsachen ausreicht, die (lediglich) einen Krankheitsverdacht bzw. Ansteckungsverdacht begründen, dürfte diese Einschränkung in der Praxis in der Regel relativ unproblematisch sein. Vgl. diesbezüglich zu den Anforderungen an die Feststellung insbesondere vor dem Hintergrund der Corona-Pandemie die Erläuterungen ab Rn. 20.

V. Rechtsfolgen

1. Vorschlag des Gesundheitsamtes (Abs. 3 iVm § 16 Abs. 6)

13 Gemäß Abs. 3 iVm § 16 Abs. 6 werden Maßnahmen nach Abs. 1 von der zuständigen Behörde auf Vorschlag des Gesundheitsamtes angeordnet. Siehe dazu die Erläuterungen § 16 Rn. 58 f.

2. Auswahlermessen bzgl. der zu ergreifenden Maßnahmen

14 **a) Allgemein zum Auswahlermessen.** Abs. 1 S. 1 gewährt der zuständigen Behörde (vgl. zum Begriff die Erläuterungen Vor §§ 15a Rn. 2) ein Auswahlermessen hinsichtlich der zu ergreifenden Schutzmaßnahme (vgl. zu den Ermessensarten Vor §§ 15a Rn. 10 ff.). Der Gesetzgeber führte zu § 34 BSeuchG (1979), der Vorläufernorm von § 28 Abs. 1 S. 1, im Gesetzentwurf aus (vgl. BT-Drs. 8/2468, 27): „Die Maßnahmen können vor allem nicht nur gegen die in Satz 1 (neu) Genannten, also gegen Kranke, Krankheitsverdächtige, Ansteckungsverdächtige usw. in Betracht kommen, sondern auch gegenüber Nichtstörern. So etwa das Verbot an jemanden, der (noch) nicht ansteckungsverdächtig ist, einen Kranken aufzusuchen." Es ergeben sich aus den gesamten nachfolgenden Äußerungen des Bundesgesetzgebers zum BSeuchG oder IfSG keinerlei Hinweise, dass sich an dem breiten Spektrum möglicher Maßnahmen etwas geändert haben könnte. Vor diesem Hintergrund muss der Begriff der ‚Schutzmaßnahmen' weit verstanden werden, so dass Abs. 1 der zuständigen Behörde ein breites Spektrum möglicher Maßnahmen offeriert (vgl. OVG Schleswig-Holstein, COVuR 2020, 45, 48). Die Befugnis ist grundsätzlich weder auf bestimmte Schutzmaßnahmen noch auf Maßnahmen einer bestimmten Eingriffsintensität beschränkt. Vgl. zu den Schutzmaßnahmen, die auf § 28 Abs. 1 S. 1 und S. 2 gestützt werden können, die Erläuterungen Rn. 27 ff. Die zuständige Behörde muss in jedem Fall das ihr eingeräumte Ermessen pflichtgemäß ausüben und insbesondere den Grundsatz der Verhältnismäßigkeit beachten. Vgl. dazu im Einzelnen die auch hier geltenden Erläuterungen § 16 Rn. 16aff sowie zu den Verhältnismäßigkeitserwägungen bei Auftreten von bislang unbekannten übertragbaren Krankheiten sowie im Pandemiefall die Erläuterungen Rn. 17 ff. Zu den speziell für die SARS-CoV-2-Pandemie in § 28a genannten Regelbeispielen und der generellen Bedeutung des Regelungsregimes des § 28a für die Ermessensausübung vgl. die Erläuterungen § 28a Rn. 2.

b) Zweck der Schutzmaßnahmen nach Abs. 1. Nach § 28a Abs. 3 S. 1 sind während der Feststellung einer epidemischen Lage von nationaler Tragweite durch den deutschen Bundestag Entscheidungen über Schutzmaßnahmen zur Verhinderung der Verbreitung der Coronavirus-Krankheit-2019 (COVID-19) nach § 28a Abs. 1 iVm § 28 Abs. 1, nach § 28 Abs. 1 S. 1 und 2 und den §§ 29 bis 32 insbesondere an dem Schutz von Leben und Gesundheit und der Funktionsfähigkeit des Gesundheitssystems auszurichten. Diese beiden Aspekte geben somit die mit derartigen Schutzmaßnahmen verfolgten Zwecke vor. Vgl. zur Bedeutung einer genauen Bestimmung des Maßnahmenzwecks die Erläuterungen § 16 Rn. 16a.

c) Zeitliche Entwicklung. Abs. 1 (auch iVm § 28a und §§ 29–31) ermöglicht insbesondere die Anordnung von so genannten Verwaltungsakten mit Dauerwirkung. So bewirkt beispielsweise die Anordnung der Schließung einer Badeanstalt, dass diese zunächst zubleiben muss. Folglich ist der Adressat der Maßnahme nicht nur einmalig, sondern dauerhaft – so lange die Anordnung fortbesteht – belastet. Im Rahmen der Erforderlichkeitsprüfung ist bei Maßnahmen mit Dauerwirkung deshalb ein besonderes Augenmerk auf die zeitliche Komponente zu legen. Maßnahmen mit Dauerwirkung sollten, sofern dies medizinisch möglich ist, von vornherein auf den erforderlichen Zeitraum begrenzt oder mit einer auflösenden Bedingung erlassen werden (z. B. im Falle eines Verbots nach § 28 Abs. 2: ‚bis zum Nachweis einer ausreichenden Masern-Immunisierung, längstens aber bis zum XX.XX.XXXX'). Sie sind, wenn eine solche Regelung nicht möglich ist, fortlaufend darauf zu überprüfen, ob sie noch erforderlich sind, oder ob die Erforderlichkeit aufgrund veränderter Umstände entfallen ist. Dazu kann insbesondere eine geeignete Form der Beobachtung angeordnet werden (vgl. die Erläuterungen zu § 29). Fällt der Anordnungsgrund weg, sind die jeweiligen Maßnahmen nach den §§ 48, 49 VwVfG (bzw. den entsprechenden Landesnormen) aufzuheben (vgl. dazu auch die Erläuterungen § 16 Rn. 30), sofern sie nicht mit einer geeigneten auflösenden Bedingung angeordnet worden sind. Vgl. zur Überprüfung bereits getroffener Maßnahmen mit Dauerwirkung die Erläuterungen Rn. 21. Rechtsverordnungen nach §§ 32, 28a Abs. 1 iVm § 28 Abs. 1 müssen gem. § 28a Abs. 5 zeitlich befristet werden. Vgl. dazu im Einzelnen § 28a Rn. 112.

IfSG § 28 5. Abschnitt. Bekämpfung übertragbarer Krankheiten

VI. Insbesondere: Verhältnismäßigkeit bei die Allgemeinheit betreffenden, flächendeckenden Maßnahmen sowie im Pandemiefall

1. Allgemeines

17 Die WHO hat die Ausbreitung des zuvor neuartigen Coronavirus SARS-CoV-2 und der dadurch hervorgerufenen Erkrankung COVID-19 am 19.3.2020 als Pandemie eingestuft. Es bestand und – zur Zeitpunkt der Drucklegung dieser Auflage – besteht welt- und deutschlandweit eine sehr dynamische und ernstzunehmende Situation. In aller Regel dienten und dienen vor diesem Hintergrund die von den jeweiligen Behörden im Rahmen der SARS-CoV-2-Pandemie ergriffenen Maßnahmen dem Schutz des Rechts auf Leben und körperliche Unversehrtheit (Art. 2 Abs. 2 S. 1 GG) einer Vielzahl von Bürgerinnen und Bürgern und ergingen und ergehen mit Blick auf die entsprechenden staatlichen Schutzpflichten. SARS-CoV-2 stellte und stellt die gesamte Gesellschaft und das Gesundheitssystem vor enorme Herausforderungen. Die Gefährdung für die Gesundheit der Bevölkerung (auch) in Deutschland wurde zeitweise als hoch eingeschätzt. Die bisher im Rahmen der Corona-Pandemie ergriffenen Maßnahmen lassen sich die nachfolgenden rechtlich relevanten Eckpunkte erkennen, die sich im Grundsatz auf jegliche (insbesondere bisher unbekannte) übertragbare Krankheiten und Pandemiesituationen übertragen lassen.

2. Grundrechtsschutz im Pandemiefall

18 Der grundrechtliche Schutz durch die Verfassung gilt uneingeschränkt auch im Pandemiefall. Dies ergibt sich bereits daraus, dass das Grundgesetz selbst für den Verteidigungsfall lediglich die Modifikation des Schutzes einzelner Grundrechte vorsieht, keinesfalls aber das grundrechtliche Schutzniveau insgesamt absenkt (vgl. Art. 115c Abs. 2 GG). Gerade ein Pandemiefall, welcher in der Regel mit einer Vielzahl von grundrechtsrelevanten Eingriffen einhergeht (vgl. auch Rn. 17) erfordert ein, ein besonderes Augenmerk auf die Verhältnismäßigkeit der jeweiligen Maßnahme zu legen (vgl. zu dieser auch die Erläuterungen § 16 ab Rn. 16a sowie im Rahmen des § 28a die Erläuterungen § 28a Rn. 12). Dabei ist der aktuelle Kenntnisstand zu der jeweiligen übertragbaren Krankheit fortlaufend zu aktualisieren und zu berücksichtigen, vgl. dazu die Erläuterungen Rn. 20, 21.

3. Bedeutung des sich verändernden Kenntnisstandes in Bezug auf Maßnahmen nach dem IfSG

19 **a) Allgemeines.** Zu Beginn der Corona-Pandemie herrschte zunächst (bei der WHO und dem Robert Koch-Institut) die Einschätzung vor, dass gesunde Menschen im Alltag keine Masken brauchen und diese – wenn überhaupt – nur für Erkrankte sinnvoll seien. Später änderte sich diese Einschätzung und das Tragen derartiger Masken wurde nach den jeweiligen Landesverordnungen für viele Lebensbereiche verpflichtend. Es lässt sich – wie dieses Beispiel zeigt – konstatieren, dass sich der Kenntnis- und Erfahrungsstand im Verlauf der Corona-Pandemie fortlaufend geändert hat, diese Feststellung lässt sich verallgemeinern und bei zukünftigen Maßnahmen nutzbar machen.

b) Bedeutung für Beurteilung der Tatbestandsvoraussetzungen sowie die Rechtsfolgen (insbesondere Verhältnismäßigkeit). Es besteht zu Beginn des Auftretens einer (insbesondere bislang unbekannten) übertragbaren Krankheit oftmals ein als unzureichend empfundener Kenntnisstand über insbesondere deren Verbreitungswege und -risiken, den Krankheitsverlauf, besonders gefährdete Personengruppen (z. B. Kinder, Erwachsene, Männer, Frauen), die Inkubationszeit, den Zeitraum der Infektiosität vor Auftritt erster Krankheitssymptome, möglicherweise verbleibende Gesundheitsschäden, die Letalität sowie hinsichtlich der Wirksamkeit konkreter Schutzmaßnahmen. Diese unzureichende Tatsachengrundlage führt dazu, dass aus dem medizinischen wie aber auch rechtlichen Blickwinkel die Beurteilung, ob die Tatbestandsvoraussetzungen von § 28 (oder anderen Eingriffsgrundlagen des IfSG, insbesondere § 16) vorliegen, deutlich beeinträchtigt ist. Sind z. B. die Übertragungswege und/oder die Inkubationszeit unsicher, so ist die Entscheidung, ob eine bestimmte Person z. B. eine Ansteckungsverdächtige iSv § 2 Nr. 7 (vgl. § 2 Rn. 44 ff.) ist, diffizil. Dies gilt ebenso auch in Bezug auf die Frage, welche Maßnahmen überhaupt geeignet sind (z. B. Community-Masken, vgl. zur sich ändernden Beurteilung Rn. 20) und in der Folge auch für die Beurteilung der Erforderlichkeit einer angedachten Maßnahme. Die zwingende Beachtung der Angemessenheit der Maßnahme erfordert zudem eine sorgfältige Abwägung der betroffenen Rechtsgüter einschließlich des Grads und der Dauer ihrer Beeinträchtigung (vgl. dazu § 16 Rn. 24 ff.). Gerade eine solche ist aber deutlich erschwert, solange keine gesicherten oder nur unzureichende Kenntnisse über insbesondere den Krankheitsverlauf und die weiteren vorgenannten Aspekte bestehen. Diese Beurteilungsunsicherheit darf indes gerade in einer Pandemie-Situation nicht Grund dafür sein, keine oder zu zögerlich Maßnahmen anzuordnen. Vielmehr gilt es auch im Rahmen der Prüfung der tatbestandlichen Feststellungen (vgl. dazu Rn. 9 ff.) sowie der Verhältnismäßigkeit in der Praxis die so genannte ‚Je-desto-Formel' anzuwenden. Auf diese Weise ist dem in § 1 Abs. 1 normierten Grundsatz der Effektivität der infektionsspezifischen Gefahrenabwehr (vgl. Rixen NJW 2020, 1097, 1100) insbesondere in einer Pandemiesituation Rechnung zu tragen. Dafür ist im Rahmen einer Gesamtschau der zum Entscheidungszeitpunkt vorliegenden Erkenntnisse eine aus medizinischer Sicht plausible Annahme hinsichtlich der genannten Aspekte (Krankheitsverlauf etc.) zu treffen. Je bedeutsamer das potenziell beeinträchtige Rechtsgut ist und je stärker und irreversibler dessen nach dem aktuellen Kenntnisstand drohende Verletzung ist, desto geringer sind die Anforderungen an den Grad der Wahrscheinlichkeit, dass die jeweils zugrunde gelegte Annahme sich später als zutreffend herausstellt. Auf der so gewonnenen Basis ist dann die Beurteilung des Vorliegens der jeweiligen tatbestandlichen Voraussetzungen sowie der Rechtsfolgen (insbesondere Verhältnismäßigkeit) vorzunehmen. Vgl. zum Erfordernis der regelmäßigen Überprüfung bei Dauermaßnahmen die Erläuterungen Rn. 21.

21 c) Pflicht zur Evaluierung getroffener Maßnahmen. Ein sich verändernder Kenntnisstand in Bezug auf eine übertragbare Krankheit beinhaltet auch die Möglichkeit, dass vorherige, nach der Je-desto-Formel getroffene Annahmen (vgl. Rn. 20) durch neuere Erkenntnisse in Frage zu stellen und anzupassen sein können. Aus diesem Grund müssen bereits ergriffene Maßnahmen mit Dauerwirkung (insbesondere auch Rechtsverordnungen nach § 32 oder etwaige Allgemeinverfügungen) regelmäßig daraufhin überprüft werden, ob und inwieweit neue medizinisch-infektiologische Erkenntnisse oder eine geänderte Sachlage (insbesondere ein nicht nur vorübergehendes Abflauen des Infektionsgeschehens) Auswirkungen auf die Beurteilung des Vorliegens der tatbestandlichen Voraussetzungen und/oder die getroffenen Rechtsfolgen (insbesondere die Verhältnismäßigkeit) haben (Evaluierungspflicht). Haben sie dies, so sind getroffene Maßnahmen anzupassen oder aufzuheben (so auch VGH München, NVwZ 2020, 635, 638 sowie BVerfG, Beschluss v. 10.4.2020–1 BvQ 31/20).

22 d) Befristungen als Element der Gewährleistung der Verhältnismäßigkeit. Flankierend zu der Überprüfung (vgl. Rn. 21) stellt die zeitliche Befristung von Maßnahmen mit Dauerwirkung insbesondere bei schwerwiegenden Grundrechtseingriffen ein unverzichtbares Element der Gewährleistung der Verhältnismäßigkeit dar. Dies gilt in besonderem Maße in den Fällen, in welchen zum Entscheidungszeitpunkt noch keine gesicherten oder nur unzureichende Kenntnisse über die jeweilige übertragbare Krankheit vorliegen (vgl. dazu die Erläuterungen Rn. 20). Dabei sollte die Frist eine sinnvolle Länge aufweisen – ist sie zu kurz, tritt wegen der permanent im Raum stehenden Änderung kaum Sicherheit in der Umsetzung der Maßnahme und in der Planbarkeit für die Betroffenen ein, ist sie zu lang, können neue medizinisch-infektiologische Erkenntnisse nicht hinreichend zeitnah reflektiert werden.

4. Ausnahmevorbehalte als Element der Gewährleistung der Verhältnismäßigkeit

23 Insbesondere Regelungen in Allgemeinverfügungen und Rechtsverordnungen können ihrer Natur nach allenfalls in pauschalisierender Weise die Besonderheiten bestimmter Fallgruppen abbilden. Um dennoch im Einzelfall die Interessen des Infektionsschutzes mit den widerstreitenden Grundrechten in einen Ausgleich zu bringen (praktische Konkordanz) und so die Verhältnismäßigkeit zu gewährleisten, müssen hinreichende Vorbehalte für Ausnahmen, die ggf. unter Auflagen erteilt werden können, vorgesehen werden. Mit Blick auf den Zweck der Maßnahmen nach Abs. 1 sind Ausnahmevorbehalte umso umfangreicher vorzusehen, je geringer das mit ihrer Einräumung einhergehende Risiko ist.

5. Weiter Spielraum bei Gesamtkonzepten von Schutzmaßnahmen

24 Pandemien können, das hat die Corona-Pandemie gezeigt, einen ganzheitlichen Ansatz bei der Bekämpfung erfordern. Dies macht das gleichzeitige

Ergreifen einer Vielzahl von Maßnahmen notwendig, welche zugleich, wenn auch in unterschiedlichem Maße, ganz unterschiedliche Lebensbereiche betreffen. Derartige Gesamtkonzepte sind dadurch gekennzeichnet, dass sie aus einer Vielzahl verschiedener, teils miteinander verzahnter Einzelmaßnahmen bestehen. In einem Gesamtkonzept werden diese kombiniert mit dem Ziel, dass sie sich gegenseitig ergänzen und so in der Summe einen umfassenderen Effekt erzielen, als es die Einzelmaßnahmen für sich könnten. Im Regelfall wird es bei derartigen Gesamtkonzepten von Schutzmaßnahmen deshalb auch schwierig sein, den einzelnen Bestandteilen – den Einzelmaßnahmen – einen genauen kausalen Anteil an der Gesamtwirkung zuzuschreiben. Die Erstellung eines solchen Gesamtkonzepts durch die zuständige Behörde erfordert zudem, dass diese unter Gewichtung und Abwägung zahlreicher Belange sowie nach Maßgabe einer Prognose der Auswirkungen etwaiger Maßnahmen die sich aus dem IfSG ergebenden Vorgaben (z. B. jene nach § 28a Abs. 3 S. 4–7, vgl. § 28a Rn. 95 ff.) konkretisiert. Der Sache nach handelt es sich damit um eine planerische Entscheidung. Da bei dieser zudem in ganz erheblichem Maße prognostische Elemente mitwirken, ist der zuständigen Behörde je nach Ausprägung der gerade akuten Gefahrenlage in Bezug auf die überhaupt zu ergreifenden Maßnahmen, ihre Ausprägung und Eingriffstiefe ein erheblichen Spielraum im Sinne einer Einschätzungsprärogative (Beurteilungsspielraum) zuzubilligen (so auch Siegel, NVwZ 2020, 577, 581), der gerichtlich nur eingeschränkt überprüft werden kann. Dies gilt umgekehrt auch hinsichtlich der Reihenfolge, in welcher Lockerungen von ergriffenen Maßnahmen erfolgen. In jedem Fall müssen auch hier sachfremde Erwägungen unterbleiben und der Gleichheitssatz beachtet werden. Vgl. zum Ergreifen von Gesamtkonzepten von Schutzmaßnahmen zur Bekämpfung der Corona-Pandemie auch die Erläuterungen § 28a Rn. 101. Vgl. zur gerichtlichen Überprüfbarkeit bei Beurteilungsspielräumen Jacob, NVwZ 2015, 241.

6. Bedeutung der Funktionsfähigkeit des Gesundheitssystems

Die Corona-Pandemie hat in einigen Ländern (z. B. Italien) die jeweiligen Gesundheitssystemen derart be- und überlastet, dass eine hinreichende medizinische Versorgung betroffener Personen nicht mehr gewährleistet zu sein schien. Hinzu kam, dass erforderliches medizinisches Material (z. B. medizinische Schutzmasken, Kittel, Desinfektionsmittel) entweder nicht oder nur mit erheblicher zeitlicher Verzögerung zu beschaffen waren mit der Folge, dass erforderliche hygienische Standards bei der Behandlung Erkrankter nicht in allen Fällen sicher eingehalten werden konnten. Da die Funktionsfähigkeit des Gesundheitssystems Grundvoraussetzung für den Erhalt des Schutzguts Volksgesundheit ist, kann und muss sie gegebenenfalls im Rahmen der Verhältnismäßigkeitserwägungen einbezogen werden (vgl. dazu § 28a Abs. 3 S. 1).

7. Bedeutung einer örtlich differenzierten Betrachtung

Eine besondere Bedeutung hat auch die genaue, nach den Ausbruchsgeschehen in einzelnen Gegenden, Ortsteilen, Straßenzügen und sogar Gebäuden differenzierte Betrachtung. Soweit eine (insbesondere neuartige) übertragbare

Krankheit (z. B. zu Beginn des Auftretens mangels zur Verfügung stehender labordiagnostischer Tests oder weil nicht genügend Laborkapazitäten zur Verfügung stehen) beispielsweise noch nicht zuverlässig erkannt und diagnostiziert werden kann, wird auch keine hinreichende Meldetätigkeit gem. §§ 6 ff. entfaltet werden können und deshalb bei den Gesundheitsämtern und zuständigen Behörden allenfalls ein sehr eingeschränkter Überblick über das infektionsepidemiologische Geschehen bestehen. Zu diesem Zeitpunkt kann es deshalb unvermeidbar und nach Maßgabe der Erwägungen Rn. 20–26 rechtmäßig sein, dass Maßnahmen (unbeabsichtigt) gegebenenfalls in örtlicher Hinsicht auch Personen erfassen, die im Rückblick gar nicht hätten erfasst werden müssen. Sobald aber eine ausdifferenzierte örtliche Betrachtung der infektionsepidemiologischen örtlichen Situation möglich ist (etwa weil eine stabile Meldelage besteht), müssen Maßnahmen auch entsprechend spezifisch örtlich begrenzt ergriffen werden, um verhältnismäßig zu sein.

VII. Zu den Schutzmaßnahmen

1. Allgemeines

27 Die Befugnis der zuständigen Behörde ist nicht auf bestimmte Schutzmaßnahmen beschränkt. Vgl. jedoch zu den Regelbeispielen des § 28a die Erläuterungen Rn. 3 und zum Verhältnis zu den Standardmaßnahmen der §§ 29–31 die Erläuterungen Rn. 4. Auf Abs. 1 lassen sich auch Maßnahmen gegen die Allgemeinheit und damit gegen Nichtstörer stützen (vgl. auch die Erläuterungen Rn. 43 ff. sowie § 56 Rn. 18 ff.).

2. Maßnahmen nach S. 1 HS 1

28 Bei den in S. 1 HS 1 aufgeführten Maßnahmen nach § 28a Abs. 1 und §§ 29 –31 handelt es sich – ebenso wie bei denjenigen nach S. 1 HS 2 und S. 2 – lediglich um Beispiele. Folglich kann die zuständige Behörde auf Basis von Abs. 1 S. 1 HS 1 auch andere, nicht darin genannte Maßnahmen ergreifen. Zu beachten ist jedoch, dass Maßnahmen, die wesensmäßig den in §§ 29–31 geregelten Standardmaßnahmen zuzuordnen sind, nur angeordnet werden dürfen, wenn die jeweiligen sich aus den §§ 29–31 ergebenden Voraussetzungen erfüllt sind, vgl. Rn. 4.

3. Maßnahmen nach S. 1 HS 2

29 a) **Allgemeines.** S. 1 HS 2 fand seine jetzige Form durch das COVIfS-GAnpG. Er befugt die zuständige Behörde dazu, Personen zu verpflichten, den Ort, an dem sie sich befinden, nicht oder nur unter bestimmten Bedingungen zu verlassen oder von ihr bestimmte Orte oder öffentliche Orte nicht oder nur unter bestimmten Bedingungen zu betreten. Auf S. 1 HS 2 können damit auch auch Ausgangs- und Kontaktbeschränkungen gestützt werden, wie das Regelbeispiel in § 28a Abs. 1 Nr. 3 verdeutlicht. Bei derartigen Maßnahmen ist eine Abgrenzung zu der von § 30 erfassten Absonderung herzustellen, vgl. die Erläuterungen § 28a Rn. 25.

Schutzmaßnahmen **§ 28 IfSG**

b) Maßnahmen nach S. 1 HS 2, die zugleich unter den Anwendungs- 30
bereich von § 28a Abs. 1 fallen. Soweit in S. 1 HS 2 genannte Maßnahmen als Schutzmaßnahmen gegen COVID-19 während der Dauer der Feststellung einer epidemischen Lage von nationaler Tragweite (§ 5 Abs. 1 S. 1) ergriffen werden sollen und unter die in § 28a Abs. 1 genannten Regelbeispiele fallen, sind die in § 28a enthaltenen Regelungen zu beachten, insbesondere hinsichtlich der Ermessensausübung. Vgl. im Einzelnen die Erläuterungen zu § 28a.

4. Maßnahmen nach S. 2

a) Allgemeines. In S. 2 werden beispielhaft Maßnahmen aufgeführt, die auf 31
Abs. 1 S. 1 gestützt werden können. Dabei beziehen sich die in S. 2 genannten Maßnahmen auf Situationen, in denen regelmäßig eine größere Anzahl von Menschen zusammenkommt, da in diesen die Verbreitung von Krankheitserregern besonders begünstigt ist.

b) Maßnahmen nach S. 2, die zugleich unter den Anwendungsbereich 32
von § 28a Abs. 1 fallen. Insoweit gelten die Erläuterungen Rn. 30 entsprechend.

c) Veranstaltungen oder sonstige Ansammlungen. aa) Allgemeines. 33
Das IfSG definiert die beiden Begriffe nicht. Oberbegriff ist die Ansammlung, unter diesen fallen sowohl Veranstaltungen als auch die – leider und trotz der erheblichen Relevanz für die Demokratie nicht explizit genannten – Versammlungen im Sinne des grundgesetzlichen Versammlungsbegriffs (vgl. die Nennung von Art. 8 GG als eingeschränktes Grundrecht in S. 4).

bb) Ansammlung. In Abgrenzung zu einer Versammlung liegt eine An- 34
sammlung vor bei einer örtlichen körperlichen Zusammenkunft mehrerer Personen, die nicht den in Rn. 35 skizzierten gemeinschaftlichen Zweck verfolgen. Insbesondere in Fällen, in denen mehrere Menschen (zufällig) zusammenkommen, verfolgen diese regelmäßig gerade keinen gemeinsamen, sondern lediglich einen gleichen Zweck: so stellt die Schlange an der Kasse im Supermarkt im Normalfall eben sowenig eine Versammlung (sondern eine Ansammlung) dar wie etwa die Betrachter eines Straßenmusikanten oder die Schaulustigen bei einem Unfall. Bis zur Änderung durch das COVIfSGAnpG (vgl. Rn. 1c) erfasste S. 2 lediglich ‚Ansammlungen einer größeren Anzahl von Menschen', worunter in Anlehnung an § 56 BGB mindestens sieben Personen verstanden wurden. Das Erfordernis einer ‚größeren Anzahl' besteht seitdem nicht mehr, ohne dass der Gesetzgeber dies begründet oder eine Definition bereitgestellt hätte, welcher Personenzahl es mindestens für eine (einfache) Ansammlung bedarf. Da S. 2 auf Situationen abzielt, in denen regelmäßig eine größere Anzahl von Menschen zusammenkommt, so dass die Verbreitung von Krankheitserregern besonders begünstigt ist, ist insoweit zu fordern, dass es sich um mehr als 2 Personen handeln muss (so auch OVG Münster Beschluss v. 19.5.2020).

35 **cc) Versammlung.** Der verfassungsrechtliche Versammlungsbegriff ist in Rechtsprechung und Literatur in verschiedenen Aspekten umstritten. Einigkeit besteht im Wesentlichen jedenfalls insoweit, als dass eine Versammlung i. S. d. Art. 8 GG eine örtliche körperliche (und nicht nur virtuelle) Zusammenkunft mehrerer Personen (nach herrschender Meinung zumindest 2) zu dem gemeinschaftlichen Zweck der Erörterung oder Kundgebung mit dem Ziel der Teilhabe an der öffentlichen Meinungsbildung ist. Nicht ausreichend für die Annahme einer Versammlung (wohl aber einer Ansammlung) ist es deshalb, wenn mehrere Menschen an einem Ort zwar den gleichen, aber eben keinen gemeinsamen Zweck verfolgen.

36 **dd) Veranstaltung.** Eine Veranstaltung ist ein zeitlich begrenztes und geplantes Ereignis mit einem definierten Zweck und einem Programm in der abgegrenzten Verantwortung einer Person oder Institution, an dem eine Gruppe von Menschen teilnimmt (VGH München (20. Senat), Beschluss vom 8.6.2020 – 20 NE 20.1316).

VIII. Beispiele für Schutzmaßnahmen nach Abs. 1

1. Allgemeines

37 Auf Abs. 1 S. 1 können beispielsweise auch Verhaltensge- und Verbote gestützt werden (z. B. Kondompflicht für Prostituierte oder HIV-Infizierte, Aufklärung von Sexualpartnern, Verbot des Besuchs eines Infizierten).

2. Schutzmaßnahmen zur Verhinderung der Weiterverbreitung von COVID-19

38 § 28a enthält umfangreiche Regelungen in Bezug auf Schutzmaßnahmen zur Verhinderung der Weiterverbreitung von COVID-19. Insoweit wird auf die dortigen Erläuterungen verweisen.

3. Praxishinweis: Einreisequarantäne

39 In Rahmen der Corona-Pandemie erließen die Bundesländer jeweils Vorschriften, nach denen Einreisende verpflichtet sind, sich unter bestimmten Voraussetzungen unverzüglich nach ihrer Einreise in Quarantäne zu begeben. Diese können nicht auf § 28 gestützt werden, sondern bei Vorliegen der tatbestandlichen Voraussetzungen auf § 30 Abs. 1 S. 2. Vgl. dazu im Einzelnen die Erläuterungen § 30 Rn. 23a.

4. Verbot der Anordnung von Heilbehandlungen

40 S. 3 stellt klar, dass Heilbehandlungen nicht angeordnet werden dürfen. Begibt sich eine Person entgegen der infektionshygienischen Erforderlichkeit nicht in eine Heilbehandlung, so kommt jedoch gegebenenfalls eine Absonderung nach § 30 Abs. 1 iVm Abs. 2 in Betracht.

IX. Betretungs- und weitere Rechte sowie korrespondierende Pflichten im Zusammenhang mit einer Maßnahme nach Abs. 1

Zu den Betretungs-, Einsichts- und Auskunftsrechten und damit korrespondierenden Pflichten im Zusammenhang mit der Überwachung von Maßnahmen nach Abs. 1 und Abs. 2 vgl. die Erläuterungen zu Abs. 3 (Rn. 69 ff.). **41**

X. Der Adressat einer Maßnahme, Störerauswahl

1. Störer

Es gelten die Erläuterungen § 25 Rn. 15 ff. entsprechend. **42**

2. Nichtstörer

a) Allgemeines. Maßnahmen nach Abs. 1 können, insbesondere in Epidemiezeiten (vgl. Entwurf des BSeuchG zu § 43 BSeuchG (BT-Drs. 3/1888 S. 27)) auch gegenüber Nichtstörern ergehen (vgl. zum Begriff Vor §§ 15a Rn. 19). Ein Rückgriff auf die Notstandsregelungen des allgemeinen Polizei- und Ordnungsrechts ist im Rahmen von § 28 somit nicht erforderlich (so auch Siegel, NVwZ 2020, 577, 578). Es ist vor diesem Hintergrund nicht erforderlich, dass die kranke, krankheitsverdächtige oder ansteckungsverdächtige Person oder der Ausscheider (vgl. Rn. 10) zwingend selbst von der angeordneten Maßnahme betroffen ist. Adressat von Maßnahmen nach Abs. 1 können vielmehr auch Personen sein, die weder krank, krankheitsverdächtig, ansteckungsverdächtig noch Ausscheider sind. Insoweit können beispielsweise Maßnahmen wie eine Maskentragungspflicht in der Öffentlichkeit, Vorgaben zur Öffnung und zum Betreten von Geschäften etc. (die immer per se auch andere als die vorgenannten Personen erfassen) grundsätzlich auf Abs. 1 iVm § 28a Abs. 1 gestützt werden. Siehe zur Inanspruchnahme von Nichtstörern außerhalb von § 28 (ggf. iVm § 28a Abs. 1) die Erläuterungen Vor §§ 15a Rn. 19. **43–44**

b) Praxishinweise. Da insbesondere Abs. 1 andernfalls als Blankoscheck für Maßnahmen gegen jedermann dienen könnte, muss unter rechtsstaatlichen Gesichtspunkten in den Fällen, in denen Nichtstörer von Maßnahmen betroffen werden, ein hinreichender zeitlich-räumlicher Bezug zwischen den festgestellten kranken, krankheitsverdächtigen oder ansteckungsverdächtigen Personen oder Ausscheidern und dem von der Maßnahme erfassten Personenkreis gefordert werden. Mit anderen Worten: ein Corona-Fall in Füssen rechtfertigt keine Maßnahmen in einer Corona-freien Kleinstadt in Schleswig-Holstein. Auch in Bezug auf den geforderten zeitlich-räumlichen Bezug gilt die Je-desto-Formel (vgl. die Erläuterungen Rn. 20), so dass insbesondere in Pandemiesituationen bei leicht übertragbaren Krankheiten an diesen keine überspannten Anforderungen zu stellen sind. Zu berücksichtigen sind bei der im Rahmen einer Gesamtschau vorzunehmenden Beurteilung des zeitlich-räumlicher Bezugs insbesondere die Übertragungswege der jeweiligen übertragbaren Krankheit, die konkrete Situierung des Geschehens, soweit sie für **45**

die Verbreitung relevant sein könnte (z. B. (ggf. dicht besiedelte) Stadt, (ggf. gering besiedeltes) Dorf, Bebauungsart- und Dichte, Vorhandensein übertragungsrelevanter Arten des ÖPNV), die Inkubationszeit, Art und Umfang von Reise-, Ein- und Ausreiseaktivitäten in dem jeweiligen Gebiet und vergleichbare Faktoren.

3. Geschäftsunfähige, beschränkt geschäftsfähige und betreute Personen

46 In Bezug auf geschäftsunfähige, beschränkt geschäftsfähige und betreute Störer gelten wegen des Verweises in Abs. 3 § 16 Abs. 5 und die dortigen Erläuterungen entsprechend.

XI. Sofortige Vollziehbarkeit

47 Anordnungen nach Abs. 1 sind gem. Abs. 3 iVm § 16 Abs. 8 sofort vollziehbar. Die Erläuterungen § 16 Rn. 64 gelten entsprechend.

XII. Praxishinweise

1. Vollständige gerichtliche Überprüfbarkeit

48 Sowohl die Tatbestandsseite als auch die Rechtsfolgenseite sind gerichtlich voll überprüfbar. Die jeweils anzustellenden Erwägungen sollten auch deshalb den entsprechenden schriftlichen Bescheiden detailliert zu entnehmen sein. Das bloße Einsetzen von letztlich nichtssagenden und inhaltsleeren Musterbausteinen, die nicht die Einzelheiten des jeweiligen Falls berücksichtigen, reicht insoweit regelmäßig nicht aus.

2. Geschäftsunfähige, beschränkt geschäftsfähige und betreute Personen

49 Bei geschäftsunfähigen, beschränkt geschäftsfähigen und betreuten Personen ist in Bezug auf die Bekanntgabe einer Anordnung § 41 Abs. 1 VwVfG (bzw. die entsprechende Landesnorm) zu beachten.

XIII. Zuwiderhandlungen, zwangsweise Durchsetzung

50 Eine Zuwiderhandlung gegen eine vollziehbare Anordnung nach Abs. 1 S. 1 oder S. 2 (auch iVm einer Rechtsverordnung nach § 32 S. 1) ist gemäß § 73 Abs. 1a Nr. 6 bußgeld- und unter den Voraussetzungen von § 74 strafbewehrt. Dessen ungeachtet können Anordnungen bei Vorliegen der Voraussetzungen im Wege des Verwaltungszwangs durchgesetzt werden.

XIV. Kosten

51 Die Kosten für die Durchführung von Schutzmaßnahmen nach § 28 werden, da nicht in § 69 Abs. 1 erwähnt, aus öffentlichen Mitteln bestritten (vgl. die Erläuterungen zu § 69).

C. Maßnahmen nach Abs. 2

I. Allgemeines

Abs. 2 ergänzt die in § 34 vorgesehenen gesetzlichen (und damit automatisch eintretenden und endenden, vgl. § 34 Rn. 8 f.) Verbote des Besuchs von Gemeinschaftseinrichtungen um ein solches, welches bei Vorliegen der tatbestandlichen Voraussetzungen von der zuständigen Behörde angeordnet werden kann. Vgl. zu möglichen Anordnungen von Betretungs- und Tätigkeitsverboten für den Fall der Nichtvorlage eines angeforderten Nachweises in Bezug auf den Masernimpfschutz nach § 20 Abs. 12 die Erläuterungen § 20 Rn. 139 ff.   52

II. Tatbestandliche Voraussetzungen

1. Allgemeines

Voraussetzung ist die Feststellung einer in einer Gemeinschaftseinrichtung eine Tätigkeit ausübende oder betreute Person, die an Masern erkrankt, dessen verdächtig oder ansteckungsverdächtig ist.   53

2. Gemeinschaftseinrichtung

Vgl. hierzu die Legaldefinition in § 33 sowie die entsprechenden Erläuterungen.   54

3. Tätigkeit, betreut

Es kommen sämtliche der in § 34 Abs. 1 genannten Tätigkeiten in Betracht (vgl. § 34 Rn. 5 ff.). Zum Begriff des Betreuten vgl. § 33 Rn. 6.   55

4. An Masern erkrankt, dessen verdächtig oder ansteckungsverdächtig

Insoweit kann auf die entsprechenden Erläuterungen zu dem Begriff des Kranken (vgl. § 2 Rn. 30 ff.), Krankheitsverdächtigen (vgl. § 2 Rn. 35 ff.) und Ansteckungsverdächtigen (vgl. § 2 Rn. 44 ff.) verwiesen werden, wobei sich die jeweilige Eigenschaft auf die Masern beziehen muss.   56

5. Festgestellt

a) Allgemeines. Die vorgenannten Voraussetzungen müssen festgestellt sein (vgl. Wortlaut). Anders als bei § 25 Abs. 1 reicht ihre bloße Annahme nicht aus. Vgl. im Einzelnen Rn. 9 ff.   57

b) Voraussetzungen. Die Eigenschaft der Person als Kranker etc. ‚steht fest', wenn die zuständige Behörde auf Basis ihrer pflichtgemäßen Feststellungen vernünftigerweise vom Vorliegen derjenigen Tatsachen, welche die Beurteilung einer Person als Kranker etc. stützen, ausgehen darf. Besteht insoweit zum Entscheidungszeitpunkt indes keine hinreichende Gewissheit, sondern   58 verbleiben noch Zweifel, ob diese Tatsachen tatsächlich vorliegen, sind die tatbestandlichen Voraussetzungen nicht gegeben. Da indes auch die Kenntnis von Tatsachen ausreicht, die einen Krankheitsverdacht bzw. Ansteckungsverdacht begründen, dürfte diese Einschränkung in der Praxis in der Regel unproblematisch sein.

III. Rechtsfolgen

1. Allgemeines

59 Liegen die tatbestandlichen Voraussetzungen vor, können gegenüber Personen, die weder einen Impfschutz noch eine Immunität gegen Masern durch ärztliches Zeugnis nachweisen können, die in § 34 Abs. 1 S. 2 genannten Verbote erteilt werden, bis eine Weiterverbreitung der Masern in der Gemeinschaftseinrichtung nicht mehr zu befürchten ist.

2. Vorschlag des Gesundheitsamtes (Abs. 3 iVm § 16 Abs. 6)

60 Gemäß Abs. 3 iVm § 16 Abs. 6 werden Maßnahmen nach Abs. 2 von der zuständigen Behörde auf Vorschlag des Gesundheitsamtes angeordnet. Siehe dazu die Erläuterungen § 16 Rn. 58 f.

3. Entschließungs- und Auswahlermessen bzgl. der zu ergreifenden Maßnahmen

61 Abs. 2 gewährt dem Gesundheitsamt sowohl Entschließungs- (vgl. Wortlaut ‚können') als auch Auswahlermessen (vgl. zu den Begriffen Vor §§ 15a Rn. 10 ff.) hinsichtlich der Erteilung der in § 34 Abs. 1 S. 1 und 2 genannten Verbote. Dabei muss das Gesundheitsamt sein Ermessen pflichtgemäß ausüben und insbesondere den Grundsatz der Verhältnismäßigkeit beachten (vgl. dazu die Erläuterungen § 16 Rn. 16a ff.).

4. Zu den einzelnen Verboten nach § 34 Abs. 1 S. 1 und 2

62 Vgl. zu den einzelnen Verboten die Erläuterungen § 34 Rn. 3 ff. sowie § 34 Rn. 10.

IV. Überwachung der angeordneten Verbote

63 Zu den Rechten im Zusammenhang mit der Überwachung der angeordneten Verbote nach Abs. 2 vgl. die Erläuterungen zu Abs. 3 (Rn. 69 ff.).

V. Der Adressat einer Maßnahme

64, 65 Adressat einer Maßnahme nach Abs. 2 kann jede Person sein, die in der Gemeinschaftseinrichtung tätig ist oder betreut wird, und die weder einen Impfschutz, der den Empfehlungen der STIKO (vgl. zu dieser § 20 Rn. 3 ff.) entspricht, noch eine Immunität gegen Masern durch ärztliche Bescheinigung nachweisen kann. Denn diese Personen unterliegen – anders als geimpfte bzw. immune Personen – der Gefahr, sich in der betroffenen Gemeinschaftseinrichtung mit Masern zu infizieren. Beispiel ist die Anordnung eines Schulverbots für nicht geimpfte bzw. nicht immune Personen im Falle eines Masernausbruchs (vgl. auch zur Rechtslage vor Schaffung von Abs. 2 VG Berlin, Beschluss vom 11.3.2015 – VG 14 L 35.15). Eine Anordnung zum Verbot des Betretens einer Gemeinschaftseinrichtung gegenüber anderen als dort tätigen oder betreuten Personen (z. B. abholenden Eltern) kann nicht auf Abs. 2, bei Vorliegen der Voraussetzungen aber auf Abs. 1 S. 1 iVm S. 2 HS 2 gestützt werden. Vom Wortlaut erfasst wären auch Verbote gegen die an Masern erkrankte oder dessen verdächtige Person selbst. Allerdings greift bei einer solchen bereits das gesetzliche Tätigkeits- bzw. Besuchsverbot aus § 34 Abs. 1 S. 1 bzw. S. 2. Gegenüber diesem Personenkreis ist deshalb eine zusätzlich Anordnung eines Tätigkeits- bzw. Besuchsverbots aus Basis von Abs. 2 in der Regel nicht erforderlich (vgl. zur Erforderlichkeit als Teil der Prüfung der Verhältnismäßigkeit § 16 Rn. 21 ff.).

VI. Sofortige Vollziehbarkeit

Anordnungen nach Abs. 2 sind gem. Abs. 3 iVm § 16 Abs. 8 sofort vollziehbar. Die Erläuterungen § 16 Rn. 64 gelten entsprechend. **66**

VII. Praxishinweise

Es gelten die Praxishinweise Rn. 48 f. entsprechend. **67**

VIII. Zuwiderhandlungen, zwangsweise Durchsetzung

Eine Zuwiderhandlung gegen eine vollziehbare Anordnungen nach § 28 Abs. 2 (auch iVm einer Rechtsverordnung nach § 32 S. 1) ist gemäß § 73 Abs. 1a Nr. 11a bußgeld- und bei Vorliegen der Voraussetzungen des § 74 strafbewehrt. Dessen ungeachtet können Anordnungen bei Vorliegen der Voraussetzungen im Wege des Verwaltungszwangs durchgesetzt werden. **68**

D. Überwachung, geschäftsunfähige, beschränkt geschäftsfähige und betreute Personen, Gefahr im Verzug, Vollziehbarkeit (Abs. 3)

I. Allgemeines

Abs. 3 ordnet für Maßnahmen nach Abs. 1 und 2 die entsprechende Geltung von § 16 Abs. 5–8 an. Für die Überwachung der Maßnahmen gilt § 16 Abs. 2 entsprechend. **69**

II. Einzelheiten

1. Verweis auf § 16 Abs. 2 (Betretungs-, Einsichts- und sonstigen Rechte)

Der Verweis auf § 16 Abs. 2 stellt klar, dass der zuständigen Behörde zur Überwachung der nach Abs. 1 und 2 angeordneten Maßnahmen Betretungs-, **70**

IfSG § 28a 5. Abschnitt. Bekämpfung übertragbarer Krankheiten

Einsichts- und sonstigen Rechte zustehen. Ebenso unterliegen die von Maßnahmen Betroffenen den in § 16 Abs. 2 S. 2 und 3 genannten Pflichten.

2. Verweis auf § 16 Abs. 5 (geschäftsunfähige, beschränkt geschäftsfähige und betreute Störer)

71 In Bezug auf geschäftsunfähige, beschränkt geschäftsfähige und betreute Störer ordnet Abs. 2 die entsprechende Geltung von § 16 Abs. 5 an. Es wird auf die dortigen Erläuterungen verwiesen.

3. Verweis auf § 16 Abs. 6, 7 (Vorschlag des Gesundheitsamtes, Gefahr im Verzug)

72 In Bezug auf das Vorschlagsrecht des Gesundheitsamtes für Maßnahmen nach Abs. 1 und 2 sowie die Zuständigkeit des Gesundheitsamtes bei Gefahr im Verzug vgl. § 16 Rn. 58 ff.

4. Verweis auf § 16 Abs. 8 (sofortige Vollziehbarkeit)

73 Anordnungen nach Abs. 1 sind gem. Abs. 3 iVm § 16 Abs. 8 sofort vollziehbar. Vgl. dazu die Erläuterungen § 16 Rn. 64.

III. Zuwiderhandlungen, zwangsweise Durchsetzung

74 Eine Zuwiderhandlung gegen die Pflichten nach § 28 Abs. 3 iVm § 16 Abs. 2 S. 2 und 3 ist nicht bußgeld- oder strafbewehrt. Dessen ungeachtet können die Rechte und Pflichten nach § 28 Abs. 3 iVm § 16 Abs. 2 S. 2 und 3 bei Vorliegen der Voraussetzungen im Wege des Verwaltungszwangs durchgesetzt werden.

§ 28a Besondere Schutzmaßnahmen zur Verhinderung der Verbreitung der Coronavirus-Krankheit-2019 (COVID-19)

(1) Notwendige Schutzmaßnahmen im Sinne des § 28 Absatz 1 Satz 1 und 2 zur Verhinderung der Verbreitung der Coronavirus-Krankheit-2019 (COVID-19) können für die Dauer der Feststellung einer epidemischen Lage von nationaler Tragweite nach § 5 Absatz 1 Satz 1 durch den Deutschen Bundestag insbesondere sein
  1. Anordnung eines Abstandsgebots im öffentlichen Raum,
  2. Verpflichtung zum Tragen einer Mund-Nasen-Bedeckung (Maskenpflicht),
  3. Ausgangs- oder Kontaktbeschränkungen im privaten sowie im öffentlichen Raum,
  4. Verpflichtung zur Erstellung und Anwendung von Hygienekonzepten für Betriebe, Einrichtungen oder Angebote mit Publikumsverkehr,
  5. Untersagung oder Beschränkung von Freizeitveranstaltungen und ähnlichen Veranstaltungen,
  6. Untersagung oder Beschränkung des Betriebs von Einrichtungen, die der Freizeitgestaltung zuzurechnen sind,

Besondere Schutzmaßnahmen (COVID-19) **§ 28a IfSG**

7. Untersagung oder Beschränkung von Kulturveranstaltungen oder des Betriebs von Kultureinrichtungen,
8. Untersagung oder Beschränkung von Sportveranstaltungen und der Sportausübung,
9. umfassendes oder auf bestimmte Zeiten beschränktes Verbot der Alkoholabgabe oder des Alkoholkonsums auf bestimmten öffentlichen Plätzen oder in bestimmten öffentlich zugänglichen Einrichtungen,
10. Untersagung von oder Erteilung von Auflagen für das Abhalten von Veranstaltungen, Ansammlungen, Aufzügen, Versammlungen sowie religiösen oder weltanschaulichen Zusammenkünften,
11. Untersagung oder Beschränkung von Reisen; dies gilt insbesondere für touristische Reisen,
12. Untersagung oder Beschränkung von Übernachtungsangeboten,
13. Untersagung oder Beschränkung des Betriebs von gastronomischen Einrichtungen,
14. Schließung oder Beschränkung von Betrieben, Gewerben, Einzel- oder Großhandel,
15. Untersagung oder Beschränkung des Betretens oder des Besuchs von Einrichtungen des Gesundheits- oder Sozialwesens,
16. Schließung von Gemeinschaftseinrichtungen im Sinne von § 33, Hochschulen, außerschulischen Einrichtungen der Erwachsenenbildung oder ähnlichen Einrichtungen oder Erteilung von Auflagen für die Fortführung ihres Betriebs oder
17. Anordnung der Verarbeitung der Kontaktdaten von Kunden, Gästen oder Veranstaltungsteilnehmern, um nach Auftreten einer Infektion mit dem Coronavirus SARS-CoV-2 mögliche Infektionsketten nachverfolgen und unterbrechen zu können.

(2) Die Anordnung der folgenden Schutzmaßnahmen nach Absatz 1 in Verbindung mit § 28 Absatz 1 ist nur zulässig, soweit auch bei Berücksichtigung aller bisher getroffenen anderen Schutzmaßnahmen eine wirksame Eindämmung der Verbreitung der Coronavirus-Krankheit-2019 (COVID-19) erheblich gefährdet wäre:

1. Untersagung von Versammlungen oder Aufzügen im Sinne von Artikel 8 des Grundgesetzes und von religiösen oder weltanschaulichen Zusammenkünften nach Absatz 1 Nummer 10,
2. Anordnung einer Ausgangsbeschränkung nach Absatz 1 Nummer 3, nach der das Verlassen des privaten Wohnbereichs nur zu bestimmten Zeiten oder zu bestimmten Zwecken zulässig ist, und
3. Untersagung des Betretens oder des Besuchs von Einrichtungen im Sinne von Absatz 1 Nummer 15, wie zum Beispiel Alten- oder Pflegeheimen, Einrichtungen der Behindertenhilfe, Entbindungseinrichtungen oder Krankenhäusern für enge Angehörige von dort behandelten, gepflegten oder betreuten Personen.

Schutzmaßnahmen nach Absatz 1 Nummer 15 dürfen nicht zur vollständigen Isolation von einzelnen Personen oder Gruppen führen; ein Mindestmaß an sozialen Kontakten muss gewährleistet bleiben.

(3) Entscheidungen über Schutzmaßnahmen zur Verhinderung der Verbreitung der Coronavirus-Krankheit-2019 (COVID-19) nach Absatz 1 in Verbindung mit

§ 28 Absatz 1, nach § 28 Absatz 1 Satz 1 und 2 und den §§ 29 bis 32 sind insbesondere an dem Schutz von Leben und Gesundheit und der Funktionsfähigkeit des Gesundheitssystems auszurichten. Die Schutzmaßnahmen sollen unter Berücksichtigung des jeweiligen Infektionsgeschehens regional bezogen auf die Ebene der Landkreise, Bezirke oder kreisfreien Städte an den Schwellenwerten nach Maßgabe der Sätze 4 bis 12 ausgerichtet werden, soweit Infektionsgeschehen innerhalb eines Landes nicht regional übergreifend oder gleichgelagert sind. Die Länder Berlin und die Freie und Hansestadt Hamburg gelten als kreisfreie Städte im Sinne des Satzes 2. Maßstab für die zu ergreifenden Schutzmaßnahmen ist insbesondere die Anzahl der Neuinfektionen mit dem Coronavirus SARS-CoV-2 je 100 000 Einwohnern innerhalb von sieben Tagen. Bei Überschreitung eines Schwellenwertes von über 50 Neuinfektionen je 100 000 Einwohner innerhalb von sieben Tagen sind umfassende Schutzmaßnahmen zu ergreifen, die eine effektive Eindämmung des Infektionsgeschehens erwarten lassen. Bei Überschreitung eines Schwellenwertes von über 35 Neuinfektionen je 100 000 Einwohner innerhalb von sieben Tagen sind breit angelegte Schutzmaßnahmen zu ergreifen, die eine schnelle Abschwächung des Infektionsgeschehens erwarten lassen. Unterhalb eines Schwellenwertes von 35 Neuinfektionen je 100 000 Einwohner innerhalb von sieben Tagen kommen insbesondere Schutzmaßnahmen in Betracht, die die Kontrolle des Infektionsgeschehens unterstützen. Vor dem Überschreiten eines Schwellenwertes sind die in Bezug auf den jeweiligen Schwellenwert genannten Schutzmaßnahmen insbesondere bereits dann angezeigt, wenn die Infektionsdynamik eine Überschreitung des jeweiligen Schwellenwertes in absehbarer Zeit wahrscheinlich macht. Bei einer bundesweiten Überschreitung eines Schwellenwertes von über 50 Neuinfektionen je 100 000 Einwohner innerhalb von sieben Tagen sind bundesweit abgestimmte umfassende, auf eine effektive Eindämmung des Infektionsgeschehens abzielende Schutzmaßnahmen anzustreben. Bei einer landesweiten Überschreitung eines Schwellenwertes von über 50 Neuinfektionen je 100 000 Einwohner innerhalb von sieben Tagen sind landesweit abgestimmte umfassende, auf eine effektive Eindämmung des Infektionsgeschehens abzielende Schutzmaßnahmen anzustreben. Nach Unterschreitung eines in den Sätzen 5 und 6 genannten Schwellenwertes können die in Bezug auf den jeweiligen Schwellenwert genannten Schutzmaßnahmen aufrechterhalten werden, soweit und solange dies zur Verhinderung der Verbreitung der Coronavirus-Krankheit-2019 (COVID-19) erforderlich ist. Die in den Landkreisen, Bezirken oder kreisfreien Städten auftretenden Inzidenzen werden zur Bestimmung des nach diesem Absatz jeweils maßgeblichen Schwellenwertes durch das Robert Koch-Institut im Rahmen der laufenden Fallzahlenberichterstattung auf dem RKI-Dashboard unter der Adresse http://corona.rki.de im Internet veröffentlicht.

(4) Im Rahmen der Kontaktdatenerhebung nach Absatz 1 Nummer 17 dürfen von den Verantwortlichen nur personenbezogene Angaben sowie Angaben zum Zeitraum und zum Ort des Aufenthaltes erhoben und verarbeitet werden, soweit dies zur Nachverfolgung von Kontaktpersonen zwingend notwendig ist. Die Verantwortlichen haben sicherzustellen, dass eine Kenntnisnahme der erfassten Daten durch Unbefugte ausgeschlossen ist. Die Daten dürfen nicht zu einem anderen Zweck als der Aushändigung auf Anforderung an die nach Landesrecht für die Erhebung der Daten zuständigen Stellen verwendet werden und sind vier Wochen

Besondere Schutzmaßnahmen (COVID-19) **§ 28a IfSG**

nach Erhebung zu löschen. Die zuständigen Stellen nach Satz 3 sind berechtigt, die erhobenen Daten anzufordern, soweit dies zur Kontaktnachverfolgung nach § 25 Absatz 1 erforderlich ist. Die Verantwortlichen nach Satz 1 sind in diesen Fällen verpflichtet, den zuständigen Stellen nach Satz 3 die erhobenen Daten zu übermitteln. Eine Weitergabe der übermittelten Daten durch die zuständigen Stellen nach Satz 3 oder eine Weiterverwendung durch diese zu anderen Zwecken als der Kontaktnachverfolgung ist ausgeschlossen. Die den zuständigen Stellen nach Satz 3 übermittelten Daten sind von diesen unverzüglich irreversibel zu löschen, sobald die Daten für die Kontaktnachverfolgung nicht mehr benötigt werden.

(5) Rechtsverordnungen, die nach § 32 in Verbindung mit § 28 Absatz 1 und § 28a Absatz 1 erlassen werden, sind mit einer allgemeinen Begründung zu versehen und zeitlich zu befristen. Die Geltungsdauer beträgt grundsätzlich vier Wochen; sie kann verlängert werden.

(6) Schutzmaßnahmen nach Absatz 1 in Verbindung mit § 28 Absatz 1, nach § 28 Absatz 1 Satz 1 und 2 und nach den §§ 29 bis 31 können auch kumulativ angeordnet werden, soweit und solange es für eine wirksame Verhinderung der Verbreitung der Coronavirus-Krankheit-2019 (COVID-19) erforderlich ist. Bei Entscheidungen über Schutzmaßnahmen zur Verhinderung der Verbreitung der Coronavirus-Krankheit-2019 (COVID-19) sind soziale, gesellschaftliche und wirtschaftliche Auswirkungen auf den Einzelnen und die Allgemeinheit einzubeziehen und zu berücksichtigen, soweit dies mit dem Ziel einer wirksamen Verhinderung der Verbreitung der Coronavirus-Krankheit-2019 (COVID-19) vereinbar ist. Einzelne soziale, gesellschaftliche oder wirtschaftliche Bereiche, die für die Allgemeinheit von besonderer Bedeutung sind, können von den Schutzmaßnahmen ausgenommen werden, soweit ihre Einbeziehung zur Verhinderung der Verbreitung der Coronavirus-Krankheit- 2019 (COVID-19) nicht zwingend erforderlich ist.

(7) Nach dem Ende einer durch den Deutschen Bundestag nach § 5 Absatz 1 Satz 1 festgestellten epidemischen Lage von nationaler Tragweite können die Absätze 1 bis 6 auch angewendet werden, soweit und solange sich die Coronavirus-Krankheit-2019 (COVID-19) nur in einzelnen Ländern ausbreitet und das Parlament in einem betroffenen Land die Anwendbarkeit der Absätze 1 bis 6 dort feststellt.

Übersicht

	Rn.
A. Allgemeines	1
I. Hintergrund	1
II. Struktur	2
III. Anwendung auf Einzelmaßnahmen oder nur auf Gesamtkonzepte von Schutzmaßnahmen?	3
IV. Verhältnis zu § 28 Abs. 1, §§ 29–31	4
V. Zur Verfassungsmäßigkeit	5
1. Allgemeines	5
2. Verfassungsrechtlicher Maßstab	6
3. Bewertung	7
4. Reformbedarf	8

	Rn.
B. Regelbeispiele (Abs. 1)	9
I. Allgemeines	9
II. Tatbestandliche Voraussetzungen	10
1. Allgemeines	10
2. Zulässigkeit von Schutzmaßnahmen nach Nr. 3, 10 und 15	11
III. Ermessen	12
IV. Einzelheiten	13
1. Anordnung eines Abstandgebots im öffentlichen Raum (Nr. 1)	13
a) Allgemeines	13
b) Anordnungszweck	14
c) Öffentlicher Raum	15
d) Privater Raum	16
2. Verpflichtung zum Tragen einer Mund-Nasen-Bedeckung (Nr. 2)	17
a) Allgemeines	17
b) Anordnungszweck	18
c) Anforderungen an die Mund-Nasen-Bedeckungen	19
3. Ausgangs- oder Kontaktbeschränkungen im privaten sowie im öffentlichen Raum (Nr. 3)	20
a) Allgemeines	20
b) Anordnungszweck	21
c) Öffentlicher Raum	22
d) Privater Raum	23
e) Kontaktbeschränkungen	24
f) Ausgangsbeschränkungen	25
g) Besondere Zulässigkeitsvoraussetzungen von Ausgangsbeschränkungen nach Abs. 2 S. 1 Nr. 2	26
h) Ausgangsbeschränkungen im privaten sowie öffentlichen Raum?	27
i) Stufenverhältnis, Ermessen	28
4. Verpflichtung zur Erstellung und Anwendung von Hygienekonzepten für Betriebe, Einrichtungen oder Angebote mit Publikumsverkehr (Nr. 4)	29
a) Allgemeines	29
b) Anforderungen an das Hygienekonzept	30
c) Verpflichtung zur Erstellung und Anwendung	31
5. Untersagung oder Beschränkung von Freizeitveranstaltungen und ähnlichen Veranstaltungen (Nr. 5)	32
a) Allgemeines	32
b) Veranstaltungen	33
c) Beispiele für Freizeitveranstaltungen und ähnliche Veranstaltungen	34
d) Stufenverhältnis, Ermessen	35
6. Untersagung oder Beschränkung des Betriebs von Einrichtungen, die der Freizeitgestaltung zuzurechnen sind (Nr. 6)	36
a) Allgemeines	36
b) Einrichtungen	37

	Rn.
c) Beispiele für Einrichtungen, die der Freizeitgestaltung zuzurechnen sind	38
d) Stufenverhältnis, Ermessen	39
7. Untersagung oder Beschränkung von Kulturveranstaltungen oder des Betriebs von Kultureinrichtungen (Nr. 7)	40
a) Allgemeines	40
b) Veranstaltungen und Einrichtungen	41
c) Zur besonderen Grundrechtsrelevanz	42
d) Stufenverhältnis, Ermessen	43
8. Untersagung oder Beschränkung von Sportveranstaltungen und der Sportausübung (Nr. 8)	44
a) Allgemeines	44
b) Sportveranstaltung	45
c) Sportausübung	46
d) Stufenverhältnis, Ermessen	47
9. Umfassendes oder auf bestimmte Zeiten beschränktes Verbot der Alkoholabgabe oder des Alkoholkonsums auf bestimmten öffentlichen Plätzen oder in bestimmten öffentlich zugänglichen Einrichtungen (Nr. 9)	48
a) Allgemeines	48
b) Öffentliche Plätze, öffentlich zugängliche Einrichtungen	49
c) Stufenverhältnis, Ermessen	50
10. Untersagung von oder Erteilung von Auflagen für das Abhalten von Veranstaltungen, Ansammlungen, Aufzügen, Versammlungen sowie religiösen oder weltanschaulichen Zusammenkünften (Nr. 10)	54
a) Allgemeines	54
b) Ansammlung, Versammlung, Veranstaltung	55
c) Aufzug	56
d) Zu den Versammlungen	57
e) Zu den religiösen oder weltanschaulichen Zusammenkünften	58
f) Besondere Zulässigkeitsvoraussetzungen der Untersagung von Versammlungen oder Aufzügen im Sinne von Art. 8 GG und von religiösen oder weltanschaulichen Zusammenkünften nach Nr. 10	59
11. Untersagung oder Beschränkung von Reisen (Nr. 11)	60
a) Allgemeines	60
b) Reisebeschränkungen	61
c) Stufenverhältnis, Ermessen	62
12. Untersagung oder Beschränkung von Übernachtungsangeboten (Nr. 12)	63
a) Allgemeines	63
b) Stufenverhältnis, Ermessen	64
13. Untersagung oder Beschränkung des Betriebs von gastronomischen Einrichtungen (Nr. 13)	67
a) Allgemeines	67
b) Stufenverhältnis, Ermessen	68

	Rn.
14. Schließung oder Beschränkung von Betrieben, Gewerben, Einzel- oder Großhandel (Nr. 14)	69
a) Allgemeines	69
b) Betriebe, Gewerbe, Einzel- oder Großhandel	70
c) Stufenverhältnis, Ermessen	71
15. Untersagung oder Beschränkung des Betretens oder des Besuchs von Einrichtungen des Gesundheits- oder Sozialwesens (Nr. 15)	73
a) Allgemeines	73
b) Einrichtung des Gesundheits- und Sozialwesens	74
c) Betreten, Besuch	75
d) Stufenverhältnis, Ermessen	76
e) Besondere Zulässigkeitsvoraussetzungen der Untersagung oder Beschränkung des Betretens oder des Besuchs von Einrichtungen des Gesundheits- oder Sozialwesens nach Nr. 15	77
16. Schließung von Gemeinschaftseinrichtungen im Sinne von § 33, Hochschulen, außerschulischen Einrichtungen der Erwachsenenbildung oder ähnlichen Einrichtungen oder Erteilung von Auflagen für die Fortführung ihres Betriebs (Nr. 16)	78
a) Allgemeines	78
b) Stufenverhältnis, Ermessen	79
17. Anordnung der Verarbeitung der Kontaktdaten von Kunden, Gästen oder Veranstaltungsteilnehmern, um nach Auftreten einer Infektion mit dem Coronavirus SARS-CoV-2 mögliche Infektionsketten nachverfolgen und unterbrechen zu können (Nr. 17)	80
V. Adressaten	81
VI. Sofortige Vollziehbarkeit	82
VII. Praxishinweise	83
VIII. Zuwiderhandlungen, zwangsweise Durchsetzung	84
IX. Kosten	85
C. Besondere Zulässigkeitsvoraussetzungen der in Abs. 1 Nr. 3, Nr. 10 und Nr. 15 genannten Schutzmaßnahmen (Abs. 2)	86
I. Allgemeines	86
II. Zulässigkeitsvoraussetzungen für bestimmte Schutzmaßnahmen	87
1. Allgemeines	87
2. Untersagung von Versammlungen oder Aufzügen im Sinne von Art. 8 GG und von religiösen oder weltanschaulichen Zusammenkünften nach Abs. 1 Nr. 10 (S. 1 Nr. 1)	88
3. Anordnung einer Ausgangsbeschränkung nach Abs. 1 Nr. 3, nach dem Verlassen des privaten Wohnbereichs nur zu bestimmten Zeiten oder zu bestimmten Zwecken zulässig ist (S. 1 Nr. 2)	89
4. Untersagung des Betretens oder des Besuchs von Einrichtungen im Sinne von Abs. 1 Nr. 15 (S. 1 Nr. 3)	90
5. Erhebliche Gefährdung einer wirksame Eindämmung der Verbreitung von COVID-19 auch bei Berück-	

Besondere Schutzmaßnahmen (COVID-19) § 28a IfSG

sichtigung aller bisher getroffenen anderen Schutzmaßnahmen 91
    a) Allgemeines 91
    b) Gesamtkonzept von Schutzmaßnahmen 92
    c) Mehrstufiges Verfahren 93
  6. Verbot der vollständigen Isolation 94
D. Zweck von Schutzmaßnahmen zur Verhinderung der Verbrei-
tung der Coronavirus-Krankheit-2019, regionale
Differenzierung, ermessenslenkende Vorgaben (Abs. 3) 95
  I. Allgemeines 95
  II. Anwendungsbereich 96
  III. Zweckbestimmung (S. 1) 97
  IV. Regionale Differenzierung von Schutzmaßnahmen, Ab-
  stimmung (S. 2, 3, 9 und 10) 98
    1. Allgemeines 98
    2. Ausgestaltung als Soll-Vorschrift 99
    3. Einzelheiten, landesweite Abstimmung, bundesweite
    Abstimmung 100
  V. Pflicht zur Erstellung von Gesamtkonzepten von Schutz-
  maßnahmen? 101
  VI. Hierarchie der Maßnahmenintensität im Sinne eines Stufenverhältnisses (S. 4–7) 102
    1. Allgemeines 102
    2. Zu den Anwendungsbereichen der einzelnen Stufen .. 103
      a) Stufe 1: Schutzmaßnahmen bei einer 7-Tages-In-
      zidenz kleiner 35 (S. 7) 103
      b) Stufe 2: Schutzmaßnahmen bei einer 7-Tages-In-
      zidenz ab einschließlich 35 und bis einschließlich
      50 (S. 6) 104
      c) Stufe 3: Schutzmaßnahmen bei einer 7-Tages-In-
      zidenz größer 50 (S. 5) 105
  VII. Maßnahmen vor dem Überschreiten des jeweiligen
  Schwellenwertes (S. 8) 106
  VIII. Aufrechterhaltung von Maßnahmen nach Unterschrei-
  tung eines Schwellenwertes (S. 11) 107
E. Datenschutzrechtliche Vorgaben zur Kontaktdatenerhebung
nach Abs. 1 Nr. 17 (Abs. 4) 108
  I. Allgemeines 108
  II. Einzelheiten 109
F. Begründungs- und Befristungspflicht (Abs. 5) 110
  I. Allgemeines 110
  II. Einzelheiten 111
    1. Zur Begründungspflicht 111
    2. Zur Befristungspflicht 112
G. Kumulative Anordnung von Schutzmaßnahmen, Ermessens-
erwägungen (Abs. 6) 113
  I. Allgemeines 113
  II. Kumulative Anordnung 114
  III. Bei der Ermessensausübung zu berücksichtigende Aspek-
  te (S. 2, 3) 115
H. Anwendung der Abs. 1–6 nach dem Ende der Feststellung
einer epidemischen Lage von nationaler Tragweite (Abs. 7) ... 116

IfSG § 28a   5. Abschnitt. Bekämpfung übertragbarer Krankheiten

A. Allgemeines

I. Hintergrund

1 Im Rahmen der Corona-Pandemie wurde eine Vielzahl von Maßnahmen für notwendig erachtet, welche mangels Vorhandenseins entsprechender Standardmaßnahmen auf die Generalklausel des § 28 Abs. 1 S. 1 gestützt wurden. In der Folge wurden vermehrt Bedenken hinsichtlich der Verfassungsmäßigkeit von § 28 Abs. 1 S. 1 geäußert (vgl. § 28 Rn. 5). Mit dem durch das 3. COVIfSGAnpG eingefügten § 28a hat der Gesetzgeber versucht, diesen Bedenken zu begegnen (BT-Drs. 19/23944, 21). Vgl. zur Verfassungsmäßigkeit von § 28a die Erläuterungen Rn. 5 ff.

II. Struktur

2 Der ursprüngliche Regierungsentwurf zu § 28a (BT-Drs. 19/23944) hat aufgrund der Beschlussempfehlung des Gesundheitsausschusses (BT-Drs. 19/24334) erhebliche Veränderungen erfahren und ist dadurch etwas unübersichtlich geworden. Der Einleitungssatz von Abs. 1 enthält die Grundvoraussetzungen für die Anwendbarkeit von § 28a (vgl. Rn. 10), von welchen nur im Rahmen von Abs. 7 abgewichen werden kann. Abs. 1 enthält in seinen Nrn. 1–17 in Erweiterung zu § 28 Abs. 1 S. 1 und 2 Regelbeispiele (BT-Drs. 19/23944, 31), Abs. 2 Zulässigkeitsvoraussetzungen für das Ergreifen von bestimmten Maßnahmen nach Abs. 1, die besonders grundrechtssensible Bereiche betreffen. Abs. 3 sieht vor, dass sich die Maßnahmenintensität im Sinne eines Stufenverhältnisses an der Anzahl der Corona-Neuinfektionen je 100.000 Einwohner innerhalb von sieben Tagen (7-Tages-Inzidenz) ausrichten soll. Abs. 4 macht aus datenschutzrechtlicher Sicht erforderliche Vorgaben zur Kontakterhebung nach Abs. 1 Nr. 17. Aus Abs. 5 ergibt sich die Pflicht, Rechtsverordnungen nach §§ 32, 28 Abs. 1 iVm § 28a Abs. 1 zu begründen und zu befristen. Durch Abs. 6 werden die nach Abs. 1 und 3 anzustellenden Ermessenserwägungen um bestimmte Aspekte angereichert.

III. Anwendung auf Einzelmaßnahmen oder nur auf Gesamtkonzepte von Schutzmaßnahmen?

3 § 28a enthält in seinem Abs. 1 einerseits eine Vielzahl von Einzelmaßnahmen in Form von Regelbeispielen (vgl. zu diesen die Erläuterungen Rn. 12 ff.). Zugleich sind viele seiner Regelungen ersichtlich nicht auf das Ergreifen einzelner Maßnahmen ausgerichtet, sondern betreffen Situationen, in welchen im Rahmen von Gesamtkonzepten (vgl. zu diesen § 28 Rn. 24) eine Vielzahl unterschiedlicher Schutzmaßnahmen gegen die Verbreitung des Coronavirus zugleich ergriffen werden, vgl. z. B. Abs. 2 S. 1 (Rn. 86 ff.), Abs. 3 (Rn. 95 ff.) und Abs. 6 (Rn. 113 ff.). Es stellt sich somit zum einen die Frage, ob die in Abs. 1 aufgeführten Regelbeispiele nur im Rahmen derartiger Gesamtkonzepte zur Anwendung kommen dürfen, zum anderen im Falle einer Verneinung die weitere Frage, welche der Regelungen des § 28a auf

Einzelmaßnahmen Anwendung finden. Ausgangspunkt zur Beantwortung dieser beiden Fragen ist Abs. 6. Nach diesem können Schutzmaßnahmen nach Abs. 1 in Verbindung mit § 28 Abs. 1, nach § 28 Abs. 1 S. 1 und 2 und nach den §§ 29 bis 31 auch kumulativ angeordnet werden, soweit und solange es für eine wirksame Verhinderung der Verbreitung der Coronavirus-Krankheit-2019 (COVID-19) erforderlich ist. Damit stellt der Gesetzgeber zum einen ausdrücklich das den zuständigen Behörden zur Verfügung stehende Instrumentarium dahingehend klar, dass dieses über einzelne, nur begrenzt wirksame Maßnahmen hinaus auch weitreichende und langandauernde Maßnahmen zur Bekämpfung übertragbarer Krankheiten iSv Gesamtkonzepten von Schutzmaßnahmen umfassen kann (BT-Drs. 19/34334, 82). Diese Aussage – Zulässigkeit von Einzelmaßnahmen wie auch Maßnahmen als Teil umfassender Schutzkonzepte – verstärkt der Gesetzgeber noch, indem er in der Begründung der Beschlussempfehlung (BT-Drs. 19/34334, 82) weiter ausführt, dass alle nach dem IfSG und anderen einschlägigen Gesetzen zur Bekämpfung der SARS-Cov-2-Pandemie erforderlichen Schutzmaßnahmen im Rahmen der Verhältnismäßigkeit bis hin zu einem vollständigen Herunterfahren des öffentlichen Lebens und zu weitreichenden Einschränkungen des Privatlebens angeordnet werden können. Angesichts der skizzierten gesetzgeberischen Willensbekundung ist davon auszugehen, dass die in Abs. 1 aufgeführten Regelbeispiele grundsätzlich auch als Einzelmaßnahmen angeordnet werden können. Auch auf derartige Einzelmaßnahmen finden sämtliche Regelungen des § 28a Anwendung, sofern sie sich nicht dem Sinn nach nur auf Gesamtkonzepte zugeschnitten sind. Letzteres ist indes allein für Abs. 3 S. 2–12 der Fall. Lediglich die in Abs. 2 S. 1 Nr. 1–3 genannten Maßnahmen dürfen, wie sich aus Abs. 2 S. 1 ergibt, nur im Rahmen von Gesamtkonzepten angeordnet werden (vgl. Rn. 91 f.).

IV. Verhältnis zu § 28 Abs. 1, §§ 29–31

Vgl. hierzu die Erläuterungen § 28 Rn. 3 sowie Rn. 113 ff. (zu Abs. 6). **4**

V. Zur Verfassungsmäßigkeit

1. Allgemeines

Das Auftreten des (zu Beginn der Corona-Pandemie neuartigen) Coronavi- **5** rus SARS-CoV-2 hat wiederholt teils dauerhafte und flächendeckende Maßnahmen erforderlich gemacht, die mit erheblichen Grundrechtseingriffen einhergingen. Diese wurden vor der Einfügung von § 28a in der Regel auf § 28 Abs. 1 gestützt. § 28 Abs. 1 war und ist ist auch im Hinblick auf die Bestimmtheitsanforderungen des BVerfG sowie im Lichte der Wesentlichkeitstheorie grundsätzlich verfassungsrechtlich nicht zu beanstanden (vgl. § 28 Rn. 7) und konnte damit zunächst ausreichende Rechtsgrundlage für derartige Schutzmaßnahmen sein. Als Ausfluss des Bestimmtheitsgrundsatzes und der Wesentlichkeitstheorie trifft den Gesetzgeber jedoch die Verantwortung, gerade bei einem langandauernden Pandemiegeschehen die Entwicklung im Blick zu behalten und erforderlichenfalls gesetzgeberisch aktiv zu werden. Daraus erwuchs mit der Zeit die Pflicht des Gesetzgebers, die Zulässigkeit und die Voraussetzungen für Schutzmaßnahmen im Sinne des § 28 Abs. 1 S. 1 und 2 zur Verhinderung der Verbreitung von COVID-19 konkreter zu regeln (vgl. auch BayVGH BeckRS 2020, 28521; VerfGH des Saarlandes, NVwZ 2020, 1513, 1518) – beispielsweise in Form von Regelbeispielen oder Standardmaßnahmen. Dieser Pflicht beabsichtigte der Gesetzgeber mit dem 3. COVIfSGAnpG nachzukommen. Im Regierungsentwurf (BT-Drs. 19/23944, 21) wird dazu ausgeführt: „Die bisher maßgeblich auf Grundlage der §§ 28 ff., 32 IfSG getroffenen notwendigen Maßnahmen zur Bekämpfung der Coronavirus-Pandemie führen teilweise zu erheblichen Eingriffen in grundrechtliche Freiheiten. Sie dienen zum Schutz der Bevölkerung vor Neuinfizierungen mit dem Coronavirus SARS-CoV-2 und erfolgen in Umsetzung der Gewährleistung des Rechts auf Leben und körperliche Unversehrtheit aus Artikel 2 Absatz 2 Satz 1 des Grundgesetzes. Um den verfassungsrechtlichen Anforderungen des Parlamentsvorbehalts aus Artikel 80 Absatz 1 Satz 1 und Satz 2 des Grundgesetzes angesichts der länger andauernden Pandemielage und fortgesetzt erforderlicher eingriffsintensiven Maßnahmen zu entsprechen, ist eine gesetzliche Präzisierung im Hinblick auf Dauer, Reichweite und Intensität möglicher Maßnahmen angezeigt. Der Gesetzgeber nimmt vorliegend die Abwägung der zur Bekämpfung einer epidemischen Lage von nationaler Tragweite erforderlichen Maßnahmen und den betroffenen grundrechtlichen Schutzgütern vor und regelt somit die wesentlichen Entscheidungen."

2. Verfassungsrechtlicher Maßstab

6 § 28a ist insbesondere im Zusammenhang mit der Verordnungsermächtigung in § 32 zu sehen und muss den Anforderungen des Bestimmtheitsgrundsatzes aus Art. 80 Abs. 1 S. 2 GG gerecht werden, welcher die Wesentlichkeitsdoktrin und das allgemeine Bestimmtheitsgebot konkretisiert (vgl. BVerfGE 150, 1 (80)). Art. 80 Abs. 1 Satz 2 GG soll sicherstellen, dass der Gesetzgeber durch die Ermächtigung selbst entscheidet, welche Fragen durch Rechtsverordnung geregelt werden können oder sollen. Nach der ständigen Rechtsprechung des BVerfG sind dabei drei verschiedene Aspekte zu unterscheiden (BVerfGE 150, 1 (100)). Nach dem Selbstentscheidungsvorbehalt muss der Gesetzgeber „die Grenzen einer solchen Regelung festlegen und angeben, welchem Ziel sie dienen soll". Die Programmfestsetzungspflicht zwingt den Gesetzgeber, der ermächtigten Stelle „darüber hinaus ein „Programm" an die Hand geben, das mit der Ermächtigung verwirklicht werden soll." Schließlich erfordert das Vorhersehbarkeitsgebot es, dass bereits aufgrund der Ermächtigung vorhersehbar ist, „in welchen Fällen und mit welcher Tendenz von ihr Gebrauch gemacht werden wird und welchen Inhalt die aufgrund der Ermächtigung erlassenen Verordnungen haben können, so dass sich die Normunterworfenen mit ihrem Verhalten darauf einstellen können". Durch den Bestimmtheitsgrundsatz wird der Gesetzgeber letztlich gezwungen, seiner Verantwortung für die Gesetzgebung hinreichend nachzukommen. Art. 80 Abs. 1 S. 2 GG verlangt insoweit, dass er – entsprechend dem Grundsatz der

Besondere Schutzmaßnahmen (COVID-19) § 28a IfSG

Gewaltenteilung – stets Herr der Gesetzgebung bleibt (BVerfGE 150, 1 (80)), Dies beinhaltet auch, dass der Gesetzgeber Verordnungsermächtigungen so ausgestaltet, dass „Regierung und Verwaltung im Gesetz steuernde und begrenzende Handlungsmaßstäbe vorfinden und dass die Gerichte eine wirksame Rechtskontrolle durchführen können. Bestimmtheit und Klarheit der Norm erlauben es ferner, dass die betroffenen Bürgerinnen und Bürger sich auf mögliche belastende Maßnahmen einstellen können" (BVerfGE 110, 33 (52)).

3. Bewertung

Zunächst ist festzuhalten, dass die Anwendbarkeit von § 28a in doppelter 7 Hinsicht eingeschränkt ist, indem der Gesetzgeber diese zum einen an die vorherige Feststellung einer epidemischen Lage von nationaler Tragweite durch den Deutschen Bundestag gem. § 5 Abs. 1 S. 1 geknüpft und allein auf Maßnahmen zur Verhinderung der Verbreitung von COVIS-19 begrenzt hat. Zugleich konkretisieren die 17 in Abs. 1 enthaltenen Regelbeispiele die Generalklausel des § 28 Abs. 1 S. 1. Zusammen mit den sich aus dem Regierungsentwurf (BT-Drs. 19/23944) und der Beschlussempfehlung (BT-Drs. 19/24334) ergebenden Erläuterungen hat der der Gesetzgeber auf diese Weise das Programm, dessen Umsetzung § 28a dienen soll, festgelegt. Zudem reichert der neue § 28a das Regelungsprogramm auch um steuernde und begrenzende Handlungsmaßstäbe im Sinne der Rechtsprechung des BVerfG (vgl. Rn. 6) an. So ist generell bereits innerhalb der Regelbeispiele des Abs. 1 ein Stufenverhältnis angelegt (vgl. Rn. 28), welches teilweise noch um besondere Aspekte ergänzt wird (vgl. etwa Abs. S. 1 Nr. 9 sowie die Erläuterungen Rn. 50 ff.). Zudem hat der Gesetzgeber (wenn auch erst aufgrund der Beschlussempfehlung des Gesundheitsausschusses (BT-Drs. 19/24334)) in Abs. 2 eine Begrenzungen der Zulässigkeit der in Abs. 1 Nr. 3 (Ausgangsbeschränkungen), Nr. 10 (Versammlungen, religiöse Zusammenkünfte) und Nr. 15 (Betretungsverbote für Gesundheits- und Sozialeinrichtungen) aufgeführten Regelbeispiele verankert, um deren besonderer Grundrechtssensibilität gerecht zu werden. Mit Abs. 3 gibt der Gesetzgeber eine gewisse Hierarchie der Schutzmaßnahmen vor, indem er deren Intensität an bestimmte Schwellen in Form der 7-Tages-Inzidenz knüpft (vgl. dazu im Detail die Erläuterungen Rn. 108 ff.). Zugleich enthält Abs. 6 weitere Vorgaben zum Ermessen. Etwaige verbleibende Spielräume und ebenso die der zuständigen Behörde verbleibenden Wahl des Eingriffsinstruments sind angesichts der Komplexität der zu regelnden Sachverhalte unvermeidbar und zudem auch notwendig. Dies auch deshalb, weil bei einer epidemischen Lage von nationaler Tragweite Einzelmaßnahmen regelmäßig nicht ausreichen, um in der Fläche wirkend die Verbreitung von Corona zu bekämpfen. Vielmehr sind Gesamtkonzepte von Schutzmaßnahmen notwendig, die aus verschiedenen Einzelmaßnahmen in unterschiedlicher Ausprägung zusammensetzen und deshalb einen Spielraum im Sinne einer Einschätzungsprärogative zwingend erforderlich machen. Insgesamt hat der Gesetzgeber speziell mit Blick auf COVID-19 und „das Bestehen einer epidemischen Lage von nationaler Tragweite mit § 28a ein Handlungsregime bereitgestellt, dass den Vorgaben des BVerfG (vgl. Rn. 6) gerecht wird. Gleichwohl bleibt die Pflicht des Gesetzgebers als Ausfluss des Bestimmtheitsgrundsatzes und Wesentlichkeitstheorie, erforderlichenfalls gesetzgeberisch nachzusteuern, bestehen.

4. Reformbedarf

8 Die Corona-Pandemie hat sehr deutlich die Grenzen der bisherigen Regelungen des IfSG im Rahmen einer Pandemiebekämpfung aufgezeigt. Wenn die jeweils erfolgten Änderungen das Regelwerk auch gestärkt und seine Anwendbarkeit verbessert haben, so ist doch festzustellen, dass das IfSG insgesamt einer grundlegenden Reform bedarf. Es bietet sich an, nach Bewältigung der Corona-Pandemie die gewonnen Erfahrungen zu nutzen und das IfSG zukunftsfest zu machen.

B. Regelbeispiele (Abs. 1)

I. Allgemeines

9 Ausweislich BT-Drs. 19/23944, 31 erweitert Abs. 1 speziell für die SARS-CoV-2 Pandemie die in § 28 Abs. 1 S. 1 und 2 enthaltenen Regelbeispiele. Diese Erweiterung findet ihre Rechtfertigung in dem sehr dynamischen Infektionsgeschehen dieser Pandemie mit einem äußerst infektiösen Virus, das insbesondere über Aerosole verbreitet wird (BT-Drs. 19/23944, 34). Die in Abs. 1 enthaltenen Regelbeispiele sind, wie sich aus der Formulierung des Eingangssatzes (,insbesondere') ergibt, nicht im Sinne einer abschließenden Aufzählung zu verstehen, so dass weiterhin auch andere, nicht in § 28 Abs. 1, § 28a Abs. 1 aufgeführte Maßnahmen möglich sind. Diese sind dann allein auf § 28 Abs. 1 S. 1 HS 1 zu stützen.

II. Tatbestandliche Voraussetzungen

1. Allgemeines

10 Der Einleitungssatz von Abs. 1 begrenzt die Anwendbarkeit von § 28a in doppelter Hinsicht. Zunächst setzt er die vorherige Feststellung einer epidemischen Lage von nationaler Tragweite durch den Deutschen Bundestag gem. § 5 Abs. 1 S. 1 voraus (vgl. dazu die Erläuterungen § 5 Rn. 3 ff. sowie zur Anwendbarkeit bei lediglich landesweiten Ausbreitungsgeschehen nach Abs. 7 die Erläuterungen Rn. 116). Darüber hinaus gilt er nicht generell bei jeglichen Pandemielagen, sondern allein für Maßnahmen zur Verhinderung der Verbreitung von COVID-19. Da es sich bei den in Abs. 1 aufgeführten Maßnahmen lediglich um klarstellende Regelbeispiele für Maßnahmen nach § 28 Abs. 1 S. 1 und 2 handelt (BT-Drs. 19/23944, 31), können diese im Übrigen nur unter den tatbestandlichen Voraussetzungen des § 28 Abs. 1 angeordnet werden. Vgl. zu diesen die Erläuterungen § 28 Rn. 9 ff.

2. Zulässigkeit von Schutzmaßnahmen nach Nr. 3, 10 und 15

Vgl. zu der in Abs. 2 aufgrund der besonderen Grundrechtssensibilität enthaltenen Begrenzung der Zulässigkeit der in Nr. 3, Nr. 10 und Nr. 15 aufgeführten Schutzmaßnahmen die Erläuterungen Rn. 86 ff. 11

III. Ermessen

Vgl. zum Ermessen zunächst generell die Erläuterungen § 28 Rn. 14 ff. Zu den insbesondere das Ermessen betreffenden Vorgaben in Abs. 3 und 6 vgl. zudem die Erläuterungen Rn. 95 ff. und Rn. 113 ff. Im Übrigen wird auf die Erläuterungen zu den einzelnen Regelbeispielen verwiesen. 12

IV. Einzelheiten
1. Anordnung eines Abstandgebots im öffentlichen Raum (Nr. 1)

a) **Allgemeines.** Nr. 1 wurde aus dem Regierungsentwurf (dort noch als Nr. 2 enthalten) unverändert übernommen. Hintergrund der nach Nr. 1 möglichen Anordnung eines Abstandsgebots im öffentlichen Raum ist die leichte Übertragbarkeit des Coronavirus SARS-CoV2 (BT-Drs. 19/23944, 31). Der Regelung liegt der Gedanke zugrunde, dass beim Aufeinandertreffen von Menschen das Ansteckungsrisiko nicht nur im privaten, sondern auch im öffentlichen Raum besonders groß ist (BT-Drs. 19/23944, 31). Insofern führt der Gesetzgeber in der Begründung des Gesetzentwurfs aus, dass bei lautem Sprechen, Singen oder Lachen die Aerosolausscheidung stark ansteige und sich deshalb zunächst in Innenräumen das Risiko einer Übertragung – dies selbst bei Überschreiten des Mindestabstands von 1,5 Metern – deutlich erhöhe Dies gelte entsprechend auch im Freien, wenn der Mindestabstand von 1,5 m ohne Mund-Nasen-Bedeckung unterschritten werde, als Beispiel führt der Gesetzgeber größere Menschenansammlungen an (BT-Drs. 19/23944, 31). 13

b) **Anordnungszweck.** Zweck einer Anordnung nach Nr. 1 ist die Vermeidung infektionsrelevanter Kontakte zur Eindämmung der Corona-Pandemie. 14

c) **Öffentlicher Raum.** Anordnungen nach Nr. 1 betreffen allein den öffentlichen Raum, ohne dass der Gesetzgeber diesen definiert hätte. Zunächst ist angesichts der Zweckrichtung (vgl. Rn. 14) davon auszugehen, dass der Begriff des ‚Raums' iSv Nr. 1 weder eine Umschließung noch eine Überdachung erfordert. Ohne Relevanz sind zudem die Eigentumsverhältnisse an der jeweiligen Örtlichkeit. Öffentlicher Raum sind zunächst sämtliche Bereiche (sei es unter freiem Himmel, in Gebäuden, umzäunt oder anderweitig), die im öffentlich-rechtlichen Sinne der Nutzung durch die Öffentlichkeit gewidmet sind. Öffentlich ist darüber hinaus auch jeder Bereich, an dem der Berechtigte nach seinem erkennbaren Willen der Allgemeinheit eine tatsächliche Nutzungsmöglichkeit eingeräumt hat. An der Öffentlichkeit des Raums ändert unter Berücksichtigung des Zwecks der Vorschrift es nichts, wenn der 15 jeweilige Bereich nur unter bestimmten Bedingungen betreten werden kann, solange diese prinzipiell von jedermann erfüllt werden können (etwa durch Zahlung eines Eintritts oder vorherige Anmeldung).

16 **d) Privater Raum.** Kein öffentlicher sondern privater Raum sind die Wohnung isd Art. 13 GG sowie sonstige Bereiche, die zwar tatsächlich zugänglich, aber nicht in obigem Sinne der Nutzung durch die Öffentlichkeit gewidmet oder für diese zur Nutzung freigegeben sind.

2. Verpflichtung zum Tragen einer Mund-Nasen-Bedeckung (Nr. 2)

17 **a) Allgemeines.** Der Regierungsentwurf, aus welchem Nr. 2 inhaltlich unverändert übernommen wurde, bezeichnet die Verpflichtung zum Tragen einer Mund-Nasen-Bedeckung (Maskenpflicht) als einen zentralen Baustein zur Eindämmung der Verbreitung des Coronavirus SARS-CoV-2 und verweist insoweit auf entsprechende wissenschaftliche Studien hinsichtlich des Nutzens zur Verringerung der Infektionszahlen (www.rki.de/SharedDocs/FAQ/NCOV2019/FAQ_Mund_Nasen_Schutz.html; www.who.int/emergencies/diseases/novel-coronavirus-2019/question-and-answers-hub/q-adetail/q-a-on-covid-19-and-masks). Die mit einer Maskenpflicht einhergehende Beeinträchtigung der allgemeinen Handlungsfreiheit sei allenfalls geringfügig und angesichts des mit seiner Anordnung verfolgten Ziels des Infektionsschutzes bei steigenden Infektionszahlen hinzunehmen.

18 **b) Anordnungszweck.** Zweck einer Anordnung nach Nr. 2 ist es, bei sozialen Kontakten das Risiko eine Übertragung des Coronavirus zu verringern. Insofern kommen Anordnungen nach Nr. 2 nur für solche Konstellationen Betracht, in denen derartige risikobehaftete Sozialkontakte erfahrungsgemäß bestehen. Ob eine Situation risikobehaftet ist, bestimmt sich nach den tatsächlichen Umständen unter Berücksichtigung medizinischer Erkenntnisse (www.rki.de/DE/Content/InfAZ/N/Neuartiges_Coronavirus/Kontaktperson/Management.html).

19 **c) Anforderungen an die Mund-Nasen-Bedeckungen.** Weder aus dem Gesetzeswortlaut noch aus den Gesetzesmaterialien ergeben sich etwaige Anforderungen an die Beschaffenheit der Mund-Nasen-Bedeckungen, so dass insoweit die so genannte Community-Maske ausreichend ist.

3. Ausgangs- oder Kontaktbeschränkungen im privaten sowie im öffentlichen Raum (Nr. 3)

20 **a) Allgemeines.** Nr. 3 war im Regierungsentwurf (BT-Drs. 19/23944) als Nr. 1 enthalten und wurde ohne inhaltliche Modifikationen aus diesem übernommen. Die Regelung konkretisiert § 28 Abs. 1 S. 1 HS 2. Ähnlich wie bei Nr. 1 betont der Regierungsentwurf das besonders hohe Risiko einer Ansteckung bei sozialen Kontakten im privaten wie auch im öffentlichen Raum und verweist dazu auf die Erfahrungen in der Bundesrepublik und anderen Staaten, dass die exponentiell verlaufende Verbreitung des besonders leicht im Wege der Tröpfcheninfektion und über Aerosole von Mensch zu Mensch

Besondere Schutzmaßnahmen (COVID-19) **§ 28a IfSG**

übertragbaren Virus nur durch eine strikte Minimierung der physischen Kontakte zwischen den Menschen eingedämmt werden kann (so BT-Drs. 19/23944, 31). Ebenso wie dem Begriff der ‚Ausgangsbeschränkungen' definiert das IfSG den Begriff der ‚Kontaktbeschränkungen' nicht, auch die Gesetzesmaterialien schweigen insoweit. Dies ist unter dem Gesichtspunkt der hier besonders wünschenswerten Normklarheit bedauerlich. Vgl. insoweit deshalb zur Begriffsklärung die Erläuterungen Rn. 24 und 25.

b) Anordnungszweck. Die Zwecke von Ausgangs- und Kontaktbeschränkungen im privaten sowie im öffentlichen Raum bestehen darin, eine Ausbreitung des Coronavirus SARS-CoV-2 einzudämmen, die notwendige Nachverfolgung von Infektionen wieder zu ermöglichen und eine Überlastung des Gesundheitssystems abzuwenden (so BT-Drs. 19/23944, 31). Der Regierungsentwurf betont insoweit explizit, dass eine zeitlich befristete, erhebliche und zugleich zielgerichtete Einschränkung persönlicher Kontakte auf Basis der Erfahrungen aus der ersten Welle der Coronavirus-Pandemie im Frühjahr 2020 zur Erreichung der genannten Zwecke eine geeignete Maßnahme sei (BT-Drs. 19/23944, 31). **21**

c) Öffentlicher Raum. Vgl. Rn. 15. **22**

d) Privater Raum. Vgl. Rn. 16. **23**

e) Kontaktbeschränkungen. Unter den Begriff der ‚Kontaktbeschränkungen' fallen sämtliche Maßnahmen, die das Zusammenkommen von Menschen zu den in Rn. 21 genannten Zwecken reglementieren. Erfasst sind somit insbesondere Vorgaben hinsichtlich der Zahl von oder des Verhältnisses zu Personen, mit denen man sich treffen darf. Möglich und unter dem Gesichtspunkt der Verhältnismäßigkeit auch geboten ist es dabei auch, hinsichtlich des Ausmaßes des Beschränkungen nach den Arten des Zusammenkommens zu differenzieren. Beschränkungen des Betretens oder des Besuchs von Einrichtungen des Gesundheits- oder Sozialwesens stellen zwar auch (mittelbar) Kontaktbeschränkungen dar, da sie das Zusammenkommen mit den Einrichtungsbewohnern reglementieren. Allerdings geht insoweit die speziellere Regelung in Nr. 15 vor, zumal diese auch den besonderen Anforderungen nach Abs. 2 unterliegt (vgl. Rn. 73 ff.). **24**

f) Ausgangsbeschränkungen. Grundsätzlich steht es jedem Menschen frei, seine Wohnstätte zu jedem Zeitpunkt, für jede Dauer und auf jede Art und Weise zu verlassen. Unter den Begriff der ‚Ausgangsbeschränkungen' fallen jegliche Maßnahmen, die diese Freiheit zu den in Rn. 21 genannten Zwecken einschränken. Nicht von Nr. 3 erfasst sind nach seinem eindeutigen Wortlaut jedoch so genannte Ausgangssperren. Eine Ausgangssperre liegt dann vor, wenn keine Person mehr befugt ist, überhaupt zu irgendeinem Zweck ihre Wohnung zu verlassen (Schmidt, COVID-19, Rechtsfragen zur Corona-Krise, 2. Auflage 2020, § 17 Rn. 75). Eine derartige Maßnahme kommt ihrem Wesen nach einer Absonderung gleich und ist deshalb infektionsschutzrechtlich nur nach Maßgabe von § 30 zulässig. Erlaubt die jeweilige Regelung jedoch das Verlassen der Wohnung in ausreichendem Maße zu **25**

bestimmten Zeiten oder zu bestimmten Zwecken (zu nennen sind hier insbesondere Ausnahmen für die Inanspruchnahme medizinischer Leistungen, die Berufsausübung, Schulbesuche, Versorgungsgänge des täglichen Lebens, die Ausübung von Sorgepflichten, den Besuch nahestehender Personen, Alter und Kranker, die Begleitung Sterbender, die Begleitung Minderjähriger und sonst schutzbedürftiger Personen zu den vorgenannten Zwecken), so handelt es sich um eine Ausgangsbeschränkung iSv Nr. 3, wie sich auch aus Abs. 2 S. 1 Nr. 2 ergibt.

26 g) Besondere Zulässigkeitsvoraussetzungen von Ausgangsbeschränkungen nach Abs. 2 S. 1 Nr. 2. Die Anordnung einer Ausgangsbeschränkung nach Nr. 3, nach der das Verlassen des privaten Wohnbereichs nur zu bestimmten Zeiten oder zu bestimmten Zwecken zulässig ist, ist nur unter den besonderen Voraussetzungen des Abs. 2 zulässig. Vgl. im Detail die Erläuterungen dort.

27 h) Ausgangsbeschränkungen im privaten sowie öffentlichen Raum? Nr. 3 umfasst dem Wortlaut nach auch ‚Ausgangsbeschränkungen im privaten und öffentlichen Raum' und muss insoweit als verunglückt gelten. Denn es erschließt sich auch bei viel sprachlicher Phantasie nicht, wie etwa eine Ausgangsbeschränkung im privaten Raum aussehen sollte. Demgegenüber könnte mit einer Ausgangsbeschränkung im öffentlichen Raum eine Ausgangssperre gemeint sein. Es ist indes nicht ersichtlich, warum der Gesetzgeber eine Ausgangssperre nicht auch zutreffend klar als solche hätte bezeichnen sollen. Denn gerade in Bezug auf die mit einer Ausgangssperre (auch im Vergleich zu den vom Wortlaut unzweifelhaft erfassten bloßen Ausgangsbeschränkungen) einhergehende besonders massive Grundrechtsbeeinträchtigung hätte es das Gebot der Normenbestimmtheit und -klarheit erfordert, eine Ausgangssperre unzweideutig als solche zu bezeichnen (vgl. zum Gebot der Normenbestimmtheit und -klarheit BVerfGE 114, 1, 53). Insofern ist davon auszugehen, dass Nr. 3 zum einen Ausgangsbeschränkungen umfasst und zum anderen – im Verhältnis eine Stufe niedriger und mit geringer Eingriffsintensität – Kontaktbeschränkungen, wobei letztere sowohl für den öffentlichen wie den privaten Raum angeordnet werden können.

28 i) Stufenverhältnis, Ermessen. Bis auf Nrn. 1, 2, 4 und 17 sehen sämtliche in Abs. 1 enthaltene Regelbeispiele jeweils zwei verschiedene Handlungsbefugnisse vor (Ausgangs- oder Kontaktbeschränkungen, Untersagung bzw. Schließung oder Beschränkung bzw. Auflagenerteilung), von denen jeweils eine (die Beschränkung bzw. Auflage) die weniger eingriffsintensive ist. Unter Beschränkung bzw. Auflage sind dabei sämtliche Maßnahmen zu verstehen, welche die Möglichkeit der Ausübung der jeweils betroffenen Rechtsposition nicht nur vollkommen unerheblich verkürzen. Unter dem Gesichtspunkt der Erforderlichkeit als Teil des Verhältnismäßigkeitsgrundsatzes (vgl. § 16 Rn. 16a) ist die zuständige Behörde im Rahmen einer ordnungsgemäßen Ermessensausübung verpflichtet, die jeweils schwächere Eingriffsvariante zu wählen, sofern diese den bezweckten Erfolg ebenso herbeiführt, insofern besteht jeweils ein Stufenverhältnis. Vgl. zum Ermessen zunächst die Erläute-

Besondere Schutzmaßnahmen (COVID-19) **§ 28a IfSG**

rungen § 28 Rn. 14 ff. Zu den insbesondere bei der Ermessensausübung zu beachtenden Vorgaben aus Abs. 3 und 6 vgl. zudem die Erläuterungen Rn. 95 ff. und Rn. 113 ff. Im Übrigen wird auf die Erläuterungen zu den einzelnen Regelbeispielen verwiesen.

4. Verpflichtung zur Erstellung und Anwendung von Hygienekonzepten für Betriebe, Einrichtungen oder Angebote mit Publikumsverkehr (Nr. 4)

a) Allgemeines. Die in Nr. 4 enthaltene Regelung war im ursprünglichen Regierungsentwurf (BT-Drs. 19/23944) noch nicht vorgesehen und wurde erst durch die Beschlussempfehlung (BT-Drs. 19/24334) eingefügt. **29**

b) Anforderungen an das Hygienekonzept. Insoweit führt die Gesetzesbegründung (BT-Drs. 19/24334, 79) als oberste Maxime an, dass ein Hygienekonzept geeignet sein müsse, das Ansteckungsrisiko zu reduzieren, wobei maßgeblich das konkrete Infektionsumfeld und Risiko zu betrachten sei. Ein wichtiger Baustein für ein angemessenes Hygienekonzept sei, so erläutert der Gesetzgeber unter Verweis auf www.infektionsschutz.de/coronavirus/wie-verhalte-ich-mich/in-situationen-mit-erhoehtem-ansteckungsrisiko.html weiter, die AHA-Formel: Abstand halten, Hygiene beachten, Alltagsmaske tragen. Zudem leiste regelmäßiges und konsequentes Lüften zum Schutz gegen das über Aerosole übertragene Coronavirus einen wesentlichen Beitrag, während sich Schmierinfektionen durch angemessene Desinfektionsmaßnahmen verhindern ließen. Die Ausführungen des Gesetzgebers zum Inhalt von Hygienekonzepten haben indes keinen abschließenden Charakter und können deshalb nicht in dem Sinne verstanden werden, dass jedes diese Bausteine enthaltende Konzept immer bereits als geeignet anzusehen ist, das Ansteckungsrisiko zu reduzieren. Entscheidend für die zu stellenden Anforderungen sind die konkreten tatsächlichen Umstände und Gegebenheiten, für welche das jeweilige Hygienekonzept verwendet werden soll. So kann es beispielsweise notwendig sein, dass das Hygienekonzept detailliertere Vorgeben enthält, etwa zur Lenkung von Besucherströmen, zur Bereitstellung von Handwaschmittelspendern und Einweghandtüchern, zu Mindestabständen und Verkehrsflächen, zur Desinfektion oft benutzter Gegenstände (Türklinken) sowie zur Beschilderung für Besucher und Belehrung von Mitarbeitern. Entscheidend zu berücksichtigen sind insoweit insbesondere auch die aktuellen infektionshygienischen Erkenntnisse, die konkrete epidemiologische Lage und die bisherigen, tatsachenbasierten Erfahrungswerte der zuständigen Behörde. **30**

c) Verpflichtung zur Erstellung und Anwendung. Maßnahmen nach Nr. 4 können (und sollten) neben der Verpflichtung der Erstellung von Hygienekonzepten auch die Verpflichtung zu deren Anwendung enthalten. **31**

5. Untersagung oder Beschränkung von Freizeitveranstaltungen und ähnlichen Veranstaltungen (Nr. 5)

32 **a) Allgemeines.** Nr. 5 wurde mit leichten Modifikationen aus dem Regierungsentwurf (BT-Drs. 19/23944) übernommen. Bei Freizeitveranstaltungen komme es, so wird im Regierungsentwurf ausgeführt, zu Situationen, in denen Menschen aufeinandertreffen, in Kontakt treten und sich austauschen, so dass das Risiko einer Ansteckung besonders groß sein könne. Maßnahmen nach Nr. 5 sind aus Sicht des Gesetzgebers zur notwendigen Kontaktreduzierung und damit zur Bekämpfung des Coronavirus SARS-CoV-2 geeignet (BT-Drs. 19/23944, 32).

33 **b) Veranstaltungen.** Eine Veranstaltung ist ein zeitlich begrenztes und geplantes Ereignis mit einem definierten Zweck und einem Programm in der abgegrenzten Verantwortung einer Person oder Institution, an dem eine Gruppe von Menschen teilnimmt (VGH München, Beschluss vom 8.6.2020 – 20 NE 20.1316).

34 **c) Beispiele für Freizeitveranstaltungen und ähnliche Veranstaltungen.** Nach BT-Drs. 19/23944, 32 sollen von Nr. 5 diejenigen Veranstaltungen erfasst werden, die der Unterhaltung dienen. Der Regelung liegt somit ein weites Begriffsverständnis zugrunde, so dass eine Konkretisierung dessen, was unter ‚ähnlichen' Veranstaltungen gemeint ist, dahinstehen kann. Erfasst werden beispielsweise private Feste jeglicher Art, insbesondere Hochzeits- und Geburtstagsfeiern. Soweit jedoch Kulturveranstaltungen nach Nr. 7, Sportveranstaltungen nach Nr. 8 oder die in Nr. 10 genannten Arten von Ansammlungen betroffen sind, gehen die jeweiligen Regelungen aufgrund ihrer Spezialität vor

35 **d) Stufenverhältnis, Ermessen.** Unter dem Gesichtspunkt der Erforderlichkeit als Teil des Verhältnismäßigkeitsgrundsatzes (vgl. § 16 Rn. 16a) ist die zuständige Behörde verpflichtet, lediglich Beschränkungen anzuordnen, sofern diese den bezweckten Erfolg ebenso herbeiführen, insofern besteht jeweils ein Stufenverhältnis. Vgl. dazu sowie zum behördlichen Ermessen die Erläuterungen Rn. 28.

6. Untersagung oder Beschränkung des Betriebs von Einrichtungen, die der Freizeitgestaltung zuzurechnen sind (Nr. 6)

36 **a) Allgemeines.** Im Regierungsentwurf (BT-Drs. 19/23944) war Nr. 6 noch als Nr. 4 enthalten und insoweit weiter gefasst, als dass sie auch die nun separat in Nr. 7 geregelten Kultureinrichtungen umfasste.

37 **b) Einrichtungen.** Weder aus dem Gesetzestext noch aus den Gesetzesmaterialien ergibt sich, was unter dem Begriff der ‚Einrichtung' zu verstehen sein soll. Nach dem Sinn und Zweck sind darunter zunächst sämtliche Einrichtungen zu verstehen, die dazu dienen sollen, etwa Freizeitveranstaltungen iSv Nr. 5 einen organisatorischen Rahmen zu geben und dadurch ihre Durch-

Besondere Schutzmaßnahmen (COVID-19) **§ 28a IfSG**

führung zu erleichtern. Ohne Relevanz ist dabei jeweils die rechtliche Organisationsform der Einrichtung.

c) Beispiele für Einrichtungen, die der Freizeitgestaltung zuzurechnen sind. Dies können insbesondere Vereinsheime, Clubhäuser, Veranstaltungsräumlichkeiten (z. B. zur Durchführung von Kindergeburtstagen) und ähnliches sein. Erfasst sind darüber hinaus auch sämtliche Einrichtungen, die selber Angebote zur Freizeitgestaltung machen. Soweit jedoch gewerbliche Einrichtungen betroffen sind, kommt allein Nr. 14 zur Anwendung. In Bezug auf Kultureinrichtungen findet Nr. 7 Anwendung. 38

d) Stufenverhältnis, Ermessen. Vgl. zum Stufenverhältnis zwischen Untersagung und Beschränkung sowie zum behördlichen Ermessen die Erläuterungen Rn. 28. 39

7. Untersagung oder Beschränkung von Kulturveranstaltungen oder des Betriebs von Kultureinrichtungen (Nr. 7)

a) Allgemeines. Während Kulturveranstaltungen im Regierungsentwurf noch zusammen mit Freizeitveranstaltungen in Nr. 4 des Entwurfs enthalten waren, wurde aufgrund der Beschlussempfehlung des Gesundheitsausschusses mit Nr. 7 ein eigenes Regelbeispiel für Beschränkungen im Kulturbereich geschaffen (BT-Drs. 19/24334, 80). Der Kulturbegriff wird nicht definiert. Er dürfte indes etwa Theater-, Musik-, Tanz- und andere Veranstaltungen umfassen, die nach allgemeinem Verständnis dem kulturellen Bereich zugeordnet werden und somit eine erhebliche Schnittmenge mit dem Kunstbegriff nach Art 5 Abs. 3 GG aufweisen, welcher besonders grundrechtsrelevant ist (BT-Drs. 19/24334, 80). Insofern ist Nr. 7 auch als gesetzgeberische Anerkennung der hervorgehobenen grundrechtlichen Bedeutung des erfassten Kulturbereichs anzusehen. 40

b) Veranstaltungen und Einrichtungen. Insoweit gelten die Erläuterungen Rn. 33 und Rn. 37 entsprechend. 41

c) Zur besonderen Grundrechtsrelevanz. Art. 5 Abs. 3 GG erfasst neben der künstlerischen Betätigung selbst (Werkbereich) auch die Darbietung und Verbreitung des Kunstwerks (Wirkbereich). Insoweit sind neben den künstlerisch Tätigen auch diejenigen Personen geschützt, die die Kunstwerke verbreiten, etwa Veranstalter. Bei Untersagungen oder Beschränkungen im Bereich der Kultur muss deshalb, so führt die Beschlussempfehlung zutreffend aus (BT-Drs. 19/24334, 80), der Bedeutung der Kunstfreiheit ausreichend Rechnung getragen werden. So sollen Beschränkungen insbesondere des Wirkbereichs in einer volatilen Pandemielage mit dem Ziel einer Reduzierung von Infektionszahlen erforderlich sein können, um den Schutz von Leben und körperlicher Unversehrtheit angemessen gewährleisten zu können (BT-Drs. 19/24334, 80). 42

d) Stufenverhältnis, Ermessen. Vgl. zum Stufenverhältnis zwischen Untersagung und Beschränkung sowie zum behördlichen Ermessen die Erläuterungen Rn. 28. 43

8. Untersagung oder Beschränkung von Sportveranstaltungen und der Sportausübung (Nr. 8)

44 **a) Allgemeines.** Zweck der Untersagung oder Beschränkung von Sportveranstaltungen und der Sportausübung ist die Kontaktreduzierung (BT-Drs. 19/23944, 32). Insofern betont der Gesetzgeber im Regierungsentwurf, dass insbesondere bei Sportveranstaltungen mit Zuschaueraufkommen und bei Mannschaftssport ein nicht unerhebliches Infektionsrisiko bestehen könne. Umgekehrt bedeutet dies aber unter Verhältnismäßigkeitsgesichtspunkten auch, dass Individualsport jedenfalls erst nachrangig beschränkt oder untersagt werden kann.

45 **b) Sportveranstaltung.** Vgl. dazu die Erläuterungen Rn. 33, die hier entsprechend gelten.

46 **c) Sportausübung.** Die Sportausübung war im Regierungsentwurf noch nicht enthalten. Nr. 8 wurde erst aufgrund der Beschlussempfehlung des Gesundheitsausschusses entsprechend erweitert, um gerade auch den Freizeitsport zu erfassen (BT-Drs. 19/24334, 80). Vor diesem Hintergrund ist der Begriff weit zu verstehen und umfasst jegliche Art der sportlichen Betätigung im Profi- wie im Freizeitbereich.

47 **d) Stufenverhältnis, Ermessen.** Vgl. zum Stufenverhältnis zwischen Untersagung und Beschränkung sowie zum behördlichen Ermessen die Erläuterungen Rn. 28.

9. Umfassendes oder auf bestimmte Zeiten beschränktes Verbot der Alkoholabgabe oder des Alkoholkonsums auf bestimmten öffentlichen Plätzen oder in bestimmten öffentlich zugänglichen Einrichtungen (Nr. 9)

48 **a) Allgemeines.** Alkohol hat mit zunehmender Genussmenge eine immer stärkere enthemmende Wirkung. Insofern entspricht es der allgemeinen Lebenserfahrung, dass mit der Menge des genossenen Alkohols die Fähigkeit (teils auch die Bereitschaft) sinkt, sich regelkonform zu verhalten, insbesondere was die die Einhaltung von Anordnungen nach Nr. 1 oder Nr. 2 betrifft. Oftmals kommt es zudem zu einem vermehrten kommunikativen Austausch im Rahmen eines geselligen Zusammenseins, wodurch sich verschiedene, oft untereinander unbekannte Personengruppen vermischen können, was die Nachverfolgbarkeit etwaiger infektionsrelevanter Kontakte deutlich erschwert oder unmöglich macht. Die skizzierten risikobehafteten Verhaltensweisen sind in besonderem Maße an so genannten ‚Party-Hot-Spots' anzutreffen, also bestimmten, zu einem Zusammenkommen zu Partys u. ä. besonders beliebten öffentlichen Plätzen oder Einrichtungen, vor allem, wenn etwa bereits die Abgabe von Alkohol in gastronomischen Betrieben nach Nr. 13 untersagt wurde (vgl. BT-Drs. 19/23944, 34).

Besondere Schutzmaßnahmen (COVID-19) **§ 28a IfSG**

b) Öffentliche Plätze, öffentlich zugängliche Einrichtungen. Darunter fallen sämtliche Plätze und Einrichtungen, die dem öffentlichen Raum zuzuordnen sind. Vgl. zu diesem die Erläuterungen Rn. 15. 49

c) Stufenverhältnis, Ermessen. aa) Allgemeines. Es gelten hinsichtlich des Stufenverhältnisses zwischen einem umfassenden und einem beschränkten Verbot sowie des behördlichen Ermessens die Erläuterungen Rn. 28 entsprechend. Zudem sind im Rahmen von Nr. 9 bereits im Gesetzestext bestimmte Parameter vorgegeben, die bei der Ermessensausübung berücksichtigt werden müssen. 50

bb) Zeitliche Aspekte. Wie sich aus der Formulierung ‚umfassend oder auf bestimmte Zeiten beschränkt' ergibt, darf ein Verbot nach Nr. 9 nur in dem tatsächlich notwendigen zeitlichen Umfang (Tageszeiten und Wochentage) angeordnet werden. Insoweit dürfen beispielsweise auch an Party-Hot-Spots in vielen Fällen primär nur die Abend- und Nachtstunden erfasst werden, dies gegebenenfalls auch nur am oder direkt vor dem Wochenende. Nicht erforderlich ist insoweit jedoch, dass ein Vollbeweis für die relevanten Zeiten erbracht werden kann, allerdings müssen sich die entsprechenden Annahmen mit tatsachenbasierten Erfahrungswerten stützen lassen 51

cc) Örtliche Aspekte. Verbote nach Nr. 9 müssen sich, wie sich aus dem Wortlaut ergibt, auf bestimmte öffentliche Plätzen oder öffentlich zugängliche Einrichtungen beziehen. Damit hebt der Gesetzgeber die Bedeutung einer örtlich differenzierten Betrachtung hervor. Vgl. dazu die Erläuterungen § 28 Rn. 26 sowie VGH München, Beschluss v. 1.9.2020 – 20 CS 20.1962. 52

dd) Alkoholabgabe, Alkoholkonsum. Nr. 9 ermöglicht sowohl Verbote der Alkoholabgabe wie des -konsums. Da regelmäßig primär der Alkoholkonsum zu den risikobehafteten Verhaltensweisen führt, dürfte es in vielen Fällen im Sinne der Erforderlichkeit ausreichend sein, nur diesen zu beschränken. Ist allerdings festzustellen, dass der Alkoholkonsum an einem bestimmten Ort sich aus dort gelegenen Verkaufsstellen speist, so wird regelmäßig auch ein Verbot der Alkoholabgabe in Betracht zu ziehen sein. 53

10. Untersagung von oder Erteilung von Auflagen für das Abhalten von Veranstaltungen, Ansammlungen, Aufzügen, Versammlungen sowie religiösen oder weltanschaulichen Zusammenkünften (Nr. 10)

a) Allgemeines. Die jetzige Fassung von Nr. 10 fasst die Nrn. 10 und 11 des Regierungsentwurfs zusammen (BT-Drs. 19/24334, 80). Der Regierungsentwurf führt insoweit aus: „Die Beschränkung von Versammlungen wie auch von religiösen Zusammenkünften führen zu tiefgreifenden Grundrechtseingriffen. Bei Beschränkungen der Religionsausübung und von Versammlungen muss dem hohen Schutzgut der Religionsfreiheit und der Versammlungsfreiheit Rechnung getragen werden. Eine zeitweise Beschränkung der Versammlungs- wie auch Glaubensfreiheit ist unter Berücksichtigung der derzeitigen Infektionslage in Abwägung mit dem Ziel einer Reduzierung von 54

IfSG § 28a 5. Abschnitt. Bekämpfung übertragbarer Krankheiten

Infektionszahlen in einer volatilen Pandemielage unter erhöhten Rechtfertigungsanforderungen zulässig, um dem Schutz von Leben und körperlicher Unversehrtheit angemessen gewährleisten zu können. Angemessene Schutz- und Hygienekonzepte haben Vorrang vor Untersagungen, sofern deren Einhaltung erwartet werden kann. Sofern jedoch Anhaltspunkte für die Nichteinhaltung vorliegen, kommen Verbote in Betracht. Versammlungen unter freiem Himmel sind regelmäßig weniger kritisch als solche in geschlossenen Räumen, wo die durch die Teilnehmer verursachte Aerosolkonzentration zumeist wesentlich höher liegen dürfte, auch wenn Belüften eine Absenkung bewirken kann. Gleichwohl können auch Versammlungen unter freiem Himmel durch eine begrenzte Aufstellfläche oder die schiere Vielzahl von Teilnehmern die durchgehende Einhaltung von Mindestabständen erschweren oder verunmöglichen, so dass Auflagen bis zu Verboten sachgerecht sein können."

55 **b) Ansammlung, Versammlung, Veranstaltung.** Vgl. zur Abgrenzung von Versammlungen zu Veranstaltungen und Ansammlungen die Erläuterungen § 28 Rn. 33 ff.

56 **c) Aufzug.** Ein Aufzug ist eine sich fortbewegende Versammlung unter freiem Himmel und damit ein ein Unterfall der Versammlung. Mangels Versammlungsqualität keine Aufzüge sind folglich sich bewegende Ansammlungen oder Veranstaltungen, wie beispielsweise Wandergruppen, Volksmärsche, Ausflüge von Schulklassen, Karnevalsumzüge, Prozessionen, Leichenzüge und Reklameumzüge (vgl. Erbs/Kohlhaas/Wache, VersammlungsG, § 1 Rn. 33).

57 **d) Zu den Versammlungen.** Gerade im Fall der Feststellung einer epidemischen Lage von nationaler Tragweite durch den Deutschen Bundestag nach § 5 Abs. 1 S. 1 (vgl. § 5 Rn. 3 ff.), welche Voraussetzung für die Anwendbarkeit von § 28a ist (vgl. Rn. 10), wird das öffentliche Leben generell durch verschiedene Schutzmaßnahmen beeinträchtigt. Dies darf aber nicht dazu führen, dass zugleich auch die öffentliche Meinungsbildung über Maß eingeschränkt wird. Insbesondere bei der Versammlungsfreiheit als für die Demokratie besonders relevantem Grundrecht ist es verfassungsrechtlich unverzichtbar, bei etwaigen beeinträchtigenden Maßnahmen zeitliche Aspekte besonders zu berücksichtigen und in Bezug auf das Erteilen von Auflagen den hohen verfassungsmäßigen Rang der Versammlungsfreiheit zu reflektieren. Etwaige Versammlungen erfassende Regelungen müssen deshalb im Lichte von Art. 8 GG ausgelegt und vollzogen werden. Dabei gilt Folgendes: Das Grundrecht der Versammlungsfreiheit ist ein wesentliches Element demokratischer Offenheit (BVerfGE 69, 315, 344 f.) und ein Stück ursprünglicher ungebändigter unmittelbarer Demokratie (BVerfG a. a. O.). Als solches muss es auch zeitnah insbesondere zu aktuellen gesellschaftspolitischen Ereignissen wahrgenommen und möglichst umfassend verwirklicht werden können. Aus diesem Grund ist es Maßgabe im Rahmen der Herstellung der Verhältnismäßigkeit, dem Versammlungsgrundrecht durch angemessene (aber nicht überzogene) infektionshygienische Auflagen maximale Wirkung zu verschaffen. Dabei müssen – und dies in deutlich höherem Maße als bei Veranstaltungen oder Ansammlungen – ggf. auch unvermeidbare Infektionsrisiken akzeptiert werden, insbesondere aufgrund der Tatsache, dass eine Reduzierung der Ansteckungsgefahr auf Null jedenfalls nicht realisierbar sein dürfte.

e) Zu den religiösen oder weltanschaulichen Zusammenkünften. Art. 4 GG schützt die individuelle wie die kollektive Glaubensfreiheit einschließlich religiöser und weltanschaulicher Feiern und Gebräuche und kultischer Handlungen. Im Lichte dieses Verständnisses werden sämtliche Treffen erfasst, die zum Zwecke der Durchführung, Vor- oder Nachbereitung religiöser oder weltanschaulicher Feiern und Gebräuche einschließlich kultischer Handlungen stattfinden. 58

f) Besondere Zulässigkeitsvoraussetzungen der Untersagung von Versammlungen oder Aufzügen im Sinne von Art. 8 GG und von religiösen oder weltanschaulichen Zusammenkünften nach Nr. 10. Die Untersagung von Versammlungen oder Aufzügen im Sinne von Art. 8 GG und von religiösen oder weltanschaulichen Zusammenkünften ist nur unter den besonderen Voraussetzungen des Abs. 2 zulässig. Vgl. im Detail die Erläuterungen dort. 59

11. Untersagung oder Beschränkung von Reisen (Nr. 11)

a) Allgemeines. Die im Grundsatz bereits im Regierungsentwurf enthaltene Regelung wurde aufgrund der Beschlussempfehlung des Gesundheitsausschusses klarstellend erweitert (BT-Drs. 19/24334, 80, vgl. Rn. 62). Reisebeschränkungen dienen dem Zweck der Vermeidung einer unkontrollierten Ausbreitung des Infektionsgeschehens durch Kontaktreduzierung und Vermeidung neuer, schwer nachvollziehbarer Infektionsketten. 60

b) Reisebeschränkungen. Reisebeschränkungen können über Reisen zur Erholung oder Freizeitgestaltung hinaus generell sämtliche Reisebewegungen auf dem Gebiet der Bundesrepublik Deutschland betreffen (BT-Drs. 19/23944, 33). Dies gilt entsprechend auch für Reiseuntersagungen. Im zivilrechtlichen Sinne gehören zu Reisen auch Übernachtungen. Diese sind indes in Nr. 12 spezieller geregelt. 61

c) Stufenverhältnis, Ermessen. Es gelten hinsichtlich des Stufenverhältnisses zwischen einer Untersagung und einer Beschränkung sowie des behördlichen Ermessens die Erläuterungen Rn. 28. Besonders zu beachten ist dabei, dass auch innerhalb der Reisen nach dem Willen des Gesetzgebers nach dem Reisezweck zu differenzieren sein kann. Der Gesetzgeber bringt durch den Zusatz ‚dies gilt insbesondere für touristische Reisen', welcher erst aufgrund der Beschlussempfehlung des Gesundheitsausschusses zur Klarstellung angefügt wurde (BT-Drs. 19/24334, 80), zum Ausdruck, dass touristische Reisen leichter als etwa solche zu Geschäftszwecken eingeschränkt werden können. 62

12. Untersagung oder Beschränkung von Übernachtungsangeboten (Nr. 12)

63 a) Allgemeines. Die Regelung war als Nr. 8 bereits im Regierungsentwurf (BT-Drs. 19/23944) enthalten und wurde inhaltlich unverändert aus diesem übernommen. Zweck von Maßnahmen nach Nr. 12 ist es, durch die Reduzierung von physischen Kontakten die Verfolgbarkeit von Infektionsketten zu ermöglichen und die Ausbreitung des Coronavirus zu verlangsamen. Insoweit führt der Regierungsentwurf explizit aus, dass eine Beschränkung von Übernachtungsangeboten geeignet sei, zur Erreichung der vorgenannten Zwecke beizutragen.

64 b) Stufenverhältnis, Ermessen. aa) Allgemeines. Zunächst gelten zum Stufenverhältnis zwischen Untersagung und Beschränkung sowie zum behördlichen Ermessen die Erläuterungen Rn. 28. Zudem hat der Gesetzgeber in der Entwurfsbegründung bestimmte Parameter vorgegeben, die im Rahmen der Verhältnismäßigkeitserwägungen Berücksichtigung finden sollten.

65 bb) Zeitliche Aspekte. Insoweit weist die Entwurfsbegründung ausdrücklich darauf hin, dass mit Schutzmaßnahmen nach Nr. 12 verbundenen Belastungen für Reisende und für Anbieter von Übernachtungsangeboten durch eine zeitliche Befristung reduziert werden können. Vgl. zur Bedeutung von zeitlichen Befristungen im Rahmen der Verhältnismäßigkeit auch die Erläuterungen § 28 Rn. 22.

66 cc) Ausnahmen bei bestimmten Übernachtungszwecken. Übernachtungen können zu verschiedenen Zwecken erfolgen, welche im Rahmen der Verhältnismäßigkeitserwägungen unterschiedlich zu gewichten sind. Aus diesem Grund können berufliche und geschäftliche Zwecke gegebenenfalls auszunehmen sein, da diese – anders als Übernachtungen aus touristischen Gründen – nicht lediglich die allgemeine Handlungsfreiheit (Art. 2 Abs. 1 GG), sondern die Berufsfreiheit (Art. 12 Abs. 1 GG) tangieren. Nach dem Regierungsentwurf können berufliche Zwecke auch für Saisonarbeiter vorliegen, die zum Zweck einer mindestens dreiwöchigen Arbeitsaufnahme in das Bundesgebiet einreisen, um einer beruflichen Tätigkeit nachzugehen (BT-Drs. 19/23944, 32).

13. Untersagung oder Beschränkung des Betriebs von gastronomischen Einrichtungen (Nr. 13)

67 a) Allgemeines. Die Regelung wurde inhaltlich unverändert aus dem Regierungsentwurf (BT-Drs. 19/23944) übernommen. Sie beruht auf der Einschätzung des Gesetzgebers, dass die Gastronomie von einer Vielzahl von Kontakten zu häufig wechselnden Personen geprägt ist (BT-Drs. 19/23944, 34): „Gastronomiebetriebe, also Gaststätten, Bars, Kneipen und Restaurants, zeichnen sich auch dadurch aus, dass bei dem Genuss von Speisen und Getränken trotz geringen Abstands naturgemäß keine Alltagsmasken getragen werden können. Bei der geselligen Zusammenkunft im stationären Gastronomiebetrieb kann es, gerade wenn auch Alkohol konsumiert wird, regelmäßig

Besondere Schutzmaßnahmen (COVID-19) § 28a IfSG

zur Unterschreitung von Mindestabständen und erhöhtem Aerosolausstoß kommen, da man gemeinsam eine geraume Zeit in einem geschlossenen Raum verbringt." Zweck von Maßnahmen nach Nr. 13 ist es vor dem skizzierten Hintergrund, durch die Reduzierung von physischen Kontakten die Rückverfolgbarkeit von Infektionsketten zu ermöglichen und eine Überlastung des Gesundheitssystems zu verhindern (BT-Drs. 19/23944, 34).

b) Stufenverhältnis, Ermessen. Zunächst gelten zum Stufenverhältnis zwischen Untersagung und Beschränkung sowie zum behördlichen Ermessen die Erläuterungen Rn. 28. Der Regierungsentwurf weist explizit darauf hin, dass alternativ zu einer vollständigen Untersagung des Betriebs von Schank- und Speiseräumen auch Sperrstunden in Betracht kommen können, da insbesondere ein längeres oder nächtliches Verweilen zu stärkerem Alkoholkonsum anrege und damit vermehrt unmittelbare Kontakte zu erwarten seien (BT-Drs. 19/23944, 34). Gerade angesichts des Vorgenannten ist bei der Ermessensausübung auch zu beachten, dass es ausreichend sein kann, lediglich den Alkoholausschank zu untersagen oder zeitlich einzuschränken. Insbesondere in Bezug auf die Speiseabgabe dürfte es im Regelfall unverhältnismäßig sein, auch den Lieferservice zu beschränken, sofern sich bei diesem nicht die vorgenannten Risiken realisieren können. 68

14. Schließung oder Beschränkung von Betrieben, Gewerben, Einzel- oder Großhandel (Nr. 14)

a) Allgemeines. Im Regierungsentwurf (BT-Drs. 19/23944) war Nr. 14 bereits in identischer Form als Nr. 9 enthalten. Gerade in Betrieben, Gewerbe, Einzel- und Großhandel gibt es eine unüberschaubare Vielzahl möglicher infektionsrelevanter Kontakte. Als Beschränkung kommt insbesondere eine Pflicht zur Erstellung und Umsetzung von Hygienekonzepten in Betracht. 69

b) Betriebe, Gewerbe, Einzel- oder Großhandel. Aus dem Gesetz ergibt sich keine genauere Spezifizierung dieser Begriffe, auch die Gesetzesbegründung erläutert sie nicht. Angesichts der generellen Zweckrichtung von § 28a, die Generalklausel des § 28 Abs. 1 S. 1 HS 1 durch Regelbeispiele zu konkretisieren und den zuständigen Behörden ein umfassendes Werkzeug für Bekämpfungsmaßnahmen an die Hand zu geben, müssen die Begriffe weit verstanden werden und erfassen letztlich unabhängig von der Organisationsform sämtliche Stätten, an denen in einem hinreichend organisatorischen Rahmen Waren oder Dienstleistungen überwiegend im Zusammenhang mit der Erwerbstätigkeit hergestellt, gelagert oder feilgeboten werden einschließlich dazugehöriger infrastruktureller Einrichtungen. 70

c) Stufenverhältnis, Ermessen. aa) Allgemeines. Zunächst gelten zum Stufenverhältnis zwischen Untersagung und Beschränkung sowie zum behördlichen Ermessen die Erläuterungen Rn. 28. Zweck von Maßnahmen nach Nr. 14 ist die Reduzierung von physischen Kontakten. Von entscheidender Bedeutung bei der Entscheidung über notwendige Maßnahmen ist eine genaue Betrachtung der in dem jeweiligen Betrieb etc. zu erwartenden Kontakte. Insoweit ergeben sich aus der Gesetzesbegründung konkrete As- 71 pekte, welche von der zuständigen Behörde im Rahmen ihrer Ermessensausübung zu berücksichtigen sind.

72 **bb) Einzelheiten.** Welche der betrieblichen Kontakte infektionsrelevant sind und in welcher Hinsicht solche Kontakte einer Regelung nach Nr. 14 unterworfen werden können, kann nicht generell beantwortet werden. Vielmehr müssen insoweit zwischen den einzelnen Branchen und Tätigkeitsweisen in Bezug auf die dort zu erwartenden körperlichen Kontakte hinreichend differenziert und gegebenenfalls Ausnahmen oder zumindest unterschiedlich strenge Ausformungen von Beschränkungen vorgesehen werden. Im Anwendungsbereich von Nr. 14 dürfte es sich oftmals um wechselnde Kontakte mit einer Vielzahl von – teils namentlich nicht bekannten – Kunden oder Besuchern handeln, und somit Umstände vorliegen, welche zugleich eine Weiterverbreitung des Coronavirus an weitere Personengruppen besonders begünstigen und die Kontaktnachverfolgung erschweren (BT-Drs. 19/23944, 33). Aus infektionshyhgienischer Sicht besonders problematisch sind dabei solche Dienstleistungen, bei denen es typischerweise zu einem engen körperlichen Kontakt während einer nicht unerheblichen Zeitspanne zwischen dem Dienstleistenden und dem Kunden bzw. der Kundin kommt, wie etwa in Kosmetikstudios, Massagepraxen, Tattoo- oder Piercing-Studios und ähnlichen Betrieben (BT-Drs. 19/23944, 33). Denn gerade diese Dienstleistungen weisen aufgrund der ihnen innewohnenden körperlichen Nähe ein erhöhtes Infektionsrisiko auf. Aber auch ohne Kunden- oder Besucherkontakte kann es, abhängig von den jeweiligen Arbeitsprozessen in den einzelnen Betrieben, zu infektionsrelevanten Kontakten kommen, etwa bei Arbeitsschritten, die nur von mehreren Personen zusammen ausführt werden können oder auf den Verkehrsflächen in den Arbeitsstätten (insbesondere dort, wo wenig Platz ist, etwa im Fahrstuhl, Aufenthaltsraum oder Wartebereich). Etwaige Maßnahmen müssen damit, um geeignet und erforderlich zu sein, gerade die in den betroffenen Betrieben zu erwartenden infektionsrelevanten Kontakte betreffen. Regelmäßig sind zunächst im Vergleich zu einer Untersagung weniger eingriffsintensive Maßnahmen in Betracht zu ziehen, wozu neben Schutz- und Hygienekonzepten beispielsweise auch eine Beschränkung der Zahl von gleichzeitig in einem Ladengeschäft anwesenden Kunden bezogen auf die Verkaufsfläche (BT-Drs. 19/23944, 33) oder eine Maskenpflicht zählen können. Flüchtige Berührungen – wie sie etwa beim Bezahlvorgang vorkommen können – stellen demgegenüber ein geringeres Risiko dar, und können regelmäßig zwar Schutz- und Hygienevorsorge erforderlich machen, aber nur in Ausnahmefällen eine Untersagung rechtfertigen (BT-Drs. 19/23944, 33). Je größer jedoch aus medizinischer Sicht das Infektionsrisiko bei den Kontakten ist und je zahlreicher diese sind, desto eingriffsintensiver können die zu ihrer Reduzierung angeordneten Maßnahme sein. Vor dem skizzierten Hintergrund können Maßnahmen einschließlich Untersagungen insbesondere im Kontext von Kunden- und Besucherverkehr sowie in Betrieben mit risikobehafteten körperlichen Kontakten angezeigt sein, dies umso mehr, je eher die Kontakte über eine nicht unerhebliche Zeitspanne zwischen dem Dienstleistenden und dem Kunden andauern (BT-Drs. 19/23944, 33).

Besondere Schutzmaßnahmen (COVID-19) **§ 28a IfSG**

In jedem Fall ist bei der Entscheidung auch zu berücksichtigen, welchem Zweck die risikobehafteten Kontakte dienen. Soweit hochrangige Schutzgüter wie die Gesunderhaltung oder Rehabilitation (z. B. bei Physio-, Ergo- und Logotherapien) bei der Dienstleistung im Vordergrund stehen, die einen engen Zusammenhang zum körperlichen Wohlergehen der Patienten haben, sind strenge Schutz-und Hygienekonzepte grundsätzlich vorzugswürdig (BT-Drs. 19/23944, 33).

15. Untersagung oder Beschränkung des Betretens oder des Besuchs von Einrichtungen des Gesundheits- oder Sozialwesens (Nr. 15)

a) Allgemeines. Das Regelbeispiel Nr. 15 war im Regierungsentwurf (BT-Drs. 19/23944) noch nicht enthalten und wurde erst aufgrund der Beschlussempfehlung des Gesundheitsausschusses eingefügt (BT-Drs. 19/24334). Zweck von Maßnahmen nach Nr. 15 ist es insbesondere, durch die Reduzierung persönlicher Kontakte in den erfassten Einrichtungen bei einem Anstieg des Infektionsgeschehens eine Ausbreitung des Corona-Infektionsgeschehens zu verhindern (BT-Drs. 19/23944, 80). **73**

b) Einrichtung des Gesundheits- und Sozialwesens. Der Begriff ist weit zu verstehen und umfasst insbesondere die in § 23 Abs. 3 sowie § 36 Abs. 1 Nr. 2, 3 und 5 genannten Einrichtungen und Unternehmen. Dies sind insbesondere Alten- und Pflegeheime, Einrichtungen der Behindertenhilfe, Entbindungseinrichtungen sowie Krankenhäuser, wie sich aus Abs. 2 S. 1 Nr. 3 ergibt. Vgl. zu den erfassten Einrichtungen und Unternehmen im Übrigen die Erläuterungen § 23 Rn. 28 ff. sowie § 36 Rn. 5 und 8. Umfasst sind dabei neben dem Gebäude auch das zu den Einrichtungen gehörende Grundstück. Einrichtungen nach § 33 werden von Nr. 16 erfasst, vgl. dazu die Erläuterungen Rn. 78 ff. **74**

c) Betreten, Besuch. Eine Einrichtung ist betreten, sobald ein Fuß die Außengrenze der Einrichtung überschritten hat. Ein Besuch ist jedes Verweilen in der Einrichtung für einen infektionshygienisch relevanten Zeitraum. **75**

d) Stufenverhältnis, Ermessen. Zunächst gelten zum Stufenverhältnis zwischen Untersagung und Beschränkung sowie zum behördlichen Ermessen die Erläuterungen Rn. 28. Einrichtungen des Gesundheits- und Sozialwesens beherbergen oftmals Menschen, die zum einen auf relativ engem Raum (z. B. in Altersheimen, Krankenhäusern) zusammenleben und zudem körperliche oder geistige Einschränkungen aufweisen (insbesondere alte, vorerkrankte oder demente Personen). Gerade bei diesen Menschen kann eine Infektion mit dem Coronavirus zu besonders schweren und nicht selten tödlichen Krankheitsverläufen führen (BT-Drs. 19/24334, 80). Quasi spiegelbildlich unterliegen die in den Einrichtungen tätigen Personen bei einem Corona-Ausbruch einem signifikant gesteigerten Infektionsrisiko, so dass die Reduzierung persönlicher Kontakte auch der Sicherung der Leistungsfähigkeit des Gesundheits- und Sozialwesens dient (BT-Drs. 19/24334, 80). **76**

77 e) Besondere Zulässigkeitsvoraussetzungen der Untersagung oder Beschränkung des Betretens oder des Besuchs von Einrichtungen des Gesundheits- oder Sozialwesens nach Nr. 15. Die Untersagung oder Beschränkung des Betretens oder des Besuchs von Einrichtungen des Gesundheits- oder Sozialwesens sind nur unter den besonderen Voraussetzungen des Abs. 2 S. 1 zulässig. Schutzmaßnahmen nach Nr. 15 dürfen außerdem nicht zur vollständigen Isolation von einzelnen Personen oder Gruppen führen, vielmehr muss ein Mindestmaß an sozialen Kontakten gewährleistet bleiben (Abs. 2 S. 2). Vgl. zu Abs. 2 die Erläuterungen ab Rn. 86.

16. Schließung von Gemeinschaftseinrichtungen im Sinne von § 33, Hochschulen, außerschulischen Einrichtungen der Erwachsenenbildung oder ähnlichen Einrichtungen oder Erteilung von Auflagen für die Fortführung ihres Betriebs (Nr. 16)

78 a) Allgemeines. Aufgrund der Beschlussempfehlung des Gesundheitsausschusses (BT-Drs. 19/24334) wurde Nr. 7 des Regierungsentwurfs (BT-Drs. 19/23944) zu Nr. 16. Erfasst werden Einrichtungen, die wegen des dortigen Zusammentreffens vieler Personen in engen räumlichen Verhältnissen besonders gute Voraussetzungen für eine Weiterverbreitung des Coronavirus bieten. Dies sind neben den beispielhaft aufgeführten Hochschulen und außerschulischen Einrichtungen insbesondere Gemeinschaftseinrichtungen nach § 33 (etwa Kindertagesstätten und Schulen). Denn gerade diese Einrichtungen sind vom unmittelbaren, oft täglichen Kontakt der betreuten und der betreuenden Personen geprägt, welche die Übertragung des Coronavirus begünstigen (BT-Drs. 19/23944, 32).

79 b) Stufenverhältnis, Ermessen. Es gelten zum Stufenverhältnis zwischen Untersagung und Beschränkung sowie zum behördlichen Ermessen die Erläuterungen Rn. 28. Besonders bedeutsam und im Rahmen der Ermessensausübung deshalb entsprechend zu würdigen sind neben dem Bildungsauftrag der Einrichtungen (vgl. BT-Drs. 19/23944, 32) auch ihre gesamtgesellschaftlichen Funktionen. Entfallen beispielsweise durch Maßnahmen an Schulen oder Kindertagesstätten Unterrichts- oder Betreuungsmöglichkeiten oder werden diese in zeitlicher Hinsicht eingeschränkt, so hat dies erhebliche (negative) Auswirkungen auf die Bildungschancen der betroffenen Kinder. Darüber hinaus wird in diesen Fällen oftmals auch die Erwerbstätigkeit der Eltern in erheblichem Maße beeinträchtigt, wenngleich insoweit die Entschädigungsmöglichkeiten nach § 56 Abs. 1a S. 1 Nr. 1 etwas Abhilfe schaffen mögen.

17. Anordnung der Verarbeitung der Kontaktdaten von Kunden, Gästen oder Veranstaltungsteilnehmern, um nach Auftreten einer Infektion mit dem Coronavirus SARS-CoV-2 mögliche Infektionsketten nachverfolgen und unterbrechen zu können (Nr. 17)

80 Die Regelung wurde unverändert aus dem Regierungsentwurf (BT-Drs. 19/23944) übernommen. Die Anordnung, Kontaktdaten von Kunden, Gästen

Besondere Schutzmaßnahmen (COVID-19) **§ 28a IfSG**

oder Veranstaltungsteilnehmern zu erheben hat eine in doppelter Hinsicht bedeutsame Funktion. Zum einen dient sie generell dem Zweck, eine wirksame Kontaktnachverfolgung (Contact-Tracing) zu ermöglichen. Zum anderen kann sie ein Mittel sein, welches es unter Berücksichtigung der vorhandenen Kapazitäten zur Kontaktnachverfolgung und des aktuellen Infektionsgeschehens ermöglicht, auch nicht risikolose soziale Kontakte (etwa in Gaststätten, Kinos etc.) zuzulassen in dem Wissen, dass im Falle eines Infektionsfalles die ansteckungsverdächtigen Kontaktpersonen unverzüglich ermittelt und abgesondert werden können, so dass keine unkontrollierte Ausbreitung droht. Umfangreiche Regelungen zur Erhebung und Verarbeitung von Kontaktdaten nach Nr. 17 enthält Abs. 4, so dass auf die dortige Kommentierung verwiesen wird (Rn. 108 ff.).

V. Adressaten

Da es sich bei den in Abs. 1 aufgeführten Maßnahmen um Regelbeispiele des § 28 Abs. 1 handelt, gelten die entsprechenden Erwägungen in § 28 Rn. 43–45. **81**

VI. Sofortige Vollziehbarkeit

Anordnungen nach Abs. 1 sind gem. § 28 Abs. 1, Abs. 3 iVm § 16 Abs. 8 sofort vollziehbar. Die Erläuterungen § 16 Rn. 64 gelten entsprechend. **82**

VII. Praxishinweise

Es gelten die Erläuterungen § 28 Rn. 45 f. **83**

VIII. Zuwiderhandlungen, zwangsweise Durchsetzung

Eine Zuwiderhandlung gegen eine vollziehbare Anordnung nach Abs. 1 iVm § 28 Abs. 1 S. 1 oder 2 (auch iVm einer Rechtsverordnung nach § 32 S. 1) ist gemäß § 73 Abs. 1a Nr. 6 bußgeld- und unter den Voraussetzungen von § 74 strafbewehrt. Dessen ungeachtet können Anordnungen bei Vorliegen der Voraussetzungen im Wege des Verwaltungszwangs durchgesetzt werden. **84**

IX. Kosten

Vgl. § 28 Rn. 51. **85**

C. Besondere Zulässigkeitsvoraussetzungen der in Abs. 1 Nr. 3, Nr. 10 und Nr. 15 genannten Schutzmaßnahmen (Abs. 2)

I. Allgemeines

Abs. 2 war im Regierungsentwurf noch nicht enthalten und fand erst aufgrund der Beschlussempfehlung des Gesundheitsausschusses (BT-Drs. 19/24334) Eingang in den Gesetzestext. Die Regelung ist einer der Bausteine, **86** mit denen der Gesetzgeber versucht hat, § 28a entsprechend den verfassungsmäßigen Anforderungen auszugestalten, insbesondere im Hinblick auf die Wesentlichkeitstheorie und den Bestimmtheitsgrundsatz. Vgl. dazu die Erläuterungen Rn. 5 ff. S. 1 enthält besondere Zulässigkeitsvoraussetzungen für das Ergreifen der in ihm aufgeführten Maßnahmen, da diese besonders grundrechtssensible Bereiche betreffen. S. 2 begrenzt die Zulässigkeit von Schutzmaßnahmen nach Abs. 1 Nr. 15 dahingehend, dass diese nicht zur vollständigen Isolation von einzelnen Personen oder Gruppen führen dürfen, sondern ein Mindestmaß an sozialen Kontakten gewährleisten müssen (vgl. dazu Rn. 94).

II. Zulässigkeitsvoraussetzungen für bestimmte Schutzmaßnahmen

1. Allgemeines

87 Die Regelung in S. 1 stellt klar, dass bestimmte Schutzmaßnahmen nach Abs. 1 iVm § 28 Abs. 1 nur zulässig sind, soweit auch bei Berücksichtigung aller bisher getroffenen anderen Schutzmaßnahmen eine wirksame Eindämmung der Verbreitung von COVID-19 erheblich gefährdet wäre.

2. Untersagung von Versammlungen oder Aufzügen im Sinne von Art. 8 GG und von religiösen oder weltanschaulichen Zusammenkünften nach Abs. 1 Nr. 10 (S. 1 Nr. 1)

88 Vgl. zu den Versammlungen Rn. 55, zu Aufzügen Rn. 56 sowie zu den religiösen oder weltanschaulichen Zusammenkünften die Erläuterungen Rn. 58.

3. Anordnung einer Ausgangsbeschränkung nach Abs. 1 Nr. 3, nach der das Verlassen des privaten Wohnbereichs nur zu bestimmten Zeiten oder zu bestimmten Zwecken zulässig ist (S. 1 Nr. 2)

89 Vgl. zur Ausgangsbeschränkung und der Abgrenzung zur Ausgangssperre die Erläuterungen Rn. 25.

4. Untersagung des Betretens oder des Besuchs von Einrichtungen im Sinne von Abs. 1 Nr. 15 (S. 1 Nr. 3)

90 Vgl. zu den von Abs. 1 Nr. 15 erfassten Einrichtungen die Erläuterungen Rn. 74.

5. Erhebliche Gefährdung einer wirksame Eindämmung der Verbreitung von COVID-19 auch bei Berücksichtigung aller bisher getroffenen anderen Schutzmaßnahmen

91 **a) Allgemeines.** Weder aus dem Gesetzeswortlaut noch aus der Gesetzesbegründung (BT-Drs. 19/24334) ergeben sich genauere Anhaltspunkte, wann eine erhebliche Gefährdung anzunehmen sein soll. Jedoch führt die Begründung der Beschlussempfehlung des Gesundheitsausschusses mit Blick auf S. 1

Besondere Schutzmaßnahmen (COVID-19) **§ 28a IfSG**

Nr. 1 aus (BT-Drs. 19/24334, 81): „Diese grundlegende Bedeutung des Freiheitsrechts aus Artikel 8 des Grundgesetzes ist vom Gesetzgeber beim Erlass grundrechtsbeschränkender Vorschriften sowie bei deren Auslegung und Anwendung durch Behörden und Gerichte zu beachten. Eingriffe in die Versammlungsfreiheit sind nur zum Schutz gleichgewichtiger anderer Rechtsgüter unter strikter Wahrung der Verhältnismäßigkeit zulässig. Zwar sind die Gesundheit sowie die Erhaltung der Funktionsfähigkeit des Gesundheitssystems als gleichgewichtige andere Rechtsgüter anzusehen, ein Verbot der Versammlung kommt aber nur als ultima ratio im Einzelfall in Betracht. Eine lediglich auf pauschalen Erwägungen basierende Untersagung wird den betroffenen Individualgrundrechten nicht gerecht und ist daher unzulässig." Diese Erwägungen können entsprechend auch für S. 1 Nr. 2 und 3 herangezogen werden. Abs. 2 S. 1 stellt somit die von ihm betroffenen Schutzmaßnahmen keine starren Zulässigkeitsvoraussetzungen auf, sondern zwingt die zuständige Behörde dazu, der Anordnung der in S. 1 Nr. 1–3 genannten Maßnahmen eine genaue Prüfung und Abwägung im konkreten Anwendungsfall vorzuschalten.

b) Gesamtkonzept von Schutzmaßnahmen. Wenn S. 1 vorschreibt, dass 92
die in S. 1 Nr. 1–3 aufgeführten Maßnahmen nur zulässig sind, soweit auch bei Berücksichtigung der bisher getroffenen anderen Schutzmaßnahmen eine wirksame Eindämmung der Verbreitung der Coronavirus-Krankheit-2019 (COVID-19) erheblich gefährdet wäre, so bedeutet dies zunächst, dass überhaupt bereits andere Maßnahmen ergriffen worden sein müssen. Damit kommen die Maßnahmen nach S. 1 Nr. 1–3 regelmäßig nur als Teil von Gesamtkonzepten von Schutzmaßnahmen in Betracht (vgl. zu deren Bezugsrahmen Rn. 93). Dies bedeutet jedoch nicht, dass sämtliche Schutzmaßnahmen von der die Maßnahme nach Abs. 2 anordnenden Behörde getroffen worden sein müssen. Vielmehr sind alle von zuständigen Behörden getroffenen Maßnahmen zu berücksichtigen, ebenso etwaige Vorgaben beispielsweise aufgrund des Hausrechts in einem Altenheim. Vgl. zu den Schutzkonzepten und der mit ihnen einhergehenden Einschätzungsprärogative bereits die Erläuterungen § 28 Rn. 24.

c) Mehrstufiges Verfahren. Um den in Rn. 91 dargestellten Anforderun- 93
gen gerecht zu werden, ist von der zuständigen Behörde in der Praxis das Durchlaufen eines mehrstufigen Verfahrens gefordert. Dieses dient im Sinne des Grundrechtsschutzes durch Verfahren dazu, ermessensfehlerhafte Entscheidungen zu unterbinden. Zunächst verpflichtet S. 1 die zuständige Behörde dazu, im Rahmen einer in der ersten Stufe vorzunehmenden Gesamtschau sämtliche Maßnahmen herauszuarbeiten, die geeignet sind, die Verbreitung von COVID-19 einzudämmen. Bezugsrahmen ist dabei immer die konkrete Situation in der konkreten Veranstaltung (bei Maßnahmen nach S. 1 Nr. 1), der von der Ausgangsbeschränkung betroffenen Örtlichkeit (bei Maßnahmen nach S. 1 Nr. 2, vgl. zur Bedeutung der örtlich differenzierten Betrachtung auch die Erläuterungen § 28 Rn. 26) oder Einrichtung (bei Maßnahmen nach S. 1 Nr. 3), die den Anlass zum Ergreifen von Maßnahmen gegeben hat. Kommt es beispielsweise (allein) in einem Altenheim zu einem unkontrollier-

ten Ausbruchsgeschehen, ist Bezugsrahmen das Altenheim. Für den jeweils relevanten Bezugsrahmen müssen die geeigneten Maßnahmen herausgearbeitet werden. Dabei kann sich die zuständige Behörde an den Regelbeispielen des Abs. 1 orientieren (mit Ausnahme der in Abs. 2 S. 1 genannten). Stellt sich dabei heraus, dass – andere als die in Abs. 2 S. 1 Nr. 1–3 genannten – Schutzmaßnahmen nach Abs. 1 noch nicht ergriffen wurden, so muss sie zunächst diese ergreifen, sofern sie geeignet sind. Wird in der Folge festgestellt, dass das gesamte ergriffene Bündel von Schutzmaßnahmen ausreicht, um eine wirksame Eindämmung der Verbreitung von COVID-19 zu erreichen, so sind Anordnungen der in S. 1 Nr. 1–3 genannten Maßnahmen nicht zulässig, da sie eben noch nicht das letztmögliche Mittel (ultima ratio) darstellen würden. Zu beachten ist dabei immer, dass die Wirksamkeit ergriffener Maßnahmen aufgrund der Inkubationszeit von COVID-19 regelmäßig erst mit einer zeitlichen Verzögerung von mindestens 10–14 Tagen messbar wird, so dass erst mit entsprechendem zeitlichen Verzug bewertet werden kann, ob die bereits ergriffenen Maßnahmen ausreichen oder ob weitere Maßnahmen notwendig sind. Nur, wenn sich auch durch Ergreifen sämtlicher anderer als der Maßnahmen nach S. 1 Nr. 1–3 keine wirksame Eindämmung der Verbreitung von COVID-19 innerhalb des jeweiligen Bezugsrahmens hinreichend sicher realisieren lässt, liegt eine erhebliche Gefährdung iSv S. 1 vor und können die in S. 1 Nr. 1–3 genannten Maßnahmen grundsätzlich in Erwägung gezogen werden. Ist diese Hürde genommen, so muss die zuständige Behörde in einer weiteren Stufe unter Zugrundelegung der tatsächlichen und aktuellen pandemischen Lage (insbesondere 7-Tages-Inzidenz, aktuelle Sterblichkeitsrate, aktuelle Rate der Beatmungspflichtigen, Auslastung der Intensivstationen, Auslastung des Gesundheitssystems einschließlich der Gesundheitsämter, Möglichkeit des Contact-Tracings, Art und Grad der Ausbreitung von Corona-Infektionen in der Bevölkerung (diffuse Ausbreitung oder klar definierte Hot-Spots), Ausbreitung des Coronavirus in den von S. 1 Nr. 3 erfassten Einrichtungen) bewerten, in welchem Maße aktuell und perspektivisch die Rechtsgüter Leben und Gesundheit sowie die Funktionsfähigkeit des Gesundheitssystems (vgl. Abs. 3 S. 1 sowie die Erläuterungen ab Rn. 95) beeinträchtigt sind und in absehbarer Zeit sein werden. Dabei ist insbesondere zu berücksichtigen, dass das Rechtsgut Leben jeweils nur irreversibel, und dass das Rechtsgut Gesundheit, wie die Corona-Pandemie bislang gezeigt hat, in einer erheblichen Zahl von Fällen sehr tiefgehend und teilweise auch dauerhaft (bleibende gesundheitliche Beeinträchtigungen) beeinträchtigt werden kann. Dem Ergebnis dieser Analyse sind der grundsätzlich hohe verfassungsmäßige Rang der von S. 1 Nr. 1–3 erfassten Rechtsgüter und der Grad ihrer Beeinträchtigung (Dauer, Reversibilität, Bedeutung einer Beeinträchtigung für die Demokratie) durch die in Aussicht genommene Maßnahme gegenüberzustellen. Dabei sind insbesondere mögliche unterschiedliche zeitliche und qualitative Ausprägungen des einzelnen Maßnahmen zu berücksichtigen und hinsichtlich ihrer Erforderlichkeit zu analysieren (vgl. zur Erforderlichkeit die Erläuterungen § 16 Rn. 21). Dies betrifft in Bezug auf Ausgangsbeschränkungen (S. 1 Nr. 2) insbesondere deren infektionsepidemiologisch erforderliche Dauer sowie die Anforderungen an die Zwecke, welche ein Verlassen des Wohnbereichs erlauben. Bei Betretungs- oder Besuchsverboten nach S. 1 Nr. 3 ist kritisch zu hinterfragen, welche Einrichtungen bzw. Einrichtungsteile notwendigerweise erfasst werden müssen. Schließlich sind auf der abschließenden Stufe die widerstreitenden Rechte in ihrer konkreten Betroffenheit gegeneinander abzuwägen. Dabei ist auch der anzunehmende Nutzen der Maßnahmen mit zu berücksichtigen und in Verhältnis zu setzen zu den mit ihm einhergehenden Beeinträchtigungen besonders relevanter grundrechtlicher Positionen. Da es sich hier um die Abwägung der Auswirkungen von Gesamtkonzepten von Schutzmaßnahmen (vgl. Rn. 92) handelt, dürfte der Behörde jeweils in erheblichem Maße eine Einschätzungsprärogative zukommen, vgl. § 28 Rn. 24. Von besonderer Bedeutung ist es vor dem skizzierten Hintergrund und in Anbetracht dessen, dass das Verfahren einen hinreichenden Grundrechtsschutzes sicherstellen soll, dass die zuständige Behörde nachvollziehbar eine umfassende Bewertung vornimmt und dabei sämtliche relevanten Faktoren berücksichtigt.

6. Verbot der vollständigen Isolation

In keinem Fall dürfen Untersagungen nach S. 1 Nr. 3 zur vollständigen Isolation von einzelnen Personen oder Gruppen führen, vielmehr ist ein Mindestmaß an sozialen Kontakten zu gewährleisten (S. 2). Auch das somit zwingend zu gewährleistende ‚Mindestmaß an sozialen Kontakten' ist nicht starr zu verstehen, sondern anhand der tatsächlichen und aktuellen pandemischen Lage zu bestimmen und kann demnach variieren. 94

D. Zweck von Schutzmaßnahmen zur Verhinderung der Verbreitung der Coronavirus-Krankheit-2019, regionale Differenzierung, ermessenslenkende Vorgaben (Abs. 3)

I. Allgemeines

Abs. 3 wurde mit geringfügigen Änderungen (vgl. Rn. 97) aus dem Regierungsentwurf (BT-Drs. 19/239449) übernommen, in welchem er als Abs. 2 vorgesehen war. Er stellt in S. 1 zunächst die mit den Schutzmaßnahmen nach Abs. 1 verfolgten Zwecke heraus. S. 2 hält zum einen zu einer regionalen Differenzierung von Schutzmaßnahmen an. Zum anderen gibt er auch die Maxime vor, dass zu ergreifende Schutzmaßnahmen an den Maßgaben der S. 4–12 ausgerichtet werden sollen. Dabei beinhalten S. 4–7 eine Hierarchie der Maßnahmenintensität im Sinne eines Stufenverhältnisses. Anknüpfungspunkt für die ergriffenen Stufen ist die Anzahl der Corona-Neuinfektionen je 100.000 Einwohner innerhalb von sieben Tagen (7-Tages-Inzidenz, S. 4). Vorgaben dazu, wie bei absehbarer zukünftiger Überschreitung des jeweiligen Schwellenwertes bzw. nach dessen Unterschreitung verfahren werden kann, ergeben sich aus S. 8 und 11. 95

II. Anwendungsbereich

96 S. 1 findet Anwendung nicht nur für Schutzmaßnahmen nach Abs. 1 iVm § 28 Abs. 1, sondern ausweislich des Wortlauts darüber hinaus auch auf sämtliche sonstige Schutzmaßnahmen zur Verhinderung der Verbreitung der Coronavirus-Krankheit-2019 (COVID-19) nach § 28 Abs. 1 S. 1 und 2 und den §§ 29 bis 32. Demgegenüber sind S. 2–12 dem Sinn nach nur auf Gesamtkonzepte von Schutzmaßnahmen zugeschnitten. Auch die Beschlussempfehlung des Gesundheitsausschusses geht im Zusammenhang mit dem Begründungserfordernis nach Abs. 5 (vgl. Rn. 110) davon aus, dass die Schutzmaßnahmen im Rahmen eines Gesamtkonzepts der Infektionsbekämpfung ergriffen werden (BT-Drs. 19/24334, 81). Sofern jedoch außerhalb derartiger Gesamtkonzepte Einzelmaßnahmen ergriffen werden, finden S. 2–12 keine Anwendung. Vgl. jedoch zur gegebenenfalls bestehenden Pflicht, Gesamtkonzepte von Schutzmaßnahmen zu erstellen, die Erläuterungen Rn. 101. Vgl. zur Möglichkeit, kumulativ Maßnahmen nach Abs. 1 iVm § 28 Abs. 1, nach § 28 Abs. 1 S. 1 und 2 und nach den §§ 29–31 anzuordnen, Abs. 6 sowie die entsprechenden Erläuterungen ab Rn. 113.

III. Zweckbestimmung (S. 1)

97 S. 1 wurde aufgrund der Beschlussempfehlung des Gesundheitsausschusses (BT-Drs. 19/24334) dem Absatz vorangestellt. Ausweislich der Begründung der Beschlussempfehlung dient er der Klarstellung der mit den Schutzmaßnahmen verfolgten Zwecke, welche insbesondere in der Umsetzung der grundrechtlichen Schutzpflicht aus Art. 2 Abs. 2 S. 1 GG für Leben und körperlichen Unversehrtheit und der Sicherung der Funktionsfähigkeit des Gesundheitssystems zu sehen sind (BT-Drs. 19/24334, 81) Diese Zweckbestimmung gilt – während der Feststellung einer epidemischen Lage von nationaler Tragweite durch den deutschen Bundestag (Abs. 1) – nicht nur für Schutzmaßnahmen nach Abs. 1 iVm § 28 Abs. 1, sondern ausweislich des Wortlauts darüber hinaus auch für sämtliche Schutzmaßnahmen zur Verhinderung der Verbreitung der Coronavirus-Krankheit-2019 (COVID-19) nach § 28 Abs. 1 S. 1 und 2 und den §§ 29 bis 32.

IV. Regionale Differenzierung von Schutzmaßnahmen, Abstimmung (S. 2, 3, 9 und 10)

1. Allgemeines

98 Nach S. 2 sollen Schutzmaßnahmen unter Berücksichtigung des jeweiligen Infektionsgeschehens regional bezogen auf die Ebene der Landkreise, Bezirke oder kreisfreien Städte an den Schwellenwerten nach Maßgabe der S. 4–12 ausgerichtet werden, soweit Infektionsgeschehen innerhalb eines Landes nicht regional übergreifend oder gleichgelagert sind. Die Länder Berlin und die Freie und Hansestadt Hamburg gelten dabei nach S. 3 als kreisfreie Städte. Für den Fall, dass bundes- bzw. landesweit die 7-Tages-Inziden über 50 liegt,

Besondere Schutzmaßnahmen (COVID-19) **§ 28a IfSG**

sollen nach S. 9 und 10 bundes- bzw. landesweit abgestimmte umfassende Maßnahmen angestrebt werden (vgl. dazu Rn. 100).

2. Ausgestaltung als Soll-Vorschrift

Die Regelung in S. 2 ist (vgl. Wortlaut) als Soll-Vorschrift ausgestaltet. Dies bedeutet, dass ein abweichendes Vorgehen (nur) unter der Bedingung des Vorliegens einer atypischen Fallgestaltung gestattet ist. **99**

3. Einzelheiten, landesweite Abstimmung, bundesweite Abstimmung

Die nach S. 2 grundsätzlich regionale Ausrichtung der Schutzkonzepte ist Ausfluss des Grundsatzes der Verhältnismäßigkeit, welcher eine örtlich differenzierte Betrachtung erfordert (vgl. dazu die Erläuterungen § 28 Rn. 26). Sofern innerhalb eines Landes das Corona-Infektionsgeschehen regional übergreifend oder gleichgelagert ausgeprägt ist, ist jedoch von dem vorgenannten Grundsatz abweichend eine landesweite Ausrichtung der Schutzmaßnahmen notwendig. Insofern sieht S. 10 zwar lediglich vor, dass bei einer landesweiten Überschreitung einer 7-Tages-Inzidenz von 50 landesweit abgestimmte umfassende, auf eine effektive Eindämmung des Infektionsgeschehens abzielende Schutzmaßnahmen „anzustreben" sind. Die unabhängig von der Regelung in S. 10 bestehenden verfassungsrechtlichen Schutzpflichten des jeweiligen Landes (vgl. dazu umfassend Rn. 101) verdichten das in S. 10 vorgesehene ‚Anstreben' jedoch zu der Pflicht, ein Gesamtkonzept von Schutzmaßnahmen zu erstellen, welches der Verbreitung von COVID-19 wirkungsvoll entgegentritt. Dieses Gesamtkonzept ist sodann in Form einer Rechtsverordnung nach § 32 verbindlich zumachen. Bei einer bundesweiten Überschreitung einer 7-Tages-Inzidenz von 50 sind nach S. 9 entsprechend bundesweit abgestimmte umfassende, auf eine effektive Eindämmung des Infektionsgeschehens abzielende Schutzmaßnahmen anzustreben. Die Ausführung des Infektionsschutzgesetzes ist indes Ländersache. Darin ändert sich auch nicht dadurch, dass die Corona-Pandemie die gesamte Bundesrepublik betrifft und somit ein bundesweit abgestimmtes Verhalten dringend erforderlich macht. Zwar dürfte hier der Grundsatz des bundesfreundlichen Verhaltens berührt sein (vgl. zu diesem BVerfGE 1, 299 (315)). Dieser beinhaltet jedoch lediglich, dass die Länder die durch den Bund vermittelte Einheit zu achten haben, begründet oder verschiebt keine Kompetenzen (Maunz/Dürig, GG Art. 3 Abs. 1 Rn. 169, 170). Es besteht somit keine Möglichkeit, auf welche der Bund insoweit ein bundesweit einheitliches Vorgehen erzwingen könnte. Deshalb ist S. 9 allenfalls als Hinweis an die Bundesländer zu verstehen, im Interesse der gesamten Bundesrepublik ihre Maßnahmen hinreichend aufeinander abzustimmen. **100**

V. Pflicht zur Erstellung von Gesamtkonzepten von Schutzmaßnahmen?

Abs. 3 S. 2–12 findet nur auf Gesamtkonzepte von Schutzmaßnahmen gegen COVID-19 Anwendung (vgl. Rn. 96). Es stellt sich somit die Frage, ob die zuständigen Behörden verpflichtet sein können, derartige Gesamtkonzepte (vgl. **101**

§ 28 Rn. 24) zu erstellen. Ausgangspunkt der Überlegungen ist dabei, dass nach der Rechtsprechung des BVerfG das Grundrecht auf Leben und körperliche Unversehrtheit aus Art. 2 Abs. 2 S. 1 GG nicht nur ein subjektives Abwehrrecht des einzelnen Bürgers gegen staatliche Eingriffe in diese Rechtsgüter gewährt, sondern zugleich eine objektive Wertentscheidung der Verfassung darstellt, welche staatliche Schutzpflichten für Leben und körperlichen Unversehrtheit begründet (so grundlegend BVerfG, Urteil vom 25.2.1975 – 1 BvF 1/74, BVerfGE 39, 1, Rn. 151). Diese Schutzpflichten umfassen mit Blick auf die Vielzahl intensiv behandlungsbedürftiger Coronaerkrankter auch die Pflicht zur Sicherung der Funktionsfähigkeit des Gesundheitssystems, da diese eine Grundvoraussetzung für die Bewahrung von Leben und körperlichen Unversehrtheit ist. Aus der Feststellung, dass grundsätzlich eine Schutzpflicht für das Leben und die körperliche Unversehrtheit besteht, lässt sich noch nicht ableiten, unter welchen Voraussetzungen sich diese Schutzpflicht dahingehend verdichtet, dass sie die zuständigen Behörden zwingt, Gesamtkonzepte von Schutzmaßnahmen zu erstellen. Einerseits verpflichtet nach der Rechtsprechung des BVerfG nicht jedes Risiko für Leben oder körperliche Unversehrtheit den Staat zu einem schützenden Tätigwerden (Maunz/Dürig/Di Fabio, GG Art. 2 Abs. 2 Nr. 1 Rn. 90). Andererseits ist jedoch auch nicht erforderlich, dass ein Schadensfall bereits eingetreten oder konturscharf in Sicht ist, vielmehr kann in bestimmten Konstellationen auch bei einer nur wahrscheinlichen Realisierung eines Risikos eine Pflicht zum Tätigwerden bestehen (Maunz/Dürig/Di Fabio aaO). Innerhalb dieses Rahmens gebietet die Verfassung vor allem dann, wenn es um „irreversible, flächendeckende oder sehr intensive Schadensmöglichkeiten" geht, auch die Vorsorge gegen Gefahren (Maunz/Dürig/Di Fabio aaO). Derartige irreversible, flächendeckende und sehr intensive Schadensmöglichkeiten sind regelmäßig zu befürchten, wenn der Deutsche Bundestag gemäß § 5 Abs. 1 eine epidemische Lage von nationaler Tragweite festgestellt hat (vgl. § 5 Rn. 3 ff.) und eine Inzidenz von über 50 vorliegt, so dass eine solchen die Lage außer Kontrolle zu geraten droht (vgl. Rn. 105). Es lässt sich im Ergebnis festhalten, dass die Feststellung einer epidemische Lage von nationaler Tragweite somit die Pflicht der zuständigen Behörden auslösen kann, ein Gesamtkonzept von Schutzmaßnahmen (vgl. zu diesem § 28 Rn. 24) zu erstellen, sobald eine Inzidenz von über 50 festgestellt wird. Bei der Erstellung ist der zuständigen Behörde eine erhebliche Einschätzungsprärogative zuzugestehen. Vgl. zu dieser die Erläuterungen § 28 Rn. 24. Die zuständige Behörde bestimmt sich nach § 54 unter Beachtung der Regelungen in S. 2, 3, 9 und 10.

VI. Hierarchie der Maßnahmenintensität im Sinne eines Stufenverhältnisses (S. 4–7)

1. Allgemeines

102 Maßstab für die zu ergreifenden Schutzmaßnahmen ist nach S. 4 insbesondere die Anzahl der Neuinfektionen mit dem Coronavirus SARS-CoV-2 je 100 000 Einwohnern innerhalb von sieben Tagen (7-Tages-Inzidenz). Die in den Landkreisen, Bezirken oder kreisfreien Städten auftretenden Inzidenzen

Besondere Schutzmaßnahmen (COVID-19) **§ 28a IfSG**

werden durch das Robert Koch-Institut im Rahmen der laufenden Fallzahlenberichterstattung auf dem RKI-Dashboard unter der Adresse http://corona.rki.de im Internet veröffentlicht (S. 12). Zu weiteren Konkretisierung beinhalten S. 5–7 eine Hierarchie der Maßnahmenintensität im Sinne eines Stufenverhältnisses je nach der 7-Tages-Inzidenz. Der Gesetzgeber hat den einzelnen Stufen dabei bestimmte Maßnahmeschweren zugedacht. Demnach sollen in Stufe 1 (7-Tages-Inzidenz kleiner 35, vgl. Rn. 103) insbesondere Schutzmaßnahmen in Betracht kommen, die „die Kontrolle des Infektionsgeschehens unterstützen". Im Rahmen der Stufe 2 (7-Tages-Inzidenz ab einschließlich 35 und bis einschließlich 50, vgl. Rn. 104) sollen „breit angelegte Schutzmaßnahmen" ergreifen werden, die „eine schnelle Abschwächung des Infektionsgeschehens erwarten lassen". Stufe 3 (7-Tages-Inzidenz größer 50, vgl. Rn. 105) fordert schließlich das Ergreifen von „umfassenden Schutzmaßnahmen, die eine effektive Eindämmung des Infektionsgeschehens erwarten lassen". Weder aus dem Gesetzestext noch aus dem Regierungsentwurf oder der Beschlussempfehlung des Gesundheitsausschusses ergeben sich jedoch genauere Hinweise dazu, was unter die verwendeten unbestimmten Rechtsbegriffen zu verstehen ist, so dass deren Bedeutungsgehalt durch Auslegung zu ermitteln ist. Ausgangspunkt dabei ist, dass S. 4–7 nur in Bezug auf Gesamtkonzepte von Schutzmaßnahmen zur Anwendung kommen (vgl. Rn. 96). Gesamtkonzepte sind dadurch gekennzeichnet, dass aus einer Vielzahl von verschiedenen, teils miteinander verzahnten Einzelmaßnahmen bestehen, die parallel umgesetzt werden. Diese werden in dem Gesamtkonzept kombiniert und gegebenenfalls mit Ausnahmen versehen mit dem Ziel, dass sich die einzelnen Bestandteile gegenseitig ergänzen, um so in der Summe einen umfassenderen Effekt zu erzielen, als es die Einzelmaßnahmen für sich könnten. In Bezug auf Gesamtkonzepte von Schutzmaßnahmen heißt es in BT-Drs. 19/24334, 82: „Insbesondere wichtige Gründe des Gemeinwohls können Ausnahmen rechtfertigen. Hiermit wird dem Erfordernis einer notwendigen Differenzierung in einem Gesamtkonzept von Schutzmaßnahmen Rechnung getragen. Die sachliche Rechtfertigung und Differenzierung einzelner Schutzmaßnahmen ist daher nicht allein anhand des infektionsschutzrechtlichen Gefahrengrades der betroffenen Tätigkeit zu beurteilen. Vielmehr sind auch alle sonstigen relevanten Belange zu berücksichtigen, etwa die Auswirkungen der Ge- und Verbote für die betroffenen Unternehmen und Dritte und auch öffentliche Interessen an der uneingeschränkten Aufrechterhaltung bestimmter unternehmerischer Tätigkeiten." Vor diesem Hintergrund wird es im Regelfall bei derartigen Gesamtkonzepten von Schutzmaßnahmen schwierig sein, den einzelnen Bestandteilen – den Einzelmaßnahmen – einen genauen kausalen Anteil an der Gesamtwirkung zuzuschreiben. Aus diesem Charakter der Gesamtkonzepte als Verzahnung von Einzelmaßnahmen mit jeweils unterschiedlicher Eingriffstiefe folgt mit Hinblick auf das Stufenverhältnis in S. 4–7, dass eine absolut trennscharfe Unterscheidung zwischen den einzelnen Stufen nicht in dem Sinne möglich ist, dass jeder Stufe bestimmte der in Abs. 1 genannten Maßnahmen zugeordnet werden könnten. Das in S. 4–7 vorgegebene Stufenverhältnis kann deshalb nur in dem Sinne verstanden werden, dass die jeweiligen Konzepte bei einer Gesamtbetrachtung

IfSG § 28a 5. Abschnitt. Bekämpfung übertragbarer Krankheiten

der den einzelnen Stufen vom Gesetzgeber zugeordneten Maßnahmenintensitäten zugeordnet werden können. Insoweit steht der zuständigen Behörde eine Einschätzungsprärogative zu, die gerichtlich nur eingeschränkt überprüfbar ist. Vgl. dazu § 28 Rn. 24. Vgl. zum Begründungserfordernis Rn. 111.

2. Zu den Anwendungsbereichen der einzelnen Stufen

103 **a) Stufe 1: Schutzmaßnahmen bei einer 7-Tages-Inzidenz kleiner 35 (S. 7).** Unterhalb eines Schwellenwertes von 35 Neuinfektionen je 100 000 Einwohner innerhalb von sieben Tagen kommen nach S. 7 insbesondere Schutzmaßnahmen in Betracht, die die Kontrolle des Infektionsgeschehens unterstützen. Diese Stufe stellt nach der gesetzlichen Konzeption diejenige mit der insgesamt geringsten Eingriffsintensität dar. Dies bedeutet zunächst, dass das jeweilige Gesamtkonzept von Schutzmaßnahmen (vgl. Rn. 96) schwerpunktmäßig nicht auf Untersagungen oder Verbote setzt, sondern tendenziell die in den Regelbeispielen nach Abs. 1 jeweils neben Verboten ebenfalls vorgesehenen weniger eingriffsintensiven Beschränkungen oder Auflagen vorsieht (vgl. zum Stufenverhältnis innerhalb der einzelnen Maßnahmen die Erläuterungen Rn. 28 sowie zu den einzelnen Regelbeispielen). Dabei dürften die einzelnen Beschränkungen und Auflagen hinsichtlich des Grades der mit ihnen einhergehenden Grundrechtsbeeinträchtigungen so ausgestaltet sein, dass sie noch Steigerungsmöglichkeiten zulassen, ohne im Falle einer solchen Steigerung gleich einem Verbot oder einer Untersagung gleichzukommen. In Stufe 1 dürfte es zudem regelmäßig infektionsepidemiologisch nicht zwingend erforderlich sein, in dem Gesamtkonzept bereits sämtliche der in Abs. 1 genannten Maßnahmen vorzusehen.

104 **b) Stufe 2: Schutzmaßnahmen bei einer 7-Tages-Inzidenz ab einschließlich 35 und bis einschließlich 50 (S. 6).** Zunächst ist festzuhalten, dass S. 6 unsauber formuliert ist. Ausweislich seines Wortlauts gilt er bei „Überschreiten eines Schwellenwertes von über 35 Neuinfektionen je 100 000 Einwohner innerhalb von sieben Tagen". Dieser Wortlaut ist vollkommen missglückt, da ein Schwellenwert üblicherweise ein genau definierter Wert ist – es bleibt somit sprachlich unklar, wann genau ein Überschreiten eines Schwellenwertes *von über* 35 vorliegen soll. Nach dem üblichen Sprachverständnis wäre wohl davon auszugehen, dass S. 6 jedenfalls eine 7-Tages-Inzidenz voraussetzt, die größer als 35 ist. Allerdings ist zu beachten, dass S. 7 nach seinem eindeutigen Wortlaut jedenfalls nur Fälle mit einer Inzidenz kleiner als 35 abdeckt, so dass der Fall, dass die 7-Tages-Inzidenz genau 35 beträgt, nicht geregelt wäre. Aus diesem Grund ist davon auszugehen, dass S. 6 auch diesen Fall einer 7-Tages-Inzidenz von genau 35 mit erfasst. Ab einer 7-Tages-Inzidenz größer 50 ist S. 5 einschlägig. Insgesamt ist S. 6 folglich so zu lesen, dass ab erreichen eines Schwellenwertes von 35 Neuinfektionen je 100 000 Einwohner innerhalb von sieben Tagen breit angelegte Schutzmaßnahmen zu ergreifen sind, die eine schnelle Abschwächung des Infektionsgeschehens erwarten lassen. Dies bedeutet in Abgrenzungen zu Maßnahmen auf Stufe 1 insbesondere, dass das jeweilige Gesamtkonzept von Schutzmaßnahmen schwerpunktmäßig neben Beschränkungen oder Auflagen

Besondere Schutzmaßnahmen (COVID-19) **§ 28a IfSG**

verstärkt auch Verbote in als besonders infektionsrelevant identifizierten Bereichen vorsieht. Die einzelnen Beschränkungen und Auflagen können in Stufe 2 hinsichtlich des Grades der mit ihnen einhergehenden Grundrechtsbeeinträchtigungen gesteigert sein, so dass sie geringere Steigerungsmöglichkeiten zulassen, bevor sie aufgrund ihrer Schwere einem Verbot oder einer Untersagung gleichkommen. In Stufe 2 dürfte es zudem regelmäßig infektionsepidemiologisch erforderlich werden, in dem Gesamtkonzept bereits sämtliche der in Abs. 1 genannten Maßnahmen vorzusehen (vgl. auch Wortlaut „breit angelegte Schutzmaßnahmen"). Ziel ist es hier, zu verhindern, dass eine 7-Tages-Inzidenz von 50 überschritten wird, ab welcher das Infektionsgeschehen immer schwerer kontrollierbar wird.

c) Stufe 3: Schutzmaßnahmen bei einer 7-Tages-Inzidenz größer 50 **105**
(S. 5). Bei Überschreitung eines Schwellenwertes von 50 Neuinfektionen je 100 000 Einwohner innerhalb von sieben Tagen sind nach S. 5 umfassende Schutzmaßnahmen zu ergreifen, die eine effektive Eindämmung des Infektionsgeschehens erwarten lassen. S. 5 ist somit einschlägig, sobald die 7-Tages-Inzidenz größer ist als 50. Gemeinhin wird infektionsepidemiologisch davon ausgegangen, dass ab dem Überschreiten einer 7-Tages-Inzidenz von 50 die Kontaktnachverfolgung erheblich erschwert oder sogar teilweise unmöglich wird. Dies hat zur Folge, dass Kontaktpersonen der Kategorie 1 nach der Einstufung des Robert Koch-Instituts (vgl. zu den Einstufungskriterien www.rki.de), die aus Sicht des IfSG als Ansteckungsverdächtige iSv § 2 Nr. 7 gelten, nicht mehr zuverlässig ermittelt werden können. In einer solchen Situation besteht das Risiko, dass diese nicht oder nur verzögert ermittelten Personen noch eine Vielzahl weiterer Personen infizieren, bevor sie abgesondert werden können. Aus diesen Gründen ist es aus infektionsepidemiologischer Sicht von elementarer Bedeutung, Maßnahmen zu ergreifen, die das Infektionsgeschehen möglichst schnell und effektiv so eindämmen, dass eine 7-Tages-Inzidenz von 50 erreicht werden kann. Vor diesem Hintergrund sind Gesamtkonzepte der Stufe 3 von einer Vielzahl von Verboten und strengen Auflagen und Beschränkungen geprägt. Da in Stufe 3 ein Geschehen vorliegt, dass außer Kontrolle zu geraten droht, können hier auch weitflächigere Maßnahmen vorgesehen sein, insbesondere, wenn die Inzidenz sehr deutlich über dem Wert von 50 liegt. Insbesondere ab einem sehr erheblichen Überschreiten einer 7-Tages-Inzidenz von 50 können hier unter Berücksichtigung der sich aus Abs. 2 ergebenden Zulässigkeitsvoraussetzungen (vgl. Rn. 52 ff.) die dort in Nr. 1–3 genannten Maßnahmen ergriffen werden.

VII. Maßnahmen vor dem Überschreiten des jeweiligen Schwellenwertes (S. 8)

Nach S. 8 sind bereits vor dem Überschreiten eines Schwellenwertes die in **106** Bezug auf den jeweiligen Schwellenwert genannten Schutzmaßnahmen insbesondere dann angezeigt, wenn die Infektionsdynamik eine Überschreitung des jeweiligen Schwellenwertes in absehbarer Zeit wahrscheinlich macht.

Erforderlich aber auch ausreichend ist insoweit eine tatsachen- und erfahrungsbasierte Prognose der zuständigen Behörde.

VIII. Aufrechterhaltung von Maßnahmen nach Unterschreitung eines Schwellenwertes (S. 11)

107 Nach Unterschreitung eines der in S. 5 oder 6 genannten Schwellenwerte können die in Bezug auf den jeweiligen unterschrittenen Schwellenwert genannten Schutzmaßnahmen hinsichtlich ihres Umfangs als auch ihre Dauer solange aufrechterhalten werden, wie dies zur Verhinderung der Verbreitung der Coronavirus-Krankheit-2019 (COVID-19) erforderlich ist (S. 11). Auch insoweit kommt einer tatsachen- und erfahrungsbasierten Prognose der zuständigen Behörde zentrale Bedeutung zu.

E. Datenschutzrechtliche Vorgaben zur Kontaktdatenerhebung nach Abs. 1 Nr. 17 (Abs. 4)

I. Allgemeines

108 Abs. 4 wurde aufgrund der Beschlussempfehlung des Gesundheitsausschusses eingefügt (BT-Drs. 19/24334) Er regelt die datenschutzrechtlichen Anforderungen im Hinblick auf die Kontaktdatenerhebung nach Abs. 1 Nr. 17.

II. Einzelheiten

109 S. 1 begrenzt die Kontaktdatenerhebung nach Abs. 1 Nr. 17 auf personenbezogene Angaben iSv § 2 Nr. 16 (vgl. § 2 Rn. 79 f.) sowie Angaben zum Zeitraum und zum Ort des Aufenthaltes und erlaubt deren Erhebung und Verarbeitung (vgl. zum Begriff die Erläuterungen § 14 Rn. 3) nur, soweit dies zur Nachverfolgung von Kontaktpersonen zwingend notwendig ist. S. 2 verpflichtet die Verantwortlichen dazu, sicherzustellen, dass eine Kenntnisnahme der erfassten Daten durch Unbefugte ausgeschlossen ist. Verantwortliche sind die die Daten jeweils erhebenden Stellen (z. B. Restaurants, Schwimmbäder, Kinos). Aus S. 3 ergibt sich die Zweckbestimmung der erhobenen Daten sowie die Löschfrist. Spiegelbildlich sehen S. 4–7 entsprechende Anforderungsrechte und Löschpflichten der nach Landesrecht zuständigen Stellen vor, soweit dies zur Kontaktnachverfolgung nach § 25 Abs. 1 erforderlich ist. Die zuständigen Stellen haben die Bundesländer oftmals in ihren Infektionsschutzmaßnahmenverordnungen geregelt, in Bayern sind dies beispielsweise die Gesundheitsämter.

F. Begründungs- und Befristungspflicht (Abs. 5)

I. Allgemeines

110 Der aufgrund der Beschlussempfehlung des Gesundheitsausschusses (BT-Drs. 19/24334) eingefügte Abs. 5 konstituiert für Rechtsverordnungen, die nach

Besondere Schutzmaßnahmen (COVID-19) § 28a IfSG

§ 32 in Verbindung mit § 28 Abs. 1 und § 28a Abs. 1 erlassen werden, eine Begründungs- sowie Befristungspflicht. Durch die Begründungspflicht als prozedurale Anforderung sollen ausweislich der Begründung der Beschlussempfehlung die wesentlichen Entscheidungsgründe für die getroffenen Maßnahmen transparent gemacht und so ein Grundrechtsschutz durch Verfahren sichergestellt werden.

II. Einzelheiten

1. Zur Begründungspflicht

Die Anforderungen an die Begründung sind nicht sehr hoch. Ausreichend soll 111 es sein, im Rahmen der der Begründung zu erläutern, in welcher Weise die Schutzmaßnahmen im Rahmen eines Gesamtkonzepts der Infektionsbekämpfung dienen (BT-Drs. 19/24334, 81). Eine empirische und umfassende Erläuterung ist nicht notwendig, um die Pflicht zu erfüllen (BT-Drs. 19/24334, 81). Die Begründung ist möglichst zeitnah nach Erlass der Rechtsverordnung zu veröffentlichen.

2. Zur Befristungspflicht

Die Befristungspflicht erwächst aus dem Verhältnismäßigkeitsgrundsatz (vgl. 112 § 28 Rn. 22) und soll den Verordnungsgeber dazu zwingen, die jeweilige Rechtsverordnung unter Berücksichtigung neuer Entwicklungen der Corona-Pandemie zu evaluieren (BT-Drs. 19/24334, 82). Insoweit gelten die Erläuterungen § 28 Rn. 19 ff. entsprechend. Die Beschlussempfehlung des Gesundheitsausschusses weist in Bezug auf die Länge der Befristung explizit darauf hin, dass bei intensiven Grundrechtseingriffen in der Regel eine kürze Befristung als die Regelfrist von 4 Wochen notwendig ist. Eine optionale Verlängerung ist möglich.

G. Kumulative Anordnung von Schutzmaßnahmen, Ermessenserwägungen (Abs. 6)

I. Allgemeines

Abs. 6 war als Abs. 3 bereits im Regierungsentwurf angelegt, wurde jedoch 113 aufgrund der Beschlussempfehlung des Gesundheitsausschusses (BT-Drs. 19/ 24334) umfangreich ergänzt.

II. Kumulative Anordnung

Zunächst stellt S. 1 klar, dass Schutzmaßnahmen nach Abs. 1 iVm § 28 Ab. 1, 114 nach § 28 Abs. 1 S. 1 und 2 und nach den §§ 29 bis 31 auch kumulativ angeordnet werden können, soweit und solange es für eine wirksame Verhinderung der Verbreitung der Coronavirus-Krankheit-2019 (COVID-19) erforderlich ist. Damit will der Gesetzgeber klarstellen, dass nicht nur einzelne, begrenzte Maßnahmen, sondern auch weitreichende und langandauernde

Maßnahmen zur Bekämpfung übertragbarer Krankheiten vom Willen des Gesetzgebers getragen sind (BT-Drs. 19/24334, 82). Dies bedeutet zugleich auch, dass es den zuständigen Behörden grundsätzlich unbenommen bleibt, neben bestehenden Rechtsverordnungen oder Allgemeinverfügungen erforderlichenfalls einzelne Maßnahmen anzuordnen. Dies gilt insbesondere für Maßnahmen nach den §§ 29–31. Vgl. zur Frage, ob und unter welchen Voraussetzungen die zuständigen Behörden zum Aufstellen von Gesamtkonzepten von Schutzmaßnahmen verpflichtet sein können, die Erläuterungen Rn. 101.

III. Bei der Ermessensausübung zu berücksichtigende Aspekte (S. 2, 3)

115 Durch S. 2 und 3 werden die nach Abs. 1 und 3 anzustellenden Ermessenserwägungen um bestimmte Aspekte angereichert. S. 2 betont, dass soziale, gesellschaftliche und wirtschaftliche Auswirkungen auf den Einzelnen und die Allgemeinheit bei der Entscheidung über das Ob und Wie von Schutznahmen im Rahmen der Gesamtabwägung einzubeziehen und zu berücksichtigen sind, soweit dies mit dem Ziel einer wirksamen Verhinderung der Verbreitung der Coronavirus-Krankheit-2019 (COVID-19) vereinbar ist. S. 3 unterstreicht, dass einzelne soziale, gesellschaftliche oder wirtschaftliche Bereiche, die für die Allgemeinheit von besonderer Bedeutung sind, von Schutznahmen ausgenommen werden können, soweit ihre Einbeziehung zur Verhinderung der Verbreitung der Coronavirus-Krankheit-2019 (COVID-19) nicht zwingend erforderlich ist.

H. Anwendung der Abs. 1–6 nach dem Ende der Feststellung einer epidemischen Lage von nationaler Tragweite (Abs. 7)

116 Ebenso wie Abs. 5 wurde auch Abs. 7 aufgrund der Beschlussempfehlung des Gesundheitsausschusses (BT-Drs. 19/24334) eingefügt. Die Regelung ermöglicht es, dass auch nach dem Ende einer durch den Deutschen Bundestag nach § 5 Abs. 1 S. 1 festgestellten epidemischen Lage von nationaler Tragweite die Abs. 1–6 angewendet werden können, soweit und solange sich die Coronavirus-Krankheit-2019 nur in einzelnen Ländern ausbreitet und das Parlament in einem betroffenen Bundesland die Anwendbarkeit feststellt. Ziel der Regelung ist, es den Ländern bei Ausbruch oder Fortbestehen eines regionalen Infektionsgeschehens zu ermöglichen, die notwendigen Maßnahmen nach Maßgabe von Abs. 1–6 zu ergreifen, um das Infektionsgeschehen einzudämmen und damit auch ein Übergreifen auf andere Länder zu verhindern (BT-Drs. 19/24334, 82).

§ 29 Beobachtung

(1) Kranke, Krankheitsverdächtige, Ansteckungsverdächtige und Ausscheider können einer Beobachtung unterworfen werden.

Beobachtung **§ 29 IfSG**

(2) Wer einer Beobachtung nach Absatz 1 unterworfen ist, hat die erforderlichen Untersuchungen durch die Beauftragten des Gesundheitsamtes zu dulden und den Anordnungen des Gesundheitsamtes Folge zu leisten. § 25 Abs. 3 gilt entsprechend. Eine Person nach Satz 1 ist ferner verpflichtet, den Beauftragten des Gesundheitsamtes zum Zwecke der Befragung oder der Untersuchung den Zutritt zu seiner Wohnung zu gestatten, auf Verlangen ihnen über alle seinen Gesundheitszustand betreffenden Umstände Auskunft zu geben und im Falle des Wechsels der Hauptwohnung oder des gewöhnlichen Aufenthaltes unverzüglich dem bisher zuständigen Gesundheitsamt Anzeige zu erstatten. Die Anzeigepflicht gilt auch bei Änderungen einer Tätigkeit im Lebensmittelbereich im Sinne von § 42 Abs. 1 Satz 1 oder in Einrichtungen im Sinne von § 23 Abs. 5 oder § 36 Abs. 1 sowie beim Wechsel einer Gemeinschaftseinrichtung im Sinne von § 33. § 16 Abs. 2 Satz 4 gilt entsprechend. Die Grundrechte der körperlichen Unversehrtheit (Artikel 2 Abs. 2 Satz 1 Grundgesetz), der Freiheit der Person (Artikel 2 Abs. 2 Satz 2 Grundgesetz) und der Unverletzlichkeit der Wohnung (Artikel 13 Abs. 1 Grundgesetz) werden insoweit eingeschränkt.

Übersicht

	Rn.
A. Allgemeines	1
B. Beobachtung (Abs. 1)	2
I. Allgemeines	2
II. Zweck von Maßnahmen nach § 29	2a
III. Tatbestandliche Voraussetzungen	3
IV. Rechtsfolgen	4
1. Vorschlag des Gesundheitsamtes (Abs. 1 iVm § 28 Abs. 3 iVm § 16 Abs. 6)	4
2. Auswahlermessen, zeitliche Entwicklung	5
3. Ausgestaltung der Beobachtung	6
4. Duldungs- und Handlungspflichten des Betroffenen	7
V. Der Adressat einer Maßnahme, Störerauswahl	8
VI. Sofortige Vollziehbarkeit	9
VII. Praxishinweise	10
VIII. Zuwiderhandlung	10a
C. Duldungs- und Handlungspflichten des Betroffenen (Abs. 2)	11
I. Allgemeines	11
II. Einzelheiten	12
1. Untersuchungen und Anordnungen (S. 1, 2)	12
2. Zutritt, Auskunft (S. 3)	13
3. Anzeigepflichten (S. 3, 4)	14
III. Einschränkung von Grundrechten (S. 5)	15
IV. Der Adressat einer Maßnahme	16
V. Sofortige Vollziehbarkeit	17
VI. Praxishinweise	18
VII. Zuwiderhandlungen, zwangsweise Durchsetzung	19
VIII. Kosten	20

A. Allgemeines

1 Die Beobachtung wird explizit in § 28 Abs. 1 S. 1 genannt und stellt deshalb eine der Schutzmaßnahmen dar, die unter Beachtung der jeweiligen sich aus den §§ 29–31 ergebenden Besonderheiten von der zuständigen Behörde nach § 28 angeordnet werden können. Aus § 29 ergeben sich dabei Besonderheiten gegenüber der Generalklausel des § 28. Die Beobachtung ist von den in den §§ 29–31 aufgeführten diejenige Schutzmaßnahme mit der geringsten Eingriffsintensität.

B. Beobachtung (Abs. 1)

I. Allgemeines

2 Die Anordnung einer Beobachtung ermöglicht die Überwachung von Kranken, Krankheitsverdächtigen, Ansteckungsverdächtigen und Ausscheidern (vgl. zu den Begriffen § 28 Rn. 10). Sie kommt dann in Betracht, wenn geklärt werden muss, ob sich im Verlaufe der Zeit ein Krankheits- oder Ansteckungsverdacht bestätigt, um entscheiden zu können, ob Schutzmaßnahmen erforderlich werden. Auch ist die Beobachtung in der Regel neben Absonderung (§ 30), beruflichem Tätigkeitsverbot (§ 31) und gfs. dem Besuchsverbot nach § 28 Abs. 2 anzuordnen, um beurteilen zu können, ob diese Maßnahmen aufgrund veränderter Umstände angepasst oder aufgehoben werden müssen. Vgl. zur fortdauernden Kontrolle der Erforderlichkeit bei Verwaltungsakten mit Dauerwirkung § 28 Rn. 16.

II. Zweck von Maßnahmen nach § 29

2a Nach § 28a Abs. 3 S. 1 sind während der Feststellung einer epidemischen Lage von nationaler Tragweite durch den deutschen Bundestag Entscheidungen über Schutzmaßnahmen zur Verhinderung der Verbreitung der Coronavirus-Krankheit-2019 (COVID-19) nach § 28a Abs. 1 iVm § 28 Abs. 1, nach § 28 Abs. 1 S. 1 und 2 und den §§ 29 bis 32 insbesondere an dem Schutz von Leben und Gesundheit und der Funktionsfähigkeit des Gesundheitssystems auszurichten (vgl. § 28a Rn. 97). Diese beiden Aspekte geben somit die mit derartigen Schutzmaßnahmen verfolgten Zwecke vor. Vgl. zur Bedeutung einer genauen Bestimmung des Maßnahmenzwecks die Erläuterungen § 16 Rn. 17 ff.

III. Tatbestandliche Voraussetzungen

3 Zu den tatbestandlichen Voraussetzungen im Einzelnen wird auf die entsprechend geltenden Erläuterungen zu § 28 verwiesen (vgl. § 28 Rn. 9 ff.) mit der Abweichung, dass die tatbestandlichen Voraussetzungen insoweit enger gefasst sind als bei § 28 Abs. 1, als dass Verstorbene von Abs. 1 nicht

Beobachtung § 29 IfSG

erfasst sind. In Bezug auf diese kommen indes Maßnahmen nach § 25 Abs. 4 in Betracht (vgl. § 25 Rn. 47 ff.).

IV. Rechtsfolgen

1. Vorschlag des Gesundheitsamtes (Abs. 1 iVm § 28 Abs. 3 iVm § 16 Abs. 6)

Die Beobachtung stellt eine der in § 28 Abs. 1 S. 1 explizit genannten Maßnahmen dar (vgl. Rn. 1). Es gilt deshalb auch für Maßnahmen nach § 29 der Verweis in § 28 Abs. 3. Nach dem demnach entsprechend anzuwendenden § 16 Abs. 6 werden Maßnahmen nach Abs. 1 grundsätzlich von der zuständigen Behörde auf Vorschlag des Gesundheitsamtes angeordnet. Siehe dazu die Erläuterungen § 16 Rn. 58 f.

2. Auswahlermessen, zeitliche Entwicklung

Bei der Beobachtung nach Abs. 1 handelt es sich um eine der nach § 28 Abs. 1 S. 1 zu ergreifenden Schutzmaßnahmen, in Bezug auf welche ein Auswahlermessen besteht (zum Begriff vgl. Vor §§ 15a Rn. 12). Es liegt somit im pflichtgemäßen Ermessen der Behörde, ob sie von den möglichen Schutzmaßnahmen (vgl. § 28 Rn. 14) diejenige der Beobachtung ergreift. Zur Ermessensausübungen gelten die Erläuterungen § 16 Rn. 16 ff. entsprechend. In Bezug auf die Dauer der Anordnung der Beobachtung siehe die Erläuterungen § 28 Rn. 16.

3. Ausgestaltung der Beobachtung

Wie genau die Beobachtung auszugestalten ist, hat der Gesetzgeber nicht geregelt. Möglich ist beispielsweise die Anordnung eines in zeitlichen Abständen erfolgenden Vorstelligwerdens bei der zuständigen Behörde, ebenso aber auch eine aufsuchende Beobachtung (vgl. dazu auch die Erläuterungen Rn. 13 zu Abs. 2). Insbesondere eine im Rahmen einer Absonderung nach § 30 angeordnete Überwachung kann auch so erfolgen, dass der zuständigen Behörde die zur Beobachtung erforderlichen Gesundheitsinformationen übermittelt werden. Die Beobachtung kann durch Beauftragte erfolgen (vgl. Abs. 2 S. 1 sowie die Erläuterungen Rn. 12).

4. Duldungs- und Handlungspflichten des Betroffenen

Die einer Beobachtung unterworfene Person treffen bestimmte Duldungs- und Handlungspflichten. Diese sind in Abs. 2 geregelt, so dass auf die dortigen Erläuterungen (Rn. 11 ff.) verwiesen wird.

V. Der Adressat einer Maßnahme, Störerauswahl

Maßnahmen nach Abs. 1 können sich ausweislich des klaren Wortlauts nur an Kranke, Krankheitsverdächtige, Ansteckungsverdächtige und Ausscheider richten. Zur Störerauswahl vgl. Vor §§ 15a Rn. 20 ff. In Bezug auf geschäftsunfähige, beschränkt geschäftsfähige und betreute Störer gelten wegen des Verweises in § 28 Abs. 3 die Regelung des § 16 Abs. 5 und die dortigen Erläuterungen entsprechend. Zur Anwendbarkeit von § 28 Abs. 3 auf die Beobachtung vgl. Rn. 4.

VI. Sofortige Vollziehbarkeit

9 Wegen des Verweises in § 28 Abs. 3 findet die Regelung des § 16 Abs. 5 Anwendung, so dass Anordnungen nach Abs. 1 gem. § 28 Abs. 2 iVm § 16 Abs. 8 sofort vollziehbar sind.

VII. Praxishinweise

10 Die Praxishinweise § 28 Rn. 45 f. gelten entsprechend.

VIII. Zuwiderhandlung

10a Eine Zuwiderhandlung gegen eine vollziehbare Anordnungen nach Abs. 1 ist weder bußgeld- noch strafbewehrt.

C. Duldungs- und Handlungspflichten des Betroffenen (Abs. 2)

I. Allgemeines

11 Nach Abs. 2 treffen die einer Beobachtung unterworfenen Personen bestimmte Duldungs- und Handlungspflichten.

II. Einzelheiten

1. Untersuchungen und Anordnungen (S. 1, 2)

12 Die der Beobachtung unterworfene Person hat die erforderlichen Untersuchungen zu dulden und Anordnungen des Gesundheitsamtes Folge zu leisten. Wie sich aus S. 1 ergibt, können die Untersuchungen durch Beauftragte (vgl. zum Begriff die Erläuterungen § 16 Rn. 40) des Gesundheitsamtes erfolgen. S. 2 ordnet in Bezug auf die Untersuchungen die entsprechende Geltung von § 25 Abs. 3 an. Vgl. dazu die Erläuterungen § 25 Rn. 30 ff.

2. Zutritt, Auskunft (S. 3)

13 Den Beauftragten ist zum Zwecke der Befragung oder der Untersuchung Zutritt zur Wohnung zu gewähren und über sämtliche den Gesundheitszustand betreffende Umstände Auskunft zu geben.

3. Anzeigepflichten (S. 3, 4)

14 Ein Wechsel der Hauptwohnung oder des gewöhnlichen Aufenthaltes (vgl. zum Begriff § 9 Rn. 5) ist dem bisher zuständigen Gesundheitsamt anzuzei-

Absonderung § 30 IfSG

gen (S. 3 aE). Darüber hinaus besteht nach S. 4 eine Anzeigepflicht bei Änderungen einer Tätigkeit im Lebensmittelbereich iSv § 42 Abs. 1 S. 1 oder in Einrichtungen iSv § 23 Abs. 5 oder § 36 Abs. 1 sowie beim Wechsel einer Gemeinschaftseinrichtung im Sinne von § 33. § 16 Abs. 2 S. 4 gilt dabei entsprechend.

III. Einschränkung von Grundrechten (S. 5)

S. 5 zählt im Sinne des Zitiergebots (Art. 19 Abs. 1 S. 2 GG) die durch die in Abs. 2 festgelegten Pflichten eingeschränkten Grundrechte auf. **15**

IV. Der Adressat einer Maßnahme

Es gelten die Erläuterungen zu Abs. 1 entsprechend (vgl. Rn. 8). **16**

V. Sofortige Vollziehbarkeit

Wegen des Verweises in § 28 Abs. 3 findet die Regelung des § 16 Abs. 5 Anwendung, so dass Anordnungen nach § 29 Abs. 2 S. 1 gem. § 28 Abs. 2 iVm § 16 Abs. 8 sofort vollziehbar sind. Zur Anwendbarkeit von § 28 Abs. 3 auf die Beobachtung vgl. Rn. 4. **17**

VI. Praxishinweise

Die Praxishinweise § 28 Rn. 45 f. gelten entsprechend. **18**

VII. Zuwiderhandlungen, zwangsweise Durchsetzung

Eine Zuwiderhandlung gegen eine vollziehbare Anordnung nach Abs. 2 S. 2 (auch iVm einer Rechtsverordnung nach § 32 S. 1) ist gemäß § 73 Abs. 1a Nr. 6 bußgeld- und unter den Voraussetzungen von § 74 strafbewehrt. Verstöße gegen die Pflichten aus Abs. 2 S. 3 (auch iVm einer Rechtsverordnung nach § 32 S. 1 bzw. S. 4) sind gemäß § 73 Abs. 1a Nr. 3, 12 bzw. 13 bußgeld- und unter den Voraussetzungen von § 74 strafbewehrt. Dessen ungeachtet können sämtliche nach § 29 ergangene Anordnungen sowie bestehende Pflichten bei Vorliegen der Voraussetzungen im Wege des Verwaltungszwangs durchgesetzt werden. **19**

VIII. Kosten

Die Kosten für die Durchführung von Schutzmaßnahmen werden grundsätzlich aus öffentlichen Mitteln bestritten (vgl. § 69 Abs. 1 Nr. 8). **20**

§ 30 Absonderung

(1) Die zuständige Behörde hat anzuordnen, dass Personen, die an Lungenpest oder an von Mensch zu Mensch übertragbarem hämorrhagischem Fieber erkrankt oder dessen verdächtig sind, unverzüglich in einem Krankenhaus oder einer für

diese Krankheiten geeigneten Einrichtung abgesondert werden. Bei sonstigen Kranken sowie Krankheitsverdächtigen, Ansteckungsverdächtigen und Ausscheidern kann angeordnet werden, dass sie in einem geeigneten Krankenhaus oder in sonst geeigneter Weise abgesondert werden, bei Ausscheidern jedoch nur, wenn sie andere Schutzmaßnahmen nicht befolgen, befolgen können oder befolgen würden und dadurch ihre Umgebung gefährden.

(2) Kommt der Betroffene den seine Absonderung betreffenden Anordnungen nicht nach oder ist nach seinem bisherigen Verhalten anzunehmen, dass er solchen Anordnungen nicht ausreichend Folge leisten wird, so ist er zwangsweise durch Unterbringung in einem abgeschlossenen Krankenhaus oder einem abgeschlossenen Teil eines Krankenhauses abzusondern. Ansteckungsverdächtige und Ausscheider können auch in einer anderen geeigneten abgeschlossenen Einrichtung abgesondert werden. Das Grundrecht der Freiheit der Person (Artikel 2 Abs. 2 Satz 2 Grundgesetz) kann insoweit eingeschränkt werden. Buch 7 des Gesetzes über das Verfahren in Familiensachen und in den Angelegenheiten der freiwilligen Gerichtsbarkeit gilt entsprechend.

(3) Der Abgesonderte hat die Anordnungen des Krankenhauses oder der sonstigen Absonderungseinrichtung zu befolgen und die Maßnahmen zu dulden, die der Aufrechterhaltung eines ordnungsgemäßen Betriebs der Einrichtung oder der Sicherung des Unterbringungszwecks dienen. Insbesondere dürfen ihm Gegenstände, die unmittelbar oder mittelbar einem Entweichen dienen können, abgenommen und bis zu seiner Entlassung anderweitig verwahrt werden. Für ihn eingehende oder von ihm ausgehende Pakete und schriftliche Mitteilungen können in seinem Beisein geöffnet und zurückgehalten werden, soweit dies zur Sicherung des Unterbringungszwecks erforderlich ist. Die bei der Absonderung erhobenen personenbezogenen Daten sowie die über Pakete und schriftliche Mitteilungen gewonnenen Erkenntnisse dürfen nur für Zwecke dieses Gesetzes verarbeitet werden. Postsendungen von Gerichten, Behörden, gesetzlichen Vertretern, Rechtsanwälten, Notaren oder Seelsorgern dürfen weder geöffnet noch zurückgehalten werden; Postsendungen an solche Stellen oder Personen dürfen nur geöffnet und zurückgehalten werden, soweit dies zum Zwecke der Entseuchung notwendig ist. Die Grundrechte der körperlichen Unversehrtheit (Artikel 2 Abs. 2 Satz 1 Grundgesetz), der Freiheit der Person (Artikel 2 Abs. 2 Satz 2 Grundgesetz) und das Grundrecht des Brief- und Postgeheimnisses (Artikel 10 Grundgesetz) werden insoweit eingeschränkt.

(4) Der behandelnde Arzt und die zur Pflege bestimmten Personen haben freien Zutritt zu abgesonderten Personen. Dem Seelsorger oder Urkundspersonen muss, anderen Personen kann der behandelnde Arzt den Zutritt unter Auferlegung der erforderlichen Verhaltensmaßregeln gestatten.

(5) Die Träger der Einrichtungen haben dafür zu sorgen, dass das eingesetzte Personal sowie die weiteren gefährdeten Personen den erforderlichen Impfschutz oder eine spezifische Prophylaxe erhalten.

(6) Die Länder haben dafür Sorge zu tragen, dass die nach Absatz 1 Satz 1 notwendigen Räume, Einrichtungen und Transportmittel zur Verfügung stehen.

(7) Die zuständigen Gebietskörperschaften haben dafür zu sorgen, dass die nach Absatz 1 Satz 2 und Absatz 2 notwendigen Räume, Einrichtungen und Transportmittel sowie das erforderliche Personal zur Durchführung von Absonde-

Absonderung **§ 30 IfSG**

rungsmaßnahmen außerhalb der Wohnung zur Verfügung stehen. Die Räume und Einrichtungen zur Absonderung nach Absatz 2 sind nötigenfalls von den Ländern zu schaffen und zu unterhalten.

Übersicht

	Rn.
A. Allgemeines	1
I. Inhalt	1
II. Zweck von Maßnahmen nach § 30	1a
III. Letzte Änderungen	1b
IV. Einreisequarantäne	1c
B. Freiwillige Absonderung bei Lungenpest oder von Mensch zu Mensch übertragbarem hämorrhagischen Fieber (Abs. 1 S. 1)	2
I. Allgemeines	2
II. Tatbestandliche Voraussetzung: An Lungenpest oder von Mensch zu Mensch übertragbarem hämorrhagischem Fieber erkrankte oder dessen verdächtige Person	3
1. Allgemeines	3
2. Erkrankt	4
3. Dessen verdächtig	5
4. Praxishinweis	6
III. Rechtsfolgen	7, 7a
1. Vorschlag des Gesundheitsamtes (Abs. 1 S. 1 iVm § 28 Abs. 3 iVm § 16 Abs. 6)	7, 7a
2. Weder Entschließungs- oder Auswahlermessen hinsichtlich der zu ergreifenden Maßnahme	8
3. Unverzügliche Anordnung der Absonderung	9
a) Unverzüglich	9
b) Krankenhaus oder geeignete Einrichtung	10
4. Dauer, parallele Beobachtung	11
5. Keine Anordnung der Heilbehandlung	12
6. Betretungs- und weitere Rechte sowie korrespondierende Pflichten im Zusammenhang mit der Überwachung einer Maßnahme nach Abs. 1	13–14
IV. Der Adressat einer Maßnahme	15
1. Allgemeines	15
2. Geschäftsunfähige, beschränkt geschäftsfähige und betreute Personen	16
V. Sofortige Vollziehbarkeit	17
VI. Praxishinweise	18
VII. Zuwiderhandlungen	19
VIII. Kosten	20
C. Freiwillige Absonderung in sonstigen Fällen (Abs. 1 S. 2)	21
I. Allgemeines	21
II. Tatbestandliche Voraussetzung	22
1. Kranke, krankheitsverdächtige, ansteckungsverdächtige Person, Ausscheider	22
2. Praxishinweis	23
3. Einreisequarantäne	23a

	Rn.
III. Rechtsfolgen	24
1. Vorschlag des Gesundheitsamtes (Abs. 1 S. 1 iVm § 28 Abs. 3 iVm § 16 Abs. 6)	24
2. Ermessen	25
a) Allgemeines	25
b) Bei der Ermessensausübung zu berücksichtigende Aspekte	26
3. Form der Absonderung	27
4. Dauer, parallele Beobachtung	28
5. Keine Anordnung der Heilbehandlung	29
6. Rechte und Pflichten während der Absonderung, Betretungs- und weitere Rechte sowie korrespondierende Pflichten im Zusammenhang mit der Überwachung einer Maßnahme nach Abs. 1	30
IV. Der Adressat einer Maßnahme	31
1. Allgemeines	31
2. Geschäftsunfähige, beschränkt geschäftsfähige und betreute Personen	32
V. Sofortige Vollziehbarkeit	33
VI. Praxishinweise	34
VII. Zuwiderhandlungen	35
1. Allgemeines	35
2. Praxishinweis	36
VIII. Kosten	37
IX. Entschädigung	38
D. Zwangsweise Absonderung (Abs. 2)	39
I. Allgemeines	39
II. Tatbestandliche Voraussetzung: Eine den die Absonderung betreffende Anordnungen nicht nachkommende Person oder entsprechende Annahme	40
1. Allgemeines	40
2. Erste Tatbestandsalternative – vorherige separate Anordnung nach Abs. 1	41
a) Allgemeines	41
b) Nicht oder nicht vollständiges Nachkommen	42
3. Zweite Tatbestandsalternative – Annahme einer nicht ausreichenden Befolgung	43
a) Allgemeines	43
b) Annahme, dass der Betroffene Anordnung nicht ausreichend Folge leisten wird	44
c) Praxishinweis	45
III. Rechtsfolgen	46
1. Vorschlag des Gesundheitsamtes (Abs. 1 S. 1 iVm § 28 Abs. 3 iVm § 16 Abs. 6)	46
2. Ermessen	47
3. Form der Absonderung	48
4. Praxishinweis	
5. Verfahren	49
a) Allgemeines	49
b) Zuständiges Gericht	50

	Rn.
c) Antragsverfahren	52
d) Dauer, Verlängerung, Aufhebung	53
e) Gefahr im Verzug	54
6. Typische Fälle der Zwangsabsonderung	55
7. Keine Anordnung der Heilbehandlung	56
8. Vollzug	57
IV. Kosten	58
E. Besonderes Gewaltverhältnis (Abs. 3)	59
I. Allgemeines	59
II. Tatbestandliche Voraussetzungen	60
III. Rechtsfolgen	61
1. Befolgungspflicht (S. 1 HS 1)	61
2. Duldungspflicht (S. 1 HS 2)	62
3. Recht zur Abnahme und Verwahrung von Gegenständen (S. 2)	63
4. Post (S. 3–5)	64
a) Grundsatz	64
b) Ausnahme	65
F. Zutritt (Abs. 4)	66
G. Schutz des eingesetzten Personals, Sicherstellungsauftrag (Abs. 5–7)	67
I. Schutz des eingesetzten Personals (Abs. 5)	67
II. Verantwortlichkeit der Länder für Infrastruktur für Absonderungen nach Abs. 1 S. 1 (Abs. 6)	68
III. Verantwortlichkeit der Gebietskörperschaften für Infrastruktur für Absonderungen (Abs. 7)	69

A. Allgemeines

I. Inhalt

Die Absonderung (vormals Quarantäne, vgl. Rn. 1a) wird explizit in § 28 **1** Abs. 1 S. 1 genannt und stellt deshalb eine der Schutzmaßnahmen dar, die unter Beachtung der jeweiligen sich aus den §§ 29–31 ergebenden Besonderheiten von der zuständigen Behörde nach § 28 angeordnet werden können. Ausweislich BT-Drs. 14/2530, 7 setzt die in Abs. 1 geregelte Absonderung die ‚Freiwilligkeit' des Betroffenen voraus. ‚Freiwilligkeit' ist hier in dem Sinne des Bestehens einer Einsicht in das Notwendige und der Bereitschaft, der Absonderungsanordnung (vgl. Rn. 7) Folge zu leisten, zu verstehen. Lediglich, wenn der Betroffene den seine Absonderung betreffenden Anordnungen nach Abs. 1 nicht nachkommt oder anzunehmen ist, dass er dies nicht tun wird, besteht Anlass für eine so genannte Zwangsabsonderung nach Abs. 2. Durch die Anordnung einer Absonderung wird massiv in das Grundrecht der Freiheit der Person eingegriffen.

II. Zweck von Maßnahmen nach § 30

1a Nach § 28a Abs. 3 S. 1 sind während der Feststellung einer epidemischen Lage von nationaler Tragweite durch den deutschen Bundestag Entscheidungen über Schutzmaßnahmen zur Verhinderung der Verbreitung der Coronavirus-Krankheit-2019 (COVID-19) nach § 28a Abs. 1 iVm § 28 Abs. 1, nach § 28 Abs. 1 S. 1 und 2 und den §§ 29 bis 32 insbesondere an dem Schutz von Leben und Gesundheit und der Funktionsfähigkeit des Gesundheitssystems auszurichten (vgl. § 28a Rn. 97). Diese beiden Aspekte geben somit die mit derartigen Schutzmaßnahmen verfolgten Zwecke vor. Vgl. zur Bedeutung einer genauen Bestimmung des Maßnahmenzwecks die Erläuterungen § 16 Rn. 17 ff.

III. Letzte Änderungen

1b Durch das das 2. COVIfSGAnpG wurde die Überschrift neu gefasst und lautet nunmehr „Absonderung" statt „Quarantäne"

IV. Einreisequarantäne

1c In Rahmen der Corona-Pandemie erließen die Bundesländer jeweils Vorschriften, nach denen Einreisende verpflichtet sind, sich unter bestimmten Voraussetzungen unverzüglich nach ihrer Einreise in Quarantäne zu begeben. Vgl. dazu die Erläuterungen Rn. 23a.

B. Freiwillige Absonderung bei Lungenpest oder von Mensch zu Mensch übertragbarem hämorrhagischen Fieber (Abs. 1 S. 1)

I. Allgemeines

2 Bei Vorliegen der in Abs. 1 S. 1 genannten Voraussetzungen ist die zuständige Behörde grundsätzlich zur Anordnung der Absonderung verpflichtet, sie hat insoweit weder ein Entschließungs- noch Auswahlermessen (vgl. zu den Begriffen Vor §§ 15a Rn. 10 ff.).

II. Tatbestandliche Voraussetzung: An Lungenpest oder von Mensch zu Mensch übertragbarem hämorrhagischem Fieber erkrankte oder dessen verdächtige Person

1. Allgemeines

3 Ausgangspunkt ist eine an Lungenpest oder von Mensch zu Mensch übertragbarem hämorrhagischem Fieber erkrankte oder dessen verdächtige Person.

2. Erkrankt

4 Eine Person ist an einer der genannten Krankheiten erkrankt, wenn sie die entsprechenden Symptome aufweist und diese Symptome diagnostisch bestä-

Absonderung § 30 IfSG

tigt sind. Der Umfang der dazu durchzuführenden Diagnostik hängt vom Einzelfall ab. Er umfasst nur diejenigen Maßnahmen, die erforderlich sind, um lege artis eine abschließende Diagnose zu stellen.

3. Dessen verdächtig

Gemeint ist, dass ein entsprechender Krankheitsverdacht vorliegt. Vgl. zu 5 diesem Begriff die Erläuterungen § 2 Rn. 35 ff.

4. Praxishinweis

Zur Erforderlichkeit, bereits bei der Entscheidung über die Absonderung nach 6 Abs. 1 auch die Voraussetzungen der 2. Tatbestandsalternative von Abs. 2 zu prüfen, vgl. Rn. 45.

III. Rechtsfolgen

1. Vorschlag des Gesundheitsamtes (Abs. 1 S. 1 iVm § 28 Abs. 3 iVm § 16 Abs. 6)

Die Absonderung nach § 30 stellt eine der in § 28 Abs. 1 S. 1 explizit 7 genannten Maßnahmen dar. Es gilt deshalb auch für Maßnahmen nach § 30 der Verweis in § 28 Abs. 3. Nach dem demnach entsprechend anzuwendenden § 16 Abs. 6 werden Maßnahmen nach Abs. 1 grundsätzlich von der zuständigen Behörde auf Vorschlag des Gesundheitsamtes angeordnet. Siehe dazu die Erläuterungen § 16 Rn. 58 f. Bei der Absonderungsanordnung handelt es sich – ungeachtet der Freiwilligkeit seiner Befolgung (vgl. Rn. 1) um einen Verwaltungsakt (Kießling, § 30 Rn. 6).

2. Weder Entschließungs- oder Auswahlermessen hinsichtlich der zu ergreifenden Maßnahme

Liegen die tatbestandlichen Voraussetzungen vor, muss die zuständige Behör- 8 de (vgl. Vor §§ 15a Rn. 2) unverzüglich die Absonderung in einem Krankenhaus oder einer geeigneten Einrichtung anordnen. Es besteht über das Wahlrecht (Krankenhaus oder geeignete Einrichtung) hinaus weder ein Entschließungs- noch ein Auswahlermessen hinsichtlich der zu ergreifenden Maßnahme (vgl. zu den Begriffen Vor §§ 15a Rn. 10 ff.). Dabei ist die Dauer der Absonderung auf das Minimum zu beschränken (vgl. die Erläuterungen Rn. 11). Nach richtiger Ansicht kommt eine Absonderungsanordnung nach Abs. 1 S. 1 ausnahmsweise dann nicht in Betracht, wenn sich die Person bereits vor dem Tätigwerden der zuständigen Behörde freiwillig in geeignete Absonderung begeben hat (so auch Erdle § 30 Ziffer 1).

3. Unverzügliche Anordnung der Absonderung

a) Unverzüglich. In § 121 BGB ist der Begriff ‚unverzüglich' als ‚ohne 9 schuldhaftes Zögern' definiert. Eine unverzügliche Absonderung liegt demnach auch dann vor, wenn sie zwar nicht sofort, jedoch innerhalb einer nach

Gerhardt | 375

den Gesamtumständen des Einzelfalls zu bestimmenden Frist erfolgt (vgl. Palandt, § 121 Rn. 3).

10 **b) Krankenhaus oder geeignete Einrichtung.** Die Absonderung muss in einem Krankenhaus oder einer sonstigen für die von S. 1 erfassten Krankheiten geeigneten Einrichtung erfolgen. Ob diese Voraussetzungen von einer Einrichtung erfüllt sind, ist primär medizinisch-infektiologisch zu entscheiden.

4. Dauer, parallele Beobachtung

11 Die auf Abs. 1 gestützte Anordnung der Absonderung stellt einen Verwaltungsakt mit Dauerwirkung dar. Die (wenn auch iRv Abs. 1 ‚freiwillige', vgl. Rn. 1) Absonderung stellt eine massive Beschränkung der Freiheit der betroffenen Person dar. Die entsprechende Anordnung muss deshalb in zeitlicher Hinsicht so kurz wie möglich gehalten werden. Fällt der Grund für die Anordnung weg, so muss diese aufgehoben werden (vgl. dazu die entsprechend geltenden Erläuterungen § 28 Rn. 16a). Um diesen Anforderungen gerecht zu werden, ist immer die parallele Anordnung einer Beobachtung nach § 29 in Betracht zu ziehen. Vgl. zu dieser im Rahmen der Absonderung insbesondere die Erläuterungen § 29 Rn. 9 ff.

5. Keine Anordnung der Heilbehandlung

12 Die Absonderung stellt eine der in § 28 Abs. 1 S. 1 explizit genannten Maßnahmen dar, so dass auch für sie das in § 28 Abs. 1 S. 3 festgeschriebene Verbot der Anordnung einer Heilbehandlung gilt.

6. Betretungs- und weitere Rechte sowie korrespondierende Pflichten im Zusammenhang mit der Überwachung einer Maßnahme nach Abs. 1

13–14 Zu den Betretungs-, Einsichts- und Auskunftsrechten und damit korrespondierenden Pflichten im Zusammenhang mit der Überwachung von Maßnahmen nach Abs. 1 vgl. die Erläuterungen zu § 16 Abs. 2, der über den Verweis in § 28 Abs. 3 zur Anwendung gelangt. Zur Anwendbarkeit von § 28 Abs. 3 auf die Absonderung vgl. Rn. 7.

IV. Der Adressat einer Maßnahme

1. Allgemeines

15 Maßnahmen nach Abs. 1 S. 1 können ausweislich des klaren Wortlauts nur gegenüber den in S. 1 genannten Personen und damit (anders als nach § 28 Abs. 1) nicht gegenüber Nichtstörern ergehen (zu den verschiedenen Arten von Störern als Adressaten sowie der Störerauswahl vgl. Vor §§ 15a Rn. 14 ff.).

Absonderung   § 30 IfSG

2. Geschäftsunfähige, beschränkt geschäftsfähige und betreute Personen

In Bezug auf geschäftsunfähige, beschränkt geschäftsfähige und betreute Störer **16** gilt wegen des Verweises in Abs. 3 § 16 Abs. 5 entsprechend (vgl. § 16 Rn. 57).

V. Sofortige Vollziehbarkeit

Wegen des Verweises in § 28 Abs. 3 findet die Regelung des § 16 Abs. 5 **17** Anwendung, so dass Anordnungen nach Abs. 1 gem. § 28 Abs. 2 iVm § 16 Abs. 8 sofort vollziehbar sind. Zur Anwendbarkeit von § 28 Abs. 3 auf die Absonderung vgl. Rn. 7.

VI. Praxishinweise

Die Praxishinweise § 28 Rn. 45 f. gelten entsprechend.   **18**

VII. Zuwiderhandlungen

Eine vorsätzliche Zuwiderhandlung gegen eine vollziehbare Anordnungen **19** nach § 30 Abs. 1 S. 1 (auch iVm einer Rechtsverordnung nach § 32 S. 1) ist gemäß § 75 Abs. 1 Nr. 1 strafbewehrt.

VIII. Kosten

Die Kosten für die Durchführung einer Absonderung werden grundsätzlich **20** aus öffentlichen Mitteln bestritten (vgl. § 69 Abs. 1 S. 1 Nr. 8). Vgl. auch die Anmerkungen § 69 Rn. 8.

C. Freiwillige Absonderung in sonstigen Fällen (Abs. 1 S. 2)

I. Allgemeines

Abs. 1 S. 2 kann, das ergibt sich aus der Formulierung ‚sonstigen', nicht bei **21** von bereits von S. 1 erfassten Fällen zur Anwendung kommen.

II. Tatbestandliche Voraussetzung

1. Kranke, krankheitsverdächtige, ansteckungsverdächtige Person, Ausscheider

Insoweit gelten die Erläuterungen § 29 Rn. 3 entsprechend. Bei Ausscheidern **22** besteht die zusätzliche tatbestandliche Voraussetzung, dass die Anordnung einer Absonderung nach Abs. 1 S. 2 nur angeordnet werden kann, wenn sie andere Schutzmaßnahmen nicht befolgen, befolgen können (etwa wegen des Geisteszustandes, der Lebensumstände oder der Schwere der Erkrankung) oder würden (es gelten die Erläuterungen Rn. 44 entsprechend) und sie dadurch ihre Umgebung gefährden. Rein nach dem Wortlaut könnte dies bedeuten, dass symptomlose Coronainfizierte jedenfalls dann nicht mit einer Absonderungsanordnung belegt werden könnten, wie sie ‚compliant' sind, also von sich aus beispielsweise ihre Wohnung nicht verlassen. Ein solches, ausschließlich am Wortlaut verhaftendes Verständnis würde indes dem gesetzgeberischen Zweck nicht gerecht. Die Regelung geht auf die Neufassung des vormaligen § 37 BSeuchG durch das Vierte Gesetz zur Änderung des BSeuchG (vgl. BT-Drs. 8/2468) zurück. Die Absonderung eines Ausscheiders setzte nach der zuvor geltenden Fassung der Regelung voraus, dass die zuständige Behörde bereits Anordnungen getroffen hat, der Ausscheider diese aber nicht befolgt und dadurch seine Umgebung gefährdet. Die damalige Neuregelung sollte sowohl diesen Fall als auch den Fall, dass die Behörde andere Schutzmaßnahmen nicht angeordnet hat, etwa weil der Ausscheider aus rechtlichen oder tatsächlichen Gründen nicht in der Lage ist, solche Anordnungen zu befolgen, erfassen. In diesem Fall soll die Behörde die Absonderung anordnen können, ohne zuvor andere Schutzmaßnahmen anordnen zu müssen, deren rechtlicher Bestand zweifelhaft ist (BT-Drs. 8/2468, S. 29). Der Gesetzgeber wollte mit der Regelung den Handlungsspielraum der Behörden in Bezug auf Ausscheider erweitern (so auch BeckOK InfSchR/Johann/Gabriel, § 30 Rn. 16). Anzunehmen ist dabei zudem, dass der Gesetzgeber dabei allein die ‚klassischen' Ausscheider im Blick hatte, etwa Typhus oder Salmonellen, die über den Stuhl oder Urin ausgeschieden werden (Kießling, § 30 Rn. 17). Die besondere infektionsepidemiologische Herausforderung von SARS-CoV-2 besteht jedoch gerade darin, dass die von ihm ausgelöste Coronaviruserkrankung (COVID-19) in vielen Fällen symptomlos verläuft, die betroffenen Personen indes dennoch ansteckend sind und damit die Krankheit unwissentlich und im Rahmen von üblichen sozialen Kontakten weiterverbreiten können. Dabei bestehen signifikante Unterschiede zu Ausscheidern anderer Krankheitserreger. Anders als etwa bei Salmonellen oder Typhus erfolgt die Weiterverbreitung von SARS-CoV-2 nicht über lediglich (Teil-) Ausschnitte des sozialen Zusammenlebens (Verunreinigung von Nahrungsmitteln insbesondere durch Personen, die mit der Herstellung oder Verteilung von Lebensmitteln zu tun haben (Salmonellen, Thyphus) oder Trinkwasser (Typhus) mit menschlichen Ausscheidungen) sondern wegen der Aerosolübertragung in der gesamten Bandbreite der Sozialkontakte und auch ohne direkten oder indirekten körperlichen Kontakt. Vor dem skizzierten Hintergrund spricht viel dafür, dass der gesetzgeberische Zweck es jedenfalls nicht erfordert, die Einschränkung in Bezug auf Ausscheider auch auf – aus infektionsepidemiologischer Sicht anders zu beurteilende – symptomlose Coronainfizierte anzuwenden. Letztlich kann diese Frage bei diesem Personenkreis wohl in der Praxis auch dahinstehen. Denn etwaige andere Schutzmaßnahmen, mit welchen Ausscheider belegt werden könnten, kommen angesichts der Zweckrichtung der Regelung (vgl. Rn. 1a) jedenfalls von vorneherein nur dann in Betracht, wenn sie hinsichtlich der konkreten übertragbaren Krankheit (Infektiosität, Schwere etc.) ein Schutzniveau erreichen, welches einer Absonderung gleichkommt. Dies mag bei Salmonellen- oder Typhusausscheidern denkbar sein (Kießling, § 30 Rn. 17), angesichts der unvergleichbar vielfältigeren und einfacheren Übertragungsmöglichkeiten von SARS-CoV-2 jedoch nicht bei symptomlosen Coronainfizierten. Bei diesen kommt als einzige geeignete Maßnahme nach derzeitigem Kenntnisstand allein die Absonderung in Betracht.

Absonderung § 30 IfSG

2. Praxishinweis

Zur Erforderlichkeit, bereits bei der Entscheidung über die Absonderung nach Abs. 1 auch die Voraussetzungen der 2. Tatbestandsalternative von Abs. 2 zu prüfen, vgl. Rn. 45. **23**

3. Einreisequarantäne

Die Bundesländer erließen im Rahmen der Corona-Pandemie jeweils Vorschriften, nach denen Einreisende verpflichtet sind, sich unter bestimmten Voraussetzungen unverzüglich nach ihrer Einreise in ihre eigene Wohnung oder eine andere geeignete Unterkunft zu begeben und sich für einen Zeitraum von 14 Tagen ständig dort abzusondern haben (vgl. § 1 Einreise-Quarantäneverordnung – EQV des Freistaats Bayern vom 15.06.20 in der Fassung vom 7.7.2020). Der Sache nach handelt es sich, wie auch die Bezeichnung als Einreise-Quarantäneverordnung nahelegt, um eine Absonderung (vormals als Quarantäne bezeichnet (vgl. Rn. 1a)) nach Abs. 1 S. 2. Ein Rückgriff auf die Generalklausel des § 28 Abs. 1 als Rechtsgrundlage scheidet deshalb aus. Dies hat insbesondere zur Folge, dass eine derartige Einreisequarantäne-Verordnung nur die in Abs. 1 S. 2 genannten Personen adressieren darf, es sich beim Adressatenkreis also zumindest um Ansteckungsverdächtige (vgl. Rn. 22) handeln muss. Diesem Anspruch werden allenfalls diejenigen Einreisequarantäne-Verordnungen, die an den Aufenthalt in einem Risikogebiet (vgl. § 2 Rn. 81 ff.) anknüpfen, gerecht. Da die Einreise-Quarantäneverordnungen darüber hinaus in der Regel keine weitere Ausdifferenzierung vornehmen (können), benötigen Sie für die Herstellung der Einzelfallgerechtigkeit und Verhältnismäßigkeit entsprechender Ausnahmeregelungen, etwa für den Fall des Nachweises des Nichtbestehens einer Infektion oder in Bezug auf bestimmte Interessenlagen. Vgl. generell zum Erfordernis von Ausnahmeregelungen die Erläuterungen § 28 Rn. 23. Zweifelhaft ist die Geeignetheit der Absonderung von Einreisenden aus Risikogebieten, sofern in ihrer innerdeutschen Zielregion die 7-Tages-Inzidenz höher ist als in dem Risikogebiet. Da allerdings die 7-Tages-Inzidenz nur eines von mehreren Kriterien zur Bestimmung eines Risikogebiets ist (vgl. die Erläuterungen § 2 Rn. 86), kann es argumentativ vertretbar sein, auch für diese Einreisenden eine Absonderung vorzusehen. **23a**

III. Rechtsfolgen

1. Vorschlag des Gesundheitsamtes (Abs. 1 S. 1 iVm § 28 Abs. 3 iVm § 16 Abs. 6)

Es gelten die Erläuterungen Rn. 7 entsprechend. **24**

2. Ermessen

a) Allgemeines. Anders als in den von Abs. 1 S. 1 erfassten Fällen hat die zuständige Behörde bei Vorliegen der in Abs. 1 S. 2 genannten Voraussetzungen ein Entschließungs- und – in Bezug auf die Art der Absonderung – Auswahlermessen (vgl. zu den Begriffen Vor §§ 15a Rn. 10 ff.). Es liegt somit **25**

im pflichtgemäßen Ermessen der Behörde, ob sie von den möglichen Schutzmaßnahmen (vgl. § 28 Rn. 27 ff.) bei Vorliegen der Voraussetzungen von Abs. 1 S. 2 die der Absonderung ergreift. Zur Ermessensausübungen gelten die Erläuterungen § 16 Rn. 13 ff. entsprechend. In Bezug auf die Dauer der Anordnung der Absonderung siehe die Erläuterungen Rn. 11. Entfällt der Anordnungsgrund, so ist die Anordnung der Absonderung aufzuheben.

26 b) Bei der Ermessensausübung zu berücksichtigende Aspekte. Mit der Anordnung einer Absonderung wird der Betroffene unmittelbar in seiner Freiheit und damit einem sehr hochrangigen Grundrecht betroffen. Ungeachtet eines nach § 56 möglichen Entschädigungsanspruchs ist deshalb der Ermessensausübung besonderes Augenmerk zu schenken. Die Anordnung einer Absonderung nach Abs. 1 S. 2 darf deshalb nur als letztes Mittel (ultima ratio) erfolgen, also nur, wenn keine gleich geeigneten, weniger eingriffsintensiven Alternativmaßnahmen möglich sind. Bei der vorzunehmenden Gesamtschau sind insbesondere die konkrete Krankheit (einschließlich Übertragungswege und Infektiösität), das konkrete Verhalten der Person (einschl. beruflicher Tätigkeit und die mit ihre einhergehenden infektionsrelevanten Vorgänge), mögliche (andere) Schutzmaßnahmen und die Zuverlässigkeit des Betroffenen im Hinblick auf deren Einhaltung zu berücksichtigen und in einen verhältnismäßigen Ausgleich zu bringen. Kommt demnach nur eine Absonderung in Betracht, ist über ihre Form zu entscheiden.

3. Form der Absonderung

27 Die Absonderung nach Abs. 1 S. 2 muss nicht zwingend wie diejenige nach Abs. 1 S. 1 in einem geeigneten Krankenhaus oder einer geeigneten Einrichtung (vgl. dazu Rn. 10) erfolgen. Sie kann vielmehr auch ‚in sonstiger Weise' realisiert werden. Insoweit besteht ein Auswahlermessen. Entscheidend bei der Auswahl der Form der Absonderung sind medizinische Überlegungen unter Berücksichtigung der Gesamtumstände (u. a. Infektiosität, Dauer, Inkubationszeit, Immunstatus möglicherweise betroffener dritter Personen). So kann eine Absonderung in infektiologisch geeigneten Fällen auch bei der betroffenen Person zu Hause erfolgen. In einem solchen Fall ist bei der behördlichen Entscheidung ein besonderes Augenmerk auf Gefahren für möglicherweise betroffene Dritte (Kleinkinder, alte Menschen etc.) zu legen. Gegebenenfalls sind entsprechende Auflagen (vgl. § 36 VwVfG bzw. entsprechende Landesnorm) zu erteilen. Nicht zulässig wäre es, eine Absonderung zu Hause auch in infektiologisch ungeeigneten Fällen anzuordnen, weil Familienangehörige eine Absonderung zu Hause fordern und dabei darauf verweisen, dass sie eine eigene Infektion in Kauf nehmen und so auf ihren Schutz ‚verzichten' wollen. Denn der Schutzzweck des IfSG (vgl. § 1) und damit auch derjenige von § 30 ist auch in diesen Fällen betroffen und steht nicht zur Disposition der Beteiligten.

4. Dauer, parallele Beobachtung

28 Insoweit gelten die Erläuterungen Rn. 11 entsprechend.

Absonderung § 30 IfSG

5. Keine Anordnung der Heilbehandlung

Es gelten die Erläuterungen Rn. 12 entsprechend. 29

6. Rechte und Pflichten während der Absonderung, Betretungs- und weitere Rechte sowie korrespondierende Pflichten im Zusammenhang mit der Überwachung einer Maßnahme nach Abs. 1

Es gelten die Ausführungen Rn. 13 f. entsprechend. 30

IV. Der Adressat einer Maßnahme

1. Allgemeines

Maßnahmen nach Abs. 1 S. 2 können sich ausweislich des klaren Wortlauts 31 nur an die in S. 2 genannten Personen richten und damit nicht gegenüber Nichtstörern ergehen. Es gelten die Erläuterungen Rn. 15 entsprechend.

2. Geschäftsunfähige, beschränkt geschäftsfähige und betreute Personen

In Bezug auf geschäftsunfähige, beschränkt geschäftsfähige und betreute Störer 32 gilt wegen des Verweises in Abs. 3 § 16 Abs. 5 entsprechend (vgl. § 16 Rn. 57).

V. Sofortige Vollziehbarkeit

Wegen des Verweises in § 28 Abs. 3 findet die Regelung des § 16 Abs. 5 33 Anwendung, so dass Anordnungen nach § 28 Abs. 1 gem. § 28 Abs. 2 iVm § 16 Abs. 8 sofort vollziehbar sind. Zur Anwendbarkeit von § 28 Abs. 3 auf die Absonderung vgl. Rn. 7.

VI. Praxishinweise

Die Praxishinweise § 28 Rn. 45 f. gelten entsprechend. 34

VII. Zuwiderhandlungen

1. Allgemeines

Eine Zuwiderhandlung gegen eine vollziehbare Anordnungen nach Abs. 1 35 S. 2 (auch iVm einer Rechtsverordnung nach § 32 S. 1) ist gemäß § 73 Abs. 1a Nr. 6 bußgeld- und unter den Voraussetzungen von § 74 strafbewehrt.

2. Praxishinweis

Die Durchsetzung einer Anordnung nach Abs. 1 im Wege des sonst üblichen 36 Verwaltungszwangs ist nicht möglich, da dieser Fall explizit in Abs. 2 S. 1 (1. Alternative) geregelt ist und nur unter den Voraussetzungen des FamFG erfolgen darf (Abs. 2 letzter Satz).

Gerhardt | 381

VIII. Kosten

37 Die Kosten für die Durchführung einer Absonderung werden grundsätzlich aus öffentlichen Mitteln bestritten (vgl. § 69 Abs. 1 S. 1 Nr. 8 und die Anmerkungen § 69 Rn. 8.

IX. Entschädigung

38 Es kann gem. § 56 für Personen, die als Ausscheider, Ansteckungsverdächtige oder Krankheitsverdächtige abgesondert werden, ein Entschädigungsanspruch für einen durch die Absonderung entstehenden Verdienstausfall bestehen. Bei Ausscheidern gilt dies jedoch nur, wenn sie andere Schutzmaßnahmen nicht befolgen können. Vgl. im Einzelnen die Erläuterungen zu § 56.

D. Zwangsweise Absonderung (Abs. 2)

I. Allgemeines

39 Anders als Abs. 1 regelt Abs. 2 nicht die freiwillige, sondern die zwangsweise Absonderung. Diese kann die zuständige Behörde nicht selbst anordnen, vielmehr muss sie eine solche Anordnung beim zuständigen Amtsgericht (§ 417 FamFG) beantragen, vgl. im Einzelnen Rn. 49 ff.

II. Tatbestandliche Voraussetzung: Eine den die Absonderung betreffende Anordnungen nicht nachkommende Person oder entsprechende Annahme

1. Allgemeines

40 Der Gesetzgeber hat in Abs. 2 zwei Tatbestandsalternativen beschrieben.

2. Erste Tatbestandsalternative – vorherige separate Anordnung nach Abs. 1

41 a) **Allgemeines.** In der ersten Tatbestandsalternative ist bereits (in der irrigen Annahme, der Betroffene werde diese freiwillig befolgen) eine separate Anordnung nach Abs. 1 ergangen.

42 b) **Nicht oder nicht vollständiges Nachkommen.** Der Betroffene ist der bereits ergangenen Anordnung oder den mit ihr verbundenen Auflagen nach Abs. 1 nicht oder nicht vollständig nachgekommen. Ein solcher Fall ist beispielsweise dann gegeben, wenn der zunächst seine Freiwilligkeit signalisierende Betroffene sich nicht oder nicht fristgerecht in die Absonderung begibt oder wenn er bei einer Anordnung nach Abs. 1 S. 2 etwaige die Absonderung ausgestaltende Auflagen missachtet. Letzteres kann insbesondere im Rahmen einer parallel angeordneten Beobachtung (vgl. Rn. 28) zu Tage treten. Der Grund, aus welchem der Betroffene der Anordnung nicht nachgekommen ist, hat keinen Belang, insbesondere ist es nicht erforderlich, dass dies willentlich geschah.

3. Zweite Tatbestandsalternative – Annahme einer nicht ausreichenden Befolgung

a) Allgemeines. In der zweiten Tatbestandsalternative wurde in der Regel noch keine vorherige Anordnung nach Abs. 1 erlassen. 43

b) Annahme, dass der Betroffene Anordnung nicht ausreichend Folge leisten wird. Voraussetzung für Variante 2 ist, dass nach dem bisherigen Verhalten des Betroffenen anzunehmen ist, dass er einer Anordnung nach Abs. 1 nicht ausreichend Folge leisten wird. Erforderlich aber auch ausreichend für eine solche Annahme ist, dass der Behörde zu dem Zeitpunkt, zu welchem sie über die Beantragung der Anordnung der Absonderung durch das Amtsgericht entscheidet, bereits durch Tatsachen erhärtete Anhaltspunkte vorliegen, welche bei verständiger Würdigung den Schluss nahelegen, dass der Betroffene derartigen Anordnungen nicht Folge leisten wird. Wie bei der ersten Tatbestandsalternative ist der Grund, aus welchem der Betroffene der Anordnung nach Einschätzung der Behörde nicht nachkommen wird, ohne Belang. Die Annahme muss sich auf entsprechende vorangegangenen Erfahrungen, entsprechende Äußerungen der betroffenen Person oder sonstige tatsächliche Umstände stützen, bedarf also einer hinreichenden Tatsachengrundlage. 44

c) Praxishinweis. Um in der Praxis einen zielgerichteten Vollzug der Absonderung sicherzustellen, ist es unabdingbar, dass die zuständige Behörde bereits zu dem Zeitpunkt, zu dem sie eine freiwillige Absonderung nach Abs. 1 in Betracht zieht, erwägt, ob auch die Voraussetzungen einer zwangsweisen Absonderung nach der 2. Tatbestandsalternative von Abs. 2 erfüllt sind. Ist dies der Fall, ist eine Anordnung nach Abs. 1 ungeeignet und muss unmittelbar die zwangsweise Absonderung nach Abs. 2 beim zuständigen Amtsgericht beantragt werden. 45

III. Rechtsfolgen

1. Vorschlag des Gesundheitsamtes (Abs. 1 S. 1 iVm § 28 Abs. 3 iVm § 16 Abs. 6)

Es gelten die Erläuterungen Rn. 7 entsprechend. 46

2. Ermessen

Liegen die tatbestandlichen Voraussetzungen vor, muss die zuständige Behörde (vgl. Vor §§ 15a Rn. 2) die zwangsweise Absonderung beim Amtsgericht beantragen. Es besteht über das Wahlrecht (abgeschlossenes Krankenhaus oder Teil eines solchen, bei Ansteckungsverdächtigen und Ausscheidern auch andere geeignete geschlossene Einrichtung) hinaus weder ein Entschließungs- noch ein Auswahlermessen hinsichtlich der zu ergreifenden Maßnahme (vgl. zu den Begriffen Vor §§ 15a Rn. 10 ff.). 47

3. Form der Absonderung

48 Die Absonderung nach Abs. 2 muss in einem abgeschlossenen Krankenhaus oder Teil eines solchen erfolgen, bei Ansteckungsverdächtigen und Ausscheidern können auch andere geeignete geschlossene Einrichtungen genutzt werden (vgl. S. 2).

4. Praxishinweis

Nicht vom Wortlaut umfasst und damit nicht zulässig ist es nach Abs. 2, Kranke oder Krankheitsverdächtige, die nur geringe Symptome aufweisen und deshalb keiner stationären Behandlung bedürfen, außerhalb von abgeschlossenen Krankenhäusern zwangsabzusondern. Gerade für Pandemiefälle sollte der Gesetzgeber jedoch eine solche Möglichkeit eröffnen und dazu § 30 entsprechend ändern, um die zur Verfügung stehenden Krankenhauskapazitäten von im Grunde nicht behandlungsbedürftigen zwangsabgesonderten Personen freizuhalten.

5. Verfahren

49 **a) Allgemeines.** Anders als bei der freiwilligen Absonderung nach Abs. 1 stellt die Zwangsabsonderung eine Maßnahme dar, durch welche hoheitlich gegen den Willen des Betroffenen in sein Grundrecht der Freiheit der Person (Art. 2 Abs. 2 S. 2 GG) eingegriffen wird. Nach Art. 104 Abs. 2 GG hat über die Zulässigkeit und Fortdauer einer Freiheitsentziehung nur der Richter entscheiden. Aus diesem Grund hat der Gesetzgeber die Geltung des 7. Buchs des FamFG angeordnet (vgl. S. 4). Danach darf die Absonderung als freiheitsentziehende Maßnahme grundsätzlich nur durch das zuständige Gericht auf Antrag der zuständigen Behörde angeordnet werden.

50 **b) Zuständiges Gericht. aa) Instanziell.** Instanziell zuständig ist das Amtsgericht (vgl. § 23a Abs. 1 Nr. 2 iVm Abs. 2 Nr. 6 GVG).

51 **bb) Örtlich.** Die örtliche Zuständigkeit bestimmt sich nach § 416 FamFG. Demnach ist das Amtsgericht örtlich zuständig, in dessen Bezirk der Abzusondernde seinen gewöhnlichen Aufenthalt hat, sonst das Amtsgericht, in dessen Bezirk das Bedürfnis für die Absonderung entsteht. Ist die Person bereits abgesondert, ist das Amtsgericht zuständig, in dessen Bezirk die Absonderungseinrichtung belegen ist.

52 **c) Antragsverfahren.** Erforderlich ist ein Antrag an das zuständige Gericht (§ 417 Abs. 1 FamFG). Dieser muss sämtliche relevanten Umstände enthalten, insbesondere das Vorliegen der Tatbestandsvoraussetzungen (§ 417 Abs. 2 FamFG, vgl. zu den Voraussetzungen die Erläuterungen Rn. 40 ff.) sowie die danach aus Sicht der zuständigen Behörde abzuleitende Rechtsfolge einschließlich der Ermessenserwägungen. Vom Gericht ist das vorgesehene Verfahren einzuhalten (vgl. § 418 ff. FamFG).

53 **d) Dauer, Verlängerung, Aufhebung.** Zur Dauer, Verlängerung und Aufhebung der Absonderung vgl. §§ 425 f. FamFG.

Absonderung § 30 IfSG

e) Gefahr im Verzug. Bei Gefahr im Verzug (vgl. zum Begriff Vor §§ 15a 54
Rn. 26) kann ausnahmsweise die zuständige Behörde die Absonderung anordnen. Sie muss dann jedoch unverzüglich eine richterliche Entscheidung herbeiführen. Ist die Absonderung nicht bis zum Ablauf des folgenden Tages richterlich angeordnet, ist der Betroffene freizulassen (§ 428 Abs. 1 S. 2 FamFG).

6. Typische Fälle der Zwangsabsonderung

Die Zwangsabsonderung kommt in der Praxis oftmals bei Menschen mit offener 55
Lungentuberkulose in Betracht. Als Unterbringungseinrichtung für diese Fälle
ist beispielsweise das Tuberkulosekrankenhaus in Parsberg zu nennen.

7. Keine Anordnung der Heilbehandlung

Die Absonderung stellt eine der in § 28 Abs. 1 S. 1 explizit genannten Maß- 56
nahmen dar, so dass auch für sie das in § 28 Abs. 1 S. 3 festgeschriebene
Verbot der Anordnung einer Heilbehandlung gilt. Aus Sicht des Betroffenen
ist eine Heilbehandlung indes insoweit von Vorteil, als dass sie die Dauer der
Zwangsabsonderung verkürzen dürfte.

8. Vollzug

Der Beschluss, durch den vom Gericht eine Absonderung angeordnet wird, 57
wird von der zuständigen Verwaltungsbehörde vollzogen (vgl. § 422 Abs. 3
FamFG). Zuständige Verwaltungsbehörde in diesem Sinne ist die antragstellende Behörde. Diese kann sich erforderlichenfalls der Amtshilfe der Polizei
bedienen. Ist der Aufenthalt der Person nicht bekannt, ist sie von der zuständigen Behörde bei der Polizei zur Fahndung auszuschreiben.

IV. Kosten

Die Kosten für die Durchführung einer Absonderung werden grundsätzlich 58
aus öffentlichen Mitteln bestritten (vgl. § 69 Abs. 1 S. 1 Nr. 8 und § 69
Rn. 8).

E. Besonderes Gewaltverhältnis (Abs. 3)

I. Allgemeines

Abs. 3 entspricht inhaltlich § 37 Abs. 3 BSeuchG. Er legt einerseits die Dul- 59
dungspflichten des von einer Absonderung Betroffenen fest, andererseits die
ihm gegenüber bestehenden Eingriffsbefugnisse. Auf diese Weise werden die
sich aus dem besonderen Gewaltverhältnis, das durch eine Absonderung in
einem Krankenhaus oder einer sonstigen Absonderungseinrichtung begründet
wird, ergebenden Beschränkungen und Verpflichtungen konkretisiert (vgl.
amtl. Begründung zu § 37 Abs. 3 BSeuchG). Während des Bestehens des
besonderen Gewaltverhältnisses sind die Grundrechte des Betroffenen eingeschränkt (vgl. S. 6).

II. Tatbestandliche Voraussetzungen

60 Die in Abs. 3 geregelten Duldungspflichten und Eingriffsbefugnisse bestehen nur, wenn und solange eine Absonderung in einem Krankenhaus oder einer sonstigen Absonderungseinrichtung angeordnet ist.

III. Rechtsfolgen

1. Befolgungspflicht (S. 1 HS 1)

61 Der Betroffene hat die Anordnungen der Unterbringungseinrichtung zu befolgen. Dazu gehört auch die Befolgung einer etwaigen Anstaltsordnung.

2. Duldungspflicht (S. 1 HS 2)

62 Die Maßnahmen, die zur Aufrechterhaltung eines ordnungsmäßigen Betriebs oder zur Sicherung des Unterbringungszwecks dienen, sind zu dulden. Dabei umfassen Maßnahmen zur Sicherung des Unterbringungszwecks auch solche, die das Entweichen aus der Einrichtung verhindern sollen.

3. Recht zur Abnahme und Verwahrung von Gegenständen (S. 2)

63 Als Maßnahme, die das Entweichen verhindern sollen, dürfen dem Betroffenen insbesondere solche Gegenstände abgenommen werden, die einem Entweichen dienen könnten. Sie sind bis zur Entlassung zu verwahren.

4. Post (S. 3–5)

64 a) **Grundsatz.** Zur Sicherung des Unterbringungszwecks dürfen ein- und ausgehende Pakete und schriftliche Mitteilungen erforderlichenfalls zurückgehalten und im Beisein des Betroffenen geöffnet werden. In Bezug auf die Verarbeitung der dabei gewonnenen personenbezogene Daten ist die Zweckbindung in S. 4 zu beachten.

65 b) **Ausnahme.** Postsendungen von Gerichten und den weiteren in S. 5 genannten Stellen oder Personen dürfen weder zurückgehalten noch geöffnet werden. Postsendung an solche Stellen oder Personen dürfen zurückgehalten und geöffnet werden, wenn dies zur Entseuchung (Desinfektion, vgl. § 18 Abs. 1) notwendig ist.

F. Zutritt (Abs. 4)

66 Abs. 4 regelt den Zutritt zu den abgesonderten Personen. Demnach haben der behandelnde Arzt und die zur Pflege bestimmten Personen immer freien Zutritt zu diesen. In Bezug auf den Zutritt sonstiger Personen obliegt dem behandelnden Arzt die Entscheidung über die Gewährung des Zutritts nach pflichtgemäßem Ermessen. In beiden Fällen kann der behandelnde Arzt erforderliche Verhaltensmaßregeln aufstellen.

G. Schutz des eingesetzten Personals, Sicherstellungsauftrag (Abs. 5–7)

I. Schutz des eingesetzten Personals (Abs. 5)

Nach Abs. 5 haben die Träger der Absonderungseinrichtungen dafür zu sorgen, dass die eingesetzten Personen sowie etwaige weitere besonders gefährdete Personen den erforderlichen Impfschutz oder spezifische Prophylaxe erhalten. Eine spezifische Prophylaxe wird immer dann in Betracht kommen, wenn eine Impfung nicht möglich oder nicht rechtzeitig erfolgt ist. 67

II. Verantwortlichkeit der Länder für Infrastruktur für Absonderungen nach Abs. 1 S. 1 (Abs. 6)

Nach Abs. 6 haben die Länder sicherzustellen, dass die für Absonderungen nach Abs. 1 S. 1 notwendigen Räume, Einrichtungen und Transportmittel zur Verfügung stehen. Das RKI hat zu der Thematik ein Konzept erarbeitet („Management und Kontrolle lebensbedrohlicher hochkontagiöser Erkrankungen", BGesBl 1999:42, 389–401). Die einzelnen Einrichtungen sind auf der Webseite des RKI (www.RKI.de) unter dem Menüpunkt Kommissionen → Arbeitskreis STAKOB abrufbar. Der „Ständige Arbeitskreis der Kompetenz- und Behandlungszentren für hochkontagiöse und lebensbedrohliche Erkrankungen" (STAKOB) beim Robert Koch-Institut hat darüber auch verschiedene die Thematik betreffende Stellungnahmen veröffentlicht, die auf der angegebenen Seite verlinkt sind. 68

III. Verantwortlichkeit der Gebietskörperschaften für Infrastruktur für Absonderungen (Abs. 7)

Nach Abs. 7 haben die zuständigen Gebietskörperschaften dafür zu sorgen, dass die für Absonderungen nach Abs. 1 S. 2 und Abs. 2 notwendigen Räume und Einrichtungen, Transportmittel sowie das Personal zur Verfügung stehen. Räume und Einrichtungen zur Absonderung nach Abs. 2 sind hilfsweise von den Ländern zu schaffen und zu unterhalten. 69

§ 31 Berufliches Tätigkeitsverbot

Die zuständige Behörde kann Kranken, Krankheitsverdächtigen, Ansteckungsverdächtigen und Ausscheidern die Ausübung bestimmter beruflicher Tätigkeiten ganz oder teilweise untersagen. Satz 1 gilt auch für sonstige Personen, die Krankheitserreger so in oder an sich tragen, dass im Einzelfall die Gefahr einer Weiterverbreitung besteht.

A. Allgemeines

I. Inhalt

1 Wie auch die Beobachtung und die Absonderung wird das berufliche Tätigkeitsverbot explizit in § 28 Abs. 1 S. 1 genannt und stellt deshalb eine der Schutzmaßnahmen dar, die nach § 28 unter Beachtung der sich aus den §§ 29 –31 ergebenden Besonderheiten angeordnet werden können. Ein berufliches Tätigkeitsverbot greift empfindlich in die durch Art 12 GG geschützte Berufsfreiheit ein. Aus diesem Grund ist bei Anordnungen nach § 31 ein besonderes Augenmerk auf die Verhältnismäßigkeit zu richten. S. 2 trifft den Fall der so genannten Carrier (vgl. zum Begriff Rn. 8 sowie § 2 Rn. 43).

II. Zweck von Maßnahmen nach § 31

1a Nach § 28a Abs. 3 S. 1 sind während der Feststellung einer epidemischen Lage von nationaler Tragweite durch den deutschen Bundestag Entscheidungen über Schutzmaßnahmen zur Verhinderung der Verbreitung der Coronavirus-Krankheit-2019 (COVID-19) nach § 28a Abs. 1 iVm § 28 Abs. 1, nach § 28 Abs. 1 S. 1 und 2 und den §§ 29 bis 32 insbesondere an dem Schutz von Leben und Gesundheit und der Funktionsfähigkeit des Gesundheitssystems auszurichten (vgl. § 28a Rn. 97). Diese beiden Aspekte geben somit die mit derartigen Schutzmaßnahmen verfolgten Zwecke vor. Vgl. zur Bedeutung einer genauen Bestimmung des Maßnahmenzwecks die Erläuterungen § 16 Rn. 17 ff.

B. Einzelheiten

I. Allgemeines

2 Das berufliche Tätigkeitsverbot nach § 31 tritt zu gesetzlichen geregelten Tätigkeitsverboten (vgl. §§ 34, 42) hinzu und ermöglicht es der zuständigen Behörde, auch in von diesen nicht erfassten Fällen erforderlichenfalls berufliche Tätigkeitsverbote anzuordnen. Umgekehrt scheidet jedoch in von den gesetzlichen Tätigkeitsverboten erfassten Fällen eine Anordnung nach § 31 regelmäßig aus. Zum Verhältnis zu § 28 Abs. 2 siehe die Erläuterungen § 28 Rn. 65.

II. Tatbestandliche Voraussetzungen

1. Allgemeines

3 § 31 ermöglicht die Anordnung eines beruflichen Tätigkeitsverbots nicht nur gegenüber Kranken, Krankheitsverdächtigen und Ausscheidern, sondern auch gegenüber Personen, die Krankheitserreger so in oder an sich tragen, dass im Einzelfall die Gefahr einer Weiterverbreitung besteht (so genannte Carrier, vgl. zu diesen Rn. 8 sowie § 2 Rn. 43).

Berufliches Tätigkeitsverbot § 31 IfSG

2. Feststehen der Eigenschaft

a) Allgemeines. Die Eigenschaft der Person als Kranker etc. muss feststehen. 4
Die tatbestandlichen Voraussetzungen sind damit enger als bei § 25 Abs. 1, bei
dem auch ein entsprechender Verdacht ausreicht.

b) Voraussetzungen. Die Eigenschaft der Person als Kranker etc. steht fest, 5
wenn die zuständige Behörde auf Basis ihrer pflichtgemäßen Feststellungen
vernünftigerweise vom Vorliegen derjenigen Tatsachen, welche die Beurteilung einer Person als Kranker etc. stützen, ausgehen darf. Besteht insoweit zum
Entscheidungszeitpunkt indes keine hinreichende Gewissheit, sondern verbleiben noch Zweifel, ob diese Tatsachen tatsächlich vorliegen (Anfangsverdacht,
vgl. § 25 Rn. 8), so sind die Voraussetzungen für ein berufliches Tätigkeitsverbot nach § 31 nicht gegeben.

3. Kranker, Krankheitsverdächtiger, Ansteckungsverdächtiger, Ausscheider

Insoweit kann auf die entsprechenden Erläuterungen zu dem Begriff des 6
Kranken (vgl. § 2 Rn. 30 ff.), Krankheitsverdächtigen (vgl. § 2 Rn. 35 ff.),
Ansteckungsverdächtigen (vgl. § 2 Rn. 44 ff.) und Ausscheiders (vgl. § 2
Rn. 39 ff.) verwiesen werden.

4. Sonstige Personen, die nicht von den entsprechenden Begrifflichkeiten erfasst sind, jedoch Krankheitserreger so in oder an sich tragen, dass im Einzelfall die Gefahr einer Weiterverbreitung besteht (S. 2)

a) Allgemeines. Durch die Regelung in S. 2 werden auch so genannte 7
Carrier erfasst, dies aber nur insoweit, als dass im Einzelfall die Gefahr einer
Weiterverbreitung besteht.

b) Carrier. Unter Carriern versteht man Personen, bei denen eine Ansteckung 8
gesichert vorliegt (so dass sie keine Ansteckungsverdächtigen (vgl. § 2
Rn. 39 ff.) sind), die jedoch mangels entsprechender Symptome nicht unter die
Legaldefinitionen des Kranken oder Krankheitsverdächtigen (vgl. § 2 Rn. 30 ff.
und 35 ff.) fallen, gleichzeitig jedoch die in oder an ihnen vorhandenen Krankheitserreger auch nicht im Rahmen von üblichen sozialen Kontakten weitergeben können und deshalb keine Ausscheider sind (vgl. § 2 Rn. 39 ff.). Carrier
sind damit beispielsweise mit HIV- oder Hepatitis B-infizierte symptomlose
Personen (vgl. dazu auch die Erläuterungen § 2 Rn. 43).

c) Gefahr der Weiterverbreitung im Einzelfall. Carrier sind nicht per se 9
von der Vorschrift erfasst, sondern nur dann und insoweit, als dass im Einzelfall
die Gefahr einer Weiterverbreitung besteht. Die amtl. Begründung nennt als
Beispiel für eine solche Gefahr, dass der Betroffene aufgrund seiner besonderen
beruflichen Tätigkeit Verletzungsgefahren ausgesetzt ist und infolge der Verletzung der Haut oder anderer Organe zu einer Ansteckungsquelle für andere
Personen werden kann (z. B. bei invasiv tätigen Chirurgen oder Zahnärzten,

entsprechendem Pflegepersonal, uU auch bei in Laboren tätige Personen). Neben § 31 S. 2 enthält auch § 34 Abs. 9 eine speziell auf Carrier zugeschnittene Regelung.

III. Rechtsfolgen

1. Vorschlag des Gesundheitsamtes (Abs. 1 iVm § 28 Abs. 3 iVm § 16 Abs. 6)

10 Das berufliche Tätigkeitsverbot stellt eine der in § 28 Abs. 1 S. 1 explizit genannten Maßnahmen dar. Es gilt deshalb auch für Maßnahmen nach § 31 der Verweis in § 28 Abs. 3. Nach dem demnach entsprechend anzuwendenden § 16 Abs. 6 werden Maßnahmen nach Abs. 1 grundsätzlich von der zuständigen Behörde auf Vorschlag des Gesundheitsamtes angeordnet. Siehe dazu die Erläuterungen § 16 Rn. 58 f.

2. Auswahlermessen, zeitliche Entwicklung

11 **a) Allgemeines.** Bei der Anordnung eines beruflichen Tätigkeitsverbotes nach § 31 handelt es sich um eine der nach § 28 Abs. 1 S. 1 zu ergreifenden Schutzmaßnahmen, in Bezug auf welche ein Auswahlermessen besteht (zum Begriff vgl. Vor §§ 15a Rn. 12). Es liegt somit im pflichtgemäßen Ermessen der Behörde, ob und in welcher konkreten Ausgestaltung sie von den möglichen Schutzmaßnahmen (vgl. § 28 Rn. 27 ff.) bei Vorliegen der Voraussetzungen ein berufliches Tätigkeitsverbot anordnet. Zur Ermessensausübungen gelten die Erläuterungen § 16 Rn. 16 ff. entsprechend, vgl. ergänzend Rn. 12. In Bezug auf die besondere Relevanz der Dauer der Anordnung siehe die Erläuterungen § 28 Rn. 16. Insbesondere, um der Behörde eine auf den konkreten Einzelfall bezogene, verhältnismäßige Entscheidung zu ermöglichen, können nach § 31 neben vollständigen Tätigkeitsverboten nach dem eindeutigen Gesetzeswortlaut auch Tätigkeitseinschränkungen angeordnet werden, welche nur den infektionsrelevanten Teil der beruflichen Tätigkeit betreffen (vgl. Wortlaut ‚ganz oder teilweise'). Auf diese Weise wird eine die Besonderheiten des konkreten Einzelfalles berücksichtigende, verhältnismäßige Anordnung ermöglicht.

12 **b) Bei der Ermessensausübung zu berücksichtigende Aspekte.** Mit der Anordnung eines beruflichen Tätigkeitsverbots geht ein erheblicher Eingriff in die Berufsfreiheit einher. Dieser kann ungeachtet eines möglicherweise bestehenden Entschädigungsanspruchs nach § 56 erhebliche nachteilige Auswirkungen auf den Betroffenen (z. B. Verlust im öffentlichen Ansehen, Verringerung des Patientenstammes) haben. Aus diesem Grund kommt der Ermessensausübung eine besondere Bedeutung zu. Dabei sind insbesondere die konkrete Krankheit (einschließlich Übertragungswege und Infektiösität, Viruslast), die konkrete berufliche Tätigkeit und die mit ihr einhergehenden infektionsrelevanten Vorgänge (z. B. Hantieren mit spitzen Gegenständen im Mund des Patienten, invasive Eingriffe), mögliche Schutzmaßnahmen (etwa das Tragen von mehreren Lagen von Handschuhen), die Zuverlässigkeit des Betroffenen

Berufliches Tätigkeitsverbot § 31 IfSG

im Hinblick auf die Einhaltung von Schutzmaßnahmen sowie die erforderliche Dauer zu berücksichtigen.

c) Prostituierte. Es wird unter Verweis auf ein Urteil des OLG Stuttgart vom 26.2.1986 (NVwZ 1987, 86) die Ansicht vertreten (vgl. Erdle § 31), dass Maßnahmen gegen Prostituierte nicht auf § 31 gestützt werden könnten. Allerdings betrifft das Urteil mit dem Ausländerrecht eine gänzlich unterschiedliche und einen vollständig anderen Schutzzweck als das IfSG verfolgende Rechtsmaterie. Darüber hinaus erging das Urteil bereits zu Zeiten des früheren BSeuchG und vor dem Inkrafttreten des Gesetzes zur Regelung der Rechtsverhältnisse der Prostituierten (ProstG) zum 1.1.2002. Es ist deshalb eine von dem Urteil und der damaligen Rechtslage losgelöste Bewertung vorzunehmen. Dabei ist insbesondere der Zweck der Vorschrift zu berücksichtigen. Sie soll verhindern, dass eine Person ihren Lebensunterhalt auf eine Art verdient, die mit besonderen Infektionsgefahren für Dritte einhergeht, welche das Angebot in Anspruch nehmen. Dieser Schutzzweck ist auch und insbesondere bei Inanspruchnahme von durch Prostituierte angebotenen Dienstleistungen einschlägig. Dem kann, anders als zu Zeiten des früheren BSeuchG und des o. g. Urteils, auch nicht eine Sittenwidrigkeit der Prostitution entgegengehalten werden, da diese seit dem ProstG grundsätzlich nicht mehr gegeben ist. Zusammenfassend kann deshalb nach richtiger Ansicht bei Vorliegen der Voraussetzungen § 31 Rechtsgrundlage für Maßnahmen gegen Prostituierte sein. 13

IV. Der Adressat einer Maßnahme

Maßnahmen nach § 31 können sich nur gegen Kranke, Krankheitsverdächtige, Ansteckungsverdächtige und Ausscheider richten (vgl. Wortlaut) und nicht gegenüber Nichtstörern angeordnet werden (zu den verschiedenen Arten von Störern sowie der Störerauswahl vgl. Vor §§ 15a Rn. 14 ff.). In Bezug auf geschäftsunfähige, beschränkt geschäftsfähige und betreute Störer gelten wegen des Verweises in § 28 Abs. 3 die Regelung des § 16 Abs. 5 und die dortigen Erläuterungen entsprechend. Zur Anwendbarkeit von § 28 Abs. 3 auf § 31 vgl. Rn. 10. 14

V. Sofortige Vollziehbarkeit

Wegen des Verweises in § 28 Abs. 3 findet die Regelung des § 16 Abs. 5 Anwendung, so dass Anordnungen nach § 31 gem. § 28 Abs. 3 iVm § 16 Abs. 8 sofort vollziehbar sind. 15

VI. Praxishinweise

Die Praxishinweise § 28 Rn. 45 f. gelten entsprechend. 16

VII. Zuwiderhandlungen, zwangsweise Durchsetzung

Eine Zuwiderhandlung gegen eine vollziehbare Anordnungen nach § 31 (auch in Verbindung mit einer Rechtsverordnung nach § 32 S. 1) ist nach § 73 17

Abs. 1a Nr. 6 bußgeld- und unter den Voraussetzungen des § 74 strafbewehrt. Dessen ungeachtet können sämtliche Anordnungen nach § 31 bei Vorliegen der Voraussetzungen im Wege des Verwaltungszwangs durchgesetzt werden.

VIII. Entschädigung

18 Als Ausgleich für einen auf Grund eines beruflichen Tätigkeitsverbots erfolgenden Verdienstausfalles kann ein Entschädigungsanspruch nach § 56 bestehen. Vgl. im Einzelnen die Erläuterungen zu § 56.

§ 32 Erlass von Rechtsverordnungen

Die Landesregierungen werden ermächtigt, unter den Voraussetzungen, die für Maßnahmen nach den §§ 28 bis 31 maßgebend sind, auch durch Rechtsverordnungen entsprechende Gebote und Verbote zur Bekämpfung übertragbarer Krankheiten zu erlassen. Die Landesregierungen können die Ermächtigung durch Rechtsverordnung auf andere Stellen übertragen. Die Grundrechte der Freiheit der Person (Artikel 2 Abs. 2 Satz 2 Grundgesetz), der Freizügigkeit (Artikel 11 Abs. 1 Grundgesetz), der Versammlungsfreiheit (Artikel 8 Grundgesetz), der Unverletzlichkeit der Wohnung (Artikel 13 Abs. 1 Grundgesetz) und des Brief- und Postgeheimnisses (Artikel 10 Grundgesetz) können insoweit eingeschränkt werden.

A. Allgemeines

1 § 32 ist Nachfolgenorm zu § 38a BSeuchG. Er ermächtigt die Landesregierungen, unter den Voraussetzungen, die für Maßnahmen nach den §§ 28 bis 31 maßgebend sind, auch durch Rechtsverordnungen entsprechende Gebote und Verbote zur Bekämpfung übertragbarer Krankheiten zu erlassen.

B. Einzelheiten

2 Hinsichtlich des Adressatenkreises ist zu beachten, dass sich die Maßnahmen in Rechtsverordnungen nach § 32 an die Allgemeinheit und nicht an einen bestimmten Personenkreis richten (Kießling, § 32 Rn. 16). Vgl. zu den fließenden Übergängen zwischen Allgemeinverfügung und Rechtsverordnung anschaulich VG München, Beschluss v. 24.3.2020 – M 26 S 20.1255. Es steht den Landesregierungen frei, von der Ermächtigung nach § 32 selbst Gebrauch zu machen (S. 1) oder diese auf andere Stellen zu übertragen (S. 2). Ein Verstoß gegen eine derartige Rechtsverordnung ist bei Vorliegen der jeweiligen Voraussetzungen straf- und bußgeldbewehrt (vgl. § 73 Abs. 1a Nr. 6, 11a, 12, 13, § 74, § 75 Abs. 1 Nr. 1).

6. Abschnitt. Infektionsschutz bei bestimmten Einrichtungen, Unternehmen und Personen

§ 33 Gemeinschaftseinrichtungen

Gemeinschaftseinrichtungen im Sinne dieses Gesetzes sind Einrichtungen, in denen überwiegend minderjährige Personen betreut werden; dazu gehören insbesondere:
1. Kindertageseinrichtungen und Kinderhorte,
2. die nach § 43 Absatz 1 des Achten Buches Sozialgesetzbuch erlaubnispflichtige Kindertagespflege,
3. Schulen und sonstige Ausbildungseinrichtungen,
4. Heime und
5. Ferienlager.

A. Allgemeines

§ 33 enthält eine Legaldefinition des Begriffs der Gemeinschaftseinrichtung **1** und fasst die vormals in § 44 und § 48 BSeuchG behandelten Einrichtungen in einer Vorschrift zusammen. Der Begriff wird in verschiedenen Vorschriften des 6. Abschnitts verwendet und ist insoweit von grundlegender Bedeutung. Durch das MasernschutzG wurde § 33 neu gefasst, um die Definition der Gemeinschaftseinrichtung zu präzisieren (vgl. Entwurf des MasernschutzG (BT-Drs. 19/13452, 32)).

B. Einzelheiten

I. Allgemeines

§ 33 enthält neben der Legaldefinition in S. 1 in den Nr. 1–5 auch einige **2** diese ausfüllende Beispiele. Diese stellen keine abschließende Aufzählung dar, wie sich aus dem Begriff ‚insbesondere' ableiten lässt. Damit können auch weitere Einrichtungen erfasst sein, an deren Existenz der Gesetzgeber nicht gedacht haben mag.

II. Einzelheiten zu den erfassten Einrichtungen

1. Einrichtungen, in denen überwiegend minderjährige Personen betreut werden

a) Allgemeines. Ausgangsgedanke für die Legaldefinition ist, dass in der- **3** artigen Einrichtungen Säuglinge, Kinder und Jugendliche und somit Minderjährige täglich miteinander und mit dem betreuten Personal in engen Kontakt kommen, was die Übertragung von Krankheitserregern begünstigt. Die zu

IfSG § 33   6. Abschnitt. Infektionsschutz bei bestimmten Einrichtungen

befürchtenden Krankheitsverläufe sind umso schwerer, je jünger die betroffenen Kinder sind.

4 **b) Minderjährige.** Die Minderjährigkeit endet mit Vollendung des 18. Lebensjahres.

5 **c) Überwiegend.** Es müssen in der Einrichtung überwiegend minderjährige Personen betreut werden. Dies ist nur dann der Fall, wenn zahlenmäßig mehr als 50 % unter diese Personengruppen fallen. Nicht erfasst sind deshalb Universitäten, Abendgymnasien und ähnliche Einrichtungen.

6 **d) Betreut.** Die Minderjährigen müssen in der Einrichtung betreut werden. Insoweit ist Voraussetzung, dass ein (nahezu) täglicher Kontakt unter den Minderjährigen und mit den Betreuern besteht und die Einrichtung auch einen solchen bezweckt. Dabei muss der Kontakt auf eine gewisse und nicht nur unerhebliche Dauer angelegt sein. Nicht erfasst sind deshalb beispielsweise Kinderkrankenhäuser, Kinderabteilungen von Krankenhäusern oder sporadische Treffen von Krabbelgruppen. Erfasst sind demgegenüber regelmäßig etwa Gemeinschaftsunterkünfte für minderjährige Asylbewerber, da bei diesen in der Regel eine entsprechende Betreuung erfolgt.

2. Kindertageseinrichtungen und Kinderhorte (Nr. 1)

7 Diese Einrichtungen stellen lediglich Beispiele für Gemeinschaftseinrichtungen dar. Der Begriff der Kindertageseinrichtung umfasst Kinderkrippen, Kindergärten und Kindertagesstätten (vgl. Entwurf eines Gesetzes für den Schutz vor Masern und zur Stärkung der Impfprävention (MasernschutzG) (BT-Drs. 19/13452, 32)). Ob eine Einrichtung unter diese Begrifflichkeiten fällt, ergibt sich regelmäßig bereits aus der jeweiligen Eigenbezeichnung, da diese aufgrund des in Deutschland üblichen staatlich geregelten Finanzierungssystems dieser Einrichtungen praktisch vorgegeben ist. In Zweifelsfällen ist anhand der zur Legaldefinition dargestellten Grundsätze (Rn. 3 ff.) zu entscheiden.

3. Nach § 43 Abs. 1 SGB VIII erlaubnispflichtige Kindertagespflege (Nr. 2)

8 **a) Allgemeines.** Der Begriff der Einrichtung iSd IfSG ist ein gegenüber dem SGB VIII eigenständiger Begriff; nur die nach § 43 Abs. 1 SGB VIII erlaubnispflichtige Kindertagespflege wird durch Nr. 2 als Gemeinschaftseinrichtung iSd IfSG erfasst (vgl. Entwurf eines Gesetzes für den Schutz vor Masern und zur Stärkung der Impfprävention (MasernschutzG) (BT-Drs. 19/13452, 33)).

9 **b) Praxishinweis.** Zu beachten ist, dass auf entsprechende Tagespflegepersonen und die Kinder in deren Tagespflege insbesondere die durch das MasernschutzG in das IfSG eingefügten § 20 Abs. 8 und 9 über das Erfordernis einer Immunität gegen Masern Anwendung finden (vgl. Entwurf eines Gesetzes für den Schutz vor Masern und zur Stärkung der Impfprävention (MasernschutzG) (BT-Drs. 19/13452, 33)). Zu den Details siehe die Erläuterungen dort.

4. Schulen (Nr. 3)

Unter den Begriff der ‚Schule' fallen regelmäßig die allgemein bildenden und berufsbildenden Schulen. Vgl. zu den ‚sonstigen Ausbildungseinrichtungen' Rn. 12.   **10**

5. Heime (Nr. 4)

Vgl. dazu zunächst die Erläuterungen § 20 Rn. 39, im Übrigen Rn. 12.   **11**

6. Sonstige Ausbildungseinrichtungen (Nr. 3), Ferienlager (Nr. 5)

Diese Begriffe sind inhaltlich unbestimmt und ermöglichen in der Praxis oftmals keine klare Zuordnung. Es empfiehlt sich deshalb, jeweils im Einzelfall anhand der zur Legaldefinition dargestellten Grundsätze (Rn. 3 ff.) eine Zuordnung zu treffen.   **12**

§ 34 Gesundheitliche Anforderungen, Mitwirkungspflichten, Aufgaben des Gesundheitsamtes

(1) Personen, die an:
1. Cholera
2. Diphtherie
3. Enteritis durch enterohämorrhagische E. coli (EHEC)
4. virusbedingtem hämorrhagischen Fieber
5. Haemophilus influenzae Typ b-Meningitis
6. Impetigo contagiosa (ansteckende Borkenflechte)
7. Keuchhusten
8. ansteckungsfähiger Lungentuberkulose
9. Masern
10. Meningokokken-Infektion
11. Mumps
12. Paratyphus
13. Pest
14. Poliomyelitis
14a. Röteln
15. Scharlach oder sonstigen Streptococcus pyogenes-Infektionen
16. Shigellose
17. Skabies (Krätze)
18. Typhus abdominalis
19. Virushepatitis A oder E
20. Windpocken

erkrankt oder dessen verdächtig oder die verlaust sind, dürfen in den in § 33 genannten Gemeinschaftseinrichtungen keine Lehr-, Erziehungs-, Pflege-, Aufsichts- oder sonstige Tätigkeiten ausüben, bei denen sie Kontakt zu den dort Betreuten haben, bis nach ärztlichem Urteil eine Weiterverbreitung der Krankheit oder der Verlausung durch sie nicht mehr zu befürchten ist. Satz 1 gilt entspre-

IfSG § 34 6. Abschnitt. Infektionsschutz bei bestimmten Einrichtungen

chend für die in der Gemeinschaftseinrichtung Betreuten mit der Maßgabe, dass sie die dem Betrieb der Gemeinschaftseinrichtung dienenden Räume nicht betreten, Einrichtungen der Gemeinschaftseinrichtung nicht benutzen und an Veranstaltungen der Gemeinschaftseinrichtung nicht teilnehmen dürfen. Satz 2 gilt auch für Kinder, die das 6. Lebensjahr noch nicht vollendet haben und an infektiöser Gastroenteritis erkrankt oder dessen verdächtig sind.

(2) Ausscheider von
1. Vibrio cholerae O 1 und O 139
2. Corynebacterium spp., Toxin bildend
3. Salmonella Typhi
4. Salmonella Paratyphi
5. Shigella sp.
6. enterohämorrhagischen E. coli (EHEC)

dürfen nur mit Zustimmung des Gesundheitsamtes und unter Beachtung der gegenüber dem Ausscheider und der Gemeinschaftseinrichtung verfügten Schutzmaßnahmen die dem Betrieb der Gemeinschaftseinrichtung dienenden Räume betreten, Einrichtungen der Gemeinschaftseinrichtung benutzen und an Veranstaltungen der Gemeinschaftseinrichtung teilnehmen.

(3) Absatz 1 Satz 1 und 2 gilt entsprechend für Personen, in deren Wohngemeinschaft nach ärztlichem Urteil eine Erkrankung an oder ein Verdacht auf
  1. Cholera
  2. Diphtherie
  3. Enteritis durch enterohämorrhagische E. coli (EHEC)
  4. virusbedingtem hämorrhagischem Fieber
  5. Haemophilus influenzae Typ b-Meningitis
  6. ansteckungsfähiger Lungentuberkulose
  7. Masern
  8. Meningokokken-Infektion
  9. Mumps
 10. Paratyphus
 11. Pest
 12. Poliomyelitis
12a. Röteln
 13. Shigellose
 14. Typhus abdominalis
 15. Virushepatitis A oder E
15a. Windpocken
aufgetreten ist.

(4) Wenn die nach den Absätzen 1 bis 3 verpflichteten Personen geschäftsunfähig oder in der Geschäftsfähigkeit beschränkt sind, so hat derjenige für die Einhaltung der diese Personen nach den Absätzen 1 bis 3 treffenden Verpflichtungen zu sorgen, dem die Sorge für diese Person zusteht. Die gleiche Verpflichtung trifft den Betreuer einer von Verpflichtungen nach den Absätzen 1 bis 3 betroffenen Personen, soweit die Erfüllung dieser Verpflichtungen zu seinem Aufgabenkreis gehört.

(5) Wenn einer der in den Absätzen 1, 2 oder 3 genannten Tatbestände bei den in Absatz 1 genannten Personen auftritt, so haben diese Personen oder in den

Fällen des Absatzes 4 der Sorgeinhaber der Gemeinschaftseinrichtung hiervon unverzüglich Mitteilung zu machen. Die Leitung der Gemeinschaftseinrichtung hat jede Person, die in der Gemeinschaftseinrichtung neu betreut wird, oder deren Sorgeberechtigte über die Pflichten nach Satz 1 zu belehren.

(6) Werden Tatsachen bekannt, die das Vorliegen einer der in den Absätzen 1, 2 oder 3 aufgeführten Tatbestände annehmen lassen, so hat die Leitung der Gemeinschaftseinrichtung das Gesundheitsamt, in dessen Bezirk sich die Gemeinschaftseinrichtung befindet, unverzüglich zu benachrichtigen und krankheits- und personenbezogene Angaben zu machen. Dies gilt auch beim Auftreten von zwei oder mehr gleichartigen, schwerwiegenden Erkrankungen, wenn als deren Ursache Krankheitserreger anzunehmen sind. Eine Benachrichtigungspflicht besteht nicht, wenn der Leitung ein Nachweis darüber vorliegt, dass die Meldung des Sachverhalts nach § 6 bereits erfolgt ist.

(7) Die zuständige Behörde kann im Einvernehmen mit dem Gesundheitsamt für die in § 33 genannten Einrichtungen Ausnahmen von dem Verbot nach Absatz 1, auch in Verbindung mit Absatz 3, zulassen, wenn Maßnahmen durchgeführt werden oder wurden, mit denen eine Übertragung der aufgeführten Erkrankungen oder der Verlausung verhütet werden kann.

(8) Das Gesundheitsamt kann gegenüber der Leitung der Gemeinschaftseinrichtung anordnen, dass das Auftreten einer Erkrankung oder eines hierauf gerichteten Verdachtes ohne Hinweis auf die Person in der Gemeinschaftseinrichtung bekannt gegeben wird.

(9) Wenn in Gemeinschaftseinrichtungen betreute Personen Krankheitserreger so in oder an sich tragen, dass im Einzelfall die Gefahr einer Weiterverbreitung besteht, kann die zuständige Behörde die notwendigen Schutzmaßnahmen anordnen

(10) Die Gesundheitsämter und die in § 33 genannten Gemeinschaftseinrichtungen sollen die betreuten Personen oder deren Sorgeberechtigte gemeinsam über die Bedeutung eines vollständigen, altersgemäßen, nach den Empfehlungen der Ständigen Impfkommission ausreichenden Impfschutzes und über die Prävention übertragbarer Krankheiten aufklären.

(10a) Bei der Erstaufnahme in eine Kindertageseinrichtung haben die Personensorgeberechtigten gegenüber dieser einen schriftlichen Nachweis darüber zu erbringen, dass zeitnah vor der Aufnahme eine ärztliche Beratung in Bezug auf einen vollständigen, altersgemäßen, nach den Empfehlungen der Ständigen Impfkommission ausreichenden Impfschutz des Kindes erfolgt ist. Wenn der Nachweis nicht erbracht wird, benachrichtigt die Leitung der Kindertageseinrichtung das Gesundheitsamt, in dessen Bezirk sich die Einrichtung befindet, und übermittelt dem Gesundheitsamt personenbezogene Angaben. Das Gesundheitsamt kann die Personenberechtigten zu einer Beratung laden. Weitergehende landesrechtliche Regelungen bleiben unberührt.

(11) Bei Erstaufnahme in die erste Klasse einer allgemein bildenden Schule hat das Gesundheitsamt oder der von ihm beauftragte Arzt den Impfstatus zu erheben und die hierbei gewonnenen aggregierten und anonymisierten Daten über die oberste Landesgesundheitsbehörde dem Robert Koch-Institut zu übermitteln.

Übersicht

	Rn.
A. Allgemeines	1
I. Inhalt	1
II. Hinweis zu Masern in Gemeinschaftseinrichtungen	1a
B. Gesetzliches Tätigkeits-, Betretungs-, Benutzungs- und Teilnahmeverbot von Erkrankten, Krankheitsverdächtigen und Verlausten (Abs. 1)	2
I. Allgemeines	2
II. Tätigkeitsverbot für die in einer Gemeinschaftseinrichtung Tätigen (S. 1)	3
1. Allgemeines	3
2. Einzelheiten	4
a) Gemeinschaftseinrichtung	4
b) Lehr-, Erziehungs-, Pflege-, Aufsichts- oder sonstigen Tätigkeiten, bei denen Kontakt zu den Betreuten besteht	5
c) Erkrankt oder dessen verdächtig	6
d) Verlaust	7
3. Eintritt des Verbots	8
4. Ende des Verbots	9
III. Betretungs-, Benutzungs- und Teilnahmeverbot für die in einer Gemeinschaftseinrichtung Betreuten (S. 2 und S. 3)	10
1. Allgemeines	10
2. Einzelheiten	11
a) Gemeinschaftseinrichtung	11
b) Betreute	12
c) Erkrankt oder dessen verdächtig, verlaust, Eintritt und Ende des Verbots	13
3. Infektiöse Gastritis	14
IV. Vom Verbot erfasste Personen	15
1. Allgemeines	15
2. Geschäftsunfähige und beschränkt geschäftsfähige Personen	16
3. Dritte Personen	17
V. Ausnahmen vom Verbot	18
VI. Mitteilungspflicht	19
VII. Praxishinweis zu Masern	20
VIII. Zuwiderhandlungen	21
IX. Vorgehen bei Missachtung des Verbots	22
1. Grundsatz	22
2. Ausnahmen	23
C. Gesetzliches Betretungs-, Benutzungs- und Teilnahmeverbot bei Ausscheidern (Abs. 2)	24
I. Allgemeines	24
II. Einzelheiten	25
1. Allgemeines	25
2. Ausscheider	26
3. Gemeinschaftseinrichtung	27
4. Zustimmung des Gesundheitsamtes	28

	Rn.
5. Schutzmaßnahmen	29
a) Allgemeines	29
b) Ermessen	30
c) Adressaten	31
III. Mitteilungspflicht	32
IV. Zuwiderhandlungen	33
V. Vorgehen bei Missachtung des Verbots, zwangsweise Durchsetzung	34
D. Tätigkeits-, Betretungs-, Benutzungs- und Teilnahmeverbot von Bewohnern von Wohngemeinschaften (Abs. 3)	35
I. Allgemeines	35
II. Einzelheiten	36
1. Allgemeines	36
2. In Gemeinschaftseinrichtungen Tätige oder Betreute	37
3. Wohngemeinschaft	38
4. Erkrankung oder Verdacht nach ärztlichem Urteil	39
a) Allgemeines	39
b) Erkrankung oder Verdacht	40
c) Nach ärztlichem Urteil	41
III. Inhalt, Eintritt und Ende des Verbots	42
IV. Vom Verbot betroffene Personen	43
1. Allgemeines	43
2. Geschäftsunfähige und beschränkt geschäftsfähige Personen, Dritte	44
V. Ausnahmen vom Verbot	45
VI. Mitteilungspflicht	46
VII. Zuwiderhandlungen	47
VIII. Vorgehen bei Missachtung des Verbots	48
E. Einhaltung der Verpflichtungen nach den Absätzen 1 bis 3 bei geschäftsunfähigen und beschränkt geschäftsfähigen Personen (Abs. 4)	49
F. Mitteilungs- und Belehrungspflicht der in Abs. 1 genannten Personen (Abs. 5)	50
I. Allgemeines	50
II. Einzelheiten	51
1. Mitteilungspflicht	51
2. Belehrungspflicht	52
III. Zuwiderhandlungen	53
G. Benachrichtigungspflicht der Leitungen von Gemeinschaftseinrichtungen (Abs. 6)	54
I. Allgemeines	54
II. Einzelheiten	55
1. Allgemeines	55
2. Tatsachen, die das Vorliegen eines der in Abs. 1–3 aufgeführten Tatbestände annehmen lassen (S. 1)	56
3. Zwei gleichartige, schwerwiegende Erkrankungen, soweit als deren Ursache Krankheitserreger anzunehmen sind (S. 2)	57
a) Allgemeines	57
b) Erkrankung	58
c) Gleichartig	59

	Rn.
d) Schwerwiegend	60
e) Krankheitserreger als anzunehmende Ursache	61
4. Form, Adressat	62
5. Ausnahme von der Benachrichtigungspflicht (S. 3)	63
III. Zuwiderhandlungen	64
H. Ausnahmen vom Verbot nach Abs. 1 und Abs. 3 (Abs. 7)	65
I. Allgemeines	65
II. Einzelheiten	66
I. Bekanntgabe in der Gemeinschaftseinrichtung (Abs. 8)	67
I. Allgemeines	67
II. Einzelheiten	68
III. Zuwiderhandlungen, zwangsweise Durchsetzung	69
J. Schutzmaßnahmen gegen Carrier (Abs. 9)	70
I. Allgemeines	70
II. Tatbestandliche Voraussetzungen	71
1. Carrier	71
2. Gefahr der Weiterverbreitung im Einzelfall	72
III. Rechtsfolgen	73
1. Entschließungs- und Auswahlermessen bzgl. der zu ergreifenden Maßnahmen	73
2. Der Adressat einer Maßnahme	74
IV. Zuwiderhandlungen, zwangsweise Durchsetzung	75
K. Impfaufklärung (Abs. 10)	76
L. Ärztliche Beratung (Abs. 10a)	77
I. Einzelheiten	77
II. Zuwiderhandlungen, zwangsweise Durchsetzung	78
M. Erhebung des Impfstatus (Abs. 11)	79
I. Allgemeines	79
II. Einzelheiten	80
1. Bei Erstaufnahme	80
2. Erhebung des Impfstatus, Weitergabe an das RKI	81

A. Allgemeines

I. Inhalt

1 In Gemeinschaftseinrichtungen bestehen mannigfaltige, enge Kontakte zwischen den dort Tätigen sowie den Betreuten. Das Risiko für die Weiterverbreitung von übertragbaren Krankheiten ist deshalb besonders hoch. Um diesem Risiko zu begegnen, sieht § 34 neben gesetzlichen Tätigkeits-, Betretungs-, Benutzungs- und Teilnahmeverboten eine Reihe von Pflichten für die betroffenen Personen, gfs. die Sorgeinhaber sowie die Gemeinschaftseinrichtungen vor. Unabhängig von den gesetzlichen Verboten des § 34 muss die zuständige Behörde in jedem Einzelfall prüfen, ob zusätzliche Maßnahmen (z. B. nach § 16, 17, 25, 28 ff.) erforderlich sind. Tätigkeitsverbote sind im IfSG außerdem auch in § 31 und § 42 enthalten.

II. Hinweis zu Masern in Gemeinschaftseinrichtungen

Eine an Masern erkrankte oder dessen verdächtige Person unterliegt den sich 1a
aus § 34 ergebenden gesetzlichen Verboten (vgl. Rn. 1). Bei Bestehen einer
Masernerkrankung, eines solchen Verdachts oder Ansteckungsverdachts in
einer Gemeinschaftseinrichtung können zudem Maßnahmen gegenüber anderen als den an Masern erkrankten oder dessen oder einer Ansteckung
verdächtigen Personen gem. § 28 Abs. 2 ergriffen werden, vgl. dazu die
Erläuterungen § 28 Rn. 52 ff. Bei nicht hinreichend belegtem Impfschutz
oder belegter Immunität vor Masern können sich aus § 20 Abs. 9 gesetzliche
Betreuungs- und Tätigkeitsverbote ergeben, vgl. im Einzelnen § 20 Rn. 49 ff.
Darüber hinaus kommt in einem solchen Fall bei Vorliegen der Voraussetzungen eine Anordnung von Verboten nach Maßgabe von § 20 Abs. 12 in
Betracht (vgl. dazu § 20 Rn. 139 ff.).

B. Gesetzliches Tätigkeits-, Betretungs-, Benutzungs- und Teilnahmeverbot von Erkrankten, Krankheitsverdächtigen und Verlausten (Abs. 1)

I. Allgemeines

Abs. 1 konstituiert in S. 1 ein Tätigkeitsverbot für die in einer Gemeinschafts- 2
einrichtung Tätigen, die tatsächlichen Kontakt zu den Betreuten haben und
dadurch eine Gefahrenquelle darstellen können. Spiegelbildlich sieht S. 2 für
die in einer Gemeinschaftseinrichtung Betreuten ein Betretungs-, Benutzungs- und Teilnahmeverbot vor.

II. Tätigkeitsverbot für die in einer Gemeinschaftseinrichtung Tätigen (S. 1)

1. Allgemeines

Nach S. 1 dürfen Personen, die an einer der in S. 1 Nr. 1–20 aufgeführten 3
Krankheiten erkrankt oder dessen verdächtig oder die verlaust sind, in Gemeinschaftseinrichtungen keine Lehr-, Erziehungs-, Pflege-, Aufsichts- oder
sonstigen Tätigkeiten ausüben, bei denen sie Kontakt zu den Betreuten haben.
Durch das Gesetz zur Modernisierung der epidemiologischen Überwachung
übertragbarer Krankheiten wurde die Liste der Krankheiten, bei denen der
Verdacht einer Erkrankung oder die Erkrankung die in Abs. 1 genannten
Verbote in Bezug auf Gemeinschaftseinrichtungen auslöst, um Röteln
(Nr. 14a) erweitert. Die Begründung des Gesetzentwurfs führt insoweit aus,
dass, obwohl sich das Management von Röteln von dem Management von
Masern unterscheidet, im Rahmen des Röteln-Eliminationsprozesses eine
Übertragung der Krankheit in Gemeinschaftseinrichtungen zu vermeiden und
die Kenntnis des Gesundheitsamtes über entsprechende Erkrankungsfälle
sinnvoll ist.

IfSG § 34 6. Abschnitt. Infektionsschutz bei bestimmten Einrichtungen

2. Einzelheiten

4 **a) Gemeinschaftseinrichtung.** Vgl. zum Begriff § 33 und die dortigen Erläuterungen.

5 **b) Lehr-, Erziehungs-, Pflege-, Aufsichts- oder sonstigen Tätigkeiten, bei denen Kontakt zu den Betreuten besteht.** Da der Gesetzgeber auch die unbestimmten ‚sonstigen Tätigkeiten' ausreichen lässt, kommt der genaueren Einordnung der Art der Tätigkeit keine wesentliche Bedeutung zu. Entscheidend ist allein, ob bei der Tätigkeit Kontakt zu den Betreuten besteht. Diese Voraussetzung ist bei den vom Gesetzgeber genannten Lehr-, Erziehungs-, Pflege- und Aufsichtstätigkeiten in der Regel erfüllt. Dies kann aber auch bei jedweden anderen Tätigkeiten der Fall sein, beispielsweise bei Hausmeister-, Kantinen- (hier wäre dann auch an § 31 und § 42 zu denken) oder Sekretariatstätigkeiten. Entscheidend sind immer die Umstände des konkreten Einzelfalles. Nicht erforderlich ist, das ergibt ein Vergleich des Wortlauts von Abs. 1 mit demjenigen von § 35, dass die Tätigkeit regelmäßig (zum Begriff vgl. § 35 Rn. 3a) erfolgt.

6 **c) Erkrankt oder dessen verdächtig.** Eine Person ist erkrankt, wenn sie Kranker ist. Sie ist dessen verdächtig, wenn sie Krankheitsverdächtiger ist. Vgl. zu den Begriffen Kranker und Krankheitsverdächtiger die Erläuterungen § 2 Rn. 30 ff. und 35 ff.

7 **d) Verlaust.** Unter einer Verlausung ist der tatsächliche Befall mit Kopfläusen zu verstehen, ein entsprechender Verdacht reicht nicht aus. Da Kopfläuse eine erhebliche Beeinträchtigung des körperlichen Wohlempfindens bewirken können und gerade in Gemeinschaftseinrichtungen gute Voraussetzungen für eine Verbreitung finden, hat der Gesetzgeber sie mit in die Regelung aufgenommen. Um unter der Elternschaft Missverständnisse über die Gefahr durch Kopfläuse, den Grund für ihren Befall und die Art der korrekten Behandlung zu vermeiden, bietet sich eine entsprechende Aufklärung durch das Gesundheitsamt an. Diese kann zweckmäßigerweise durch entsprechende Merkblätter erfolgen, welche von der Gemeinschaftseinrichtung im Falle des Auftretens von Kopfläusen an die Erziehungsberechtigten verteilt werden können. Unter www.RKI.de können unter dem Menüpunkt Infektionskrankheiten A-Z → Kopfläuse derartige Merkblätter und erläuternde Informationen abgerufen werden.

3. Eintritt des Verbots

8 Das Verbot trifft kraft Gesetzes ein und bedarf deshalb keiner entsprechenden Anordnung der Behörde. Zum ausnahmsweisen Erfordernis eines feststellenden Verwaltungsaktes und zum Vorgehen bei Missachtung des Verbots vgl. Rn. 23.

4. Ende des Verbots

9 Das Verbot endet erst dann, wenn nach ärztlichem Urteil (S. 1 aE) eine Weiterverbreitung der Krankheit oder Verlausung durch die betroffene Person

nicht mehr zu befürchten ist. Dabei muss es sich nicht um das Urteil eines Arztes des Gesundheitsamtes handeln, das Urteil kann vielmehr jeder (insbesondere auch der behandelnde) Arzt fällen. Die Aussage eines Heilpraktikers oder gar die der Erziehungsberechtigten reicht demgegenüber nicht aus. Das Gesetz sieht zwar keine besondere Form der ärztlichen Beurteilung vor, aus Gründen der Nachweisbarkeit bietet es sich jedoch an, dass sie schriftlich erfolgt. Geht eine Gemeinschaftseinrichtung ohne das nachgewiesene Vorliegen einer ärztlichen Beurteilung davon aus, dass das Verbot geendet hat, obwohl dies nicht der Fall ist, lässt die betroffene Person wieder zur Tätigkeit oder Betreuung in der Gemeinschaftseinrichtung zu und kommt es dadurch zu einer Erkrankung eines anderen in der Gemeinschaftseinrichtung Betreuten, so kann dieser gfs. Schadensersatzansprüche gegenüber der Einrichtung geltend machen. Auch ist in einem solchen Fall eine Strafbarkeit der Verantwortlichen wegen einer Körperverletzung durch Unterlassen (es besteht insoweit eine Garantenpflicht gegenüber den anderen Betreuten) denkbar.

III. Betretungs-, Benutzungs- und Teilnahmeverbot für die in einer Gemeinschaftseinrichtung Betreuten (S. 2 und S. 3)

1. Allgemeines

Nach S. 2 dürfen die in einer Gemeinschaftseinrichtung Betreuten, die an 10 einer der in S. 1 aufgeführten Krankheiten erkrankt, dessen verdächtig sind oder verlaust sind, die dem Betrieb der Gemeinschaftseinrichtung dienenden Räume nicht betreten, ihre Einrichtungen nicht benutzen und an ihren Veranstaltungen nicht teilnehmen.

2. Einzelheiten

a) Gemeinschaftseinrichtung. Vgl. zum Begriff § 33 und die dortigen 11 Erläuterungen. Soweit eine Gemeinschaftseinrichtung vorliegt, werden auch betreute Personen erfasst, die bereits volljährig sind.

b) Betreute. Vgl. dazu die Erläuterungen § 33 Rn. 6. 12

c) Erkrankt oder dessen verdächtig, verlaust, Eintritt und Ende des 13 **Verbots.** Insoweit gelten die Erläuterungen Rn. 6–9 entsprechend.

3. Infektiöse Gastritis

Nach S. 3 gilt das Verbot des S. 2 über die in dem Katalog in S. 1 aufgeführ- 14 ten Krankheiten hinaus auch bei einer infektiösen Gastritis, soweit Kinder, die das 6. Lebensjahr noch nicht vollendet haben, an ihr erkrankt oder dessen verdächtig sind (vgl. zu den Begriffen Rn. 6 f.). Diese altersabhängige Regelung begründet der Gesetzgeber damit, dass bis zur Vollendung des 6. Lebensjahres eine erheblich höhere Inzidenz von Salmonellosen und sonstigen infektiösen Gastroenteritiden besteht, die in diesem Alter häufig von Kind zu Kind übertragen werden können. Nach Vollendung des sechsten Lebensjahres sind Kinder nach der amtl. Begründung in der Lage, eine Weiterverbreitung der Erreger durch Schmierinfektionen zu verhindern, indem sie ihre Hände waschen und gfs. desinfizieren. Die Benutzung von Gemeinschaftstoiletten stellt nach der Begründung des Gesetzgebers kein besonderes Infektionsrisiko dar, wenn sie mit Toilettenpapier, Seifenspendern, Waschbecken und Einmalhandtüchern ausgestattet sind und regelmäßig gereinigt werden.

IV. Vom Verbot erfasste Personen

1. Allgemeines

15 Das Verbot bezieht sich ausweislich seines eindeutigen Wortlauts nur auf die in Gemeinschaftseinrichtungen Tätigen und Betreuten (vgl. zu diesen Rn. 3 ff. und 12).

2. Geschäftsunfähige und beschränkt geschäftsfähige Personen

16 In Bezug auf geschäftsunfähige und beschränkt geschäftsfähige Personen gilt Abs. 4 (vgl. Rn. 49). Demnach haben in diesen Fällen die Sorgeberechtigten bzw. der zuständige Betreuer für die Einhaltung des Verbots zu sorgen. Eine nahezu identische Regelung ist in § 16 Abs. 5 enthalten, so dass ergänzend auf die dortigen Erläuterungen verwiesen wird.

3. Dritte Personen

17 Dritte Personen, etwa Eltern, die ihr Kind aus einer Gemeinschaftseinrichtung abholen und an den in Abs. 1 genannten Krankheiten erkrankt oder dessen verdächtig sind, werden nicht erfasst (vgl. auch die amtl. Begründung). Diesen Personen gegenüber kann aber bei Vorliegen der Voraussetzungen erforderlichenfalls ein auf § 28 Abs. 1 gestütztes Verbot auferlegt werden. Vgl. dazu in Bezug auf Masern auch die Erläuterungen § 28 Rn. 64.

V. Ausnahmen vom Verbot

18 Die zuständige Behörde kann gemäß Abs. 7 im Einvernehmen mit dem Gesundheitsamt Ausnahmen von dem Verbot nach Abs. 1 zulassen. Vgl. im Einzelnen die Erläuterungen Rn. 65 f.

VI. Mitteilungspflicht

19 Zur bei Vorliegen des Tatbestandes von Abs. 1 bestehenden Mitteilungspflicht gegenüber der Gemeinschaftseinrichtung nach Abs. 5 siehe die Erläuterungen Rn. 50 f.

VII. Praxishinweis zu Masern

20 Eine an Masern lediglich ansteckungsverdächtige Person fällt mangels Erkrankung bzw. Krankheitsverdachts nicht unter das Verbot nach Abs. 1. In Bezug auf derartige Personen kann indes bei Vorliegen der Voraussetzungen ein Verbot nach § 28 Abs. 2 angeordnet werden. Vgl. im Einzelnen die Erläuterungen dort (§ 28 Rn. 52 ff.).

VIII. Zuwiderhandlungen

Eine Zuwiderhandlung gegen ein Verbot nach § 34 Abs. 1 S. 1, 2 ist gemäß § 73 Abs. 1a Nr. 14 bußgeld- und bei Vorliegen der Voraussetzungen von § 74 strafbewehrt. **21**

IX. Vorgehen bei Missachtung des Verbots

1. Grundsatz

Da das Verbot bei Vorliegen der Voraussetzungen kraft Gesetzes eintritt, ist ein entsprechender, das Verbot zusätzlich anordnender Verwaltungsakt der zuständigen Behörde mangels Erforderlichkeit rechtswidrig. **22**

2. Ausnahmen

Etwas anderes gilt dann, wenn eine von dem gesetzlichen Verbot betroffene Person dieses ernsthaft bezweifelt. In einem solchen Fall kann, soweit auch in der Anhörung keine Einsicht erreicht werden konnte, das Bestehen des Verbots durch Verwaltungsakt explizit festgestellt werden. Mangels vollstreckungsfähigen Inhalts kann ein solcher feststellender Verwaltungsakt indes in keinem Fall Grundlage für eine zwangsweise Durchsetzung des Verbots sein. **23**

C. Gesetzliches Betretungs-, Benutzungs- und Teilnahmeverbot bei Ausscheidern (Abs. 2)

I. Allgemeines

Abs. 2 betrifft Ausscheider der aufgelisteten Krankheitserreger. Diese können nach der amtl. Begründung von einem symptomlosen Ausscheider auf Kontaktpersonen in der Gemeinschaftseinrichtung übertragen werden. Aus diesem Grund soll nach dem Willen des Gesetzgebers bei Ausscheidern der Besuch von Gemeinschaftseinrichtungen von der Zustimmung des Gesundheitsamtes abhängig sein. Das Gesundheitsamt kann dann durch infektionshygienische Beratung und Verfügung konkreter Schutzmaßnahmen einen Besuch der Gemeinschaftseinrichtung ohne Gefährdung für Kontaktpersonen ermöglichen. **24**

II. Einzelheiten

1. Allgemeines

Nach Abs. 2 dürfen Personen, die Ausscheider eines der aufgelisteten Krankheitserregers sind, die dem Betrieb der Gemeinschaftseinrichtung dienenden Räume nur dann betreten, ihre Einrichtungen nur dann benutzen und an ihren Veranstaltungen nur dann teilnehmen, wenn das Gesundheitsamt zugestimmt hat und sie etwaige verfügte Schutzmaßnahmen beachten. **25**

2. Ausscheider

26 Abs. 2 ist nach seinem Wortlaut in Bezug auf den betroffenen Personenkreis weiter als Abs. 1, so dass neben den in Gemeinschaftseinrichtungen Tätigen und Betreuten auch sonstige Personen (etwa abholende Eltern) erfasst sind, sofern sie Ausscheider sind. Vgl. zum Begriff des Ausscheiders § 2 Nr. 6 sowie die Erläuterungen § 2 Rn. 39 ff.

3. Gemeinschaftseinrichtung

27 Vgl. zum Begriff § 33 und die dortigen Erläuterungen.

4. Zustimmung des Gesundheitsamtes

28 Grundsätzlich besteht wie in Abs. 1 ein gesetzliches Betretungs-, Benutzungs- und Teilnahmeverbot, ohne dass es dazu einer gesonderten Anordnung bedarf. Dieses ist nur insoweit aufgehoben, als dass das zuständige Gesundheitsamt explizit zugestimmt hat und etwaige von diesem verfügte Schutzmaßnahmen beachtet werden. Wird gegen diese verstoßen, gilt automatisch wieder das gesetzliche Verbot.

5. Schutzmaßnahmen

29 a) Allgemeines. Ziel der Regelung in Abs. 2 ist es letztlich, Ausscheidern einen Besuch der Gemeinschaftseinrichtung zu ermöglichen, ohne dort Kontaktpersonen zu gefährden. Dazu sind in der Praxis regelmäßig konkrete Schutzmaßnahmen erforderlich. Für deren Anordnung bildet Abs. 2 die Rechtsgrundlage.

30 b) Ermessen. Ob und welche Schutzmaßnahmen erforderlich sind, liegt im Ermessen des Gesundheitsamtes, es besteht insoweit sowohl ein Entschließungs- wie auch ein Auswahlermessen (vgl. zu den Ermessensarten Vor §§ 15a Rn. 10 ff.). Die Befugnis des Gesundheitsamtes ist dabei grundsätzlich nicht auf bestimmte Schutzmaßnahmen beschränkt. Es muss sein Ermessen pflichtgemäß ausüben und insbesondere den Grundsatz der Verhältnismäßigkeit beachten (vgl. zum systematischen Vorgehen bei der Ermessensausübung § 16 Rn. 16 ff.). Im Rahmen des Abs. 2 sind bei der Ermessensausübung sämtliche Umstände, insbesondere die in der Gemeinschaftseinrichtung vorhandenen Räumlichkeiten und ihre Ausstattung (separate Toiletten, Seifenspender, Papierhandtücher, Desinfektionsmittelspender, Reinigungshäufigkeit etc.) sowie die Fähigkeiten und Kooperationsbereitschaft des Betroffenen und der übrigen Betreuten zu berücksichtigen. Gerade deshalb kommt der Anhörung (vgl. Vor §§ 15a Rn. 23 ff.) in der Praxis eine besondere Bedeutung zu, regelmäßig verschafft erst sie der Behörde die erforderliche Tatsachenkenntnis.

31 c) Adressaten. Schutzmaßnahmen können gegenüber dem Ausscheider (unabhängig davon, ob er in der Gemeinschaftseinrichtung tätig ist oder betreut wird, so dass beispielsweise auch abholende Eltern erfasst sind) und/oder der

Gemeinschaftseinrichtung verfügt werden, insoweit sind beide mögliche Adressaten einer entsprechenden Anordnung (vgl. Wortlaut).

III. Mitteilungspflicht

Zur bei Vorliegen des Tatbestandes von Abs. 2 bestehenden Mitteilungspflicht gegenüber der Gemeinschaftseinrichtung nach Abs. 5 siehe die Erläuterungen Rn. 50 ff. **32**

IV. Zuwiderhandlungen

Ein Betreten, eine Nutzung sowie eine Teilnahme ohne eine Zustimmung des Gesundheitsamtes ist gemäß § 73 Abs. 1a Nr. 15 bußgeld- und bei Vorliegen der Voraussetzungen von § 74 strafbewehrt. **33**

V. Vorgehen bei Missachtung des Verbots, zwangsweise Durchsetzung

Es gelten die Ausführungen Rn. 22 f. entsprechend. **34**

D. Tätigkeits-, Betretungs-, Benutzungs- und Teilnahmeverbot von Bewohnern von Wohngemeinschaften (Abs. 3)

I. Allgemeines

Von in Wohngemeinschaften lebenden Personen geht, so die amtl. Begründung zu Abs. 3, die Gefahr aus, dass sie sich in der Wohngemeinschaft infizieren und die Erreger in die Gemeinschaftseinrichtung hineintragen. **35**

II. Einzelheiten

1. Allgemeines

Das in Abs. 1 S. 1 und S. 2 für in Gemeinschaftseinrichtungen Tätige und Betreute festgelegte Verbot gilt nach Abs. 3 entsprechend auch für diejenigen in Gemeinschaftseinrichtungen Tätigen oder Betreuten, die in einer Wohngemeinschaft leben, in welcher nach ärztlichem Urteil eine der in Abs. 3 genannten Krankheiten oder ein entsprechender Verdacht aufgetreten ist. **36**

2. In Gemeinschaftseinrichtungen Tätige oder Betreute

Vgl. zum Begriff der Gemeinschaftseinrichtung die Erläuterungen zu § 33, zu den Begriffen des Tätigen bzw. Betreuten Rn. 2 ff. und 12. **37**

3. Wohngemeinschaft

Der Begriff ist im IfSG nicht genauer bestimmt. Nach dem Sinn und Zweck ist eine häusliche Wohngemeinschaft gemeint, bei der aufgrund des nicht nur kurzfristigen Zusammenlebens eine erhöhte Gefahr der Ansteckung und des **38** anschließenden Hineintragens der Krankheit in die Gemeinschaftseinrichtung besteht. Erfasst sind damit beispielsweise die ‚klassischen' Wohngemeinschaften von Studenten ebenso wie sonstige Formen des vergleichbaren Zusammenlebens, etwa als Familie. Nicht erfasst ist jedoch beispielsweise das gemeinsame Übernachten in einer Jugendherberge, da es hier an einer häuslichen Gemeinschaft fehlt.

4. Erkrankung oder Verdacht nach ärztlichem Urteil

39 **a) Allgemeines.** Bei einer in einer Wohngemeinschaft lebenden Person muss nach ärztlichem Urteil eine Erkrankung an einer der in Abs. 3 genannten Krankheiten oder ein entsprechender Verdacht aufgetreten sein.

40 **b) Erkrankung oder Verdacht.** Eine Person ist erkrankt, wenn sie Kranker ist. Sie ist dessen verdächtig, wenn sie Krankheitsverdächtiger ist. Vgl. zu den Begriffen Kranker und Krankheitsverdächtiger die Erläuterungen § 2 Rn. 30 ff. und 35 ff.

41 **c) Nach ärztlichem Urteil.** Das Verbot nach Abs. 3 tritt nur dann ein, wenn die Erkrankung bzw. der Verdacht von einem Arzt festgestellt worden ist. Dies kann und wird in der Praxis regelmäßig der behandelnde Arzt des betroffenen Mitbewohners sein. Nicht erforderlich ist dabei, dass der Arzt Kenntnis vom Bestehen einer Wohngemeinschaft hat oder gar die Feststellung explizit im Hinblick auf das Verbot nach Abs. 3 trifft. Auch eine bestimmte Form der Feststellung ist nicht nötig.

III. Inhalt, Eintritt und Ende des Verbots

42 In Bezug auf den Inhalt sowie den Eintritt und das Ende des Verbots verweist Abs. 3 aus Abs. 1 S. 1 und S. 2. Es gelten die Erläuterungen Rn. 8 ff. entsprechend.

IV. Vom Verbot betroffene Personen

1. Allgemeines

43 Das Verbot bezieht sich ausweislich seines eindeutigen Wortlauts nur auf die in Gemeinschaftseinrichtungen Tätigen und Betreuten. Sonstige Personen, etwa abholende Eltern, sind, anders als bei Abs. 2, ausweislich des Wortlauts nicht erfasst.

2. Geschäftsunfähige und beschränkt geschäftsfähige Personen, Dritte

44 Es gelten für diese Personen die Erläuterungen Rn. 49.

V. Ausnahmen vom Verbot

45 Die zuständige Behörde kann gemäß Abs. 7 im Einvernehmen mit dem Gesundheitsamt Ausnahmen von dem Verbot nach Abs. 3 zulassen. Vgl. im Einzelnen die Erläuterungen Rn. 65 f.

VI. Mitteilungspflicht

Zur bei Vorliegen des Tatbestandes von Abs. 3 bestehenden Mitteilungspflicht gegenüber der Gemeinschaftseinrichtung nach Abs. 5 siehe die Erläuterungen Rn. 50 f.

VII. Zuwiderhandlungen

Eine Zuwiderhandlung gegen ein Verbot nach Abs. 3 ist gemäß § 73 Abs. 1a Nr. 14 bußgeld- und bei Vorliegen der Voraussetzungen von § 74 strafbewehrt.

VIII. Vorgehen bei Missachtung des Verbots

Es gelten die Ausführungen Rn. 22 f. entsprechend.

E. Einhaltung der Verpflichtungen nach den Absätzen 1 bis 3 bei geschäftsunfähigen und beschränkt geschäftsfähigen Personen (Abs. 4)

Geschäftsunfähige und beschränkt geschäftsfähige Personen können den ihnen nach den Abs. 1–3 obliegenden Pflichten regelmäßig nicht nachkommen. Für diese Personengruppen ordnet Abs. 4 deshalb an, dass die Sorgeberechtigten (S. 1) bzw. der zuständige Betreuer, soweit die Erfüllung dieser Verpflichtungen zu seinem Aufgabenkreis gehört (S. 2), für deren Einhaltung zu sorgen haben. Ergänzend wird auf die Erläuterungen zu § 16 Abs. 5 verwiesen. Ordnungswidrig handelt nach § 73 Abs. 1a Nr. 16, wer entgegen Abs. 4 für die Einhaltung der genannten Verpflichtungen nicht sorgt, bei Vorliegen der Voraussetzungen von § 74 ist dies auch strafbewehrt.

F. Mitteilungs- und Belehrungspflicht der in Abs. 1 genannten Personen (Abs. 5)

I. Allgemeines

Liegt einer der von den Abs. 1–3 erfassten Fälle vor, sind in der betroffenen Gemeinschaftseinrichtung oftmals Infektionsschutzmaßnahmen erforderlich. Diese können nur dann ergriffen werden, wenn die Gemeinschaftseinrichtung zeitnah informiert wird. Damit dieser Informationspflicht nachgekommen wird, muss sie bei den Meldepflichtigen bekannt sein. Zu diesem Zweck ist eine entsprechende Belehrung erforderlich.

II. Einzelheiten

1. Mitteilungspflicht

51 Gemäß Abs. 5 S. 1 haben die in Abs. 1 genannten Personen (nicht jedoch die in Abs. 2 gleichfalls erfassten Dritten (vgl. zu diesen Rn. 31)) bei Vorliegen der tatbestandlichen Voraussetzungen von Abs. 1, 2 bzw. 3 der Gemeinschaftseinrichtung entsprechende Mitteilung zu machen. Bei geschäftsunfähigen und beschränkt geschäftsfähigen Personen trifft diese Pflicht den Sorgerechtsinhaber nach Abs. 4 (vgl. Rn. 49). Die Mitteilung muss unverzüglich, also ohne schuldhaftes Zögern (§ 121 BGB), erfolgen. An die Form werden keine bestimmten Anforderungen gestellt, so dass sie auch telefonisch erfolgen kann.

2. Belehrungspflicht

52 Die nach S. 1 bestehende Mitteilungspflicht kann in der Praxis nur dann erfüllt werden, wenn die von ihr erfassten Personen auch von ihr Kenntnis haben. Aus diesem Grund verpflichtet S. 2 die Leitung der Gemeinschaftseinrichtung, sämtliche in der Gemeinschaftseinrichtung neu Betreuten bzw. deren Sorgeinhaber (vgl. zu diesen die Erläuterungen zu Abs. 4 (Rn. 49) entsprechend zu belehren. Vgl. zum Begriff der ‚Leitung' § 2 Nr. 15 sowie die Erläuterungen § 2 Rn. 75 ff. Die Form der Belehrung ist nicht vorgegeben, es bietet sich indes an, die entsprechenden, vom RKI erstellten Belehrungsmuster zu verwenden, die auf der Webseite des RKI (www.RKI.de) unter den Menüpunkten Infektionsschutz → Infektionsschutzgesetz → Belehrungsbögen in verschiedenen Sprachen bereitgestellt werden. Zur Sicherstellung der Belehrung ist die die Leitung innehabende Person verpflichtet. Zur Frage, wer als Leiter anzusehen ist vgl. die Erläuterungen § 23 Rn. 25.

III. Zuwiderhandlungen

53 Eine Zuwiderhandlung gegen S. 1 ist gemäß § 73 Abs. 1a Nr. 16a bußgeld- und bei Vorliegen der Voraussetzungen von § 74 strafbewehrt.

G. Benachrichtigungspflicht der Leitungen von Gemeinschaftseinrichtungen (Abs. 6)

I. Allgemeines

54 Abs. 6 enthält eine die Leitungen von Gemeinschaftseinrichtungen treffende Benachrichtigungspflicht.

II. Einzelheiten

1. Allgemeines

Durch Abs. 6 werden die Leitungen von Gemeinschaftseinrichtungen grundsätzlich in zwei Fällen zur Benachrichtigung verpflichtet (vgl. zum Begriff der ‚Leitung' § 2 Nr. 15 sowie die Erläuterungen § 2 Rn. 75 ff.). Zum einen nach S. 1, wenn Tatsachen bekannt werden, die das Vorliegen eines der in den Abs. 1–3 genannten Tatbestände annehmen lassen. Zum anderen (S. 2) bei Auftreten von mindestens zwei gleichartigen, schwerwiegenden Erkrankungen, soweit als deren Ursache Krankheitserreger anzunehmen sind. Liegt ein Benachrichtigungstatbestand vor, besteht für die Leitung der Gemeinschaftseinrichtung die Pflicht zur unverzüglichen Benachrichtigung des Gesundheitsamtes, in dessen Bezirk sich die Gemeinschaftseinrichtung befindet und zur Mitteilung der krankheits- und personenbezogene Daten. Zur Ausnahme von der Benachrichtigungspflicht bei bereits erfolgter Meldung nach § 6 vgl. Rn. 63. 55

2. Tatsachen, die das Vorliegen eines der in Abs. 1–3 aufgeführten Tatbestände annehmen lassen (S. 1)

Die Meldepflicht besteht bereits dann, wenn Tatsachen vermuten lassen, dass einer der in den Abs. 1–3 genannten Fälle vorliegt. Für eine solche Vermutung reicht es aus, dass sich aus der bestehenden Faktenlage entsprechende Indizien ergeben. Da sich S. 1 ausschließlich an die Leitungen von Gemeinschaftseinrichtungen und damit an Personen wendet, welche in der Regel nicht über besondere medizinische Kenntnisse verfügen müssen, dürfen die Voraussetzungen in der Praxis nicht überspannt werden. 56

3. Zwei gleichartige, schwerwiegende Erkrankungen, soweit als deren Ursache Krankheitserreger anzunehmen sind (S. 2)

a) Allgemeines. Ähnlich wie z. B. § 6 Abs. 1 Nr. 5 dient Abs. 6 S. 2 als Auffangtatbestand zur Erfassung der nicht bereits nach S. 1 mitteilungspflichtigen Erkrankungen, soweit diese gehäuft auftreten und schwerwiegend sind. Ebenso wie S. 1 wendet sich S. 2 ausschließlich an die Leitungen von Gemeinschaftseinrichtungen. Da diese in der Regel nicht über besondere medizinische Kenntnisse verfügen, dürfen die Voraussetzungen an die Mitteilungspflicht in der Praxis auch im Rahmen von S. 2 nicht überspannt werden. 57

b) Erkrankung. Eine Erkrankung liegt vor, wenn die betroffene Person Kranker iSv § 2 Nr. 4 ist (vgl. § 2 Rn. 30 ff.). 58

c) Gleichartig. Zwei Erkrankungen sind gleichartig, wenn sie aufgrund ihrer ähnlichen Symptomatik aus Sicht einer durchschnittlichen Leitung einer Gemeinschaftseinrichtung die Annahme rechtfertigen, vom selben Erreger verursacht sein zu können. 59

60 d) Schwerwiegend. Für eine schwerwiegende Erkrankung sprechen insbesondere ein schwerer Krankheitsverlauf (z. B. hoher Grad der erforderlichen medizinischen Betreuung, viele Komplikationen, hohe Mortalitätsrate), schwere Krankheitsfolgen (z. B. dauerhaft verbleibende Gesundheitsschäden) und eine schnelle Ausbreitungsweise (z. B. bei Übertragung durch die Luft oder über bloßen Hautkontakt).

61 e) Krankheitserreger als anzunehmende Ursache. Für eine derartige Annahme ist es ausreichend, dass zwischen den (gleichartig) Erkrankten ein ansteckungsrelevanter Kontakt bestanden hat.

4. Form, Adressat

62 Eine bestimmte Form der Benachrichtigung ist nicht vorgesehen. Die Meldung muss gegenüber dem Gesundheitsamt, in dessen Bezirk sich die Gemeinschaftseinrichtung befindet, erfolgen.

5. Ausnahme von der Benachrichtigungspflicht (S. 3)

63 Nach S. 3 besteht eine Mitteilungspflicht nicht, wenn der Leitung der Gemeinschaftseinrichtung ein Nachweis über eine bereits nach § 6 erfolgte Meldung vorliegt. Es ist dazu erforderlich, dass der Nachweis in dauerhafter Form vorliegt (z. B. als Faxkopie). Eine mündliche Mitteilung über eine bereits erfolgte Meldung reicht folglich nicht.

III. Zuwiderhandlungen

64 Eine Zuwiderhandlung gegen die Mitteilungspflicht ist gemäß § 73 Abs. 1a Nr. 17 bußgeld- und bei Vorliegen der Voraussetzungen von § 74 strafbewehrt.

H. Ausnahmen vom Verbot nach Abs. 1 und Abs. 3 (Abs. 7)

I. Allgemeines

65 Abs. 7 ermöglicht es der zuständigen Behörde, im Einvernehmen mit dem Gesundheitsamt in geeigneten Einzelfällen Ausnahmen von den Verboten nach Abs. 1 und Abs. 3 zuzulassen. Unter Einvernehmen ist das Einverständnis des Gesundheitsamtes zu verstehen.

II. Einzelheiten

66 Eine solche Ausnahme kommt nur dann in Betracht, wenn im konkreten Fall auch Schutzmaßnahmen durchgeführt wurden bzw. durchgeführt werden können, die genauso effektiv wie die Verbote nach Abs. 1 und 3 eine Weiterverbreitung der Erkrankung oder Verlausung in der Gemeinschaftseinrichtung verhüten. Auch bei Vorliegen eines relevanten Impfschutzes oder von Immunität der übrigen in der Gemeinschaftseinrichtung Tätigen und Betreuten kann je nach Einzelfall von den Verboten abgesehen werden.

I. Bekanntgabe in der Gemeinschaftseinrichtung (Abs. 8)

I. Allgemeines

Abs. 8 ermächtigt das Gesundheitsamt, die Leitung einer Gemeinschaftsein- 67
richtung zur nicht namentlichen Bekanntgabe des Auftretens einer Erkrankung oder eines entsprechenden Verdachts (vgl. zu den Begriffen Rn. 6) in der Gemeinschaftseinrichtung zu verpflichten. Vgl. zum Begriff der ‚Leitung' § 2 Nr. 15 sowie die Erläuterungen § 2 ab Rn. 75.

II. Einzelheiten

Es ist keine Voraussetzung, dass es sich um eine meldepflichtige oder eine der 68
in den Abs. 1 bis 3 genannten Krankheiten handelt. Nach der Gesetzesbegründung kann eine Bekanntgabe insbesondere dann geboten sein, wenn erkrankte Personen bereits vor Ausbruch der Erkrankung ansteckend waren und Dritte infiziert werden konnten, die nun wiederum während ihrer eigenen Inkubationszeit Ansteckungsquelle für weitere Personen sein können. In Bezug auf die Anordnung hat das Gesundheitsamt ein Entschließungsermessen. Dieses muss es pflichtgemäß ausüben und insbesondere den Grundsatz der Verhältnismäßigkeit beachten. Oftmals dürfte in der Praxis eine Anordnung nicht erforderlich sein, da die Leitung der Gemeinschaftseinrichtung von sich aus einer entsprechenden Anregung des Gesundheitsamtes nachkommt.

III. Zuwiderhandlungen, zwangsweise Durchsetzung

Eine Zuwiderhandlung gegen eine Anordnung nach Abs. 8 ist gemäß § 73 69
Abs. 1a Nr. 6 bußgeld- und bei Vorliegen der Voraussetzungen von § 74 strafbewehrt. Dessen ungeachtet können Anordnungen bei Vorliegen der Voraussetzungen im Wege des Verwaltungszwangs durchgesetzt werden.

J. Schutzmaßnahmen gegen Carrier (Abs. 9)

I. Allgemeines

Neben § 31 S. 2 ist Abs. 9 eine weitere Vorschrift, welche Maßnahmen 70
gegenüber so genannten Carriern ermöglicht, soweit im Einzelfall die Gefahr einer Weiterverbreitung des betreffenden Krankheitserregers besteht. Da Carrier weder krank noch krankheitsverdächtig und auch keine Ausscheider sind, werden sie weder von Abs. 1 oder 2 noch von § 28 erfasst.

II. Tatbestandliche Voraussetzungen

1. Carrier

Vgl. zum Begriff die Erläuterungen § 31 Rn. 8. 71

2. Gefahr der Weiterverbreitung im Einzelfall

72 Vgl. dazu zunächst die Erläuterungen § 31 Rn. 9. Zur Beantwortung der Frage, ob eine solche Gefahr im Einzelfall vorliegt, verbietet es sich, auf Vermutungen oder Pauschalisierungen zurückzugreifen. Denn bei Carriern besteht die Gefahr einer Infektionsübertragung nicht per se, sondern nur bei entsprechenden Umständen. Diese können etwa dann vorliegen, denn ein Kind mit Carrier-Status ein Verhalten aufweist, dass zur Übertragung führen kann (z. B. bespucken, beißen) oder einem solchen Verhalten ausgesetzt wird.

III. Rechtsfolgen

1. Entschließungs- und Auswahlermessen bzgl. der zu ergreifenden Maßnahmen

73 Abs. 9 gewährt der zuständigen Behörde (vgl. Vor §§ 15a Rn. 2) sowohl ein Entschließungs- als auch ein Auswahlermessen (vgl. zu den Begriffen Vor § 16 Rn. 10 ff.). Das Auswahlermessen ist dabei grundsätzlich nicht auf bestimmte Maßnahmen beschränkt. Die zuständige Behörde muss ihr Ermessen pflichtgemäß ausüben und insbesondere den Grundsatz der Verhältnismäßigkeit beachten (vgl. dazu die Erläuterungen § 16 Rn. 16 ff.).

2. Der Adressat einer Maßnahme

74 Abs. 9 bestimmt den Adressatenkreis nicht näher. Es gelten deshalb die allgemeinen Grundsätze zur Störerauswahl (vgl. Vor §§ 15a Rn. 20 f.). In Betracht kommen im Rahmen des Anwendungsbereichs von Abs. 9 regelmäßig Maßnahmen gegen den jeweiligen Störer, wobei sowohl das Kind mit Carrier-Status (etwa, wenn bei ihm bei Verletzungen bestimmte Vorsichtsmaßnahmen einzuhalten sind), aber im Einzelfall grundsätzlich auch ein anderes, z. B. gegenüber einem Kind mit Carrier-Status aggressives Kind als Störer in Betracht kommen. Bei Geschäftsunfähigen ist dabei an den gesetzlichen Vertreter (z. B. Eltern gem. §§ 1626,1629 BGB) bekanntzugeben (vgl. die entsprechend geltenden Erläuterungen § 20 Rn. 148). Auch gegen den Träger der betreffenden Gemeinschaftseinrichtung (vertreten durch die dazu bestellte natürliche Person) können Anordnungen nach Abs. 9 ergehen, wenn dieser erforderliche Schutzmaßnahmen nicht realisiert. Denn dieser hat regelmäßig eine Schutzpflicht gegenüber den Betreuten und ist deswegen in einem solchen Fall als Verhaltensstörer (durch Unterlassen, vgl. Vor §§ 15a Rn. 17) zu qualifizieren.

IV. Zuwiderhandlungen, zwangsweise Durchsetzung

75 Eine Zuwiderhandlung gegen eine vollziehbare Anordnungen nach § 34 Abs. 9 ist gemäß § 73 Abs. 1a Nr. 6 bußgeld- und bei Vorliegen der Voraussetzungen von § 74 strafbewehrt. Dessen ungeachtet können Anordnungen bei Vorliegen der Voraussetzungen im Wege des Verwaltungszwangs durchgesetzt werden.

K. Impfaufklärung (Abs. 10)

Abs. 10 konkretisiert den das IfSG durchziehenden Präventionsgedanken (vgl. **76** §§ 1, 3, 19). Er verpflichtet die Gesundheitsämter (vgl. zum Begriff § 2 Rn. 73) und die in § 33 genannten Gemeinschaftseinrichtungen, die betreuten Personen bzw. deren Sorgeberechtigte gemeinsam über die Bedeutung eines altersgemäßen Impfschutzes und die Prävention übertragbarer Krankheiten aufzuklären. Wie sie diese die Aufgabe ausfüllen, liegt unter Beachtung etwaiger landesrechtlicher Vorgaben grundsätzlich in ihrem Ermessen (vgl. jedoch § 3 Rn. 3).

L. Ärztliche Beratung (Abs. 10a)

I. Einzelheiten

Abs. 10a rückt den Präventionsgedanken in den Vordergrund. Durch die **77** nach S. 1 bei Erstaufnahme (vgl. zum Zeitpunkt die Erläuterungen Rn. 80) in eine Kindertageseinrichtung erforderliche ärztliche Beratung in Bezug auf einen vollständigen und altersgemäßen Impfschutz nach den Empfehlungen der STIKO soll letztlich die Impfaufklärung gefördert und ein höheres Bewusstsein für die Bedeutung von Impfungen erreicht werden. Nach S. 2 benachrichtigt die Leitung der Kindertageseinrichtung (vgl. zum Begriff der ‚Leitung' § 2 Nr. 15 sowie die Erläuterungen § 2 ab Rn. 75), wenn der Nachweis nach S. 1 nicht erbracht wird, das Gesundheitsamt, in dessen Bezirk sich die Einrichtung befindet, und übermittelt dem Gesundheitsamt personenbezogene Angaben. Das Gesundheitsamt kann die Personensorgeberechtigten zu einer Beratung laden. Die Durchführung der jeweiligen Impfungen wird von § 10a S. 1 nicht gefordert. Mit dem MasernschutzG hat der Bundesgesetzgeber indes mit § 20 Abs. 8 ff. Regelungen hinsichtlich des Vorhandenseins einer Masernimpfung oder -immunität geschaffen, vgl. dazu im Detail die Erläuterungen § 20 Rn. 33 ff.

II. Zuwiderhandlungen, zwangsweise Durchsetzung

Eine Zuwiderhandlung ist gemäß § 73 Abs. 1a Nr. 17a bußgeld- und bei **78** Vorliegen der Voraussetzungen von § 74 strafbewehrt. Wird der Nachweis nicht erbracht, können die Personensorgeberechtigten zu einer Beratung geladen werden. Die entsprechende Anordnung kann bei Vorliegen der Voraussetzungen im Wege des Verwaltungszwangs durchgesetzt werden.

M. Erhebung des Impfstatus (Abs. 11)

I. Allgemeines

Über die Regelung des Abs. 11 wird es den Gesundheitsämtern ermöglicht, **79** sich ein Bild über den Impfstatus der einzuschulenden Kinder zu verschaffen.

Auf Basis des dabei erlangten Überblicks können impfbezogene Informationsmaßnahmen zielgerichteter organisiert werden.

II. Einzelheiten

1. Bei Erstaufnahme

80 Die Erhebung muss nicht am Tag der Erstaufnahme erfolgen, jedoch in einem erkennbaren zeitlichen Zusammenhang mit dieser stehen. Sie können damit in dem genannten Rahmen auch bereits vorher erfolgen.

2. Erhebung des Impfstatus, Weitergabe an das RKI

81 Die Vorschrift ermächtigt das Gesundheitsamt dazu, den Impfstatus personenbezogen zu erheben, lediglich die Übermittlung über die oberste Landesgesundheitsbehörde an das RKI muss aggregiert und anonymisiert erfolgen. Eine Verpflichtung der Personenfürsorgeberechtigten zur Vorlage entsprechender Dokumente ergibt sich aus Abs. 11 nicht, diese können indes in landesrechtlichen Regelungen enthalten sein (vgl. z. B. in Bayern Art. 14 Abs. 5 S. 8 GDVG).

§ 35 Belehrung für Personen in der Betreuung von Kindern und Jugendlichen

Personen, die in den in § 33 genannten Gemeinschaftseinrichtungen Lehr-, Erziehungs-, Pflege-, Aufsichts- oder sonstige regelmäßige Tätigkeiten ausüben und Kontakt mit den dort Betreuten haben, sind vor erstmaliger Aufnahme ihrer Tätigkeit und im Weiteren mindestens im Abstand von zwei Jahren von ihrem Arbeitgeber über die gesundheitlichen Anforderungen und Mitwirkungsverpflichtungen nach § 34 zu belehren. Über die Belehrung ist ein Protokoll zu erstellen, das beim Arbeitgeber für die Dauer von drei Jahren aufzubewahren ist. Die Sätze 1 und 2 finden für Dienstherren entsprechende Anwendung.

A. Allgemeines

1 Durch § 35 wurde der ehemalige § 47 BSeuchG ersetzt. Letzterer sah in S. 2 zum Ausschluss einer Tuberkulose noch einen Tuberkulintest und eine Röntgenaufnahme der Atmungsorgane vor erstmaliger Aufnahme der Tätigkeit vor. Der Gesetzgeber sah bei Schaffung von § 35 ein solches Vorgehen nicht mehr als taugliches Mittel zur Vermeidung von Epidemien an. § 35 stellt deshalb ausweislich der amtl. Begründung nunmehr auf das eigenverantwortliche Handeln der Betroffenen ab. Ein solches setzt eine hinreichende Information über Hinderungsgründe und Mitwirkungspflichten voraus, welche § 35 sicherstellen soll.

Infektionsschutz bei Einrichtungen, Unternehmen und Personen § 36 IfSG

B. Einzelheiten

I. Verpflichteter Personenkreis

Zur Durchführung der Belehrung sind zum einen Arbeitgeber (S. 1), zum anderen Dienstherren (vgl. S. 3) verpflichtet. **2**

II. Zu belehrende Personen

Zu belehren sind Personen, die in den in § 33 genannten Gemeinschafts- **3, 3a** einrichtungen Lehr-, Erziehungs-, Pflege-, Aufsichts- oder sonstige regelmäßige Tätigkeiten ausüben und Kontakt mit den dort Betreuten haben. Vgl. dazu zunächst § 34 Rn. 5. Wann dabei die von § 35 (nicht aber § 34) geforderte ‚regelmäßige' Tätigkeit anzunehmen ist, hat der Gesetzgeber offen gelassen. Dem Gesetzeszweck dürfte es am ehesten entsprechen, von einer regelmäßigen Tätigkeit immer dann auszugehen, wenn diese nach bestimmten, vorab festgelegten Kriterien wiederholt stattfinden soll (z. B. täglich, jeden 1. Montag des Monats etc.).

III. Form der Belehrung

Eine bestimmte Form ist nicht vorgeschrieben, so dass diese mündlich, schrift- **4** lich oder anders (z. B. per Video) erfolgen kann. Sinnvoll ist es in jedem Fall, das vom RKI erstellte Belehrungsmuster gegebenenfalls ergänzend zu benutzen. Dieses kann auf der Webseite des RKI (www.RKI.de) unter dem Menüpunkt Infektionsschutz → Infektionsschutzgesetz → Belehrungsbögen abgerufen werden.

IV. Protokollierung, Aufbewahrung

Nach S. 2 ist die Belehrung zu protokollieren, das Protokoll drei Jahre auf- **5** zubewahren. Da das Protokoll dem Nachweis der für die konkrete Personen erfolgten Belehrung dient, muss es diese namentlich erwähnen, das Datum sowie den Inhalt der Belehrung festhalten und von den beteiligten Personen unterzeichnet werden.

V. Zuwiderhandlungen

Eine Zuwiderhandlung ist gemäß § 73 Abs. 1a Nr. 18 bußgeld- und bei **6** Vorliegen der Voraussetzungen von § 74 strafbewehrt.

§ 36 Infektionsschutz bei Einrichtungen, Unternehmen und Personen

(1) Folgende Einrichtungen und Unternehmen müssen in Hygieneplänen innerbetriebliche Verfahrensweisen zur Infektionshygiene festlegen und unterliegen der infektionshygienischen Überwachung durch das Gesundheitsamt:

IfSG § 36   6. Abschnitt. Infektionsschutz bei bestimmten Einrichtungen

1. die in § 33 genannten Gemeinschaftseinrichtungen mit Ausnahme der Gemeinschaftseinrichtungen nach § 33 Nummer 2,
2. nicht unter § 23 Absatz 5 Satz 1 fallende voll- oder teilstationäre Einrichtungen zur Betreuung und Unterbringung älterer, behinderter oder pflegebedürftiger Menschen oder vergleichbare Einrichtungen,
3. Obdachlosenunterkünfte,
4. Einrichtungen zur gemeinschaftlichen Unterbringung von Asylbewerbern, vollziehbar Ausreisepflichtigen, Flüchtlingen und Spätaussiedlern,
5. sonstige Massenunterkünfte,
6. Justizvollzugsanstalten sowie
7. nicht unter § 23 Absatz 5 Satz 1 fallende ambulante Pflegedienste und Unternehmen, die den Einrichtungen nach Nummer 2 vergleichbare Dienstleistungen anbieten; Angebote zur Unterstützung im Alltag im Sinne von § 45a Absatz 1 Satz 2 des Elften Buches Sozialgesetzbuch zählen nicht zu den Dienstleistungen, die mit Angeboten in Einrichtungen nach Nummer 2 vergleichbar sind.

(2) Einrichtungen und Unternehmen, bei denen die Möglichkeit besteht, dass durch Tätigkeiten am Menschen durch Blut Krankheitserreger übertragen werden, sowie Gemeinschaftseinrichtungen nach § 33 Nummer 2 können durch das Gesundheitsamt infektionshygienisch überwacht werden.

(3) (weggefallen)

(3a) Die Leiter von in Absatz 1 Nummer 2 bis 6 genannten Einrichtungen haben das Gesundheitsamt, in dessen Bezirk sich die Einrichtung befindet, unverzüglich zu benachrichtigen und die nach diesem Gesetz erforderlichen krankheits- und personenbezogenen Angaben zu machen, wenn eine in der Einrichtung tätige oder untergebrachte Person an Skabies erkrankt ist oder bei ihr der Verdacht besteht, dass sie an Skabies erkrankt ist.

(4) Personen, die in eine Einrichtung nach Absatz 1 Nummer 2 bis 4 aufgenommen werden sollen, haben der Leitung der Einrichtung vor oder unverzüglich nach ihrer Aufnahme ein ärztliches Zeugnis darüber vorzulegen, dass bei ihnen keine Anhaltspunkte für das Vorliegen einer ansteckungsfähigen Lungentuberkulose vorhanden sind. Bei der erstmaligen Aufnahme darf die Erhebung der Befunde, die dem ärztlichen Zeugnis zugrunde liegt, nicht länger als sechs Monate zurückliegen, bei einer erneuten Aufnahme darf sie nicht länger als zwölf Monate zurückliegen. Bei Personen, die in eine Einrichtung nach Absatz 1 Nummer 4 aufgenommen werden sollen, muss sich das Zeugnis auf eine im Geltungsbereich dieses Gesetzes erstellte Röntgenaufnahme der Lunge oder auf andere von der obersten Landesgesundheitsbehörde oder der von ihr bestimmten Stelle zugelassene Befunde stützen. Bei Personen, die das 15. Lebensjahr noch nicht vollendet haben, sowie bei Schwangeren ist von der Röntgenaufnahme abzusehen; stattdessen ist ein ärztliches Zeugnis vorzulegen, dass aus sonstigen Befunden eine ansteckungsfähige Lungentuberkulose nicht zu befürchten ist. § 34 Absatz 4 gilt entsprechend. Satz 1 gilt nicht für Obdachlose, die weniger als drei Tage in eine Einrichtung nach Absatz 1 Nummer 3 aufgenommen werden.

(5) Personen, die in eine Einrichtung nach Absatz 1 Nummer 4 aufgenommen werden sollen, sind verpflichtet, eine ärztliche Untersuchung auf Ausschluss einer ansteckungsfähigen Lungentuberkulose einschließlich einer Röntgenaufnahme der Atmungsorgane zu dulden. Dies gilt nicht, wenn die betroffenen Personen ein

ärztliches Zeugnis nach Absatz 4 vorlegen oder unmittelbar vor ihrer Aufnahme in einer anderen Einrichtung nach Absatz 1 Nummer 4 untergebracht waren und die entsprechenden Untersuchungen bereits dort durchgeführt wurden. Personen, die in eine Justizvollzugsanstalt aufgenommen werden, sind verpflichtet, eine ärztliche Untersuchung auf übertragbare Krankheiten einschließlich einer Röntgenaufnahme der Lunge zu dulden. Für Untersuchungen nach den Sätzen 1 und 3 gilt Absatz 4 Satz 4 entsprechend. Widerspruch und Anfechtungsklage gegen Anordnungen nach den Sätzen 1 und 3 haben keine aufschiebende Wirkung.

(6) Die Landesregierungen werden ermächtigt, durch Rechtsverordnung festzulegen, dass Personen, die nach dem 31. Dezember 2018 in die Bundesrepublik Deutschland eingereist sind und die auf Grund ihrer Herkunft oder ihrer Lebenssituation wahrscheinlich einem erhöhten Infektionsrisiko für bestimmte bedrohliche übertragbare Krankheiten ausgesetzt waren, nach ihrer Einreise ein ärztliches Zeugnis darüber vorzulegen haben, dass bei ihnen keine Anhaltspunkte für das Vorliegen solcher bedrohlicher übertragbarer Krankheiten vorhanden sind, sofern dies zum Schutz der Bevölkerung vor einer Gefährdung durch bedrohliche übertragbare Krankheiten erforderlich ist; § 34 Absatz 4 gilt entsprechend. Personen, die kein auf Grund der Rechtsverordnung erforderliches ärztliches Zeugnis vorlegen, sind verpflichtet, eine ärztliche Untersuchung auf Ausschluss bedrohlicher übertragbarer Krankheiten im Sinne des Satzes 1 zu dulden; Absatz 5 Satz 5 gilt entsprechend. In der Rechtsverordnung nach Satz 1 ist zu bestimmen:
1. das jeweils zugrunde liegende erhöhte Infektionsrisiko im Hinblick auf bestimmte bedrohliche übertragbare Krankheiten,
2. die jeweils betroffenen Personengruppen unter Berücksichtigung ihrer Herkunft oder ihrer Lebenssituation,
3. Anforderungen an das ärztliche Zeugnis nach Satz 1 und zu der ärztlichen Untersuchung nach Satz 2 sowie
4. die Frist, innerhalb der das ärztliche Zeugnis nach der Einreise in die Bundesrepublik Deutschland vorzulegen ist.

Das Robert Koch-Institut kann zu den Einzelheiten nach Satz 3 Nummer 1 Empfehlungen abgeben. Die Landesregierungen können die Ermächtigung nach Satz 1 durch Rechtsverordnung auf andere Stellen übertragen.

(7) Das Bundesministerium für Gesundheit wird ermächtigt, durch Rechtsverordnung mit Zustimmung des Bundesrates festzulegen, dass Personen, die in die Bundesrepublik Deutschland einreisen wollen oder eingereist sind und die wahrscheinlich einem erhöhten Infektionsrisiko für eine bestimmte bedrohliche übertragbare Krankheit ausgesetzt waren, vor oder nach ihrer Einreise ein ärztliches Zeugnis darüber vorzulegen haben, dass bei ihnen keine Anhaltspunkte für das Vorliegen einer solchen bedrohlichen übertragbaren Krankheit vorhanden sind, sofern dies zum Schutz der Bevölkerung vor einer Gefährdung durch bedrohliche übertragbare Krankheiten erforderlich ist; § 34 Absatz 4 gilt entsprechend. Personen, die kein auf Grund der Rechtsverordnung erforderliches ärztliches Zeugnis vorlegen, sind verpflichtet, eine ärztliche Untersuchung auf Ausschluss einer bedrohlichen übertragbaren Krankheit im Sinne des Satzes 1 zu dulden; Absatz 5 Satz 5 gilt entsprechend. In der Rechtsverordnung können nähere Einzelheiten insbesondere zu den betroffenen Personengruppen und zu den Anforderungen an das ärztliche Zeugnis nach Satz 1 und zu der ärztlichen Untersuchung nach Satz 2

bestimmt werden. Das Robert Koch-Institut kann zu den Einzelheiten nach Satz 3 Empfehlungen abgeben. In dringenden Fällen kann zum Schutz der Bevölkerung die Rechtsverordnung ohne Zustimmung des Bundesrates erlassen werden. Eine auf der Grundlage des Satzes 5 erlassene Verordnung tritt ein Jahr nach ihrem Inkrafttreten außer Kraft; ihre Geltungsdauer kann mit Zustimmung des Bundesrates verlängert werden.

(8) Die Bundesregierung wird, sofern der Deutsche Bundestag nach § 5 Absatz 1 Satz 1 eine epidemische Lage von nationaler Tragweite festgestellt hat, ermächtigt, durch Rechtsverordnung ohne Zustimmung des Bundesrates festzulegen, dass Personen, die in die Bundesrepublik Deutschland einreisen wollen oder eingereist sind und bei denen die Möglichkeit besteht, dass sie einem erhöhten Infektionsrisiko für die Krankheit ausgesetzt waren, die zur Feststellung der epidemischen Lage von nationaler Tragweite geführt hat, insbesondere, weil sie sich in einem entsprechenden Risikogebiet aufgehalten haben, ausschließlich zur Feststellung und Verhinderung der Verbreitung dieser Krankheit verpflichtet sind, der zuständigen Behörde ihre personenbezogenen Angaben, das Datum ihrer voraussichtlichen Einreise, ihre Aufenthaltsorte bis zu zehn Tage vor und nach der Einreise und das für die Einreise genutzte Reisemittel durch Nutzung des vom Robert Koch-Institut nach Absatz 9 eingerichteten elektronischen Melde- und Informationssystems mitzuteilen. In der Rechtsverordnung ist auch zu bestimmen, in welchen Fällen Ausnahmen von der Verpflichtung nach Satz 1 bestehen. Es kann festgelegt werden, dass, soweit eine Ausnahme vorliegt, anstelle der Nutzung des vom Robert Koch-Institut nach Absatz 9 eingerichteten elektronischen Melde- und Informationssystems eine schriftliche Ersatzmitteilung gegenüber der zuständigen Behörde vorzunehmen ist. § 34 Absatz 4 gilt für die durch die Rechtsverordnung nach den Sätzen 1 und 3 festgelegte Verpflichtung entsprechend.

(9) Das Robert Koch-Institut richtet für die Zwecke des Absatzes 8 Satz 1 ein elektronisches Melde- und Informationssystem ein und ist verantwortlich für dessen technischen Betrieb. Das Robert Koch-Institut kann einen IT-Dienstleister mit der technischen Umsetzung beauftragen. Die aufgrund einer Rechtsverordnung nach Absatz 8 Satz 1 erhobenen Daten dürfen von der zuständigen Behörde nur für Zwecke der Überwachung der Absonderung und der Kontaktnachverfolgung verarbeitet werden. Sie sind spätestens 14 Tage nach dem mitgeteilten Datum der Einreise der jeweils betroffenen Person zu löschen.

(10) Die Bundesregierung wird, sofern der Deutsche Bundestag nach § 5 Absatz 1 Satz 1 eine epidemische Lage von nationaler Tragweite festgestellt hat, ermächtigt, durch Rechtsverordnung ohne Zustimmung des Bundesrates festzulegen,

1. dass die in einer Rechtsverordnung nach Absatz 8 Satz 1 genannten Personen verpflichtet sind, gegenüber den Beförderern, gegenüber der zuständigen Behörde oder gegenüber den diese Behörde nach Maßgabe des Absatzes 11 Satz 1 unterstützenden, mit der polizeilichen Kontrolle des grenzüberschreitenden Verkehrs beauftragten Behörden
    a) einen Nachweis über die Erfüllung der in einer Rechtsverordnung nach Absatz 8 Satz 1 festgelegten Verpflichtung oder die Ersatzmitteilung nach Absatz 8 Satz 3 vorzulegen,
    b) eine Impfdokumentation hinsichtlich der in Absatz 8 Satz 1 genannten Krankheit vorzulegen,

c) ein ärztliches Zeugnis oder ein Testergebnis hinsichtlich des Nichtvorliegens der in Absatz 8 Satz 1 genannten Krankheit vorzulegen,
d) Auskunft darüber zu geben, ob bei ihnen Anhaltspunkte für die in Absatz 8 Satz 1 genannte Krankheit vorhanden sind;
2. dass Unternehmen, die im Eisenbahn-, Bus-, Schiffs- oder Flugverkehr Reisende befördern, Betreiber von Flugplätzen, Häfen, Personenbahnhöfen und Omnibusbahnhöfen im Rahmen ihrer betrieblichen und technischen Möglichkeiten ausschließlich zur Feststellung und Verhinderung der Verbreitung der in Absatz 8 Satz 1 genannten Krankheit, bei der Durchführung der Rechtsverordnung nach Nummer 1 mitzuwirken haben, und verpflichtet sind,
   a) Beförderungen aus einem entsprechenden Risikogebiet in die Bundesrepublik Deutschland zu unterlassen, sofern eine Rückreise von Personen mit Wohnsitz in Deutschland weiterhin möglich ist, deren Einreise nicht aus aufenthaltsrechtlichen Gründen zu untersagen ist,
   b) Beförderungen aus einem Risikogebiet in die Bundesrepublik Deutschland nur dann durchzuführen, wenn die zu befördernden Personen den nach Nummer 1 auferlegten Verpflichtungen vor der Beförderung nachgekommen sind,
   c) Reisende über die geltenden Einreise- und Infektionsschutzbestimmungen und -maßnahmen in der Bundesrepublik Deutschland sowie die Gefahren der in Absatz 8 Satz 1 genannten Krankheit sowie die Möglichkeiten zu deren Verhütung und Bekämpfung barrierefrei zu informieren und in diesem Rahmen auf die Reise- und Sicherheitshinweise des Auswärtigen Amts hinzuweisen,
   d) die zur Identifizierung einer Person oder zur Früherkennung von Kranken, Krankheitsverdächtigen, Ansteckungsverdächtigen und Ausscheidern notwendigen personenbezogenen Angaben zu erheben und an die für den Aufenthaltsort der betreffenden Person nach diesem Gesetz zuständige Behörde zu übermitteln,
   e) bestimmte Schutzmaßnahmen zur Verhinderung der Übertragung der in Absatz 8 Satz 1 genannten Krankheit im Rahmen der Beförderung vorzunehmen,
   f) die Beförderung von Kranken, Krankheitsverdächtigen, Ansteckungsverdächtigen und Ausscheidern der zuständigen Behörde zu melden,
   g) Passagierlisten und Sitzpläne auf Nachfrage der zuständigen Behörde zu übermitteln,
   h) den Transport von Kranken, Krankheitsverdächtigen, Ansteckungsverdächtigen oder Ausscheidern, in ein Krankenhaus oder in eine andere geeignete Einrichtung durch Dritte zu ermöglichen,
   i) gegenüber dem Robert Koch-Institut eine für Rückfragen der zuständigen Behörden erreichbare Kontaktstelle zu benennen;
3. dass Anbieter von Telekommunikationsdiensten und Betreiber öffentlicher Mobilfunknetze verpflichtet sind, Einreisende barrierefrei über elektronische Nachrichten über die geltenden Einreise- und Infektionsschutzbestimmungen und -maßnahmen in der Bundesrepublik Deutschland zu informieren.
Personen, die kein aufgrund der Rechtsverordnung nach Satz 1 Nummer 1 erforderliches ärztliches Zeugnis oder erforderliches Testergebnis vorlegen, sind verpflichtet, eine ärztliche Untersuchung auf Ausschluss der in Absatz 8 Satz 1 genannten Krankheit zu dulden. § 34 Absatz 4 gilt für die durch die Rechtsverordnung nach Satz 1 Nummer 1 festgelegten Verpflichtungen entsprechend.

(11) Die mit der polizeilichen Kontrolle des grenzüberschreitenden Verkehrs beauftragten Behörden können anlässlich der grenzpolizeilichen Aufgabenwahrnehmung als unterstützende Behörde nach Absatz 10 Satz 1 Nummer 1 stichprobenhaft von den in der Rechtsverordnung nach Absatz 8 Satz 1 genannten Personen verlangen, dass sie ihnen die in Absatz 10 Satz 1 Nummer 1 Buchstabe a bis c genannten Nachweise oder Dokumente vorlegen oder ihnen Auskunft nach Absatz 10 Satz 1 Nummer 1 Buchstabe d erteilen. Die unterstützenden Behörden nach Absatz 10 Satz 1 Nummer 1 unterrichten bei Kenntnis unverzüglich die zuständigen Behörden über die Einreise der in der Rechtsverordnung nach Absatz 8 Satz 1 genannten Personen, soweit diese ihren den unterstützenden Behörden gegenüber bestehenden in der Rechtsverordnung nach Absatz 10 Satz 1 Nummer 1 festgelegten Verpflichtungen bei der Einreise nicht nachkommen. Zu diesem Zweck dürfen bei den in der Rechtsverordnung nach Absatz 8 Satz 1 genannten Personen ihre personenbezogenen Angaben, Angaben zu ihren Aufenthaltsorten bis zu zehn Tage vor und nach der Einreise und Angaben zu dem von ihnen genutzten Reisemittel erhoben und der zuständigen Behörde übermittelt werden. Die nach § 71 Absatz 1 Satz 1 des Aufenthaltsgesetzes zuständigen Behörden und die unterstützenden Behörden nach Absatz 10 Satz 1 Nummer 1 unterrichten bei Kenntnis unverzüglich die zuständigen Behörden über die Einreise der in der Rechtsverordnung nach Absatz 6 Satz 1 oder nach Absatz 7 Satz 1 genannten Personen. Zu diesem Zweck dürfen bei diesen Personen ihre personenbezogenen Angaben erhoben und der zuständigen Behörde übermittelt werden. Die von den Behörden nach den Sätzen 1, 3 und 5 erhobenen Daten dürfen mit den Daten vorgelegter Reisedokumente abgeglichen werden.

(12) Eine aufgrund des Absatzes 8 Satz 1 oder des Absatzes 10 Satz 1 erlassene Rechtsverordnung tritt mit der Aufhebung der Feststellung der epidemischen Lage von nationaler Tragweite durch den Deutschen Bundestag nach § 5 Absatz 1 Satz 2 außer Kraft, ansonsten spätestens mit Ablauf des 31. März 2021.

(13) Durch die Absätze 4 bis 7 und 10 werden die Grundrechte der körperlichen Unversehrtheit (Artikel 2 Absatz 2 Satz 1 des Grundgesetzes) und der Freizügigkeit (Artikel 11 Absatz 1 des Grundgesetzes) eingeschränkt.

Übersicht

	Rn.
A. Allgemeines	1
I. Inhalt	1
II. Letzte Änderungen	1a
1. Durch das PpSG	1a
2. Durch das MasernschutzG	1b
3. Durch das 3. COVIfSGAnpG	1c
B. Hygienepläne, Pflicht zur Überwachung (Abs. 1)	2
I. Allgemeines	2
II. Hygienepläne in den in Nr. 1–7 genannten Einrichtungen und Unternehmen	3
1. Allgemeines	3
2. Begriffsbestimmungen	4
a) In § 33 genannte Gemeinschaftseinrichtungen mit Ausnahme der Gemeinschaftseinrichtungen nach § 33 Nr. 2 (Nr. 1)	4

	Rn.
b) Nicht unter § 23 Abs. 5 S. 1 fallende voll- oder teilstationäre Einrichtungen (Nr. 2)	5
c) Einrichtungen zur gemeinschaftlichen Unterbringung von Asylbewerbern u. a. (Nr. 4)	6
d) Sonstige Massenunterkünfte (Nr. 5)	8
e) Ambulante Pflegedienste und Unternehmen (Nr. 7)	9
f) Hygienepläne	10
III. Überwachung	11
1. Allgemeines	11
2. Umfang und Häufigkeit der Überwachung	12
IV. Rechte des Gesundheitsamtes sowie beauftragter Personen im Rahmen der Überwachungstätigkeit, Pflichten der Betroffenen	13
C. Überwachung bestimmter Einrichtungen und Unternehmen (Abs. 2)	14
I. Allgemeines	14
II. Begriffsbestimmungen	15
1. Bestimmte Einrichtungen und Unternehmen	15
a) Einrichtungen und Unternehmen	15
b) Bei welchen durch Tätigkeiten am Menschen die Möglichkeit der Übertragung von Krankheitserregern durch Blut besteht	16
2. Gemeinschaftseinrichtungen nach § 33 Nr. 2	16a
III. Überwachung	17
1. Allgemeines	17
2. Durchführung, Umfang und Häufigkeit der Überwachung	18
IV. Rechte des Gesundheitsamtes sowie beauftragter Personen im Rahmen der Überwachungstätigkeit, Pflichten der Betroffenen	19
D. Benachrichtigungspflicht der Einrichtungsleiter im Zusammenhang mit Skabies (Abs. 3a)	20
I. Allgemeines	20
1. Inhalt	20
2. In § 33 genannten Gemeinschaftseinrichtungen nicht erfasst	21
II. Einzelheiten	22
1. Leiter	22
2. An Skabies erkrankt oder dessen verdächtig	23
3. Adressat der Benachrichtigung	24
III. Zuwiderhandlungen	25
E. Zeugnisvorlagepflicht, Duldungsverpflichtung (Abs. 4, 5)	26
I. Allgemeines	26
II. Einzelheiten zu Zeugnisvorlagepflicht (Abs. 4)	27
1. Erfasster Personenkreis, Dauer der Aufnahme	27
2. Anforderungen an das Zeugnis	28
3. Keine Röntgenaufnahme bei Schwangeren und Personen unter 15	29
4. Zeitpunkt der Vorlage	30
5. § 62 Abs. 1 AsylG	31

	Rn.
III. Einzelheiten zur Duldungsverpflichtung (Abs. 5)	32
1. Erfasster Personenkreis	32
2. Inhalt der Duldungspflicht	33
3. Keine Röntgenaufnahme bei Schwangeren und Personen unter 15	34
4. Anordnung der Duldung	35
5. Keine aufschiebende Wirkung	36
IV. Kosten	37
V. Zuwiderhandlungen	38
F. Verordnungsermächtigung für die Landesregierungen (Abs. 6)	39
I. Allgemeines	39
1. Inhalt	39
2. Gesetzesbegründung	40
II. Einzelheiten	41
1. Inhalt der Rechtsverordnungen nach Abs. 6	41
2. Empfehlungen des RKI (S. 4)	42
3. Übertragung der Ermächtigung (S. 5)	43
G. Verordnungsermächtigung für das Bundesministerium für Gesundheit (Abs. 7)	44
I. Allgemeines	44
II. Einzelheiten	45
H. Verordnungsermächtigung für die Datenerhebung und -verarbeitung bei Einreisen aus Risikogebieten (Abs. 8)	46
I. Allgemeines	46
II. Einzelheiten	47
III. Außerkrafttreten	48
I. Einrichtung eines elektronisches Melde- und Informationssystem für die Einreisemeldungen beim Robert Koch-Institut (Abs. 9)	49
J. Verordnungsermächtigungen betreffend die Vorlagepflichten von Einreisenden, Mitwirkungspflichten der Beförderer und der Betreiber von Einrichtungen der Verkehrsinfrastruktur, Informationspflicht von Anbietern von Telekommunikationsdiensten und Betreibern öffentlicher Mobilfunknetze (Abs. 10)	50
I. Allgemeines	50
II. Verordnungsermächtigung nach S. 1 Nr. 1	51
III. Verordnungsermächtigung nach S. 1 Nr. 2	52
IV. Verordnungsermächtigung nach S. 1 Nr. 3	53
V. Außerkrafttreten	54
K. Rechte der mit dem Vollzug der Rechtsverordnungen nach Abs. 10 beauftragten Behörden, Unterrichtungspflichten bestimmter Behörden (Abs. 11)	55

A. Allgemeines

I. Inhalt

1 § 36 regelt die Pflicht zur Aufstellung von Hygieneplänen in Gemeinschaftseinrichtungen, Obdachlosenunterkünften und den weiteren darin genannten

Infektionsschutz bei Einrichtungen, Unternehmen und Personen **§ 36 IfSG**

Einrichtungen sowie deren infektionshygienische Überwachung. In Bezug auf Einrichtungen des humanmedizinischen Bereichs sind derartige Regelungen in § 23 Abs. 5–7 enthalten.

II. Letzte Änderungen

1. Durch das PpSG

Durch das PpSG wurde § 36 mit Wirkung zum 1.1.2019 modifiziert. Dabei wurde der bisherige Abs. 3 aufgehoben, da sich dessen Regelungsgehalt nunmehr im durch das PpSG eingefügten § 15a wiederfindet, vgl. im Einzelnen die Erläuterungen zu § 15 a. Abs. 6 und 8 wurden eingefügt, der vormalige Abs. 6 wurde zu Abs. 7, der vormalige Abs. 7 wurde Abs. 9 und zugleich an die sich durch das PpSG ergebenden Änderungen des § 36 angepasst.

1a

2. Durch das MasernschutzG

Durch das MasernschutzG wurde die erlaubnispflichtige Kindertagespflege in den Begriff der Gemeinschaftseinrichtungen nach § 33 aufgenommen (vgl. § 33 Nr. 2 sowie die Erläuterungen § 33 Rn. 8). Mit der Neufassung von Abs. 1 S. 1 Nr. 1 sowie Abs. 2 durch das MasernschutzG kam der Gesetzgeber dem Wunsch der Bundesländer nach, Einrichtungen der erlaubnispflichtigen Kindertagespflege nicht obligatorisch, sondern nur fakultativ der infektionshygienischen Überwachung durch die Gesundheitsämter zu unterwerfen.

1b

3. Durch das 3. COVIfSGAnpG

§ 36 wurde durch das 3. COVIfSGAnpG umfangreich modifiziert. Dabei wurden Abs. 1 Nr. 2 ergänzt und in Abs. 6 und 7 der zuvor verwendete Begriff „schwerwiegend" jeweils durch „bedrohlich" ersetzt. Zudem wurden die Regelungsinhalte des bisherigen, durch das 3. COVIfSGAnpG aufgehobenen § 5 Abs. 2 S. 1 Nr. 1 und 2 (vgl. § 5 Rn. 1c) in die neu gefassten Abs. 8–13 als Verordnungsermächtigung übertragen und weiterentwickelt (BT-Drs. 19/23944, 36). Vgl. im Detail die jeweiligen Erläuterungen.

1c

B. Hygienepläne, Pflicht zur Überwachung (Abs. 1)

I. Allgemeines

Durch die Regelung werden die darin genannten Einrichtungen und Unternehmen verpflichtet, innerbetriebliche Verfahrensweisen zur Infektionshygiene in so genannten Hygieneplänen aufzustellen. Zum Begriff des Unternehmens vgl. die Erläuterung zu Abs. 2 in Rn. 15. Flankierend ist das Gesundheitsamt (zum Begriff vgl. § 2 Rn. 73 ff.) zur infektionshygienischen Überwachung dieser Einrichtungen verpflichtet.

2

Gerhardt | 425

IfSG § 36 6. Abschnitt. Infektionsschutz bei bestimmten Einrichtungen

II. Hygienepläne in den in Nr. 1–7 genannten Einrichtungen und Unternehmen

1. Allgemeines

3 In den in S. 1 Nr. 1–7 genannten Einrichtungen und Unternehmen ist die Aufstellung eines Hygieneplans verpflichtend.

2. Begriffsbestimmungen

4 **a) In § 33 genannte Gemeinschaftseinrichtungen mit Ausnahme der Gemeinschaftseinrichtungen nach § 33 Nr. 2 (Nr. 1).** Es gelten die Erläuterungen zu § 33 entsprechend. Nicht erfasst und damit nicht zwingend infektionshygienisch zu überwachen ist die erlaubnispflichtigen Kindertagespflege nach § 33 Nr. 2, vgl. bereits Rn. 1b. Diese kann indes fakultativ überwacht werden, vgl. Rn. 16a.

5 **b) Nicht unter § 23 Abs. 5 S. 1 fallende voll- oder teilstationäre Einrichtungen (Nr. 2).** Unter die voll- oder teilstationären Einrichtungen fallen neben solchen nach § 71 Abs. 2 SGB XI auch Einrichtungen, bei denen ein entsprechendes Bedürfnis nach innerbetrieblichen Verfahrensweisen zur Infektionshygiene und zur infektionshygienischen Überwachung besteht. Bei Einrichtungen, die bereits unter § 23 Abs. 5 S. 1 fallen, ist § 23 vorrangig. Durch das 3. COVIfSGAnpG wurde Nr. 2 insofern modifiziert, als dass nun zusätzlich zu den in Nr. 2 explizit genannten auch „vergleichbare Einrichtungen" erfasst werden. Zweck der Ergänzung ist es ausweislich der Begründung des Regierungsentwurfs (BT-Drs. 19/23944, 35), aus welchem sie übernommen wurde, auch diejenigen in der Praxis bestehenden Einrichtungen zu erfassen, die nach der bisherigen Definition nicht erfasst waren, jedoch aus Infektionsschutzgründen in den Anwendungsbereich der Vorschrift aufgenommen werden sollen, da in ihnen ebenfalls vulnerabel Personengruppen betreut werden (BT-Drs. 19/23944, 35). Demnach ist eine Einrichtung mit den explizit genannten vergleichbar, wenn in ihr für vulnerable Personengruppen eine aus infektionshygienischer Sicht vergleichbare Risikolage besteht.

6 **c) Einrichtungen zur gemeinschaftlichen Unterbringung von Asylbewerbern u. a. (Nr. 4). aa) Allgemeines.** Durch das Gesetz zur Modernisierung der epidemiologischen Überwachung übertragbarer Krankheiten wurde die vormalige Nr. 5 neu formuliert zur jetzigen Nr. 4. Sie erfasst seitdem auch die Gruppe der vollziehbar Ausreisepflichtigen. Dadurch wird zum einen bewirkt, dass auch die entsprechenden Gemeinschaftsunterkünfte der Überwachung nach Abs. 1 unterliegen. Darüber hinaus hat die Änderung aufgrund des Verweises in Abs. 4 auf Nr. 4 zur Folge, dass auch die in einer speziell für vollziehbar Ausreisepflichtige geschaffenen Gemeinschaftseinrichtung untergebrachten Personen in den Anwendungsbereich des Abs. 4 fallen (vgl. dazu auch Rn. 26). Aus infektionshygienischer Sicht besteht, so der Gesetzentwurf zum Hintergrund der Änderung, jedoch in solchen Einrichtungen eine mit

Infektionsschutz bei Einrichtungen, Unternehmen und Personen **§ 36 IfSG**

den in Abs. 4 genannten weiteren Einrichtungen vergleichbare fachliche Notwendigkeit, bei den entsprechend Untergebrachten eine ansteckungsfähige Lungentuberkulose auszuschließen, da nicht in jedem Fall vollziehbar Ausreisepflichtige als Asylbewerber in einer Gemeinschaftsunterkunft untergebracht gewesen und entsprechend untersucht worden sind (zu denken ist etwa auch an Studenten, deren Visum nicht verlängert wurde u. ä.).

bb) Einrichtung zur gemeinschaftlichen Unterbringung. Nr. 4 knüpft nicht an den Begriff der ‚Gemeinschaftsunterkunft', sondern an den der ‚Einrichtung zur gemeinschaftlichen Unterbringung' an. Nach des Begründung des Entwurfs des Gesetzes zur Modernisierung der epidemiologischen Überwachung übertragbarer Krankheiten ist Voraussetzung für das Vorliegen einer solchen Einrichtung, dass diese hauptsächlich der gemeinschaftlichen Unterbringung der von ihm erfassten Personengruppen dient, wobei es nicht notwendig ist, dass diese in derselben Räumlichkeit erfolgt. Dies soll beispielsweise auch dann der Fall sein, wenn nur Teile der Einrichtung diesem Zweck dienen (der Gesetzentwurf nennt als Beispiel die teilweise Belegung eines Hotels zur gemeinschaftlichen Unterbringung). Nicht erforderlich für die Qualifikation als ‚Einrichtung zur gemeinschaftlichen Unterbringung' ist es folglich, dass es sich bei jeder der in einer solchen Einrichtung lebenden Person um einen Asylbewerber, vollziehbar Ausreisepflichtigen, Flüchtling oder Spätaussiedler handelt. Unter den Begriff der ‚Einrichtung zur gemeinschaftlichen Unterbringung' können ausweislich der Begründung des Entwurfs Gesetzes zur Modernisierung der epidemiologischen Überwachung übertragbarer Krankheiten beispielsweise Aufnahmeeinrichtungen, Gemeinschaftsunterkünfte und Hafteinrichtungen nach § 62a AufenthG fallen. **7**

d) Sonstige Massenunterkünfte (Nr. 5). Der Begriff ist nicht definiert. Nach dem Wortsinn kann dann von einer Massenunterkunft ausgegangen werden, wenn dort eine Vielzahl von Personen gemeinschaftlich so untergebracht ist, dass ein erhöhtes Verbreitungsrisiko besteht. **8**

e) Ambulante Pflegedienste und Unternehmen (Nr. 7). Ausweislich der zunächst durch das Gesetz zur Modernisierung der epidemiologischen Überwachung übertragbarer Krankheiten komplett neu gefassten Nr. 7 unterliegen auch ambulante Pflegedienste und Unternehmen der infektionshygienischen Überwachung durch das Gesundheitsamt und müssen Hygienepläne festlegen, sofern sie die den stationären Einrichtungen nach Nr. 2 vergleichbare Dienstleistungen anbieten. Die Erstreckung von Abs. 1 auch auf diese Pflegedienste und Unternehmen wird im Gesetzentwurf damit begründet, dass bei diesen ein mit den sonstigen in Abs. 1 genannten Einrichtungen vergleichbares Risiko für betreute Personen, mit übertragbaren Krankheiten in Kontakt zu kommen, besteht. Der durch das PpSG vorangestellte Einschub „nicht unter § 23 Absatz 5 Satz 1 fallende" nimmt solche ambulanten Pflegedienste und Unternehmen vom Anwendungsbereich der Vorschrift aus, welche bereits gem. § 23 Abs. 5 S. 1 Nr. 8 Hygienepläne aufstellen müssen und gem. § 23 Abs. 5 S. 1 Nr. 8, Abs. 6 S. 1 der infektionshygienischen Überwachung **9**

IfSG § 36 6. Abschnitt. Infektionsschutz bei bestimmten Einrichtungen

durch das Gesundheitsamt unterliegen. Vgl. dazu im Einzelnen die Erläuterungen § 23 Rn. 54 ff.

10 **f) Hygienepläne.** Vgl. zu den Hygieneplänen und ihrem Inhalt die Erläuterungen § 23 Rn. 57 f.

III. Überwachung

1. Allgemeines

11 Nach Abs. 1 unterliegen die darin genannten Einrichtungen und Unternehmen der Überwachung durch das Gesundheitsamt. Ein konkreter Anlass für die Durchführung von Überwachungsmaßnahmen ist, das ergibt sich bereits aus dem Wesen der Überwachung als Präventivmaßnahme, nicht erforderlich. Sie können deshalb auch ohne jeden Anlass erfolgen.

2. Umfang und Häufigkeit der Überwachung

12 Umfang und Häufigkeit der Überwachung stehen grundsätzlich im pflichtgemäßen Ermessen des Gesundheitsamtes. Bei der Ermessensausübung sind etwaige Vorgaben der jeweiligen übergeordneten Aufsichtsbehörden zu beachten. Inhaltlich sollte die Überwachung neben einer Kontrolle vor Ort insbesondere auch eine Kontrolle der Hygienepläne umfassen.

IV. Rechte des Gesundheitsamtes sowie beauftragter Personen im Rahmen der Überwachungstätigkeit, Pflichten der Betroffenen

13 Die Rechte und Pflichten der Beteiligten im Rahmen der Überwachungstätigkeit sind in § 15a geregelt, so dass auf die dortigen Erläuterungen verwiesen wird.

C. Überwachung bestimmter Einrichtungen und Unternehmen (Abs. 2)

I. Allgemeines

14 Abs. 2 regelt die fakultative infektionshygienische Überwachung von Einrichtungen und Unternehmen, bei welchen durch Tätigkeiten am Menschen die Möglichkeit der Übertragung von Krankheitserregern durch Blut besteht sowie von Gemeinschaftseinrichtungen nach § 33 Nr. 2 (erlaubnispflichtigen Kindertagespflege) durch das Gesundheitsamt (vgl. zum Begriff § 2 Rn. 73 f.)

II. Begriffsbestimmungen

1. Bestimmte Einrichtungen und Unternehmen

15 **a) Einrichtungen und Unternehmen.** Ausweislich BT-Drs. 18/12604, 76 wird in Abs. 2 (ebenso wie in Abs. 1) von ‚Unternehmen' anstatt – wie in der Fassung von Abs. 2 vor dem Gesetz zur Modernisierung der epidemiologi-

schen Überwachung übertragbarer Krankheiten – von ‚Gewerbe' gesprochen, um eine einheitliche Terminologie herzustellen und auszudrücken, dass eine Gewinnerzielungsabsicht keine Voraussetzung für die Annahme eines solchen Unternehmens ist. Folglich können beispielsweise auch so genannte Fixerräume erfasst sein. Nicht erfasst sind Tätigkeiten im rein privaten Bereich.

b) Bei welchen durch Tätigkeiten am Menschen die Möglichkeit der Übertragung von Krankheitserregern durch Blut besteht. Grundsätzlich ist nach dem Sinn und Zweck der Vorschrift jede Einrichtung (bzw. jedes Unternehmen) erfasst, in welcher eine Tätigkeit am Menschen ausgeübt wird, der die abstrakte Gefahr (vgl. § 16 Rn. 7) der Übertragung von Krankheitserregern (zum Begriff § 2 Rn. 4 ff.) durch Blut innewohnt. Als Beispiele zu nennen sind Tätowier- und Piercingstudios. 16

2. Gemeinschaftseinrichtungen nach § 33 Nr. 2

Vgl. die Erläuterungen Rn. 1b sowie § 33 Rn. 8. 16a

III. Überwachung

1. Allgemeines

Anders als in den Fällen des Abs. 1 besteht keine generelle Verpflichtung des Gesundheitsamtes zur Überwachung der von Abs. 2 erfassten Einrichtungen und Unternehmen. 17

2. Durchführung, Umfang und Häufigkeit der Überwachung

Die Entscheidung darüber, ob, in welchem Umfang und mit welcher Häufigkeit eine Überwachung erfolgt, steht grundsätzlich im pflichtgemäßen Ermessen des Gesundheitsamtes. Es sollten bei der Entscheidung etwaige Vorgaben der jeweiligen übergeordneten Aufsichtsbehörden beachtet werden. 18

IV. Rechte des Gesundheitsamtes sowie beauftragter Personen im Rahmen der Überwachungstätigkeit, Pflichten der Betroffenen

Die Rechte und Pflichten sind in Abs. 3 geregelt, so dass auf die dortigen Erläuterungen verwiesen wird. 19

D. Benachrichtigungspflicht der Einrichtungsleiter im Zusammenhang mit Skabies (Abs. 3a)

I. Allgemeines

1. Inhalt

Abs. 3a wurde durch das Gesetz zur Modernisierung der epidemiologischen Überwachung übertragbarer Krankheiten eingefügt. Er verpflichtet die Leiter der in Abs. 1 Nr. 2–6 genannten Einrichtungen und Unternehmen, beim 20

Auftreten von Skabies (Krätze) bzw. einem entsprechenden Verdacht das Gesundheitsamt zu benachrichtigen. Nach der Begründung des Gesetzentwurfs stellen Ausbrüche von Skabies unter anderem deswegen ein wachsendes und teilweise permanentes Problem insbesondere in Einrichtungen der Altenpflege, aber auch in Gemeinschaftsunterkünften für Obdachlose, Flüchtlinge und Asylbewerber dar, weil die Gesundheitsämter oftmals nicht oder erst spät bei bereits fortgeschrittenem Ausbruchsgeschehen informiert werden, was die Bekämpfung von Ausbrüchen erheblich erschwert (BT-Drs. 18/10938, 70). Dem soll durch die Meldepflicht entgegengewirkt werden.

2. In § 33 genannten Gemeinschaftseinrichtungen nicht erfasst

21 Nicht von Abs. 3a erfasst sind die in § 33 genannten Gemeinschaftseinrichtungen, da sich für diese bereits aus § 34 Abs. 6 S. 1 iVm Abs. 1 S. 1 Nr. 17 eine entsprechende Benachrichtigungspflicht ergibt. Wie auch bei § 34 Abs. 6 S. 1 sind bei der Benachrichtigung des Gesundheitsamtes die erforderlichen krankheits- und personenbezogene Angaben zu machen.

II. Einzelheiten

1. Leiter

22 Vgl. Zum Begriff § 23 Rn. 25.

2. An Skabies erkrankt oder dessen verdächtig

23 Insoweit kann auf die entsprechenden Erläuterungen des Begriffs des Kranken (vgl. § 2 Rn. 30 ff.) bzw. Krankheitsverdächtigen (vgl. § 2 Rn. 35 ff.) verwiesen werden.

3. Adressat der Benachrichtigung

24 Die Benachrichtigung muss gegenüber dem Gesundheitsamt, in dessen Bezirk sich die Einrichtung befindet, erfolgen.

III. Zuwiderhandlungen

25 Eine Zuwiderhandlung gegen die Benachrichtigungspflicht nach Abs. 3a ist gemäß § 73 Abs. 1a Nr. 17 bußgeld- und bei Vorliegen der Voraussetzungen von § 74 strafbewehrt.

E. Zeugnisvorlagepflicht, Duldungsverpflichtung (Abs. 4, 5)

I. Allgemeines

26 In Abs. 4 ist die Zeugnisvorlagepflicht geregelt, während Abs. 5 die Duldungsverpflichtung für staatliche Untersuchungen behandelt. Als Folge der Erweiterung von Abs. 1 Nr. 4 durch das Gesetz zur Modernisierung der epidemiologischen Überwachung übertragbarer Krankheiten um Einrichtun-

gen für die Unterbringung von vollziehbar Ausreisepflichtigen (vgl. Rn. 6) erfasst Abs. 4 auch die in derartigen Einrichtungen untergebrachten Personen. Nach der Begründung des Gesetzentwurfs sieht der Gesetzgeber auch in Bezug auf diese Einrichtungen eine infektionshygienische Notwendigkeit, bei den entsprechend Untergebrachten eine ansteckungsfähige Lungentuberkulose auszuschließen. Der Gesetzgeber geht davon aus, dass sämtliche der von Abs. 4 und 5 erfassten Personengruppen gegenüber dem Bevölkerungsdurchschnitt eine signifikant höhere Tuberkuloseprävalenz aufweisen (vgl. Begründung des Entwurfs des Gesetzes zur Modernisierung der epidemiologischen Überwachung übertragbarer Krankheiten).

II. Einzelheiten zu Zeugnisvorlagepflicht (Abs. 4)
1. Erfasster Personenkreis, Dauer der Aufnahme

Zum Nachweis dafür, dass keine Anhaltspunkte für das Vorliegen einer ansteckungsfähigen Lungentuberkulose vorhanden sind, ist von Personen, die in eine Einrichtung nach Abs. 2 Nr. 2–4 aufgenommen werden sollen, ein entsprechendes ärztliches Zeugnis vorzulegen. Abs. 4 knüpft damit nicht an die Eigenschaft der jeweiligen Person als älterer, behinderter oder pflegebedürftiger Mensch, Obdachloser oder Asylbewerber etc. an, sondern an die Aufnahme in eine für diese Personen geschaffenen Einrichtung. Damit sind auch Personen erfasst, die in einer entsprechende Einrichtung untergebracht werden sollen, ohne selbst Asylbewerber etc. zu sein. Die Dauer der Aufnahme in die jeweilige Einrichtung ist grundsätzlich ohne Belang, lediglich in Bezug auf die Aufnahme in Obdachlosenunterkünfte (Abs. 1 Nr. 3) ist die Zeugnisvorlagepflicht auf solche Fälle beschränkt, in denen die Aufnahme für mindestens 3 Tage erfolgen soll (Abs. 4 letzter Satz). 27

2. Anforderungen an das Zeugnis

Bei sämtlichen Personen, die in eine Einrichtung nach Abs. 1 Nr. 2–4 aufgenommen werden sollen, muss das Zeugnis von einem Arzt ausgestellt sein. Bei diesem muss es sich nicht um einen Amtsarzt handeln. Bei der erstmaligen Aufnahme darf die Erhebung der Befunde, die dem ärztlichen Zeugnis zugrunde liegt, nicht länger als sechs Monate, bei einer erneuten Aufnahme darf sie nicht länger als zwölf Monate zurückliegen (Abs. 4 S. 2). Den Umfang der dem vorzulegenden Zeugnis zugrunde liegenden Untersuchungen hat der Gesetzgeber nicht konkretisiert, so dass sich dieser allein an den medizinischen Erfordernissen im Einzelfall bestimmt. Ob in diesem Rahmen auch eine Röntgenaufnahme erforderlich ist, entscheidet demnach grundsätzlich der Arzt. Etwas anderes gilt lediglich in Bezug auf Personen, die in eine Einrichtung nach Abs. 1 Nr. 4 aufgenommen werden sollen. Insoweit schreibt Abs. 4 S. 3 grundsätzlich vor, dass sich das sich das Zeugnis auf eine in Deutschland erstellte Röntgenaufnahme der Lunge stützen muss, sofern es sich nicht um Schwangeren oder Personen, die das 15. Lebensjahr noch nicht vollendet haben, handelt. 28

3. Keine Röntgenaufnahme bei Schwangeren und Personen unter 15

29 Bei Personen, die das 15. Lebensjahr noch nicht vollendet haben sowie bei Schwangeren ist von einer Röntgenaufnahme abzusehen (Abs. 4 S. 4 1. HS). In diesen Fällen ist das Zeugnis jedoch auf ‚sonstige Befunde' zu stützen (Abs. 4 S. 4 2. HS). Als sonstige Befunde kommen etwa Untersuchungen des Sputums oder Tuberkulintests in Betracht.

4. Zeitpunkt der Vorlage

30 Das Zeugnis muss immer vor oder unverzüglich nach der Aufnahme vorgelegt werden (Abs. 4 S. 1).

5. § 62 Abs. 1 AsylG

31 Hinzuweisen ist auf § 62 Abs. 1 AsylG, nach welchem die obersten Landesgesundheitsbehörden oder von ihnen bestimmte Stellen in Bezug auf Ausländer, die in eine Aufnahmeeinrichtung oder Gemeinschaftsunterkunft zu wohnen haben, weitergehende Untersuchungen vorschreiben können.

III. Einzelheiten zur Duldungsverpflichtung (Abs. 5)

1. Erfasster Personenkreis

32 Eine Duldungsverpflichtung besteht zum einen für Personen, die in Einrichtungen nach Abs. 1 Nr. 4 (S. 1), zum anderen für solche, die in Justizvollzugsanstalten (Abs. 1 Nr. 6) aufgenommen werden sollen (S. 3).

2. Inhalt der Duldungspflicht

33 Der Inhalt der Duldungspflicht unterscheidet sich je nach betroffenem Personenkreis. Personen, die in Einrichtungen nach Abs. 1 Nr. 4 aufgenommen werden sollen, sind verpflichtet, eine ärztliche Untersuchung auf Ausschluss einer ansteckungsfähigen Lungentuberkulose einschließlich einer Röntgenaufnahme der Atmungsorgane zu dulden (S. 1). Dies gilt jedoch nicht, wenn die betroffenen Personen ein ärztliches Zeugnis nach Abs. 4 vorlegen und unmittelbar vor ihrer Aufnahme in einer anderen Einrichtung nach Abs. 1 Nr. 4 untergebracht waren und die entsprechenden Untersuchungen bereits dort durchgeführt wurden (S. 2). Personen, die in Justizvollzugsanstalten aufgenommen werden sollen, müssen eine ärztliche Untersuchung auf übertragbare Krankheiten einschließlich einer Röntgenaufnahme der Lunge dulden (S. 3).

3. Keine Röntgenaufnahme bei Schwangeren und Personen unter 15

34 Für den Fall, dass die betroffene Person schwanger ist oder das 15. Lebensjahr noch nicht vollendet hat, erklärt S. 4 für beide von Abs. 5 erfasste Personengruppen (vgl. Rn. 32) die Regelungen des Abs. 4 S. 4 für entsprechend anwendbar, so dass von einer Röntgenaufnahme abzusehen und auf andere Befunde abzustellen ist (vgl. Rn. 29).

4. Anordnung der Duldung

Erforderlichenfalls kann die Duldung der jeweiligen Untersuchung mit S. 1 oder S. 3 als Rechtsgrundlage durch Verwaltungsakt angeordnet werden. **35**

5. Keine aufschiebende Wirkung

Nach S. 5 haben Widerspruch und Anfechtungsklage gegen Anordnungen nach den S. 1 und 3 keine aufschiebende Wirkung. Die Regelung wurde durch das Gesetz zur Modernisierung der epidemiologischen Überwachung übertragbarer Krankheiten eingefügt, um eine Vereinheitlichung mit den sehr ähnlich gelagerten Duldungspflichten in § 25 Abs. 3 S. 1 Nr. 1 sowie § 62 AsylG herbeizuführen, bei denen die aufschiebende Wirkung ebenfalls ausgeschlossen ist (vgl. § 25 Abs. 2 iVm § 16 Abs. 8 sowie § 75 AsylG). In all diesen Fällen kann zum Schutz der öffentlichen Gesundheit regelmäßig nicht mit der jeweiligen Untersuchung bis zum Abschluss des Verwaltungsverfahrens bzw. des Gerichtsverfahrens gewartet werden (vgl. jeweils Begründung des Gesetzentwurfs). **36**

IV. Kosten

Gemäß § 69 Abs. 1 Nr. 9 werden die in Abs. 5 genannten ärztlichen Untersuchungen grundsätzlich von der öffentlichen Hand getragen. **37**

V. Zuwiderhandlungen

Eine Zuwiderhandlung gegen die Duldungspflicht nach Abs. 5 S. 1 oder 3 ist gemäß § 73 Abs. 1a Nr. 19 bußgeld- und bei Vorliegen der Voraussetzungen von § 74 strafbewehrt. **38**

F. Verordnungsermächtigung für die Landesregierungen (Abs. 6)

I. Allgemeines

1. Inhalt

Abs. 6 wurde ohne inhaltliche Änderungen aus dem Regierungsentwurf des PpSG (BT-Drs. 19/4453) übernommen (vgl. auch Rn. 1a). Er hat das Ziel, es den Bundesländern vor dem Hintergrund der Migrationsbewegungen (so BT-Drs. 19/4453, 53) zu ermöglichen, Gesundheitsuntersuchungen auch für solche Personengruppen vorzusehen, die nicht in bestimmten Einrichtungen iSv Abs. 5 (vgl. dazu die Erläuterungen Rn. 32 ff.) oder in Aufnahmeeinrichtungen oder Gemeinschaftsunterkünften iSv § 62 Abs. 1 AsylG aufgenommen werden sollen beziehungsweise zu wohnen haben und sich daher nicht bereits nach Abs. 5 oder § 62 Abs. 1 AsylG einer Gesundheitsuntersuchung unterziehen müssen. In Bezug auf Zuwiderhandlungen siehe § 73 Abs. 1a Nr. 19, § 74. **39**

2. Gesetzesbegründung

40 Der Gesetzesentwurf (BT-Drs. 19/4453) führt aus, dass durch Abs. 6 Personengruppen, die aufgrund ihrer Herkunft (etwa Personen, die sich z. B. in Ausbruchsgebieten bzw. Hochprävalenzgebieten aufhielten und die wahrscheinlich mit erkrankten Personen in Kontakt gekommen sein können) oder ihrer Lebenssituation (etwa Personen, die z. B. über einen längeren Zeitraum hinweg keinen ausreichenden Zugang zu einer gesundheitlichen Versorgung hatten) wahrscheinlich einem erhöhten Infektionsrisiko für bestimmte bedrohliche übertragbare Krankheiten (vgl. § 2 Nr. 3a sowie die Erläuterungen § 2 Rn. 27 ff.) ausgesetzt waren, erfasst werden sollen. In Bezug auf diese Personengruppen, so der Entwurf, könne auch bei einer Unterbringung außerhalb einer Gemeinschaftsunterkunft aus Sicht des Infektionsschutzes eine gesundheitliche Untersuchung zum Schutz der Bevölkerung vor einer Gefährdung durch bestimmte bedrohliche übertragbare Krankheiten erforderlich sein, da auch Personen aus diesen Personengruppen, die aufgrund ihrer Herkunft oder ihrer Lebenssituation wahrscheinlich einem erhöhten Infektionsrisiko für bedrohliche übertragbare Krankheiten ausgesetzt waren und die in die Bundesrepublik Deutschland einreisen insbesondere in Gemeinschaftseinrichtungen (Schulen, Kitas, etc.) in engen Kontakt mit anderen Menschen treten könnten. Dies seien beispielsweise Menschen, die aus Krisengebieten in die Bundesrepublik Deutschland einreisten, oder auch bestimmte nachziehende Familienangehörige zu Asylberechtigten, anerkannten Flüchtlingen und subsidiär Schutzberechtigten und weitere Personengruppen, die einen Asylantrag stellten und die nicht nach §§ 47, 53 AsylG in Aufnahmeeinrichtungen oder Gemeinschaftsunterkünften zu wohnen haben (nach § 14 Abs. 2 AsylG), wenn bei ihnen die entsprechenden Kriterien für ein erhöhtes Infektionsrisiko vorliegen.

II. Einzelheiten

1. Inhalt der Rechtsverordnungen nach Abs. 6

41 In der Rechtsverordnung sind die in S. 3 Nrn. 1–4 spezifizierten näheren Einzelheiten zu bestimmen.

2. Empfehlungen des RKI (S. 4)

42 Gem. S. 4 kann das RKI zu den Einzelheiten nach S. 3 Nr. 1 Empfehlungen abgeben. Diese sind für die Landesregierungen nicht bindend, gleichwohl bei dem Erlass der Verordnung der Stellung des RKI gemäß zu berücksichtigen

3. Übertragung der Ermächtigung (S. 5)

43 Die Landesregierungen können gem. S. 5 die Ermächtigung nach S. 1 durch Rechtsverordnung auf andere Stellen übertragen.

Infektionsschutz bei Einrichtungen, Unternehmen und Personen § 36 IfSG

G. Verordnungsermächtigung für das Bundesministerium für Gesundheit (Abs. 7)

I. Allgemeines

Abs. 7 wurde (als Abs. 6) durch das Gesetz zur Modernisierung der epidemiologischen Überwachung übertragbarer Krankheiten aufgrund der Beschlussempfehlung des Ausschusses für Gesundheit (BT-Drs. 18/12604) eingefügt und in Folge der Einfügung des jetzigen Abs. 6 durch das PpSG zu Abs. 7 (vgl. bereits Rn. 1a). Aus der Beschlussempfehlung (BT-Drs. 18/12604) ergibt sich, dass es in Anbetracht der weltweit erhöhten Migrationsbewegungen und Flüchtlingsströme für notwendig erachtet wurde, die rechtlichen Voraussetzungen dafür zu schaffen, zum Schutz der öffentlichen Gesundheit erforderlichenfalls per Rechtsverordnung einreisende Personen aus Hochprävalenzgebieten einem Verfahren entsprechend den Abs. 4 und 5 unterziehen zu können, auch wenn die betroffenen Personen nicht in einer der dort genannten Einrichtungen aufgenommen werden. Das Bundesministerium für Gesundheit wird deshalb durch Abs. 7 ermächtigt, durch Rechtsverordnung mit Zustimmung des Bundesrates festzulegen, dass Personen, die in die Bundesrepublik Deutschland einreisen wollen oder eingereist sind und die wahrscheinlich einem erhöhten Infektionsrisiko für eine bestimmte bedrohliche übertragbare Krankheit ausgesetzt waren, vor oder nach ihrer Einreise ein ärztliches Zeugnis darüber vorzulegen haben, dass bei Ihnen keine Anhaltspunkte für das Vorliegen einer solchen bedrohlichen übertragbaren Krankheit vorhanden sind, sofern dies zum Schutz der Bevölkerung vor einer Gefährdung durch bedrohliche übertragbare Krankheiten erforderlich ist (S. 1). Personen, die ein ärztliches Zeugnis vor der Einreise nicht vorlegen, sind verpflichtet, eine entsprechende ärztliche Untersuchung zu dulden (S. 2). Einem erhöhten Infektionsrisiko können nach BT-Drs. 18/12604 etwa Personen ausgesetzt gewesen sein, die sich in Ausbruchsgebieten aufhielten und die wahrscheinlich mit erkrankten Personen in Kontakt gekommen sein können. In der Beschlussempfehlung wird explizit ausgeführt, dass es im Ermessen des Verordnungsgebers liegt, die Vorlage eines ärztlichen Zeugnisses bereits vor Einreise oder aber zumindest nach der Einreise zu fordern.

44

II. Einzelheiten

In der Rechtsverordnung können die näheren Einzelheiten bestimmt werden. Diese umfassen nach S. 3 insbesondere die betroffenen Personengruppen, die Anforderungen an das ärztliche Zeugnis nach S. 1 sowie die ärztlichen Untersuchung nach S. 2. Das Robert Koch-Institut kann zu den Einzelheiten Empfehlungen abgeben (S. 4). In dringenden Fällen kann zum Schutz der Bevölkerung die Rechtsverordnung ohne Zustimmung des Bundesrates erlassen werden (S. 5). In Bezug auf Zuwiderhandlungen siehe § 73 Abs. 1a Nr. 19, § 74.

45

H. Verordnungsermächtigung für die Datenerhebung und -verarbeitung bei Einreisen aus Risikogebieten (Abs. 8)

I. Allgemeines

46 Abs. 8 wurde durch das 3. COVIfSGAnpG eingefügt und enthält teils Regelungsgehalte, die zuvor im durch das 3. COVIfSGAnpG aufgehobenen § 5 Abs. 2 S. 1 Nr. 1 enthalten waren.

II. Einzelheiten

47 Abs. 8 ist unnötig unübersichtlich strukturiert. Er ermächtigt die Bundesregierung unter der Voraussetzung, dass der Deutsche Bundestag eine epidemische Lage von nationaler Tragweite gem. § 5 Abs. 1 festgestellt hat (vgl. dazu die Erläuterungen § 5 Rn. 3 ff.), durch Rechtsverordnung ohne Zustimmung des Bundesrates Personen, die in die Bundesrepublik Deutschland einreisen wollen oder eingereist sind, zu verpflichten, der zuständigen Behörde elektronisch oder durch eine schriftliche Ersatzmitteilung nach S. 3 Auskunft über ihre personenbezogenen Angaben und ihre Aufenthaltsorte bis zu zehn Tage vor und nach der Einreise mitzuteilen (Einreisemeldung, S. 1). Voraussetzung für eine solche Verpflichtung durch Rechtsverordnung ist nach S. 1, dass bei den betroffenen Personen die Möglichkeit besteht, dass sie einem erhöhten Infektionsrisiko für genau diejenige übertragbare Krankheit (vgl. zum Begriff § 2 Rn. 20 ff.) ausgesetzt waren, die zur Feststellung der epidemischen Lage von nationaler Tragweite geführt hat. Von einem derartige erhöhten Infektionsrisiko kann insbesondere dann ausgegangen werden, wenn sich die einreisenden Personen zuvor in einem Risikogebiet (vgl. § 2 Rn. 81 ff.) für diese übertragbare Krankheit aufgehalten haben (S. 1). Datenschutzrechtlicher Zweck der mit der Mitteilung einhergehenden Datenverarbeitung ist ausschließlich die Feststellung und Verhinderung der Verbreitung der jeweiligen übertragbaren Krankheit. Dies beinhaltet auch die Kontrolle der Einhaltung einer nach den Landesvorschriften vorgesehenen Absonderung, insbesondere infolge der Einreise aus einem Risikogebiet (vgl. Abs. 9 S. 2 sowie BT-Drs. 19/ 23944, 36). S. 2 verpflichtet die Bundesregierung (vgl. Wortlaut „ist auch zu bestimmen") vor dem Hintergrund des Verhältnismäßigkeitsgrundsatzes, Ausnahmen von der Mitteilungsverpflichtung vorzusehen. Zudem kann in der Rechtsverordnung festgelegt werden, dass für derartige Ausnahmen anstelle der Nutzung des vom Robert Koch-Institut nach Abs. 9 eingerichteten elektronischen Melde- und Informationssystems eine schriftliche Ersatzmitteilung gegenüber der zuständigen Behörde vorzunehmen ist. Schließlich ordnet S. 4 die entsprechende Geltung von § 34 Abs. 4 für die durch die Rechtsverordnung festgelegte Verpflichtung an (vgl. dazu § 34 Rn. 49).

III. Außerkrafttreten

48 Eine aufgrund von Abs. 8 S. 1 erlassene Rechtsverordnung tritt mit der Aufhebung der Feststellung der epidemischen Lage von nationaler Tragweite durch den Deutschen Bundestag nach § 5 Abs. 1 S. 2 außer Kraft, ansonsten spätestens mit Ablauf des 31. März 2021 (Abs. 12).

I. Einrichtung eines elektronisches Melde- und Informationssystem für die Einreisemeldungen beim Robert Koch-Institut (Abs. 9)

Abs. 9 wurde durch das 3. COVIfSGAnpG angefügt. Er verpflichtet das Robert Koch-Institut zur Einrichtung eines elektronisches Melde-und Informationssystems für die Einreisemeldungen nach Abs. 8 S. 1 und weist ihm die Verantwortung für den technischen Betrieb zu (S. 1). Nach S. 2 kann das Robert Koch-Institut einen IT-Dienstleister mit der technischen Umsetzung beauftragen. S. 3 konkretisiert die datenschutzrechtliche Zweckbestimmung in Abs. 8 S. 3 dahingehend, dass die erhobenen Daten von der zuständigen Behörde nur für Zwecke der Überwachung der Absonderung und der Kontaktnachverfolgung verarbeitet werden dürfen. S. 3 bestimmt eine Löschfrist von 14 Tage nach Einreise der jeweils betroffenen Person. Aktuell wird ein solches System unter www.einreiseanmeldung.de vom Robert Koch-Institut betrieben, IT-Dienstleister ist die Bundesdruckerei. **49**

J. Verordnungsermächtigungen betreffend die Vorlagepflichten von Einreisenden, Mitwirkungspflichten der Beförderer und der Betreiber von Einrichtungen der Verkehrsinfrastruktur, Informationspflicht von Anbietern von Telekommunikationsdiensten und Betreibern öffentlicher Mobilfunknetze (Abs. 10)

I. Allgemeines

Der durch das 3. COVIfSGAnpG neu eingefügte Abs. 10 enthält in seinen S. 1 Nr. 1–3 verschiedene Verordnungsermächtigungen für die Bundesregierung. Diese haben jeweils zur Voraussetzung, dass der Deutsche Bundestag eine epidemische Lage von nationaler Tragweite gem. § 5 Abs. 1 festgestellt hat (vgl. dazu die Erläuterungen § 5 Rn. 3 ff.). **50**

II. Verordnungsermächtigung nach S. 1 Nr. 1

Die Bundesregierung wird mit S. 1 Nr. 1 dazu ermächtigt, durch Rechtsverordnung ohne Zustimmung des Bundesrates Einreisende im Sinne des Abs. 8 S. 1 (vgl. Rn. 47) zu verpflichten, gegenüber den Beförderern, der zuständigen Behörde oder den in Abs. 11 genannten, mit der Kontrolle des grenzüberschreitenden Verkehrs beauftragten Behörden einen Nachweis über eine erfolgte Einreiseanmeldung nach Abs. 8 S. 1 oder eine Ersatzmitteilung nach Abs. 8 S. 3 vorzulegen (Buchstabe a), eine Impfdokumentation hinsichtlich der in Abs. 8 S. 1 genannten Krankheiten vorzulegen (Buchstabe b), ein ärztliches Zeugnis über das Vorliegen oder Nichtvorliegen dieser übertragbaren Krankheit nach Absatz 8 Satz 1 vorzulegen oder Auskunft darüber zu geben (Buchstabe c), ob bei ihnen Anzeichen für eine solche Krankheit **51** vorhanden sind (Buchstabe d) (BT-Drs. 19/ 23944, 36). Personen, die kein aufgrund der Rechtsverordnung nach S. 1 Nr. 1 erforderliches ärztliches Zeugnis oder erforderliches Testergebnis vorlegen, sind verpflichtet, eine ärztliche Untersuchung auf Ausschluss der in Abs. 8 S. 1 genannten Krankheit zu dulden (S. 2). § 34 Abs. 4 gilt nach S. 3 für die durch die Rechtsverordnung festgelegten Verpflichtungen entsprechend.

III. Verordnungsermächtigung nach S. 1 Nr. 2

52 Teilweise finden sich Regelungsgehalte, die zuvor im durch das 3. COVIfS-GAnpG aufgehobenen § 5 Abs. 2 S. 1 Nr. 2 enthalten waren, in S. 1 Nr. 2 wieder. In der Rechtsverordnung nach S. 1 Nr. 2, welche keiner Zustimmung des Bundesrates bedarf, können Mitwirkungspflichten insbesondere der Beförderer und der Betreiber von Einrichtungen der Verkehrsinfrastruktur festgelegt werden. Die Mitwirkungspflichten sind ein Baustein für einen effektiven Schutz gegen die Ausbreitung der in Abs. 8 S. 1 genannten Krankheiten (BT-Drs. 19/ 23944, 36). Verpflichtete einer Verordnung nach S. 1 Nr. 2 können ausschließlich die darin genannten Unternehmen und Betreiber sein. Ein inhaltliche Abgrenzung zwischen ‚Unternehmen' und ‚Betreibern' ist nicht erforderlich, da die Verwendung der unterschiedlichen Begriffe rein deskriptiv und allein der üblichen sprachlichen Verwendung geschuldet ist (man spricht z. B. gemeinhin von ‚Busunternehmen', nicht ‚Busbetreibern' sowie von ‚Flugplatzbetreibern', nicht von ‚Flugplatzunternehmen'). Erfasst sind vor diesem Hintergrund natürliche Personen, juristische Personen des öffentlichen (z. B. Körperschaften des öffentlichen Rechts) und privaten (z. B. Verein, GmbH, AG) Rechts sowie sämtliche sonstigen Rechtssubjekte, deren Teilrechtsfähigkeit anerkannt ist (GbR, oHG, KG, vgl. § 14 Abs. 2 BGB), sofern diese in den in S. 1 Nr. 2 genannten Feldern im Rahmen ihrer beruflichen Tätigkeit aktiv sind.

IV. Verordnungsermächtigung nach S. 1 Nr. 3

53 Die Bundesregierung wird mit S. 1 Nr. 3 dazu ermächtigt, durch Rechtsverordnung ohne Zustimmung des Bundesrates Anbieter von Telekommunikationsdiensten und Betreiber öffentlicher Mobilfunknetze zu verpflichten, alle in die Bundesrepublik Deutschland einreisenden Personen barrierefrei über elektronische Nachrichten Informationen über die geltenden Einreise- und Infektionsschutzbestimmungen zur Verfügung zu stellen. Die Verpflichtung kann sich jedoch nicht darauf erstrecken, diese Informationen auch als gesprochenen Text (z. B. für Sehbehinderte) zur Verfügung zu stellen. Insofern ist es eine Obliegenheit des Endnutzer, ein Endgerät vorzuhalten, das Nachrichtentext in Sprache umwandeln kann (BT-Drs. 19/ 23944, 37).

V. Außerkrafttreten

54 Eine aufgrund von Abs. 10 S. 1 erlassene Rechtsverordnung tritt mit der Aufhebung der Feststellung der epidemischen Lage von nationaler Tragweite

durch den Deutschen Bundestag nach § 5 Abs. 1 S. 2 außer Kraft, ansonsten spätestens mit Ablauf des 31. März 2021 (Abs. 12).

K. Rechte der mit dem Vollzug der Rechtsverordnungen nach Abs. 10 beauftragten Behörden, Unterrichtungspflichten bestimmter Behörden (Abs. 11)

Abs. 11 gewährt den mit dem Vollzug der Rechtsverordnungen nach Abs. 10 beauftragten Behörden verschiedene Rechte (S. 1). S. 2 verpflichtet die unterstützenden Behörden nach Abs. 10 S. 1 Nr. 1 dazu, bei Kenntnis unverzüglich die zuständigen Behörden über die Einreise der in der Rechtsverordnung nach Abs. 8 S. 1 genannten Einreisenden aus Risikogebieten (vgl. § 2 Rn. 81 ff.) zu unterrichten, soweit diese ihren Verpflichtungen aus der Rechtsverordnung nach Abs. 10 S. 1 Nr. 1 bei der Einreise nicht nachkommen. Zu diesem Zweck dürfen nach S. 3 bei den in der Rechtsverordnung nach Abs. 8 S. 1 genannten Personen ihre personenbezogenen Angaben, Angaben zu ihren Aufenthaltsorten bis zu zehn Tage vor und nach der Einreise und Angaben zu dem von ihnen genutzten Reisemittel erhoben und der zuständigen Behörde übermittelt werden. Die nach § 71 Abs. 1 S. 1 AufenthaltsG zuständigen Behörden und die unterstützenden Behörden nach Abs. 10 S. 1 Nr. 1 sind nach S. 4 zudem verpflichtet, bei Kenntnis unverzüglich die zuständigen Behörden über die Einreise der in der Rechtsverordnung nach Abs. 6 S. 1 oder nach Abs. 7 S. 1 genannten Personen zu unterrichten. Zu diesem Zweck dürfen bei diesen Personen ihre personenbezogenen Angaben erhoben und der zuständigen Behörde übermittelt werden (S. 5). Die von den Behörden nach den S. 1, 3 und 5 erhobenen Daten dürfen mit den Daten vorgelegter Reisedokumente abgeglichen werden (S. 6).

55

7. Abschnitt. Wasser

§ 37 Beschaffenheit von Wasser für den menschlichen Gebrauch sowie von Wasser zum Schwimmen oder Baden in Becken oder Teichen, Überwachung

(1) Wasser für den menschlichen Gebrauch muss so beschaffen sein, dass durch seinen Genuss oder Gebrauch eine Schädigung der menschlichen Gesundheit, insbesondere durch Krankheitserreger, nicht zu besorgen ist.

(2) Wasser, das in Gewerbebetrieben, öffentlichen Bädern sowie in sonstigen nicht ausschließlich privat genutzten Einrichtungen zum Schwimmen oder Baden bereitgestellt wird
1. in Schwimm- oder Badebecken oder
2. in Schwimm- oder Badeteichen, die nicht Badegewässer im Sinne der Richtlinie 2006/7/EG des Europäischen Parlaments und des Rates vom 15. Februar 2006 über die Qualität der Badegewässer und deren Bewirtschaftung und zur Aufhebung der Richtlinie 76/160/EWG (ABl. L 64 vom 4.3.2006, S. 37; L 359 vom 29.12.2012, S. 77), die zuletzt durch die Richtlinie 2013/64/EU (ABl. L 353 vom 28.12.2013, S. 8) geändert worden ist, sind,

muss so beschaffen sein, dass durch seinen Gebrauch eine Schädigung der menschlichen Gesundheit, insbesondere durch Krankheitserreger, nicht zu besorgen ist. Bei Schwimm- oder Badebecken muss die Aufbereitung des Wassers eine Desinfektion einschließen. Bei Schwimm- oder Badeteichen hat die Aufbereitung des Wassers durch biologische und mechanische Verfahren, die mindestens den allgemein anerkannten Regeln der Technik entsprechen, zu erfolgen.

(3) Wassergewinnungs- und Wasserversorgungsanlagen, Schwimm- oder Badebecken und Schwimm- oder Badeteiche einschließlich ihrer Wasseraufbereitungsanlagen unterliegen hinsichtlich der in den Absätzen 1 und 2 genannten Anforderungen der Überwachung durch das Gesundheitsamt.

Übersicht

	Rn.
A. Allgemeines	1
B. Wasser für den menschlichen Gebrauch (Abs. 1)	2
I. Allgemeines	2
II. Einzelheiten	3
1. Wasser für den menschlichen Gebrauch	3
2. Genuss, Gebrauch	4
3. Schädigung der menschlichen Gesundheit	5
4. Insbesondere durch Krankheitserreger	6
5. Nicht zu besorgen	7
III. Rechtsverordnung	8
C. Schwimm- und Badebeckenwasser, Schwimm- und Badeteichwasser (Abs. 2)	9
I. Allgemeines	9

	Rn.
II. Einzelheiten	10
1. Gewerbebetriebe, öffentliche Bäder und sonstige nicht ausschließlich privat genutzte Einrichtungen (S. 1)	10
2. Schwimm- oder Badebecken (S. 1 Nr. 1)	11
3. Schwimm- oder Badeteich (S. 1 Nr. 2)	12
a) Allgemeines	12
b) Abgrenzung zum Schwimm- oder Badebecken, Begriffsmerkmale	13
c) Badegewässer im Sinne der Richtlinie 2006/7/EG des Europäischen Parlaments und des Rates vom 15. Februar 2006 über die Qualität der Badegewässer und deren Bewirtschaftung und zur Aufhebung der Richtlinie 76/160/EWG	14
4. Gebrauch (S. 1)	15
5. Schädigung der menschlichen Gesundheit, insbesondere durch Krankheitserreger, zu besorgen (S. 1)	16
6. Wasseraufbereitung	17
a) Bei Schwimm- oder Badebecken	17
b) Bei Schwimm- oder Badeteichen	18
D. Überwachung durch das Gesundheitsamt (Abs. 3)	19
I. Allgemeines	19
II. Einzelheiten	20
1. Wassergewinnungsanlagen	20
2. Wasserversorgungsanlagen	21
3. Schwimm- oder Badebecken und Schwimm- oder Badeteiche einschließlich ihrer Wasseraufbereitungsanlagen	22
III. Zur Überwachung	23
1. Allgemeines	23
2. Gesundheitsamt	24
3. Umfang und Häufigkeit der Überwachung	25
IV. Rechte des Gesundheitsamtes sowie beauftragter Personen im Rahmen der Überwachungstätigkeit, Pflichten der Betroffenen	26

A. Allgemeines

1 Der Mensch besteht, je nach Alter, zu 50–75 % aus Wasser. Wasser ist für ihn überlebenswichtig und zum Gebrauch (etwa zur Zubereitung von Nahrung, zur Körperhygiene) unverzichtbar. Gleichzeitig erfolgt die Wasserversorgung heutzutage in der Regel von zentraler Stelle über ein örtliches oder regionales Leitungsnetz. Probleme mit der Wasserqualität können deshalb erhebliche gesundheitliche Auswirkungen auf eine Vielzahl von Menschen haben. Insoweit hat der Gesetzgeber bereits in der amtl. Begründung zum BSeuchG (1961) darauf hingewiesen, dass es unerlässlich ist, im Interesse der Volksgesundheit Vorsorge zu treffen, dass durch seinen Genuss keine gesundheitlichen Schäden auftreten. Durch das PpSG wurden die vormaligen Abs. 3 S. 2 und 3 aufgehoben. Die vormals dort geregelten Rechte des Gesundheitsamtes sowie beauftragter Personen im Rahmen der Überwachungstätigkeit sowie die Pflichten der Betroffenen ergeben sich nunmehr aus dem durch das PpSG in das IfSG eingefügten § 15a. Vgl. im Einzelnen die Erläuterungen Rn. 26 sowie § 15a Rn. 1 ff.

B. Wasser für den menschlichen Gebrauch (Abs. 1)

I. Allgemeines

Abs. 1 war vormals zusammen mit Abs. 2 in ähnlicher Form in § 11 Abs. 1 BSeuchG enthalten und stellt die grundsätzliche Anforderung an die Beschaffenheit von Wasser für den menschlichen Gebrauch auf, dass durch seinen Genuss oder Gebrauch eine Schädigung der menschlichen Gesundheit, insbesondere durch Krankheitserreger, nicht zu besorgen sein darf. Abs. 1 ist eine der Vorschriften des IfSG, auf welchen die Trinkwasserverordnung (vgl. § 38 Rn. 3) beruht.

2

II. Einzelheiten

1. Wasser für den menschlichen Gebrauch

Nach der amtl. Begründung ist der Begriff ‚Wasser für den menschlichen Gebrauch' im Sinne der Richtlinie 98/83/EG vom 3.11.1998 zu verstehen und bildet den Oberbegriff für Trinkwasser sowie Wasser für Lebensmittelbetriebe. Nach Art. 2 Nr. 1 der genannten Richtlinie ist ‚Wasser für den menschlichen Gebrauch' a) alles Wasser, sei es im ursprünglichen Zustand oder nach Aufbereitung, das zum Trinken, zum Kochen, zur Zubereitung von Speisen oder zu anderen häuslichen Zwecken bestimmt ist, und zwar ungeachtet seiner Herkunft und ungeachtet dessen, ob es aus einem Verteilungsnetz, in Tankfahrzeugen, in Flaschen oder anderen Behältern bereitgestellt wird; und b) alles Wasser, das in einem Lebensmittelbetrieb für die Herstellung, Behandlung, Konservierung oder zum Inverkehrbringen von für den menschlichen Gebrauch bestimmten Erzeugnissen oder Substanzen verwendet wird, sofern die zuständigen einzelstaatlichen Behörden nicht davon überzeugt sind, dass die Qualität des Wassers die Genusstauglichkeit des Enderzeugnisses nicht beeinträchtigen kann. Zu den häuslichen Zwecken zählen auch Nutzungen für Tätigkeiten im Haushalt, etwa als Wasser für Waschmaschinen oder Geschirrspülmaschinen.

3

2. Genuss, Gebrauch

Unter Genuss ist der Verzehr (Trinken) zu verstehen, während der Gebrauch jede der anderen der in Rn. 3 genannten Verwendungsarten umfasst.

4

3. Schädigung der menschlichen Gesundheit

Der Begriff ist weit zu verstehen und umfasst jede nicht nur ganz geringfügige Beeinträchtigung der menschlichen Körper- oder Geistesfunktionen.

5

4. Insbesondere durch Krankheitserreger

6 Vgl. zunächst die Erläuterungen § 2 Rn. 4 ff. zum Begriff des Krankheitserregers. Aus der Formulierung ‚insbesondere' ergibt sich, dass nicht nur von Krankheitserregern, sondern auch von den sonstigen (chemischen, physikalischen) Eigenschaften keine Schädigung der menschlichen Gesundheit zu besorgen sein darf.

5. Nicht zu besorgen

7 Der Begriff wurde mit dem 4. ÄndG in § 11 Abs. 1 S. 1 des damalige BSeuchG eingefügt. Nach der amtlichen Begründung zum 4. ÄndG zum BSeuchG ist der Begriff aus dem damaligen § 34 Abs. 2 WHG entnommen und entsprechend der zu dieser Vorschrift ergangenen Rechtsprechung zu verstehen. Danach bedeutet ‚nicht zu besorgen', dass eine Schädigung der menschlichen Gesundheit unwahrscheinlich ist (vgl. auch BayVGH, Urteil vom 15.3.2000, Az. 25 B 96.2188 zu § 11 BSeuchG).

III. Rechtsverordnung

8 Die Einzelheiten sind durch Rechtsverordnung nach § 38 Abs. 1 festzulegen, was in Form der TrinkwV geschehen ist (vgl. § 38 Rn. 3).

C. Schwimm- und Badebeckenwasser, Schwimm- und Badeteichwasser (Abs. 2)

I. Allgemeines

9 Der Regelungsbereich von Abs. 2 wurde durch das Gesetz zur Modernisierung der epidemiologischen Überwachung übertragbarer Krankheiten erweitert und erstreckte die zuvor nur für Schwimm- oder Badebeckenwasser geltende allgemeine Qualitätsanforderung auf das ‚sonstige Wasser'. Darunter wird Wasser verstanden, das in Gewerbebetrieben, öffentlichen Bädern sowie in sonstigen nicht ausschließlich privat genutzten Einrichtungen zum Schwimmen und Baden bereit gestellt wird, aber nicht in Schwimm- oder Badebecken, sondern in Schwimm- oder Badeteichen.

II. Einzelheiten

1. Gewerbebetriebe, öffentliche Bäder und sonstige nicht ausschließlich privat genutzte Einrichtungen (S. 1)

10 Nach der amtl. Begründung sind damit sämtliche Einrichtungen gemeint, in denen Schwimm- und Badewasser nicht ausschließlich für private Zwecke zur Verfügung gestellt wird. Damit werden beispielsweise auch Schwimm- und Badebecken in Ferienanlagen oder gewerblichen Wellnessanlagen erfasst, selbst wenn sie dort nur eine untergeordnete Rolle innerhalb des Gebotenen spielen.

Beschaffenheit von Wasser für den menschlichen Gebrauch § 37 IfSG

2. Schwimm- oder Badebecken (S. 1 Nr. 1)

Eine Definition dieser Begriffe enthält das IfSG nicht. Nach dem allgemeinen Sprachgebrauch ist darunter ein künstlich hergestelltes Wasserbehältnis zu verstehen, das befüll- und entleerbar und dem Schwimm- oder Badebetrieb gewidmet ist (vgl. VG Ansbach, Beschluss vom 13.12.2011, AN 4 K 11.01616). Darunter fallen demnach auch Planschbecken für Kinder und Tauchbecken in Saunen (vgl. amtl. Begründung des 4. ÄndG zum BSeuchG). **11**

3. Schwimm- oder Badeteich (S. 1 Nr. 2)

a) Allgemeines. Die Bezeichnungen für Schwimm- oder Badeteiche variieren in der Praxis (z. B. Kleinbadeteich, Biobadeteich, Naturbad oder Freibad mit biologischer Wasseraufbereitung) und sind gesetzlich nicht geregelt. Entscheidend für die Einordnung als Schwimm- und Badeteich kann deshalb nicht die jeweilige Bezeichnung sein. **12**

b) Abgrenzung zum Schwimm- oder Badebecken, Begriffsmerkmale. Zur Abgrenzung der Schwimm- oder Badeteiche von den Schwimm- oder Badebecken ist auf die erkennbare Gesamtsituation der baulichen Gestaltung des Schwimm- und Badebereiches abzustellen, insbesondere auf die Art der Wasserumfassung. Eine Umfassung des Wassers mittels metallischer Wannen oder betonierten oder gemauerten Umgrenzungen spricht für die Einordnung als Schwimm- oder Badebecken. Demgegenüber dienen bei Schwimm- oder Badeteichen auch natürliche Materialien wie Erde, Sande oder Kies zur Wasserumfassung, wobei auch Pflanzenbewuchs in und um das Wasser eingesetzt sein kann, um insgesamt einen naturnahen Gesamtcharakter zu erzeugen. Als Beispiele für eine Wasserumfassung mit einem solchen naturnahen Charakter zu nennen sind Anlagen, die von vornherein als Teiche angelegt sind, sowie umgebaute ehemalige Schwimmbecken von Schwimm- oder Freibädern, bei denen eine oder mehrere Beckenwände durch Sand, Kies oder ähnliches ersetzt wurden und die in einen bepflanzten Bereich auslaufen, der nicht zum Schwimmen benutzt werden darf. In diesem Rahmen ist auch das Vorhandensein von z. B. gemauerten oder betonierten Elementen für die Einordnung als Schwimm- oder Badeteich unschädlich. **13**

c) Badegewässer im Sinne der Richtlinie 2006/7/EG des Europäischen Parlaments und des Rates vom 15. Februar 2006 über die Qualität der Badegewässer und deren Bewirtschaftung und zur Aufhebung der Richtlinie 76/160/EWG. Badegewässer im Sinne der Richtlinie 2006/7/EG des Europäischen Parlaments und des Rates vom 15. Februar 2006 über die Qualität der Badegewässer und deren Bewirtschaftung und zur Aufhebung der Richtlinie 76/160/EWG werden von Nr. 2 und damit vom Anwendungsbereich des Abs. 2 nicht erfasst. **14**

4. Gebrauch (S. 1)

Vgl. dazu Rn. 3. **15**

5. Schädigung der menschlichen Gesundheit, insbesondere durch Krankheitserreger, zu besorgen (S. 1)

16 Es gelten die Erläuterungen Rn. 5–7 entsprechend.

6. Wasseraufbereitung

17 a) **Bei Schwimm- oder Badebecken.** S. 2 schreibt verpflichtend fest, dass das in Schwimm- oder Badebecken bereitgestellte Wasser desinfiziert werden muss. Dadurch soll ein hohes Schutzniveau gewährleistet werden. Ausweislich der Begründung des Gesetzentwurfs ist das Erfordernis der Desinfektion eine Rechtsfolge und nicht eine Voraussetzung für das Vorliegen eines Schwimm- oder Badebeckens. Deshalb hat die Beseitigung der Desinfektionsanlage keinen Einfluss auf eine Einordnung als Schwimm- oder Badebecken iSv Nr. 1 und führt nicht zu einer Befreiung von der Verpflichtung zur Desinfektion.

18 b) **Bei Schwimm- oder Badeteichen.** Bei Schwimm- und Badeteichen wird lediglich eine mindestens den allgemein anerkannten Regeln der Technik entsprechende Wasseraufbereitung ausschließlich durch biologische und mechanische Verfahren gefordert. Das mit biologischen und mechanischen Aufbereitungsverfahren erreichbare Schutzniveau liegt zwangsläufig deutlich unter jenem, das mit einer Aufbereitung mit Desinfektion erreicht werden kann (vgl. Begründung des Gesetzentwurfs).

D. Überwachung durch das Gesundheitsamt (Abs. 3)

I. Allgemeines

19 Abs. 3 S. 1 entspricht im Wesentlichen § 11 Abs. 1 S. 3–5 BSeuchG. Er bestimmt, dass Wassergewinnungs- und Wasserversorgungsanlagen, Schwimm- und Badebecken sowie Schwimm- und Badeteiche einschließlich ihrer Wasseraufbereitungsanlagen der Überwachung des Gesundheitsamtes unterliegen.

II. Einzelheiten

1. Wassergewinnungsanlagen

20 Nach der Begründung zum 4. ÄndG zu § 11 Abs. 1 S. 3 BSeuchG sind Wassergewinnungsanlagen Einrichtungen zur Sammlung, Anreicherung und Entnahme von Rohwasser aus dem Untergrund oder einem Oberflächengewässer; in der Regel sind diese Einrichtungen Teil einer Wasserversorgungsanlage, sie können aber auch als selbständige Anlage betrieben werden. Nachteilige Einflüsse auf sie können die Wasserqualität erheblich beeinträchtigen.

2. Wasserversorgungsanlagen

21 Der Begriff hat dieselbe Bedeutung wie in der entsprechenden Legaldefinition in § 3 Nr. 2 TrinkwV, so dass auf diese verwiesen wird.

3. Schwimm- oder Badebecken und Schwimm- oder Badeteiche einschließlich ihrer Wasseraufbereitungsanlagen

Vgl. zum Begriff des Schwimm- oder Badebeckens Rn. 11, zu dem des **22** Schwimm- oder Badeteichs Rn. 12 ff. Zu Schwimm- oder Badebecken oder Schwimm- und Badeteichen gehörende Wasseraufbereitungsanlagen sind Einrichtungen, welche das Wasser zum Zwecke der Nutzung im Schwimm- oder Badebecken bzw. -teich aufbereiten sollen, unabhängig davon, ob diese Aufbereitung auf chemischem, biologischem oder physikalischem Wege erfolgt.

III. Zur Überwachung

1. Allgemeines

Der Überwachung nach Abs. 3 unterliegen die genannten Einrichtungen nur **23** in Bezug auf das in den Abs. 1 und 2 spezifizierte Wasser. Wassergewinnungs- und Wasserversorgungsanlagen für Wasser, das nicht für den menschlichen Gebrauch (vgl. Rn. 3) bestimmt ist, unterliegen deshalb ebenso wenig der Überwachung nach Abs. 3 wie andere als die in Abs. 2 genannten Schwimm- oder Badebecken und Schwimm- oder Badeteiche (vgl. Rn. 10 ff., z. B. rein privat genutzte Pools).

2. Gesundheitsamt

Zuständig für die Überwachung ist grundsätzlich das Gesundheitsamt (Abs. 3 **24** aE, vgl. dazu die Erläuterungen § 2 Rn. 73 f.). Im Bereich der Eisenbahnen des Bundes und der Magnetschwebebahnen obliegt der Vollzug von Abs. 3 für Schienenfahrzeuge sowie ortsfeste Anlagen zur ausschließlichen Befüllung von Schienenfahrzeugen jedoch dem Eisenbahn-Bundesamt (§ 54b).

3. Umfang und Häufigkeit der Überwachung

Die Entscheidung darüber, in welchem Umfang und mit welcher Häufigkeit **25** eine Überwachung erfolgt, steht grundsätzlich im pflichtgemäßen Ermessen des Gesundheitsamtes. Es sind bei der Entscheidung etwaige Vorgaben der jeweiligen übergeordneten Aufsichtsbehörden zu beachten.

IV. Rechte des Gesundheitsamtes sowie beauftragter Personen im Rahmen der Überwachungstätigkeit, Pflichten der Betroffenen

Die Rechte und Pflichten ergeben sich aus dem durch das PpSG in das IfSG **26** eingefügten § 15a. Vgl. dazu bereits Rn. 1 sowie die Erläuterungen zu § 15a.

§ 38 Erlass von Rechtsverordnungen

(1) Das Bundesministerium für Gesundheit bestimmt durch Rechtsverordnung mit Zustimmung des Bundesrates,

1. welchen Anforderungen das Wasser für den menschlichen Gebrauch entsprechen muss, um der Vorschrift von § 37 Abs. 1 zu genügen,
2. dass und wie die Wassergewinnungs- und Wasserversorgungsanlagen und das Wasser in hygienischer Hinsicht zu überwachen sind,
3. welche Handlungs-, Unterlassungs-, Mitwirkungs- und Duldungspflichten dem Unternehmer oder sonstigen Inhaber einer Wassergewinnungs- oder Wasserversorgungsanlage im Sinne der Nummern 1 und 2 obliegen, welche Wasseruntersuchungen dieser durchführen oder durchführen lassen muss und in welchen Zeitabständen diese vorzunehmen sind,
4. die Anforderungen an Stoffe, Verfahren und Materialien bei der Gewinnung, Aufbereitung oder Verteilung des Wassers für den menschlichen Gebrauch, soweit diese nicht den Vorschriften des Lebensmittel- und Futtermittelgesetzbuches unterliegen, und insbesondere, dass nur Aufbereitungsstoffe und Desinfektionsverfahren verwendet werden dürfen, die hinreichend wirksam sind und keine vermeidbaren oder unvertretbaren Auswirkungen auf Gesundheit und Umwelt haben,
5. in welchen Fällen das Wasser für den menschlichen Gebrauch, das den Anforderungen nach den Nummern 1 oder 4 nicht entspricht, nicht oder nur eingeschränkt abgegeben oder anderen nicht oder nur eingeschränkt zur Verfügung gestellt werden darf,
6. dass und wie die Bevölkerung über die Beschaffenheit des Wassers für den menschlichen Gebrauch und über etwaige zu treffende Maßnahmen zu informieren ist,
7. dass und wie Angaben über die Gewinnung und die Beschaffenheit des Wassers für den menschlichen Gebrauch einschließlich personenbezogener Daten, soweit diese für die Erfassung und die Überwachung der Wasserqualität und der Wasserversorgung erforderlich sind, zu übermitteln sind und
8. die Anforderungen an die Untersuchungsstellen, die das Wasser für den menschlichen Gebrauch analysieren

In der Rechtsverordnung können auch Regelungen über die Anforderungen an die Wassergewinnungs- und Wasserversorgungsanlagen getroffen werden. Ferner kann in der Rechtsverordnung dem Umweltbundesamt die Aufgabe übertragen werden, zu prüfen und zu entscheiden, ob Stoffe, Verfahren und Materialien die nach Satz 1 Nummer 4 festgelegten Anforderungen erfüllen. Voraussetzungen, Inhalt und Verfahren der Prüfung und Entscheidung können in der Rechtsverordnung näher bestimmt werden. In der Rechtsverordnung kann zudem festgelegt werden, dass Stoffe, Verfahren und Materialien bei der Gewinnung, Aufbereitung und Verteilung des Wassers für den menschlichen Gebrauch erst dann verwendet werden dürfen, wenn das Umweltbundesamt festgestellt hat, dass sie die nach Satz 1 Nummer 4 festgelegten Anforderungen erfüllen. Die Rechtsverordnung bedarf des Einvernehmens mit dem Bundesministerium für Umwelt, Naturschutz und nukleare Sicherheit, soweit es sich um Wassergewinnungsanlagen handelt.

(2) Das Bundesministerium für Gesundheit bestimmt durch Rechtsverordnung mit Zustimmung des Bundesrates,
1. welchen Anforderungen das in § 37 Abs. 2 bezeichnete Wasser entsprechen muss, um der Vorschrift von § 37 Abs. 2 zu genügen,

Erlass von Rechtsverordnungen § 38 IfSG

2. Dass und wie die Schwimm- oder Badebecken, die Schwimm- oder Badeteiche und das Wasser in hygienischer Hinsicht zu überwachen sind,
3. welche Handlungs-, Unterlassungs-, Mitwirkungs- und Duldungspflichten dem Unternehmer oder sonstigen Inhaber eines Schwimm- oder Badebeckens oder eines Schwimm- oder Badeteichs im Sinne der Nummern 1 und 2 obliegen, welche Wasseruntersuchungen dieser durchführen oder durchführen lassen muss und in welchen Zeitabständen diese vorzunehmen sind,
4. in welchen Fällen das in § 37 Abs. 2 bezeichnete Wasser, das den Anforderungen nach Nummer 1 nicht entspricht, anderen nicht zur Verfügung gestellt werden darf und
5. dass für die Aufbereitung des in § 37 Absatz 2 Satz 1 bezeichneten Wassers nur Mittel und Verfahren verwendet werden dürfen, die vom Umweltbundesamt in einer Liste bekannt gemacht worden sind.

Die Aufnahme von Mitteln und Verfahren zur Aufbereitung des in § 37 Absatz 2 Satz 2 bezeichneten Wassers in die Liste nach Nummer 5 erfolgt nur, wenn das Umweltbundesamt festgestellt hat, dass die Mittel und Verfahren mindestens den allgemein anerkannten Regeln der Technik entsprechen.

(3) Für individuell zurechenbare öffentliche Leistungen in Antragsverfahren nach den auf Grund der Absätze 1 und 2 erlassenen Rechtsverordnungen kann das Umweltbundesamt zur Deckung des Verwaltungsaufwands Gebühren und Auslagen erheben. Das Bundesministerium für Umwelt, Naturschutz und nukleare Sicherheit wird ermächtigt, durch Rechtsverordnung ohne Zustimmung des Bundesrates die gebührenpflichtigen Tatbestände, die Gebührensätze und die Auslagenerstattung näher zu bestimmen und dabei feste Sätze oder Rahmensätze vorzusehen.

A. Allgemeines

§ 38 stellt eine Verordnungsermächtigung gem. Art. 80 GG dar. 1

B. Wasser für den menschlichen Gebrauch (Abs. 1)

I. Allgemeines

Abs. 1 ermächtigt das Bundesministerium für Gesundheit, die Anforderungen 2 für Wasser für den menschlichen Gebrauch nach § 37 Abs. 1 durch eine Rechtsverordnung, welche der Zustimmung des Bundesrates bedarf, zu konkretisieren und inhaltlich verbundene Regelungen festzulegen. Außerdem können in der Rechtsverordnung auch Regelungen über die Anforderungen an Wassergewinnungs- und Wasserversorgungsanlagen getroffen werden (S. 2). Soweit es sich um Wassergewinnungsanlagen handelt, bedarf die Rechtsverordnung des Einvernehmens mit dem Bundesministerium für Umwelt, Naturschutz und nukleare Sicherheit (S. 5).

II. TrinkwV

3 In Umsetzung der Richtlinie 98/83/EG vom 3.11.1998 wurde mit Wirkung zum 1.1.2001 die Trinkwasserverordnung erlassen und seitdem mehrfach geändert.

III. Zukünftige Änderungen

3a Durch G v. 18.7.2016 (BGBl. I S. 1666; geändert durch G v. 17.7.2017, BGBl. I S. 2615) wird Abs. 3 mWv 1.10.2021 aufgehoben.

C. Wasser zum Schwimmen oder Baden in Becken und Teichen (Abs. 2)

I. Allgemeines

4 Durch Abs. 2 wird das Bundesministerium für Gesundheit ermächtigt, die Anforderungen an das in § 37 Abs. 2 bezeichnete Wasser festzulegen und damit inhaltlich verbundene Regelungen zu treffen (S. 1). Bislang wurde von der Ermächtigung kein Gebrauch gemacht.

II. Praxishinweise

1. Landesregelungen

5 Solange von der Ermächtigung nach Abs. 2 kein Gebrauch gemacht wird, gelten etwaige bestehende Landesregelungen.

2. Eingriffsmöglichkeiten

6 Eingriffsmöglichkeiten der zuständigen Behörde ergeben sich bei Vorliegen der jeweiligen tatbestandlichen Voraussetzungen aus dem IfSG, insbesondere ist dabei an §§ 39 Abs. 2 S. 1 Nr. 1 und 2 denken. Liegen die Voraussetzungen der §§ 16, 25, 28 vor, können auch diese als Eingriffsgrundlage dienen. Überwachungsmaßnahmen können gem. § 37 Abs. 3 iVm § 16 Abs. 2 erfolgen (vgl. § 37 Rn. 19 ff.).

3. Untergesetzliche Vorgaben

7 Im Bereich des Schwimm- und Badebeckenwassers bestehen untergesetzliche Vorschriften, etwa die DIN 19643 zur ‚Aufbereitung von Schwimm- und Badebeckenwasser' oder die ‚Richtlinien für Planung, Bau, Instandhaltung und Betrieb von Freibädern mit biologischer Wasseraufbereitung (Schwimm- und Badeteiche)' der Forschungsgesellschaft Landesentwicklung Landschaftsbau e. V.; sämtliche dieser Regelungen haben keine Gesetzeskraft. Ein Verstoß gegen die in ihnen enthaltenen Vorgaben als solcher begründet deshalb keine Eingriffsbefugnis nach dem IfSG – insoweit entscheidend ist vielmehr immer allein das Vorliegen der tatbestandlichen Voraussetzungen der jeweiligen Eingriffsnorm.

§ 39 Untersuchungen, Maßnahmen der zuständigen Behörde

(1) Der Unternehmer oder sonstige Inhaber einer Wassergewinnungs- oder Wasserversorgungsanlage, eines Schwimm- oder Badebeckens oder eines Schwimm- oder Badeteichs hat die ihm auf Grund von Rechtsverordnungen nach § 38 Abs. 1 oder 2 obliegenden Wasseruntersuchungen auf eigene Kosten durchzuführen oder durchführen zu lassen. Er hat auch die Gebühren und Auslagen der Wasseruntersuchungen zu tragen, die die zuständige Behörde auf Grund der Rechtsverordnungen nach § 38 Abs. 1 oder 2 durchführt oder durchführen lässt.
(2) Die zuständige Behörde hat die notwendigen Maßnahmen zu treffen, um
1. die Einhaltung der Vorschriften des § 37 Abs. 1 und 2 und von Rechtsverordnungen nach § 38 Abs. 1 und 2 sicherzustellen,
2. Gefahren für die menschliche Gesundheit abzuwenden, die von Wasser für den menschlichen Gebrauch im Sinne von § 37 Abs. 1 sowie von Wasser für und in Schwimm- oder Badebecken und Schwimm- oder Badeteichen im Sinne von § 37 Abs. 2 ausgehen können, insbesondere um das Auftreten oder die Weiterverbreitung übertragbarer Krankheiten zu verhindern.
§ 16 Abs. 6 bis 8 gilt entsprechend.

A. Allgemeines

§ 39 regelt zum einen die Pflicht zur Durchführung und Tragung von Kosten **1** von Wasseruntersuchungen auf Grund von Rechtsverordnungen nach § 38 Abs. 1 und 2 (Abs. 1). Zum anderen verpflichtet er die zuständige Behörde zur Sicherstellung der Einhaltung der sich aus § 37 Abs. 1 und 2 sowie Rechtsverordnungen nach § 38 Abs. 1 und 2 ergebenden Vorgaben (Abs. 2 S. 1 Nr. 1). Schließlich enthält er in Abs. 2 eine Rechtsgrundlage für Maßnahmen der zuständigen Behörde (Abs. 2 S. 1 Nr. 2). Durch G v. 18.7.2016 (BGBl. I S. 1666; geändert durch G v. 17.7.2017, BGBl. I S. 2615) wird Abs. 1 S. 2 mWv 1.10.2021 aufgehoben.

B. Einzelheiten

I. Allgemeines

Abs. 2 S. 1 Nr. 2 setzt keine konkrete Gefahr (vgl. § 16 Rn. 3 ff.) voraus. Ein **2** Einschreiten ist vielmehr schon dann möglich, wenn ein durch Tatsachen erhärteter Verdacht besteht, der eine Gesundheitsgefährdung als wahrscheinlich erscheinen lässt (vgl. auch BayVGH, Urteil vom 15.3.2000, Az 25 B 96.2188 zur Vorgängernorm § 11 Abs. 4 Nr. 2 BSeuchG). In Bezug auf Abs. 2 S. 2 vgl. die entsprechenden Erläuterungen zu § 16. Im Bereich der Eisenbahnen des Bundes und der Magnetschwebebahnen obliegt der Vollzug von § 39 für Schienenfahrzeuge sowie ortsfeste Anlagen zur ausschließlichen Befüllung von Schienenfahrzeugen dem Eisenbahn- Bundesamt (§ 54b).

II. Zusammenspiel der möglichen Rechtsgrundlagen für Maßnahmen

Vgl. dazu im Detail die Erläuterungen in Gerhardt, TrinkwV, Vor § 9 Rn. 1 ff.

§ 40 Aufgaben des Umweltbundesamtes

Das Umweltbundesamt hat im Rahmen dieses Gesetzes die Aufgabe, Konzeptionen zur Vorbeugung, Erkennung und Verhinderung der Weiterverbreitung von durch Wasser übertragbaren Krankheiten zu entwickeln. Beim Umweltbundesamt können zur Erfüllung dieser Aufgaben beratende Fachkommissionen eingerichtet werden, die Empfehlungen zum Schutz der menschlichen Gesundheit hinsichtlich der Anforderungen an die Qualität des in § 37 Abs. 1 und 2 bezeichneten Wassers sowie der insoweit notwendigen Maßnahmen abgeben können. Die Mitglieder dieser Kommissionen werden vom Bundesministerium für Gesundheit im Benehmen mit dem Bundesministerium für Umwelt, Naturschutz und nukleare Sicherheit sowie im Benehmen mit den jeweils zuständigen obersten Landesbehörden berufen. Vertreter des Bundesministeriums für Gesundheit, des Bundesministeriums für Umwelt, Naturschutz und nukleare Sicherheit und des Umweltbundesamtes nehmen mit beratender Stimme an den Sitzungen teil. Weitere Vertreter von Bundes- und Landesbehörden können daran teilnehmen.

A. Allgemeines

1 Nach § 40 ist es Aufgabe des Umweltbundesamtes, Konzeptionen zur Vorbeugung, Erkennung und Verhinderung der Weiterverbreitung von durch Wasser übertragbare Krankheiten zu erstellen.

B. Einzelheiten

2 Zur Erfüllung dieser Aufgaben bestehen beim Umweltbundesamt seit vielen Jahren Kommissionen, etwa die Trinkwasser- oder die Schwimm- und Badebeckenwasserkommission. Details zu deren Tätigkeiten sind auf der Webseite www.umweltbundesamt.de unter ‚Das UBA' → Wer wir sind → Kommissionen und Fachbeiräte abrufbar.

§ 41 Abwasser

(1) Die Abwasserbeseitigungspflichtigen haben darauf hinzuwirken, dass Abwasser so beseitigt wird, dass Gefahren für die menschliche Gesundheit durch Krankheitserreger nicht entstehen. Einrichtungen zur Beseitigung des in Satz 1 genannten Abwassers unterliegen der infektionshygienischen Überwachung durch die zuständige Behörde.

(2) Die Landesregierungen werden ermächtigt, bezüglich des Abwassers durch Rechtsverordnung entsprechende Gebote und Verbote zur Verhütung übertragbarer Krankheiten zu erlassen. Die Landesregierungen können die Ermächtigung durch Rechtsverordnung auf andere Stellen übertragen. Das Grundrecht der Unverletzlichkeit der Wohnung (Artikel 13 Abs. 1 Grundgesetz) kann insoweit eingeschränkt werden.

A. Allgemeines

Nach § 56 WHG ist Abwasser von den juristischen Personen des öffentlichen Rechts zu beseitigen, die nach Landesrecht hierzu verpflichtet sind (Abwasserbeseitigungspflichtige). Nach den Gemeindeordnungen der Länder sind Abwasserbeseitigungspflichtige grundsätzlich die Kommunen. § 41 ist immer im Zusammenhang mit anderen den Abwasserbereich betreffenden Vorschriften (z. B. WHG, AbwAG) zu sehen. Durch das PpSG wurden die bisherigen Abs. 1 S. 3–5 aufgehoben. Die vormals dort geregelten Rechte des Gesundheitsamtes sowie beauftragter Personen im Rahmen der Überwachungstätigkeit sowie die Pflichten der Betroffenen ergeben sich nunmehr aus dem durch das PpSG in das IfSG eingefügten § 15a. Vgl. im Einzelnen die Erläuterungen § 15a Rn. 1 ff. 1

B. Einzelheiten

I. Begriffe (Abs. 1 S. 1)

1. Abwasser

Nach § 2 Abs. 1 S. 1 AbwAG ist unter Abwasser das durch häuslichen, gewerblichen, landwirtschaftlichen oder sonstigen Gebrauch in seinen Eigenschaften veränderte und das bei Trockenwetter damit zusammen abfließende Wasser (Schmutzwasser) sowie das von Niederschlägen aus dem Bereich von bebauten oder befestigten Flächen abfließende und gesammelte Wasser (Niederschlagswasser) zu verstehen. Als Schmutzwasser gelten auch die aus Anlagen zum Behandeln, Lagern und Ablagern von Abfällen austretenden und gesammelten Flüssigkeiten (vgl. § 2 Abs. 1 S. 2 AbwAG). 2

2. Abwasserbeseitigung

Der Begriff entspricht der Definition in § 54 Abs. 2 WHG. Die Abwasserbeseitigung umfasst demnach das Sammeln, Fortleiten, Behandeln, Einleiten, Versickern, Verregnen und Verrieseln von Abwasser sowie das Entwässern von Klärschlamm in Zusammenhang mit der Abwasserbeseitigung. Zur Abwasserbeseitigung gehört auch die Beseitigung des in Kleinkläranlagen anfallenden Schlamms. 3

II. Überwachung (Abs. 1 S. 2)

4 Zur zuständigen Behörde vgl. Vor §§ 15a Rn. 2. Im Bereich der Eisenbahnen des Bundes und der Magnetschwebebahnen obliegt der Vollzug der Überwachung für Schienenfahrzeuge sowie ortsfeste Anlagen zur ausschließlichen Befüllung von Schienenfahrzeugen dem Eisenbahn-Bundesamt (§ 54b). Die Überwachungsmaßnahmen sind in § 15a geregelt, vgl. im Einzelnen die Erläuterungen Rn. 1 sowie § 15a Rn. 1 ff.

III. Verordnungsermächtigung (Abs. 2)

5 Abs. 2 enthält eine Verordnungsermächtigung für die Landesregierungen, auf Basis derer sie bezüglich des Abwassers Gebote und Verbote zur Verhütung übertragbarer Krankheiten erlassen können. Grundsätzlich unabhängig von etwaigen derartigen Verordnungen kann die zuständige Behörde erforderlichenfalls einzelfallbezogene Maßnahmen bei Vorliegen der Voraussetzungen auf das IfSG stützen (insbes. § 16 Abs. 1 und § 28 Abs. 1). Vgl. dazu im Detail die Erläuterungen in Gerhardt, TrinkwV, Vor § 9 Rn. 1 ff.

8. Abschnitt. Gesundheitliche Anforderungen an das Personal beim Umgang mit Lebensmitteln

§ 42 Tätigkeits- und Beschäftigungsverbote

(1) Personen, die
1. an Typhus abdominalis, Paratyphus, Cholera, Shigellenruhr, Salmonellose, einer anderen infektiösen Gastroenteritis oder Virushepatitis A oder E erkrankt oder dessen verdächtig sind,
2. an infizierten Wunden oder an Hautkrankheiten erkrankt sind, bei denen die Möglichkeit besteht, dass deren Krankheitserreger über Lebensmittel übertragen werden können,
3. die Krankheitserreger Shigellen, Salmonellen, enterohämorrhagische Escherichia coli oder Choleravibrionen ausscheiden,

dürfen nicht tätig sein oder beschäftigt werden
   a) beim Herstellen, Behandeln oder Inverkehrbringen der in Absatz 2 genannten Lebensmittel, wenn sie dabei mit diesen in Berührung kommen, oder
   b) in Küchen von Gaststätten und sonstigen Einrichtungen mit oder zur Gemeinschaftsverpflegung.

Satz 1 gilt entsprechend für Personen, die mit Bedarfsgegenständen, die für die dort genannten Tätigkeiten verwendet werden, so in Berührung kommen, dass eine Übertragung von Krankheitserregern auf die Lebensmittel im Sinne des Absatzes 2 zu befürchten ist. Die Sätze 1 und 2 gelten nicht für den privaten hauswirtschaftlichen Bereich.

(2) Lebensmittel im Sinne des Absatzes 1 sind
1. Fleisch, Geflügelfleisch und Erzeugnisse daraus
2. Milch und Erzeugnisse auf Milchbasis
3. Fische, Krebse oder Weichtiere und Erzeugnisse daraus
4. Eiprodukte
5. Säuglings- und Kleinkindernahrung
6. Speiseeis und Speiseeishalberzeugnisse
7. Backwaren mit nicht durchgebackener oder durcherhitzter Füllung oder Auflage
8. Feinkost-, Rohkost- und Kartoffelsalate, Marinaden, Mayonnaisen, andere emulgierte Soßen, Nahrungshefen
9. Sprossen und Keimlinge zum Rohverzehr sowie Samen zur Herstellung von Sprossen und Keimlingen zum Rohverzehr.

(3) Personen, die in amtlicher Eigenschaft, auch im Rahmen ihrer Ausbildung, mit den in Absatz 2 bezeichneten Lebensmitteln oder mit Bedarfsgegenständen im Sinne des Absatzes 1 Satz 2 in Berührung kommen, dürfen ihre Tätigkeit nicht ausüben, wenn sie an einer der in Absatz 1 Nr. 1 genannten Krankheiten erkrankt oder dessen verdächtig sind, an einer der in Absatz 1 Nr. 2 genannten Krankheiten erkrankt sind oder die in Absatz 1 Nr. 3 genannten Krankheitserreger ausscheiden.

IfSG § 42   8. Abschnitt. Gesundheitliche Anforderungen an das Personal

(4) Das Gesundheitsamt kann Ausnahmen von den Verboten nach dieser Vorschrift zulassen, wenn Maßnahmen durchgeführt werden, mit denen eine Übertragung der aufgeführten Erkrankungen und Krankheitserreger verhütet werden kann.

(5) Das Bundesministerium für Gesundheit wird ermächtigt, durch Rechtsverordnung mit Zustimmung des Bundesrates den Kreis der in Absatz 1 Nr. 1 und 2 genannten Krankheiten, der in Absatz 1 Nr. 3 genannten Krankheitserreger und der in Absatz 2 genannten Lebensmittel einzuschränken, wenn epidemiologische Erkenntnisse dies zulassen, oder zu erweitern, wenn dies zum Schutz der menschlichen Gesundheit vor einer Gefährdung durch Krankheitserreger erforderlich ist. In dringenden Fällen kann zum Schutz der Bevölkerung die Rechtsverordnung ohne Zustimmung des Bundesrates erlassen werden. Eine auf der Grundlage des Satzes 2 erlassene Verordnung tritt ein Jahr nach ihrem Inkrafttreten außer Kraft; ihre Geltungsdauer kann mit Zustimmung des Bundesrates verlängert werden.

Übersicht

	Rn.
A. Allgemeines	1
B. Tätigkeits- und Beschäftigungsverbot (Abs. 1)	2
I. Allgemeines	2
II. Einzelheiten	3
1. Allgemeines	3
2. Erläuterungen zu den in S. 1 Nr. 1–3 genannten Voraussetzungen	4
a) Zu Nr. 1	4
b) Zu S. 1 Nr. 2	5
c) Zu S. 1 Nr. 3	6
3. Vom Verbot betroffene Tätigkeitsfelder (S. 1 Buchstaben a) und b))	7
a) Allgemeines	7
b) Herstellen, Behandeln und Inverkehrbringen von Lebensmitteln (S. 1 Buchstabe a))	8
c) Tätigkeiten in Küchen von Gaststätten und sonstigen Einrichtungen mit oder zur Gemeinschaftsverpflegung (S. 1 Buchstabe b))	14
4. Berührung mit Bedarfsgegenständen (S. 2)	16
a) Allgemeines	16
b) Bedarfsgegenstände	17
c) Berührung	18
d) Befürchtung der Übertragung von Krankheitserregern auf Lebensmittel	19
5. Privater hauswirtschaftlicher Bereich (S. 3)	20
6. Problemfälle	21
a) Spül- und Reinigungsarbeiten	21
b) Tätigkeiten von Kellnern, Essens-Auslieferungsfahrern, das Essen servierenden Pflegekräften, Flugbegleitern und ähnlichen Personen	22
III. Beginn und Ende des Tätigkeits- und Beschäftigungsverbots	23

	Rn.
IV. Entschädigung	24
V. Zuwiderhandlungen	25
C. Lebensmittel (Abs. 2)	26
I. Allgemeines	26
II. Einzelheiten	27
D. Personen in amtlicher Eigenschaft (Abs. 3)	28
E. Ausnahmen im Einzelfall (Abs. 4)	29
I. Allgemeines	29
II. Einzelheiten	30
F. Verordnungsermächtigung (Abs. 5)	31

A. Allgemeines

§ 42 entspricht inhaltlich größtenteils § 17 BSeuchG. Nach der amtl. Begrün- 1
dung soll § 42 Verbraucher vor solchen Infektionen schützen, die über
Lebensmittel verbreitet werden. Weitere Tätigkeitsverbote sind im IfSG in
§ 31 und § 34 enthalten. Für die in § 42 verwendeten Bezeichnungen und
Begriffe gelten die Vorschriften und Grundsätze aus dem Lebensmittelrecht
(insbesondere LFGB) entsprechend, soweit der Gesetzgeber nicht explizit eine
abweichende Regelung bestimmt hat (vgl. dazu die amtliche Begründung des
4. ÄndG zu § 17 BSeuchG).

B. Tätigkeits- und Beschäftigungsverbot (Abs. 1)

I. Allgemeines

Das Tätigkeits- und Beschäftigungsverbot nach Abs. 1 gilt bei Vorliegen der 2
Voraussetzungen per Gesetz – und somit ohne, dass es einer gesonderten
Anordnung bedarf. Im Einzelfall kann das Gesundheitsamt nach Abs. 4 Aus-
nahmen vom Verbot zulassen (siehe dazu Rn. 29 f.).

II. Einzelheiten

1. Allgemeines

Vom Tätigkeits- und Beschäftigungsverbot nach Abs. 1 S. 1 betroffen sind 3
nur solche Personen, bei denen eine der in S. 1 Nr. 1–3 genannten Voraussetzungen vorliegt und dies nur dann und insoweit, als dass sie zudem in einer
der in S. 1 Buchstabe a) oder b) aufgeführten Weisen tätig sind. Durch S. 2
wird S. 1 für entsprechend anwendbar erklärt, wenn Personen mit Bedarfsgegenständen, die für die dort genannten Tätigkeiten verwendet werden, so in
Berührung kommen, dass eine Übertragung von Krankheitserregern auf Lebensmittel im Sinne des Absatzes 2 zu befürchten ist. Das Verbot gilt nach
S. 3 jeweils nicht für den privaten hauswirtschaftlichen Bereich (vgl. Rn. 20).
In Bezug auf weder von S. 1 noch von S. 2 erfasste Fälle kann im Einzelfall
die Anordnung eines beruflichen Tätigkeitsverbots nach § 31 in Betracht
kommen. Vgl. dazu die Erläuterungen dort.

2. Erläuterungen zu den in S. 1 Nr. 1–3 genannten Voraussetzungen

4 **a) Zu Nr. 1.** Neben der Erkrankung an den in Nr. 1 abschließend aufgeführten Krankheiten reicht auch ein entsprechender Verdacht einer Erkrankung aus (vgl. zu den Begriffen die entsprechendem Erläuterung in § 6 Rn. 3) aus.

5 **b) Zu S. 1 Nr. 2.** Infizierten Wunden wie auch etwaige Hautkrankheiten sind nur dann erfasst, wenn die die Infektion bzw. Krankheit der Haut verursachenden Krankheitserreger (vgl. zum Begriff § 2 Rn. 4 ff.) über Lebensmittel (vgl. zum Begriff Rn. 13) auf andere Menschen übertragen werden können. Zur Beurteilung, ob dies der Fall ist, sind in einer Gesamtschau sämtliche relevanten Faktoren zu berücksichtigen. Zu diesen gehören insbesondere der Ort der infizierten Wunde bzw. Hauterkrankung, die Infektiösität sowie die medizinisch möglichen Übertragungswege des die Infektion bzw. Krankheit der Haut verursachenden Krankheitserregers und etwaige Schutzmaßnahmen (etwa das Tragen von Handschuhen). Entscheidend bei der Bewertung sind immer die konkreten Umstände des Einzelfalles. Dabei sind auch etwaige unbewusste (etwa das Kratzen mit der Hand an einer infizierten Wunde am Bein und der anschließende Kontakt der Hand mit einem Lebensmittel) und indirekte Übertragungswege zu bedenken.

6 **c) Zu S. 1 Nr. 3.** Zum Begriff des Ausscheiders vgl. § 2 Rn. 39 ff.

3. Vom Verbot betroffene Tätigkeitsfelder (S. 1 Buchstaben a) und b))

7 **a) Allgemeines.** Liegt bei einer Person eine der in den Nr. 1–3 aufgeführten Voraussetzungen vor, greift das Tätigkeits- und Beschäftigungsverbot für die in S. 1 Buchstabe a) und b) genannten Tätigkeitsfelder, sofern es sich dabei nicht um Tätigkeiten im privaten hauswirtschaftlichen Bereich handelt (S. 3). Zu einzelnen problematischen Anwendungsfällen siehe die Praxishinweise in Rn. 21 f.

8 **b) Herstellen, Behandeln und Inverkehrbringen von Lebensmitteln (S. 1 Buchstabe a)). aa) Allgemeines.** Das Herstellen, Behandeln oder Inverkehrbringen von Lebensmittel ist nur dann erfasst, wenn die betroffene Person dabei mit diesen in Berührung kommt. Während der Begriff des Lebensmittels in Abs. 2 legaldefiniert ist (vgl. Rn. 13), kann zur Bestimmung der Begriffe ‚Herstellen', ‚Behandeln' und ‚Inverkehrbringen' § 3 LFGB herangezogen werden.

9 **bb) Herstellen.** Nach § 3 Nr. 2 LFGB ist ‚Herstellen' das Gewinnen (einschließlich des Schlachtens oder Erlegens lebender Tiere, deren Fleisch als Lebensmittel zu dienen bestimmt ist), das Herstellen, das Zubereiten, das Be- und Verarbeiten und das Mischen.

10 **cc) Behandeln.** Nach § 3 Nr. 3 LFGB fällt darunter das Wiegen, Messen, Um- und Abfüllen, Stempeln, Bedrucken, Verpacken, Kühlen, Gefrieren, Tiefgefrieren, Auftauen, Lagern, Aufbewahren, Befördern sowie jede sonstige Tätigkeit, die nicht als Herstellen oder Inverkehrbringen anzusehen ist.

Tätigkeits- und Beschäftigungsverbote **§ 42 IfSG**

dd) Inverkehrbringen. Der Ausdruck bezeichnet nach § Nr. 1 LFGB iVm 11
Art. 3 Nr. 8 der Verordnung (EG) Nr. 178/2002 das Bereithalten von Lebensmitteln für Verkaufszwecke einschließlich des Anbietens zum Verkauf oder jeder anderen Form der Weitergabe, gleichgültig, ob unentgeltlich oder nicht, außerdem den Verkauf, den Vertrieb sowie andere Formen der Weitergabe.

ee) In Berührung kommen. Erforderlich ist grundsätzlich eine unmittel- 12
bare Berührung. Soweit in der konkreten Ausführung der Tätigkeit ein Berühren sicher ausgeschlossen wird (z. B. durch das Tragen von Handschuhen oder bei verpackten Lebensmitteln), liegt kein Berühren vor und ist damit Buchstabe a) nicht einschlägig. Zu lediglich mittelbaren Berührungen über Bedarfsgegenstände siehe S. 2 (vgl. Rn. 16 ff.).

ff) Lebensmittel. Das Herstellen, Behandeln oder Inverkehrbringen muss 13
sich auf in Absatz 2 genannte Lebensmittel beziehen. Vgl. dazu im Einzelnen die Erläuterungen Rn. 26 f.

c) Tätigkeiten in Küchen von Gaststätten und sonstigen Einrichtun- 14
gen mit oder zur Gemeinschaftsverpflegung (S. 1 Buchstabe b)).
aa) Tätigkeiten. Anders als bei Buchstabe a) kommt es hier nach dem Wortlaut nicht auf die Art der ausgeübten Tätigkeit an. Auch ist die Möglichkeit der Berührung mit einem Lebensmittel keine Voraussetzung, so dass auch Spül- und Reinigungstätigkeiten in Küchen erfasst werden.

bb) In Küchen von Gaststätten oder sonstigen Einrichtungen mit oder 15
zur Gemeinschaftsverpflegung. Erforderlich ist, dass die Tätigkeit in der Küche einer Gaststätte oder sonstigen Einrichtung mit oder zur Gemeinschaftsverpflegung erfolgt. Unter den Begriff der ‚Küche' fällt insbesondere jede Stelle, die typischerweise zur Herstellung (vgl. zum Begriff Rn. 9) von Speisen verwendet wird. Eine Tätigkeit außerhalb der Küche ist nicht von Buchstabe b) erfasst, kann aber unter S. 2 fallen (vgl. dazu Rn. 16 f.). Nach dem Gesetzeszweck ist es nicht erforderlich, dass die Küche und der Ort des Verzehrs der hergestellten Speisen sich in räumlicher Nähe zueinander befinden, so dass etwa auch die Küchen von Essens-Lieferdiensten u. ä. erfasst sind.

4. Berührung mit Bedarfsgegenständen (S. 2)

a) Allgemeines. S. 2 erklärt S. 1 für entsprechend anwendbar, wenn Per- 16
sonen mit Bedarfsgegenständen, die für die in S. 1 Buchstabe a) oder b) genannten Tätigkeiten verwendet werden, so in Berührung kommen, dass eine Übertragung von Krankheitserregern auf die Lebensmittel im Sinne des Abs. 2 zu befürchten ist.

b) Bedarfsgegenstände. Nach dem zur Konkretisierung heranziehbaren § 2 17
Abs. 6 Nr. 1 LFGB iVm Art. 1 Ab. 2 der Verordnung (EG) Nr. 1935/2004 fallen darunter insbesondere Gegenstände, die dazu bestimmt sind, mit Lebensmitteln in Berührung zu kommen (z. B. Teller, Besteck, Verpackungen) oder die im Rahmen der normalen und vorhersehbaren Verwendung mit Lebensmitteln in Berührung kommen (z. B. Reinigungs- und Pflegemittel).

18 **c) Berührung.** Erforderlich ist eine unmittelbare Berührung des Bedarfsgegenstandes.

19 **d) Befürchtung der Übertragung von Krankheitserregern auf Lebensmittel.** Ob die Übertragung von Krankheitserregern auf Lebensmittel im Sinne von Abs. 2 (vgl. dazu Rn. 26 f.) zu befürchten ist, muss anhand der Umstände des konkreten Einzelfalles beurteilt werden. Entscheidend ist, ob eine Übertragungskette von der betroffenen Person auf den Bedarfsgegenstand und von diesem auf das Lebensmittel bei lebensnaher Betrachtung unter Berücksichtigung medizinischer Erkenntnisse (insbesondere zu Übertragungswegen und der Überlebensfähigkeit der Krankheitserreger) möglich ist.

5. Privater hauswirtschaftlicher Bereich (S. 3)

20 § 42 erfasst sowohl gewerbsmäßige wie nicht gewerbsmäßige Tätigkeiten (vgl. zum Begriff der Gewerbsmäßigkeit § 43 Rn. 5 f.). Lediglich Tätigkeiten im privaten hauswirtschaftlichen Bereich werden durch S. 3 vom Verbot ausgenommen. Hintergrund dieser Regelung ist, dass in diesem Bereich regelmäßig allein das familiäre Umfeld, nicht jedoch ein darüber hinausgehender Kreis von Personen infiziert werden könnte. Tätigkeiten, bei denen Lebensmittel iSv Abs. 2 für Dritte hergestellt, behandelt oder in Verkehr gebracht werden (vgl. dazu Rn. 9 ff.), zu denen keine vergleichbar engen privaten Beziehungen bestehen, betreffen demgegenüber nicht den privaten hauswirtschaftlichen Bereich. Da bei Schul-, Vereins-, Nachbarschaftsfesten und ähnlichen Veranstaltungen regelmäßig Lebensmittel an Dritte abgegeben werden, zu denen keine enge private Beziehung besteht, sind dort ausgeübte Tätigkeiten nicht dem privaten hauswirtschaftlichen Bereich zuzuordnen.

6. Problemfälle

21 **a) Spül- und Reinigungsarbeiten.** Finden diese in der Küche (vgl. zum Begriff Rn. 15) statt, so fallen sie bereits unter S. 1 Buchstabe b). Erfolgen sie außerhalb, so sind sie nur unter den Voraussetzungen des S. 2 erfasst. Dies dürfte zumindest bei der Bodenreinigung praktisch nie der Fall sein (vgl. auch amtl. Begründung).

22 **b) Tätigkeiten von Kellnern, Essens-Auslieferungsfahrern, das Essen servierenden Pflegekräften, Flugbegleitern und ähnlichen Personen.** Entscheidend ist immer der konkrete Einzelfall. Wenn die jeweilige Tätigkeit auch das Zubereiten oder Portionieren (z. B. in Kindertagesstätten) der in Abs. 2 genannten Lebensmittel umfasst, ist S. 1 Buchstabe a) einschlägig, da es sich um ein Herstellen, Behandeln oder Inverkehrbringen handelt, welches regelmäßig mit der unmittelbaren Berührung der Speisen einhergeht. Wird als Teil der Tätigkeit die Küche betreten (etwa zum Abholen der Speisen), ist immer S. 1 Buchstabe b) erfüllt. Das bloße Servieren (z. B. durch Kellner) oder das Aufwärmen bereits vorportionierter (z. B. durch Pflegekräfte im Krankenhaus) oder verpackter (z. B. durch Flugbegleiter) Speisen ohne deren unmittelbare Berührung fällt nicht unter S. 1 Buchstabe a) und lässt im

Regelfall eine Übertragung von Krankheitserregern auf die Lebensmittel nicht befürchten, so dass S. 2 auch nicht einschlägig ist.

III. Beginn und Ende des Tätigkeits- und Beschäftigungsverbots

Bei Vorliegen der Voraussetzungen tritt das Tätigkeits- und Beschäftigungsverbot nach Abs. 1 per Gesetz ein und bedarf folglich keiner gesonderten Anordnung. Umgekehrt endet es bei Wegfall der Voraussetzungen automatisch. Im Einzelfall kann das Gesundheitsamt auch bereits vorher nach Abs. 4 Ausnahmen vom Verbot zulassen. 23

IV. Entschädigung

Von einem Verbot nach Abs. 1 betroffenen Personen kann bei Vorliegen der Voraussetzungen ein Anspruch auf Entschädigung nach §§ 56 ff. zustehen. Vgl. zu den Voraussetzungen die Erläuterungen dort. 24

V. Zuwiderhandlungen

Ein Verstoß gegen das Tätigkeits- und Beschäftigungsverbot ist nach Maßgabe von § 75 Abs. 1 Nr. 2 strafbewehrt. 25

C. Lebensmittel (Abs. 2)

I. Allgemeines

Abs. 2 enthält eine abschließende Auflistung der Lebensmittel iSv Abs. 1. Der Gesetzgeber hat damit davon abgesehen, sämtliche Lebensmittel in die Regelung des Abs. 1 einzubeziehen und sich auf diejenigen beschränkt, die einen guten Nährboden für Krankheitserreger abgeben (vgl. bereits die amtliche Begründung des 4. ÄndG zu § 17 BSeuchG). 26

II. Einzelheiten

Zur Konkretisierung der in Abs. 2 verwendeten Bezeichnungen und Begriffe sind die entsprechenden Definitionen aus dem einschlägigen Lebensmittelrecht heranzuziehen. Zu nennen sind dabei insbesondere das Deutsche Lebensmittelbuch sowie die Verordnung (EG) Nr. 853/2004. 27

D. Personen in amtlicher Eigenschaft (Abs. 3)

Abs. 3 erstreckt das Verbot des Abs. 1 auf solche Personen, die in amtlicher Eigenschaft unmittelbar mit den in Abs. 2 aufgelisteten Lebensmitteln oder den in Abs. 1 S. 2 genannten Bedarfsgegenständen auf die dort beschriebene Weise in Berührung kommen und bei denen die Voraussetzungen von Abs. 1 S. 1 Nr. 1, 2 oder 3 vorliegen. Erfasst werden damit insbesondere im Bereich der Lebensmittelüberwachung und der Fleischhygiene tätige Personen. Von einem Verbot nach Abs. 1 betroffenen Personen kann bei Vorliegen der 28

Voraussetzungen ein Anspruch auf Entschädigung nach § 56 ff. zustehen. Vgl. zu den Voraussetzungen die Erläuterungen dort. Ein Verstoß gegen das Tätigkeits- und Beschäftigungsverbot nach Abs. 3 ist nach Maßgabe von § 75 Abs. 1 Nr. 2 strafbewehrt.

E. Ausnahmen im Einzelfall (Abs. 4)

I. Allgemeines

29 Abs. 4 ermöglicht es dem Gesundheitsamt, in geeigneten Einzelfällen Ausnahmen von den Verboten nach Abs. 1 und Abs. 3 zuzulassen.

II. Einzelheiten

30 Eine solche Ausnahme kommt nur dann in Betracht, wenn im konkreten Fall auch Schutzmaßnahmen getroffen werden können, die genauso effektiv wie die gesetzlichen Verbote nach Abs. 1 und 3 eine Übertragung der von Abs. 1 S. 1 erfassten Erkrankungen bzw. Krankheitserreger verhüten. Sind solche Maßnahmen grundsätzlich möglich, ist es für die Erteilung einer Ausnahme erforderlich, dass das Gesundheitsamt bei Erlass der Ausnahmegenehmigung von ihrer Einhaltung überzeugt sein darf. Dies ist nur dann der Fall, wenn die betroffene Person sowie der Arbeitgeber hinreichend zuverlässig sind. Die Ausnahmegenehmigung stellt einen Verwaltungsakt dar, in diesen sind die erforderlichen hygienischen Maßnahmen als Nebenbestimmungen aufzunehmen.

F. Verordnungsermächtigung (Abs. 5)

31 Abs. 5 stellt eine Verordnungsermächtigung gem. Art. 80 GG dar. Sie ermöglicht eine zeitnahe Anpassung der Voraussetzungen des Tätigkeits- und Beschäftigungsverbots an die epidemiologische Lage, ohne dass dazu jeweils das wesentlich zeitaufwendigere parlamentarische Gesetzgebungsverfahren durchlaufen werden muss.

§ 43 Belehrung, Bescheinigung des Gesundheitsamtes

(1) Personen dürfen gewerbsmäßig die in § 42 Abs. 1 bezeichneten Tätigkeiten erstmalig nur dann ausüben und mit diesen Tätigkeiten erstmalig nur dann beschäftigt werden, wenn durch eine nicht mehr als drei Monate alte Bescheinigung des Gesundheitsamtes oder eines vom Gesundheitsamt beauftragten Arztes nachgewiesen ist, dass sie
1. über die in § 42 Abs. 1 genannten Tätigkeitsverbote und über die Verpflichtungen nach den Absätzen 2, 4 und 5 vom Gesundheitsamt oder von einem durch das Gesundheitsamt beauftragten Arzt belehrt wurden und
2. nach der Belehrung im Sinne der Nummer 1 in Textform erklärt haben, dass ihnen keine Tatsachen für ein Tätigkeitsverbot bei ihnen bekannt sind.

Liegen Anhaltspunkte vor, dass bei einer Person Hinderungsgründe nach § 42 Abs. 1 bestehen, so darf die Bescheinigung erst ausgestellt werden, wenn durch ein ärztliches Zeugnis nachgewiesen ist, dass Hinderungsgründe nicht oder nicht mehr bestehen.

(2) Treten bei Personen nach Aufnahme ihrer Tätigkeit Hinderungsgründe nach § 42 Abs. 1 auf, sind sie verpflichtet, dies ihrem Arbeitgeber oder Dienstherrn unverzüglich mitzuteilen.

(3) Werden dem Arbeitgeber oder Dienstherrn Anhaltspunkte oder Tatsachen bekannt, die ein Tätigkeitsverbot nach § 42 Abs. 1 begründen, so hat dieser unverzüglich die zur Verhinderung der Weiterverbreitung der Krankheitserreger erforderlichen Maßnahmen einzuleiten.

(4) Der Arbeitgeber hat Personen, die eine der in § 42 Abs. 1 Satz 1 oder 2 genannten Tätigkeiten ausüben, nach Aufnahme ihrer Tätigkeit und im Weiteren alle zwei Jahre über die in § 42 Abs. 1 genannten Tätigkeitsverbote und über die Verpflichtung nach Absatz 2 zu belehren. Die Teilnahme an der Belehrung ist zu dokumentieren. Die Sätze 1 und 2 finden für Dienstherren entsprechende Anwendung.

(5) Die Bescheinigung nach Absatz 1 und die letzte Dokumentation der Belehrung nach Absatz 4 sind beim Arbeitgeber aufzubewahren. Der Arbeitgeber hat die Nachweise nach Satz 1 und, sofern er eine in § 42 Abs. 1 bezeichnete Tätigkeit selbst ausübt, die ihn betreffende Bescheinigung nach Absatz 1 Satz 1 an der Betriebsstätte verfügbar zu halten und der zuständigen Behörde und ihren Beauftragten auf Verlangen vorzulegen. Bei Tätigkeiten an wechselnden Standorten genügt die Vorlage einer beglaubigten Abschrift oder einer beglaubigten Kopie.

(6) Im Falle der Geschäftsunfähigkeit oder der beschränkten Geschäftsfähigkeit treffen die Verpflichtungen nach Absatz 1 Satz 1 Nr. 2 und Absatz 2 denjenigen, dem die Sorge für die Person zusteht. Die gleiche Verpflichtung trifft auch den Betreuer, soweit die Sorge für die Person zu seinem Aufgabenkreis gehört. Die den Arbeitgeber oder Dienstherrn betreffenden Verpflichtungen nach dieser Vorschrift gelten entsprechend für Personen, die die in § 42 Abs. 1 genannten Tätigkeiten selbständig ausüben.

(7) Das Bundesministerium für Gesundheit wird ermächtigt, durch Rechtsverordnung mit Zustimmung des Bundesrates Untersuchungen und weitergehende Anforderungen vorzuschreiben oder Anforderungen einzuschränken, wenn Rechtsakte der Europäischen Union dies erfordern.

Übersicht

	Rn.
A. Allgemeines	1
I. Inhalt	1
II. Letzte Änderungen	1a
B. Belehrung, Bescheinigung (Abs. 1)	2
I. Allgemeines	2
II. Einzelheiten	3
1. Tätigkeiten des § 42 Abs. 1	3
2. Erstmalige Ausübung bzw. Beschäftigung	4
3. Gewerbsmäßig	5
a) Allgemeines	5

	Rn.
b) Definition des Begriffs ‚gewerbsmäßig'	6
c) Lehrer und Schüler von hauswirtschaftlichen und nahrungsgewerblichen Klassen	7
d) Beispiele	8
4. Durchführung der Belehrung	13
a) Allgemeines	13
b) Zur konkreten Ausgestaltung der Belehrung	14
c) Zur Durchführung	15
d) Praxishinweis	
5. Zur Bescheinigung	16
a) Inhalt	16
b) Ausstellungsverbot bei Vorliegen von Anhaltspunkten für Hinderungsgründe nach § 42 Abs. 1 (S. 2)	17
c) Alter der Bescheinigung	18
d) Aufbewahrung	19
e) Bundesweite Geltung	20
C. Mitteilungs- und Einschreitpflichten (Abs. 2, 3)	21
I. Allgemeines	21
II. Mitteilungspflichten (Abs. 2)	22
1. Einzelheiten	22
2. Zuwiderhandlungen	23
III. Einschreitpflichten (Abs. 3)	24
D. Belehrungs- und Dokumentationspflichten (Abs. 4)	25
I. Allgemeines	25
II. Einzelheiten	26
1. In § 42 Abs. 1 S. 1 oder S. 2 genannte Tätigkeiten	26
2. Inhalt, Form und Wiederholung der Belehrung	27
3. Dokumentationspflichten (S. 2)	28
III. Zuwiderhandlungen	29
E. Aufbewahrungspflichten (Abs. 5)	30
F. Betreute, Geschäftsunfähige bzw. beschränkt Geschäftsfähige (Abs. 6)	31
G. Verordnungsermächtigung (Abs. 7)	32

A. Allgemeines

I. Inhalt

1 Bis zu ihrer Abschaffung durch das 4. ÄndG zum BSeuchG waren jährliche Wiederholungsuntersuchungen zum Auffinden von Dauerausscheidern (in erster Linie Typhuserreger) vorgesehen. Der Gesetzgeber erkannte jedoch, so die amtliche Begründung zu § 43, dass ein jährlich erhobener Untersuchungsbefund nur eine Momentaufnahme ist und falsche Sicherheit gibt. Die jetzige Fassung verzichtet deshalb auf derartige Untersuchungen durch das Gesundheitsamt und setzt auf die Schaffung von Kenntnissen durch eine Belehrung vor Aufnahme einer der in § 42 Abs. 1 genannten Tätigkeiten, so dass die Belehrten in der Lage sind, Sinn, Inhalt und Umfang des Beschäftigungsverbotes nach § 42 zu erkennen und abschätzen können, ob sie einem solchen

Belehrung, Bescheinigung des Gesundheitsamtes § 43 IfSG

unterfallen könnten. Nach Tätigkeitsaufnahme bestehen für die betreffende Person Mitteilungs- (Abs. 2) und für ihren Arbeitgeber Einschreit-, Belehrungs- und Dokumentationspflichten (Abs. 3–5).

II. Letzte Änderungen

Durch das MasernschutzG wurden die Anforderungen an die Form der Belehrung nach Abs. 1 S. 1 Nr. 1 und der von den zu belehrenden Personen abzugebenden Erklärung nach Abs. 1 S. 1 Nr. 2 flexibilisiert. Vgl. im Einzelnen dort. Diese Änderung dürfte bei konsequenter Umsetzung zu einer erheblichen Reduzierung des Aufwandes bei den Gesundheitsämtern führen. Vgl. im Einzelnen die Erläuterungen Rn. 13 ff. 1a

B. Belehrung, Bescheinigung (Abs. 1)

I. Allgemeines

Personen, die die in § 42 Abs. 1 genannten Tätigkeiten gewerbsmäßig ausüben wollen, bedürfen vor deren erstmaliger Ausübung der Belehrung durch das Gesundheitsamt oder durch einen von diesem beauftragten Arzt über die in § 42 Abs. 1 genannten Tätigkeitsverbote und über die Verpflichtungen nach den Abs. 2, 4 und 5 (S. 1 Nr. 1). Außerdem müssen sie nach der Belehrung in Textform erklärt haben, dass ihnen keine Tatsachen für ein Tätigkeitsverbot bei ihnen bekannt sind (S. 1 Nr. 2). Zur Pflicht des Arbeitgebers zur wiederkehrenden Belehrung nach Abs. 4 siehe die Erläuterungen ab Rn. 25. 2

II. Einzelheiten

1. Tätigkeiten des § 42 Abs. 1

Erfasst werden ausschließlich Tätigkeiten, die in den Anwendungsbereich von § 42 Abs. 1 fallen. Diesbezüglich wird auf die Erläuterungen zu § 42 verwiesen. Nicht erfasst sind nach dem eindeutigen Gesetzeswortlaut die Tätigkeiten der in § 42 Abs. 3 aufgeführten Amtspersonen. 3

2. Erstmalige Ausübung bzw. Beschäftigung

Die Regelung des Abs. 1 betrifft ausschließlich die erstmalige Ausübung von bzw. Beschäftigung mit einer der erfassten Tätigkeiten. Ohne Bedeutung ist, bei welchem Arbeitgeber die Tätigkeiten ausgeführt werden, so dass bei einem Wechsel des Arbeitgebers keine neue Belehrung erfolgen muss. Nach der amtl. Begründung erfordert ein Wechsel innerhalb der in § 42 Abs. 1 genannten Tätigkeitsfelder ebenfalls keine erneute Belehrung. 4

3. Gewerbsmäßig

a) **Allgemeines.** Die Tätigkeit muss gewerbsmäßig ausgeübt werden. Eine Konkretisierung des Begriffs ‚gewerbsmäßig' enthalten weder das IfSG noch 5

Gerhardt | 465

seine amtliche Begründung, so dass sein Bedeutungsgehalt durch Auslegung zu ermitteln ist.

6 **b) Definition des Begriffs ‚gewerbsmäßig'.** Dabei ist zunächst anzumerken, dass der Begriff in der Verwendung durch das IfSG zwar nicht mit dem gleichlautenden Begriff des Gewerberechts identisch ist, jedoch in Anlehnung an diesen verstanden werden kann. Demnach ist eine Tätigkeit dann gewerbsmäßig im Sinne der Vorschrift, wenn sie mit der Absicht der Gewinnerzielung erfolgt und auf Dauer ausgerichtet ist. Somit sind Tätigkeiten im privaten hauswirtschaftlichen Bereich (vgl. § 42 Rn. 20) nicht erfasst und ist für diese auch keine Belehrung erforderlich. Wie im Gewerberecht steht es der Annahme einer Gewinnerzielungsabsicht nicht entgegen, wenn mit der jeweiligen Tätigkeit überwiegend ideelle Zwecke verfolgt werden, etwa solche religiöser, sozialer, kultureller oder wissenschaftlicher Natur. Handelt es sich bei der konkreten Tätigkeit um eine solche, die üblicherweise im wirtschaftlichen Wettbewerb erbracht wird, so spricht dies für die Annahme einer gewerbsmäßigen Tätigkeit.

7 **c) Lehrer und Schüler von hauswirtschaftlichen und nahrungsgewerblichen Klassen.** Der Gesetzgeber führt in der amtl. Begründung aus, dass diese Personen mit den einschlägigen Vorschriften vertraut sein sollten. Damit stellt er klar, dass sie von § 43 erfasst sind, unabhängig davon, ob ihre Tätigkeit als gewerbsmäßig einzustufen ist.

8 **d) Beispiele. aa) Allgemeines.** Im Einzelnen ist die Abgrenzung nicht immer einfach. Zur Sicherstellung eines gleichförmigen Verwaltungshandelns bietet sich eine Einteilung in typische Fallgruppen an.

9 **bb) Vereins-, Volks-, Nachbarschaftsfeste uä.** Soweit professionelle Anbieter als solche tätig werden, liegt auch hier immer eine gewerbsmäßige Tätigkeit vor. Im Übrigen gilt: Mangels Dauerhaftigkeit sind einmalige Tätigkeiten auf Vereins-, Volks-, Nachbarschaftsfesten uä. in der Regel nicht als gewerbsmäßig anzusehen und damit nicht von § 43 erfasst. Für eine gewerbsmäßige Tätigkeit spricht jedoch, wenn derartige Tätigkeiten regelmäßig und in einem Ausmaß erbracht werden, das üblicherweise im wirtschaftlichen Wettbewerb erbracht wird. Indiz für letzteres kann insbesondere sein, wenn Personen ohne privaten Bezug zu dem jeweiligen Fest dort iSv § 42 Abs. 1 gegen Entgelt tätig werden.

10 **cc) Tätigkeiten von Teilnehmern von Ferienlagern, Klassenreisen, Pfadfinderlagern uä.** Soweit die Teilnehmer von Ferienlager, Klassenreisen, Pfadfinderlagern und ähnlichen Veranstaltungen im Zusammenhang mit ihrer eigenen Beköstigung Tätigkeiten nach § 42 Abs. 1 ausüben, sind diese nicht als gewerbsmäßig anzusehen, da derartige Hilfstätigkeiten üblicherweise nicht im wirtschaftlichen Wettbewerb, sondern als Teil des bei derartigen Veranstaltungen im Vordergrund stehenden Gemeinschaftsgefüges erbracht werden.

11 **dd) Kochkurse, Kochunterricht.** Es ist zu unterscheiden zwischen dem Kursleiter und den Teilnehmern. In Bezug auf den Kursleiter wird – soweit er regelmäßig tätig ist – in aller Regel ein gewerbsmäßiges Tätigwerden an-

zunehmen und § 43 einschlägig sein. In Bezug auf die Teilnehmer ist dies indes nicht der Fall. Zu Kochunterricht in hauswirtschaftlichen und nahrungsgewerblichen Klassen vgl. Rn. 7.

ee) Praxishinweis. In jedem Fall muss es sich um eine Tätigkeit handeln, die von § 42 Abs. 1 erfasst ist. Andere Tätigkeiten (etwa der Verkauf abgepackter Lebensmittel) werden nie erfasst, auch dann nicht, wenn sie gewerbsmäßig erfolgen. 12

4. Durchführung der Belehrung

a) Allgemeines. Nach Abs. 1 S. 1 Nr. 1 in der Fassung vor dem MasernschutzG musste die Belehrung in mündlicher und schriftlicher Form erfolgen und durch das Gesundheitsamt oder einen von ihm beauftragten Arzt durchgeführt werden. Durch die Streichung der Worte „in mündlicher und schriftlicher Form" in Abs. 1 S. 1 Nr. 1 und die Ersetzung der Worte „schriftlich" durch „in Textform" in Abs. 1 S. 1 Nr. 2 durch das MasernschutzG hat es der Gesetzgeber ermöglicht, das Verfahren nach Abs. 1 nunmehr vollständig digitalisiert durchzuführen (vgl. Beschlussempfehlung des Ausschusses für Gesundheit zum Entwurf des MasernschutzG (BT-Drs. 19/15164, 59)). 13

b) Zur konkreten Ausgestaltung der Belehrung. Das Gesetz enthält keine Ausführungen dazu, wie die Belehrung ausgestaltet werden muss. Bei der deshalb erforderlichen Konkretisierung der Anforderungen an die Belehrung ist der gesetzgeberische Ansatz zu berücksichtigen, nach welchem die Belehrung die erforderlichen Kenntnisse bei den Belehrten schaffen soll, so dass sie in der Lage sind, Sinn, Inhalt und Umfang des Beschäftigungsverbotes nach § 42 zu erkennen und abzuschätzen, ob sie einem solchen unterliegen (vgl. Rn. 1). Sofern diese Zielsetzung tatsächlich erreicht wird, kann die Belehrung vollständig digitalisiert vorgenommen werden. Es kann dabei auf Videos und auf die Belehrungs-Muster des RKI (abzurufen unter www.RKI.de) zurückgegriffen werden. Zu beachten ist insoweit, dass dies jeweils immer voraussetzt, das die belehrte Person der verwendeten Sprache mächtig ist. Gegebenenfalls muss die betroffene Person auf eigene Kosten einen Dolmetscher beibringen. Ist eine Person geistig nicht in der Lage, die Belehrung zu verstehen, kann keine ordnungsgemäße Belehrung erfolgen und darf eine Bescheinigung nicht ausgestellt werden. Diesen Personen ist damit die Aufnahme einer der in § 42 Abs. 1 genannten Tätigkeiten nicht möglich. 14

c) Zur Durchführung. Die Belehrung kann durch das Gesundheitsamt (zum Begriff vgl. § 2 Rn. 73 f.) oder – nach Ermessen des Gesundheitsamtes – durch einen von diesem beauftragten Arzt erfolgen. Zu beachten ist im Bereich der Bundeswehr die abweichende Zuständigkeit nach § 54a. Bei einem beauftragten Arzt kann grundsätzlich davon ausgegangen werden, dass er das erforderliche medizinische Fachwissen aufweist. In Bezug auf die rechtlichen Regelungen der §§ 42, 43 ist dies nicht ohne Weiteres der Fall, so dass ihm dieses Wissen unter Umständen zunächst hinreichend vermittelt werden muss. Es bietet sich an, im Falle einer Beauftragung dem Arzt die dem 15

Gesundheitsamt vorliegenden Belehrungsmaterialien (vgl. Rn. 14) zur Verfügung zu stellen.

d) Praxishinweis. Wird die Belehrung durch einen nicht dazu beauftragten Arzt durchgeführt, so wird sie den Anforderungen aus Abs. 1 S. 1 Nr. 1 nicht gerecht und darf die Bescheinigung nach S. 1 nicht ausgestellt werden.

5. Zur Bescheinigung

16 **a) Inhalt.** Die Bescheinigung muss die Aussagen beinhalten, dass die Belehrung nach Abs. 1 S. 1 Nr. 1 erfolgt ist und dass die Person nach der Belehrung in Textform (vgl. § 126 BGB, also z. B. per elektronischer Datenübermittlung) erklärt hat, dass ihr keine Tatsachen für ein Tätigkeitsverbot bei ihr bekannt sind (Abs. 1 S. 1 Nr. 2). Zur Pflicht des Belehrten nach Abs. 2, seinem Arbeitgeber nach Aufnahme der Tätigkeit Hinderungsgründe nach § 42 Abs. 1 unverzüglich mitzuteilen, vgl. die Erläuterungen ab Rn. 21. Sofern die Bescheinigung von einem beauftragten Arzt stammt, ist darauf zu achten, dass dieser auf den von ihm auszustellenden Bescheinigungen explizit vermerkt, dass und für welches Gesundheitsamt er im Rahmen einer Beauftragung nach § 43 Abs. 1 S. 1 tätig wurde.

17 **b) Ausstellungsverbot bei Vorliegen von Anhaltspunkten für Hinderungsgründe nach § 42 Abs. 1 (S. 2).** Nach S. 2 darf die Bescheinigung dann nicht ausgestellt werden, wenn bei der jeweiligen Person Anhaltspunkte dafür vorliegen, dass bei ihr (uU entgegen der Erklärung nach Abs. 1 S. 1 Nr. 2) Hinderungsgründe nach § 42 Abs. 1 vorliegen. Eine Ausstellung der Bescheinigung kommt in einem solchen Fall erst dann in Betracht, wenn durch ein ärztliches Zeugnis bestätigt ist, dass die Hinderungsgründe nicht oder nicht mehr vorliegen. Das Zeugnis kann von jedem Arzt ausgestellt werden, es muss sich nicht um einen Amtsarzt handeln. An den Umfang der dem Zeugnis zugrunde liegenden Untersuchungen hat der Gesetzgeber keine spezifischen Anforderungen aufgestellt, so dass dieser vom ausstellenden Arzt je nach Erfordernis des Einzelfalls bestimmt werden kann. Ein Recht oder gar eine Pflicht des Gesundheitsamtes oder von ihr beauftragten Arztes, etwaige Hinderungsgründe durch eine körperliche Untersuchung oder Inaugenscheinnahme zu erheben, ergibt sich aus Abs. 1 S. 2 nicht.

18 **c) Alter der Bescheinigung.** Die Bescheinigung darf bei erstmaliger Ausübung bzw. Beschäftigung (vgl. Rn. 4) nicht älter als drei Monate sein.

19 **d) Aufbewahrung.** Die Bescheinigung nach Abs. 1 ist gem. Abs. 5 S. 1 beim Arbeitgeber aufzubewahren. Vgl. auch die Erläuterungen Rn. 30.

20 **e) Bundesweite Geltung.** Die Bescheinigung gilt nicht nur für den Zuständigkeitsbereich des jeweiligen Gesundheitsamtes, sondern bundesweit, da § 43 nach seinem Wortlaut nicht zur Voraussetzung hat, dass die Bescheinigung vom ‚zuständigen' Gesundheitsamt stammt.

C. Mitteilungs- und Einschreitpflichten (Abs. 2, 3)

I. Allgemeines

Abs. 2 und 3 regeln die nach Tätigkeitsaufnahme für die betreffende Person 21
bestehenden Mitteilungs- (Abs. 2) und die für seinen Arbeitgeber bestehenden Einschreitpflichten (Abs. 3). In Bezug auf Selbständige gilt Abs. 6 S. 3.

II. Mitteilungspflichten (Abs. 2)

1. Einzelheiten

Die betroffene Person hat ihrem Arbeitgeber nach Abs. 2 etwaige Hin- 22
derungsgründe nach § 42 Abs. 1 (auch das Vorliegen eines Verdachtsfalles
nach § 42 Abs. 1 S. 1 Nr. 1) unverzüglich (vgl. § 9 Rn. 24) mitzuteilen.
Dadurch wird es dem Arbeitgeber bzw. Dienstherren ermöglicht, seinen Verpflichtungen aus Abs. 3 nachzukommen.

2. Zuwiderhandlungen

Eine Zuwiderhandlung gegen Abs. 2 ist gemäß § 73 Abs. 1a Nr. 16a buß- 23
geld- und bei Vorliegen der Voraussetzungen von § 74 strafbewehrt.

III. Einschreitpflichten (Abs. 3)

Werden dem Arbeitgeber oder Dienstherrn Anhaltspunkte oder Tatsachen 24
bekannt, die ein Tätigkeitsverbot nach § 42 Abs. 1 begründen, so ist dieser
nach Abs. 3 dazu verpflichtet, unverzüglich (vgl. § 9 Rn. 24) die zur Verhinderung der Weiterverbreitung der Krankheitserreger erforderlichen Maßnahmen einzuleiten. Derartige Maßnahmen beziehen sich insbesondere auf
möglicherweise kontaminierte Lebensmittel (vgl. § 42 Rn. 26 f.) und Bedarfsgegenstände (vgl. § 42 Rn. 17) und beinhalten erforderlichenfalls auch die
Unterbindung der Ausübung der vom Verbot betroffenen Tätigkeiten durch
den jeweiligen Arbeitnehmer. Genauere Vorgaben zu Art und Umfang der
Maßnahmen macht das IfSG nicht, insoweit hat der Arbeitgeber oder Dienstherr ein Ermessen. Da Abs. 3 keine hoheitlichen Eingriffsbefugnisse für den
Arbeitgeber oder Dienstherrn gegenüber der betroffenen Person konstituiert,
kann dieser nur Maßnahmen innerhalb des durch das Arbeits- oder Dienstrecht vorgegebenen rechtlichen Rahmens ergreifen.

D. Belehrungs- und Dokumentationspflichten (Abs. 4)

I. Allgemeines

Abs. 4 enthält den Arbeitgeber oder – über den Verweis in S. 3 – Dienst- 25
herren treffende Belehrungs- und Dokumentationspflichten für Personen, die
eine der in § 42 Abs. 1 S. 1 oder S. 2 genannten Tätigkeiten ausüben. Durch
diese wird die einmalige Belehrung nach Abs. 1 durch eine wiederkehrende

Belehrung ergänzt, durch welche das erworbene Wissen regelmäßig aufgefrischt werden soll.

II. Einzelheiten

1. In § 42 Abs. 1 S. 1 oder S. 2 genannte Tätigkeiten

26 Vgl. die Erläuterungen § 42 Rn. 4 ff.

2. Inhalt, Form und Wiederholung der Belehrung

27 Die Belehrung muss nach Aufnahme der Tätigkeit erfolgen und alle zwei Jahre wiederholt werden (S. 1). Sie umfasst die Vermittlung der Tätigkeitsverbote nach § 42 Abs. 1 und der Mitteilungspflichten nach Abs. 2 (vgl. Rn. 22). Zweckmäßigerweise sollte die Belehrung in ähnlicher Weise wie die des Gesundheitsamtes nach Abs. 1 erfolgen (vgl. dazu Rn. 14). Der Arbeitgeber oder Dienstherr (S. 3) kann die Durchführung delegieren, ohne dass ihn dies aus seiner Verantwortung zur tatsächlichen Durchführung entließe. Selbständig Tätige müssen sich nicht selbst wiederholt belehren. Aus Abs. 6 S. 3 lässt sich indes ableiten, dass sie verpflichtet sind, das entsprechende Wissen vorzuhalten.

3. Dokumentationspflichten (S. 2)

28 Nach S. 2 ist die Teilnahme der betroffenen Personen an der Belehrung zu dokumentieren. Zu den Aufbewahrungspflichten nach Abs. 5 vgl. die Erläuterungen ab Rn. 30.

III. Zuwiderhandlungen

29 Eine Zuwiderhandlung gegen Abs. 4 S. 1 ist gemäß § 73 Abs. 1a Nr. 18 bußgeld- und bei Vorliegen der Voraussetzungen von § 74 strafbewehrt.

E. Aufbewahrungspflichten (Abs. 5)

30 Abs. 5 verpflichtet den Arbeitgeber, die Bescheinigung nach Abs. 1 und die letzte Dokumentation der Belehrung nach Abs. 4 aufzubewahren (S. 1) und diese und, sofern er eine in § 42 Abs. 1 bezeichnete Tätigkeit selbst ausübt, die ihn betreffende Bescheinigung nach Abs. 1 S. 1 an der Betriebsstätte verfügbar zu halten (S. 2 1. HS). Darüber hinaus hat er sie der zuständigen Behörde (vgl. Vor §§ 15a Rn. 2) und ihren Beauftragten auf Verlangen vorzulegen (S. 2 2. HS). Sofern Tätigkeiten an wechselnden Standorten erfolgen, genügt nach S. 3 die Vorlage einer beglaubigten Abschrift oder einer beglaubigten Kopie. In Bezug auf Selbständige gilt bezüglich der Bescheinigung nach Abs. 1 die Regelung in Abs. 6 S. 3.

F. Betreute, Geschäftsunfähige bzw. beschränkt Geschäftsfähige (Abs. 6)

Die Regelung ist in Analogie zu § 16 Abs. 5 gefasst. Bei geschäftsunfähigen, beschränkt geschäftsfähigen und betreuten Personen treffen die Sorgeberechtigten bzw. Betreuer die sich aus Abs. 1 S. 1 Nr. 2 und Abs. 2 ergebenden Pflichten. Die Teilnahme an der eigentlichen Belehrung nach Abs. 1 S. 1 Nr. 1 ist mithin richtigerweise nicht an Abs. 6 auf die Sorgeberechtigten bzw. Betreuer übertragen worden, so dass auch geschäftsunfähige, beschränkt geschäftsfähige und betreute Personen zu belehren sind. Vgl. zu diesen aber auch Rn. 14aE. **31**

G. Verordnungsermächtigung (Abs. 7)

Abs. 7 stellt eine Verordnungsermächtigung dar, auf Basis derer mit Zustimmung des Bundesrates Untersuchungen und weitergehende Anforderungen vorgeschrieben werden können. Ihre Anwendung hat zur Voraussetzung, dass Rechtsakte der Europäischen Union dies erfordern. Letzteres ist insbesondere dann der Fall, wenn Richtlinien der EU, die den in § 43 geregelten Bereich betreffen, in nationales Recht umgesetzt werden müssen. **32**

9. Abschnitt. Tätigkeiten mit Krankheitserregern

Vorbemerkungen zu den §§ 44 ff.

Übersicht

	Rn.
I. Allgemeines	1
II. Systematik	2
1. Allgemeines	2
2. Erlaubnispflicht	3
a) Allgemeines	3
b) Erlaubnisinhaber	4
3. Anzeigepflicht	5
4. Aufsicht	6
III. Weitere Regelungen	7

I. Allgemeines

Regelungen zu Tätigkeiten mit Krankheitserregern (vgl. zum Begriff § 2 **1** Rn. 4 ff.) waren bereits in den §§ 19–29 BSeuchG enthalten, an diesen orientieren sich die §§ 44 ff. mit einigen Abweichungen. Den Vorschriften liegt der Gedanke zugrunde, dass beim Arbeiten und Verkehr mit Krankheitserregern deren Verbreitung nur dann vermieden werden kann, wenn die Ausführung der entsprechenden Tätigkeiten auf fachlich vorgebildete und zuverlässige Personen beschränkt bleibt und geeignete Räume zur Verfügung stehen (so bereits die amtl. Begründung zu §§ 19–29 BSeuchG).

II. Systematik

1. Allgemeines

Das Gesetz unterscheidet zwischen der Erlaubnis- und der Anzeigepflicht. **2** Die Anzeigepflicht ist von der Erlaubnispflicht unabhängig und an die tatsächliche Aufnahme einer Tätigkeit geknüpft (vgl. amtl. Begründung).

2. Erlaubnispflicht

a) Allgemeines. Der Gesetzgeber unterwirft mit der Regelung in § 44 **3** grundsätzlich jede Tätigkeit mit Krankheitserregern der Erlaubnispflicht, sofern nicht eine der in den §§ 45, 46 geregelten Ausnahmen einschlägig ist. Die Aufstellung der Erlaubnispflicht nach § 44 dient dem Zweck, es der zuständigen Behörde vor Aufnahme der Tätigkeit zu ermöglichen, das Vorliegen von Versagungsgründen zu prüfen. Liegen solche nicht vor, hat diese die Erlaubnis zu erteilen, sie hat insoweit kein Ermessen (gebundene Entscheidung). Es handelt sich bei der Erlaubnispflicht demnach um ein präventives Verbot mit gebundenem Erlaubnisvorbehalt. Dies schließt jedoch nicht aus, dass die Erlaubnis nur eingeschränkt oder unter Auflagen erteilt werden kann (vgl. § 47 Abs. 3).

4 **b) Erlaubnisinhaber.** Die Erlaubnis kann nach § 47 Abs. 1 dann versagt werden, wenn bestimmte persönliche Qualifikationen nicht vorliegen. Erlaubnisinhaber kann damit nur eine natürliche Person sein (vgl. auch amtl. Begründung zu § 45 IfSG). Die Erlaubnis nach § 47 wird personenbezogen erteilt, im Rahmen der Erlaubniserteilung erfolgt dabei keine Prüfung der vorhanden Räumlichkeiten und Einrichtungen. Eine solche ist erst im Rahmen der Tätigkeitsanzeige nach §§ 49, 50 vorgesehen.

3. Anzeigepflicht

5 Damit die zuständige Behörde ihrer Aufsichtspflicht (vgl. § 51) nachkommen kann, ist gemäß § 49 Abs. 1 die erstmalige Aufnahme einer eigenverantwortlich durchgeführten unter § 44 fallenden Tätigkeit anzeigepflichtig, also auch einer solchen, die nach § 45 von der Erlaubnispflicht ausgenommen ist. Nach § 50 besteht außerdem die Pflicht zur Anzeige relevanter Änderungen. Im Rahmen des Anzeigeverfahrens prüft die zuständige Behörde, ob geeignete Räume und Einrichtungen sowie die Voraussetzungen für eine gefahrlose Entsorgung gegeben sind (vgl. § 49 Abs. 3).

4. Aufsicht

6 Anders als etwa bei einer Baugenehmigung belässt es der Gesetzgeber nicht bei einer einmaligen Prüfung im Rahmen der Erlaubniserteilung, sondern unterwirft die in § 44 genannten Tätigkeiten dauerhaft der Aufsicht durch die zuständige Behörde, selbst wenn sie nach § 45 oder § 46 von der Erlaubnispflicht ausgenommen sind (vgl. § 51).

III. Weitere Regelungen

7 Beim Umgang mit Krankheitserregern sind auch noch andere Vorgaben zu beachten, etwa die Biostoffverordnung.

§ 44 Erlaubnispflicht für Tätigkeiten mit Krankheitserregern

Wer Krankheitserreger in den Geltungsbereich dieses Gesetzes verbringen, sie ausführen, aufbewahren, abgeben oder mit ihnen arbeiten will, bedarf einer Erlaubnis der zuständigen Behörde.

A. Allgemeines

1 Nach § 44 ist generell jede Tätigkeit mit Krankheitserregern erlaubnispflichtig. Zu den in den §§ 45, 46 geregelten Ausnahmen von diesem Grundsatz

siehe die dortigen Erläuterungen. Neben der Erlaubnispflicht nach § 44 bestehen auch Anzeigepflichten (§§ 49, 50), vgl. zu diesen die Erläuterungen dort.

B. Einzelheiten

I. Tatbestandsmerkmale

1. Krankheitserreger

Abgetötete oder sonst nicht mehr der Vermehrung fähige Erreger fallen nicht unter die Definition des ‚Krankheitserregers', so dass Tätigkeiten mit Ihnen nicht der Erlaubnispflicht unterliegen (vgl. im Einzelnen § 2 Nr. 1 sowie die Erläuterungen § 2 Rn. 4 ff.). Untersuchungsmaterial, das Krankheitserreger enthält (Patientenmaterial, Bodenproben, Lebensmittelproben usw.) fällt als solches nach der amtl. Begründung nicht unter die Definition des Krankheitserregers und wird deshalb nicht von § 44 erfasst. Bezüglich der Abgabe derartigen Materials vgl. § 52. 2

2. In den Geltungsbereich dieses Gesetzes verbringen, ausführen

Ein ‚Verbringen' in den Geltungsbereich des IfSG liegt immer dann vor, wenn der Belegenheitsort eines Krankheitserregers von außerhalb in den Geltungsbereich des IfSG verlagert wird, ein Ausführen im umgekehrten Fall. 3

3. Aufbewahren

Unter einem ‚Aufbewahren' ist jedes Erhalten des Krankheitserregers bis zu dem Zeitpunkt seiner irreversiblen Inaktivierung zu verstehen. 4

4. Abgabe

Unter einer Abgabe ist die Übertragung des Besitzes zu verstehen. 5

5. Arbeiten

a) **Allgemeines.** Das IfSG enthält keine Legaldefinition des Begriffs des ‚Arbeitens', so dass der Bedeutungsgehalt durch Auslegung zu ermitteln ist. 6

b) **Rückschluss aus § 45.** Zur Auslegung kann zunächst § 45 herangezogen werden. Die Tatsache, dass der Gesetzgeber es für erforderlich hielt, die in § 45 Abs. 1 und Abs. 2 Nr. 1 und Nr. 2 1. HS bestimmten Tätigkeiten explizit von der Erlaubnispflicht auszunehmen oder, soweit eine der in Abs. 2 Nr. 2 2. HS genannten Tätigkeiten ausgeführt wird, doch der Erlaubnispflicht zu unterwerfen, bzw. in Bezug auf die in § 45 Abs. 3 genannten Tätigkeiten eine Freistellung durch die Behörde vorzusehen, lässt den Rückschluss zu, dass die jeweiligen Tätigkeiten unter den Begriff des ‚Arbeitens' und damit unter die Erlaubnispflichtigkeit nach § 44 fallen. 7

8 **c) Urteil des BVerwG.** Im Übrigen liegt nach dem Urteil des BVerwG vom 25.9.1986 (3 C 8/85 (Koblenz)) zu § 19 BSeuchG als Vorgängernorm von § 44 ein ‚Arbeiten' mit Krankheitserregern bei jeder Tätigkeit vor, bei der die abstrakte Möglichkeit besteht, dass ein vermehrtes Auftreten von Krankheitserregern durch Nährsubstrate, die ihnen optimale Vermehrungsbedingungen bieten, begünstigt wird. Ohne Belang ist dabei, ob dabei diagnostische oder anderen Zwecke verfolgt werden. Demnach unterfallen serologische, mikroskopische oder sonstige Untersuchungen und Nachweismethoden unmittelbar aus dem Untersuchungsmaterial, in deren Zusammenhang keine Anzucht oder Anreicherung von Krankheitserregern erfolgt, nicht dem Begriff des ‚Arbeitens' und damit auch nicht der Erlaubnispflicht (siehe auch amtl. Begründung). In Bezug auf den unabhängig von einer Erlaubnispflichtigkeit nach §§ 44 ff. zu beachtenden Arztvorbehalt bei derartigen Tätigkeiten vgl. § 24 S. 2.

II. Ausnahmen von der Erlaubnispflicht

9 Zu den Ausnahmen von der Erlaubnispflicht vgl. die Erläuterungen zu §§ 45, 46.

III. Versagungsgründe, Voraussetzungen für die Erlaubnis

10 Vgl. dazu die Erläuterungen zu § 47.

IV. Zuständige Behörde

11 Vgl. dazu Vor §§ 15a Rn. 2. Im Bereich der Bundeswehr gilt die abweichende Zuständigkeit nach § 54a Abs. 1 Nr. 5.

V. Entscheidungsfrist

12 Über Anträge auf Erteilung einer Erlaubnis nach § 44 muss die zuständige Behörde nach § 53a Abs. 2 innerhalb einer Frist von drei Monaten entscheiden. Vgl. im Einzelnen die Erläuterungen zu § 53a.

VI. Zuwiderhandlungen

13 Eine Zuwiderhandlung gegen § 44 ist bei Vorliegen der Voraussetzungen von § 75 Abs. 1 Nr. 3 strafbewehrt. Soweit sich aus einer unter § 44 fallenden Tätigkeit konkrete Gefahren ergeben, ist an Maßnahmen nach § 16 (z. B. Untersagung) und § 17 zu denken. Wird eine nach den §§ 44–46 erlaubnispflichtige Tätigkeit ohne die erforderliche Erlaubnis ausgeübt, kann eine Untersagungsverfügung gfs. auf einschlägige Landesvorschriften gestützt werden (z. B. Art. 7 Abs. 2 Nr. 1 BayLStVG). Zu den Anzeigepflichten nach §§ 49, 50 und den Folgen von Verstößen gegen diese vgl. die Erläuterungen dort.

Ausnahmen § 45 IfSG

§ 45 Ausnahmen

(1) Einer Erlaubnis nach § 44 bedürfen nicht Personen, die zur selbständigen Ausübung des Berufs als Arzt, Zahnarzt oder Tierarzt berechtigt sind, für mikrobiologische Untersuchungen zur orientierenden medizinischen und veterinärmedizinischen Diagnostik mittels solcher kultureller Verfahren, die auf die primäre Anzucht und nachfolgender Subkultur zum Zwecke der Resistenzbestimmung beschränkt sind und bei denen die angewendeten Methoden nicht auf den spezifischen Nachweis meldepflichtiger Krankheitserreger gerichtet sind, soweit die Untersuchungen für die unmittelbare Behandlung der eigenen Patienten für die eigene Praxis durchgeführt werden.

(2) Eine Erlaubnis nach § 44 ist nicht erforderlich für
1. Sterilitätsprüfungen, Bestimmung der Koloniezahl und sonstige Arbeiten zur mikrobiologischen Qualitätssicherung bei der Herstellung, Prüfung und der Überwachung des Verkehrs mit
   a) Arzneimitteln,
   b) Medizinprodukten,
2. Sterilitätsprüfungen, Bestimmung der Koloniezahl und sonstige Arbeiten zur mikrobiologischen Qualitätssicherung, soweit diese nicht dem spezifischen Nachweis von Krankheitserregern dienen und dazu Verfahrensschritte zur gezielten Anreicherung oder gezielten Vermehrung von Krankheitserregern beinhalten,
3. Sterilitätsprüfungen, Bestimmung der Koloniezahl und sonstige Arbeiten zur mikrobiologischen Qualitätssicherung, wenn
   a) diese durch die in Absatz 1 bezeichneten Personen durchgeführt werden,
   b) der Qualitätssicherung von mikrobiologischen Untersuchungen nach Absatz 1 dienen und
   c) von der jeweiligen Berufskammer vorgesehen sind.

(3) Die zuständige Behörde hat Personen für sonstige Arbeiten zur mikrobiologischen Qualitätssicherung, die auf die primäre Anzucht auf Selektivmedien beschränkt sind, von der Erlaubnispflicht nach § 44 freizustellen, wenn die Personen im Rahmen einer mindestens zweijährigen Tätigkeit auf dem Gebiet der mikrobiologischen Qualitätssicherung oder im Rahmen einer staatlich geregelten Ausbildung die zur Ausübung der beabsichtigten Tätigkeiten erforderliche Sachkunde erworben haben.

(4) Die zuständige Behörde hat Tätigkeiten im Sinne der Absätze 1, 2 und 3 zu untersagen, wenn eine Person, die die Arbeiten ausführt, sich bezüglich der erlaubnisfreien Tätigkeiten nach den Absätzen 1, 2 oder 3 als unzuverlässig erwiesen hat.

Übersicht

	Rn.
A. Allgemeines	1
B. Ausnahmen für Ärzte, Zahnärzte und Tierärzte (Abs. 1)	2
I. Allgemeines	2
II. Tatbestandliche Voraussetzungen	3
1. Allgemeines	3

	Rn.
2. Erlaubnispflichtige Tätigkeit	4
3. Zur selbständigen Ausübung des Berufs als Arzt, Zahnarzt oder Tierarzt berechtigte Person	5
4. Untersuchung zur unmittelbare Behandlung der eigenen Patienten für die eigene Praxis	6
a) Allgemeines	6
b) Unmittelbare Behandlung der eigenen Patienten	7
c) Für die eigene Praxis	8
5. Art und Zweck der Untersuchung	9
a) Allgemeines	9
b) Orientierende Diagnostik	10
c) Mittels kultureller Verfahren	11
d) Primäre Anzucht	12
e) Nachfolgende Subkultur zum Zwecke der Resistenzbestimmung	13
f) Kein spezifischer Nachweis eines meldepflichtigen Krankheitserregers	14
III. Rechtsfolge	15
IV. Anzeigepflicht	16
C. Ausnahmen für bestimmte Arbeiten zur mikrobiologischen Qualitätssicherung (Abs. 2)	17
I. Allgemeines	17
II. Tatbestandliche Voraussetzungen	18
1. Zu Nr. 1	18
2. Zu Nr. 2	19
3. Zu Nr. 3	20
III. Rechtsfolge	21
IV. Anzeigepflicht	22
D. Freistellung von der Erlaubnispflicht (Abs. 3)	23
I. Allgemeines	23
II. Tatbestandliche Voraussetzungen	24
1. Allgemeines	24
2. Sonstige Arbeiten zur mikrobiologischen Qualitätssicherung	25
3. Auf die primäre Anzucht auf Selektivmedien beschränkt	26
a) Primäre Anzucht	26
b) Selektivmedien	27
4. Zur Ausübung der beabsichtigten Tätigkeit erforderliche Sachkunde	28
a) Allgemeines	28
b) Mindestens zweijährigen Tätigkeit auf dem Gebiet der mikrobiologischen Qualitätssicherung	29
c) Im Rahmen einer staatlich geregelten Ausbildung	30
d) Erforderliche Sachkunde	31
5. Antrag	32
III. Rechtsfolge	33
E. Untersagungspflicht der zuständigen Behörde (Abs. 4)	34

Ausnahmen § 45 IfSG

A. Allgemeines

Ähnlich wie § 20 BSeuchG als seiner Vorgängernorm regelt § 45 Ausnahmen 1
von der grundsätzlichen Erlaubnispflicht nach § 44. Anders als noch in § 20
BSeuchG hat der Gesetzgeber jedoch auf die Möglichkeit verzichtet, juristische Personen, etwa die in § 20 Abs. 1 Nr. 3, 4 BSeuchG genannten Krankenhäuser, Polikliniken, Tierkliniken und vergleichbaren Einrichtungen, von
der Erlaubnispflicht auszunehmen (vgl. amtl. Begründung).

B. Ausnahmen für Ärzte, Zahnärzte und Tierärzte (Abs. 1)

I. Allgemeines

Nach der amtl. Begründung liegt Abs. 1 die Absicht des Gesetzgebers zu 2
Grunde, dem niedergelassenen Arzt, Zahnarzt oder Tierarzt bestimmte Arbeiten für seine eigenen Patienten in der eigenen Praxis erlaubnisfrei zu ermöglichen, um schnelle Diagnosen und Therapien sowie kostengünstige Verfahren
nicht zu behindern. Es handelt sich dabei um eine so genannte eingeschränkte
Erlaubnisfreiheit (vgl. auch amtl. Begründung), da sie nicht sämtliche, sondern
nur bestimmte Tätigkeiten von der Erlaubnispflicht ausnimmt.

II. Tatbestandliche Voraussetzungen

1. Allgemeines

Von der Erlaubnispflicht nach § 44 ausgenommen sind zur selbständigen Aus- 3
übung des Berufs als Arzt, Zahnarzt oder Tierarzt berechtigte Personen, wenn
und soweit es sich um mikrobiologische Untersuchungen zur orientierenden
medizinischen und veterinärmedizinischen Diagnostik mittels solcher kultureller Verfahren handelt, die auf die primäre Anzucht und nachfolgender
Subkultur zum Zwecke der Resistenzbestimmung beschränkt sind und bei
denen die angewendeten Methoden nicht auf den spezifischen Nachweis
meldepflichtiger Krankheitserreger gerichtet sind, und nur soweit die Untersuchungen für die unmittelbare Behandlung der eigenen Patienten für die
eigene Praxis durchgeführt werden.

2. Erlaubnispflichtige Tätigkeit

Grundvoraussetzung für die Eröffnung des Anwendungsbereichs von § 45 ist 4
es, dass es sich bei der in Frage stehenden überhaupt um eine nach § 44
prinzipiell erlaubnispflichtige Tätigkeit handelt. Ist dies nicht der Fall, steht
die Frage einer Erlaubnisfreiheit nicht im Raum. Vgl. dazu im Einzelnen die
entsprechenden Erläuterungen zu § 44.

3. Zur selbständigen Ausübung des Berufs als Arzt, Zahnarzt oder Tierarzt berechtigte Person

5 Erfasst sind nach der amtl. Begründung prinzipiell auch Ärzte in Justizvollzugsanstalten, Krankenhäusern, Polikliniken und Tierkliniken. Die eingeschränkte Erlaubnisfreiheit (vgl. Rn. 2) ist nicht an die Approbation oder Bestallung, sondern an die generelle Berechtigung zur selbständigen Berufsausübung geknüpft (vgl. amtl. Begründung).

4. Untersuchung zur unmittelbare Behandlung der eigenen Patienten für die eigene Praxis

6 **a) Allgemeines.** Um von der Erlaubnisfreiheit erfasst zu sein, muss die Untersuchung für die unmittelbare Behandlung der eigenen Patienten für die eigene Praxis erfolgen.

7 **b) Unmittelbare Behandlung der eigenen Patienten.** Die Untersuchung erfolgt dann zur unmittelbaren Behandlung der eigenen Patienten, wenn die Krankheitserreger, die untersucht werden, von einer Person stammen, die in einem direkten Behandlungverhältnis zu dem die Untersuchung durchführenden Arzt, Zahnarzt oder Tierarzt steht. Beauftragte Laborärzte haben kein derartiges direktes Behandlungsverhältnis zum Patienten und werden deshalb nicht von Abs. 1 erfasst.

8 **c) Für die eigene Praxis.** Der Begriff der ‚eigenen Praxis' ist weit auszulegen, er meint die von dem die Untersuchung durchführenden Arzt, Zahnarzt oder Tierarzt verantwortlich betreute Organisationseinheit. Erfasst ist neben der eigenen Praxis im üblichen Sinne nach dem Sinn und Zweck der Vorschrift auch die etwa von einem Stationsarzt betreute Station oder der Patientenstamm des im Rahmen eines Hausbesuchsdienstes tätigen Arztes ohne eigene räumliche Praxis.

5. Art und Zweck der Untersuchung

9 **a) Allgemeines.** Von der Erlaubnispflicht ausgenommen sind nach Abs. 1 solche mikrobiologische Untersuchungen zur orientierenden medizinischen und veterinärmedizinischen Diagnostik mittels kultureller Verfahren, die auf die primäre Anzucht und nachfolgende Subkultur zum Zwecke der Resistenzbestimmung beschränkt sind und bei denen die angewendeten Methoden nicht auf den spezifischen Nachweis meldepflichtiger Krankheitserreger gerichtet sind.

10 **b) Orientierende Diagnostik.** Der Begriff ist im IfSG nicht definiert. Der Gesetzgeber bezieht sich in der amtl. Begründung in diesem Zusammenhang auf ‚frühdiagnostische Möglichkeiten' und führt unter dem beispielhaften Verweis auf Untersuchungen zum Ausschluss von Harnwegsinfektionen aus, dass neue vereinfachte Methoden der Diagnostik es möglich machen, vermehrt mikrobiologische Untersuchungen in der Arztpraxis durchzuführen. Vor diesem Hintergrund ist unter ‚orientierender' Diagnostik eine solche mit

vereinfachten Methoden und schnellen Ergebnissen zu verstehen, welche frühzeitig die Therapieeinleitung ermöglicht.

c) Mittels kultureller Verfahren. Unter den Begriff des ‚kulturellen Verfahrens' fällt aus der hier entscheidenden medizinischen Sicht die Vermehrung eines Mikroorganismus, etwa mittels Nährbodens oder Nährlösungen. **11**

d) Primäre Anzucht. Eine primäre Anzucht liegt dann vor, wenn Mikroorganismen direkt aus dem Untersuchungsmaterial angezüchtet werden. Bereits die primäre Anzucht ohne weitere nachfolgende Vermehrung kann unter Verwendung von Schnelltestmethoden zu einer endgültigen Keimidentifizierung führen. **12**

e) Nachfolgende Subkultur zum Zwecke der Resistenzbestimmung. Unter der nachfolgenden Subkultur ist die Vermehrung von Mikroorganismen nicht direkt aus dem Untersuchungsmaterial, sondern aus der primären Anzucht zu verstehen. Diese muss zum Zwecke der Resistenzbestimmung erfolgen. **13**

f) Kein spezifischer Nachweis eines meldepflichtigen Krankheitserregers. Bei den nach § 7 (ggf. iVm § 15) meldepflichtigen Krankheitserregern handelt es sich um solche, die von hoher Gefährlichkeit, hohem Verbreitungsgrad und hoher öffentlicher und gesundheitspolitischer Beachtung sind. Daher ist eine auf den spezifischen Nachweis meldepflichtiger Krankheitserreger gerichtete Anzucht nicht erlaubnisfrei. **14**

III. Rechtsfolge

Liegen die tatbestandlichen Voraussetzungen vor, so ist die betreffende Person für die erfassten Tätigkeiten per Gesetz von der Erlaubnispflicht nach § 44 befreit. Ein entsprechender Verwaltungsakt der zuständigen Behörde ist (anders als bei Abs. 3) nicht erforderlich. **15**

IV. Anzeigepflicht

Die Anzeigepflicht nach § 49 besteht auch in Bezug auf die von Abs. 1 erfassten Tätigkeiten. **16**

C. Ausnahmen für bestimmte Arbeiten zur mikrobiologischen Qualitätssicherung (Abs. 2)

I. Allgemeines

Abs. 2 nimmt bestimmte Arbeiten zur mikrobiologischen Qualitätssicherung von der Erlaubnispflicht nach § 44 aus, da von diesen keine Gefahr für die Bevölkerung zu erwarten ist (vgl. amtl. Begründung). Anders als bei Abs. 1 ist es für diese Ausnahmen ohne Belang, von wem die Arbeiten ausgeführt werden, insbesondere ist es nicht erforderlich, dass es sich dabei um einen Arzt, Zahnarzt oder Tierarzt handelt. Unter den Begriff der ‚sonstigen Arbei- **17** ten zur mikrobiologischen Qualitätssicherung' fallen sämtliche Tätigkeiten, die das Ziel haben, eine bestimmte mikrobiologische Qualität eines Produktes sicherzustellen. Dabei ergeben sich das sicherzustellende Qualitätslevel wie auch die zur Qualitätssicherung durchzuführenden Maßnahmen nicht aus dem IfSG, sondern aus anderen Vorschriften oder sonstigen Vorgaben.

II. Tatbestandliche Voraussetzungen

1. Zu Nr. 1

18 Die Vorschrift stellt nicht nur Sterilitätsprüfungen und Koloniezahlbestimmungen, sondern sämtliche Arbeiten der mikrobiologischen Qualitätssicherung – auch solche, die dem spezifischen Nachweis von Krankheitserregern dienen – bei der Herstellung, Prüfung und Überwachung des Verkehrs mit Arzneimitteln und Medizinprodukten von der Erlaubnispflicht frei.

2. Zu Nr. 2

19 Mit Nr. 2 werden sämtliche Arbeiten der mikrobiologischen Qualitätssicherung außerhalb der von Nr. 1 erfassten Herstellung, Prüfung und Überwachung des Verkehrs mit Arzneimitteln und Medizinprodukten von der Erlaubnispflicht nach § 44 befreit, soweit diese nicht dem spezifischen Nachweis von Krankheitserregern dienen und dazu Verfahrensschritte zur gezielten Anreicherung oder gezielten Vermehrung von Krankheitserregern beinhalten.

3. Zu Nr. 3

20 Nr. 3 wurde durch das Gesetz zu Modernisierung der epidemiologischen Überwachung übertragbarer Krankheiten eingefügt. Sie soll ausweislich von Beschlussempfehlung und Bericht des Ausschusses für Gesundheit (BT-Drs. 18/12604) verhindern, dass die vom Gesetzgeber unter den Voraussetzungen des § 45 Abs. 1 gewollte Ausnahme von der Erlaubnispflicht nur wegen der Teilnahme an so genannten Ringversuchen nicht zum Tragen kommen kann. Bei Ringversuchen handelt es sich um eine anerkannte Methode zur externen Qualitätssicherung für Messverfahren und Laboratorien. Der Ausnahmetatbestand ist insoweit eng gefasst, als dass er nur die von der jeweiligen Berufskammer vorgesehenen Maßnahmen privilegiert (vgl. Nr. 3 Buchstabe c)). Bei der Teilnahme an Ringversuchen sind die angewendeten Verfahren nicht auf eine primäre kulturelle Anzucht beschränkt und können auf den spezifischen Nachweis von meldepflichtigen Krankheitserregern gerichtet sein (vgl. Beschlussempfehlung und Bericht des Ausschusses für Gesundheit (BT-Drs. 18/12604).

III. Rechtsfolge

21 Liegen die tatbestandlichen Voraussetzungen vor, so ist die betreffende Person für die erfassten Tätigkeiten per Gesetz von der Erlaubnispflicht nach § 44 befreit. Ein entsprechender Verwaltungsakt der zuständigen Behörde ist (anders als bei Abs. 3) nicht erforderlich.

IV. Anzeigepflicht

Die Anzeigepflicht nach § 49 besteht auch in Bezug auf die von Abs. 2 **22** erfassten Tätigkeiten.

D. Freistellung von der Erlaubnispflicht (Abs. 3)

I. Allgemeines

Abs. 3 tritt zu den Ausnahmen nach Abs. 2 hinzu. Anders als diese führt er **23** jedoch nicht dazu, dass die von ihm erfassten Tätigkeiten per Gesetz von der Erlaubnispflicht nach § 44 ausgenommen sind. Stattdessen verpflichtet er die zuständige Behörde (vgl. zu dieser Vor §§ 15a Rn. 2) dazu, die betroffene Person bei Vorliegen der Voraussetzungen auf Antrag von der Erlaubnispflicht freizustellen.

II. Tatbestandliche Voraussetzungen

1. Allgemeines

Eine Freistellung hat zur Voraussetzung, dass sonstige Arbeiten zur mikrobio- **24** logischen Qualitätssicherung, die auf die primäre Anzucht auf Selektivmedien beschränkt sind, von einer Person ausgeübt werden, die im Rahmen einer mindestens zweijährigen Tätigkeit auf dem Gebiet der mikrobiologischen Qualitätssicherung oder im Rahmen einer staatlich geregelten Ausbildung die zur Ausübung der beabsichtigten Tätigkeiten erforderliche Sachkunde erworben hat.

2. Sonstige Arbeiten zur mikrobiologischen Qualitätssicherung

Vgl. dazu Rn. 17. **25**

3. Auf die primäre Anzucht auf Selektivmedien beschränkt

a) Primäre Anzucht. Vgl. dazu Rn. 12. **26**

b) Selektivmedien. Selektivmedien dienen dem Nachweis bestimmter Mi- **27** kroorganismen, indem sie den nachzuweisenden Mikroorganismen besonders gute, anderen jedoch schlechtere Wachstumsbedingungen (etwa wegen des Nährmediums oder der Temperatur) bieten.

4. Zur Ausübung der beabsichtigten Tätigkeit erforderliche Sachkunde

a) Allgemeines. Die Person muss die zur Ausübung der beabsichtigten **28** Tätigkeit erforderliche Sachkunde aufweisen und und diese auf eine der beiden in Abs. 3 vorgesehenen Arten erworben haben.

b) Mindestens zweijährigen Tätigkeit auf dem Gebiet der mikrobio- 29 logischen Qualitätssicherung. Zum Begriff der mikrobiologischen Qualitätssicherung vgl. Rn. 17.

30 **c) Im Rahmen einer staatlich geregelten Ausbildung.** Darunter fallen sämtliche Ausbildungen, die einer staatlichen Regelung unterworfen sind.

31 **d) Erforderliche Sachkunde.** Welche Anforderungen an die erforderliche Sachkunde zu stellen sind, ist im IfSG nicht geregelt. Die Anforderungen hängen von der konkreten Art der beabsichtigten Tätigkeit ab und sind von der zuständigen Behörde nach pflichtgemäßem Ermessen zu bestimmen. Dabei ist es für die Entscheidung nicht relevant, ob die Person tatsächlich dazu in der Lage ist, die Qualitätssicherung so durchzuführen, dass die erwünschte Qualität sichergestellt ist. Vielmehr muss die Entscheidung allein unter dem Gesichtspunkt des Infektionsschutzes getroffen werden, so dass zu prüfen ist, ob bei der Person ausreichende Kenntnisse im Umgang mit Krankheitserregern und in der Abwehr der sich aus diesem ergebenden Risiken für die Bevölkerung vorhanden sind.

5. Antrag

32 Die Freistellung erfolgt nur auf Antrag (vgl. § 22 S. 2 Nr. 2 VwVfG bzw. entsprechende Landesnorm).

III. Rechtsfolge

33 Liegen die Voraussetzungen und ein entsprechender Antrag vor, so muss die zuständige Behörde die Freistellung von der Erlaubnispflicht erteilen, sie hat diesbezüglich kein Ermessen.

E. Untersagungspflicht der zuständigen Behörde (Abs. 4)

34 Abs. 4 konstituiert eine Pflicht der zuständigen Behörde, Tätigkeiten im Sinne der Abs. 1, 2 und 3 zu untersagen, wenn eine Person, die die Arbeiten ausführt, sich bezüglich der erlaubnisfreien Tätigkeiten nach den Abs. 1, 2 oder 3 als unzuverlässig erwiesen hat. Eine Parallelvorschrift für erlaubnispflichtige Tätigkeiten mit Krankheitserregern enthält § 47 Abs. 1 Nr. 2. Zur Frage, wann eine Unzuverlässigkeit vorliegt, vgl. die Erläuterungen § 47 Rn. 5 ff.

§ 46 Tätigkeit unter Aufsicht

Der Erlaubnis nach § 44 bedarf nicht, wer unter Aufsicht desjenigen, der eine Erlaubnis besitzt oder nach § 45 keiner Erlaubnis bedarf, tätig ist.

A. Allgemeines

1 Die Erlaubnis nach § 44 ist personenbezogen (vgl. Vor § 44 Rn. 4). § 46 bestimmt, dass Personen, die eine nach § 44 erlaubnispflichtige Tätigkeit ausüben, dann keiner eigenen Erlaubnis bedürfen, wenn sie die Tätigkeit unter

Aufsicht eines Erlaubnisinhabers oder einer von der Erlaubnispflicht nach § 45 Abs. 1 oder 3 befreiten Person ausüben. Wird eine unter § 45 Abs. 2 fallende Tätigkeit von der betreffenden Person ausgeübt, bedarf sie bereits nach § 45 Abs. 2 keiner Erlaubnis, so dass kein Raum für eine Anwendung von § 46 verbleibt. § 46 hat in der Praxis einen erheblichen Anwendungsbereich (z. B. Assistenten in medizinischen Labors, Helfer beim Arzt) und gilt auch im Rahmen von § 24, vgl. § 24 S. 3 aE. Einschlägige Vorschriften aus anderen Gesetzen und Verordnungen sind zu beachten.

B. Einzelheiten

I. Unter Aufsicht

Entscheidend für die Anwendbarkeit von § 46 ist, ob es sich um eine Tätigkeit ‚unter Aufsicht' eines Erlaubnisinhabers handelt. Liegt eine solche Aufsicht nicht vor, bedarf die jeweilige Person einer eigenen Erlaubnis. Eine Tätigkeit unter Aufsicht liegt regelmäßig dann vor, wenn bei einer objektiven Betrachtung der unmittelbar Tätige bei seiner Tätigkeit von einem Erlaubnisinhaber überwachend gesteuert wird. Eine Konkretisierung, wann dies der Fall ist und eine hinreichende Aufsicht anzunehmen ist, kann weder dem IfSG noch der amtl. Begründung entnommen werden. Entscheidend sind bei der Beurteilung immer die konkreten Einzelumstände, etwa die Risikogeneigtheit der Tätigkeit sowei die Qualifikation, Erfahrung und bisherige Zuverlässigkeit des unmittelbar Tätigen. Bei der Beurteilung spielen auch tatsächliche Eingriffs- und Steuerungsmöglichkeiten durch den Erlaubnisträger eine bedeutende Rolle. Ist er etwa in zeitlicher Hinsicht nur sehr selten oder in räumlicher Hinsicht primär an einem anderen Ort tätig, dürften ihm oftmals in der Praxis hinreichende Eingriffs- und Steuerungsmöglichkeiten fehlen, was – je nach konkreter Fallkonstellation – in Regelfall gegen die Annahme einer Tätigkeit ‚unter Aufsicht' sprechen dürfte. Liegt bei Anlegung des dargelegten Maßstabes keine hinreichende Aufsicht vor, ist § 46 nicht erfüllt, so dass die unmittelbar tätige Person eine eigene Erlaubnis benötigt.

II. Anforderungen an die Qualifikation der beaufsichtigten Person

Das IfSG stellt keine Anforderungen an die Qualifikation der unter Aufsicht tätigen Person. Werden allerdings ungeeignete Personen eingesetzt, so kann dies eine Unzuverlässigkeit der beaufsichtigenden Person begründen mit der Folge einer Untersagungspflicht nach § 45 Abs. 4 (vgl. § 45 Rn. 34) oder § 48 iVm § 47 Ans. 1 Nr. 2.

III. Keine Anzeigepflicht nach § 49

Tätigkeiten unter Aufsicht unterliegen nicht der Anzeigepflicht nach § 49, vgl. § 49 Abs. 1 S. 3.

IfSG § 47

§ 47 Versagungsgründe, Voraussetzungen für die Erlaubnis

(1) Die Erlaubnis ist zu versagen, wenn der Antragsteller
1. die erforderliche Sachkenntnis nicht besitzt oder
2. sich als unzuverlässig in Bezug auf die Tätigkeiten erwiesen hat, für deren Ausübung die Erlaubnis beantragt wird.

(2) Die erforderliche Sachkenntnis wird durch
1. den Abschluss eines Studiums der Human-, Zahn- oder Veterinärmedizin, der Pharmazie oder den Abschluss eines naturwissenschaftlichen Fachhochschul- oder Universitätsstudiums mit mikrobiologischen Inhalten und
2. eine mindestens zweijährige hauptberufliche Tätigkeit mit Krankheitserregern unter Aufsicht einer Person, die im Besitz der Erlaubnis zum Arbeiten mit Krankheitserregern ist,

nachgewiesen. Die zuständige Behörde hat auch eine andere, mindestens zweijährige hauptberufliche Tätigkeit auf dem Gebiet der Bakteriologie, Mykologie, Parasitologie oder Virologie als Nachweis der Sachkenntnis nach Nummer 2 anzuerkennen, wenn der Antragsteller bei dieser Tätigkeit eine gleichwertige Sachkenntnis erworben hat.

(3) Die Erlaubnis ist auf bestimmte Tätigkeiten und auf bestimmte Krankheitserreger zu beschränken und mit Auflagen zu verbinden, soweit dies zur Verhütung übertragbarer Krankheiten erforderlich ist. Die zuständige Behörde kann Personen, die ein naturwissenschaftliches Fachhochschul- oder Universitätsstudium ohne mikrobiologische Inhalte oder ein ingenieurwissenschaftliches Fachhochschul- oder Universitätsstudium mit mikrobiologischen Inhalten abgeschlossen haben oder die die Voraussetzungen nach Absatz 2 Satz 1 Nr. 2 nur teilweise erfüllen, eine Erlaubnis nach Satz 1 erteilen, wenn der Antragsteller für den eingeschränkten Tätigkeitsbereich eine ausreichende Sachkenntnis erworben hat.

(4) Bei Antragstellern, die nicht die Approbation oder Bestallung als Arzt, Zahnarzt oder Tierarzt besitzen, darf sich die Erlaubnis nicht auf den direkten oder indirekten Nachweis eines Krankheitserregers für die Feststellung einer Infektion oder übertragbaren Krankheit erstrecken. Satz 1 gilt nicht für Antragsteller, die Arbeiten im Auftrag eines Arztes, Zahnarztes oder Tierarztes, die im Besitz der Erlaubnis sind, oder Untersuchungen in Krankenhäusern für die unmittelbare Behandlung der Patienten des Krankenhauses durchführen.

Übersicht

	Rn.
A. Allgemeines	1
B. Versagungsgründe (Abs. 1)	2
I. Allgemeines	2
II. Voraussetzungen einer Versagung	3
1. Allgemeines	3
2. Nichtbesitz der erforderlichen Sachkenntnis (Nr. 1)	4
3. Unzuverlässigkeit (Nr. 2)	5
a) Allgemeines	5
b) Konkretisierung	6
c) Praxishinweis	6a
III. Erlaubniserteilung	7

	Rn.
C. Nachweis der erforderlichen Sachkenntnis (Abs. 2)	8
I. Allgemeines	8
II. Einzelheiten	9
1. Allgemeines	9
2. Studienabschluss (S. 1 Nr. 1)	10
3. Hauptberufliche Tätigkeit mit Krankheitserregern unter Aufsicht (S. 1 Nr. 2)	11
a) Allgemeines	11
b) Mindestens zweijährige hauptberufliche Tätigkeit mit Krankheitserregern	12
c) Unter Aufsicht eines Erlaubnisinhabers	13
4. Gleichwertige Sachkenntnis (S. 2)	14
a) Allgemeines	14
b) Mindestens zweijährige hauptberufliche Tätigkeit	15
c) Gleichwertige Sachkenntnis	16
III. Rechtsfolge der kumulativen Erfüllung der Voraussetzungen nach S. 1 Nr. 1 und S. 1 Nr. 2 bzw. S. 2	17
IV. Sonderfall lediglich teilweises Erfüllen der Voraussetzungen von Abs. 2	18
D. Beschränkungen und Auflagen (Abs. 3)	19
I. Allgemeines	19
II. Beschränkungen und Auflagen (S. 1)	20
III. Eingeschränkte Erlaubnis für Personen, die die Anforderungen von Abs. 2 nicht vollständig erfüllen (S. 2)	21
1. Allgemeines	21
2. Erfasster Personenkreis	22
a) Personen, die bestimmte andere als die in Abs. 2 S. 1 Nr. 1 aufgeführten Abschlüsse vorweisen können	22
b) Personen, die in Abs. 2 Nr. 2 oder Abs. 2 S. 2 genannten praktischen Erfahrungen nur teilweise aufweisen	24
3. Ausreichende Sachkenntnis	25
4. Beschränkungen und Auflagen	25a
IV. Zuwiderhandlungen	26
E. Arztvorbehalt (Abs. 4)	27
I. Allgemeines	27
II. Arztvorbehalt (S. 1)	28
III. Rückausnahme vom Arztvorbehalt (S. 2)	29
IV. Ausnahmen	30

A. Allgemeines

Für die Fälle der Tätigkeiten mit Krankheitserregern nach § 44, in Bezug auf **1** welche keine Ausnahmen von der Erlaubnispflicht nach §§ 45, 46 bestehen, regelt § 47 die personenbezogenen Voraussetzungen der Erlaubniserteilung. Die tätigkeitsbezogenen Anforderungen sind in § 49 geregelt. Der Regelung liegt dabei der Gedanke zugrunde, mögliche Gefahren, die durch den Umgang mit Krankheitserregern für die Allgemeinheit entstehen können, durch hohe Anforderungen an die die fachlichen Qualifikationen der jeweiligen Person zu begegnen. Eine Erlaubniserteilung setzt einen entsprechenden Antrag voraus (vgl. § 22 S. 2 Nr. 2 VwVfG bzw. entsprechende Landesnorm). Bei der Entscheidungsfindung durch die zuständige Behörde gilt der Untersuchungsgrundsatz nach § 24 VwVfG (bzw. der entsprechenden Landesnorm). Die Behörde muss damit die Entscheidungsgrundlagen von Amts wegen ermitteln. Lassen sich dabei die erforderlichen Voraussetzungen nicht feststellen, so geht dies zu Lasten des Antragstellers und ist der Antrag abzulehnen. Im Antragsverfahren obliegt dem Antragsteller eine Mitwirkungspflicht, insbesondere in Bezug auf die Vorlage der entsprechenden Dokumente bzgl. Nr. 1, Abs. 2 und gfs. Abs. 3.

B. Versagungsgründe (Abs. 1)

I. Allgemeines

2 Bei Vorliegen eines der in Nr. 1 oder Nr. 2 genannten Versagungsgründe ist die Erlaubnis durch die zuständige Behörde (vgl. Vor §§ 15a Rn. 2) zu versagen, liegt kein Versagungsgrund vor, ist die Erlaubnis – gfs. mit Beschränkungen und Auflagen (Abs. 3) – zu erteilen. Es handelt sich jeweils um ein gebundene Entscheidung ohne Ermessen.

II. Voraussetzungen einer Versagung

1. Allgemeines

3 Ausreichend für eine Versagung ist das Vorliegen eines der in Nr. 1 und 2 genannten Versagungsgründe.

2. Nichtbesitz der erforderlichen Sachkenntnis (Nr. 1)

4 Liegt beim Antragsteller die erforderliche Sachkenntnis nicht vor, so kann ihm keine Erlaubnis erteilt werden. Welche Anforderungen an die Sachkenntnis zu stellen sind, ergibt sich aus Abs. 2, vgl. zu den Einzelheiten die Erläuterungen dort (Rn. 8 ff.).

3. Unzuverlässigkeit (Nr. 2)

5 **a) Allgemeines.** Die Erlaubnis ist zu versagen, wenn sich der Antragsteller als unzuverlässig in Bezug auf die Tätigkeiten erwiesen hat, für deren Ausübung die Erlaubnis beantragt wird. Eine Parallelvorschrift für erlaubnisfreie Tätigkeiten findet sich in § 45 Abs. 4. Bei der ‚Unzuverlässigkeit' handelt es sich um einen unbestimmten Rechtsbegriff, welcher gerichtlich voll überprüfbar ist. Ein etwaiger gerichtsfreier Beurteilungsspielraum (wie etwa bei Prüfungsentscheidungen) besteht folglich nicht. Auch in verschiedenen weiteren Rechtsgebieten (z. B. Gewerberecht, Abfallrecht) wird die Erteilung einer Erlaubnis oder die Untersagung einer Tätigkeit wie in Nr. 2 an die (Un-) Zuverlässigkeit der jeweiligen Person geknüpft. Bereits aus der Fülle

der Rechtsgebiete, in welchen die Zuverlässigkeit eine Rolle spielt, ergibt sich, das der Begriff der ‚Unzuverlässigkeit' nicht generell, sondern rechtsgebietsbezogen bestimmt werden muss.

b) Konkretisierung. Zur genauen Bestimmung des Bedeutungsgehaltes ist zunächst der Wortlaut zu beachten. Demnach ist von Nr. 2 nicht eine Unzuverlässigkeit ‚im Allgemeinen', sondern nur eine solche ‚in Bezug auf die Tätigkeiten, für deren Ausübung die Erlaubnis beantragt wird' erfasst. Damit wird deutlich, dass der Begriff im IfSG jedenfalls nicht deckungsgleich mit dem Begriff der Unzuverlässigkeit nach gewerberechtlichen Maßstäben ist, da im Gewerberecht auch nicht tätigkeitsbezogene Aspekte (etwa Erfüllung der Pflicht zur Steuerzahlung) für die Beurteilung der Zuverlässigkeit heranzuziehen sind. Darüber hinaus ist zu beachten, dass die Regelung spezifisch der Abwehr von Gefahren für die Allgemeinheit durch den Umgang mit Krankheitserregern dienen soll. Von einer Unzuverlässigkeit iSv Nr. 2 kann vor diesem Hintergrund dann ausgegangen werden, wenn der Antragsteller auf Basis der bekannten Tatsachen keine ausreichende Gewähr dafür bietet, die Tätigkeiten so auszuführen, dass von ihnen keine Gefahr für Dritte ausgeht. Entscheidend für die Beurteilung sind die konkreten Gesamtumstände unter Berücksichtigung insbesondere des bisherigen Verhaltens des Antragstellers in der Vergangenheit. Hat der Antragsteller die Tätigkeit etwa unter Verstoß gegen Sicherheitsvorschriften, in ungeeigneten Räumen oder Einrichtungen durchgeführt oder dabei seine Aufsichtspflichten gegenüber Hilfspersonen (§ 44) missachtet oder erkennbar ungeeignete Personen als Hilfspersonen unter Aufsicht arbeiten lassen, so sind dies tatsächliche Anhaltspunkte dafür, dass der Antragsteller nicht die Gewähr einer für Dritte gefahrlosen Tätigkeitsausübung bietet und deshalb unzuverlässig ist.

c) Praxishinweis. Ergibt sich die Unzuverlässigkeit erst nach Erteilung der Erlaubnis, so kommt eine Aufhebung der Erlaubnis in Betracht, vgl. dazu die Erläuterungen zu § 48.

III. Erlaubniserteilung

Liegt weder ein Versagungsgrund nach Nr. 1 noch nach Nr. 2 vor, so ist die Erlaubnis zu erteilen (gebundene Entscheidung). Ggf. sind jedoch Beschränkungen und Auflagen nach Abs. 3 S. 1 vorzusehen. Vgl. dazu die Erläuterungen ab Rn. 19. In jedem Fall ist der Arztvorbehalt nach Abs. 4 zu beachten, vgl. dazu die Erläuterungen ab Rn. 27.

C. Nachweis der erforderlichen Sachkenntnis (Abs. 2)

I. Allgemeines

Abs. 2 konkretisiert, wann die zur Ausübung einer Tätigkeit nach § 44 erforderliche Sachkenntnis (Abs. 1 Nr. 1) vorliegt.

II. Einzelheiten

1. Allgemeines

9 Erforderlich ist das kumulative Vorliegen eines der in S. 1 Nr. 1 genannten Studienabschlüsse sowie eines bestimmten Maßes an einschlägiger Berufserfahrung nach S. 1 Nr. 2 oder S. 2. Mangels anderslautender Regelungen im IfSG ist dabei grundsätzlich ohne Belang, wann der Studienabschluss bzw. die Sachkenntnis erworben wurden. In Fällen, in denen (etwa wegen der vergangenen Zeitspanne) berechtigte Zweifel am aktuellen Vorliegen der erforderlichen Fertigkeiten vorliegen, müssen erforderlichenfalls entsprechende Auflagen und Beschränkungen nach Abs. 3 angeordnet werden.

2. Studienabschluss (S. 1 Nr. 1)

10 S. 1 Nr. 1 verlangt den Abschluss eines Studiums der Human-, Zahn- oder Veterinärmedizin, der Pharmazie oder den Abschluss eines naturwissenschaftlichen Fachhochschul- oder Universitätsstudiums mit mikrobiologischen Inhalten. Nicht zwingend erforderlich ist, dass das Studium sich inhaltlich mit dem gefahrlosen Umgang mit Krankheitserregern (vgl. zum Begriff § 2 Rn. 4 ff.) auseinandersetzt.

3. Hauptberufliche Tätigkeit mit Krankheitserregern unter Aufsicht (S. 1 Nr. 2)

11 **a) Allgemeines.** Nach S. 1 Nr. 2 ist eine mindestens zweijährige hauptberufliche Tätigkeit mit Krankheitserregern unter Aufsicht einer Person, die im Besitz der Erlaubnis zum Arbeiten mit Krankheitserregern ist, erforderlich.

12 **b) Mindestens zweijährige hauptberufliche Tätigkeit mit Krankheitserregern.** Indem der Gesetzgeber eine hauptberufliche Tätigkeit mit Krankheitserregern fordert, unterstreicht er, dass der praktischen Erfahrung im Umgang mit Krankheitserregern bei der Beurteilung der Sachkenntnis ein erhebliches Gewicht gegeben wird. Bei der mindestens zweijährigen hauptberuflichen Tätigkeit mit Krankheitserregern muss es sich um eine nach den §§ 44 ff erlaubnispflichtige Tätigkeit handeln, da durch eine erlaubnisfreie Tätigkeit nicht das erforderliche Maß an Sachkenntnis für eine erlaubnispflichtige Tätigkeit erworben werden kann.

13 **c) Unter Aufsicht eines Erlaubnisinhabers.** Mit der Forderung, dass die hauptberufliche Tätigkeit unter Anleitung einer Person erfolgt sein muss, die eine Erlaubnis besitzt, soll nach der amtl. Begründung gewährleistet werden, dass tatsächlich ausreichende praktische Erfahrungen und Kenntnisse im Umgang mit Krankheitserregern und in der Abwehr der sich daraus ergebenden Risiken erworben wurden.

Versagungsgründe, Voraussetzungen für die Erlaubnis § 47 IfSG

4. Gleichwertige Sachkenntnis (S. 2)

a) Allgemeines. Alternativ zum Vorliegen der Voraussetzungen nach S. 1 **14** Nr. 2 hat die zuständige Behörde nach S. 2 auch eine andere, mindestens zweijährige hauptberufliche Tätigkeit auf dem Gebiet der Bakteriologie, Mykologie, Parasitologie oder Virologie als Nachweis der Sachkenntnis nach S. 1 Nr. 2 anzuerkennen, wenn der Antragsteller bei dieser Tätigkeit eine gleichwertige Sachkenntnis erworben hat.

b) Mindestens zweijährige hauptberufliche Tätigkeit. Es gelten die Erläuterungen Rn. 12 entsprechend. **15**

c) Gleichwertige Sachkenntnis. Wann eine zu S. 1 Nr. 2 gleichwertige **16** Sachkenntnis vorliegt, ist im IfSG nicht bestimmt. Entscheidend ist, ob durch die tatsächlich ausgeübte Tätigkeit in dem selben Maße praktische Erfahrungen und Kenntnisse im Umgang mit Krankheitserregern und in der Abwehr der sich daraus ergebenden Risiken erworben wurden, wie bei einer von S. 1 Nr. 2 erfassten Tätigkeit. Soweit diese Voraussetzungen vorliegen, sind auch Tätigkeiten im Ausland anzuerkennen (vgl. amtl. Begründung).

III. Rechtsfolge der kumulativen Erfüllung der Voraussetzungen nach S. 1 Nr. 1 und S. 1 Nr. 2 bzw. S. 2

Liegen neben einem der in S. 1 Nr. 1 genannten Studienabschlüsse kumulativ **17** auch die Voraussetzungen nach S. 1 Nr. 2 oder S. 2 vor, so ist formal die erforderliche Sachkenntnis nach Abs. 1 Nr. 1 gegeben und kann eine Versagung der Erlaubnis nicht auf eine fehlende Sachkenntnis nach Abs. 1 Nr. 1 gestützt werden.

IV. Sonderfall lediglich teilweises Erfüllen der Voraussetzungen von Abs. 2

Die zuständige Behörde kann Personen, die die Voraussetzungen von Abs. 2 **18** nur teilweise erfüllen, nach Maßgabe von Abs. 3 S. 2 eine nach Abs. 3 S. 1 eingeschränkte Erlaubnis erteilen, wenn der Antragsteller für den eingeschränkten Tätigkeitsbereich eine ausreichende Sachkenntnis erworben hat. Vgl. dazu die Erläuterungen Rn. 20 ff.

D. Beschränkungen und Auflagen (Abs. 3)

I. Allgemeines

Nach S. 1 hat die zuständigen Behörde die Erlaubnis auf bestimmte Tätig- **19** keiten und auf bestimmte Krankheitserreger zu beschränken und mit Auflagen zu verbinden, soweit dies zur Verhütung übertragbarer Krankheiten erforderlich ist. S. 2 ermöglicht es der zuständigen Behörde, Personen, die ein naturwissenschaftliches Fachhochschul- oder Universitätsstudium ohne mikrobiologische Inhalte oder ein ingenieurwissenschaftliches Fachhochschul- oder Universitätsstudium mit mikrobiologischen Inhalten abgeschlossen haben, oder die die Voraussetzungen nach Abs. 2 S. 1 Nr. 2 nur teilweise erfüllen, eine Erlaubnis nach S. 1 zu erteilen, wenn der Antragsteller für den eingeschränkten Tätigkeitsbereich eine ausreichende Sachkenntnis erworben hat. In jedem Fall ist der Arztvorbehalt nach Abs. 4 zu beachten (vgl. dazu die Erläuterungen ab Rn. 27).

II. Beschränkungen und Auflagen (S. 1)

20 S. 1 findet auf sämtliche Personen Anwendung, welche die Voraussetzungen nach Abs. 2 erfüllen. Denn das Ausmaß der dort geforderten praktischen Erfahrung wird wesentlich durch die tatsächlich ausgeübte Tätigkeit bestimmt. Diese ist in der Praxis indes oftmals auf ein bestimmtes Erregerspektrum beschränkt, so dass nicht in Bezug auf sämtliche Tätigkeiten und Krankheitserreger das gleiche Maß an praktischen Erfahrungen und Kenntnissen in Bezug auf den Umgang mit Krankheitserregern und die Abwehr der sich aus ihnen ergebenden Risiken vorhanden sein dürfte. Die zuständige Behörde hat dies deshalb zu überprüfen und die Erlaubnis auf bestimmte Tätigkeiten oder Krankheitserreger zu beschränken und/oder mit Auflagen (vgl. § 36 Abs. 2 Nr. 4 VwVfG bzw. entsprechende Landesnorm) zu erteilen, soweit dies zur Verhütung übertragbarer Krankheiten erforderlich ist. Der eingeschränkte Tätigkeitsbereich hat dabei der eingeschränkten Sachkunde zu entsprechen, so dass keine Gefahren von den Tätigkeiten ausgehen (vgl. amtl. Begründung). Wenn sich bereits aus anderen Vorschriften (z. B. §§ 8 ff. Biostoffverordnung) entsprechende Pflichten ergeben, sind gesonderte Auflagen nach S. 1 nicht erforderlich, es sollte zweckmäßigerweise aber in der Erlaubnis ein Hinweis auf diese Pflichten aufgenommen werden.

III. Eingeschränkte Erlaubnis für Personen, die die Anforderungen von Abs. 2 nicht vollständig erfüllen (S. 2)

1. Allgemeines

21 Durch die Regelungen in § 47 wird die Berufsfreiheit (Art. 12 GG) tangiert. Der Gesetzgeber war deshalb gehalten, einen hinreichenden Ausgleich zwischen dem Schutz der Allgemeinheit vor den mit Tätigkeiten mit Krankheitserregern einhergehenden Gefahren und der Berufsfreiheit zu finden. Aus diesem Grund ermöglicht es S. 2 der zuständigen Behörde, nach pflichtgemäßem Ermessen auch solchen Personen, die nicht sämtliche Anforderungen nach Abs. 2 erfüllen, eine beschränkte und/oder mit Auflagen versehene Erlaubnis nach S. 1 zu erteilen. Dies kommt nach S. 2 zum einen bei Personen in Betracht, die bestimmte andere als die in Abs. 2 S. 1 Nr. 1 aufgeführten Abschlüsse vorweisen können, zum anderen bei solchen, welche die in Abs. 2 S. 1 Nr. 2 oder Abs. 2 S. 2 genannten praktischen Erfahrungen nur teilweise aufweisen. Die Erlaubnis muss in diesen Fällen, dass ergibt sich aus dem Wortlaut, zwingend als eingeschränkte Erlaubnis im Sinne von S. 1 erteilt werden.

2. Erfasster Personenkreis

a) Personen, die bestimmte andere als die in Abs. 2 S. 1 Nr. 1 aufgeführten Abschlüsse vorweisen können. aa) Personen, die ein naturwissenschaftliches Fachhochschul- oder Universitätsstudium ohne mikrobiologische Inhalte abgeschlossen haben. Es kommt grundsätzlich jedes naturwissenschaftliche Studium in Betracht. Ein Erlaubniserteilung setzt zusätzlich das Vorliegen der Voraussetzungen von Abs. 2 S. 1 Nr. 2 oder Abs. 2 S. 2 voraus.

22

bb) Personen, die ein ingenieurwissenschaftliches Fachhochschul- oder Universitätsstudium mit mikrobiologischen Inhalten abgeschlossen haben. Ein Erlaubniserteilung setzt zusätzlich zum Abschluss eines der genannten Studiengänge mit mikrobiologischem Inhalt das Vorliegen der Voraussetzungen von Abs. 2 S. 1 Nr. 2 oder Abs. 2 S. 2 voraus.

23

b) Personen, die in Abs. 2 Nr. 2 oder Abs. 2 S. 2 genannten praktischen Erfahrungen nur teilweise aufweisen. Gerade in diesen Fällen muss die zuständige Behörde dem Nachweis einer ausreichenden Sachkenntnis (vgl. Rn. 25) besonderes Augenmerk geben.

24

3. Ausreichende Sachkenntnis

In jedem der von S. 2 erfassten Fälle muss, damit eine Erlaubnis erteilt werden kann, eine ausreichende Sachkenntnis beim Antragsteller vorhanden sein. Entscheidend dabei ist, ob der Antragsteller durch die tatsächlich ausgeübte Tätigkeit in einem Maße praktische Erfahrungen und Kenntnisse im Umgang mit Krankheitserregern und in der Abwehr der sich daraus ergebenden Risiken erworben hat, dass von einem gefahrlosen Umgang mit Krankheitserregern im beantragten Tätigkeitsbereich ausgegangen werden kann.

25

4. Beschränkungen und Auflagen

Eine Genehmigung auf Basis von S. 2 muss zwingend als eingeschränkte Erlaubnis nach S. 1 erteilt und mit den dort vorgesehenen Beschränkungen und/oder Auflagen versehen werden. Die Erläuterungen Rn. 20 gelten entsprechend.

25a

IV. Zuwiderhandlungen

Eine Zuwiderhandlung gegen eine vollziehbare Auflage nach Abs. 3 S. 1 ist gemäß § 73 Abs. 1a Nr. 22 bußgeld- und bei Vorliegen der Voraussetzungen von § 74 strafbewehrt. Soweit sich dabei aus einer erlaubnispflichtigen Tätigkeit konkrete Gefahren ergeben, ist insbesondere an Maßnahmen nach § 16 (z. B. Untersagung) und § 17 zu denken.

26

E. Arztvorbehalt (Abs. 4)

I. Allgemeines

27 Bereits aus § 24 ergibt sich der in Abs. 4 S. 1 wiederholte Grundsatz, dass der direkte und indirekte Nachweis eines Krankheitserregers (mit Ausnahme der Anwendung der in § 24 S. 2 genannten oder gem. § 24 S. 3 festgelegten In-Vitro-Diagnostika) für die Feststellung einer Infektion oder einer übertragbaren Krankheit nur Ärzten gestattet ist. S. 2 sieht eine Rückausnahme von diesem so genannten Arztvorbehalt vor.

II. Arztvorbehalt (S. 1)

28 Der in S. 1 enthaltene Arzt- (Zahnarzt-, Tierarzt-)Vorbehalt stellt nach der amtl. Begründung die ärztliche Verantwortung bei der Erhebung von Laborbefunden für die Behandlung von Patienten mit übertragbaren Krankheiten sicher. Ziel ist demnach nicht wie bei Abs. 1 der Schutz der Allgemeinheit vor Gefahren, die aus dem Umgang mit Krankheitserregern erwachsen können, sondern die Betonung der ärztlichen Verbindung zwischen der Feststellung von Erregern übertragbarer Krankheiten durch Laborbefunde und den ärztlichen Untersuchungen an Menschen durch den behandelnden Arzt. Insbesondere in schwierigen Grenzfällen bedarf die Interpretation der Laborbefunde der Erfahrung und Kompetenz der den Nachweis führenden Person, welche nach der amtl. Begründung nur ein Arzt aufweisen kann, um in Zusammenarbeit mit dem behandelnden Arzt zu einer genaueren und besseren Diagnose zu gelangen. Andere Personen als Ärzte können für die von S. 1 erfassten Tätigkeiten demnach keine Erlaubnis erhalten. Dies schließt nicht aus, dass sie die entsprechenden Erregernachweise unter Aufsicht eines Arztes (§ 46) durchführen können. Zu beachten ist, dass der Arztvorbehalt nach S. 1 nach dem vom Gesetz verfolgten Zweck nur dann greift, wenn die Tätigkeit auf die Feststellung einer Infektion oder übertragbaren Krankheit abzielt. Ist dies nicht der Fall (z. B. bei wissenschaftlichen Versuchen), ist S. 1 nicht einschlägig (siehe dazu auch die amtl. Begründung) und können folglich auch anders qualifizierte Personen als Ärzte, Zahnärzte und Tierärzte eine Erlaubnis erhalten, sofern die Voraussetzungen vorliegen.

III. Rückausnahme vom Arztvorbehalt (S. 2)

29 Nach S. 2 gilt der Arztvorbehalt des S. 1 nicht für solche Antragsteller, die die eigentlich dem Arztvorbehalt unterliegenden Tätigkeiten im Auftrag eines Arztes, Zahn- oder Tierarztes, die eine Erlaubnis besitzen, oder die Untersuchungen in Krankenhäusern für die unmittelbare Behandlung der Patienten des Krankenhauses durchführen. Grund für die Rückausnahme ist, dass in diesen beiden Fällen eine so enge Zusammenarbeit zwischen dem behandelnden Arzt und der die Untersuchung durchführenden Person besteht, dass dem Regelungszweck von S. 1 Genüge getan wird.

IV. Ausnahmen

Aus § 77 Abs. 2 S. 2 ergibt sich eine noch heute relevante Ausnahme von S. 1. Diese schließt zur Besitzstandswahrung die Anwendung von S. 1 auf die in der DDR tätig gewesenen ‚Fachwissenschaftler der Medizin' unter den in § 77 Abs. 2 S. 2 genannten Voraussetzungen aus. 30

§ 48 Rücknahme und Widerruf

Die Erlaubnis nach § 44 kann außer nach den Vorschriften des Verwaltungsverfahrensgesetzes zurückgenommen oder widerrufen werden, wenn ein Versagungsgrund nach § 47 Abs. 1 vorliegt.

Bei der Erteilung der Erlaubnis nach § 47 handelt es sich um einen Verwaltungsakt. Folgerichtig ordnet § 48 für ihre Rücknahme und ihren Widerruf die Geltung der entsprechenden Vorschriften (§§ 48, 49) des VwVfG an. Für den Fall, dass eine Erlaubnis zunächst rechtmäßig erteilt wurde, später aber ein Versagungsgrund eintritt, lässt § 48 explizit einen Widerruf zu und eröffnet so die Widerrufsmöglichkeit des § 49 Abs. 2 Nr. 1 VwVfG. Zu prüfen ist jeweils, ob als minder schwerer Eingriff in die Rechtsstellung des Betroffenen auch eine Einschränkung nach § 47 Abs. 3 ausreichend ist, um einen hinreichenden Schutz der Allgemeinheit sicherzustellen.

§ 49 Anzeigepflichten

(1) Wer Tätigkeiten im Sinne von § 44 erstmalig aufnehmen will, hat dies der zuständigen Behörde mindestens 30 Tage vor Aufnahme anzuzeigen. Die Anzeige nach Satz 1 muss enthalten:
1. eine beglaubigte Abschrift der Erlaubnis, soweit die Erlaubnis nicht von der Behörde nach Satz 1 ausgestellt wurde, oder Angaben zur Erlaubnisfreiheit im Sinne von § 45,
2. Angaben zu Art und Umfang der beabsichtigten Tätigkeiten sowie Entsorgungsmaßnahmen,
3. Angaben zur Beschaffenheit der Räume und Einrichtungen.

Soweit die Angaben in einem anderen durch Bundesrecht geregelten Verfahren bereits gemacht wurden, kann auf die dort vorgelegten Unterlagen Bezug genommen werden. Die Anzeigepflicht gilt nicht für Personen, die auf der Grundlage des § 46 tätig sind.

(2) Mit Zustimmung der zuständigen Behörde können die Tätigkeiten im Sinne von § 44 vor Ablauf der Frist aufgenommen werden.

(3) Die zuständige Behörde untersagt Tätigkeiten, wenn eine Gefährdung der Gesundheit der Bevölkerung zu besorgen ist, insbesondere weil
1. für Art und Umfang der Tätigkeiten geeignete Räume oder Einrichtungen nicht vorhanden sind oder
2. die Voraussetzungen für eine gefahrlose Entsorgung nicht gegeben sind.

A. Allgemeines

1 Ausweislich der amtl. Begründung kommt der Anzeigepflicht und den sich aus der Anzeige ergebenden Konsequenzen für die Überwachung eine besondere Bedeutung zu. Dabei trifft die Anzeigepflicht nur denjenigen, der die infektionsschutzrechtliche Verantwortung für die Tätigkeit trägt. Befreit von der Anzeigepflicht sind damit alle, die unter der Aufsicht einer berechtigten Person auf Basis von § 46 tätig sind (Abs. 1 S. 4). Dies gilt selbst dann, wenn die unter Aufsicht tätige Person selbst über eine Erlaubnis verfügt. In Bezug auf Polioviren sind zusätzlich die Meldepflichten nach § 50a zu beachten, welche von einer Anzeige nach §§ 49, 50 unberührt bleiben.

B. Anzeigepflicht (Abs. 1, 2)

I. Allgemeines

2 Nach Abs. 1 S. 1 ist grundsätzlich jede Tätigkeit im Sinne von § 44 mindestens 30 Tage vor der erstmaligen Aufnahme der zuständigen Behörde anzuzeigen. Durch diese Vorlauffrist soll der zuständigen Behörde genügend Zeit für die durchzuführenden Prüfungen gegeben werden (vgl. amtl. Begründung). Zur Anzeigepflicht bei Beendigung oder Wiederaufnahme einer Tätigkeit vgl. § 50 Rn. 6.

II. Einzelheiten

1. Anzeigepflichtige Personen

3 Nach S. 4 gilt die Anzeigepflicht nicht für Personen, die unter Aufsicht (§ 46) tätig sind. Im Übrigen gilt die Anzeigepflicht für sämtliche Personen, die unter § 44 fallende Tätigkeiten ausüben, mithin auch solche, die nach § 45 von der Erlaubnispflicht ausgenommen sind oder unter die Regelung des § 77 Abs. 1 fallen (vgl. zu dieser § 47 Rn. 30).

2. Erstmalige Aufnahme

4 Die Anzeigepflicht nach § 49 besteht nur bei erstmaliger Aufnahme der Tätigkeit. Die Beendigung oder Wiederaufnahme der Tätigkeit sind nicht nach § 49, sondern nach § 50 S. 2 anzeigepflichtig. Hat eine Person bereits eine Tätigkeit nach § 49 angezeigt und aufgenommen und ergeben sich in Bezug auf die angezeigte Tätigkeiten wesentliche Änderungen, unterliegen diese bei Vorliegen der Voraussetzungen der Anzeigepflicht nach § 50 S. 1 (vgl. im Einzelnen die Erläuterungen dort). Sofern eine Person, die bereits eine Tätigkeit nach § 49 angezeigt hat, eine aus fachlich-infektiologischer Sicht andere Tätigkeit (gfs. zusätzlich) ausüben will, ist dies ebenfalls nach § 49 anzeigepflichtig. Dies gilt ebenso, wenn eine bereits angezeigte Tätigkeit an einem anderen als dem angezeigten Ort durchgeführt werden soll. Demgegenüber sind Veränderungen der Beschaffenheit der Räume und Einrichtungen wie auch der Entsorgungsmaßnahmen nach § 50 S. 1 anzeigepflichtig.

3. Inhalt der Anzeige (S. 2, 3)

Die Anzeige muss den in S. 2 aufgeführten Inhalt haben. Soweit die Angaben 5
in einem anderen durch Bundesrecht geregelten Verfahren bereits gemacht
wurden, kann nach S. 3 auf die dort vorgelegten Unterlagen Bezug genommen werden. Dabei kann es sich z. B. um Verfahren nach der Biostoffverordnung handeln.

4. Prüfung durch die zuständige Behörde

Die zuständige Behörde muss auf Basis der Anzeige insbesondere prüfen, ob, 6
sofern der Antragsteller von einer solchen ausgeht, Erlaubnisfreiheit besteht
(S. 1 Nr. 1) und ob die angezeigte Tätigkeit zu untersagen ist (Abs. 3).
Darüber hinaus hat sie auch zu beachten, ob ein Fall des § 45 Abs. 1 oder
§ 48 vorliegt. Vgl. zu diesen die Erläuterungen § 45 Rn. 34 und § 48.

5. 30-Tages-Frist

Die Anzeige muss mindesten 30 Tage vor der erstmaligen Aufnahme der 7
Tätigkeit erfolgen. Durch diese Frist soll der zuständigen Behörde genügend
Zeit für die durchzuführenden Prüfungen gegeben werden. Ergeht seitens der
zuständige Behörde innerhalb der Frist keine entgegenstehende Verfügung,
kann die Tätigkeit aufgenommen werden. Mit Zustimmung der zuständigen
Behörde kann die Tätigkeit bereits vor Fristablauf aufgenommen werden
(Abs. 2).

III. Zuwiderhandlungen

Eine Zuwiderhandlung gegen die Anzeigepflicht nach Abs. 1 S. 1 ist gemäß 8
§ 73 Abs. 1a Nr. 13 bußgeld- und bei Vorliegen der Voraussetzungen von
§ 74 strafbewehrt.

C. Untersagung (Abs. 3)

I. Allgemeines

Aus Abs. 3 ergibt sich eine Pflicht der zuständigen Behörde, Tätigkeiten iSv 9
§ 44 zu untersagen, wenn durch diese eine Gefährdung der Bevölkerung zu
besorgen ist.

II. Einzelheiten

Zur Frage, wann eine Gefährdung zu besorgen ist, vgl. § 37 Rn. 7. Die 10
Besorgnis kann sich insbesondere aus den in Nr. 1 und 2 beispielhaft genannten, jedoch auch aus jeglichen anderen Umständen ergeben

§ 50 Veränderungsanzeige

> Wer eine in § 44 genannte Tätigkeit ausübt, hat jede wesentliche Veränderung der Beschaffenheit der Räume und Einrichtungen, der Entsorgungsmaßnahmen sowie von Art und Umfang der Tätigkeit unverzüglich der zuständigen Behörde anzuzeigen. Anzuzeigen ist auch die Beendigung oder Wiederaufnahme der Tätigkeit. § 49 Abs. 1 Satz 3 gilt entsprechend. Die Anzeigepflicht gilt nicht für Personen, die auf der Grundlage des § 46 tätig sind.

A. Allgemeines

1 § 50 ergänzt die Anzeigepflicht nach § 49 und soll sicherstellen, dass die zuständige Behörde ein möglichst aktuelles Bild über mögliche Gefahrenquellen hat und so ihre Überwachungspflicht nach § 51 effektiv wahrnehmen kann (vgl. amtl. Begründung). In Bezug auf Polioviren sind zusätzlich die Meldepflichten nach § 50a zu beachten, welche von einer Anzeige nach §§ 49, 50 unberührt bleiben.

B. Zur Anzeigepflicht

I. Allgemeines

2 Nach § 50 ist grundsätzlich jede wesentliche Veränderung der Beschaffenheit der Räume und Einrichtungen, der Entsorgungsmaßnahmen sowie von Art und Umfang einer unter § 44 fallenden Tätigkeit unverzüglich der zuständigen Behörde anzuzeigen. Anzuzeigen ist auch die Beendigung oder Wiederaufnahme der Tätigkeit.

II. Einzelheiten

1. Anzeigepflichtige Personen

3 Nach S. 4 gilt die Anzeigepflicht nicht für Personen, die unter Aufsicht (§ 46) tätig sind. Im Übrigen gilt die Anzeigepflicht für sämtliche Personen, die eine unter § 44 fallende Tätigkeiten ausüben, unabhängig davon, ob diese erlaubnispflichtig ist oder nicht.

2. Wesentliche Veränderung

4 Eine Veränderung ist dann wesentlich, wenn sie sicherheitsrelevant ist, also zu einer neue Gefahrenbeurteilung für die Bevölkerung führt. Zu Fällen, in denen keine wesentliche Änderung, sondern eine andere Art der Tätigkeit vorliegt, welche nicht nach § 50, sondern nach § 49 anzuzeigen ist, vgl. § 49 Rn. 4.

3. Unverzüglich

Eine Anzeige erfolgt unverzüglich, wenn sie ohne schuldhaftes Zögern vor- 5
genommen wird (vgl. § 121 BGB).

4. Beendigung, Wiederaufnahme

Anzeigepflichtig sind nach S. 2 auch die Beendigung oder Wiederaufnahme 6
der Tätigkeit. Eine Wiederaufnahme liegt dann vor, wenn eine Person eine
bereits zuvor angezeigte, dann aber beendete Tätigkeit erneut durchführt.
Führt sie diese unter wesentlichen Veränderungen durch, sind diese ebenfalls
anzuzeigen. Zu problematischen Abgrenzungsfällen vgl. § 49 Rn. 4.

5. Inhalt der Anzeige

Die Anzeige muss die Veränderung hinreichend konkret beschreiben, so dass 7
es der zuständigen Behörde möglich ist, die Sicherheitsrelevanz der Veränderung hinreichend zu beurteilen. Soweit die Angaben in einem anderen durch
Bundesrecht geregelten Verfahren bereits gemacht wurden, kann nach S. 3
iVm § 49 Abs. 1 S. 3 auf die dort vorgelegten Unterlagen Bezug genommen
werden.

III. Zuwiderhandlungen

Eine Zuwiderhandlung gegen die Anzeigepflicht nach S. 1 oder S. 2 ist 8
gemäß § 73 Abs. 1a Nr. 13 bußgeld- und bei Vorliegen der Voraussetzungen
von § 74 strafbewehrt.

§ 50a Laborcontainment und Ausrottung des Poliovirus; Verordnungsermächtigung

(1) Natürliche oder juristische Personen, die die tatsächliche Sachherrschaft über Polioviren oder Material, das möglicherweise Polioviren enthält, haben (Besitzer), haben dies der zuständigen Behörde unverzüglich anzuzeigen. Die Anzeige muss Angaben zu der Einrichtung, zu der verantwortlichen Person, zu der Art und der Menge der Polioviren oder des Materials sowie zu dem damit verfolgten Zweck enthalten. Im Fall einer wesentlichen Veränderung der Tatsachen nach Satz 2 gelten die Sätze 1 und 2 entsprechend. Die zuständige Behörde übermittelt die Angaben nach den Sätzen 1 bis 3 unverzüglich der obersten Landesgesundheitsbehörde, die sie unverzüglich der Geschäftsstelle der Nationalen Kommission für die Polioeradikation beim Robert Koch-Institut übermittelt. Die Pflichten nach den §§ 49 und 50 bleiben von den Sätzen 1 bis 3 unberührt.

(2) Der Besitzer hat Polioviren oder Material, das möglicherweise Polioviren enthält, unverzüglich zu vernichten, sobald die Polioviren oder das Material nicht mehr konkret für Zwecke der Erkennung, Verhütung oder Bekämpfung von Poliomyelitis oder Polioviren benötigt wird.

(3) Polioviren oder Material, das möglicherweise Polioviren enthält, darf nur eine Einrichtung besitzen, die eine Zulassung für den Besitz von Polioviren hat

(zentrale Einrichtung). Für Polioimpf- oder -wildviren des Typs 1 und 3 sowie für Material, das möglicherweise solche Polioviren enthält, gilt Satz 1 ab den in einer Rechtsverordnung nach Absatz 4 Nummer 2 festgelegten Zeitpunkten. Die Zulassung als zentrale Einrichtung darf die zuständige Behörde mit Zustimmung der obersten Landesgesundheitsbehörde nur erteilen, wenn die Einrichtung Sicherheitsmaßnahmen gewährleistet, die mindestens den Schutzmaßnahmen der Schutzstufe 3 nach den §§ 10 und 13 der Biostoffverordnung entsprechen, und die die Anforderungen erfüllen, die nach den Empfehlungen der Weltgesundheitsorganisation an die Biosicherheit in Bezug auf Polioviren zu stellen sind. Die Zulassung ist auf ein Jahr zu befristen. Die zentrale Einrichtung ist mit der Zulassung verpflichtet, Polioviren und Material, das Polioviren enthält, aus anderen Einrichtungen zu übernehmen; bei der Übernahme ist jeweils Absatz 1 anzuwenden. Absatz 2 bleibt unberührt. Die zentrale Einrichtung hat über den jeweiligen Bestand nach den Vorgaben der zuständigen Behörde ein Verzeichnis zu führen.

(4) Das Bundesministerium für Gesundheit wird ermächtigt, durch Rechtsverordnung mit Zustimmung des Bundesrates die Zeitpunkte festzulegen,

1. zu denen Polioviren und Material, das möglicherweise Polioviren enthält, nach Absatz 2 spätestens vernichtet sein müssen,
2. ab denen nur eine zentrale Einrichtung Poliowildviren des Typs 1 und 3, Polioimpfviren des Typs 1 und 3 sowie Material, das möglicherweise solche Polioviren enthält, besitzen darf.

(5) Wenn der Verdacht besteht, dass eine Person Polioviren oder Material, das möglicherweise Polioviren enthält, besitzt, ohne dass dies nach Absatz 1 angezeigt wurde, kann die zuständige Behörde die erforderlichen Ermittlungen durchführen. Für die Ermittlungen gilt § 16 Absatz 2 bis 4 entsprechend. Das Grundrecht der Unverletzlichkeit der Wohnung (Artikel 13 Absatz 1 des Grundgesetzes) wird insoweit eingeschränkt.

A. Allgemeines

1 § 50a wurde durch das Gesetz zur Modernisierung der epidemiologischen Überwachung übertragbarer Krankheiten in das IfSG eingefügt. Ausweislich der Begründung des Gesetzentwurfs bezweckt er der Erreichung des strategischen Ziels der Bundesrepublik Deutschland sowie der WHO und ihrer Mitgliedstaaten, die Poliomyelitis weltweit auszurotten. Bei der Poliomyelitis (‚Kinderlähmung') handelt es sich um eine oft epidemieartig auftretende, weltweit verbreitete Virusinfektion, die zu Lähmungen und Tod führen kann. Für die Erreichung des Ziels der Ausrottung stellt nach der Entwurfsbegründung das Laborcontainment von Polioviren neben dem hohen Polio-Impfquoten der gesamten Bevölkerung und einer funktionsfähigen Surveillance zur Überwachung der Polio-Freiheit einen wichtigen Baustein dar. Vor diesem Hintergrund sollen zur Minimierung des Risikos einer Freisetzung von Polioviren aus Laborbeständen diejenigen Labore, in denen noch Polioviren oder Material, das möglicherweise Polioviren enthält, vorhanden sind, erfasst, und die Polioviren grundsätzlich vernichtet werden (Abs. 2 und Abs. 4 Nr. 1). Ledig-

lich in Fällen, in denen die Polioviren für eine Übergangszeit ausnahmsweise noch benötigt werden, kann von einer Vernichtung abgesehen werden, sofern die Polioviren in speziellen Einrichtungen sicher aufbewahrt werden (Abs. 3 und Abs. 4 Nr. 2).

B. Anzeigepflicht (Abs. 1)

I. Allgemeines

Nach S. 1 müssen natürliche und juristische Personen, die die tatsächliche Sachherrschaft über Polioviren oder Material, das möglicherweise Polioviren enthält, haben, dies der zuständigen Behörde (vgl. Vor §§ 15a Rn. 2) unverzüglich (vgl. zum Begriff § 9 Rn. 24) anzeigen. Eine Anzeigepflicht besteht nach S. 3 auch, wenn es in Bezug auf bereits gemeldete Tatsachen nach S. 2 zu wesentlichen Veränderungen kommt. Ziel der Anzeigepflicht ist die vollständige Erfassung aller betroffenen Einrichtungen (vgl. Begründung des Gesetzentwurfs). Die Anzeigepflichten nach §§ 49, 50 bestehen neben § 50a unverändert weiter (vgl. S. 5).

II. Einzelheiten
1. Polioviren oder Material, das möglicherweise Polioviren enthält (S. 1)

Die Formulierung ‚Polioviren oder Material, das möglicherweise Polioviren enthält' ist, das ergibt sich aus der Begründung des Entwurfs des Gesetzes zur Modernisierung der epidemiologischen Überwachung übertragbarer Krankheiten, weit gefasst. Sie erfasst alle prinzipiell vermehrungsfähigen Polioviren einschließlich infektiösen Materials oder möglicherweise infektiösen Materials. In Bezug auf die betroffenen Materialien verweist die Begründung auf die Definitionen auf S. 24–26 des Aktionsplans der WHO zum Laborcontainment von Polioviren (GAPIII – „WHO global action plan to minimize poliovirus facility-associated risk after type-specific eradication of wild polioviruses and sequential cessation of oral polio vaccine use", 2015, WHO/Polio/15.05, abrufbar unter http://polioeradication.org/wp-content/uploads/2016/12/GAPIII_2014.pdf). Unerheblich ist, ob es zu einer vorherigen Vermehrung oder Anreicherung von Polioviren gekommen ist und ob das Material gerade in Hinblick darauf, dass es möglicherweise Polioviren enthält, aufbewahrt wird (vgl. Begründung des Gesetzentwurfs).

2. Inhalt der Anzeige (S. 2)

Die Anzeige muss Angaben zu der Einrichtung, zu der verantwortlichen Person, zu der Art und der Menge der Polioviren oder des Materials sowie zu dem damit verfolgten Zweck enthalten. Auf diese Weise soll die zuständige Behörde in die Lage versetzt werden, zu beurteilen, ob die in Absatz 2 bis 4 genannten Tatbestände greifen (vgl. Begründung des Gesetzentwurfs).

3. Veränderungsanzeige

5 Nach S. 3 besteht eine Anzeigepflicht entsprechend S. 1 und 2 auch auch, wenn es in Bezug auf bereits gemeldete Tatsachen nach S. 2 zu wesentlichen Veränderungen kommt.

4. Übermittlung durch die zuständige Behörde (S. 4)

6 Die zuständige Behörde übermittelt die Angaben nach den S. 1–3 unverzüglich (vgl. zum Begriff § 9 Rn. 24) über die oberste Landesgesundheitsbehörde an die Geschäftsstelle der Nationalen Kommission für die Polioeradikation. Diese wertet die Daten aus, erstellt die erforderlichen Berichte an die WHO und nimmt die Aufgaben der National Commission for the Certification of the Eradication of Poliomyelitis (NCC) im Sinne der Empfehlungen des Globalen Zertifizierungsausschusses der WHO (Dokument WHO/EPI/GEN/95.6) wahr (vgl. Begründung des Gesetzentwurfs).

III. Zuwiderhandlungen

7 Eine Zuwiderhandlung gegen die Anzeigepflicht nach S. 1 ist gemäß § 73 Abs. 1a Nr. 13 bußgeld- und bei Vorliegen der Voraussetzungen von § 74 strafbewehrt.

C. Vernichtungspflicht (Abs. 2)

I. Inhalt

8 Nach Abs. 2 hat der Besitzer Polioviren oder Material, das möglicherweise Polioviren enthält, unverzüglich (vgl. zum Begriff § 9 Rn. 23) zu vernichten, sobald die Polioviren oder das Material im konkreten Fall nicht mehr für Zwecke der Erkennung, Verhütung oder Bekämpfung von Poliomyelitis oder Polioviren benötigt werden. Ziel der Regelung ist es, in Übereinstimmung mit den Vorgaben des GAPIII („risk elimination in poliovirus-non-essential facilities is achieved through the destruction', vgl. GAPIII S. 4), die Bestände an Polioviren und Material zur Risikominimierung kontinuierlich zu reduzieren. Unter einer ‚Vernichtung' ist nach der Begründung des Gesetzentwurfs die Inaktivierung der Polioviren durch Hitze oder eine andere geeignete Methode zu verstehen. Nach der Eradikation von Polioviren eines Typs und Ablauf einer gewissen Übergangszeit entfallen die anerkennungsfähigen Verwendungszwecke gänzlich. Für die klare Bestimmung der daraus resultierenden absoluten Endzeitpunkte gilt die Verordnungsermächtigung in Abs. 4 Nr. 1 (vgl. Begründung des Entwurfs des Gesetzes zur Modernisierung der epidemiologischen Überwachung übertragbarer Krankheiten). Ist demnach ausnahmsweise noch keine Vernichtung erforderlich, sind für den Besitz die Anforderungen nach Abs. 3 einzuhalten.

II. Zuwiderhandlungen

Eine Zuwiderhandlung gegen die Vernichtungspflicht nach Abs. 2, auch in Verbindung mit einer Rechtsverordnung nach Abs. 4 Nr. 1, ist gemäß § 73 Abs. 1a Nr. 22a bußgeld- und bei Vorliegen der Voraussetzungen von § 74 strafbewehrt.   9

D. Anforderungen an Einrichtungen, die Polioviren oder Material, das möglicherweise Polioviren enthält, besitzen (Abs. 3)

I. Allgemeines

Abs. 3 regelt den Besitz von Polioviren und Material, das möglicherweise Polioviren enthält und kann damit nur Relevanz für solche Polioviren oder solche Materialien haben, die noch konkret für Zwecke der Erkennung, Verhütung oder Bekämpfung der Poliomyelitis oder Polioviren benötigt werden und für die der absolute Endzeitpunkt nach Abs. 4 Nr. 1 noch nicht erreicht ist und die deshalb nicht bereits nach Abs. 2 unverzüglich zu vernichten sind. S. 1 schreibt dabei zunächst die Grundregel fest, dass Polioviren und Material, das möglicherweise Polioviren enthält, nur von besonderen Einrichtungen mit entsprechender Zulassung (so genannte zentrale Einrichtungen) besessen werden dürfen. S. 2 regelt für die verschiedenen Poliovirus-Typen die Zeitpunkte, ab denen diese Grundregel Geltung beansprucht. S. 3 stellt die zu erfüllenden Anforderungen an die Erteilung einer Zulassung als zentrale Einrichtung auf. Außerdem bestimmt S. 4, dass die Zulassung auf 1 Jahr zu befristen ist. Die zugelassenen zentralen Einrichtungen sind zu Übernahme von Polioviren und Material, das Polioviren enthält, aus anderen Einrichtungen (S. 5) und zur Führung eines Bestandsverzeichnisses (S. 7) verpflichtet.   10

II. Einzelheiten

1. Besitz nur durch zentrale Einrichtungen

Nach S. 1 darf nur eine Einrichtung mit besonderer Zulassung (so genannte zentrale Einrichtung, ‚poliovirus essential facilities' im GAPIII) Polioviren oder Material, das möglicherweise Polioviren enthält, besitzen. Dies gilt unmittelbar für den Besitz von Typ 2-Wildviren, -Impfviren und -Materialien. Bezüglich des Besitzes von Polioimpf- oder -wildviren des Typs 1 und 3 sowie für Material, das möglicherweise solche Polioviren enthält, gilt S. 1 erst ab den in einer Rechtsverordnung nach Abs. 4 Nr. 2 festgelegten Zeitpunkten (vgl. S. 2). Ausweislich des Begründung des Gesetzentwurfs können Polioviren und Material, das nicht bereits nach Abs. 2 zu vernichten ist, auch in poliovirus essential facilities im Ausland verbracht werden, insbesondere solange es in Deutschland keine zugelassene zentrale Einrichtung gibt.   11

2. Zulassung als zentrale Einrichtung

12 **a) Voraussetzungen.** Die Anforderungen an eine Zulassung als zentrale Einrichtung, von welchen es nach den Plänen der WHO weltweit nur wenige geben soll, ergeben sich aus S. 3. Nach diesem darf die zuständige Behörde die Zulassung als zentrale Einrichtung nur dann erteilen, wenn die Einrichtung Sicherheitsmaßnahmen gewährleistet, die mindestens den Schutzmaßnahmen der Schutzstufe 3 nach den §§ 10 und 13 der Biostoffverordnung entsprechen, und außerdem die sich aus GAPIII ergebenden infektionsschutzrechtlichen Anforderungen an die Biosicherheit der zentralen Einrichtungen (‚biorisk management', S. 4 ff. GAPIII) erfüllt.

13 **b) Rechtsfolgen. aa) Allgemeines.** Liegen die Zulassungsvoraussetzungen vor, so darf die zuständige Behörde mit Zustimmung der obersten Landesgesundheitsbehörde die Zulassung erteilen (S. 3).

14 **bb) Ermessen.** S. 3 gewährt der zuständigen Behörde ein Entschließungsermessen (vgl. dazu Vor §§ 15a Rn. 19), vgl. Wortlaut ‚darf…erteilen'. Ausweislich der Begründung des Gesetzentwurfs kommt es bei der Ermessensausübung vor allem darauf an, ob für eine derartige Einrichtung nach den Zielsetzungen der ‚Global Polio Eradication Initiative' (GPEI) ein Bedürfnis besteht. GPEI ist eine Kooperation zwischen öffentlichen und privaten Organisationen unter Beteiligung insbesondere der WHO, Rotary International, dem US Centers for Disease Control and Prevention (CDC), dem Kinderhilfswerk der Vereinten Nationen (UNICEF) und der Bill & Melinda Gates Foundation, welche das Ziel verfolgt, Polio weltweit auszurotten.

15 **cc) Zustimmung der obersten Landesgesundheitsbehörde.** Erforderlich für die Erteilung einer Zulassung als zentrale Einrichtung ist immer die Zustimmung der obersten Landesgesundheitsbehörde.

16 **dd) Befristung auf ein Jahr.** Nach S. 4 ist die Zulassung auf ein Jahr zu befristen. Da auf diese Weise jedes Jahr die Zulassung erneut beantragt und die Zulassungsvoraussetzungen von der zuständigen Behörde jährlich geprüft werden müssen, ergibt sich eine sehr hohe Kontrolldichte für die zentralen Einrichtungen.

3. Verpflichtung der zentralen Einrichtung zur Übernahme von noch benötigten Polioviren und Material, das Polioviren enthält

17 S. 5 verpflichtet die zentrale Einrichtung, Polioviren und Material, das Polioviren enthält, von anderen Einrichtungen zu übernehmen und für diese aufzubewahren. Diese Verpflichtung kann nur Polioviren und Material, das Polioviren enthält, betreffen, die nicht bereits nach Abs. 2 zu vernichten sind (vgl. S. 6).

4. Bestandsverzeichnis

18 Die zentrale Einrichtung muss über den jeweiligen Bestand nach den Vorgaben der zuständigen Behörde ein aktuelles Verzeichnis führen. Der Gesetz-

Aufsicht   § 51 IfSG

geber hat es somit der zuständigen Behörde überlassen, die Einzelheiten des Bestandsverzeichnisses auszugestalten. Zur Vorlagepflicht des Verzeichnisses vgl. § 51.

III. Zuwiderhandlungen

Ordnungswidrig handelt, wer entgegen Abs. 3 S. 1, auch in Verbindung mit einer Rechtsverordnung nach Abs. 4 Nr. 2, Polioviren oder dort genanntes Material besitzt (vgl. § 73 Abs. 1), dies ist unter den Voraussetzungen des § 74 auch strafbar.

E. Verordnungsermächtigung (Abs. 4)

Abs. 4 ermächtigt das Bundesministerium für Gesundheit, durch Rechtsver- 19
ordnung mit Zustimmung des Bundesrates die Endzeitpunkte bestimmen, bis zu denen Polioviren eines bestimmten Typs und Material das möglicherweise Polioviren enthält, spätestens zu vernichten sind (Nr. 1). Darüber hinaus kann die Rechtsverordnung die Zeitpunkte festlegen, ab denen nur eine zentrale Einrichtung Poliowild- und Impfviren des Typs 1 und 3 sowie Material, das möglicherweise solche Polioviren enthält, besitzen darf (Nr. 2).

F. Ermittlungen (Abs. 5)

Abs. 5 räumt der zuständigen Behörde in Fällen, in denen der Verdacht 20
besteht, dass eine Person Polioviren oder entsprechendes Material besitzt, ohne dass dies der zuständigen Behörde nach Abs. 1 angezeigt wurde, Ermittlungsbefugnisse entsprechend § 16 Abs. 2–4 ein. Dadurch soll nach der Begründung des Gesetzentwurfs sichergestellt werden, dass alle relevanten Einrichtungen erfasst werden. Der zuständigen Behörde wird dabei sowohl ein Entschließungs- als auch ein Auswahlermessen eingeräumt (vgl. zu den Begriffen Vor §§ 15a Rn. 11 ff.).

§ 51 Aufsicht

Wer eine in § 44 genannte Tätigkeit ausübt oder Polioviren oder Material, das möglicherweise Polioviren enthält, besitzt, untersteht der Aufsicht der zuständigen Behörde. Er und der sonstige Berechtigte ist insoweit verpflichtet, den von der zuständigen Behörde beauftragten Personen Grundstücke, Räume, Anlagen und Einrichtungen zugänglich zu machen, auf Verlangen Bücher und sonstige Unterlagen vorzulegen, die Einsicht in diese zu gewähren und die notwendigen Prüfungen zu dulden. Das Grundrecht der Unverletzlichkeit der Wohnung (Artikel 13 Abs. 1 Grundgesetz) wird insoweit eingeschränkt.

Sämtliche Personen, die eine unter § 44 fallende Tätigkeiten ausüben oder 1
Polioviren oder Material, das möglicherweise Polioviren enthält, besitzen

(§ 50a), unterliegen der Überwachung durch die zuständige Behörde (vgl. zum Begriff Vor §§ 15a Rn. 2) mithin auch solche, die nach § 45 von der Erlaubnispflicht ausgenommen sind. Da § 51 keine § 49 Abs. 1 S. 4 oder § 50 Abs. 1 S. 4 vergleichbare Ausnahme enthält, gilt dies auch für Personen, die unter Aufsicht (§ 46) tätig sind. Die betroffenen Personen sind verpflichtet, den von der zuständigen Behörde beauftragten Personen Grundstücke, Räume, Anlagen und Einrichtungen zugänglich zu machen, auf Verlangen Bücher und sonstige Unterlagen vorzulegen, die Einsicht in diese zu gewähren und die notwendigen Prüfungen zu dulden. Vgl. insoweit die entsprechenden Erläuterungen zu § 16 Abs. 2 (§ 16 Rn. 41 ff.). Eine Zuwiderhandlung gegen die Pflichten nach § 51 S. 2 ist gemäß § 73 Abs. 3 und Nr. 23 bußgeld- und unter den Voraussetzungen von § 74 strafbewehrt.

§ 52 Abgabe

Krankheitserreger sowie Material, das Krankheitserreger enthält, dürfen nur an denjenigen abgegeben werden, der eine Erlaubnis besitzt, unter Aufsicht eines Erlaubnisinhabers tätig ist oder einer Erlaubnis nach § 45 Absatz 2 Nummer 1 oder Nummer 3 nicht bedarf. Satz 1 gilt nicht für staatliche human- oder veterinärmedizinische Untersuchungseinrichtungen.

1 § 52 regelt die Abgabe von Krankheitserregern sowie von diese enthaltendem Material. S. 1 richtet sich nach seinem Wortlaut an sämtliche Personen, welche den Gewahrsam an Krankheitserregern (vgl. § 2 Rn. 4 ff.) oder Material haben, das Krankheitserreger enthält. Er konstituiert für diesen Personenkreis die Pflicht, Krankheitserreger sowie diese enthaltendes Material nur an Personen abzugeben, die eine Erlaubnis besitzen, unter Aufsicht eines Erlaubnisinhabers tätig sind oder einer Erlaubnis nach § 45 Abs. 2 Nr. 1 oder Nr. 3 nicht bedürfen. Nach S. 2 kann auch ohne das Vorliegen dieser Voraussetzung die Abgabe an staatliche human- oder veterinärmedizinische Untersuchungseinrichtungen erfolgen. Eine Zuwiderhandlung gegen die Vorgaben nach § 52 S. 1 ist bei Vorliegen der Voraussetzungen nach § 75 Abs. 1 Nr. 4 strafbewehrt.

§ 53 Anforderungen an Räume und Einrichtungen, Gefahrenvorsorge

(1) Die Bundesregierung wird ermächtigt, durch Rechtsverordnung mit Zustimmung des Bundesrates Vorschriften
1. über die an die Beschaffenheit der Räume und Einrichtungen zu stellenden Anforderungen sowie
2. über die Sicherheitsmaßnahmen, die bei Tätigkeiten nach § 44 zu treffen sind, zu erlassen, soweit dies zum Schutz der Bevölkerung vor übertragbaren Krankheiten erforderlich ist.

(2) In der Rechtsverordnung nach Absatz 1 kann zum Zwecke der Überwachung der Tätigkeiten auch vorgeschrieben werden, dass bei bestimmten Tätigkeiten

Verzeichnisse zu führen und Berichte über die durchgeführten Tätigkeiten der zuständigen Behörde vorzulegen sowie bestimmte Wahrnehmungen dem Gesundheitsamt zu melden sind, soweit dies zur Verhütung oder Bekämpfung übertragbarer Krankheiten erforderlich ist.

§ 53 stimmt im Wesentlichen mit § 29 BSeuchG überein und ermächtigt die **1** Bundesregierung, durch Rechtsverordnung mit Zustimmung des Bundesrates Vorschriften über die an die Beschaffenheit der Räume und Einrichtungen zu stellenden Anforderungen sowie über die Sicherheitsmaßnahmen, die bei Tätigkeiten nach § 44 zu treffen sind, zu erlassen, soweit dies zum Schutz der Bevölkerung vor übertragbaren Krankheiten erforderlich ist. In Anbetracht des engmaschigen bestehenden Regelungsnetzes (z. B. BiostoffV, ArbSchG, GGBefG) verbleibt allenfalls ein kleiner Anwendungsbereich für § 53.

§ 53a Verfahren über eine einheitliche Stelle, Entscheidungsfrist

(1) Verwaltungsverfahren nach diesem Abschnitt können über eine einheitliche Stelle abgewickelt werden.
(2) Über Anträge auf Erteilung einer Erlaubnis nach § 44 entscheidet die zuständige Behörde innerhalb einer Frist von drei Monaten. § 42a Absatz 2 Satz 2 bis 4 des Verwaltungsverfahrensgesetzes gilt entsprechend.

§ 53a enthält Regelungen zum Verwaltungsverfahren. Neben der Möglich- **1** keit der Abwicklung der Verwaltungsverfahren des 9. Abschnitts über eine einheitliche Stelle ist dabei insbesondere die in Abs. 2 S. 1 vorgegebene Bearbeitungsfrist von drei Monaten für Anträge auf Erteilung einer Erlaubnis nach § 44 bedeutsam (vgl. § 44 Rn. 12). Die Frist beginnt gem. § 42a Abs. 2 S. 2 VwVfG (bzw. der entsprechenden Landesnorm) mit Eingang der vollständigen Unterlagen zu laufen. Sie kann einmal angemessen verlängert werden, wenn dies wegen der Schwierigkeit der Angelegenheit gerechtfertigt ist. Die Fristverlängerung ist zu begründen und rechtzeitig mitzuteilen (§ 42a Abs. 2 S. 4 VwVfG).

10. Abschnitt. Vollzug des Gesetzes und zuständige Behörden

§ 54 Vollzug durch die Länder

Die Landesregierungen bestimmen durch Rechtsverordnung die zuständigen Behörden im Sinne dieses Gesetzes, soweit eine landesrechtliche Regelung nicht besteht und dieses Gesetz durch die Länder vollzogen wird. Sie können ferner darin bestimmen, dass nach diesem Gesetz der obersten Landesgesundheitsbehörde oder der für die Kriegsopferversorgung zuständigen obersten Landesbehörde zugewiesene Aufgaben ganz oder im Einzelnen von einer diesen jeweils nachgeordneten Landesbehörde wahrgenommen werden und dass auf die Wahrnehmung von Zustimmungsvorbehalten der obersten Landesbehörden nach diesem Gesetz verzichtet wird.

A. Allgemeines

Nach § 54 bestimmen die Landesregierungen durch Rechtsverordnung die 1 zuständigen Behörden im Sinne dieses Gesetzes, soweit eine landesrechtliche Regelung nicht besteht und das IfSG durch die Länder vollzogen wird. Von § 54 abweichende Zuständigkeitsregelungen enthalten §§ 54a und b. Durch G v. 12.12.2019 (BGBl. I S. 2652) wird S. 2 mWv 1.1.2024 wie folgt neu gefasst: „Sie können ferner darin bestimmen, dass nach diesem Gesetz der obersten Landesgesundheitsbehörde zugewiesene Aufgaben ganz oder im Einzelnen von einer dieser nachgeordneten Landesbehörde wahrgenommen werden und dass auf die Wahrnehmung von Zustimmungsvorbehalten der obersten Landesbehörden nach diesem Gesetz verzichtet wird."

B. Landesregelungen

Die Länder haben die Zuständigkeiten in den folgenden Vorschriften geregelt: 2 Baden-Württemberg: Verordnung des Ministeriums für Arbeit und Soziales über Zuständigkeiten nach dem Infektionsschutzgesetz, Bayern: Zuständigkeitsverordnung – ZustV, Berlin: Allgemeines Zuständigkeitsgesetz – AZG, Brandenburg: Infektionsschutzzuständigkeitsverordnung – IfSZV, Bremen: Verordnung über die zuständigen Behörden nach dem Infektionsschutzgesetz, Hamburg: Anordnung über Zuständigkeiten im Infektionsschutzrecht, Hessen: Hessisches Gesetz über den öffentlichen Gesundheitsdienst – HGöGD, Nordrhein-Westfalen: Verordnung zur Regelung von Zuständigkeiten nach dem Infektionsschutzgesetz – ZVO-IfSG, Saarland: Verordnung über die Zuständigkeiten nach dem Infektionsschutzgesetz, Sachsen: Verordnung der Sächsischen Staatsregierung zur Regelung von Zuständigkeiten nach dem Infektionsschutzgesetz – IfSGZuVO, Sachsen-Anhalt: Verordnung über die Zuständigkeiten nach dem Infektionsschutzgesetz – Sachsen-Anhalt – ZustVO IfSG,

IfSG § 54a   10. Abschnitt. Vollzug des Gesetzes und zuständige Behörden

Schleswig-Holstein: Landesverordnung über die Zuständigkeiten des Landesamtes für soziale Dienste des Landes Schleswig-Holstein und der örtlichen Ordnungsbehörden nach dem Infektionsschutzgesetz, Thüringen: Thüringer Verordnung zur Regelung von Zuständigkeiten und zur Übertragung von Ermächtigungen nach dem Infektionsschutzgesetz – ThürIfKrZustVO, Rheinlandpfalz: Landesinfektionsschutzverordnung – LinfSchV.

§ 54a Vollzug durch die Bundeswehr

(1) Den zuständigen Stellen der Bundeswehr obliegt der Vollzug dieses Gesetzes, soweit er betrifft:
1. Angehörige des Geschäftsbereiches des Bundesministeriums der Verteidigung während ihrer Dienstausübung,
2. Soldaten außerhalb ihrer Dienstausübung,
3. Personen, während sie sich in Liegenschaften der Bundeswehr oder in ortsfesten oder mobilen Einrichtungen aufhalten, die von der Bundeswehr oder im Auftrag der Bundeswehr betrieben werden,
4. Angehörige dauerhaft in der Bundesrepublik Deutschland stationierter ausländischer Streitkräfte im Rahmen von Übungen und Ausbildungen, sofern diese ganz oder teilweise außerhalb der von ihnen genutzten Liegenschaften durchgeführt werden,
5. Angehörige ausländischer Streitkräfte auf der Durchreise sowie im Rahmen von gemeinsam mit der Bundeswehr stattfindenden Übungen und Ausbildungen,
6. Grundstücke, Einrichtungen, Ausrüstungs- und Gebrauchsgegenstände der Bundeswehr und
7. Tätigkeiten mit Krankheitserregern im Bereich der Bundeswehr.

(2) Die Aufgaben der zivilen Stellen nach dem 3. Abschnitt bleiben unberührt. Die zivilen Stellen unterstützen die zuständigen Stellen der Bundeswehr.

(3) Bei Personen nach Absatz 1 Nummer 1, die sich dauernd oder vorübergehend außerhalb der in Absatz 1 Nummer 3 genannten Einrichtungen aufhalten und bei Personen nach Absatz 1 Nummer 2, sind die Maßnahmen der zuständigen Stellen der Bundeswehr nach dem 5. Abschnitt im Benehmen mit den zivilen Stellen zu treffen. Bei Differenzen ist die Entscheidung der zuständigen Stellen der Bundeswehr maßgebend.

(4) Bei zivilen Angehörigen des Geschäftsbereiches des Bundesministeriums der Verteidigung außerhalb ihrer Dienstausübung sind die Maßnahmen der zivilen Stellen nach dem 5. Abschnitt im Benehmen mit den zuständigen Stellen der Bundeswehr zu treffen.

(5) Absatz 1 Nummer 4 und 5 lässt völkerrechtliche Verträge über die Stationierung ausländischer Streitkräfte in der Bundesrepublik Deutschland unberührt.

A. Allgemeines

1   § 54a wurde durch das 3. COVIfSGAnpG aufgrund der bisherigen Erfahrungen während der Pandemielage neu gefasst (BT-Drs. 19/23944, 37). Die

wesentlichen Änderungen bestehen in der Einfügung von Abs. 1 Nr. 2 sowie der Präzisierung der Zuständigkeit für ausländische Streitkräfte bei Übungen und Ausbildungen (Abs. 1 Nr. 5).

B. Einzelheiten

I. Abs. 1

Für die in Abs. 1 genannten Fälle obliegt der Vollzug des IfSG den zuständigen Stellen der Bundeswehr und somit nicht dem Gesundheitsamt (vgl. § 2 Rn. 73 f.) oder der nach § 54 zuständigen Behörde (vgl. auch Vor §§ 15a Rn. 2). Abs. 1 Nr. 2 soll die Einsatzbereitschaft der Bundeswehr sicherstellen (BT-Drs. 19/23944, 37). Die Zuständigkeit für ausländische Streitkräfte bei Übungen und Ausbildungen wird durch Abs. 1 Nr. 2 ebenfalls den Stellen der Bundeswehr zugewiesen. Damit verspricht sich der Gesetzgeber bei landkreisübergreifenden Übungs- und Ausbildungsvorhaben eine Verfahrensvereinfachung, da für die ausländischen Streitkräfte dann nur eine Zuständigkeit besteht (BT-Drs. 19/23944, 37). 2

II. Abs. 2–4

Die zivilen Stellen unterstützen die zuständigen Stellen der Bundeswehr (Abs. 2 S. 2). Bei Personen nach Abs. 1 Nr. 1, die sich dauernd oder vorübergehend außerhalb der in Abs. 1 Nr. 3 genannten Einrichtungen aufhalten und bei Personen nach Abs. 1 Nr. 2 sind die Maßnahmen der zuständigen Stellen der Bundeswehr nach dem 5. Abschnitt im Benehmen mit den zivilen Stellen zu treffen. Bei Differenzen ist die Entscheidung der zuständigen Stellen der Bundeswehr maßgebend (Abs. 3 S. 2). Dadurch sollen Verzögerungen bedingt durch den Abstimmungsprozess vermieden werden (BT-Drs. 19/23944, 37). Bei zivilen Angehörigen des Geschäftsbereiches des Bundesministeriums der Verteidigung außerhalb ihrer Dienstausübung sind die Maßnahmen nach dem 5. Abschnitt von den zivilen Stellen im Benehmen mit den zuständigen Stellen der Bundeswehr zu treffen (Abs. 4). Bei Differenzen ist die in diesen Fällen jedoch – es fehlte eine Abs. 3 S. 2 vergleichbare Regelung – nicht die Entscheidung der zuständigen Stellen der Bundeswehr maßgebend, sondern die der zivilen Stelle. 3

§ 54b Vollzug durch das Eisenbahn-Bundesamt

Im Bereich der Eisenbahnen des Bundes und der Magnetschwebebahnen obliegt der Vollzug dieses Gesetzes für Schienenfahrzeuge sowie für ortsfeste Anlagen zur ausschließlichen Befüllung von Schienenfahrzeugen dem Eisenbahn-Bundesamt, soweit die Aufgaben des Gesundheitsamtes und der zuständigen Behörde nach den §§ 37 bis 39 und 41 betroffen sind.

IfSG § 54b

1 Durch das das 2. COVIfSGAnpG wurde die vormals in § 72 enthaltene Regelung in § 54b überführt. § 54b weist die Zuständigkeit für den Vollzug der Aufgaben des Gesundheitsamtes und der zuständigen Behörde nach den §§ 37 bis 39 und 41 (nur) in Bezug auf Schienenfahrzeuge sowie ortsfeste Anlagen zur ausschließlichen Befüllung von Schienenfahrzeugen dem Eisenbahn-Bundesamt zu, wenn sich diese im örtlichen Bereich der Eisenbahnen des Bundes und der Magnetschwebebahnen befinden. Außerhalb des engen Anwendungsbereichs dieser Zuständigkeitsregelung gelten die üblichen Zuständigkeiten nach dem IfSG.

11. Abschnitt. Angleichung an Gemeinschaftsrecht

§ 55 Angleichung an Gemeinschaftsrecht

Rechtsverordnungen nach diesem Gesetz können auch zum Zwecke der Angleichung der Rechtsvorschriften der Mitgliedstaaten der Europäischen Union erlassen werden, soweit dies zur Durchführung von Verordnungen oder zur Umsetzung von Richtlinien oder Entscheidungen des Rates der Europäischen Union oder der Kommission der Europäischen Gemeinschaften, die Sachbereiche dieses Gesetzes betreffen, erforderlich ist.

Mit § 55 wird festgelegt, dass auf Basis der Verordnungsermächtigungen nach dem IfSG auch dann Rechtsverordnungen erlassen werden können, wenn sachlich einschlägige Rechtsvorschriften der Europäischen Union umgesetzt werden müssen. **1**

12. Abschnitt. Entschädigung in besonderen Fällen

§ 56 Entschädigung

(1) Wer auf Grund dieses Gesetzes als Ausscheider, Ansteckungsverdächtiger, Krankheitsverdächtiger oder als sonstiger Träger von Krankheitserregern im Sinne von § 31 Satz 2 Verboten in der Ausübung seiner bisherigen Erwerbstätigkeit unterliegt oder unterworfen wird und dadurch einen Verdienstausfall erleidet, erhält eine Entschädigung in Geld. Das Gleiche gilt für Personen, die als Ausscheider, Ansteckungsverdächtige oder Krankheitsverdächtige abgesondert wurden oder werden, bei Ausscheidern jedoch nur, wenn sie andere Schutzmaßnahmen nicht befolgen können. Eine Entschädigung nach den Sätzen 1 und 2 erhält nicht, wer durch Inanspruchnahme einer Schutzimpfung oder anderen Maßnahme der spezifischen Prophylaxe, die gesetzlich vorgeschrieben ist oder im Bereich des gewöhnlichen Aufenthaltsorts des Betroffenen öffentlich empfohlen wurde, oder durch Nichtantritt einer vermeidbaren Reise in ein bereits zum Zeitpunkt der Abreise eingestuftes Risikogebiet ein Verbot in der Ausübung seiner bisherigen Tätigkeit oder eine Absonderung hätte vermeiden können. Eine Reise ist im Sinne des Satzes 3 vermeidbar, wenn zum Zeitpunkt der Abreise keine zwingenden und unaufschiebbaren Gründe für die Reise vorlagen.

(1a) Eine erwerbstätige Person erhält eine Entschädigung in Geld, wenn
1. Einrichtungen zur Betreuung von Kindern, Schulen oder Einrichtungen für Menschen mit Behinderungen von der zuständigen Behörde zur Verhinderung der Verbreitung von Infektionen oder übertragbaren Krankheiten auf Grund dieses Gesetzes vorübergehend geschlossen werden oder deren Betreten, auch aufgrund einer Absonderung, untersagt wird, oder wenn von der zuständigen Behörde aus Gründen des Infektionsschutzes Schul- oder Betriebsferien angeordnet oder verlängert werden oder die Präsenzpflicht in einer Schule aufgehoben wird,
2. die erwerbstätige Person ihr Kind, das das zwölfte Lebensjahr noch nicht vollendet hat oder behindert und auf Hilfe angewiesen ist, in diesem Zeitraum selbst beaufsichtigt, betreut oder pflegt, weil sie keine anderweitige zumutbare Betreuungsmöglichkeit sicherstellen kann, und
3. die erwerbstätige Person dadurch einen Verdienstausfall erleidet.

Anspruchsberechtigte haben gegenüber der zuständigen Behörde, auf Verlangen des Arbeitgebers auch diesem gegenüber, darzulegen, dass sie in diesem Zeitraum keine zumutbare Betreuungsmöglichkeit für das Kind sicherstellen können. Ein Anspruch besteht nicht, soweit eine Schließung ohnehin wegen der Schul- oder Betriebsferien erfolgen würde. Im Fall, dass das Kind in Vollzeitpflege nach § 33 des Achten Buches Sozialgesetzbuch in den Haushalt aufgenommen wurde, steht der Anspruch auf Entschädigung den Pflegeeltern zu.

(2) Die Entschädigung bemisst sich nach dem Verdienstausfall. Für die ersten sechs Wochen wird sie in Höhe des Verdienstausfalls gewährt. Vom Beginn der siebenten Woche an wird sie in Höhe des Krankengeldes nach § 47 Abs. 1 des

Fünften Buches Sozialgesetzbuch gewährt, soweit der Verdienstausfall die für die gesetzliche Krankenversicherungspflicht maßgebende Jahresarbeitsentgeltgrenze nicht übersteigt. Im Fall des Absatzes 1a wird die Entschädigung abweichend von den Sätzen 2 und 3 in Höhe von 67 Prozent des der erwerbstätigen Person entstandenen Verdienstausfalls für jede erwerbstätige Person für längstens zehn Wochen gewährt, für eine erwerbstätige Person, die ihr Kind allein beaufsichtigt, betreut oder pflegt, längstens für 20 Wochen; für einen vollen Monat wird höchstens ein Betrag von 2.016 Euro gewährt.

(3) Als Verdienstausfall gilt das Arbeitsentgelt (§ 14 des Vierten Buches Sozialgesetzbuch), das dem Arbeitnehmer bei der für ihn maßgebenden regelmäßigen Arbeitszeit nach Abzug der Steuern und der Beiträge zur Sozialversicherung und zur Arbeitsförderung oder entsprechenden Aufwendungen zur sozialen Sicherung in angemessenem Umfang zusteht (Netto-Arbeitsentgelt). Der Betrag erhöht sich um das Kurzarbeitergeld und um das Zuschuss-Wintergeld, auf das der Arbeitnehmer Anspruch hätte, wenn er nicht aus den in Absatz 1 genannten Gründen an der Arbeitsleistung verhindert wäre. Verbleibt dem Arbeitnehmer nach Einstellung der verbotenen Tätigkeit oder bei Absonderung ein Teil des bisherigen Arbeitsentgelts, so gilt als Verdienstausfall der Unterschiedsbetrag zwischen dem in Satz 1 genannten Netto-Arbeitsentgelt und dem in dem auf die Einstellung der verbotenen Tätigkeit oder der Absonderung folgenden Kalendermonat erzielten Netto-Arbeitsentgelt aus dem bisherigen Arbeitsverhältnis. Die Sätze 1 und 3 gelten für die Berechnung des Verdienstausfalls bei den in Heimarbeit Beschäftigten und bei Selbständigen entsprechend mit der Maßgabe, dass bei den in Heimarbeit Beschäftigten das im Durchschnitt des letzten Jahres vor Einstellung der verbotenen Tätigkeit oder vor der Absonderung verdiente monatliche Arbeitsentgelt und bei Selbständigen ein Zwölftel des Arbeitseinkommens (§ 15 des Vierten Buches Sozialgesetzbuch) aus der entschädigungspflichtigen Tätigkeit zugrunde zu legen ist.

(4) Bei einer Existenzgefährdung können den Entschädigungsberechtigten die während der Verdienstausfallzeiten entstehenden Mehraufwendungen auf Antrag in angemessenem Umfang von der zuständigen Behörde erstattet werden. Selbständige, deren Betrieb oder Praxis während der Dauer einer Maßnahme nach Absatz 1 ruht, erhalten neben der Entschädigung nach den Absätzen 2 und 3 auf Antrag von der zuständigen Behörde Ersatz der in dieser Zeit weiterlaufenden nicht gedeckten Betriebsausgaben in angemessenem Umfang.

(5) Bei Arbeitnehmern hat der Arbeitgeber für die Dauer des Arbeitsverhältnisses, längstens für sechs Wochen, die Entschädigung für die zuständige Behörde auszuzahlen. Die ausgezahlten Beträge werden dem Arbeitgeber auf Antrag von der zuständigen Behörde erstattet. Im Übrigen wird die Entschädigung von der zuständigen Behörde auf Antrag gewährt.

(6) Bei Arbeitnehmern richtet sich die Fälligkeit der Entschädigungsleistungen nach der Fälligkeit des aus der bisherigen Tätigkeit erzielten Arbeitsentgelts. Bei sonstigen Entschädigungsberechtigten ist die Entschädigung jeweils zum Ersten eines Monats für den abgelaufenen Monat zu gewähren.

(7) Wird der Entschädigungsberechtigte arbeitsunfähig, so bleibt der Entschädigungsanspruch in Höhe des Betrages, der bei Eintritt der Arbeitsunfähigkeit an den Berechtigten auszuzahlen war, bestehen. Ansprüche, die Entschädigungs-

Entschädigung § 56 IfSG

berechtigten wegen des durch die Arbeitsunfähigkeit bedingten Verdienstausfalls auf Grund anderer gesetzlicher Vorschriften oder eines privaten Versicherungsverhältnisses zustehen, gehen insoweit auf das entschädigungspflichtige Land über.

(8) Auf die Entschädigung sind anzurechnen
1. Zuschüsse des Arbeitgebers, soweit sie zusammen mit der Entschädigung den tatsächlichen Verdienstausfall übersteigen,
2. das Netto-Arbeitsentgelt und das Arbeitseinkommen nach Absatz 3 aus einer Tätigkeit, die als Ersatz der verbotenen Tätigkeit ausgeübt wird, soweit es zusammen mit der Entschädigung den tatsächlichen Verdienstausfall übersteigt,
3. der Wert desjenigen, das der Entschädigungsberechtigte durch Ausübung einer anderen als der verbotenen Tätigkeit zu erwerben böswillig unterlässt, soweit es zusammen mit der Entschädigung den tatsächlichen Verdienstausfall übersteigt,
4. das Arbeitslosengeld in der Höhe, in der diese Leistung dem Entschädigungsberechtigten ohne Anwendung der Vorschriften über das Ruhen des Anspruchs auf Arbeitslosengeld bei Sperrzeit nach dem Dritten Buch Sozialgesetzbuch sowie des § 66 des Ersten Buches Sozialgesetzbuch in der jeweils geltenden Fassung hätten gewährt werden müssen.

Liegen die Voraussetzungen für eine Anrechnung sowohl nach Nummer 3 als auch nach Nummer 4 vor, so ist der höhere Betrag anzurechnen.

(9) Der Anspruch auf Entschädigung geht insoweit, als dem Entschädigungsberechtigten Arbeitslosengeld oder Kurzarbeitergeld für die gleiche Zeit zu gewähren ist, auf die Bundesagentur für Arbeit über.

(10) Ein auf anderen gesetzlichen Vorschriften beruhender Anspruch auf Ersatz des Verdienstausfalls, der dem Entschädigungsberechtigten durch das Verbot der Ausübung seiner Erwerbstätigkeit oder durch die Absonderung erwachsen ist, geht insoweit auf das zur Gewährung der Entschädigung verpflichtete Land über, als dieses dem Entschädigungsberechtigten nach diesem Gesetz Leistungen zu gewähren hat.

(11) Die Anträge nach Absatz 5 sind innerhalb einer Frist von zwölf Monaten nach Einstellung der verbotenen Tätigkeit, dem Ende der Absonderung oder nach dem Ende der vorübergehenden Schließung oder der Untersagung des Betretens nach Absatz 1a Satz 1 bei der zuständigen Behörde zu stellen. Dem Antrag ist von Arbeitnehmern eine Bescheinigung des Arbeitgebers und von den in Heimarbeit Beschäftigten eine Bescheinigung des Auftraggebers über die Höhe des in dem nach Absatz 3 für sie maßgeblichen Zeitraum verdienten Arbeitsentgelts und der gesetzlichen Abzüge, von Selbständigen eine Bescheinigung des Finanzamtes über die Höhe des letzten beim Finanzamt nachgewiesenen Arbeitseinkommens beizufügen. Ist ein solches Arbeitseinkommen noch nicht nachgewiesen oder ist ein Unterschiedsbetrag nach Absatz 3 zu errechnen, so kann die zuständige Behörde die Vorlage anderer oder weiterer Nachweise verlangen.

[Fassung von Abs. 11 S. 1 ab dem 1.4.2021:]
Die Anträge nach Absatz 5 sind innerhalb einer Frist von zwölf Monaten nach Einstellung der verbotenen Tätigkeit oder dem Ende der Absonderung bei der zuständigen Behörde zu stellen.

IfSG § 56 12. Abschnitt. Entschädigung in besonderen Fällen

(12) Die zuständige Behörde hat auf Antrag dem Arbeitgeber einen Vorschuss in der voraussichtlichen Höhe des Erstattungsbetrages, den in Heimarbeit Beschäftigten und Selbständigen in der voraussichtlichen Höhe der Entschädigung zu gewähren.

Übersicht

	Rn.
A. Allgemeines	1
I. Inhalt	1
II. Letzte Änderungen	1a
1. Durch das MasernschutzG	1a
2. Durch das COVIfSGAnpG	1b
3. Durch das 2. COVIfSGAnpG	1c
4. Durch das Corona-Steuerhilfegesetz vom 19.6.2020 (BGBl. I S. 1385)	1d
5. Durch das 3. COVIfSGAnpG	1e
6. Durch das Gesetz über eine einmalige Sonderzahlung aus Anlass der COVID-19-Pandemie an Besoldungs- und Wehrsoldempfänger v. 21.12.2020 (BGBl. I S. 3136)	1f
III. Zukünftige Änderungen	1g
B. Anspruch auf Entschädigung wegen Verbots der Ausübung der Erwerbstätigkeit oder Absonderung (Abs. 1)	2
I. Allgemeines	2
Ia. Ansprüche wegen Betriebsschließungen oder -beschränkungen	2a
II. Tatbestandliche Voraussetzungen	3
1. Allgemeines	3
2. Anordnung durch die zuständige Behörde	3a
3. Entschädigungsanspruch bei Verboten in der Ausübung der bisherigen Erwerbstätigkeit	4
a) Von S. 1 erfasster Personenkreis	4
b) Sonderfälle	5
c) Verbot auf Grund der Regelungen des IfSG	6
d) Unterliegen oder unterworfen werden	7
e) Bisherige Erwerbstätigkeit	8
f) Verdienstausfall	10
g) Kausalität	11
4. Entschädigungsanspruch bei Absonderung (S. 2)	12
a) Von S. 2 erfasster Personenkreis	12
b) Bisherige Erwerbstätigkeit, Verdienstausfall, Kausalität	13
III. Rechtsfolge	14
IV. Auszahlung, Vorschuss	15
V. Ausschluss der Entschädigung (S. 3, 4)	15a
C. Abmilderung von Verdienstausfällen, die erwerbstätige Sorgeberechtigte von Kindern erleiden (Abs. 1a)	15b
I. Allgemeines	15b
II. Voraussetzungen	15c
1. Erwerbstätige Person	15c

	Rn.
2. Vorübergehende Einrichtungsschließung oder Betretungsuntersagung (S. 1 Nr. 1)	15d
3. Beaufsichtigung, Betreuung oder Pflege durch die erwerbstätige Person aufgrund der Betriebsschließung oder Betretungsuntersagung (S. 1 Nr. 2)	15e
a) Allgemeines	15e
b) Einzelheiten	15f
4. Verdienstausfall (S. 1 Nr. 3)	15g
III. Zuständig für die Gewährung der Entschädigung	15h
D. Ersatz des Verdienstausfalls, zeitliche Staffelung der Berechnung (Abs. 2)	16
E. Berechnung des Verdienstausfalls (Abs. 3)	17
I. Allgemeines	17
II. Einzelheiten	18
1. Berechnungsgrundlage (S. 1)	18
2. Kurzarbeiter- und Zuschuss-Wintergeld (S. 2)	19
3. Einkommensminderung (S. 3)	20
4. Heimarbeiter, Selbständige (S. 4)	21
F. Existenzgefährdung, weiterlaufende Betriebsausgaben (Abs. 4)	22
I. Allgemeines	22
II. Anspruch bei Existenzgefährdung (S. 1)	23
III. Weiterlaufende Betriebsausgaben (S. 2)	24
G. Auszahlungspflicht des Arbeitgebers, Erstattung, Fälligkeit (Abs. 5, 6)	25
I. Auszahlungspflicht des Arbeitgebers, Erstattung (Abs. 5)	25
II. Fälligkeit der Entschädigungsleistungen (Abs. 6)	26
III. Zu den Anträgen	27
H. Arbeitsunfähigkeit eines Entschädigungsberechtigten (Abs. 7)	28
I. Allgemeines	28
II. Fortbestehen des Entschädigungsanspruchs (S. 1)	29
III. Legalzession (S. 2)	30
I. Anrechnungsbestimmungen (Abs. 8)	31
I. Allgemeines	31
II. Einzelheiten	32
1. Nr. 1	32
2. Nr. 2	33
3. Nr. 3	34
4. Nr. 4	35
5. Zusammentreffen von Nr. 3 und Nr. 4	36
J. Legalzession bei Bestehen von Ansprüchen auf Arbeitslosengeld oder Kurzarbeitergeld (Abs. 9)	37
K. Legalzession bei Bestehen von Schadensersatzansprüchen gegen Dritte (Abs. 10)	38
L. Der Antrag auf Entschädigung (Abs. 11)	39
M. Vorschuss (Abs. 12)	40
N. Pfändung, Rechtsweg	41
O. Ansprüche wegen Betriebsschließungen oder -beschränkungen	42
I. Allgemeines	42
II. Zu den im Zusammenhang mit Betriebsschließungen und -beschränkungen diskutierten Anspruchsgrundlagen	43
1. Allgemeines	43

	Rn.
2. Anspruch aus § 56?	44
3. Anspruch aus § 65?	45
4. Anspruch aus § 56 oder 65 in analoger Anwendung?	46
a) Erfordernis einer planwidrige Regelungslücke	46
b) Diskussionsstand	47
c) Stellungnahme	47a
5. Anspruch aus enteignendem Eingriff?	51
a) Allgemeines	51
b) Anwendungsbereich	52
c) Sonderopfer	53
6. Anspruch aus dem allgemeinen Polizeirecht?	56

A. Allgemeines

I. Inhalt

1 Als Störer (vgl. Vor §§ 15a Rn. 14 ff.) müssten die von einem rechtmäßigen Verbot nach dem IfSG in der Ausübung ihrer bisherigen Erwerbstätigkeit betroffenen Personen nach allgemeinem Gefahrenabwehrrecht den dadurch erlittenen Verdienstausfall grundsätzlich entschädigungslos hinnehmen. Vor diesem Hintergrund hat der Gesetzgeber mit § 56 wie bereits mit der die im Wesentlichen identischen Vorgängerregelung des § 49 BSeuchG (vgl. BT-Drs. 14/2530, 88) eine Billigkeitsregelung geschaffen. Sie bezweckt nach der amtl. Begründung zum BSeuchG 1961 als solche keinen vollen Schadensausgleich, sondern eine gewisse Sicherung der von einem Berufsverbot betroffenen Personen vor materieller Not. Dieser Gedanke gilt ebenso mit Hinblick eine Entschädigung nach Abs. 1a für erwerbstätige Personen, die einen Verdienstausfall im Zusammenhang mit der Schließung von Kinderbetreuungseinrichtungen, Schulen oder Einrichtungen für Menschen mit Behinderung aufgrund bestimmter Maßnahmen nach dem IfSG erleiden.

II. Letzte Änderungen

1. Durch das MasernschutzG

1a Der Beschlussempfehlung des Ausschusses für Gesundheit (BT-Drs. 19/15164) folgend wurde durch das MasernschutzG Abs. 1 um S. 3 ergänzt. Vgl. dazu im Detail die Erläuterungen Rn. 3 und 15a.

2. Durch das COVIfSGAnpG

1b Durch das COVIfSGAnpG wurden Abs. 1a eingefügt und Abs. 2 um S. 4 ergänzt. Vgl. dazu im Detail die jeweiligen Erläuterungen. Abs. 1a und Abs. 2 S. 4 werden mit Wirkung zum 1.1.2021 aufgehoben (Art. 2 Nr. 1 iVm Art. 7 Abs. 3 COVIfSGAnpG).

Entschädigung § 56 IfSG

3. Durch das 2. COVIfSGAnpG

Durch das COVIfSGAnpG wurden insbesondere Abs. 1 S. 2 um die Krankheitsverdächtigen ergänzt und die Frist in Abs. 11 von 3 auf 12 Monate verlängert. Vgl. im Einzelnen die jeweiligen Erläuterungen. **1c**

4. Durch das Corona-Steuerhilfegesetz vom 19.6.2020 (BGBl. I S. 1385)

Durch Durch Art. 5 Corona-Steuerhilfegesetz wurden Abs. 1a S. 1 neu gefasst, Abs. 1a S. 3 und 4 geändert und Abs. 2 S. 4 neu gefasst. Vgl. im Einzelnen die jeweiligen Erläuterungen. **1d**

5. Durch das 3. COVIfSGAnpG

Durch das 3. COVIfSGAnpG wurden Abs. 1 um eine Ausschlussregelung bei Absonderungen infolge einer vermeidbaren Reise ergänzt (vgl. die Erläuterungen Rn. 15a) und Abs. 1a Nr. 1 um Fälle der Absonderung erweitert. Vgl. im Detail die jeweiligen Erläuterungen. **1e**

6. Durch das Gesetz über eine einmalige Sonderzahlung aus Anlass der COVID-19-Pandemie an Besoldungs- und Wehrsoldempfänger v. 21.12.2020 (BGBl. I S. 3136)

Rückwirkend zum 16.12.2020 wurde Abs. 1 Nr. 1a auf Konstellationen ausgedehnt, in denen von der zuständigen Behörde aus Gründen des Infektionsschutzes Schul- oder Betriebsferien angeordnet oder verlängert werden oder die Präsenzpflicht in einer Schule aufgehoben wird. Vgl. die Erläuterungen Rn. 15d. **1f**

III. Zukünftige Änderungen

Durch G v. 18.11.2020 (BGBl. I S. 2397) werden mWv 1.4.2021 Abs. 1a, Abs. 2 S. 4 aufgehoben und Abs. 11 S. 1 neu gefasst. **1g**

B. Anspruch auf Entschädigung wegen Verbots der Ausübung der Erwerbstätigkeit oder Absonderung (Abs. 1)

I. Allgemeines

Abs. 1 enthält die Voraussetzungen für den Entschädigungsanspruch wegen Verdienstausfalls in Folge eines Verbots der Ausübung der Erwerbstätigkeit oder einer Absonderung. Vgl. zum Anspruch bei Verdienstausfall wegen der Schließung von Betreuungseinrichtungen die Erläuterungen ab Rn. 15b. **2**

Ia. Ansprüche wegen Betriebsschließungen oder -beschränkungen

Vgl. zu Ansprüchen wegen Betriebsschließungen oder -beschränkungen die Erläuterungen Rn. 42 ff. **2a**

II. Tatbestandliche Voraussetzungen
1. Allgemeines

3 Die in S. 1 und S. 2 aufgeführten Personen können einen Entschädigungsanspruch haben, wenn sie auf Grund der Regelungen des IfSG Verboten in der Ausübung ihrer bisherigen Erwerbstätigkeit unterliegen oder unterworfen werden und dadurch einen Verdienstausfall erleiden und kein Ausschluss nach S. 3 vorliegt (vgl. zum Ausschluss die Erläuterungen Rn. 15a). Darüber hinaus gesteht S. 2 Personen, die als Ausscheider, Ansteckungsverdächtige oder Krankheitsverdächtige abgesondert wurden oder werden, einen Entschädigungsanspruch zu (vgl. Rn. 12 ff.). Bei Ausscheidern gilt dies jedoch nur, wenn sie andere Schutzmaßnahmen nicht befolgen können.

2. Anordnung durch die zuständige Behörde

3a Voraussetzung ist jeweils, dass das Verbot bzw. die Absonderung von der zuständigen Behörde angeordnet wurde. Eine solche Anordnung kann nur als Verwaltungsakt (§ 35 VwVfG) ergehen, was unter anderem voraussetzt, dass sie von einer Behörde stammt und darauf gerichtet ist, eine verbindliche Regelung zu treffen. Nicht ausreichend für die Begründung eines Entschädigungsanspruchs nach § 56 ist es vor diesem Hintergrund insbesondere, wenn sich die betroffene Person aus eigenem Antrieb oder auf Veranlassung des Hausarztes in eine Absonderung begibt. Denn in diesen Fällen fehlt es bereits mangels entsprechender Willensäußerung an einer behördlichen Anordnung. Nichts anderes gilt im Ergebnis auch in Fällen, in denen sich eine Person aufgrund einer Empfehlung oder eines öffentlichen Appells in eine so genannte Selbstisolation begeben hat (etwa in der Form, dass jeder, der bestimmte Symptome bei sich verspürt, daheim bleiben soll). Denn ganz abgesehen davon, dass diese Appelle in aller Regel nicht von der (zuständigen) Behörde ausgehen, sind sie (ersichtlich) nicht auf die Setzung einer verbindliche Regelung für jeden Bürger gerichtet, so dass sie mangels Verwaltungsaktqualität keine Absonderungsanordnung darstellen können (vgl. Stöß/Putzer, NJW 2020, 1465).

3. Entschädigungsanspruch bei Verboten in der Ausübung der bisherigen Erwerbstätigkeit

4 **a) Von S. 1 erfasster Personenkreis.** Von S. 1 sind Ausscheider (vgl. § 2 Rn. 39 ff.), Ansteckungsverdächtige (vgl. § 2 Rn. 44 ff.), Krankheitsverdächtige (vgl. § 2 Rn. 35 ff.) und sonstige Träger von Krankheitserregern im Sinne von § 31 S. 2 (so genannte Carrier, vgl. § 31 Rn. 8) erfasst. Personen, die zum Zeitpunkt des Eintritts des Verbots bereits Kranke (vgl. § 2 Rn. 30 ff.) sind, fallen demgegenüber nach dem eindeutigen Wortlaut nicht unter den Tatbestand. Dies ist in den Fällen auch interessengerecht, in denen die das Verbot auslösende Krankheit ohnehin zu einer Arbeitsunfähigkeit und zum Verdienstausfall führt, da in einem solchen Fall regelmäßig auf Grund gesetzlicher Vorschriften oder eines privaten Versicherungsverhältnisses Ansprüche des Betroffenen bestehen, so dass kein Raum für eine Billigkeitsentschädigung nach § 56 verbleibt. Zum Fall, dass eine zu einem Verbot führende Erkrankung zeitlich erst nach dem Verbotseinritt erfolgt, vgl. die Erläuterungen zu Abs. 7 (Rn. 28 ff.).

b) Sonderfälle. Fälle, in denen eine Person als Kranker iSv § 2 Nr. 4 einem 5 beruflichen Tätigkeitsverbot nach § 31 unterworfen wird, die Erkrankung jedoch nicht zu einer Arbeitsunfähigkeit führt (z. B. ein an HIV erkrankter invasiv tätiger Chirurg mit einer so hohen Viruslast, dass andere Sicherheitsmaßnahmen als ein berufliches Tätigkeitsverbot nicht ausreichen), fallen damit gleichsam durch das Raster, da die betroffenen Personen weder von S. 1 erfasst werden (da sie Kranke iSv § 2 Nr. 4 sind) noch (mangels Arbeitsunfähigkeit) auf Grund gesetzlicher Vorschriften anderweitige Ansprüche haben. Da insoweit eine Regelungslücke besteht, kann in diesen Fällen an einen Aufopferungsanspruch auf Basis des Rechtsgedankens der §§ 74, 75 der Einleitung zum Preußischen Allgemeinen Landrecht gedacht werden.

c) Verbot auf Grund der Regelungen des IfSG. Das Verbot, dem die 6 Personen unterliegen, muss gerade (auch) auf Regelungen des IfSG beruhen. Verbote, die ausschließlich auf Basis anderer Vorschriften beruhen, können somit keinen Anspruch nach § 56 begründen.

d) Unterliegen oder unterworfen werden. In dieser Formulierung spie- 7 geln sich die verschiedenen Möglichkeiten, die zu einem Verbot führen können, wider. Gesetzliche Verbote (z. B. § 34 Abs. 1 bis 3; § 42) gelten unmittelbar, ohne dass es einer entsprechenden Anordnung bedarf, vgl. § 34 Rn. 8, § 42 Rn. 2. In einem solchen Fall ‚unterliegt' die betroffene Person dem Verbot. Wird das Verbot indes durch die zuständige Behörde angeordnet (z. B. § 31), wird die betroffene Person diesem im Sinne von S. 1 ‚unterworfen'.

e) Bisherige Erwerbstätigkeit. aa) Allgemeines. Das Verbot muss sich 8 auf die bisherige Erwerbstätigkeit beziehen. Bisherige Erwerbstätigkeit ist die Erwerbstätigkeit, die zum Zeitpunkt des Verbotseintritts ausgeübt wurde. Folgt die Aufnahme der Erwerbstätigkeit, für welche Verdienstausfall beansprucht wird, zeitlich dem Eintritt des Verbots erst nach, so handelt es sich nicht um die ‚bisherige' Erwerbstätigkeit und besteht für den insoweit erlittenen Verdienstausfall kein Anspruch nach § 56.

bb) Rechtmäßigkeit der bisherigen Tätigkeit. Die bisherige Tätigkeit 9 muss rechtmäßig ausgeübt worden sein, da es nicht mit dem Charakter von § 56 als Regelung der Billigkeitsentschädigung zu vereinbaren wäre, wenn bei einem seuchenhygienisch bedingten Verbot einer unrechtmäßig ausgeübten Erwerbstätigkeiten eine Billigkeitsentschädigung gezahlt würde. Erfolgte die bisherige Tätigkeit unrechtmäßig, etwa weil keine Bescheinigung nach § 43 Abs. 1 oder keine erforderliche Erlaubnis nach § 44 vorlag, besteht folglich kein Anspruch nach § 56.

f) Verdienstausfall. Es muss zu einem Verdienstausfall gekommen sein, da 10 andernfalls kein Raum für eine Billigkeitsentschädigung besteht. Kein Verdienstausfall besteht solange, wie dem Betroffenen auf gesetzlicher (z. B. § 616 BGB, Arbeitsvertrag, Tarifvertrag) oder vertraglicher (z. B. Verdienstausfallversicherung bei Selbständigen) Basis ein Lohn- oder Gehaltsfortzahlungsanspruch zusteht. Vgl. zum Verdienstausfall im Übrigen die Erläuterungen zu Abs. 2 (Rn. 16) und Abs. 3 (Rn. 17 ff.). Zum Bestehen des Anspruch nach § 56 bei Ansprüchen auf Arbeitslosengeld und Kurzarbeitergeld sowie der dann erfolgenden Legalzession vgl. Abs. 9 (Rn. 37).

11 **g) Kausalität.** Der Verdienstausfall muss kausal durch das Verbot der Ausübung der bisherigen Erwerbstätigkeit verursacht worden sein (vgl. Wortlaut ‚dadurch').

4. Entschädigungsanspruch bei Absonderung (S. 2)

12 **a) Von S. 2 erfasster Personenkreis.** Von S. 2 erfasst werden Personen, die abgesondert wurden oder werden, weil sie Ausscheider (vgl. § 2 Rn. 39 ff.), Ansteckungsverdächtiger (vgl. § 2 Rn. 44 ff.) oder – seit der Änderung durch das 2. COVIfSGAnpG umfasst – Krankheitsverdächtige (vgl. § 2 Rn. 35 ff.) sind. Einschränkend sind Ausscheider nur dann erfasst, wenn sie andere Schutzmaßnahmen als die Absonderung nicht befolgen können. Ausscheider, die abgesondert werden, weil sie andere Schutzmaßnahmen aus anderen Gründen als einem ‚Nicht-Können' nicht befolgen oder befolgen würden (vgl. § 30 Abs. 1 S. 2), unterfallen der Regelung folglich nicht und haben keinen Entschädigungsanspruch nach § 56. Dies ist auch sachgerecht, da diese Personen die Absonderung und damit das grundsätzlich einen Entschädigungsanspruch begründende Ereignis durch ein adäquates Verhalten auch vermeiden könnten. Personen, die als bereits Kranke (vgl. § 2 Rn. 30 ff.) abgesondert werden, werden von S. 2 tatbestandlich nicht erfasst. Zum Fall, dass die Erkrankung zeitlich erst nach der Absonderung erfolgt, vgl. die Erläuterungen zu Abs. 7 (Rn. 28 ff.).

13 **b) Bisherige Erwerbstätigkeit, Verdienstausfall, Kausalität.** Es gelten die Erwägungen ab Rn. 8 ff. entsprechend.

III. Rechtsfolge

14 Liegen die tatbestandlichen Voraussetzungen vor, so besteht nach Maßgabe der übrigen Absätze des § 56 ein Anspruch auf Entschädigung in Geld für den erlittenen Verdienstausfall. Vgl. dazu im Einzelnen die Erläuterungen Rn. 16 ff.

IV. Auszahlung, Vorschuss

15 Bei abhängig Beschäftigten erfolgt nach Abs. 5 S. 1, 3 die Auszahlung in den ersten 6 Wochen des Bestehens des Anspruchs durch den Arbeitgeber, danach auf Antrag durch die zuständige Behörde. Selbständige und in Heimarbeit Beschäftigte haben einen Anspruch auf Vorschussgewährung gem. Abs. 12. Vgl. dazu im Einzelnen die Erläuterungen Rn. 25 ff. und Rn. 40.

V. Ausschluss der Entschädigung (S. 3, 4)

Nach dem durch das MasernschutzG neu angefügten und durch das 3. **15a**
COVIfSGAnpG um die Reisekonstellation (vgl. Rn. 1e) erweiterten S. 3
kann derjenige eine Entschädigung nach S. 1 und S. 2 nicht erhalten, der
entweder durch Inanspruchnahme einer Schutzimpfung (vgl. § 2 Rn. 58 ff.)
oder einer anderen Maßnahme der spezifischen Prophylaxe (vgl. § 2
Rn. 61 ff.), die gesetzlich vorgeschrieben ist oder im Bereich des gewöhnlichen Aufenthaltsorts des Betroffenen öffentlich empfohlen wurde, oder durch
Nichtantritt einer vermeidbaren Reise in ein bereits zum Zeitpunkt der
Abreise als solches eingestuftes Risikogebiet (vgl. § 2 Rn. 81 ff.) ein Verbot in
der Ausübung seiner bisherigen Tätigkeit oder eine Absonderung hätte vermeiden können. Vgl. zum gewöhnlichen Aufenthaltsort § 9 Rn. 5. Dazu,
wann eine Impfung öffentlich empfohlen ist, vgl. § 60 Rn. 7. Nach S. 4 ist
eine Reise dann vermeidbar, wenn zum Zeitpunkt der Abreise keine zwingenden und unaufschiebbaren Gründe für die Reise vorlagen. Der Begriff der
Reise kurze wie auch längere Aufenthalte (insbesondere die klassische
Urlaubsreise), darüber hinaus kann die Abreise auch außerhalb des eigenen
Wohnsitzes beginnen (BT-Drs. 19/23944, 37). Keine Reise in ein Risikogebiet in diesem Sinne dürfte die bloße Durchreise durch ein solches darstellen, sofern dabei keine infektionsrelevanten Stopps eingelegt werden.
Zwingende und unaufschiebbare Gründe sind solche, die die berechtigten
Interessen der Allgemeinheit an der Nichtweiterverbreitung der jeweiligen
bedrohlichen übertragbaren Krankheit (vgl. § 2 Rn. 3a) unter Berücksichtigung des zum Zeitpunkts der Abreise bestehenden Infektionsgeschehens
überwiegen. Es handelt sich folglich nicht um eine statische Bewertung,
vielmehr kann sich diese z. B. im Verlauf einer Pandemie ändern. Der Gesetzgeber führt als Beispiele einer nicht vermeidbaren Reise die Geburt des
eigenen Kindes oder das Ableben eines nahen Angehörigen wie eines Elternoder Großelternteils oder eines eigenen Kindes an. Nicht dazu zählen sollen
und somit vermeidbar iSd Vorschrift sind insbesondere sonstige private oder
dienstliche Feierlichkeiten, Urlaubsreisen oder verschiebbare Dienstreisen
(BT-Drs. 19/23944, 38). Hintergrund der Ausschlussregelung ist ausweislich
der Beschlussempfehlung zum MasernschutzG (BT-Drs. 19/15164, 59 f.) der
Grundsatz, dass derjenige, der das schädigende Ereignis (Tätigkeitsverbot/
Absonderung) in vorwerfbarer Weise verursacht hat, nicht auf Kosten der
Allgemeinheit Entschädigung erhalten soll, wenn er Verboten in der Ausübung seiner bisherigen Erwerbstätigkeit unterliegt oder unterworfen wird.

C. Abmilderung von Verdienstausfällen, die erwerbstätige Sorgeberechtigte von Kindern erleiden (Abs. 1a)

I. Allgemeines

Abs. 1a wurde durch das COVIfSGAnpG vom 27.3.2020 in § 56 eingefügt **15b**
(vgl. Rn. 1b). Bereits durch das Corona-Steuerhilfegesetz vom 19.6.2020

wurden S. 1 neu gefasst und S. 3 sowie 4 geändert. Ziel der Entschädigungsregelung ist ausweislich des Entwurfs des COVIfSGAnpG (BT-Drs. 19/18111, 24) die Abmilderung von Verdienstausfällen, die erwerbstätige Sorgeberechtigte von Kindern erleiden, wenn sie ihrer beruflichen Tätigkeit nicht nachgehen können, weil Einrichtungen zur Betreuung von Kindern oder Schulen aufgrund behördlicher Anordnung zur Verhinderung der Verbreitung von Infektionen oder übertragbaren Krankheiten vorübergehend geschlossen werden oder deren Betreten vorübergehend verboten ist. Sie lehnt sich inhaltlich an die entsprechende arbeitsgerichtliche Rechtsprechung zu § 275 Abs. 3 BGB an (vgl. zu dieser LG Rheinland-Pfalz, BeckRS 2019, 29743). Abs. 1a (und Abs. 2 S. 4) werden mit Wirkung zum 1.1.2021 aufgehoben (Art. 2 Nr. 1 iVm Art. 7 Abs. 3 COVIfSGAnpG).

II. Voraussetzungen

1. Erwerbstätige Person

15c Anspruchsberechtigt kann nur eine erwerbstätige Person sein. Vgl. zur Erwerbstätigkeit die Erläuterungen Rn. 8 und 9. Im Fall, dass das Kind in Vollzeitpflege nach § 33 SGB VIII in den Haushalt aufgenommen wurde, steht der Anspruch auf Entschädigung den Pflegeeltern zu (S. 4).

2. Vorübergehende Einrichtungsschließung oder Betretungsuntersagung (S. 1 Nr. 1)

15d Die von dem jeweiligen Kind (vgl. zu dem Alter des Kindes Rn. 15e) besuchte Einrichtung zur Betreuung von Kindern, Schule oder Einrichtung für Menschen mit Behinderungen muss von der zuständigen Behörde zur Verhinderung der Verbreitung von Infektionen oder übertragbaren Krankheiten auf Grund einer Maßnahme nach dem IfSG vorübergehend geschlossen worden oder es muss deren Betreten untersagt worden sein. Mit dem 3. COVIfSGAnpG wurde diese Regelung auch auf Fälle ausgeweitet, in denen das Betreten in Folge einer Absonderung untersagt ist (vgl. Rn. 1e). Insoweit führt die Entwurfsbegründung (BT-Drs. 19/13944 S. 38) aus: „Das aktuelle Ausbruchsgeschehen der durch das neuartige Coronavirus SARS-CoV-2 verursachten Krankheit COVID-19 hat viele Menschen unmittelbar mit behördlichen Maßnahmen konfrontiert, die der Bekämpfung übertragbarer Krankheiten dienen. Insbesondere die Schließung bzw. die Untersagung des Betretens von Betreuungseinrichtungen für Kinder oder von Einrichtungen für Menschen mit Behinderungen hat dazu geführt, dass viele erwerbstätige Personen einen Verdienstausfall erlitten, da sie wegen fehlender Betreuungsmöglichkeiten ihrer beruflichen Tätigkeit nicht nachgehen können. Für diese Fälle sieht das Infektionsschutzgesetz einen Entschädigungsanspruch vor. Die Ergänzung in § 56 Absatz 1a Satz 1 stellt klar, dass ein Betretungsverbot im Sinne der Vorschrift auch dann vorliegt, wenn eine Absonderung nach § 30 oder aufgrund einer Rechtsverordnung nach § 32 gegen einzelne Kinder in der Einrichtung vorliegt." Durch das Gesetz über eine einmalige Sonderzahlung aus Anlass der COVID-19-Pandemie an Besoldungs- und Wehrsoldempfänger v. 21.12.2020. (BGBl. I S. 3136) wurde S. 1 Nr. 1 erneut erweitert. Rückwirkend zum 16.12.2020 sind nun auch Konstellationen erfasst, in denen von der zuständigen Behörde aus Gründen des Infektionsschutzes Schul- oder Betriebsferien angeordnet oder verlängert werden oder die Präsenzpflicht in einer Schule aufgehoben wird. Diese Erweiterung fand erst aufgrund der Beschlussempfehlung des Ausschusses für Inneres und Heimat Eingang in das Gesetz (BT-Drs. 19/25323). Damit kann eine Entschädigung auch dann gewährt werden, wenn durch die zuständigen Behörden aus Gründen des Infektionsschutzes Schul- oder Betriebsferien angeordnet oder verlängert werden oder die Präsenzpflicht in einer Schule ausgesetzt wird. Dies umfasst auch die Fälle des Distanzlernens im Rahmen der häuslichen Umgebung von Schülerinnen und Schülern sowie des (etwa in Form des sich abwechselnden Unterrichts in Präsenzform und im Rahmen der häuslichen Umgebung stattfindenden) so genannten Hybridunterrichts (BT-Drs. 19/25323, 5).

3. Beaufsichtigung, Betreuung oder Pflege durch die erwerbstätige Person aufgrund der Betriebsschließung oder Betretungsuntersagung (S. 1 Nr. 2)

a) Allgemeines. Die vorübergehende Betriebsschließung oder Betretungsuntersagung muss dazu geführt haben, dass die erwerbstätige Person ihr Kind, das das zwölfte Lebensjahr noch nicht vollendet hat oder behindert und auf Hilfe angewiesen ist, in diesem Zeitraum selbst beaufsichtigen, betreuen oder pflegen musste, weil sie keine alternative zumutbare Betreuungsmöglichkeit (z. B. durch Freunde, Verwandte) sicherstellen konnte. Eine derartige zumutbare alternative Betreuungsmöglichkeit kann nur in Form solcher Personen bestehen, die keiner COVID-19 Risikogruppe angehören (vgl. Hohenstatt/Krois, NZA 2020, 413, 414). In Bezug auf die Frage, ob die Arbeit im Home-Office zugleich eine hinreichende alternative Betreuung ermöglicht (mit der Folge, dass kein Anspruch nach § 56 gegeben wäre), ist nach der ausgeübten Tätigkeit und dem individuellen Betreuungsaufwand zu differenzieren. Ist demnach im Einzelfall eine parallele Betreuung möglich und zumutbar, scheidet ein Entschädigungsanspruch aus. Sofern der Arbeitgeber (ggf. unter bewusster Billigung der parallelen Betreuung und einer deshalb verringerten Arbeitsleistung) das Home-Office vollumfänglich vergütet, besteht in jedem Fall kein Verdienstausfall, so dass kein Anspruch gegeben ist. Ist die Pflicht zur Erbringung der Arbeitsleistung etwa wegen Kurzarbeit ausgesetzt, können die Eltern ihre Kinder selbst betreuen (vgl. Entwurf des COVIfSGAnpG (BT-Drs. 19/18111, S. 25). 15e

b) Einzelheiten. Anspruchsberechtigte haben gegenüber der zuständigen Behörde (vgl. Rn. 15h), auf Verlangen des Arbeitgebers auch diesem gegenüber, darzulegen, dass sie im relevanten Zeitraum keine zumutbare Betreuungsmöglichkeit für das Kind sicherstellen können (S. 2). Ausweislich des Entwurfs des COVIfSGAnpG (BT-Drs. 19/18111, 24) beinhaltet dies die Darlegung, dass kein Anspruch auf eine so genannte Notbetreuung besteht 15f

IfSG § 56 12. Abschnitt. Entschädigung in besonderen Fällen

und anderweitige Betreuungspersonen (z. B. Freunde, Verwandte) nicht zur Verfügung stehen. Nicht erforderlich sind jedoch Informationen zu einem ggf. bestehenden Anspruch auf Kurzarbeitergeld oder zum Stand von Überstundenkonten, da diese dem Arbeitgeber selbst bekannt sind. Hat das Kind das zwölfte Lebensjahr bereits vollendet, besteht kein Anspruch. Selbiges gilt, wenn das Kind aus anderen Gründen (etwa wegen Krankheit) ohnehin zu Hause bleiben muss. Ein Anspruch besteht zudem nicht, soweit eine Schließung ohnehin wegen der Schul- oder Betriebsferien erfolgen würde (S. 3).

4. Verdienstausfall (S. 1 Nr. 3)

15g Schließlich muss die erwerbstätige Person allein durch die Schließung oder das Betretungsverbot einen Verdienstausfall erlitten haben (vgl. Wortlaut ‚dadurch' sowie Entwurf des COVIfSGAnpG (BT-Drs. 19/18111, S. 25). Ein Entschädigungsanspruch kommt deshalb nicht in Betracht, wenn und soweit der Erwerbstätige aus anderen Gründen unter Fortzahlung des Entgelts oder einer Ersatzleistung keine Arbeitsleistung erbringen musste (vgl. Entwurf des COVIfSGAnpG (BT-Drs. 19/18111, S. 25) oder noch Zeitguthaben bestand. Dieses ist vorrangig abzubauen (vgl. Entwurf des COVIfSGAnpG (BT-Drs. 19/18111, S. 25). Vgl. zum Verdienstausfall im Übrigen die Erläuterungen zu Abs. 2 und 3 (Rn. 16 und 17 ff.).

III. Zuständig für die Gewährung der Entschädigung

15h Zuständig für die Gewährung der Entschädigung sind die nach Landesrecht zu bestimmenden Behörden (vgl. § 54).

D. Ersatz des Verdienstausfalls, zeitliche Staffelung der Berechnung (Abs. 2)

16 Gem. S. 1 bemisst sich die bei Vorliegen der Voraussetzungen von Abs. 1 zu zahlende Entschädigung nach dem Verdienstausfall. Damit ist klargestellt, dass sonstige Vermögenseinbußen (z. B. entgangener Gewinn, frustrierte Aufwendungen (etwa wegen Absonderung nicht angetretene Urlaubsreise)) nicht ersetzt werden. Nach S. 2 und S. 3 gibt es in Bezug auf die Berechnung der Entschädigungshöhe eine zeitliche Staffelung. Für die ersten sechs Wochen wird nach S. 2 Entschädigung in Höhe des Verdienstausfalls gewährt, dessen Berechnung in Abs. 3 konkretisiert wird. Vom Beginn der siebenten Woche an wird Entschädigung in Höhe des Krankengeldes nach § 47 Abs. 1 SGB V gewährt, maximal in der Höhe der für die gesetzliche Krankenversicherungspflicht maßgebenden Jahresarbeitsentgeltgrenze (S. 3). Berechnungsbeginn für die Fristen ist jeweils der Zeitpunkt, zu welchem die Voraussetzungen für eine Entschädigung nach Abs. 1 vollständig erfüllt sind.

E. Berechnung des Verdienstausfalls (Abs. 3)

I. Allgemeines

Abs. 3 legt fest, auf welche Art der in Abs. 1 und 2 in Bezug genommene 17
Verdienstausfall (vgl. zu diesem auch die Erläuterungen Rn. 10) berechnet
wird. Abs. 3 stimmt im Wesentlichen mit § 49 Abs. 3 BSeuchG überein, so
dass dessen amtl. Begründung herangezogen kann. Anders als § 49 Abs. 3
BSeuchG verweist Abs. 3 S. 1 jedoch nicht auf das Entgeltfortzahlungsgesetz.

II. Einzelheiten
1. Berechnungsgrundlage (S. 1)

Berechnungsgrundlage für den Verdienstausfall, nach dem sich die Entschädi- 18
gung bestimmt (Abs. 2), ist das bisherige Netto-Arbeitsentgelt. Nach der amtl.
Begründung zum BSeuchG genügt für den Nachweis des Einkommens bei
Arbeitnehmern eine Bescheinigung des Arbeitgebers. Zu in Heimarbeit Beschäftigten und Selbständigen vgl. die Regelung in S. 4 (Rn. 21).

2. Kurzarbeiter- und Zuschuss-Wintergeld (S. 2)

Nach S. 2 ist dem nach S. 1 berechneten Betrag das Kurzarbeiter- und Zu- 19
schuss-Wintergeld hinzuzurechnen, das ohne das Verbot oder die Absonderung erzielt worden wäre.

3. Einkommensminderung (S. 3)

Der Gesetzgeber ging nach der Begründung zu § 49 Abs. 3 BSeuchG grund- 20
sätzlich davon aus, dass von Abs. 1 erfasste Personen regelmäßig ihren bisherigen Arbeitsplatz verlieren oder jedenfalls für die Dauer des Verbots kein
Einkommen aus dem bisherigen Arbeitsverhältnis bzw. der bisherigen selbständigen Tätigkeit erzielen. Anders ist es nach der amtl. Begründung zu § 49
Abs. 3 BSeuchG jedoch, wenn es lediglich zu einer Einkommensminderung
kommt, weil der Betroffene einen Teil seiner bisherigen Tätigkeit weiter
verrichten darf (z. B. Verkauf verpackter Ware neben dem Milchhandel). Für
diesen Fall sieht S. 3 vor, dass als Verdienstausfall der Unterschiedsbetrag
zwischen dem in S. 1 genannten Netto-Arbeitsentgelt und dem in dem auf
die Einstellung der verbotenen Tätigkeit folgenden Kalendermonat erzielten Netto-Arbeitsentgelt aus dem bisherigen Arbeitsverhältnis gilt. Der Fall, dass nicht die bisherige Tätigkeit teilweise weiter verrichtet wird, sondern eine nicht vom bestehenden Arbeitsvertrag (gfs. unter
Beachtung des Direktionsrechts) erfasste andere Tätigkeit aufgenommen wird,
ist nach dem Wortlaut ('bisheriges Arbeitsverhältnis') nicht von Abs. 3 erfasst.
Für diesen Fall erfolgt indes eine Anrechnung nach Abs. 8 Nr. 2 (vgl.
Rn. 33).

4. Heimarbeiter, Selbständige (S. 4)

21 Für Heimarbeiter und Selbständige schreibt S. 4 vor, dass S. 1 und 3 für die Berechnung des Verdienstausfalls entsprechend gelten mit der Maßgabe, dass bei den in Heimarbeit Beschäftigten das im Durchschnitt des letzten Jahres vor Einstellung der verbotenen Tätigkeit oder vor der Absonderung verdiente monatliche Arbeitsentgelt und bei Selbständigen ein Zwölftel des Arbeitseinkommens (§ 15 SGB IV) aus der entschädigungspflichtigen Tätigkeit zugrunde zu legen ist. Bei Selbständigen bedarf es zum Nachweis einer Bescheinigung des Finanzamtes, die sich indessen auf das zuletzt nachgewiesene Jahreseinkommen und damit auf einen u. U. länger zurückliegenden Zeitraum bezieht. Bei Selbständigen, die noch nicht als solche veranlagt sind oder ihre selbständige Tätigkeit gewechselt haben, muss auf das Einkommen vergleichbarer Berufsgruppen oder Gewerbezweige abgestellt werden (vgl. amtl. Begründung zu § 49 Abs. 3 BSeuchG).

F. Existenzgefährdung, weiterlaufende Betriebsausgaben (Abs. 4)

I. Allgemeines

22 Bei Abs. 4 handelt es sich um eine Härtefallregelung für bestimmte, vom Gesetzgeber als unbillig angesehene Fälle.

II. Anspruch bei Existenzgefährdung (S. 1)

23 Nach S. 1 können den Entschädigungsberechtigten – Arbeitnehmern ebenso wie Selbständigen – im Falle einer Existenzgefährdung die während der Verdienstausfallzeiten entstehenden Mehraufwendungen auf Antrag in angemessenem Umfang von der zuständigen Behörde erstattet werden. In der Praxis dürften primär Selbständige von der Regelung Gebrauch machen. Wann eine Existenzgefährdung vorliegt, ist je nach konkreter Einzelfallgestaltung zu entscheiden. Dabei ist zur Auslegung dieses unbestimmten Rechtsbegriffs unter Berücksichtigung der Konzeption von Abs. 4 als Härtefallregelung davon auszugehen, dass nicht jede erhebliche Vermögensbelastung zu einem Anspruch auf Mehraufwendungen führen soll. Ein solcher wird vielmehr regelmäßig erst dann gegeben sein, wenn der Betroffen in seiner konkreten Situation in einem solchen Maße finanziell belastet ist, dass ihn diese Belastung nicht nur bloß absolut vorübergehend seiner wirtschaftlichen Daseinsgrundlage beraubt. Liegen die dargestellten Voraussetzungen vor, steht der zuständigen Behörde grundsätzlich ein Ermessen in Bezug auf die Erstattung zu. Insoweit ist zu beachten, dass bei der Ermessensausübung letztlich dieselben Erwägungen zum Tragen kommen wie auch bei der Auslegung des unbestimmten Rechtsbegriffs der ‚Existenzgefährdung'.

III. Weiterlaufende Betriebsausgaben (S. 2)

24 Abweichend von S. 1 erfasst S. 2 nicht sämtliche nach Abs. 1 Entschädigungsberechtigte, sondern nur Selbständige. Demnach erhalten Selbständige, deren

Entschädigung § 56 IfSG

Betrieb oder Praxis während der Dauer einer Maßnahme nach Abs. 1 ruht, neben der Entschädigung nach den Abs. 2 und 3 auf Antrag von der zuständigen Behörde Ersatz der in dieser Zeit weiterlaufenden nicht gedeckten Betriebsausgaben in angemessenem Umfang.

G. Auszahlungspflicht des Arbeitgebers, Erstattung, Fälligkeit (Abs. 5, 6)

I. Auszahlungspflicht des Arbeitgebers, Erstattung (Abs. 5)

Abs. 5 soll eine möglichst unbürokratische Abwicklung der Entschädigungszahlungen sicherstellen. Dazu wird der Arbeitgeber verpflichtet, für die Dauer des Arbeitsverhältnisses, längstens für sechs Wochen, die Entschädigung für die zuständige Behörde auszuzahlen (S. 1). Im Anschluss werden die ausgezahlten Beträge dem Arbeitgeber auf Antrag von der zuständigen Behörde erstattet (S. 2). Eine Erstattung erfolgt dabei nur dann und nur in der Höhe, in der ein Entschädigungsanspruch nach § 56 tatsächlich bestand. Zahlte der Arbeitgeber fälschlicherweise einen zu hohen Betrag aus oder bestand ein Anspruch nicht, so besteht insoweit kein Anspruch des Arbeitgebers nach S. 2. Derart ausgezahlte Beträge muss sich der Arbeitgeber vielmehr grundsätzlich vom Arbeitnehmer erstatten lassen. Zum Anspruch des Arbeitgebers gegen die zuständige Behörde auf Zahlung eines Vorschusses vgl. Abs. 12 (Rn. 40). Nach Ablauf der sechs Wochen wird die Entschädigung dem nach Abs. 1 Berechtigten direkt von der zuständigen Behörde auf Antrag gewährt. 25

II. Fälligkeit der Entschädigungsleistungen (Abs. 6)

Die Fälligkeit der Entschädigungsleistungen richtet sich nach der jeweiligen Einkommensgrundlage. Während sich die Fälligkeit bei Arbeitnehmern nach der Fälligkeit des aus der bisherigen Tätigkeit erzielten Arbeitsentgelts richtet, sind Entschädigungsleistungen bei sonstigen Entschädigungsberechtigten rückwirkend jeweils zum Ersten eines Monats für den abgelaufenen Monat zu gewähren. 26

III. Zu den Anträgen

Einzelheiten zum Inhalt der in Abs. 5 vorgesehenen Anträge sind in Abs. 11 geregelt (vgl. Rn. 39). 27

H. Arbeitsunfähigkeit eines Entschädigungsberechtigten (Abs. 7)

I. Allgemeines

Eine Person, die zum Zeitpunkt des Eintritts der Verbots bzw. der Absonderung bereits Kranker (vgl. § 2 Rn. 30 ff.) ist, wird vom Tatbestand nicht erfasst und hat keinen Entschädigungsanspruch nach dem IfSG (vgl. Rn. 4, 28

12). Abs. 7 regelt die Konstellation, in welcher eine krankheitsbedingte Arbeitsunfähigkeit zeitlich erst nach dem Verbot bzw. der Absonderung eintritt.

II. Fortbestehen des Entschädigungsanspruchs (S. 1)

29 Nach S. 1 bleibt der Entschädigungsanspruch in Höhe des Betrages, der bei Eintritt der Arbeitsunfähigkeit an den Berechtigten auszuzahlen war, fortbestehen, wenn der Entschädigungsberechtigte zeitlich erst nach dem Verbotseintritt bzw. der Absonderung krankheitsbedingt arbeitsunfähig wird.

III. Legalzession (S. 2)

30 S. 2 sieht einen gesetzlichen Forderungsübergang (Legalzession) nur für die von Abs. 1 S. 2 erfassten Fälle einer Absonderung (vgl. Rn. 12) vor. Tritt in einem solchen Fall zeitlich nach der Absonderung krankheitsbedingt eine Arbeitsunfähigkeit ein, gehen die Ansprüche, die die betroffene Person wegen des durch die Arbeitsunfähigkeit bedingten Verdienstausfalls auf Grund anderer gesetzlicher Vorschriften oder eines privaten Versicherungsverhältnisses zustehen, auf das entschädigungspflichtige Land über.

I. Anrechnungsbestimmungen (Abs. 8)

I. Allgemeines

31 Die Anrechnungsbestimmungen des Abs. 8 stimmen weitgehend mit § 49 Abs. 5 BSeuchG überein. Sie stellen insoweit ein Korrektiv der Berechnung nach Abs. 3 dar, als dass sie sicherstellen sollen, dass ein Entschädigungsberechtigter nicht bessergestellt wird, als er ohne den Verbotseintritt bzw. die Absonderung stünde.

II. Einzelheiten

1. Nr. 1

32 Unter den Begriff des Zuschusses fallen nur freiwillige Leistungen des Arbeitgebers, auf die kein Anspruch besteht.

2. Nr. 2

33 Nr. 2 sieht eine Anrechnung für den Fall vor, dass eine nicht vom bestehenden Arbeitsvertrag (gfs. unter Beachtung des Direktionsrechts) erfasste Ersatztätigkeit aufgenommen wird. Wird die bisherige Tätigkeit lediglich teilweise weiter verrichtet, liegt keine Ersatztätigkeit, sondern eine eingeschränkte Fortführung der bisherigen Tätigkeit vor. Dieser Fall ist in Abs. 3 S. 3 geregelt (vgl. Rn. 20).

Entschädigung § 56 IfSG

3. Nr. 3

Erfasst sind Konstellationen, in denen es der Entschädigungsberechtigte böswillig unterlässt, eine Ersatztätigkeit auszuüben. 34

4. Nr. 4

Nr. 4 kommt in den Fällen zur Anwendung, in welchen der Anspruch auf Arbeitslosengeld bei Sperrzeit nach dem SGB III (z. B. § 145 Abs. 2 SGB III) sowie § 66 des Ersten Buches Sozialgesetzbuch ruht. 35

5. Zusammentreffen von Nr. 3 und Nr. 4

Wenn sowohl die Voraussetzungen für eine Anrechnung nach Nr. 3 als auch nach Nr. 4 erfüllt sind, ist nach S. 2 der höhere der beiden Beträge anzurechnen. 36

J. Legalzession bei Bestehen von Ansprüchen auf Arbeitslosengeld oder Kurzarbeitergeld (Abs. 9)

Bestehen beim Entschädigungsberechtigten Ansprüche auf Arbeitslosengeld oder Kurzarbeitergeld, so hindern diese, anders als die in Rn. 10 genannten Lohn- oder Gehaltsfortzahlungsansprüche, nicht das Entstehen eines Entschädigungsanspruchs. Um zu verhindern, dass dem Entschädigungsberechtigten zusätzlich zur Entschädigung auch noch das Arbeitslosengeld oder Kurzarbeitergeld verbleibt, ordnet Abs. 9 in Bezug auf den Anspruch auf Entschädigung einen gesetzlichen Forderungsübergang (Legalzession) auf die Bundesagentur für Arbeit an. 37

K. Legalzession bei Bestehen von Schadensersatzansprüchen gegen Dritte (Abs. 10)

Soweit dem Entschädigungsberechtigten bezüglich des Verdienstausfalls aufgrund des Verbots oder der Absonderung ein gesetzlicher Schadensersatzanspruch gegen einen Dritten zusteht, geht dieser nach Abs. 10 im Wege der Legalzession auf das zur Entschädigung nach § 56 verpflichtete Land über. 38

L. Der Antrag auf Entschädigung (Abs. 11)

Die Regelung des Abs. 11 war vormals in § 49 Abs. 8 BSeuchG enthalten. Sie enthält Einzelheiten zu den in Abs. 5 vorgesehenen Entschädigungsanträgen. Die ursprüngliche Drei-Monats-Frist wurde durch das 2. COVIfSGAnpG auf 12 Monate verlängert. Aus der Tatsache, dass der Gesetzgeber eine Verlängerung der Frist für erforderlich hielt, lässt sich schließen, dass er die Frist nicht lediglich als Ordnungsfrist, sondern als Ausschlussfrist betrachtet. Insofern wird die entgegengesetzte vormals vertretene Auffassung ange- 39 sichts der neuen gesetzgeberischen Wertung nicht weiter aufrecht erhalten und ist die Frist als Ausschlussfrist zu sehen. Landesrechtliche Fristen hinsichtlich des Erlöschens von Ansprüchen gegen den Staats können zudem bestehen (z. B. Art 71 AGBGB in Bayern).

M. Vorschuss (Abs. 12)

40 Abs. 12 gewährt dem Arbeitgeber einen Anspruch auf Zahlung eines Vorschusses in der voraussichtlichen Höhe des Erstattungsbetrages, den in Heimarbeit Beschäftigten und Selbständigen in der voraussichtlichen Höhe der Entschädigung.

N. Pfändung, Rechtsweg

41 Gemäß § 67 Abs. 1 können die nach Abs. 2 S. 2 und 3 zahlenden Entschädigungen nach den für das Arbeitseinkommen geltenden Vorschriften der ZPO gepfändet werden. Nach § 68 Abs. 1 ist für Streitigkeiten über Entschädigungsansprüche nach § 56 und für Erstattungsansprüche nach § 56 Abs. 4 S. 2 der ordentliche Rechtsweg gegeben.

O. Ansprüche wegen Betriebsschließungen oder -beschränkungen

I. Allgemeines

42 Im Zusammenhang der Corona-Pandemie kam es zu umfangreichen Maßnahmen, welche in ihrer Gesamtheit als Lockdown bezeichnet wurden. Sie beinhalteten insbesondere umfangreiche Betriebsbeschränkungen und -schließungen (vgl. Beispiele in § 28 ab Rn. 14a), auf welche die Entschädigungstatbestände des IfSG – § 56 und 65 – dem Wortlaut nach in vielen Fällen keine Anwendung finden (vgl. die Erläuterungen Rn. 44 f.). Aus diesem Grund wird derzeit in der Literatur – mit teils vollkommen konträren Ergebnissen – intensiv diskutiert, ob die genannten Vorschriften analog zur Anwendung kommen oder auf andere Institute wie den enteignenden Eingriff oder den Aufopferungsanspruch zurückgegriffen werden kann (anstatt vieler Rinze/Schwab, NJW 2020, 1905). Würden derartige Ansprüche vor Gericht anerkannt, würde dies die Haushalte der zur Zahlung Verpflichteten erheblich belasten. Insgesamt lässt sich feststellen, dass die Frage der Entschädigung im Zusammenhang mit rechtmäßigen Maßnahmen nach dem IfSG (ebenso wie die der Kostentragung (vgl. z. B. die Kostentragung bei Absonderung, § 69 Rn. 8)) unübersichtlich und im Detail nicht unzweifelhaft ist. Der Gesetzgeber hat es in den letzten Jahren in jeder Hinsicht versäumt, hier klare und eingängige Regelungen zu schaffen. Im Rahmen einer somit erforderlichen Neuordnung dieser Regelungen sollte der Gesetzgeber auch darüber entscheiden, ob eine Billigkeitsentschädigung zukünftig auch Nichtstörern zugestehen möchte, die flächendeckenden und tiefgehenden (rechtmäßigen)

Entschädigung **§ 56 IfSG**

Grundrechtseingriffen ausgesetzt sind. Die bislang im IfSG getroffenen Regelungen sind – das hat die Corona-Pandemie unzweifelhaft gezeigt – nicht einmal ansatzweise in der Lage, eine interessengerechte Antwort zu finden angesichts der sich abzeichnenden sozialen und wirtschaftlichen Herausforderungen, welche in Deutschland derzeit ihre Schatten vorauswerfen.

II. Zu den im Zusammenhang mit Betriebsschließungen und -beschränkungen diskutierten Anspruchsgrundlagen

1. Allgemeines

Nachfolgend wird davon ausgegangen, dass die jeweiligen Betriebsschließungen sowie -beschränkungen rechtmäßig erfolgten. Vgl. dazu im Detail die Erläuterungen zu § 28. **43**

2. Anspruch aus § 56?

Die Voraussetzungen für einen Anspruch nach § 56 ergeben sich aus Abs. 1 bzw. Abs. 1a (vgl. Rn. 2 ff. und Rn. 15b ff.). Deren tatbestandliche Voraussetzungen liegen im Fall von Betriebsschließungen oder -beschränkungen (außerhalb der in Abs. 1a genannten Einrichtungen) ersichtlich nicht vor. **44**

3. Anspruch aus § 65?

Ein Anspruch aus § 65 hat zur tatbestandlichen Voraussetzung (vgl. die Erläuterungen § 65 Rn. 2), dass auf Grund einer Maßnahme nach § 16 oder § 17 Gegenstände vernichtet, beschädigt oder in sonstiger Weise in ihrem Wert gemindert oder ein anderer nicht nur unwesentlicher Vermögensnachteil verursacht worden ist. Nach dem Wortlaut knüpft der Entschädigungsanspruch somit ausschließlich an Maßnahmen nach § 16 und § 17 an und kommt nicht in Bezug auf Maßnahmen nach § 28 in Betracht (vgl. zur Frage einer analogen Anwendbarkeit auch auf diese Fälle die Erläuterungen Rn. 46 ff.). Während § 17 zumindest in den hier relevanten COVID-19 Fällen als Rechtsgrundlage ersichtlich ausscheidet, ist die Frage, ob Betriebsschließungen sowie -beschränkungen auf § 16 oder auf § 28 zu stützen sind, im Einzelfall nicht vergleichbar leicht zu beantworten. Allerdings ist insoweit zu beachten, dass Schutzmaßnahmen in aller Regel auch eine präventive Wirkung entfalten, eine solche wohnt vielen Maßnahmen nach § 28 Abs. 1 automatisch inne (vgl. dazu die Erläuterungen § 28 Rn. 1a). Entscheidend bei der Beurteilung, ob eine Betriebsschließung oder -beschränkung auf § 16 oder § 28 zu stützen ist, ist vor diesem Hintergrund nicht etwaige vorhandene präventive (Neben-) Wirkung, sondern der sich aus den Gesamtumständen ergebende, überwiegend mit der Maßnahme verfolgte Zweck aus Sicht eines infektionshygienisch versierten Beobachters. Dieser liegt bei Betriebsschließungen sowie -beschränkungen im Zusammenhang mit COVOD-19 gerade darin, einem Ausbreitungsrisiko zu begegnen, um eine Weiterverbreitung der Krankheit zu unterbinden. Vor dem skizzierten Hintergrund finden Betriebsschließungen sowie -beschränkungen im Rahmen der Coro- **45** na-Pandemie somit nicht in § 16, sondern allein § 28 Abs. 1 (ggf. iVm § 32) ihre Rechtsgrundlage. Damit liegen die tatbestandlichen Voraussetzungen von § 65 nicht vor.

4. Anspruch aus § 56 oder 65 in analoger Anwendung?

46 **a) Erfordernis einer planwidrige Regelungslücke.** Nach ständiger Rechtsprechung des BGH reicht es für eine eine Analogie nicht aus, dass eine Regelungslücke besteht. Zusätzliche Voraussetzung ist vielmehr, dass die Regelungslücke planwidrig ist. Dies wiederum ist nur dann der Fall, wenn sie sich aus dem unbeabsichtigten Abweichen des Gesetzgebers von seinem dem konkreten Gesetzgebungsverfahren zugrunde liegenden Regelungsplan ergibt. Darüber hinaus muss der zu beurteilende Sachverhalt in rechtlicher Hinsicht soweit mit dem vom Gesetzgeber geregelten Tatbestand vergleichbar sein, dass angenommen werden kann, dass der Gesetzgeber bei einer Interessenabwägung, bei der er sich von den gleichen Grundsätzen hätte leiten lassen wie beim Erlass der herangezogenen Gesetzesvorschrift, zu dem gleichen Abwägungsergebnis wie im gesetzlich geregelten Fall gekommen wäre (vgl. BGH, Urteil vom 21.1.2010 – IX ZR 65/09).

47 **b) Diskussionsstand.** In der Literatur wird das Vorhandsein einer im vorgenannten Sinne planwidrigen Regelungslücke mit widersprechenden Ergebnissen diskutiert. Befürworter des Bestehens einer solchen Lücke führen an, dass der Gesetzgeber bei der Schaffung der gesetzlichen Entschädigungstatbestände (des Bundesseuchengesetzes als auch des Infektionsschutzgesetzes) derartige auf § 28 IfSG gestützte kollektive Betriebs- bzw. Gewerbeuntersagungen im Rahmen einer Epidemie überhaupt nicht im Blick gehabt habe (vgl. Rommelfanger, COVuR 2020, 178, 180; Winter/Thürk in Schmidt, COVID-19, Rechtsfragen zur Corona-Krise, § 17 Rn. 30, 32 ff.). Daher müsse in einem Erst-Recht-Schluss eine Entschädigung für erlittene Vermögensschäden auch in Bezug auf solche Personen in Betracht gezogen werden, die als Nichtstörer keinen Anlass für das sich aus den Infektionsschutzmaßnahmen ergebende Sonderopfer gesetzt hätten (vgl. Rommelfanger, COVuR 2020, 178, 180; im Ergebnis ebenfalls eine Analogie bejahend Winter/Thürk, aaO). Teilweise wird eine analoge Anwendbarkeit auch abgelehnt. Dies wird insbesondere damit begründet, dass es sich bei § 65 ohnehin um einen bloßen Auffangtatbestand handele (Eibenstein, NVwZ 2020, 930, 932) und bei § 56 die abschließende Aufzählung der Anspruchsberechtigten gegen eine planwidrige Regelungslücke spreche (Eibenstein, aaO; Stöß/Putzer, NJW 2020, 1465, 1466). Teilweise wird auch ohne nähere Begründung ausgeführt, dass die §§ 56 ff. keiner ausdehnenden Auslegung fähig seien (Erdle, § 56 vor Ziff. 1).

47a **c) Stellungnahme. aa) Allgemeines.** Die Feststellung der Planwidrigkeit der hier – unzweifelhaft bestehenden (vgl. Rn. 42) – Regelungslücke setzt die Erforschung des (hypothetischen) gesetzgeberischen Willens voraus. Angesichts der bis auf das BSeuchG zurückzuführenden Entstehungsgeschichte der infektionsschutzrechtlichen Entschädigungsregelungen als auch der – teils

Entschädigung § 56 IfSG

überhasteten – gesetzgeberischen Tätigkeiten im Rahmen der Corona-Pandemie ist dabei ein weiter Bogen zu spannen.

bb) Historische Betrachtung. Das IfSG ist aus dem BSeuchG hervorgegangen, viele der heutigen Regelungen und Strukturen lassen sich bis zum BSeuchG zurückverfolgen (vgl. zB § 35 BSeuchG und § 29 IfSG). Die im BSeuchG (1961) vorzufindende strukturelle Trennung zwischen Maßnahmen zur Verhütung übertragbarer Krankheiten (4. Abschnitt BSeuchG (1961), §§ 10 ff. BSeuchG (1961)) und den im 5. Abschnitt des BSeuchG (1961) geregelten Maßnahmen zur Bekämpfung übertragbarer Krankheiten (§§ 30 ff. BSeuchG (1961)) findet sich im IfSG bis heute wieder (vgl. auch § 28 Rn. 1a). Bis zur Überführung der Regelung in § 34 Abs. 1 S. 2 BSeuchG (1979) durch das Vierte Gesetz zur Änderung des Bundes-Seuchengesetzes vom 18.12.1979 (BGBl. I S. 2448) enthielt das BSeuchG in seinem Abschnitt 5.4 mit § 43 BSeuchG (1961) eine explizite Regelung für „Maßnahmen gegenüber der Allgemeinheit". Nach dieser Vorschrift konnte die zuständige Behörde beim Auftreten einer übertragbaren Krankheit in epidemischer Form Veranstaltungen, die eine größere Ansammlungen von Menschen zu Folge haben, insbesondere Veranstaltungen in Theatern, Filmtheatern, Versammlungsräumen, Vergnügungs- oder Gaststätten und ähnlichen Einrichtungen, sowie die Abhaltung von Märkten, Messen, Tagungen, Volksfesten und Sportveranstaltungen beschränken oder verbieten und Badeanstalten schließen, soweit und solange es zur Verhinderung der Verbreitung einer übertragbaren Krankheit erforderlich war. Ausweislich des Entwurfs des BSeuchG (1961) hielt der Gesetzgeber die auf Basis von § 43 BSeuchG (1961) möglichen Maßnahmen für so eingreifend, dass ihre Anwendung auf auf Notfälle beschränkt sein sollte (vgl. BT-Drs. 3/1888, 27). Somit war sich der Gesetzgeber bereits 1961 der außergewöhnlichen Eingriffsintensität von Maßnahmen gegenüber der Allgemeinheit einschließlich der von § 43 BSeuchG (1961) erfassten Betriebsschließungen und -beschränkungen bewusst. Weder im BSeuchG (1961), noch im Rahmen der nachfolgenden Änderungen oder im IfSG schuf er jedoch für diese Fälle eine Entschädigungsregelung. Vielmehr sah er (bereits) im BSeuchG (1961) aus Billigkeitserwägungen nur für zwei Fälle Entschädigungsregelungen vor: für Ausscheider, Ausscheidungsverdächtige oder Ansteckungsverdächtige bei Beschränkung ihrer Erwerbstätigkeit (§ 49 BSeuchG (1961)) und für Eigentümer, deren Gegenstände aufgrund einer Entseuchungsmaßnahme vernichtet oder beschädigt wurden (§ 57 BSeuchG (1961)). Diese Entschädigungsregeln stellten ausweislich der Begründung des Gesetzentwurfs des BSeuchG (1961) zwar keine ausschließliche Regelung dar (vgl. BT-Drs. 3/1888, 27), betrafen indes nach Auffassung des Gesetzgebers die wichtigsten der dem BSeuchG in Betracht kommenden Entschädigungsfälle (vgl. BT-Drs. 3/1888, 27). Aus der Tatsache, dass der Gesetzgeber zwar die einschneidenden Wirkungen von Maßnahmen gegen die Allgemeinheit erkannt hatte, sie aber offenbar nicht als einen wichtigen Entschädigungsfall an- und für sie keine Entschädigungsregelung vorsah, lässt sich allein der Schluss ziehen, dass der Gesetzgeber für „Maßnahmen gegen die Allgemeinheit" wie Betriebsschließungen und -beschrän-

48

kungen eben keine Entschädigung gewähren wollte (so auch LG Hannover BeckRS 2020, 34842). Die Feststellung des Gesetzgebers im Entwurf des Seuchenrechtsneuordnungsgesetzes (welches größtenteils zum 1.1.2011 in Kraft trat und mit welchem das IfSG geschaffen wurde), dass die in § 56 und § 65 IfSG enthaltenen Entschädigungsregelungen im Wesentlichen § 49 BSeuchG und § 57 BSeuchG entsprechen (vgl. BT-Drs. 14/2530, 88 und 89), legt zudem nahe, dass mit der Zusammenführung der vorherigen seuchenrechtlichen Regelungen im IfSG durch das Seuchenrechtsneuordnungsgesetz keine Erweiterung der Entschädigungsregelungen einhergehen sollte, der Gesetzgeber also keine planwidrige Regelungslücke annahm. Für diese Einschätzung sprechen auch die expliziten Ausführungen des Gesetzgebers im Entwurf des Seuchenrechtsneuordnungsgesetzes (BT-Drs. 14/2530, 87), nach denen die im IfSG getroffenen Entschädigungsregelungen umfassend den von der Rechtsprechung entwickelten allgemeinen Aufopferungsanspruch ersetzen, so dass diesem keine lückenschließende Funktion mehr zukomme. All diese Erwägungen sprechen gegen die Annahme einer planwidrigen Regelungslücke.

49 cc) Aktuelle Gesetzgebung. Im Laufe des Jahres 2020 hat der Bundesgesetzgeber das IfSG bereits wiederholt geändert. Durch das COVIfSGAnpG hat der Gesetzgeber mit dem neu eingefügten § 56 Abs. 1a das Entschädigungsregime des IfSG um eine Regelung für den Fall der Schließung von Einrichtungen zur Betreuung von Kindern, Schulen oder Einrichtungen für Menschen mit Behinderungen ergänzt. Durch das Corona-Steuerhilfegesetz vom 19.6.2020 hat er Abs. 1a zudem kurze Zeit nach seiner Einfügung bereits geändert (vgl. auch die Erläuterungen Rn. 15b). Bereits am 16.3.2020 wurde eine Ausarbeitung des Fachbereichs WD 3 (Verfassung und Verwaltung) der wissenschaftlichen Dienste des Bundestages erstellt (Az WD 3–3000-069/20, abrufbar unter www.bundestag.de/resource/blob/692602/352cce5e021a097d9d87700cbb4f0409/WD-3-069-20-pdf-data.pdf). Diese befasste sich summarisch mit der Frage, ob ein Anspruch auf Entschädigung besteht, wenn Bars und ähnliche Einrichtungen aufgrund einer Verordnung nach § 32 IfSG geschlossen werden müssen. Die Ausarbeitung kommt (zutreffend) zu dem Ergebnis, dass das IfSG keine Entschädigung in einem solchen Fall vorsieht. Darüber hinaus wird mit Blick auf eine eigentumsbeeinträchtigende Wirkung der Schließung von Bars ausgeführt, dass eine Enteignungsentschädigung gesetzlich geregelt sein müsse und im Falle ihres Fehlens nicht richter- oder gewohnheitsrechtlich ergänzt werden dürfe. Dies alles deutet darauf hin, dass dem Gesetzgeber die Entschädigungsproblematik sehr wohl bewusst war, als er die nachfolgenden Änderungen am IfSG implementierte. Wenn aber der Gesetzgeber in Kenntnis der seitens seiner wissenschaftlichen Dienste skizzierten Rechtslage und der Pandemielage mit entsprechenden bestehenden Betriebsbeschränkungen die Entschädigungsregelungen des IfSG lediglich um die Regelung in § 56 Abs. 1a ergänzt hat, spricht nichts dafür, dass sich das Nichtbestehen einer Entschädigungsregelung für Betriebsschließungen und -beschränkungen aus einem unbeabsichtigten Abweichen des Gesetzgebers von seinem dem konkreten Gesetzgebungsverfahren zugrunde liegenden Regelungsplan ergibt. Gerade dies ist aber Voraussetzung für die Annahme einer planwidrigen Regelungslücke (vgl. Rn. 46).

dd) Ergebnis. Aus den bestehenden Gesetzgebungsmaterialien ergeben sich 50 keinerlei Anhaltspunkte dafür, dass das Nichtbestehen einer Entschädigungsregelung für Betriebsschließungen und -beschränkungen eine planwidrige Regelungslücke darstellen könnte. Gerade die aktuellen gesetzgeberischen Aktivitäten legen vielmehr den Schluss nahe, dass der Gesetzgeber die Regelungslücke erkannt, aber bewusst nicht geschlossen hat. Entschädigungsansprüche für Betriebsschließungen oder -beschränkungen können deshalb nicht auf eine analoge Anwendung von § 56 oder 65 gestützt werden.

5. Anspruch aus enteignendem Eingriff?

a) Allgemeines. Die Möglichkeit einer Entschädigung für einen enteignen- 51 den Eingriff wird aus dem Gedanken der Aufopferung nach §§ 74, 75 der Einleitung zum Allgemeinen Preußischen Landrecht von 1794 in seiner richterrechtlichen Ausprägung hergeleitet.

b) Anwendungsbereich. Nach der ständigen Rechtsprechung des BGH 52 kommen Ansprüche aus enteignendem Eingriff in Betracht, wenn an sich rechtmäßige hoheitliche Maßnahmen bei einem Betroffenen unmittelbar zu (oftmals atypischen und unvorhergesehenen) Nachteilen führen, die er aus rechtlichen oder tatsächlichen Gründen hinnehmen muss, die aber die Schwelle des enteignungsrechtlich Zumutbaren übersteigen (vgl. BGH NJW 2013, 1736).

c) Sonderopfer. aa) Allgemeines. Anders als beim enteignungsgleichen 53 Eingriff, bei welchem das Sonderopfer wegen der Rechtswidrigkeit des Eingriffs indiziert ist (vgl. BGHZ 32, 208, 212), bedarf bei rechtmäßigen Eingriffen die Annahme eines entschädigungspflichtigen Sonderopfers einer besonderen Begründung (vgl. BGH NJW 2013, 1736). Ein Ersatzanspruch ist in diesen Fällen nur dann gegeben, wenn die Einwirkungen die Sozialbindungsschwelle überschreiten, also im Verhältnis zu anderen ebenfalls betroffenen Personen eine besondere „Schwere" aufweisen oder im Verhältnis zu anderen nicht betroffenen Personen einen Gleichheitsverstoß bewirken (vgl. BGH aaO). Für die Beurteilung, ob diese Schwelle überschritten ist, soll entscheidend sein, wo nach dem vernünftigen Urteil aller billig und gerecht Denkenden die Opfergrenze liegt (vgl. BGH NJW 1955, 1109, 1110), bzw. wo die Grenze dessen liegt, was eine Gemeinschaft, die ihre verfassungsmäßige Ordnung in einem sozialen Rechtsstaat gefunden hat, dem Einzelnen entschädigungslos zumuten kann und will (BGH NJW 2013, 1736 Rn. 8).

bb) Anwendung auf Betriebsschließungen sowie -beschränkungen im 54 **Rahmen der Corona-Pandemie. aaa. Besondere Schwere oder Gleichheitsverstoß?** Die während der Corona-Pandemie getroffenen Maßnahmen betrafen nicht nur einzelne Betriebe oder Betriebsarten, vielmehr waren sie Teil eines ganzen Gesamtkonzepts von Schutzmaßnahmen (vgl.

§ 28 Rn. 24 und § 28a Rn. 92), welches nach seiner Grundkonzeption nahezu das gesamte Wirtschafts- und Gesellschaftsleben erfasste. Es lässt sich vor diesem Hintergrund nicht erkennen, wieso die Schließungen oder -beschränkungen eines bestimmten Betriebs im Verhältnis zu anderen ebenfalls betroffenen Betrieben eine besondere „Schwere" aufgewiesen oder im Verhältnis zu anderen nicht betroffenen Personen einen Gleichheitsverstoß bewirkt haben sollen. Sofern einzelne Betriebe (etwa des Lebensmitteleinzelhandels) keinen Verboten, sondern allenfalls Beschränkungen und andere Betriebe (etwa Bordelle) längerfristig Betriebsverboten unterworfen wurden, war dass Gleichheitsgebot des Art. 3 GG im Regelfall bereits deshalb nicht tangiert, weil diese Betriebsarten eben nicht im wesentlich gleich mit anderen, stärker reglementierten Betrieben waren oder aber jedenfalls eine Ungleichbehandlung infektionshygienisch bedingt und damit gerechtfertigt war. Bei Anlegung des in Rn. 53 skizzierten Maßstabes an die im Rahmen der Corona-Pandemie erfolgten Betriebsschließungen sowie -beschränkungen ergeben sich deshalb regelmäßig keine Anhaltspunkte für die Annahme eines entschädigungspflichtigen Sonderopfers.

55 **bbb. Existenzgefährdung?** Die Sozialbindungsschwelle und damit die Opfergrenze soll auch dann überschritten sein, wenn sich die Maßnahmen nach Art und Dauer besonders einschneidend, gar existenzbedrohend auswirken (vgl. BGH NJW 1980, 2703, 2704 zur Entschädigung für Beeinträchtigungen eines Gewerbebetriebes durch eine Straßenuntertunnelung). Ob derartige Auswirkungen vorliegen, kann nur im konkreten Einzelfall beurteilt werden. In jedem Fall bei der Beurteilung zu berücksichtigen sind dabei insbesondere staatliche Hilfsmaßnahmen, etwa durch Darlehen, Verlängerung des Kurzarbeitergeldes, Wirtschaftsfördermaßnahmen, Steuerstundungen oder -senkungen und dergleichen. Im Rahmen der Corona-Pandemie gab es bundes- und landesweite eine Vielzahl derartiger Maßnahmen, teils auch auf kommunaler Ebene (z. B. Ausweitung der Außenschankflächen), so dass derzeit in aller Regel die ergriffenen Maßnahmen nicht die für eine Existenzgefährdung erforderliche Eingriffsintensität erreicht haben dürften.

6. Anspruch aus dem allgemeinen Polizeirecht?

56 Bei den polizeirechtlichen Entschädigungsregelungen für Nichtstörer (vgl. z. B. Art. 87 Bayerisches Polizeiaufgabengesetz) handelt es sich um solche, die auf dem Aufopferungsgedanken beruhen (vgl. Becker, Heckmann, Kempen, Manssen, Öffentliches Recht in Bayern, Verlag C. H. Beck, S. 351). In Bezug auf den allgemeinen Aufopferungsanspruch ergibt sich jedoch aus dem Entwurf des Gesetzes zur Neuordnung seuchenrechtlicher Vorschriften der eindeutige Wille des Gesetzgebers, dass die im IfSG getroffenen Entschädigungsregelungen diesen umfassend ersetzen sollen (vgl. BT-Drs. 14/2530, 87). Zudem hat der Bundesgesetzgeber es – wie in Rn. 47aff dargestellt – auch bei den aktuellen Änderungen des IfSG bewusst unterlassen, Entschädigungsregelungen für Nichtstörer (insbesondere im Zusammenhang mit Betriebsschließungen oder -beschränkungen) im IfSG vorzusehen. Dieser Wille würde jedoch umgangen, wenn über die landesgesetzlichen Polizeigesetze für diese

Verhältnis zur Sozialversicherung und zur Arbeitsförderung § 57 IfSG

Fallkonstellation ein Entschädigungsanspruch hergeleitet würde. Zusammenfassend sperrt das Entschädigungsregime des IfSG insoweit einen Rückgriff auf die Regelungen betreffend die Entschädigung von Nichtstörern in den einzelnen Landespolizeigesetzen.

§ 57 Verhältnis zur Sozialversicherung und zur Arbeitsförderung

(1) Für Personen, denen eine Entschädigung nach § 56 Abs. 1 zu gewähren ist, besteht eine Versicherungspflicht in der gesetzlichen Rentenversicherung fort. Bemessungsgrundlage für Beiträge sind
1. bei einer Entschädigung nach § 56 Abs. 2 Satz 2 das Arbeitsentgelt, das der Verdienstausfallentschädigung nach § 56 Abs. 3 vor Abzug von Steuern und Beitragsanteilen zur Sozialversicherung oder entsprechender Aufwendungen zur sozialen Sicherung zugrunde liegt,
2. bei einer Entschädigung nach § 56 Abs. 2 Satz 3 80 vom Hundert des dieser Entschädigung zugrunde liegenden Arbeitsentgelts oder Arbeitseinkommens.
Das entschädigungspflichtige Land trägt die Beiträge zur gesetzlichen Rentenversicherung allein. Zahlt der Arbeitgeber für die zuständige Behörde die Entschädigung aus, gelten die Sätze 2 und 3 entsprechend; die zuständige Behörde hat ihm auf Antrag die entrichteten Beiträge zu erstatten.
(2) Für Personen, denen nach § 56 Absatz 1 Satz 2 eine Entschädigung zu gewähren ist, besteht eine Versicherungspflicht in der gesetzlichen Krankenversicherung, in der sozialen Pflegeversicherung und nach dem Dritten Buch Sozialgesetzbuch sowie eine Pflicht zur Leistung der aufgrund der Teilnahme an den Ausgleichsverfahren nach § 1 oder § 12 des Aufwendungsausgleichsgesetzes und nach § 358 des Dritten Buches Sozialgesetzbuch zu entrichtenden Umlagen fort. Absatz 1 Satz 2 bis 4 gilt entsprechend.
(3) In der gesetzlichen Unfallversicherung wird, wenn es für den Berechtigten günstiger ist, der Berechnung des Jahresarbeitsverdienstes für Zeiten, in denen dem Verletzten im Jahr vor dem Arbeitsunfall eine Entschädigung nach § 56 Abs. 1 zu gewähren war, das Arbeitsentgelt oder Arbeitseinkommen zugrunde gelegt, das seinem durchschnittlichen Arbeitsentgelt oder Arbeitseinkommen in den mit Arbeitsentgelt oder Arbeitseinkommen belegten Zeiten dieses Zeitraums entspricht. § 82 Abs. 3 des Siebten Buches Sozialgesetzbuch gilt entsprechend. Die durch die Anwendung des Satzes 1 entstehenden Mehraufwendungen werden den Versicherungsträgern von der zuständigen Behörde erstattet.
(4) In der Krankenversicherung werden die Leistungen nach dem Arbeitsentgelt berechnet, das vor Beginn des Anspruchs auf Entschädigung gezahlt worden ist.
(5) Zeiten, in denen nach Absatz 1 eine Versicherungspflicht nach dem Dritten Buch Sozialgesetzbuch fortbesteht, bleiben bei der Feststellung des Bemessungszeitraums für einen Anspruch auf Arbeitslosengeld nach dem Dritten Buch Sozialgesetzbuch außer Betracht.
(6) Wird eine Entschädigung nach § 56 Absatz 1a gewährt, gelten die Absätze 1, 2 und 5 entsprechend mit der Maßgabe, dass sich die Bemessungsgrundlage für die Beiträge nach Absatz 1 Satz 2 Nummer 2 bestimmt.

IfSG § 59   12. Abschnitt. Entschädigung in besonderen Fällen

1 § 57 geht auf §§ 49a und b BSeuchG zurück. Diese hatten das Ziel, versicherungsrechtliche Nachteile für Entschädigungsberechtigte, die andernfalls während des Berechtigungszeitraums entstehen könnten, zu vermeiden. Die Vorschrift regelt dazu das Verhältnis zur Sozialversicherung und zur Arbeitsförderung. Während Abs. 1 für sämtliche nach § 56 Abs. 1 entschädigungsberechtigten Personen gilt, betrifft Abs. 2 nur die im Zusammenhang mit einer Absonderung gem. § 56 Abs. 1 S. 2 Entschädigungsberechtigten. Durch G v. 18.11.2020 (BGBl. I S. 2397) wird Abs. 6 mWv 1.4.2021 aufgehoben.

§ 58 Aufwendungserstattung

[Text gilt vom 19.11.2020 bis 31.3.2021]
Entschädigungsberechtigte im Sinne des § 56 Absatz 1 und 1a, die der Pflichtversicherung in der gesetzlichen Kranken-, Renten- sowie der sozialen Pflegeversicherung nicht unterliegen, haben gegenüber dem nach § 66 Absatz 1 Satz 1 zur Zahlung verpflichteten Land einen Anspruch auf Erstattung ihrer Aufwendungen für soziale Sicherung in angemessenem Umfang. In den Fällen, in denen sie Netto-Arbeitsentgelt und Arbeitseinkommen aus einer Tätigkeit beziehen, die als Ersatz der verbotenen Tätigkeit ausgeübt wird, mindert sich der Anspruch nach Satz 1 in dem Verhältnis dieses Einkommens zur ungekürzten Entschädigung.
[Fassung gültig ab 1.4.2021]
Entschädigungsberechtigte im Sinne des § 56 Absatz 1, die der Pflichtversicherung in der gesetzlichen Kranken-, Renten- sowie der sozialen Pflegeversicherung nicht unterliegen, haben gegenüber dem nach § 66 Absatz 1 Satz 1 zur Zahlung verpflichteten Land einen Anspruch auf Erstattung ihrer Aufwendungen für soziale Sicherung in angemessenem Umfang. In den Fällen, in denen sie Netto-Arbeitsentgelt und Arbeitseinkommen aus einer Tätigkeit beziehen, die als Ersatz der verbotenen Tätigkeit ausgeübt wird, mindert sich der Anspruch nach Satz 1 in dem Verhältnis dieses Einkommens zur ungekürzten Entschädigung.

1 § 58 entspricht im Grundsatz § 49c BSeuchG und betrifft Personen, die nicht von § 57 erfasst sind, da sie keiner Versicherungspflicht unterliegen. Diesen gewährt S. 1 einen Anspruch auf Erstattung ihrer Aufwendungen für soziale Sicherung in angemessenem Umfang. Den ‚angemessenen Umfang' muss das das verpflichtete Land in eigenverantwortlicher Einschätzung bestimmen (Kießling § 58 Rn. 2). Nach S. 2 mindert sich der Anspruch nach S. 1 in dem Verhältnis dieses Einkommens zur ungekürzten Entschädigung, wenn eine Netto-Arbeitsentgelt und Arbeitseinkommen aus einer Tätigkeit gezogen wird, die als Ersatz der verbotenen Tätigkeit ausgeübt wird.

§ 59 Sondervorschrift für Ausscheider

Ausscheider, die Anspruch auf eine Entschädigung nach § 56 haben, gelten als körperlich Behinderte im Sinne des Dritten Buches Sozialgesetzbuch.

Versorgung bei Impfschaden und bei Gesundheitsschäden § 60 IfSG

Die Vorschrift entspricht § 50 BSeuchG. Nach der amtl. Begründung zum **1**
BSeuchG 1961 wird mit ihr der Tatsache Rechnung getragen, dass Ausscheider unter Umständen ihre bisherige Tätigkeit für längere Zeit oder dauernd nicht mehr ausüben können und daher umgeschult werden müssen.

§ 60 Versorgung bei Impfschaden und bei Gesundheitsschäden durch andere Maßnahmen der spezifischen Prophylaxe

(1) Wer durch eine Schutzimpfung oder durch eine andere Maßnahme der spezifischen Prophylaxe, die
1. von einer zuständigen Landesbehörde öffentlich empfohlen und in ihrem Bereich vorgenommen wurde,
2. auf Grund dieses Gesetzes angeordnet wurde,
3. gesetzlich vorgeschrieben war oder
4. auf Grund der Verordnungen zur Ausführung der Internationalen Gesundheitsvorschriften durchgeführt worden ist,
eine gesundheitliche Schädigung erlitten hat, erhält nach der Schutzimpfung wegen des Impfschadens im Sinne des § 2 Nr. 11 oder in dessen entsprechender Anwendung bei einer anderen Maßnahme wegen der gesundheitlichen und wirtschaftlichen Folgen der Schädigung auf Antrag Versorgung in entsprechender Anwendung der Vorschriften des Bundesversorgungsgesetzes, soweit dieses Gesetz nichts Abweichendes bestimmt. Satz 1 Nr. 4 gilt nur für Personen, die zum Zwecke der Wiedereinreise in den Geltungsbereich dieses Gesetzes geimpft wurden und die ihren Wohnsitz oder gewöhnlichen Aufenthalt in diesem Gebiet haben oder nur vorübergehend aus beruflichen Gründen oder zum Zwecke der Ausbildung aufgegeben haben, sowie deren Angehörige, die mit ihnen in häuslicher Gemeinschaft leben. Als Angehörige gelten die in § 10 des Fünften Buches Sozialgesetzbuch genannten Personen.

(2) Versorgung im Sinne des Absatzes 1 erhält auch, wer als Deutscher außerhalb des Geltungsbereichs dieses Gesetzes einen Impfschaden durch eine Impfung erlitten hat, zu der er auf Grund des Impfgesetzes vom 8. April 1874 in der im Bundesgesetzblatt Teil III, Gliederungsnummer 2126-5, veröffentlichten bereinigten Fassung, bei einem Aufenthalt im Geltungsbereich dieses Gesetzes verpflichtet gewesen wäre. Die Versorgung wird nur gewährt, wenn der Geschädigte
1. nicht im Geltungsbereich dieses Gesetzes geimpft werden konnte,
2. von einem Arzt geimpft worden ist und
3. zur Zeit der Impfung in häuslicher Gemeinschaft mit einem Elternteil oder einem Sorgeberechtigten gelebt hat, der sich zur Zeit der Impfung aus beruflichen Gründen oder zur Ausbildung nicht nur vorübergehend außerhalb des Geltungsbereichs dieses Gesetzes aufgehalten hat.

(3) Versorgung im Sinne des Absatzes 1 erhält auch, wer außerhalb des Geltungsbereichs dieses Gesetzes einen Impfschaden erlitten hat infolge einer Pockenimpfung auf Grund des Impfgesetzes oder infolge einer Pockenimpfung, die in den in § 1 Abs. 2 Nr. 3 des Bundesvertriebenengesetzes bezeichneten Gebieten, in der Deutschen Demokratischen Republik oder in Berlin (Ost) gesetzlich vorgeschrieben oder auf Grund eines Gesetzes angeordnet worden ist oder war,

IfSG § 60 12. Abschnitt. Entschädigung in besonderen Fällen

soweit nicht auf Grund anderer gesetzlicher Vorschriften Entschädigung gewährt wird. Ansprüche nach Satz 1 kann nur geltend machen, wer
1. als Deutscher bis zum 8. Mai 1945,
2. als Berechtigter nach den §§ 1 bis 4 des Bundesvertriebenengesetzes oder des § 1 des Flüchtlingshilfegesetzes in der Fassung der Bekanntmachung vom 15. Mai 1971 (BGBl. I S. 681), das zuletzt durch Artikel 24 des Gesetzes vom 26. Mai 1994 (BGBl. I S. 1014) geändert worden ist, in der jeweils geltenden Fassung,
3. als Ehegatte oder Abkömmling eines Spätaussiedlers im Sinne des § 7 Abs. 2 des Bundesvertriebenengesetzes oder
4. im Wege der Familienzusammenführung gemäß § 94 des Bundesvertriebenengesetzes in der vor dem 1. Januar 1993 geltenden Fassung

seinen ständigen Aufenthalt im Geltungsbereich dieses Gesetzes genommen hat oder nimmt.

(4) Die Hinterbliebenen eines Geschädigten im Sinne der Absätze 1 bis 3 erhalten auf Antrag Versorgung in entsprechender Anwendung der Vorschriften des Bundesversorgungsgesetzes. Partner einer eheähnlichen Gemeinschaft erhalten Leistungen in entsprechender Anwendung der §§ 40, 40a und 41 des Bundesversorgungsgesetzes, sofern ein Partner an den Schädigungsfolgen verstorben ist und der andere unter Verzicht auf eine Erwerbstätigkeit die Betreuung eines gemeinschaftlichen Kindes ausübt; dieser Anspruch ist auf die ersten drei Lebensjahre des Kindes beschränkt. Satz 2 gilt entsprechend, wenn ein Partner in der Zeit zwischen dem 1. November 1994 und dem 23. Juni 2006 an den Schädigungsfolgen verstorben ist.

(5) Als Impfschaden im Sinne des § 2 Nr. 11 gelten auch die Folgen einer gesundheitlichen Schädigung, die durch einen Unfall unter den Voraussetzungen des § 1 Abs. 2 Buchstabe e oder f oder des § 8a des Bundesversorgungsgesetzes herbeigeführt worden sind. Einem Impfschaden im Sinne des Satzes 1 steht die Beschädigung eines am Körper getragenen Hilfsmittels, einer Brille, von Kontaktlinsen oder von Zahnersatz infolge eines Impfschadens im Sinne des Absatzes 1 oder eines Unfalls im Sinne des Satzes 1 gleich.

(6) Im Rahmen der Versorgung nach Absatz 1 bis 5 finden die Vorschriften des zweiten Kapitels des Zehnten Buches Sozialgesetzbuch über den Schutz der Sozialdaten Anwendung.

A. Allgemeines

1   Der Sache nach bildet § 60 einen so genannten allgemeinen Aufopferungsanspruch ab (§ 75 Einl. Preußisches Allgemeines Landrecht, vgl. BSG, Urteil vom 25.8.1976 (9 RVi 4/75)) und war in vergleichbarer Form bereits in §§ 51 und 52 BSeuchG enthalten. Nach dem Grundgedanken des allgemeinen Aufopferungsanspruchs soll derjenige, der zum Wohle der Allgemeinheit ein Sonderopfer erbringt, entschädigt werden. Übertragung, Verpfändung und Pfändung der Ansprüche nach § 60 richten sich gem. § 67 Abs. 2 nach den Vorschriften des Bundesversorgungsgesetzes. Zum Rechtsweg siehe § 68 Abs. 2 und 3. Bei Impfschäden von Soldaten ist das Soldatenversorgungsgesetz

Versorgung bei Impfschaden und bei Gesundheitsschäden § 60 IfSG

zu beachten. § 60 wird durch G v. 12.12.2019 mWv 1.1.2024 (BGBl. I S. 2652) aufgehoben.

B. Versorgung bei einer gesundheitlichen Schädigung nach einer Schutzimpfung oder einer Maßnahme der spezifischen Prophylaxe (Abs. 1)

I. Allgemeines

Abs. 1 regelt die Voraussetzungen für einen Anspruch auf Versorgung bei einer gesundheitlichen Schädigung in Folge einer Schutzimpfung oder einer anderen Maßnahme der spezifischen Prophylaxe und bestimmt bei deren Vorliegen als Rechtsfolge, dass die betroffene Person auf Antrag Versorgung in entsprechender Anwendung des Bundesversorgungsgesetzes erhält, soweit im IfSG nicht Abweichendes geregelt ist. 2

II. Tatbestandliche Voraussetzungen

1. Allgemeines

Voraussetzung ist, dass es durch eine Schutzimpfung oder einer anderen Maßnahme der spezifischen Prophylaxe, welche eine der in S. 1 Nr. 1–4 aufgeführten Anforderungen erfüllt, zu einer gesundheitlichen Schädigung gekommen ist. 3

2. Schutzimpfung, Maßnahme der spezifischen Prophylaxe

Vgl. dazu die Erläuterungen zu § 2 Nr. 9 (§ 2 Rn. 58 ff.) bzw. Nr. 10 (§ 2 Rn. 61 ff.). 4

3. Anforderungen des S. 1 Nr. 1–4

a) Nr. 1. aa) Allgemeines. Nr. 1 hat zu Voraussetzung, dass die Impfung oder andere Maßnahme der spezifischen Prophylaxe von der zuständigen Landesbehörde öffentlich empfohlen und in ihrem Bereich vorgenommen wurde. 5

bb) Zuständige Landesbehörde. Nach § 20 Abs. 3 ist für derartige Empfehlungen die oberste Landesbehörde zuständig. Nicht erfasst werden damit Impfungen und Maßnahmen der spezifischen Prophylaxe, welche lediglich auf Empfehlungen der STIKO (vgl. § 20 Abs. 2 und die Erläuterungen § 20 Rn. 3 ff.) beruhen. 6

cc) Öffentlich empfohlen. Die Impfung oder andere Maßnahme der spezifischen Prophylaxe muss öffentlich empfohlen sein. Nach dem Urteil des BSG vom 25.8.1976 (9 RVi 4/75) ist der Begriff des ‚Empfehlens' gleichbedeutend zu verstehen mit einer Aufforderung, Befürwortung oder einem Zuspruch. Ziel der Empfehlung ist es, die Bevölkerung aus Gesundheitsgründen möglichst vollständig zur Durchführung bestimmter Schutzimpfungen zu bewegen 7

(BSG, Urteil vom 23.4.2009, B 9 VJ 1/08 R). Bloße Hinweise auf bestehende Möglichkeiten oder Warnungen vor Reisen in Seuchengebiete erfüllen diese Voraussetzung nicht. Die Empfehlung ist öffentlich, wenn sie von der zuständigen Behörde nach außen verlautbart wird und nicht nur auf einen Einzelfall beschränkt ist. Nach der ständigen Rechtsprechung des BSG (vgl. etwa Urteil vom 2.10.2008, B 9–9a VJ 1/07 R) kann dem Tatbestand einer öffentlichen Empfehlung einer Impfung der von der zuständigen Behörde verursachte Rechtsschein einer solchen Empfehlung gleichzusetzen sein, wenn ‚das ständige und längere Zeit andauernde Verhalten der mit der Durchführung bestimmter Impfungen regelmäßig befassten Medizinalpersonen den Schluss erlaubt, die Impfung sei öffentlich empfohlen, und die zuständige Behörde das Verhalten der Medizinalpersonen kannte oder bei pflichtgemäßer Sorgfalt hätte erkennen und die Wirkung verhindern können'.

8 b) Nr. 2. Es werden Anordnungen nach § 20 Abs. 6 und Abs. 7 erfasst.

9 c) Nr. 3. Das Gesetz zur Aufhebung des Gesetzes über die Pockenschutzimpfung vom 24.11.1982 hat zum 1.7.1983 die vormals bestehende Pockenschutzimpfpflicht aufgehoben. Nr. 3 hat damit nur noch für Altfälle Bedeutung.

10 d) Nr. 4. Nr. 4 erfasst Schutzimpfungen und Maßnahmen der spezifischen Prophylaxe, welche auf Grund der Verordnung zur Ausführung der Internationalen Gesundheitsvorschriften durchgeführt worden sind. Zusätzlich müssen die Voraussetzungen der S. 2 vorliegen. Zum Angehörigenbegriff siehe S. 3. Die Verordnungen zur Ausführung der Internationalen Gesundheitsvorschriften ist außer Kraft getreten (vgl. Art. 5 Abs. 2 Nr. 1 des Gesetzes zur Durchführung der Internationalen Gesundheitsvorschriften (2005) und zur Änderung weiterer Gesetze vom 21.3.2013, BGBl I S. 566).

4. Gesundheitliche Schädigung

11 a) Allgemeines. Es muss zu einer gesundheitlichen Schädigung gekommen sein. Nach dem Wortlaut (‚eine gesundheitliche Schädigung erlitten hat') könnte man meinen, dass jegliche gesundheitliche Schädigung einen Anspruch begründet, also beispielsweise auch normale Impfreaktionen wie z. B. Schwellungen oder Rötungen. Aus der nachfolgenden Formulierung ‚wegen des Impfschadens im Sinne des § 2 Nr. 11' ergibt sich indes, dass Voraussetzung für einen Entschädigungsanspruch ist, dass die gesundheitliche Schädigung das in § 2 Nr. 11 vorgesehene Ausmaß aufweist.

12 b) Schutzimpfung. Wird der Anspruch im Zusammenhang mit einer Schutzimpfung geltend gemacht, so muss diese zu einer über das übliche Ausmaß einer körperlichen Reaktion hinausgehende gesundheitliche Schädigung geführt haben. Vgl. dazu die Erläuterungen zu § 2 Nr. 11 (§ 2 Rn. 64 ff.).

13 c) Andere Maßnahme der spezifischen Prophylaxe. Wird der Anspruch auf eine andere Maßnahme der spezifischen Prophylaxe gestützt, so kann begrifflich kein Impfschaden im Sinne des § 2 Nr. 11 vorliegen. Aus diesem

Grund wird explizit die entsprechende Anwendung von § 2 Nr. 11 angeordnet. Dies bedeutet, dass auch bei anderen Maßnahmen der spezifischen Prophylaxe eine von einer solchen verursachte, über das übliche Ausmaß einer körperlichen Reaktion hinausgehende gesundheitliche Schädigung vorliegen muss. Vgl. dazu die Erläuterungen zu § 2 Nr. 11 (§ 2 Rn. 64 ff.).

d) Praxishinweis. Zur Frage, wann eine über das übliche Ausmaß einer 14 Impfreaktion hinausgehende gesundheitliche Schädigung anzunehmen ist sowie zur Kausalität vgl. die Erläuterungen § 2 Rn. 66.

III. Rechtsfolgen

Liegen die tatbestandlichen Voraussetzungen vor, so wird auf Antrag wegen 15 der gesundheitlichen und wirtschaftlichen Folgen der gesundheitlichen Schädigung Versorgung in entsprechender Anwendung des Bundesversorgungsgesetzes gewährt, soweit im IfSG nicht Abweichendes geregelt ist. Zur erforderlichen haftungsausfüllenden Kausalität zwischen der gesundheitlichen Schädigung und den geltend gemachten Folgen vgl. § 61. Zu Form und Frist des Antrags vgl. § 64.

C. Versorgung in Sonderfällen (Abs. 2, 3)

Abs. 2 und Abs. 3 betreffen die Versorgung bei Impfschäden im Zusammen- 16 hang mit dem Impfgesetz vom 8.4.1874 (Abs. 2) und in bestimmten Fällen der Pockenimpfungen, welche außerhalb des Geltungsbereichs des IfSG zu einem Impfschaden geführt haben (Abs. 3). Sie haben im Wesentlichen nur noch Relevanz für Altfälle.

D. Hinterbliebene eines Geschädigten (Abs. 4)

Mit der Regelung in Abs. 4 wird den Hinterbliebenen eines Geschädigten auf 17 Antrag Versorgung in entsprechender Anwendung der Vorschriften des Bundesversorgungsgesetzes gewährt (S. 1). Unter den Voraussetzungen, dass ein Partner in eheähnlicher Gemeinschaft an den Schädigungsfolgen verstorben ist und der verbleibende zur Betreuung eines gemeinschaftlichen Kindes auf die Ausübung einer Erwerbstätigkeit verzichtet, erhält letzter nach S. 2 in den ersten drei Lebensjahre des Kindes Leistungen in entsprechender Anwendung der §§ 40, 40a und 41 des Bundesversorgungsgesetzes. S. 3, nach welchem S. 2 entsprechend gilt, wenn ein Partner in der Zeit zwischen dem 1. November 1994 und dem 23. Juni 2006 an den Schädigungsfolgen verstorben ist, dürfte heute keine praktische Relevanz mehr haben.

E. Erweiterung des Impfschadensbegriffs (Abs. 5)

Abs. 5 greift die entsprechenden Regelungen in § 52 Abs. 1 S. 3 und 4 18 BSeuchG auf. S. 1 erweitert die Definition des Impfschadens in § 2 Nr. 11

IfSG § 61 12. Abschnitt. Entschädigung in besonderen Fällen

um durch bestimmte Unfälle der Impfgeschädigten hervorgerufene Schäden (amtl. Begründung des 2. ÄndG BSeuchG). S. 2 stellt die Beschädigung eines am Körper getragenen Hilfsmittels, einer Brille, von Kontaktlinsen oder von Zahnersatz als Folge eines Impfschadens im Sinne von Abs. 1 oder eines Unfalls im Sinne von S. 1 einem Impfschaden gleich.

F. Datenschutz (Abs. 6)

19 Mit Abs. 6 erklärt der Gesetzgeber in Bezug auf den Datenschutz im Zusammenhang mit der Versorgung bei Impfschäden und Gesundheitsschäden durch andere Maßnahmen der spezifischen Prophylaxe die den Sozialdatenschutz betreffenden Vorschriften des 2. Kapitels von SGB X für entsprechend anwendbar.

§ 61 Gesundheitsschadensanerkennung

Zur Anerkennung eines Gesundheitsschadens als Folge einer Schädigung im Sinne des § 60 Abs. 1 Satz 1 genügt die Wahrscheinlichkeit des ursächlichen Zusammenhangs. Wenn diese Wahrscheinlichkeit nur deshalb nicht gegeben ist, weil über die Ursache des festgestellten Leidens in der medizinischen Wissenschaft Ungewissheit besteht, kann mit Zustimmung der für die Kriegsopferversorgung zuständigen obersten Landesbehörde der Gesundheitsschaden als Folge einer Schädigung im Sinne des § 60 Abs. 1 Satz 1 anerkannt werden. Die Zustimmung kann allgemein erteilt werden.

A. Allgemeines

1 Die Vorschrift entspricht im Wesentlichen § 52 Abs. 2 S. 1–3 BSeuchG und sieht eine so genannte Beweiserleichterung vor.

B. Einzelheiten

I. Allgemeines

2 Ein Impfschaden erfordert nach der Legaldefinition immer das Vorliegen von drei Komponenten: (1.) Schutzimpfung, dadurch kausal verursachte, (2.) über das übliche Ausmaß einer Impfreaktion hinausgehende gesundheitliche Schädigung, dadurch kausal verursachte (3.) Schädigungsfolge (welche gesundheitlicher oder wirtschaftlicher Natur sein kann). Die Kausalität zwischen Komponente 1 und 2 wird im Entschädigungsrecht üblicherweise als haftungsbegründende Kausalität, diejenige zwischen Komponente 2 und 3 als haftungsausfüllende Kausalität bezeichnet. § 61 wird durch G v. 12.12.2019 mWv 1.1.2024 (BGBl. I S. 2652) aufgehoben.

Heilbehandlung § 62 IfSG

II. Vollbeweis für die einzelnen Komponenten

Die Schutzimpfung als das schädigende Ereignis, die über das übliche Ausmaß 3
einer Impfreaktion hinausgehende gesundheitliche Schädigung und die Schädigungsfolge, welche gesundheitlicher oder wirtschaftlicher Natur sein kann, müssen mit an Sicherheit grenzender, ernste, vernünftige Zweifel ausschließender Wahrscheinlichkeit erwiesen sein (BSG, SozR 3850 § 51 Nr. 9).

III. Beweiserleichterung in Bezug auf die Kausalitäten

In Bezug auf die haftungsbegründende wie die haftungsausfüllende Kausalität 4
genügt es nach S. 1, wenn diese wahrscheinlich gemacht sind. Wahrscheinlich in diesem Sinne ist die Kausalität dann, wenn nach der geltenden medizinisch-wissenschaftlichen Lehrmeinung mehr für als gegen sie spricht, d. h. die für den Zusammenhang sprechenden Umstände deutlich überwiegen und ernste Zweifel einer anderen Verursachung ausscheiden (vgl. SG Detmold, Urteil vom 29.3.2011, Az. S 14 VJ 30/07). Wenn diese Wahrscheinlichkeit nur deshalb nicht gegeben ist, weil über die Ursache des festgestellten Leidens in der medizinischen Wissenschaft Ungewissheit besteht, kann nach pflichtgemäßem Ermessen gem. S. 2 mit Zustimmung der für die Kriegsopferversorgung zuständigen obersten Landesbehörde der Gesundheitsschaden als Folge einer Schädigung im Sinne des § 60 Abs. 1 Satz 1 anerkannt werden. S. 3 ermöglicht es, die Zustimmung allgemein zu erteilen.

§ 62 Heilbehandlung

Dem Geschädigten im Sinne von § 60 Abs. 1 bis 3 sind im Rahmen der Heilbehandlung auch heilpädagogische Behandlung, heilgymnastische und bewegungstherapeutische Übungen zu gewähren, wenn diese bei der Heilbehandlung notwendig sind.

Die Vorschrift entspricht § 53 BSeuchG und erweitert den Leistungskatalog des Bundesversorgungsgesetzes für nach § 60 Entschädigungsberechtigte. Die amtl. Begründung zum 2. ÄndG zum BSeuchG begründet dies damit, dass wegen der Art der Gesundheitsschäden nach Impfungen und des meist jugendlichen Alters der Geschädigten die heilpädagogische Behandlung sowie heilgymnastische und bewegungstherapeutische Übungen im Rahmen der Heilbehandlung eine besondere Rolle spielen. Übertragung, Verpfändung und Pfändung der Ansprüche nach den § 62 richten sich gem. § 67 Abs. 2 nach den Vorschriften des Bundesversorgungsgesetzes. § 62 wird durch G v. 12.12.2019 mWv 1.1.2024 (BGBl. I S. 2652) aufgehoben.

§ 63 Konkurrenz von Ansprüchen, Anwendung der Vorschriften nach dem Bundesversorgungsgesetz, Übergangsregelungen zum Erstattungsverfahren an die Krankenkassen

(1) Treffen Ansprüche aus § 60 mit Ansprüchen aus § 1 des Bundesversorgungsgesetzes oder aus anderen Gesetzen zusammen, die eine entsprechende Anwendung des Bundesversorgungsgesetzes vorsehen, ist unter Berücksichtigung des durch die gesamten Schädigungsfolgen bedingten Grades der Schädigungsfolgen eine einheitliche Rente festzusetzen.

(2) Trifft ein Versorgungsanspruch nach § 60 mit einem Schadensersatzanspruch auf Grund fahrlässiger Amtspflichtverletzung zusammen, so wird der Anspruch nach § 839 Abs. 1 des Bürgerlichen Gesetzbuchs nicht dadurch ausgeschlossen, dass die Voraussetzungen des § 60 vorliegen.

(3) Bei Impfschäden gilt § 4 Abs. 1 Nr. 2 des Siebten Buches Sozialgesetzbuch nicht.

(4) § 81a des Bundesversorgungsgesetzes findet mit der Maßgabe Anwendung, dass der gegen Dritte bestehende gesetzliche Schadensersatzanspruch auf das zur Gewährung der Leistungen nach diesem Gesetz verpflichtete Land übergeht.

(5) Die §§ 64 bis 64d, 64f und 89 des Bundesversorgungsgesetzes sind entsprechend anzuwenden mit der Maßgabe, dass an die Stelle der Zustimmung des Bundesministeriums für Arbeit und Soziales die Zustimmung der für die Kriegsopferversorgung zuständigen obersten Landesbehörde tritt. Die Zustimmung ist bei entsprechender Anwendung des § 89 Abs. 2 des Bundesversorgungsgesetzes im Einvernehmen mit der obersten Landesgesundheitsbehörde zu erteilen.

(6) § 20 des Bundesversorgungsgesetzes ist mit den Maßgaben anzuwenden, dass an die Stelle der in Absatz 1 Satz 3 genannten Zahl die Zahl der rentenberechtigten Beschädigten und Hinterbliebenen nach diesem Gesetz im Vergleich zur Zahl des Vorjahres tritt, dass in Absatz 1 Satz 4 an die Stelle der dort genannten Ausgaben der Krankenkassen je Mitglied und Rentner einschließlich Familienangehörige die bundesweiten Ausgaben je Mitglied treten, dass Absatz 2 Satz 1 für die oberste Landesbehörde, die für die Kriegsopferversorgung zuständig ist, oder für die von ihr bestimmte Stelle gilt und dass in Absatz 3 an die Stelle der in Satz 1 genannten Zahl die Zahl 1,3 tritt und die Sätze 2 bis 4 nicht gelten.

(7) Am 1. Januar 1998 noch nicht gezahlte Erstattungen von Aufwendungen für Leistungen, die von den Krankenkassen vor dem 1. Januar 1998 erbracht worden sind, werden nach den bis dahin geltenden Erstattungsregelungen abgerechnet.

(8) Für das Jahr 1998 wird der Pauschalbetrag nach § 20 des Bundesversorgungsgesetzes wie folgt ermittelt: Aus der Summe der Erstattungen des Landes an die Krankenkassen nach diesem Gesetz in den Jahren 1995 bis 1997, abzüglich der Erstattungen für Leistungen bei Pflegebedürftigkeit nach § 11 Abs. 4 und § 12 Abs. 5 des Bundesversorgungsgesetzes in der bis zum 31. März 1995 geltenden Fassung und abzüglich der Erstattungen nach § 19 Abs. 4 des Bundesversorgungsgesetzes in der bis zum 31. Dezember 1993 geltenden Fassung, wird der Jahresdurchschnitt ermittelt.

A. Allgemeines

§ 63 entspricht im Wesentlichen § 54 BSeuchG und regelt neben Anspruchs- 1
konkurrenzen sowie Übergangsregelungen zum Erstattungsverfahren insbesondere auch die Anwendung bestimmter Vorschriften des Bundesversorgungsgesetzes im Zusammenhang mit Ansprüchen nach dem 12. Abschnitt des IfSG. § 63 wird durch G v. 12.12.2019 mWv 1.1.2024 (BGBl. I S. 2652) aufgehoben.

B. Ansprüche aus § 60 und solche aus § 1 Bundesversorgungsgesetz oder aus anderen Gesetzen (Abs. 1)

Treffen Ansprüche aus § 60 und solche aus § 1 Bundesversorgungsgesetz oder 2
aus anderen Gesetzen zusammen, so ist nach Abs. 1 eine einheitliche Rente festzusetzen. Dabei ist der durch die gesamten Schädigungsfolgen bedingte Grad der Schädigung zu berücksichtigen. Als andere Gesetze kommen beispielsweise das Häftlingshilfegesetz, das Soldatenversorgungsgesetz und das Opferentschädigungsgesetz in Betracht.

C. Ansprüche aus § 60 und Ansprüche aus fahrlässiger Amtspflichtverletzung (Abs. 2)

Nach § 839 I 2 BGB besteht kein Amtshaftungsanspruch, wenn dem Beamten 3
in Bezug auf die Amtspflichtverletzung nur Fahrlässigkeit zur Last fällt und der Verletzte auf andere Weise Ersatz erlangen kann. Diese Subsidiaritätsregelung wird bei Bestehen von Ansprüchen nach den § 56 ff. als ‚andere Ansprüche' suspendiert, so dass neben diesen auch Ansprüche aus fahrlässiger Amtspflichtverletzung geltend gemacht werden können.

D. Keine Geltung von § 4 Abs. 1 Nr. 2 SGB VII (Abs. 3)

§ 4 Abs. 1 Nr. 2 SGB VII schreibt vor, dass Personen, soweit für sie das 4
Bundesversorgungsgesetz oder Gesetze, die eine entsprechende Anwendung des Bundesversorgungsgesetzes vorsehen, gelten, grundsätzlich in Bezug auf die gesetzliche Unfallversicherung versicherungsfrei sind. Diese Regelung, welche im Einzelfall nachteilig für die betroffenen Personen sein kann, gilt nach Abs. 3 bei Impfschäden nicht.

E. Legalzession (Abs. 4)

§ 81a Abs. 1 Bundesversorgungsgesetz lautet: ‚Soweit den Versorgungs- 5
berechtigten ein gesetzlicher Anspruch auf Ersatz des ihnen durch die Schädigung verursachten Schadens gegen Dritte zusteht, geht dieser Anspruch im

Umfang der durch dieses Gesetz begründeten Pflicht zur Erbringung von Leistungen auf den Bund über.' Abs. 4 ordnet die entsprechende Geltung von § 81a Bundesversorgungsgesetz an, wobei abweichend von diesem der Forderungsübergang nicht auf den Bund, sondern auf das zur Gewährung von Leistungen nach dem IfSG verpflichtete Land (vgl. § 66 Abs. 2) erfolgt.

F. Berechtigte außerhalb des Geltungsbereichs dieses Gesetzes, Härtefallregelungen (Abs. 5)

6 Die in Abs. 5 genannten Regelungen des Bundesversorgungsgesetzes betreffen Berechtigte außerhalb des Geltungsbereichs des Gesetzes sowie Härtefallregelungen und setzen teilweise die Zustimmung des Bundesministeriums für Arbeit und Soziales voraus (z. B. § 64 S. 2 des Bundesversorgungsgesetzes). Diese Regelungen gelten nach S. 1 in Bezug auf die §§ 56 ff. entsprechend, wobei an die Stelle der Zustimmung des Bundesministeriums für Arbeit und Soziales die Zustimmung der für die Kriegsopferversorgung zuständigen obersten Landesbehörde tritt. Die in § 89 Abs. 2 des Bundesversorgungsgesetzes vorgesehene Zustimmung ist dabei gem. S. 2 im Einvernehmen mit der obersten Landesgesundheitsbehörde zu erteilen. Das Erfordernis der Zustimmung der obersten Landesbehörden ist sachgerecht, da die Länder die Kostenträger sind (vgl. § 66 Abs. 2).

G. Erstattungsansprüche der Krankenkassen, Übergangsregelungen (Abs. 6–8)

7 § 20 Bundesversorgungsgesetz bestimmt, das von ihm erfasste Erstattungsansprüche der Krankenkassen pauschal abgegolten werden, gleiches gilt für erstattungsfähige Verwaltungskosten. Im Rahmen der entsprechenden Anwendung des Bundesversorgungsgesetzes für Versorgungsansprüche nach § 60 ordnet Abs. 6 verschiedene Modifizierungen der in § 20 Bundesversorgungsgesetz vorgesehenen Berechnung der Höhe der Pauschalabgeltung, der erstattungsfähige Verwaltungskosten sowie der Zuständigkeiten an. Abs. 7 enthält eine Übergangsregelungen für zum Zeitpunkt des In-Kraft-Tretens des IfSG noch nicht gezahlte Erstattungen von Aufwendungen für Leistungen, die vor dem 1.1.1998 von den Krankenkassen erbracht worden sind. Abs. 8 enthält eine Regelung für die Ermittlung des Pauschalbetrages nach § 20 Bundesversorgungsgesetz für das Jahr 1998.

§ 64 Zuständige Behörde für die Versorgung

(1) Die Versorgung nach den §§ 60 bis 63 Abs. 1 wird von den für die Durchführung des Bundesversorgungsgesetzes zuständigen Behörden durchgeführt. Die örtliche Zuständigkeit der Behörden bestimmt die Regierung des Landes, das die Versorgung zu gewähren hat (§ 66 Abs. 2), durch Rechtsverordnung. Die Landes-

regierung ist befugt, die Ermächtigung durch Rechtsverordnung auf eine andere Stelle zu übertragen.

(2) Das Gesetz über das Verwaltungsverfahren der Kriegsopferversorgung in der Fassung der Bekanntmachung vom 6. Mai 1976 (BGBl. I S. 1169), zuletzt geändert durch das Gesetz vom 18. August 1980 (BGBl. I S. 1469), mit Ausnahme der §§ 3 und 4, die Vorschriften des ersten und dritten Kapitels des Zehnten Buches Sozialgesetzbuch sowie die Vorschriften des Sozialgerichtsgesetzes über das Vorverfahren sind anzuwenden.

(3) Absatz 2 gilt nicht, soweit die Versorgung in der Gewährung von Leistungen besteht, die den Leistungen der Kriegsopferfürsorge nach den §§ 25 bis 27j des Bundesversorgungsgesetzes entsprechen.

A. Allgemeines

§ 64 entspricht im Wesentlichen § 55 BSeuchG und regelt neben den Zuständigkeiten auch das Verfahren für die Versorgung nach den §§ 60 bis 63. § 64 wird durch G v. 12.12.2019 mWv 1.1.2024 (BGBl. I S. 2652) aufgehoben. **1**

B. Zuständige Behörde (Abs. 1)

Nach Abs. 1 erfolgt die Versorgung nach den §§ 60 bis 63 durch die für Durchführung des Bundesversorgungsgesetzes zuständigen Behörden. Nach § 1 des Gesetzes über die Errichtung der Verwaltungsbehörden der Kriegsopferversorgung wird die Versorgung der Kriegsopfer von Versorgungsämtern und Landesversorgungsämtern durchgeführt. Die örtliche Zuständigkeit wird durch diejenige Landesregierung durch Rechtsverordnung bestimmt (S. 2), welche nach § 66 Abs. 2 die Versorgung zu gewähren hat. Die Landesregierung kann diese Verordnungsermächtigung durch Rechtsverordnung auf eine andere Stelle übertragen (S. 3). **2**

C. Verfahren (Abs. 2, 3)

In Bezug auf das Verfahren sind nach Abs. 2 das Gesetz über das Verwaltungsverfahren der Kriegsopferversorgung mit Ausnahme der §§ 3 und 4, die Vorschriften des ersten und dritten Kapitels des SGB X sowie die Vorschriften des Sozialgerichtsgesetzes über das Vorverfahren anzuwenden. Auf diese Weise wird das in Bezug auf die Versorgung nach den §§ 60 bis 63 anzuwendende Verfahren dem auch sonst von den nach Abs. 1 zuständigen Behörden angewendeten Verfahren angeglichen, was den dortigen Verwaltungsablauf erleichtert. Zum Rechtsweg vgl. § 68 Abs. 2. Von dieser Regelung ausgenommen ist nach Abs. 3 jede Versorgung, die in der Gewährung von Leistungen besteht, die den Leistungen der Kriegsopferfürsorge nach den §§ 25 bis 27j des Bundesversorgungsgesetzes entsprechen, für sie gelten die verwaltungsrechtlichen (Landes-) Verfahrensvorschriften (siehe zum Rechtsweg § 68 Abs. 3). **3**

IfSG § 65 12. Abschnitt. Entschädigung in besonderen Fällen

§ 65 Entschädigung bei behördlichen Maßnahmen

(1) Soweit auf Grund einer Maßnahme nach den §§ 16 und 17 Gegenstände vernichtet, beschädigt oder in sonstiger Weise in ihrem Wert gemindert werden oder ein anderer nicht nur unwesentlicher Vermögensnachteil verursacht wird, ist eine Entschädigung in Geld zu leisten; eine Entschädigung erhält jedoch nicht derjenige, dessen Gegenstände mit Krankheitserregern oder mit Gesundheitsschädlingen als vermutlichen Überträgern solcher Krankheitserreger behaftet oder dessen verdächtig sind. § 254 des Bürgerlichen Gesetzbuchs ist entsprechend anzuwenden.

(2) Die Höhe der Entschädigung nach Absatz 1 bemisst sich im Falle der Vernichtung eines Gegenstandes nach dessen gemeinem Wert, im Falle der Beschädigung oder sonstigen Wertminderung nach der Minderung des gemeinen Wertes. Kann die Wertminderung behoben werden, so bemisst sich die Entschädigung nach den hierfür erforderlichen Aufwendungen. Die Entschädigung darf den gemeinen Wert nicht übersteigen, den der Gegenstand ohne die Beschädigung oder Wertminderung gehabt hätte. Bei Bestimmung des gemeinen Wertes sind der Zustand und alle sonstigen den Wert des Gegenstandes bestimmenden Umstände in dem Zeitpunkt maßgeblich, in dem die Maßnahme getroffen wurde. Die Entschädigung für andere nicht nur unwesentliche Vermögensnachteile darf den Betroffenen nicht besser stellen, als er ohne die Maßnahme gestellt sein würde. Auf Grund der Maßnahme notwendige Aufwendungen sind zu erstatten.

A. Allgemeines

1 Die Vorschrift entspricht im Wesentlichen § 57 BSeuchG (vgl. BT-Drs. 14/2530, 89) und regelt Entschädigungsansprüche des Nichtstörers (vgl. zum Begriff Vor §§ 15a Rn. 19) im Zusammenhang mit der Beschädigung, Vernichtung oder sonstigen Wertminderung von Gegenständen und Vermögensnachteilen auf Grund von Maßnahmen nach den §§ 16 und 17. Für Streitigkeiten über Ansprüche nach § 65 ist der ordentliche Rechtsweg gegeben (§ 68 Abs. 1).

B. Anspruch auf Entschädigung (Abs. 1)

I. Allgemeines

2 Abs. 1 regelt die Voraussetzungen des Entschädigungsanspruchs. Der 2. Halbsatz von S. 1 verdeutlicht nach der amtl. Begründung, dass eine Entschädigung nur dann geleistet wird, wenn sich die seuchenhygienische Maßnahme gegen einen Nichtstörer gerichtet hat. Trifft eine anspruchsberechtigte Person ein Mitverschulden, so ist § 254 BGB entsprechend anzuwenden und der Entschädigungsanspruch entsprechend dem jeweiligen Mitverschulden zu beschränken (S. 2).

II. Ansprüche wegen Betriebsschließungen oder -beschränkungen

Vgl. zur Frage, ob auf § 65 oder andere Anspruchsgrundlagen Entschädigungsansprüche im Falle von rechtmäßigen Betriebsschließungen oder -beschränkungen gestützt werden können, die Erläuterungen § 56 Rn. 42 ff. **2a**

C. Höhe der Entschädigung (Abs. 2)

Anknüpfungspunkt für die Höhe der Entschädigung nach Abs. 1 ist grundsätzlich der gemeine Wert des betroffenen Gegenstandes. Die Entschädigung nach dem ‚gemeinen Wert' bemisst sich nach dem Wiederbeschaffungspreis einwandfreier Ware der vernichteten Art (BGH, NJW 1969, 2282). Kann die Wertminderung behoben werden, so bemisst sich die Entschädigung nach den hierfür erforderlichen Aufwendungen. Bei Bestimmung des gemeinen Wertes sind im Übrigen der Zustand und alle sonstigen den Wert des Gegenstandes bestimmenden Umstände in dem Zeitpunkt maßgeblich, in dem die Maßnahme getroffen wurde (S. 4). **3**

§ 66 Zahlungsverpflichteter

(1) [Fassung von Abs. 1 gültig vom 19.11.2020 bis 31.3.2021] Ansprüche nach den §§ 56 bis 58 richten sich gegen das Land, in dem das Verbot erlassen oder die Schließung beziehungsweise das Betretungsverbot veranlasst worden ist, in den Fällen des § 34 Absatz 1 bis 3 und des § 42 gegen das Land, in dem die verbotene Tätigkeit ausgeübt worden ist. Ansprüche nach § 65 richten sich gegen das Land, in dem der Schaden verursacht worden ist.

(1) [Fassung von Abs. 1 gültig ab dem 1.4.2021 bis 31.12.2023] Ansprüche nach den §§ 56 bis 58 richten sich gegen das Land, in dem das Verbot erlassen worden ist, in den Fällen des § 34 Absatz 1 bis 3 und des § 42 gegen das Land, in dem die verbotene Tätigkeit ausgeübt worden ist. Ansprüche nach § 65 richten sich gegen das Land, in dem der Schaden verursacht worden ist.

(2) Versorgung wegen eines Impfschadens nach den §§ 60 bis 63 ist zu gewähren
1. in den Fällen des § 60 Abs. 1 von dem Land, in dem der Schaden verursacht worden ist,
2. in den Fällen des § 60 Abs. 2
   a) von dem Land, in dem der Geschädigte bei Eintritt des Impfschadens im Geltungsbereich dieses Gesetzes seinen Wohnsitz oder gewöhnlichen Aufenthalt hat,
   b) wenn bei Eintritt des Schadens ein Wohnsitz oder gewöhnlicher Aufenthalt im Geltungsbereich dieses Gesetzes nicht vorhanden ist, von dem Land, in dem der Geschädigte zuletzt seinen Wohnsitz oder gewöhnlichen Aufenthalt gehabt hat oder
   c) bei minderjährigen Geschädigten, wenn die Wohnsitzvoraussetzungen der Buchstaben a oder b nicht gegeben sind, von dem Land, in dem der Elternteil oder Sorgeberechtigte des Geschädigten, mit dem der Geschädigte in häuslicher Gemeinschaft lebt, seinen Wohnsitz oder gewöhnlichen Aufenthalt im

IfSG § 68   12. Abschnitt. Entschädigung in besonderen Fällen

Geltungsbereich dieses Gesetzes hat oder, falls ein solcher Wohnsitz oder gewöhnlicher Aufenthalt nicht gegeben ist, zuletzt seinen Wohnsitz oder gewöhnlichen Aufenthalt gehabt hat,
3. in den Fällen des § 60 Abs. 3 von dem Land, in dem der Geschädigte seinen Wohnsitz oder gewöhnlichen Aufenthalt im Geltungsbereich dieses Gesetzes hat oder erstmalig nimmt. Die Zuständigkeit für bereits anerkannte Fälle bleibt unberührt.

(3) In den Fällen des § 63 Abs. 1 sind die Kosten, die durch das Hinzutreten der weiteren Schädigung verursacht werden, von dem Leistungsträger zu übernehmen, der für die Versorgung wegen der weiteren Schädigung zuständig ist.

1   Die Vorschrift entspricht im Wesentlichen § 59 BSeuchG. Abs. 1 regelt die Zuständigkeit für die Zahlung von Entschädigung nach §§ 56–58. In Abs. 2 ist die Zuständigkeit für die Gewährung der Versorgung wegen eines Impfschadens nach den §§ 60 bis 63 geregelt. In Bezug auf den Begriff des Wohnsitzes können die §§ 7–11 BGB herangezogen werden. Zur Definition des Aufenthaltsortes vgl. § 9 Rn. 5. Durch G v. 18.11.2020 (BGBl. I S. 2397) wird Abs. 1 S. 1 mWv 1.4.2021 geändert werden.

§ 67 Pfändung

(1) Die nach § 56 Abs. 2 Satz 2 und 3 zu zahlenden Entschädigungen können nach den für das Arbeitseinkommen geltenden Vorschriften der Zivilprozessordnung gepfändet werden.

(2) Übertragung, Verpfändung und Pfändung der Ansprüche nach den §§ 60, 62 und 63 Abs. 1 richten sich nach den Vorschriften des Bundesversorgungsgesetzes.

1   Die nach § 56 Abs. 2 S. 2 und 3 zu zahlenden Entschädigungen bemisst sich nach dem Verdienstausfall und tritt an die Stelle des Arbeitseinkommens (vgl. amtl. Begründung). Gemäß § Abs. 1 können sie deshalb nach den für das Arbeitseinkommen geltenden Vorschriften der ZPO gepfändet werden. In Bezug auf Übertragung, Verpfändung und Pfändung der Ansprüche nach den §§ 60, 62 und 63 Abs. 1 gelten nach dem Gesetzestext die entsprechenden Vorschriften des Bundesversorgungsgesetzes (Abs. 2). Soweit diese mittlerweile in das SGB I überführt worden sind, gelten indes die dortigen Vorschriften (vgl. §§ 53 ff SGB I). Durch G v. 12.12.2019 (BGBl. I S. 2652) wird Abs. 2 mWv 1.1.2024 aufgehoben.

§ 68 Rechtsweg

(1) Für Streitigkeiten über Ansprüche nach den §§ 56 bis 58 gegen das nach § 66 Absatz 1 Satz 1 zur Zahlung verpflichtete Land ist der Verwaltungsrechtsweg gegeben. Für Streitigkeiten über Ansprüche nach § 65 ist der ordentliche Rechtsweg gegeben.

Rechtsweg **§ 68 IfSG**

(2) Für öffentlich-rechtliche Streitigkeiten in Angelegenheiten der §§ 60 bis 63 Abs. 1 ist der Rechtsweg vor den Sozialgerichten gegeben. Soweit das Sozialgerichtsgesetz besondere Vorschriften für die Kriegsopferversorgung enthält, gelten diese auch für Streitigkeiten nach Satz 1.

(3) Absatz 2 gilt nicht, soweit Versorgung entsprechend den Vorschriften der Kriegsopferfürsorge nach den §§ 25 bis 27j des Bundesversorgungsgesetzes gewährt wird. Insoweit ist der Rechtsweg vor den Verwaltungsgerichten gegeben.

Abs. 1 wurde durch das 3. COVIfSGAnpG neu gefasst. Alle Streitigkeiten 1 über Ansprüche nach den §§ 56–58 gegen das nach § 66 Abs. 1 S. 1 zur Zahlung verpflichtete Land sind mit der Neufassung dem Verwaltungsrechtsweg (und nicht mehr dem ordentlichen Rechtsweg) zugewiesen worden (S. 1). Folge dieser Änderung ist insbesondere, dass künftig auch die Vorschriften über das Vorverfahren (§§ 68 ff. VwGO) für entsprechende Ansprüche zu beachten sind (BT-Drs. 19/24334, 83). Streitigkeiten über Ansprüche nach § 65 bleiben unverändert dem ordentliche Rechtsweg zugewiesen (S. 2). Vgl. zum Fristbeginn bei Streitigkeiten über Ansprüche nach den §§ 56–58, die nach dem 18.11.2020 rechtshängig werden, die Regelung in § 77 Abs. 3. Durch G v. 12.12.2019 (BGBl. I S. 2652) werden Abs. 2 und 3 mWv 1.1.2024 aufgehoben.

13. Abschnitt. Kosten

§ 69 Kosten

(1) Folgende Kosten sind aus öffentlichen Mitteln zu bestreiten, soweit nicht ein anderer Kostenträger zur Kostentragung verpflichtet ist:
1. Kosten für die Übermittlung der Meldungen nach den §§ 6 und 7,
2. Kosten für die Durchführung der Erhebungen nach § 13 Absatz 2 Satz 5,
3. Kosten für die Ablieferung von Untersuchungsmaterial an bestimmte Einrichtungen der Spezialdiagnostik nach § 13 Absatz 3 Satz 1,
4. Kosten für Maßnahmen nach § 17 Absatz 1, auch in Verbindung mit Absatz 3, soweit sie von der zuständigen Behörde angeordnet worden sind und die Notwendigkeit der Maßnahmen nicht vorsätzlich herbeigeführt wurde,
5. Kosten für Maßnahmen nach § 19,
6. Kosten für Schutzimpfungen oder andere Maßnahmen der spezifischen Prophylaxe gegen bestimmte übertragbare Krankheiten nach § 20 Absatz 5,
7. Kosten für die Durchführung von Ermittlungen nach § 25,
8. Kosten für die Durchführung von Schutzmaßnahmen nach den §§ 29 und 30,
9. Kosten für ärztliche Untersuchungen nach § 36 Absatz 5 Satz 1 und 3, Absatz 6 Satz 2, Absatz 7 Satz 2 und Absatz 10 Satz 2.

Soweit ein anderer Kostenträger zur Kostentragung verpflichtet ist oder solange dies noch nicht feststeht, können die entsprechenden Kosten vorläufig aus öffentlichen Mitteln bestritten werden. Der andere Kostenträger ist zur Erstattung der Kosten verpflichtet.

(2) Wer die öffentlichen Mittel aufzubringen hat, bleibt, soweit nicht bundesgesetzlich geregelt, der Regelung durch die Länder vorbehalten.

(3) Für aus öffentlichen Mitteln zu bestreitende Kosten der Quarantänemaßnahmen nach § 30 ist der Kostenträger zuständig, in dessen Bezirk die von der Maßnahme betroffene Person zum Zeitpunkt der Anordnung der Maßnahme ihren gewöhnlichen Aufenthalt hat oder zuletzt hatte. Falls ein gewöhnlicher Aufenthaltsort nicht feststellbar ist, werden die Kosten vorläufig von dem Kostenträger übernommen, in dessen Bezirk die Maßnahme angeordnet wird. Der zuständige Kostenträger ist im Fall des Satzes 2 zur Erstattung verpflichtet. Satz 1 gilt nicht, soweit die Länder abweichende Vereinbarungen treffen.

A. Allgemeines

I. Inhalt

§ 69 war in ähnlicher Form bereits in § 62 BSeuchG enthalten. Nach wie vor 1 folgt die Regelung dem Grundsatz, dass die öffentliche Hand alle nicht von dritter Seite (z. B. Krankenversicherung) gedeckten Kosten zu tragen hat, die durch überwiegend im öffentlichen Interesse liegende Maßnahmen verursacht wurden (so bereits die amtl. Begründung des BSeuchG 1961). Damit legt

Abs. 1 zugleich fest, dass in Bezug auf die von ihm erfassten Maßnahmen von der öffentlichen Hand zur Refinanzierung der Kosten keine Gebühren von den betroffenen Personen erhoben werden dürfen. Hinsichtlich von Abs. 1 nicht erfassten Maßnahmen können grundsätzlich Gebühren erhoben werden, soweit entsprechende Rechtsgrundlagen bestehen.

II. Letzte Änderungen
1. Durch das PpSG und das TSVG

1a Der damalige Abs. 1 S. 1 Nr. 11 (jetzt Nr. 9) wurde durch das PpSG geändert. Durch das TSVG erfolgten Änderungen an Abs. 1 S. 1, S. 1 Nr. 6 (jetzt Nr. 5) und (erneut) an Nr. 11 (jetzt Nr. 9), außerdem wurden an Abs. 1 die S. 2 und 3 angefügt. Die Änderungen durch das TSVG waren im ursprünglichen Gesetzentwurf der Bundesregierung (BT-Drs. 19/6337) noch nicht enthalten und wurden erst in Folge der Beschlussempfehlung des Ausschusses für Gesundheit (BT-Drs. 19/8351) in das Gesetz aufgenommen.

2. Durch das das 2. COVIfSGAnpG

1b Durch das das 2. COVIfSGAnpG wurden Abs. 1 S. 1 redaktionell angepasst und neu nummeriert (Zusammenfassung der vormaligen Nr. 1 und 2 in Nr. 1 sowie der vormaligen Nr. 9 und 10 in Nr. 8) und Abs. 1 S. 2 und S. 3 neu gefasst. Vgl. Im Einzelnen die jeweiligen Erläuterungen.

3. Durch das das 3. COVIfSGAnpG

1c Das 3. COVIfSGAnpG ergänzte Abs. 1 S. 1 Nr. 9 um ärztliche Untersuchungen nach dem durch das 3. COVIfSGAnpG eingefügten § 36 Abs. 10 S. 2. Dieser sieht vor, dass Personen, die kein aufgrund der Rechtsverordnung nach § 36 Abs. 10 S. 1 erforderliches ärztliches Zeugnis vorlegen, verpflichtet sind, eine ärztliche Untersuchung zum Ausschluss einer bedrohlichen übertragbaren Krankheit nach § 36 Abs. 8 S. 1 zu dulden. Diese Untersuchung wurde in den Anwendungsbereich des Abs. 1 Nr. 9 aufgenommen, so dass diese Kosten aus öffentlichen Mitteln zu bestreiten sind (BT-Drs. 19/23944, 38).

B. Einzelheiten zu Abs. 1
I. Kostenträger (S. 1)

1c Durch das 2. COVIfSGAnpG wurde der Eingangssatz von Abs. 1 insoweit abgeändert, als dass der vormaliger Verweis auf die von der Maßnahme selbst betroffene Person als Kostenträger entfiel. Diese Änderung erfolgte ausweislich der Begründung des Entwurfs des 2. COVIfSGAnpG (BT-Drs. 19/18967 S. 61), weil eine solche Kostentragung in der Regel ausscheiden dürfe und der Begriff des „anderen Kostenträgers" auch insoweit einschlägig sei.

II. Nr. 1

Nach Nr. 1 werden die bei den meldepflichtigen Personen für die Übermittlung der Meldungen nach den §§ 6 und 7 anfallenden Sachkosten aus öffentlichen Mitteln bestritten. Ein Anspruch auf Erstattung sonstiger Aufwendungen (insbes. Personalkosten) besteht nicht.

III. Nr. 2

Die Kosten der von den obersten Landesbehörden nach § 13 Abs. 2 S. 5 durchgeführten zusätzlichen Sentinel-Erhebungen sind aus Mitteln der öffentlichen Hand zu bestreiten.

IV. Nr. 4

Nr. 4 erfasst Maßnahmen nach § 17 Abs. 1 (gfs. iVm mit Abs. 3), wenn diese von der zuständigen Behörde angeordnet worden sind und die Notwendigkeit der Maßnahmen nicht vorsätzlich herbeigeführt wurde. Ergreift der Betroffene Maßnahmen nach § 17 Abs. 1 (gfs. iVm Abs. 3), ohne dass diese angeordnet wurde, ist Nr. 4 nicht einschlägig und muss der Betroffene die Kosten selbst tragen.

V. Nr. 5

Durch das 2. COVIfSGAnpG wurde § 19 umfangreich modifiziert. Vgl. die Erläuterungen § 19 Rn. 8 ff.

VI. Nr. 6

Nach § 20 Abs. 5 können die obersten Landesgesundheitsbehörden bestimmen, dass die Gesundheitsämter unentgeltlich Schutzimpfungen oder andere Maßnahmen der spezifischen Prophylaxe gegen bestimmte übertragbare Krankheiten durchführen. Machen sie von dieser Möglichkeit Gebrauch, fallen die Kosten der öffentlichen Hand anheim.

VII. Nr. 7

Nicht erfasst werden mittelbare Kosten, die lediglich Folge der Ermittlungen sind.

VIII. Nr. 8

Die Kosten für die Durchführung von Absonderungsmaßnahmen (vgl. § 30 Rn. 1a) waren vor den Neufassungen von § 69 durch das Gesetz zur Modernisierung der epidemiologischen Überwachung übertragbarer Krankheiten und das 2. COVIfSGAnpG in Nr. 7 geregelt. Die Reichweite der Regelung führte und führt in der Praxis oftmals zu Problemen, soweit die Tragung von Heilbehandlungskosten im Rahmen einer Absonderung gefordert wird. Diese Problematik besteht unverändert fort. Insoweit gilt (vgl. Urteil des VG Trier vom 7.4.2014 (6 K 1342/13.TR (zur Vorgängernorm Nr. 7)) Folgendes: Aus Abs. 1 Nr. 8 IfSG ergibt sich für den Abgesonderten und die sonst zur Durchführung einer Absonderung herangezogenen Personen bei Vorliegen der gesetzlichen Voraussetzungen ein Anspruch auf Kostenerstattung. Voraussetzung ist allein, dass jemand zur Durchführung einer Absonderung hoheitlich in Anspruch genommen wird; dies gilt auch, wenn keine ausdrückliche Absonderungsanordnung erfolgte. Nach Abs. 1 Nr. 8 werden insoweit Kosten übernommen, als dass sie infolge der Durchführung der Absonderung entstanden sind. Die in einem Pflegesatz pauschalierten Kosten eines Krankenhausaufenthaltes können nur insgesamt entweder als nach Abs. 1 Nr. 8 IfSG erstattungsfähige Absonderungskosten oder als nach dieser Vorschrift nicht erstattungsfähige Heilbehandlungskosten eingeordnet werden. Die Abgrenzung zwischen den beiden Fallkonstellationen ist danach vorzunehmen, ob eine gelegentlich der Absonderung durchgeführte stationäre Heilbehandlung schon aus medizinischen Gründen erforderlich gewesen wäre (in diesem Falle stellen die Krankenhauskosten keine nach § 69 erstattungsfähige Heilbehandlungskosten dar), oder ob nach rein medizinischer Beurteilung eine stationäre Behandlung der der Absonderung zu Grunde liegenden Krankheit nicht erforderlich gewesen wäre (etwa weil aus medizinischer Sicht auch eine ambulante Behandlung ausreichend gewesen wäre). Nur in letzterem Fall handelt es bei den in einem Pflegesatz pauschalierten Kosten eines Krankenhausaufenthaltes um nach Abs. 1 Nr. 8 erstattungsfähige Absonderungskosten. Die vorgenannten Erwägungen gelten entsprechend für die Kosten eines Krankentransports in die Absonderungseinrichtung.

IX. Nr. 9

9 Die Kosten für die nach § 36 Abs. 5 S. 1 und 3, Abs. 6 S. 2, Abs. 7 S. 2 und Abs. 10 S. 2 (vgl. zu letzterem Rn. 1c) erforderlichen ärztlichen Untersuchen werden von der öffentlichen Hand getragen.

X. Vorläufige Kostentragung durch die öffentliche Hand (S. 2, 3)

9a S. 2 ermöglicht es der zuständigen Behörde, die von einem anderer Kostenträger zu tragenden Kosten vorläufig aus öffentlichen Mitteln vorzustrecken. S. 3 stellt klar, dass der andere Kostenträger in diesem Fall zur Erstattung der Kosten gegenüber der vorstreckenden Behörde verpflichtet sind.

C. Einzelheiten zu Abs. 2

10 Grundsätzlich sind die nach Abs. 1 S. 1 aus öffentlichen Mitteln zu bestreitenden Kosten von den Ländern zu tragen, da der hoheitliche Vollzug des IfSG nach Art. 83, 84 GG eine eigene Angelegenheit der Länder darstellt. Etwas anderes gilt jedoch nach Abs. 2 insoweit, als dass ein Land (wie z. B. Schleswig-Holstein in § 3 des Gesetzes über die Kostenträger nach dem Infektionsschutzgesetz (Kostenträger-Infektionsschutzgesetz – KTr IfSG)) anderslautenden Regelungen getroffen hat.

(weggefallen) §§ 70–72 IfSG

D. Einzelheiten zu Abs. 3

Abs. 3 wurde durch das Gesetz zur Modernisierung der epidemiologischen 11
Überwachung übertragbarer Krankheiten angefügt. Ausweislich der Begründung des Gesetzentwurfs soll er die Problematik länderübergreifender Kostentragung im Bereich des § 30 regeln und einen transparenten und fairen Ausgleichsmechanismus für die Kostentragung für Absonderungsmaßnahmen nach § 30 darstellen. Für aus öffentlichen Mitteln zu bestreitende Kosten von Maßnahmen nach § 30 ist nach Abs. 3 der Kostenträger zuständig, in dessen Bezirk die von der Maßnahme betroffene Person im Zeitpunkt der Anordnung der Maßnahme ihren gewöhnlichen Aufenthaltsort hat oder zuletzt hatte. Falls ein gewöhnlicher Aufenthaltsort nicht feststellbar ist, werden die Kosten vorläufig von dem Kostenträger übernommen, in dessen Bezirk die Maßnahme angeordnet wurde (S. 2). Nach S. 3 ist der zuständige Kostenträger in einem solchen Fall zur Erstattung verpflichtet (S. 3). Die Länder können abweichende Vereinbarungen treffen (S. 4).

§§ 70–72 (weggefallen)

14. Abschnitt. Straf- und Bußgeldvorschriften

§ 73 Bußgeldvorschriften

(1) Ordnungswidrig handelt, wer entgegen § 50a Absatz 3 Satz 1, auch in Verbindung mit einer Rechtsverordnung nach § 50a Absatz 4 Nummer 2, Polioviren oder dort genanntes Material besitzt.

(1a) Ordnungswidrig handelt, wer vorsätzlich oder fahrlässig
1. einer vollziehbaren Anordnung nach 5 Absatz 2 Satz 1 Nummer 6 Buchstabe b zuwiderhandelt,
2. entgegen § 6 oder § 7, jeweils auch in Verbindung mit § 14 Absatz 8 Satz 2, 3, 4 oder 5 oder einer Rechtsverordnung nach § 15 Absatz 1 oder 3, eine Meldung nicht, nicht richtig, nicht vollständig, nicht in der vorgeschriebenen Weise oder nicht rechtzeitig macht
3. entgegen § 15a Absatz 2 Satz 1, § 16 Absatz 2 Satz 3, auch in Verbindung mit § 25 Absatz 2 Satz 1 oder 2 zweiter Halbsatz oder einer Rechtsverordnung nach § 17 Absatz 4 Satz 1, oder entgegen § 29 Absatz 2 Satz 3, auch in Verbindung mit einer Rechtsverordnung nach § 32 Satz 1, eine Auskunft nicht, nicht richtig, nicht vollständig oder nicht rechtzeitig erteilt,
4. entgegen § 15a Absatz 2 Satz 1, § 16 Absatz 2 Satz 3, auch in Verbindung mit § 25 Absatz 2 Satz 1 oder 2 zweiter Halbsatz oder einer Rechtsverordnung nach § 17 Absatz 4 Satz 1, eine Unterlage nicht, nicht richtig, nicht vollständig oder nicht rechtzeitig vorlegt,
5. entgegen § 15a Absatz 3 Satz 2, § 16 Absatz 2 Satz 2, auch in Verbindung mit § 25 Absatz 2 Satz 1 oder einer Rechtsverordnung nach § 17 Absatz 4 Satz 1, oder entgegen § 51 Satz 2 ein Grundstück, einen Raum, eine Anlage, eine Einrichtung, ein Verkehrsmittel oder einen sonstigen Gegenstand nicht zugänglich macht,
6. einer vollziehbaren Anordnung nach § 17 Abs. 1, auch in Verbindung mit einer Rechtsverordnung nach Abs. 4 Satz 1, § 17 Abs. 3 Satz 1, § 25 Absatz 3 Satz 1 oder 2, auch in Verbindung mit § 29 Abs. 2 Satz 2, dieser auch in Verbindung mit einer Rechtsverordnung nach § 32 Satz 1, § 25 Absatz 4 Satz 2, § 28 Absatz 1 Satz 1 oder Satz 2, § 30 Absatz 1 Satz 2 oder § 31, jeweils auch in Verbindung mit einer Rechtsverordnung nach § 32 Satz 1, oder § 34 Abs. 8 oder 9 zuwiderhandelt,
7. entgegen § 18 Abs. 1 Satz 1 ein Mittel oder ein Verfahren anwendet,
7a. entgegen § 20 Absatz 9 Satz 4 Nummer 1, auch in Verbindung mit Absatz 10 Satz 2 oder Absatz 11 Satz 2 eine Benachrichtigung nicht, nicht richtig, nicht vollständig oder nicht rechtzeitig vornimmt,
7b. entgegen § 20 Absatz 9 Satz 6 oder Satz 7 eine Person betreut oder beschäftigt oder in einer dort genannten Einrichtung tätig wird,
7c. entgegen § 20 Absatz 12 Satz 1, auch in Verbindung mit § 20 Absatz 13 Satz 1 oder Satz 2, einen Nachweis nicht, nicht richtig, nicht vollständig oder nicht rechtzeitig vorlegt,

IfSG § 73

7d. einer vollziehbaren Anordnung nach § 20 Absatz 12 Satz 3, auch in Verbindung mit § 20 Absatz 13 Satz 1 oder Satz 2, zuwiderhandelt,
8. (weggefallen)
9. entgegen § 23 Absatz 4 Satz 1 nicht sicherstellt, dass die dort genannten Infektionen und das Auftreten von Krankheitserregern aufgezeichnet oder die Präventionsmaßnahmen mitgeteilt oder umgesetzt werden,
9a. entgegen § 23 Absatz 4 Satz 2 nicht sicherstellt, dass die dort genannten Daten aufgezeichnet oder die Anpassungen mitgeteilt oder umgesetzt werden,
9b. entgegen § 23 Absatz 4 Satz 3 eine Aufzeichnung nicht oder nicht mindestens zehn Jahre aufbewahrt,
10. entgegen § 23 Absatz 4 Satz 4 Einsicht nicht gewährt,
10a. entgegen § 23 Absatz 5 Satz 1, auch in Verbindung mit einer Rechtsverordnung nach § 23 Absatz 5 Satz 2, nicht sicherstellt, dass die dort genannten Verfahrensweisen festgelegt sind,
11. entgegen § 25 Absatz 4 Satz 1 eine Untersuchung nicht gestattet,
11a. einer vollziehbaren Anordnung nach § 28 Absatz 2, auch in Verbindung mit einer Rechtsverordnung nach § 32 Satz 1, zuwiderhandelt,
12. entgegen § 29 Abs. 2 Satz 3, auch in Verbindung mit einer Rechtsverordnung nach § 32 Satz 1, Zutritt nicht gestattet,
13. entgegen § 29 Abs. 2 Satz 3, auch in Verbindung mit Satz 4 oder einer Rechtsverordnung nach § 32 Satz 1, § 49 Absatz 1 Satz 1, § 50 Satz 1 oder 2 oder § 50a Absatz 1 Satz 1 eine Anzeige nicht, nicht richtig, nicht vollständig oder nicht rechtzeitig erstattet,
14. entgegen § 34 Abs. 1 Satz 1, auch in Verbindung mit Satz 2 oder Abs. 3, eine dort genannte Tätigkeit ausübt, einen Raum betritt, eine Einrichtung benutzt oder an einer Veranstaltung teilnimmt,
15. ohne Zustimmung nach § 34 Abs. 2 einen Raum betritt, eine Einrichtung benutzt oder an einer Veranstaltung teilnimmt,
16. entgegen § 34 Abs. 4 für die Einhaltung der dort genannten Verpflichtungen nicht sorgt,
16a. entgegen § 34 Absatz 5 Satz 1 oder § 43 Absatz 2 eine Mitteilung nicht, nicht richtig, nicht vollständig oder nicht rechtzeitig macht,
17. entgegen § 34 Abs. 6 Satz 1, auch in Verbindung mit Satz 2, oder § 36 Abs. 3a das Gesundheitsamt nicht, nicht richtig, nicht vollständig oder nicht rechtzeitig benachrichtigt,
17a. entgegen § 34 Absatz 10a Satz 1 einen Nachweis nicht oder nicht rechtzeitig erbringt,
18. entgegen § 35 Satz 1 oder § 43 Abs. 4 Satz 1 eine Belehrung nicht, nicht richtig, nicht vollständig oder nicht rechtzeitig durchführt,
19. entgegen § 36 Absatz 5 Satz 1 oder Satz 3, Absatz 6 Satz 2 erster Halbsatz, Absatz 7 Satz 2 erster Halbsatz oder Absatz 10 Satz 2 eine ärztliche Untersuchung nicht duldet,
20. entgegen § 43 Abs. 1 Satz 1, auch in Verbindung mit einer Rechtsverordnung nach Abs. 7, eine Person beschäftigt,
21. entgegen § 43 Abs. 5 Satz 2 einen Nachweis oder eine Bescheinigung nicht oder nicht rechtzeitig vorlegt,
22. einer vollziehbaren Auflage nach § 47 Abs. 3 Satz 1 zuwiderhandelt,

Weitere Strafvorschriften § 75 IfSG

22a. entgegen § 50a Absatz 2, auch in Verbindung mit einer Rechtsverordnung nach § 50a Absatz 4 Nummer 1, Polioviren oder dort genanntes Material nicht oder nicht rechtzeitig vernichtet,
23. entgegen § 51 Satz 2 ein Buch oder eine sonstige Unterlage nicht oder nicht rechtzeitig vorlegt, Einsicht nicht gewährt oder eine Prüfung nicht duldet oder
24. einer Rechtsverordnung nach § 5 Absatz 2 Satz 1 Nummer 4 Buchstabe c bis f oder g oder Nummer 8 Buchstabe c, § 13 Absatz 3 Satz 1, § 17 Absatz 4 Satz 1 oder Absatz 5 Satz 1, § 20 Abs. 6 Satz 1 oder Abs. 7 Satz 1, § 23 Absatz 8 Satz 1 oder Satz 2, § 32 Satz 1, § 36 Absatz 8 Satz 1 oder Satz 3 oder Absatz 10 Satz 1, § 38 Abs. 1 Satz 1 Nr. 3 oder Abs. 2 Nr. 3 oder 5 oder § 53 Abs. 1 Nr. 2 oder einer vollziehbaren Anordnung auf Grund einer solchen Rechtsverordnung zuwiderhandelt, soweit die Rechtsverordnung für einen bestimmten Tatbestand auf diese Bußgeldvorschrift verweist.
(2) Die Ordnungswidrigkeit kann in den Fällen des Absatzes 1a Nummer 7a bis 7d, 8, 9b, 11a, 17a und 21 mit einer Geldbuße bis zu zweitausendfünfhundert Euro, in den übrigen Fällen mit einer Geldbuße bis zu fünfundzwanzigtausend Euro geahndet werden.

Durch G v. 18.11.2020 (BGBl. I S. 2397) wird mWv 1.4.2021 Abs. 1a Nr. 1 aufgehoben, zudem wird Nr. 24 wie folgt gefasst: „einer Rechtsverordnung nach § 13 Absatz 3 Satz 1, § 17 Absatz 4 Satz 1 oder Absatz 5 Satz 1, § 20 Abs. 6 Satz 1 oder Abs. 7 Satz 1, § 23 Absatz 8 Satz 1 oder Satz 2, § 32 Satz 1, § 36 Absatz 8 Satz 1 oder Satz 3 oder Absatz 10 Satz 1, § 38 Abs. 1 Satz 1 Nr. 3 oder Abs. 2 Nr. 3 oder 5 oder § 53 Abs. 1 Nr. 2 oder einer vollziehbaren Anordnung auf Grund einer solchen Rechtsverordnung zuwiderhandelt, soweit die Rechtsverordnung für einen bestimmten Tatbestand auf diese Bußgeldvorschrift verweist."

§ 74 Strafvorschriften

Mit Freiheitsstrafe bis zu fünf Jahren oder mit Geldstrafe wird bestraft, wer eine in § 73 Absatz 1 oder Absatz 1a Nummer 1 bis 7, 11 bis 20, 22, 22a, 23 oder 24 bezeichnete vorsätzliche Handlung begeht und dadurch eine in § 6 Absatz 1 Satz 1 Nummer 1 genannte Krankheit, einen in § 7 genannten Krankheitserreger oder eine in einer Rechtsverordnung nach § 15 Absatz 1 oder Absatz 3 genannte Krankheit oder einen dort genannten Krankheitserreger verbreitet.

§ 75 Weitere Strafvorschriften

(1) Mit Freiheitsstrafe bis zu zwei Jahren oder mit Geldstrafe wird bestraft, wer
1. einer vollziehbaren Anordnung nach § 30 Absatz 1 Satz 1, auch in Verbindung mit einer Rechtsverordnung nach § 32 Satz 1, zuwiderhandelt,
2. entgegen § 42 Abs. 1 Satz 1, auch in Verbindung mit Satz 2, jeweils auch in Verbindung mit einer Rechtsverordnung nach § 42 Abs. 5 Satz 1, oder § 42 Abs. 3 eine Person beschäftigt oder eine Tätigkeit ausübt,

IfSG § 76

3. ohne Erlaubnis nach § 44 Krankheitserreger verbringt, ausführt, aufbewahrt, abgibt oder mit ihnen arbeitet oder
4. entgegen § 52 Satz 1 Krankheitserreger oder Material abgibt.

(2) Ebenso wird bestraft, wer einer Rechtsverordnung nach § 38 Abs. 1 Satz 1 Nr. 5 oder Abs. 2 Nr. 4 oder einer vollziehbaren Anordnung auf Grund einer solchen Rechtsverordnung zuwiderhandelt, soweit die Rechtsverordnung für einen bestimmten Tatbestand auf diese Strafvorschrift verweist.

(3) Wer durch eine in Absatz 1 bezeichnete Handlung eine in § 6 Abs. 1 Nr. 1 genannte Krankheit oder einen in § 7 genannten Krankheitserreger verbreitet, wird mit Freiheitsstrafe von drei Monaten bis zu fünf Jahren bestraft, soweit nicht die Tat in anderen Vorschriften mit einer schwereren Strafe bedroht ist.

(4) Handelt der Täter in den Fällen der Absätze 1 oder 2 fahrlässig, so ist die Strafe Freiheitsstrafe bis zu einem Jahr oder Geldstrafe.

(5) Mit Freiheitsstrafe bis zu einem Jahr oder mit Geldstrafe wird bestraft, wer entgegen § 24 Satz 1, auch in Verbindung mit Satz 2, dieser auch in Verbindung mit einer Rechtsverordnung nach § 15 Abs. 1, eine Person behandelt.

§ 76 Einziehung

Gegenstände, auf die sich eine Straftat nach § 75 Abs. 1 oder 3 bezieht, können eingezogen werden.

15. Abschnitt. Übergangsvorschriften

§ 77 Übergangsvorschriften

(1) Die nach den Vorschriften des Bundes-Seuchengesetzes bestehende Erlaubnis für das Arbeiten und den Verkehr mit Krankheitserregern gilt im Geltungsbereich dieses Gesetzes als Erlaubnis im Sinne des § 44; bei juristischen Personen gilt dies bis fünf Jahre nach Inkrafttreten dieses Gesetzes mit der Maßgabe, dass die Erlaubnis nach § 48 zurückgenommen oder widerrufen werden kann, wenn ein Versagungsgrund nach § 47 Abs. 1 Nr. 2 bei den nach Gesetz oder Satzung zur Vertretung berufenen Personen vorliegt; die Maßgabe gilt auch, wenn der Erlaubnisinhaber nicht selbst die Leitung der Tätigkeiten übernommen hat und bei der von ihm mit der Leitung beauftragten Person ein Versagungsgrund nach § 47 Abs. 1 vorliegt. Die Beschränkung des § 47 Abs. 4 Satz 1 gilt nicht für die in § 22 Abs. 4 Satz 2 des Bundes-Seuchengesetzes genannten Personen, wenn bei Inkrafttreten dieses Gesetzes sie selbst oder diejenigen Personen, von denen sie mit der Leitung der Tätigkeiten beauftragt worden sind, Inhaber einer insoweit unbeschränkten Erlaubnis sind. Bei Personen, die die in § 20 Abs. 1 Satz 1 des Bundes-Seuchengesetzes bezeichneten Arbeiten vor dem Inkrafttreten des Gesetzes berechtigt durchgeführt haben, bleibt die Befreiung von der Erlaubnis für diese Arbeiten fünf Jahre nach Inkrafttreten des Gesetzes bestehen; § 45 Abs. 4 findet entsprechend Anwendung.

(2) Ein Zeugnis nach § 18 des Bundes-Seuchengesetzes gilt als Bescheinigung nach § 43 Abs. 1.

(3) Auf Streitigkeiten über Ansprüche nach den §§ 56 bis 58 gegen das nach § 66 Absatz 1 Satz 1 zur Zahlung verpflichtete Land, die nach dem 18. November 2020 rechtshängig werden, sind § 58 Absatz 2 Satz 1 der Verwaltungsgerichtsordnung, § 70 Absatz 1 Satz 1 der Verwaltungsgerichtsordnung und § 75 Satz 2 der Verwaltungsgerichtsordnung mit der Maßgabe anzuwenden, dass die Fristen frühestens am 19. November 2020 zu laufen beginnen.

Abs. 1–2 enthalten die angesichts der Ablösung des BSeuchG durch das IfSG erforderlichen Übergangsregelungen. Der durch das 3. COVIfSGAnpG angefügte Abs. 3 enthält eine Übergangsregelung zu der geänderten Rechtswegregelung in § 68 Abs. 1. Damit verbleibt es für zum Zeitpunkt des Inkrafttretens 3. COVIfSGAnpG bereits rechtshängige Streitigkeiten bei der bisherigen Rechtswegzuständigkeit (§ 17 Abs. 1 S. 1 GVG). Für zum Zeitpunkt des Inkrafttretens noch nicht rechtshängige Streitigkeiten ordnet § 77 Absatz 3 an, dass die in § 58 Abs. 2 S. 1, § 70 Abs. 1 S. 1 und § 75 S. 2 VwGO genannten Fristen frühestens mit dem Inkrafttreten dieses Gesetzes zu laufen beginnen (BT-Drs. 19/24334, 83). 1

Stichwortverzeichnis

Zahlen vor dem Komma = §§, Zahlen nach dem Komma = Rn

Absonderung (Quarantäne) **30**
Absonderung, Kostentragung **69**, 8 ff.
Abwasser **41**
Ambulante Pflegedienste **36**, 9
Ambulantes Operieren, Einrichtung für **23**, 29
Ambulantes Operieren, Überwachung durch das Gesundheitsamt **23**, 64 ff.
Anfangsverdacht **25**, 8
Anhörung **Vor 15a**, 23 ff.
Ansteckungsverdächtiger **2**, 44 ff.
Arbeiten mit Krankheitserregern **44 ff.**
Arbeiten mit Krankheitserregern, Erlaubnispflicht **44**, 2 ff.
Arbeiten mit Krankheitserregern, Übergangsvorschriften **77**, 1
Arzt, Impfdokumentation **22**
Arzt, Meldepflicht **8**, 4 f.
Arztvorbehalt **24**, 1
Asylbewerberunterkunft, Hygieneplan **36**, 6
Asylbewerberunterkunft, Überwachung durch Gesundheitsamt **36**, 11
Aufenthaltsort, derzeitiger **9**, 6
Aufenthaltsort, gewöhnlicher **9**, 5
Aufnahme **2**, 17
Ausrottung des Poliovirus **50a**
Ausscheider **2**, 39 ff.
Auswahlermessen **Vor 15a**, 12

Badewasser **37–39**
Beauftragte **16**, 40
Befragungsrecht, im Rahmen von Ermittlungen **25**, 27
Behandlung übertragbarer Krankheiten **24**

Belehrung, Lebensmittelpersonal **43**
Belehrung, Personal von Gemeinschaftseinrichtungen **35**, 2 ff.
Beobachtung **29**, 2 ff.
Beratung, öffentliche Aufgabe **3**, 3
Beratung, sexuell übertragbare Krankheiten, Tuberkulose **19**, 2 ff.
Beratung, vollständiger und altersgemäßer Impfschutz **34**, 77 f.
Berufliches Tätigkeitsverbot **31**, 2 ff.
Berührung **6**, 18
Betreuter **33**, 6
Betriebsschließung, -beschränkung, Entschädigung **56**, 42 ff.
Bundeswehr, Sondervorschriften **70**

Carrier **2**, 42, **31**, 8

Dauerverwaltungsakt, fortlaufende Kontrolle **28**, 9
Desinfektion, besondere Maßnahme **17**, 31
Desinfektion, Mittel und Verfahren **18**, 2

Einreisequarantäne-Verordnungen **30**, 23a
Einrichtung zur gemeinschaftlichen Unterbringung von Asylbewerbern u. a. **36**, 7
Einwilligung **25**, 8
Enteignender Eingriff **56**, 51 ff.
Entschädigung, bei behördlichen Maßnahmen nach §§ 16, 17 **65**
Entschädigung, bei Impfschaden **60 ff.**
Entschädigung, bei Tätigkeitsverboten **56 ff.**
Entschließungsermessen **Vor 15a**, 11
Entseuchung (Desinfektion) **17 f.**

Stichwortverzeichnis

Zahlen vor dem Komma = §§

Epidemische Lage von nationaler Tragweite **5**, 3 ff.
Epidemiologischer Zusammenhang **6**, 10
Erforderlichkeit **16**, 11
Erkrankung **6**, 3
Erlaubnispflicht für Tätigkeit mit Krankheitserregern **44**
Ermessensausübung, pflichtgemäße **Vor 15a**, 13
Ermessensentscheidung, gerichtliche Überprüfbarkeit **16**, 31

Gefahr im Verzug **Vor 15a**, 26
Gefahr, abstrakte **16**, 7
Gefahr, konkrete **16**, 3 ff.
Gefahr, Relevanz der Unterscheidung konkrete – abstrakte **16**, 12
Gefahrenverdacht **16**, 11
Gemeinschaftseinrichtung, Begriff **33**
Gemeinschaftseinrichtung, Bekanntgabe in der **34**, 67 ff.
Gemeinschaftseinrichtung, Erhebung des Impfstatus **34**, 79 ff.
Gemeinschaftseinrichtung, Hygieneplan **36**
Gemeinschaftseinrichtung, Impfaufklärung **34**, 76 f.
Gemeinschaftseinrichtung, Mitteilungspflicht der Leitung **34**, 54 ff.
Gemeinschaftseinrichtung, Schutzmaßnahmen bei Carriern **34**, 70 ff.
Gemeinschaftseinrichtung, Überwachung durch das Gesundheitsamt **36**
Gemeinschaftseinrichtung, Verbote **34**, 2 ff.
Gemeinschaftseinrichtungen, Meldepflichten **34**, 54 ff., 77
Generalklausel, Bekämpfung übertragbarer Krankheiten **28**, 1a
Generalklausel, Verhütung übertragbarer Krankheiten **16**, 1
Gesundheitliche Schädigung, über das übliche Ausmaß hinausgehend **2**, 66
Gesundheitsamt **2**, 73 f.

Gesundheitsamt **2**, 73.
Gesundheitsschädling **2**, 68 ff.
Gesundheitszeugnis, **26**, 26 ff.
Gesundheitszeugnis, Lebensmittelpersonal **77**

Hauptwohnung **9**, 4
Heilbehandlung, Verbot der zwangsweisen **28**, 15
Heilpraktiker, Behandlungsverbot **24**
Heilpraktiker, Meldepflicht **8**, 14
HIV-Infektion, berufliches Tätigkeitsverbot **31**, 7 ff.
HIV-Infektion, Carrier **2**, 43; **31**, 8
Hygienefachkraft **23 (8)**
Hygieneplan, Begriff **23**, 57 ff.
Hygieneplan, Pflicht zur Aufstellung **36**, 2 ff., **23**, 54 ff.

Im Benehmen **4**, 19
Impfdokumentation **22**
Impfen, Aufklärung **20**
Impfpflicht **20**, 23 ff.
Impfschaden, Begriff **2**, 64 ff.
Impfschaden, Versorgung **60 f.**
Impfschutz, Beratung über **34**, 76 f.
Impfstatus, Erhebung bei Erstaufnahme in die erste Klasse **34**, 79 ff.
Impfstoffe, die ausscheidbare Mikroorganismen enthalten **21**
Impfung, öffentlich empfohlene **20**, 11
Impfung, unentgeltlich durch Gesundheitsämter **20**, 16 ff.
Infektion, Begriff **2**, 15 ff.
Infektionsquelle, wahrscheinliche **9**, 11
Invasiver Eingriff, im Rahmen von Ermittlungen **25**, 30 ff.

Je-desto-Formel **16**, 6
Justizvollzugsanstalt, Überwachung durch das Gesundheitsamt **36**, 11

Kinderbetreuung, Verdienstausfall **56**, 15b
Kindergarten **33**, 7

Zahlen nach dem Komma = Rn **Stichwortverzeichnis**

Kommission Antiinfektiva, Resistenz und Therapie (ART) **23,** 15 ff.
Kommission für Krankenhaushygiene (KRINKO) **23,** 2 ff.
Konkrete Gefahr **16,** 3 ff.
Kontaktdaten, weitere **9,** 7
Kopfläuse **2,** 69; **34,** 7
Kosten von Maßnahmen **69,** 1 ff.
Krankenhaus, Hygieneplanaufstellung **23,** 54 ff.
Krankenhaus, Meldepflicht der dort tätigen Ärzte **8,** 4 f.
Krankenhaus, Pflichten der Leiter in Bezug auf nosokomiale Infektionen **23,** 24 ff.
Krankenhaus, Überwachung durch das Gesundheitsamt **23,** 64 ff.
Kranker **2,** 30 ff.
Kranker, Begriff **2,** 30 ff.
Krankheit, meldepflichtige **7,** 15
Krankheitserreger, Begriff **2,** 41 ff.
Krankheitserreger, meldepflichtiger **7, 15**
Krankheitsverdächtiger **2,** 35 ff.

Laborcontainment **50a**
Leichenschau **25,** 47 ff.
Leiter **23,** 25

Masern, Anordnung von Betretungs- und Tätigkeitsverboten **20,** 139 ff.
Masern, Ausschluss von Gemeinschaftseinrichtungen **28,** 25 ff.
Masern, Ladung zur Beratung **20,** 125 ff.
Masern, Pflicht zur Vorlage von Nachweisen **20,** 49 ff., 86 ff., 97 ff.
Massenunterkunft **36,** 8
Maßnahme der spezifischen Prophylaxe, Begriff **2,** 61 ff.
Maßnahme der spezifischen Prophylaxe, unentgeltlich durch Gesundheitsämter **20,** 16 ff.
Meldepflicht, Anpassung an epidemische Lage **15,** 2 ff.

Nachweis, direkter oder indirekter **7,** 4
Nosokomiale Infektion, Begriff **2,** 49 ff.
Nosokomiale Infektion, Dokumentation u sonstige Pflichten **23,** 33 ff.
Nosokomiale Infektion, Meldepflicht **6,** 28 ff.

Obdachlosenunterkunft, Hygieneplan **36**
Obdachlosenunterkunft, Überwachung durch Gesundheitsamt **36,** 11
Obdachlosenunterkünfte, Überwachung durch das Gesundheitsamt **36 (1)**
Obduktion s. Leichenschau

Schutzimpfung **2,** 58 ff.
Schutzmaßnahmen, bei Masern in Gemeinschaftseinrichtungen **28,** 25 ff.
Sentinel-Erhebung **2,** 72 ff.; **13,** 7
Sexuell übertragbare Krankheiten, Begriff **19,** 3
Sexuell übertragbare Krankheiten, Beratung, Untersuchung, Behandlung **19,** 2 ff.
Ständige Impfkommission (STIKO) **20,** 3 ff.
Störer, Arten **Vor 15a,** 14 ff.
Störerauswahl **Vor 15a,** 20 f.

Tätigkeitsverbot, berufliches **31**
Tätigkeitsverbot, gesetzliches **34; 42**
Tätigkeitsverbote **31, 34, 42**
Teilnahme des behandelnden Arztes **26**
Trinkwasser **37 ff.**
Tuberkulose, Absonderung **30**
Tuberkulose, Beratung, Untersuchung, Behandlung **19,** 2 ff.

Übertragbare Krankheit **2,** 20 ff.
Übertragbare Krankheit, bedrohliche **2,** 27 ff.

573

Stichwortverzeichnis

Zahlen vor dem Komma = §§

Unterrichtungspflichten des Gesundheitsamtes **27**
Untersuchung von Verstorbenen **25,** 47 ff.
Untersuchungsbefund **9,** 19
Unverzüglich **9,** 24

Verbot der Zwangsbehandlung **28,** 15
Verdienstausfall, Entschädigung **56 ff.**
Verhältnismäßigkeit **16,** 16aff
Verhältnismäßigkeit, Corona-Pandemie **28,** 9a

Voll- oder teilstationäre Einrichtungen, Hygieneplan **36**
Voll- oder teilstationäre Einrichtungen, Überwachung durch das Gesundheitsamt **36**
Vollziehbar Ausreisepflichtige **36,** 7
Vorladung durch das Gesundheitsamt **25,** 30 ff.

Wahrscheinlichkeit, hinreichende (als Prognoseelement) **16,** 6
Weiterverbreitung **2,** 62

Zuständige Behörde **Vor 15a,** 2, **54**